Torsten Klemm

Situationsmuster

*Wege zu einer allgemeinen Theorie
der Persönlichkeit, psychischen Störung und Therapie*

Edition Erata
Leipzig 2004

Danksagung

Anfang der 1990er Jahre lud mich Helmut Gebauer (TU Dresden) ein, mit ihm zahlreiche Stunden über die Systemtheorie, die Emergenz- und Evolutionsproblematik sowie ihre Beziehung zum Existenzialismus zu diskutieren. Daraus entsprang im ersten Entwurf die Idee der eigendynamischen „Vererbung" als Charaktistik der fortwirkenden Geschichte in Systemen. Auf Klaus Lübke (Berliner Institut für Familientherapie) geht meine Bekanntschaft mit dem mehrgenerationalen Ansatz in der Familientherapie zurück, das verblüffend damit korrespondiert. Beiden sei herzlich gedankt.

Vorwort zur ersten Auflage

Dieses Buch wagt sich an eine Theorie des Alltags. Die Gefahr ist groß, daß niemand damit zufrieden sein wird. Dem Theoretiker taucht es möglicherweise zuwenig in die Grundlagen ein, dem Praktiker erscheint es nicht anwendbar genug. Das Buch entstand ursprünglich als Konzeption zu meinem Persönlichkeitsfragebogen „Konfliktverhalten situativ". Nach gängigem Usus hätte es gereicht, dafür ein Kapitel oder eine schmale Broschüre zu schreiben. Doch beim Nachdenken, wie eine Theorie des Alltags aussehen könnte, bin ich immer tiefer in die Probleme westlichen Denkens auf human- und sozialwissenschaftlichem Gebiet und die Versuche hineingeraten, sie mittels nichtklassischer Logik und Systemtheorie zu lösen. Gleichzeitig wollte ich den Blick auf das Naheliegende und die Fragen der therapeutischen Praxis nicht verlieren. Es ging auch darum, die normativen Vorgaben, die jeder diagnostischen Klassifikation zugrunde liegen, zu hinterfragen. Therapie kann nur erfolgreich sein, wenn sie irgendwann wieder im Alltag ankommt. Der Bedarf nach Therapie und ihre Evaluation setzen ein situatives Verständnis des Alltags voraus, das sich bei normativer Betrachtung verflüchtigen würde. Mein Wunsch war es, diese beiden Bereiche, den naturwissenschaftlich-logischen und den zwischenmenschlich-sozialen, die heute einander so fremd sind wie vielleicht niemals zuvor in der europäischen Erkenntnisgeschichte, aufeinander rückzubeziehen. Dabei genoß ich das Privileg, in Bezug auf den akademischen Diskurs außenstehender und in Bezug auf die therapeutische Praxis beteiligter Beobachter zu sein. Beiden konnte ich Anregungen entnehmen, ohne mich um beengende Schulen kümmern zu müssen. Herausgekommen ist ein Essay, der an manchen Stellen stärker polarisieren wird als ein Lehrbuch, eine Schnittmenge, die dem Praktiker zeigen kann, in welchen Fällen ein strukturierender Ansatz hilfreich ist, um Verständnis für den Einzelfall zu entwickeln, während der Theoretiker sehen kann, daß die von ihm ausgeblendete Dynamik des Alltags nicht weniger komplex ist als die isolierten Gegenstände der Wissenschaft.

Leipzig, Juli 2003   Torsten Klemm

Inhaltsverzeichnis

1 Existenzielle Grundlegung	**11**
1.1 Motivation	11
1.2 Sein und Bewußt-Sein	25
1.2.1 Mitlaufende Reflexion	25
1.2.2 Sinn und Sinnlichkeit	28
1.2.3 Meta-Kognition und Handeln	32
1.3 Die transzendente Qualität der Situation	35
1.4 Existenzielle Dimensionen des Alltags	40
1.4.1 Zirkuläre Referenzialität versus Einheit der Person	41
1.4.2 Lagegebundenheit versus Willensfreiheit	47
1.4.3 Doppelte Kontingenz versus soziale Kontrolle	51
1.4.4 Dimensionen menschlicher Existenz	56
2 Entwicklung, Emergenz und Hierarchie	**59**
2.1 Motivation	59
2.2 Emergenz: Systemwechsel oder Erkenntnislücke?	59
2.2.1 Gott im theoretischen Niemandsland	59
2.2.2 Emergenz als Indiz für Eigendynamik	62
2.2.3 Jenseits der Kausalität	65
2.2.4 Logische Spielarten des Monismus	67
2.2.5 Das Bedürfnis nach Ausweitung der Kausalität	73
2.3 Vertikale Perspektive und Systemtheorie	74
2.3.1 Systemkonstitution durch zirkuläre Referenzialität	74
2.3.2 Paradoxien der Eigendynamik: Mutation und Selbsterhaltung	75
2.3.3 Kommunikation und Macht	80
2.3.4 Das Maximum: Relative Autonomie	84
2.3.5 Hierarchie zur Steuerung von Komplexität	88
3 Entwurf einer systemischen Hermeneutik der Alltagssituation	**94**
3.1 Motivation	94
3.2 Vorausgesetzte Anerkennung von Entwicklungstatsachen	96
3.2.1 Die Schizophrenie des Solipsten	96
3.2.2 Schwächen und Stärken natürlichen Sprechens	99
3.2.3 Zum Problem des Idealismus	101
3.2.4 Psychologismen der reinen Vernunft	106

3.3 Methodische Annäherungsversuche 108
3.3.1 Wie sich etwas sagen läßt 108
3.3.2 Eigendynamik und Evolution der Erkenntnismethoden 111
3.3.3 Wie allgemein ist die „allgemeine Psychologie"? 118
3.3.4 Vorannahmen einer Logik der Emergenz 121

3.4 Entwicklungskontexte der personalen Identität 129
3.4.1 Logische und psychische Identität 129
3.4.2 Die Fraktalität Hegelscher Aufhebungsprozesse 132
3.4.3 Nichtlinearität und Strukturalismus 143
3.4.4 Die formale Struktur emergent stratifizierter Systeme 147
3.4.5 Mehrgenerationale Ähnlichkeit und Ritualisierung 152
3.4.6 Der Karamasow-Komplex 162

3.5 Die Struktur sozialer Situationen 167
3.5.1 Fraktale Mikrokosmen der Persönlichkeit 167
3.5.2 Doppelte Kontingenz und Zirkularität 173
3.5.3 Liebe als vertikales Durchdringen und horizontale Differenz 181
3.5.4 Familienstrukturen 191
3.5.5 Illusion und Ent-Täuschung 199
3.5.6 Mehrgenerationale Übertragung in Familiensystemen 203

3.6 Autonomie und Umwelt 212
3.6.1 Die formale Struktur der Umwelt 212
3.6.2 Fraktale Übergänge ins Ungewisse 219
3.6.3 Die Grenzregulation emergent stratifizierter Systeme 228

3.7 Einfühlung und Funktionalität 234
3.7.1 Die Funktion der funktionalen Entsprechung 234
3.7.2 Expansive Systeme (Teufelskreis-Modelle, Eskalation) 238
3.7.3 Homöostatische Systeme (Regelkreis-Modelle) 239
3.7.4 Komplexe Systeme (Räuber-Beute-Modelle) 242
3.7.5 Funktionalität, Struktur und Verständnis 244

4 Persönlichkeit und System **247**

4.1 Charakter, Person und psychisches System 247
4.1.1 Etymologie und Begriffskonstruktion 247
4.1.2 Die Person als System im System 251
4.1.3 Der leibhaftige, vernunftbegabte Mensch 254

4.2 Ein systemisches Modell des Bewußt-Seins 259
4.2.1 Rekursive und hierarchische Verarbeitungsprozesse 259
4.2.2 Bewußtseins-Zustände als Modus der Aufmerksamkeit 268

4.2.3 Die formale Struktur der Bewußtseins-Tätigkeit	272
4.3 Vertikale Übergänge I: Körper und Bewußt-Sein	280
4.3.1 Körperlichkeit und psychischer Prozeß	280
4.3.2 Lateralität des Gehirns und Formen des Bewußt-Seins	283
4.3.3 Die fraktale Programmierung des Körpers	286
4.3.4 Physiologische Wirkungen therapeutischer Suggestionen	292
4.3.5 Zur Elektrophysiologie des Bewußt-Seins	295
4.3.6 Kortikale Sensibilisierung unter Trance	304
4.4 Vertikale Übergänge II: Der Einzelne und die Gesellschaft	306
4.4.1 Loyalität als Zeichen für Zugehörigkeit und Entwicklung	306
4.4.2 Die Rechtsethnologie von Albert Hermann Post	312
4.4.3 Die formale Struktur psychosozialer Verhältnisse	317
4.4.4 Soziale Schichtung, Durchlässigkeit und Gesellschaftstyp	320
4.5 Situation als psychologisches Konstrukt	328
4.5.1 Theoriegeschichtliche Ausgangspunkte	328
4.5.2 Die psychische Situation aus analytischer Sicht	331
4.5.3 Die psychische Situation aus behavioraler Sicht	335
4.5.4 Die psychische Situation aus systemischer Sicht	339
4.5.5 Die situative Perspektive in der Organisationsberatung	340
5 Persönlichkeitsanforderungen im Alltag – ein Strukturmodell	**344**
5.1 Motivation	344
5.2 Psychologische Alltagsdimensionen	345
5.2.1 Person und Umwelt	345
5.2.2 Materielle und personelle Umwelt	345
5.2.3 Der Körper als Signal-Ebene	346
5.2.4 Wunsch und Realisation	347
5.2.5 Nähe und Distanz	348
5.2.6 Herausforderungen durch Alltag	349
5.2.7 Lebensphasische Relativierung	351
5.3 Anomalien der Person-Umwelt-Interaktion – wie Persönlichkeitsauffälligkeiten gesehen werden können	351
5.3.1 Bewertungsmaßstäbe	351
5.3.2 Handlungsnormen und Devianz	354
5.3.3 Kategoriale versus dimensionale Konstrukte	358
5.3.4 Persönlichkeitsstörungen versus Störungen des Systems	361
5.3.5 Funktionsstörungen des psychischen Systems	364
5.3.6 Internalisierte Interaktionsstörungen	367

5.4 Implikationen für Therapie und Beratung 371
5.4.1 Was Therapie ermöglicht 371
5.4.2 Situative Diagnostik 374
5.4.3 Varianten situationsbezogener Therapie 379
5.4.4 Therapeutische Beachtung der Selbstachtung 385
5.4.5 Meta-Prinzipien des therapeutischen Handelns 388
5.4.6 Verändern von Verhältnissen vs. Verhaltensänderung 396

5.5 Zusammenfassung und Ausblick 399
5.5.1 Persönlichkeitsdiagnostik im systemischen Diskurs 399
5.5.2 Perversionen der „Wissenschaftlichkeit" 405
5.5.3 Zur Situation des therapeutischen Versorgungssystems 409

6 Literatur **420**

故
修之於身其德乃真
修之於家其德乃餘
修之於鄉其德乃長
修之於國其德乃豐
修之於天下其德乃普
以身觀身
以家觀家
以鄉觀鄉
以國觀國
以天下觀天下
吾何以知天下然哉
以此

„Wer sie in seiner Person entwickelt,
dessen Wirkkraft / Tugend wird aufrichtig.
Wer sie in seiner Familie entwickelt,
dessen Wirkkraft / Tugend geht über das Nötige hinaus.
Wer sie in seinem Ort entwickelt,
dessen Wirkkraft / Tugend währt lange.
Wer sie in seinem Staat entwickelt,
dessen Wirkkraft / Tugend wird gewinnt Ansehen.
Wer sie überall in der Welt entwickelt,
dessen Wirkkraft / Tugend wird Allgemeingut.

Daher:
Erkenne die Person anhand der Person,
erkenne die Familie anhand der Familie,
erkenne den Ort anhand des Ortes,
erkenne den Staat anhand des Staates,
erkenne die Welt anhand der Welt,

Woher weiß ich, daß es in der Welt so ist?
Durch dies."

Laozi · Daodejing, Kapitel 54, 3. Jahrhundert v. u. Z.

1 Existenzielle Grundlegung

1.1 Motivation

Persönlichkeit? Persönlichkeitstheorie? Wie sollen sich diese Begriffe in eine allgemeine *Theorie*[1] fügen? Beschreibt Persönlichkeit etwa nicht das Individuelle, nicht das, wodurch sich Menschen unterscheiden? Und als wäre das nicht genug: Eine Theorie der Persönlichkeit auf systemischer Grundlage? Ist die Radikalität der systemischen Ansätze nicht in der Aufhebung des Persönlichkeitsbegriffes zu suchen?

Auf den ersten Blick scheint es, als erklärten Theoretiker wie Niklas Luhmann (1984, S. 346), aus der Soziologie kommend, die Person für überflüssig. Im Rahmen eines soziologischen Ansatzes mag dies – für axiomatische Spielereien – gerechtfertigt sein. Aus psychologischer, erst recht aus psychotherapeutischer Sicht verflüchtigt sich mit der Aufhebung der Person oder der „Persönlichkeit" der Gegenstand des Interesses. Doch auch in der Soziologie entfallen, würde man der theoretischen Illusion entpersonalisierter sozialer Systeme folgen, wichtige Fragestellungen, beispielsweise nach dem Verhältnis von einzelnem Akteur und gesellschaftlichen Zwängen.

Genauere Betrachtung korrigiert das Bild. In der Theorie verschwindet die Person nicht als Begriff, sie wird lediglich dem „psychischen System" subsumiert. Luhmann (1984) entfernt den Menschen nicht aus seinem Gebäude, er schreibt ihm lediglich nicht mehr die Position als „Element" sozialer Systeme zu. Die Forderung, die Mitglieder eines Systems nicht mit dessen Elementen zu verwechseln, erscheint bloß auf den ersten Blick kontraintuitiv.

Der „gesunde Menschenverstand" sieht sich selbst so gern als Teil eines großen gesellschaftlichen Ganzen, sei es, um sich darin aufgehoben, sei es, um sich von ihm unterdrückt zu fühlen. Wenn die Grundlage sozialer Systeme Kommunikation ist und nicht die Person – d.h.

---

[1] θεωρέω [griech.]: 1) anschauen, überdenken, ins Verhältnis setzen; 2) Gesandter auf einem (Opfer-) Fest sein.

nicht die Person in ihrer Gesamtheit, sondern nur der in einem bestimmten Zusammenhang kommunizierende Teil der Person – welche Rolle spielt der Mensch dann überhaupt? Wie läßt sich sein Verhältnis zur Gesellschaft, zum Staat, zur natürlichen Umwelt, zur Industrie- und Maschinenwelt beschreiben? Ist der Mensch Gestalter oder Opfer seiner Umwelt?

Das Unbehagen bei dem Versuch, die Person nicht länger als Element sozialer Systeme zu betrachten, wirft eher ein Licht auf das Unbehagen der modernen Gesellschaft, die den einzelnen Menschen nicht mehr in seiner kommunikativen Ganzheit beansprucht, sondern nur noch in funktionalen Zusammenhängen. Das mag in manchen Fällen als schmerzhaft empfunden werden, mitunter als glücklicher Umstand, der Freiheit und Anonymität in der Rollenbegrenzung bedeutet. Zumindest wäre die Unterscheidung zu treffen, in welchen Kontexten bloß eine Teilleistung – in seltenen Fällen emotionaler Natur – gefordert wird, und wo der ganze Mensch gefragt ist. Ob dies jeweils zur Situation paßt, steht auf einem anderen Blatt. Die Inkarnation der Arbeitsteilung, die Fordsche Fabrik, hat die Fraktionierung der psychischen Beanspruchung mit wissenschaftlicher Akribie auf die Spitze getrieben: höchste Effektivität der Produktion zum Preis der krassesten Verarmung der Persönlichkeit der Fließbandarbeiter. Ganzheitlichkeit ist wohl nur – oder nur noch – in wenigen Momenten des Lebens zu finden, in der Kunst, der Poesie und manchmal in der Liebe. Das läßt ihren Wert, auch subjektiv empfunden, steigen. Mit der modernen Libertinage kommt ein konservatives Festklammern am Menschlich-Zwischenmenschlichen – bis hin zur archaisch rächenden Verteidigung im Beziehungsmord – ins Spiel.

Nicht Menschen sind Element sozialer Systeme, sondern ihre Kommunikation schafft das System. Der Grenzfall, daß der ganze Mensch kommunizierend in das System eintritt oder auch nur eintreten will und damit die Funktionalität eines zweckbestimmt-fraktionierten Systems stört, muß jedoch mitgedacht werden. Damit haben wir aber noch keine Antwort auf die Frage gefunden, welches Verhältnis Person und System im funktionalen, rollengeteilten „Normalfall" zueinander einnehmen.

Geradezu beiläufig ist hier das Kriterium eingeflossen, das seit langem zur Bewertung seelischer Gesundheit dient und selbst in den psychiatrischen Diagnoseschlüsseln als Generalmerkmal klassifiziert wird, im amerikanischen „Diagnostic and Statistical Manual" (DSM) als „Schwere der psychosozialen Belastung", Achse IV, und „generelles Anpassungsniveau", Achse V, positiv zusammengefaßt: die Fähigkeit, situationsadäquat zu handeln. Dies bedeutet in der psychologischen Praxis vor allem die Fähigkeit, den Alltag zu meistern, den Alltag in Familie, Beruf, Freizeit. Diese Forderung klingt dürftig, ja kleinbürgerlich, als wäre sie nur das Minimum des Erreichbaren in einer Therapie. Wenn die Aufgabe des Erziehungssystems einer Gesellschaft darin zu sehen ist, auf mehr oder weniger intelligente oder funktionale Weise für die soziale Stratifikation der Menschen zu sorgen, dann läßt sich Therapie als Versuch der Korrektur dieser Positionierung begreifen. Tatsächlich spielt sich Psychotherapie häufig an beiden Rändern des sozialen Spektrums ab: In die Therapie kommt der Manager, der sich nach 15 erfolgreichen Berufsjahren unüberwindlichen Versagensängsten gegenüber sieht, ebenso wie der Straftäter, der durch Gerichte und Auflagen verpflichtet wird, sich der Gesellschaftsmitte anzunähern.

Die Beschränkung auf die Fähigkeit zur Alltagsbewältigung grenzt den omnipotenten Anspruch des Therapeuten ein, hinter jeder Auffälligkeit – die prinzipiell auf einen Vergleichsmaßstab bezogen werden muß, was in der Praxis häufig vernachlässigt wird – ein therapiewürdiges Defizit zu vermuten. Imstande zu sein, Alltagssituationen zu gestalten, öffnet die Tür zur individuellen Freiheit. Diese ist letztlich eine Sache der Kultur, Therapie dient ihr als Werkzeug.

Die Alltagsklausel hat ihrer offenkundigen Schlichtheit zum Trotz gewisse Tücken: Woran soll sie erkannt, wie soll sie operationalisiert werden? Für die am naturwissenschaftlichen Vorbild orientierte Psychologie ist „Alltag" eine zu schwammige Größe, um das Bedürfnis nach Meßbarkeit zu stillen. Daher wird umgekehrt von den Symptomen der Beeinträchtigung auf Insuffizienz im Alltag geschlossen, wobei Selbst- und Fremdgefährdung am gravierendsten zu Buche schlagen: Sie stellen die Existenz in Frage. Die Verschlüsselung der allgemeinen Anpassungsfähigkeit auf einer unabhängigen Skala täuscht nicht über die Zirkularität des Unternehmens hinweg. Neben Selbst- und Fremdgefährdung, die wohlgemerkt zugleich als Diagnosemerkmal diverser „Störungsbilder" herangezogen werden, taucht die Fähigkeit zu bedeutsamen zwischenmenschlichen Beziehungen auf, die auf Achse II vielfach in die

Definition von „Persönlichkeitsstörungen" eingeht. Tatsächlich ist hier ein Mangel an unabhängigen Kriterien zu beklagen, die nicht zugleich auch ein psychologisches Konstrukt darstellen. Die „psychosozialen Stressoren", die Achse IV aufzählt und keineswegs durchweg als Belastung oder gar Trauma verstanden wissen will (z.B. „Geburt des ersten Kindes") deuten die paradigmatische Vielfalt der Alltagssituationen an und können nur als Beispiele herhalten, die zur klassifikatorischen Orientierung vom Diagnostiker herangezogen werden können. Völlig unreflektiert bleibt das häufig zu beobachtende Phänomen, daß besondere Herausforderungen auch besondere Ressourcen zu mobilisieren vermögen – derart dialektische Gedankengänge passen nicht in das zwar multiaxiale, aber immer noch lineare Schema der psychiatrischen Diagnose.

Wie kann die Mannigfaltigkeit der Alltagssituationen, mögen sie belastend oder mobilisierend wirken, so beschrieben werden, daß sie psychologischen Erhebungen zugrunde gelegt werden können? Rolf Steyer, ein mathematisch versierter Methodiker, der wiederholt anmahnt, daß psychologische Befragungen nicht im situationsfreien Raum stattfinden, stutzt die Situation mit gewetztem Occamschen Messer für diagnostische Untersuchungen zurecht (z.B. Steyer et al. 1997a,b). Minimalistisch deutet er latente State-Variablen als situative Komponente, in Wirklichkeit messen sie nur den Einfluß der momentanen Befindlichkeit auf die Zielgröße, beispielsweise „Angst" im State-Trait-Angstinventar.

> „Je komplexer und – aus der Alltagsperspektive – wichtiger die Begriffe werden, desto seltener tauchen sie in empirischen Untersuchungen auf, die darauf abzielen, die zugrundeliegenden Mechanismen zu messen und die Gesetzmäßigkeiten ihres Zusammenwirkens zu eruieren." (Julius Kuhl 2001, S. 18)

Die methodische Schwierigkeit, Bestimmungsmomente der psychischen Situation festzustellen, wird hier durch eine Transponierung der vieldimensionalen Kategorie „Situation" auf eine eindimensionale Operationalisierung der Kategorie „Befindlichkeit" oder „Belastung" umgangen – was soviel sagt wie der Brotpreis über Größe, Gewicht, Alter, Form, Duft, Farbe, Geschmack und Inhaltsstoffe eines Brotes. Die momentane Befindlichkeit ist doch ein sehr diffuser Indikator der psychischen Situation, in der sich ein Mensch befindet. Allein anhand der

Befindlichkeit läßt sich schwer unterscheiden, ob jemand gerade eine nahestehende Person aufgrund eines Suizids oder aufgrund einer Gewalttat verloren hat.

Die Vielfalt existenzieller Situationen und die noch größere Vielfalt der Möglichkeiten ihres psychischen Reflexes verhindern eine allgemeingültige Taxonomie. Daran ist der Situationismus (Magnusson & Endler 1976, Endler & Magnusson 1976), bei allen Bekenntnissen zu seiner Bedeutsamkeit, methodisch gescheitert. Ein Ausweg läßt sich nur in der detaillierten situationsspezifischen Entwicklung psychologischer Ergebungsinstrumente finden, ein Vorstoß, der vor allem von der Arbeitspsychologie betrieben wurde. Wie soll eine Arbeitstätigkeit beispielsweise hinsichtlich ihrer psychischen Förderlichkeit bzw. der Verursachung von Monotonie und Streß beurteilt werden, wenn nicht auch die konkreten Verhältnisse am Arbeitsplatz ins Licht rücken? Die Kunst besteht darin, jenes Abstraktionsniveau der Beschreibung zu treffen, daß die Untersuchungsmethode konkrete Merkmale der Situation aufzunehmen vermag und gleichzeitig auf zahlreiche Situationen anwendbar bleibt.

Die Beschränkung des Fokus auf Tätigkeiten der Erwerbsarbeit, vorrangig körperlicher Art, ermöglicht die Einbeziehung situativer Gesichtspunkte neben psychologischen. Für klinische oder gar kriminologische Fragestellungen ist diese Form der Komplexitätsreduktion jedoch wenig hilfreich. Wer auf diesem Feld situative Momente in Erwägung ziehen will, nähert sich unweigerlich dem Existenzialismus, d.h. der metaphysischen Spekulation, die von der wissenschaftlichen Psychologie ausgeschieden wurde. Ist es umgekehrt überhaupt erfolgversprechend, ohne mitlaufende Reflexion der Erkenntnisvoraussetzungen psychotherapeutische Arbeit zu leisten? Forschung, die lediglich auf die Evaluation begrenzter therapeutischer Effekte abzielt, muß sich den Vorwurf der Zweckbestimmtheit als Bestätigungsforschung gefallen lassen, die keine innovativen Impulse entwickelt. Vielmehr bedarf es des „Abklopfens" der existenziellen Strukturen des Alltags, um daraus situative Momente für klinisch und kriminologisch relevante Erhebungsinstrumente zu extrahieren. Vollständigkeit kann in der Formulierung von auslösenden Situationen kein Maßstab sein. Um in der Fülle situativer Variationen nicht unterzugehen, kann auch hier das Abstraktionsniveau so gewählt werden, daß ein Optimum zwischen Subsumierbarkeit und Konkretation entsteht.

Können wir also zur Tagesordnung übergehen? Können wir stracks mit der Operationalisierung „situativer Komponenten" oder ähnlicher verdinglichender Konstrukte beginnen? Das hieße einen Fehler zu wiederholen, den die Psychologie infolge ihrer Anlehnung an die scheinbare Objektivität der Naturwissenschaften begangen hat, der sowohl die Kritik durch den Situationismus hervorrief als auch dessen Scheitern. Bereits im 18. Jahrhundert stellte sich Christian Wolff in seiner „Psychologia rationalis" einem umfassenden wissenschaftlichen Anspruch:

> „In der rationalen Psychologie sind die Beweisprinzipien aus der Ontologie, Kosmologie und empirischen Psychologie zu entnehmen." (Wolff 1734, Prol. §3)

Dies ist die Richtung, an der sich eine theoretische Psychologie orientieren kann, um sich nicht in deskriptiven Statistiken zu erschöpfen. Die wissenschaftsstrategische Vorlagerung von Ontologie und Kosmologie wäre allerdings auf weitere Disziplinen, vor allem die Soziologie, zu erweitern. Noch Anfang der 1970er Jahre konnte Gregory Bateson scharf gegen die einseitige Orientierung auf den Empirismus und seine induktiven Methoden polemisieren.

> „Es ist nur allzu klar, daß die überragende Mehrheit von Begriffen der zeitgenössischen Psychologie, Psychiatrie, Anthropologie, Soziologie und Ökonomie vom Netzwerk wissenschaftlicher Grundlagen total losgelöst ist... Der Möchtegern-Verhaltenswissenschaftler, der nichts über die Grundstruktur der Wissenschaft und über die 3000 Jahre sorgfältigen philosophischen und humanistischen Nachdenkens über den Menschen weiß – der weder Entropie noch Sakrament definieren kann –, sollte sich besser zurückhalten, als dem bestehenden Dschungel von unausgegorenen Hypothesen noch eine weitere hinzuzufügen." (Gregory Bateson 1972, S. 20 / 22)

Dabei ist einiges unternommen worden, um diesen Vorwurf zu entkräften – allerdings nicht in der Psychologie. Immerhin wird sie von zwei Seiten her durch Grundlagentheorien in die Zange genommen. In der Soziologie löste Talcott Parsons (1959) „General Theory" eine Woge an übergreifenden Konzeptionalisierungsversuchen aus. Vom Methodisch-Heuristischen her bot George Spencer-Brown's (1969) „Logic of Form" erneut einen Ausgangspunkt, um strukturelle Verallgemeinerungen proklamieren und empirisch-statistische Beobachtungen unter dem Dach der Systemtheorie zusammenführen zu können.

Die Psychologie ist davon weit entfernt. Ja, bereits eine Diskussion des Anspruches, über empiristische Bestätigungsforschung hinaus ein theoretisches Gebäude zu entwerfen, polarisiert noch immer in gewohnter Weise.[2] Als hinge das Selbstbewußtsein der Psychologie als Wissenschaft, ihre Existenzberechtigung heute wie im 19. Jahrhundert von Bekenntnissen der Abgrenzung gegenüber der Philosophie ab. Theoretische Entwürfe, die den ursprünglichen Gegenstand der Psychologie betreffen, lassen sich allenfalls in der therapeutischen Literatur finden. Dort gefällt man sich – exemplarisch in Sigmund Freuds Selbstmißverständnis als Naturwissenschaftler, der den Energiebegriff auf das Gebiet des Psychischen überträgt – in Überdeterminiertheit und falschen Analogien. Die Abgrenzung von der spekulativen Philosophie war für die Psychologie notwendig wie die pubertäre Rebellion gegen die Eltern für den Jugendlichen. Doch ist die Philosophie deswegen zu verwerfen? Kommt es nicht vielmehr darauf an, ihren adäquaten Platz zu erkennen in der Konstruktion jener Wissenschaft mit dem Namen „Psychologie"? Die Anbiederung an die quasi-objektiven Methoden der Naturwissenschaften, die ihrerseits wissenschaftstheologischen Voraussetzungen und eigendynamisch stimulierten Paradigmenwechseln unterliegen, kann der Psychologie nicht jene Souveränität verleihen, damit sie sich als Grundlagenwissenschaft behaupten kann. Was wäre denn eine Wissenschaft ohne Theorie? Wohl weniger als der Wetterbericht.

„Weil Wahrnehmen und Handeln in ständiger Abhängigkeit von der Umgebung stattfinden, kann man sie ohne Verständnis dieser Umgebung selbst nicht verstehen. Das heißt, daß der Psychologe niemanden vorhersagen oder steuern kann, der mehr über die Situation weiß als er oder der Information aufnimmt, die er außer Acht gelassen hat. Die menschliche Umwelt ist in hohem Grade kompliziert, und ungeheuer viele Disziplinen von der Politologie bis zur Verhaltenswissenschaft bemühen sich, sie zu verstehen. Nur wenige von diesen Disziplinen können bis heute große Erfolge vorweisen. Doch es geht mir hier nicht darum, sie zu kritisieren. Es geht mir darum, der Disziplin, die sich selbst 'Verhaltenswissenschaft' nennt, ein bißchen Bescheidenheit nahezulegen. Die Vorhersage und die Steuerung des Verhaltens in der wirklichen Welt verlangt genaue Kenntnis dieser Welt in einem Ausmaß, wie wir sie gewöhnlich nicht haben, und sie fällt tatsächlich aus dem Bereich psychologischer Zuständigkeit heraus." (Ulric Neisser 1976, S. 144)

---

[2] Auch die „systemischen Ansätze" erweisen sich bislang als zu interventionsbezogen, um offen zu sein für eine allgemeine *Theorie* der Persönlichkeit.

Die gegenwärtig von der „kognitiven Verhaltenstherapie" beherrschte klinische Psychologie zerstückelt systemische Zusammenhänge partikularistisch in einzelne Teilgebiete, von denen jedes sein eigenes theoretisches Arsenal „mit eingeschränkter Reichweite" besitzt – hier Panikattacken, dort depressive Verstimmungen, dann wieder Streßerleben oder verzerrte Wahrnehmungen –, während nur durch den Formalismus der statistischen Evaluation ein übergreifender Anspruch als wissenschaftliche Disziplin behauptet wird. Als Referenz, als Identifikationsmöglichkeit reicht die statistische Methodik aber keinesfalls aus; genügend andere Wissenschaften bedienen sich ihrer, häufig mit größerer Eleganz als die Psychologie. Gesucht ist ein umfassender theoretischer Ansatz, der sich selbstbewußt als inhaltlich definiert, ohne zugleich in die Reduktionismusfalle zu geraten.

> „Meine kritischen Anmerkungen über die metaphorische Verwendung von 'Energie' in den Verhaltenswissenschaften vereinigen sich zu einem ziemlich einfachen Vorwurf gegenüber vielen meiner Kollegen, daß sie versucht haben, die Brücke zu der falschen Hälfte der antiken Dichotomie von Form und Substanz zu schlagen. Die Gesetze von der Erhaltung von Materie und Energie betreffen eher Substanz als Form. Aber geistige Prozesse, Ideen, Kommunikation, Organisation, Differenzierung, Muster und so weiter haben eher mit Form als mit Substanz zu tun." (Gregory Bateson 1972, S. 26)

Wer Übereinstimmungen zwischen einer von ihm bevorzugten Therapieschule und der Systemtheorie sehen will, der wird sie sehen. Wie Luc Ciompi (1982) Parallelen zur Psychoanalyse erkennt, wäre es leicht, auch Überschneidungen zwischen Systemtheorie und Behaviorismus oder kognitiver Verhaltenstherapie herauszustreichen. Die Systemtheorie bietet einen formalen Rahmen zur Beschreibung komplexer Zusammenhänge, ein Variablengerüst, das auf sehr unterschiedliche Erfahrungsfelder anwendbar ist. Diese Voraussetzung entbindet nicht von der Mühe, eine psychologische Theorie der Situation und der Situationsveränderung zu formulieren, die zugleich auch Bedingungen für erfolgreiche Intervention einschließt. Die Übersetzung therapieschuleninterner Termini in systemtheoretische Begriffe genügt als Entwurf einer Konzeption nicht. Gleichwohl können die Therapieschulen nach Maßgabe ihres Fokus und ihres Vorgehens Fragestellungen aufwerfen, der sich eine allgemeine Therapietheorie stellen müßte, z.B. unter welchen Bedingungen die Ablösung oder Vereinigung zweier Systeme verläuft, wodurch sie behindert und wie sie unterstützt werden kann.

Selbst in der angewandten Psychologie scheint der Streit zwischen natur- und geisteswissenschaftlicher Ausrichtung entschieden: zugunsten des deskriptiven Empirismus, dessen dogmatische Argumente sich die Gesundheitspolitik angeeignet hat. Eine Therapieschule, die Bestätigungsforschung ablehnt, riskiert die Verweigerung der kassenärztlichen Anerkennung. Praktisch wird unser Gesundheitsbegriff stärker durch längst überholte Schemata einiger Lobbyisten-Vereinigungen definiert als durch einen fair zu nennenden akademischen Diskurs. Dabei kennzeichnet der Empirismus eine Frühstufe in der Entwicklung der Naturwissenschaften und auch seine Ausdehnung hin zum Probabilismus löst die grundlegenden formalen Probleme nicht, denen er sich gegenüber sieht. Während die Quantenphysik das Nachdenken über alternative logische Kalküle (z.B. Stegmüller & Varga von Kibéd 1984), den Einfluß des Beobachters und eine Theorie der Zeit anregte, beschränkt sich die naturwissenschaftlich orientierte Psychologie in ihren theoretischen Grundlagen weitgehend auf Konzepte des 18. und 19. Jahrhunderts. Grob gesagt, herrscht in der „naturwissenschaftlichen" Psychologie ein verdinglichend-reduzierter umgangssprachlicher Duktus vor, der dementsprechend an statistische Methoden mit kategorialer Genauigkeit gekoppelt ist (Unterschiedstests, Varianz-, Faktorenanalysen, korrelative Zusammenhänge).

Nach dem Motto „Was ich nicht sehe, existiert nicht" hat die Situationismus-Debatte der 1970er Jahre die polemische Blindheit verlängert, mit der sich Behavioristen Skinnerscher Prägung gegen die Etablierung psychologischer Theorien mit internen Variablen immunisieren wollten. Die neuere, systemisch „angehauchte" Rehabilitierung stabiler psychischer Eigenschaften, die Julius Kuhl (2001, S. 58) formuliert, bleibt ihrerseits in einer Polemik gegen die Situationsgebundenheit menschlichen Handelns stecken. Oder sagen wir es anders: Würde Kuhl auch an dieser Stelle und nicht nur in seiner Einführung von Handeln statt von Verhalten sprechen, wäre seine Ignoranz gegenüber der „Situation" weniger durchgängig ausgefallen. Manchmal zumindest gesteht Kuhl „situativen Einflüssen" eine gewisse Rolle zu. Die Analogien, die Kuhl bemüht, um die Irrelevanz der Situation gegenüber stabilen Persönlichkeitseigenschaften vor Augen zu führen, folgen einer seltsam klassischen Denkweise: Ein Stein verändere sein Gewicht nicht, wenn er von unterschiedlicher Höhe unterschiedlich schnell fällt; ein

Auto verliert seinen Motor nicht, wenn es parkt. Gerade ein Theoretiker, der heuristisch Anleihen nimmt in den Naturwissenschaften, sollte doch wissen, daß ein Körper nach der Relativitätstheorie sein Gewicht mit der Geschwindigkeit verändert, wenn auch – solange sich der Körper langsam bewegt – nur minimal.

Persönlichkeitstheorie ohne hinreichende Konzeptualisierung der Situation ist vergleichbar mit Systemtheorie ohne einen Begriff von „Umwelt" oder – um im zweiten Bild Kuhls zu bleiben – wie ein Auto mit Motor und allen anderen Bestandteilen, die es zum Fahren befähigen, aber schwebend im luftleeren Raum. Die Eigenschaften der Fahrbahn, des Geländes, der Außentemperaturen usw. entscheiden maßgeblich darüber, ob die Qualitätsmerkmale des Fahrzeugs zur Wirkung kommen können. Wer sich mit einem Volkswagen-Modell im Winter auf unasphaltierten Wegen durch die russische Ebene bewegt, wird die Bedeutung der Interaktion zwischen System und Umwelt rasch zu spüren bekommen. Doch es ist charakteristisch, daß sich die Psychologie außer in Einzelkonzepten wie „Belastungserleben" kaum über den Tellerrand der psychischen Eigenschaften traut, müßte sie dabei doch ihren angestammten Erkenntnisgegenstand relativieren.[3] Eine Psychologie, die nur auf psychische Eigenschaften und Interaktionen zwischen psychischen Subsystemen rekurriert, gleicht einem Gehirn, das von Sinneswahrnehmungen und efferenten Impulsen amputiert ist. Es wird noch Repräsentationen der Umwelt aktivieren können, doch diese haben nichts mit der aktuellen Situation zu tun.

Trotz seiner Umfänglichkeit verrät Julius Kuhls Werk (2001) nicht, welche Art von Systemtheorie für die Integration der einzelwissenschaftlichen empirischen Ergebnisse der Psychologie zu einer allgemeinen Theorie angewandt werden soll. Sind die klassische Kybernetik und Regelkreis-Modelle der Theorie autopoietischer und selbstreferenzieller Systeme, die in der Neurobiologie und Soziologie Verbreitung gefunden hat, vorzuziehen? Oder besser doch umgekehrt? Die implizite Gleichsetzung von „Systemtheorie" und „Funktionsanalyse", die Kuhl (2001) mehrfach vornimmt, bleibt zu vage, um seinen Standort zu be-

---

[3] Die sogenannte „Ökopsychologie" betrachtet Ökologie nicht umfassend wie etwa noch Kurt Lewin oder Gregory Bateson, sondern eingeschränkt auf das „Umweltbewußtsein" gegenüber der Natur.

stimmen. Funktionen werden auch in der Psychoanalyse und im Behaviorismus analysiert, ohne daß dort ein systemisches Denken zugrunde liegt. Die gelegentliche Erwähnung rekursiver Prozesse deutet eine Verbindung zu Zirkularitätskonzepten zumindest an.

Wie dem auch sei: Die Dynamik der Abgrenzung und des Anschlußfindens in der jeweiligen Umwelt markiert das zentrale Moment der Konstitution eines Systems, über das es sich definiert und seine Existenz begründet. Eine allgemeine Theorie, welche die Systemtheorie für die Beschreibung der „Persönlichkeit" fruchtbar anwenden möchte, wird sich zuvorderst mit diesem Thema auseinandersetzen müssen. Weder die einseitige Fokussierung der Situation (bzw. Umwelt) noch die einseitige Analyse der Person (bzw. des Systems) führen zu einem vollständigen Bild, sondern die Betrachtung der Wechselwirkung zwischen beiden. Dazu bedarf es selbstredend sowohl einer ausdifferenzierten theoretischen Konzeptualisierung der „Person" als auch der „Umwelt".

Will man der Persönlichkeit stabile Eigenschaften zuordnen und zugleich deren situative Variation eingestehen, kommt man nicht um die Hypothese herum, es gebe „latente" oder „potenzielle" Eigenschaften. Insofern ist Kuhl und mit ihm der überkommenen Persönlichkeitspsychologie zuzustimmen. Eine systemische Alternative dazu würde das Vorhandensein und Wirken von Persönlichkeitseigenschaften weniger statisch fixieren: Aus ihrem Blickwinkel erscheinen „Eigenschaften" jeweils transient in der Interaktion von System und Umwelt konstruiert. Um es radikal zu formulieren: Sie werden in der Wechselwirkung neu geschaffen, müssen daher nicht latent vorhanden sein. Prägende Vorerfahrungen und mehrgenerational ererbte oder übertragene Strukturen des Systems (der Person) können jedoch die Wahrscheinlichkeit bestimmter, situativ aktivierter „Eigenschaften" erhöhen. Insofern *re*konstruiert die Person sich fortwährend selbst, ist damit aber nicht im klassischen Sinne mit sich selbst identisch, sondern – um einen Ausdruck aus der Mathematik nichtlinearer Systeme und deren Geometrie aufzugreifen – „nur" selbstähnlich. Die Implikationen dieser Idee für die philosophischen Grundlagen der Psychologie und eine Theorie der Persönlichkeit bilden den Gegenstand dieses Buches.

Dabei muß bewußt bleiben, daß in komplexen Systemen und ihren ebenso komplexen Umweltbeziehungen einzelne Momente („Subsysteme") mit einer gewissen Willkür herausgegriffen und relational verkoppelt werden können. Julius Kuhl (2001) kommt das Verdienst zu, die empirischen Ergebnisse der kognitiven Psychologie und der Motivationsforschung auf breiter Front in funktionalem Zusammenhang zu interpretieren. Daß sein Schwerpunkt in der Dekomposition des „freien Willens" in unterschiedlich wirksame Anteile und in der Diskussion diesbezüglicher Fragen des Leib-Seele-Zusammenhangs liegt, bringt in fachpsychologischen Termini die Bedeutung zirkulärer Referenzialität psychischer Systeme und ihrer Übersetzung in Körperfunktionen zur Sprache. Doch muß methodisch jegliche, auch die in diesem Buch vorgenommene Schwerpunktsetzung hinterfragt werden: Wenn „stabile Persönlichkeitseigenschaften" als geordnete Strukturen zu verstehen sind und Ordnung in komplex-vernetzten, chaotisch agierenden Systemen – zu denen das Gehirn offenbar gerechnet werden kann – auf dem Wege synergetischer Selbstregulation rekursiv erzeugt wird, welchen Sinn haben dann inhaltliche Hervorhebungen angesichts der resultierenden fraktalen Selbstähnlichkeit der Prozesse noch? Was sagen uns bei dieser Betrachtungsweise Korrelationen und Faktorenanalysen?

Ursprünglich eröffnete der Reichtum der natürlichen Sprache, wie er noch in der sogenannten geisteswissenschaftlichen Psychologie anzutreffen ist, die Möglichkeit, nichtlineare, intuitive, sinngestiftete, innere Vorgänge zu schildern – freilich ohne die Objektivierungsvorteile der Quantifizierung. Ist die Zeit endgültig vorbei, in der die Psychologie noch mit Eduard Spranger (1922) als „Wissenschaft vom sinnerfüllten Erleben"[4] bezeichnet werden konnte? In der psychologischen Praxis stößt das experimentell-positivistische Herangehen trotz des institutionell forcierten Vormarschs der kognitiven Verhaltenstherapie auf enge Grenzen. Empathisch-verständnisorientiertes Zuhören, gepaart mit Überraschungsstrategien und kunstvoll nuancierten Interventionen, erfreut sich großer Beliebtheit. Die Kluft zwischen universitär-akademischer Ausbildung und therapeutischer Arbeit läßt sich größer kaum vorstellen. Im Kern spiegelt sich in dieser Dichotomie die unsägliche Grenzziehung zwischen dem „Baum des Lebens" und dem „Baum der Erkenntnis", die in den jüdisch-christlich geprägten Gesellschaften als

---

[4] Vorwort zur dritten Auflage, zit. nach der vierten Auflage von 1924, S. XIII

strukturbildende Leitdifferenz zur Abkopplung von wissenschaftlicher Erkenntnis und Lebensweisheit beigetragen hat.

George Spencer-Browns „Logic of Forms" kann als Entwurf einer Algebra der Sinnhaftigkeit verstanden werden, die zumindest in den systemischen Ansatz Eingang gefunden hat (Simon 1993). Therapietheorie ist in erster Linie Theorie des Umgangs mit Alltagssituationen, daraus erklärt sich das große inhaltliche (nicht aber methodische) Überschneidungsfeld zwischen Existenzphilosophie und klinischer Psychologie. Therapeutische Ansätze, die nicht von einer unzulässigen Reduktion der menschlichen Existenz ausgehen, sind rar, geschweige denn wissenschaftlich anerkannt. Der strukturalistisch-systemtheoretische Ansatz ist nicht geeignet, Inhalte zu erklären. Sie erscheinen ihm illustrativ. Vielmehr vermag er aber ein Gerüst bereitzustellen, anhand dessen die Dinge an den passenden Stellen plaziert werden können.

Aus systemischer Perspektive wäre es jedoch irreführend, „Erleben" mit strukturalistischen und „Handeln" mit dynamischen Aspekten in Verbindung zu bringen (vgl. Kuhl 2001). Daß im Alltag das Handeln häufig entscheidender als das Erleben ist, in der akademischen Psychologie – und zwar selbst in der auf das „Verhalten" ausgerichteten Forschung, die sich unbekümmert auf Selbstauskunftsfragebögen statt auf die Beobachtung von Handlungen stützt – jedoch das „Erleben" den bevorzugten Gegenstand bildet, gehört zu Recht den beklagten Mißständen an. Strukturen sind jedoch für Handlungspläne und deren motorische Realisation ebenso kennzeichnend wie dynamische Prozesse im Wahrnehmungszyklus. Die Crux besteht darin, afferente und efferente Systeme nicht isoliert, sondern durch horizontale und vertikale Rekursionsschleifen temporär miteinander verknüpft zu sehen und darüber hinaus den motivationalen Größen der Situation übergeordnete Geltung einzuräumen.

Von emergenter Seite her hat sich im 19. Jahrhundert Albert Hermann Post mit dem Übergang zwischen psychischen und sozialen Prozessen befaßt. In seiner Ausarbeitung der „ethnologischen Jurisprudenz" (1886, 1889, 1893, 1895) hat er die Schwierigkeiten erkannt, die einer – wie man heute sagen würde – bottom-up-Analyse sozialer Phänomene auf psychischer Grundlage entgegen stehen. Daher suchte er nach einem Ansatz, der umgekehrt die top-down-Perspektive vom sozialen Kontext auf den Einzelnen eröffnete. Sein engeres Interesse richtete sich auf die gültige Beschreibung des Rechtslebens. Ohne daß er zu einer systemtheoretischen Sprechweise hätte Zuflucht nehmen können, greift seine Methode vieles voraus, was unter dem Einfluß systemischen Denkens nun in einem funktionalen Licht erscheint.

Den Entwurf zu einer *Theorie*, die Brücken baut zwischen Genauigkeit anpeilender Persönlichkeitsbeschreibung, situativen Variationen und der aus beiden resultierenden Gewinnung von Einsicht in Ressourcen, soll die hier vorgelegte Arbeit bieten. Teil 1 enthält den theoretischen Begründungsansatz situativer Persönlichkeitsauffälligkeiten, die methodische Operationalisierung wird in Teil 2 und 3 anhand des Fragebogens „Konfliktverhalten situativ" (KV-S) detailliert ausgeführt. Da die Formulierung relevanter Situationen meines Erachtens nicht abschließend vorgenommen werden kann, stellt der Fragebogen KV-S eine offene Verfahrensfamilie dar, die entsprechend des jeweiligen Untersuchungsinteresses vom Anwender erweitert werden kann. Aus diesem Grund wurde zusätzlich zum Fragebogenmanual ein Computerprogramm (SIKON) entwickelt, das in der Forschungsversion auch die Erstellung eigener Norm- und Referenzdaten des KV-S erlaubt. Praktische Erfahrungen mit dem hier vorgestellten situativen Ansatz habe ich in meiner therapeutischen Arbeit mit Straffälligen gesammelt und in der gesonderten Publikation „Delinquenz, Haftfolgen und Therapie" beschrieben. In der Kriminologie wurde die Bedeutung der Situation – sowohl der langfristig existenziellen als auch kurzfristig auslösenden Situation – für die Beurteilung, Behandlung und Prognose von Straftätern seit langem erkannt. Ein Abheben auf psychiatrische Kategorien oder psychologische Termini allein würde nicht ausreichen. Gerade die einem sozialisierten Gemüt irrational erscheinende egozentrische Zweckgerichtetheit, die sich in kriminellen Handlungen ausdrückt, fordert zu einem interdisziplinären Herangehen mit philosophischen Vorverständnis heraus, das einer professionellen Praxis das Feld bereitet.

Im folgenden hole ich zu einem etwas weiteren Bogen aus, um System- und Evolutionstheorie für die Psychologie der Situation fruchtbar zu machen. Ich versuche einen Rahmen zu skizzieren, in dem sowohl empirische als auch praktische Psychologie ihren Ausgangspunkt erkennen können. Es handelt sich einerseits um eine allgemeine Theorie der Therapie, die dazu dienen kann, einzelne Interventionsschritte und

Praktiken abzuleiten und zu begründen, andererseits um die Hinführung zu einer situativen Theorie der Persönlichkeit, die entsprechenden diagnostischen Verfahren zugrunde gelegt werden kann.

1.2 Sein und Bewußt-Sein

1.2.1 Mitlaufende Reflexion

Das Sein – allgemeinster Zustand des Seienden – umfaßt und begrenzt den existenziellen Ausdruck der Situation. Es bezeichnet Gegenständliches, resultiert aber selbst aus begrifflicher Abstraktion. „Sein" ist die Form des Wirklichen, kann ihm daher nicht a priori vorausgesetzt werden, sondern nur gleichzeitig mit und durch das Seiende existieren. Würde es früher oder unabhängig existieren, wäre es Gegenstand, nicht Form, nicht Abstraktion. Der Gegenstand bringt seine Form mit, Sein kann nicht in die Welt treten ohne das Seiende.

Menschliches Sein – gewiß nicht einzig innerhalb der belebten Natur – ist durch die Fähigkeit zur (prä-) symbolischen Repräsentation des Seienden, den reflektierend mitlaufenden Zustand des Bewußt-Seins gekennzeichnet.[5] Bewußt-Sein erscheint evolutiv ebenso zufällig und funktional wie beispielsweise der Zustand des Magens oder der Blutgefäße. Es besitzt jedoch besondere Züge, die es gegenüber dem physikalisch und physiologisch Seienden hervorheben. Die Emergenz des Bewußt-Seins gegenüber dem physischen Sein besteht, wie schon das Wort sagt, im Bewußt-Sein, in der Fähigkeit des Menschen, sich des Seins bewußt zu sein. Bislang erscheint es unmöglich, aus dem biologischen Substrat und seinen Prozessen auf Bewußt-Sein und Bewußtseinsprozesse zu schließen – zum Leidwesen der Psychiatrie, die ihren Glaubensansatz vor allem darauf begründet. Die hochkomplexen chemischen Verbindungen und elektrischen Impulse des Gehirns verraten über Art und Inhalt des Bewußt-Seins soviel wie der Lärm, der durch

---

[5] Damit sind prä- und post-symbolische Repräsentationen etwa im Sinne „impressionistischer Intuitionen" (Kuhl & Kazén 1997, Kuhl 2001, S. 347) nicht ausgeschlossen, sie gehören natürlicherweise zur Vorbereitung und zur Realisation des sprachlichen Ausdrucks (vgl. Kapitel über „Hierarchische und rekursive Verarbeitung" in Kapitel 4), sind aber weniger für die besondere menschliche Fähigkeit zur symbolischen Repräsentation *charakteristisch*, was nicht heißt, daß sie für den Menschen als „vernunftbegabtes Tier" auch weniger *bedeutsam* wären.

die Mauern einer Fabrik dringt, über das Produkt, das in ihr hergestellt wird (Venable 1981). Ob es sich dabei nur um eine Frage der Zeit handelt, bis Psychiatrie und Neurobiologie Bewußt-Sein auf physiologischer Grundlage erklären können, oder ob es sich um ein prinzipielles, aus der spezifisch abendländischen Aufteilung der Wissensgebiete resultierendes Hindernis handelt, das sich emergent dazwischen schiebt, soll in einem eigenen Kapitel besprochen werden. Meiner Ansicht nach ist Emergenz in der Psychologie – und hier gerade in der klinischen Psychologie, die am stärksten das Alltagsleben fokussiert – bislang vernachlässigt worden. Wie konnte sonst der Irrtum unterlaufen, Handeln lasse sich reduktionistisch aus Komponenten erklären. Wie konnte sonst jene unsägliche Dichotomie zwischen natur- und geisteswissenschaftlicher Psychologie, Behaviorismus und Verstehen der inneren Prozesse, den Blick versperren?

Bewußt-Sein bildet Sein nicht einfach ab. Es ist kein Spiegel, der mit fotografischer Genauigkeit wiedergibt. Treffender wird das Bewußt-Sein durch Ulric Neissers (1976) Metapher der *cognitve map* beschrieben. Steve de Shazer (1992) verwendet die Idee der Landkarte, um Strategiepläne für den Therapeuten zu entwerfen. Die Landkarte darf nicht mit der Landschaft verwechselt werden. Einerseits enthält sie weniger, Wälder sind auf ihr z.B. nur noch als grüne Flecken dargestellt, Wege als schwarze, Flüsse als blaue Linien, ohne Rücksicht auf Farne und Moose, die im Wald zu sehen sind, wenn wir uns in ihm befinden, ohne Rücksicht auf Schlaglöcher oder Stromschnellen. Dabei könnten Informationen darüber nützlich sein, je nachdem was man vorhat. Indem die Landkarte von der wirklichen Landschaft abstrahiert, entsteht die Möglichkeit, sich über die sichtbare Vielfalt hinaus zu orientieren. Eine gute Karte verdeutlicht ohne Rücksicht auf den Maßstab Details, die der Orientierung dienen, z.B. Wegbiegungen oder bestimmte Häuser. Dennoch muß man eine Karte lesen können, und wer in die Berge will, sollte mit Höhenlinien umzugehen wissen.

Bewußt-Sein konstruiert sich seine eigenen Gegenstände und Inhalte, psychische Situationen, das Bewußt-Seiende: die „Welt". Nur was sich zumindest potenziell symbolisieren läßt, kann ich wahrnehmen. Vor ihrer Entdeckung existierte die Radioaktivität in der Welt der Menschen nicht, es gab für sie keinen Rezeptor. Die (prä-) symbolischen Formen des Bewußt-Seins erheben sich emergent über die bewußtlosen

Gegenstände des physischen Seins. Der Ausdruck, ihre Funktion bestünde in symbolischer Repräsentation, vermindert die psychische Situation unzulässig um die Befähigung des Bewußt-Seins (Geistes, Willens), dem Körper Befehle zu erteilen und Situationen zu verändern. Die Emergenz des Bewußt-Seins drückt sich gerade darin aus, daß es nicht nur reagiert, nicht nur widerspiegelt und symbolisiert, sondern daß es als Befehlsgeber Handlungen initiiert, die vom physischen System realisiert werden, nicht selten gegen physiologische Gesetzmäßigkeiten, so daß somatische Funktionsstörungen (z.B. Anorexie) *in der Folge* daraus entstehen. Methodisch nötigt die Emergenz des Bewußt-Seins zu einer von Verständnis- und Sinnfragen geleiteten Betrachtung der top-down-Perspektive neben der positivistischen bottom-up-Analyse. Erst der Impuls zum Laufen gibt dem Physiologen die Gelegenheit, das Funktionssystem von Rezeptoren und Effektoren zu untersuchen – woher der Impuls kommt, bleibt dem Physiologen ein Rätsel und daher außerhalb des Labors. In einem größeren Zeitfenster kann die Genregulation als Ausdruck der Abhängigkeit physischer Prozesse von psychischen Impulsen, vor allem auch der Abhängigkeit körperlicher Gesundheit vom Lebensstil und der Qualität sozialer Beziehungen betrachtet werden (Bauer 2002). Von einem genetischen Determinismus auszugehen, würde die Sicht auf den Menschen und die menschliche Gesellschaft biologistisch verkürzen. Die Frage ist nicht, daß Gene Entwicklungsprozesse programmieren können, sondern wann und unter welchen Bedingungen „schlummernde" genetische Programme in Gang gesetzt werden. Spätestens jetzt kommt die Situation als wesentlicher Faktor ins Spiel.

Daher benötigen wir Sinnlichkeit, Logik *und* Phantasie. Tatsächlich ist Phantasie notwendig, um sich „die Wirklichkeit" vorstellen zu können. Gerade die Naturwissenschaft hätte es ohne Phantasie nicht weit gebracht. Wir können unsere Vorstellungen nur durch aktive Bewußtseins-Prozesse in Zusammenhang mit der Situation bringen. Sein und Bewußt-Sein sind weder identisch noch aufeinander reduzierbar. Psychische Tätigkeiten – Aufmerken, Wahrnehmen, Einordnen, Erinnern, Vergleichen, Denken, Fühlen, Imaginieren, Wollen, Sprechen, Planen usw. – sind Funktionen des Bewußt-Seins, die Seiendes zu Bewußt-Seiendem *umformen*. Sie schließen bestimmte Handlungen ein, Augenbewegungen, Tasten, Zuckungen der Sprechmuskulatur und ähnliches, die sich nicht wegdenken lassen. Wir können kommunizierend sorgsam auf sie achten, können sie exakt messen, um auf die inneren Zustände und Prozesse eines Anderen zu schließen, wie es z.B. Boris Velichkovsky et al. (1995) gelang, von den Bewegungen der Pupille, mit einer Spezialkamera aufgezeichnet, die momentane Wahrnehmung der Kippbilder Arcimboldos zu rekonstruieren.[6] Der Zeitpunkt, zu dem ein Kippbild umschlägt, gehörte bis dato zu den inneren Geheimnissen des Betrachters, zur Privatsphäre des Bewußt-Seins, zur mitteilungspflichtigen Eigenschaft der Persönlichkeit des Probanden. Wie weit kognitionspsychologische Forschung dieser Provinienz auch vordringen mag – es bleibt eine Illusion, Bewußt-Sein von unten her zu erklären. Phantasie, Logik und Sinnlichkeit werden nicht nur durch physiologische Prozesse hervorgebracht, sie schaffen physiologische Tatsachen. Man könnte meinen, wenn die Natur es vermocht hat, aus Zellen Bewußt-Sein zu „zaubern", so muß es auch eine symbolische Repräsentation dieses Vorgangs geben – zumindest im Prinzipiellen. Die Rahmung der Zellprozesse durch den Geist bleibt von solcherart Betrachtung unberührt.

1.2.2 Sinn und Sinnlichkeit

Bewußt-Sein ist zweifach aufgefächert: Es kann sich auf Kognitionen beziehen, die ihren Anlaß unmittelbar in Situationen gefunden haben (Wahrnehmungen, Erinnerungen, Vergleiche, Ideen) oder auf Kognitionen, die über Kognitionen reflektieren, sogenannte Meta-Kognitionen.[7] Kognitionen, die sich auf Kognitionen beziehen, verändern damit ihre Qualität, sie werden zu Kognitionen zweiten Grades und umfassen ein wesentlich weiter gespanntes Spektrum geistiger Tätigkeit als Ko-

---

[6] Auf den Tafeln Arcimboldos finden sich mehrdeutige Darstellungen, beispielsweise von Gemüsekörben oder Büchern, die gleichzeitig auch Gesichter bilden.
[7] Gotthart Günther (1976, Bd. III, S. 141) unterscheidet in Anlehnung an Hegel vier Seinsschichten: 1. reflexionsloses Sein, 2. reflektiertes Naturbild, 3. einfach reflektierte Subjektivität, und 4. doppelt reflektierte Subjektivität. Letztere entspricht der von mir erwähnten Meta-Kognition, Günther's Stufen 2 und 3 erscheinen hier zusammengefaßt zum einfachen, eher reflexhaften Kognition (wobei mir hervorhebenswert erscheint, daß fotografisch-abbildendes Bewußt-Sein nicht existiert bzw. auch die Fotografie kein Abbild, sondern einen subjektiv gewählten Ausschnitt liefert; zum Wesen des Bewußt-Seins gehört sein ontologisches Angesiedeltsein auf einer eigendynamischen, emergenten Ebene).

gnitionen ersten Grades, die sich auf Empfindungs- und Wahrnehmungsprozesse beziehen.

Zu den Meta-Kognitionen gehören Bewertungen und Entscheidungen, Bezüge auf sich selbst, alles, was in der Psychologie unter Emotion und Motivation subsumiert wird. Meta-Kognition ist deutlich weniger an starre Gesetzmäßigkeiten gekoppelt, und stärker der Irrationalität oder, positiv ausgedrückt, der Intuition erlegen als Kognition. Meta-Kognition verharrt nicht in einer imaginären geistigen Sphäre, sondern ist eng an energetisierenden oder lähmenden organismischen Reaktionen rückgebunden.

Erst durch Meta-Kognition entsteht Zweifel. Weder „die Wirklichkeit" zweifelt noch die Wahrnehmung, sie lassen sich annehmen oder nicht. Zweifel ist Stoff der Meta-Kognition. Abstrakt gesehen ließe sich dieser Prozeß ins Unendliche fortsetzen: Es könnte wiederum Kognitionen geben, die sich auf Meta-Kognitionen beziehen usw. In der Regel geschieht dies jedoch nicht und wenn es geschieht, wird es rasch gefährlich. Das Bewußt-Sein kann sich im Endlosen verirren. Die theoretische Möglichkeit des Fortschreitens in unendlich viele metakognitive Ebenen trägt zu einer abgrundtiefen Verzweiflung bei, denn sie offenbart die Nichtexistenz eines absoluten Sinns. Verzweiflung deshalb, weil Meta-Kognitionen unvergleichlich enger an die Bewertung eigener innerer Prozesse gebunden sind als situationsbezogene Kognitionen. Ihre Gegenstände sind ja vom eigenen Bewußt-Sein produzierte Vorstellungen, Gedanken, Empfindungen. Verglichen und bewertet wird auch bei der Wahrnehmung von Situationen. Unstimmigkeiten in der Situationswahrnehmung können aber leichter auf äußere Ursachen zurückgeführt werden. Sie stellen die Funktionsfähigkeit des Bewußt-Seins nicht automatisch in Frage. Erst wo Zweifel ist, wächst auch die Verzweiflung. Warum bricht das Bewußt-Sein in der zweiten Ordnung, auf der metakognitiven Ebene ab? Ist es tatsächlich die Furcht vorm unendlichen Progreß und des mit ihm einhergehenden Sinnverlustes?

In der Psychologie tauchen Metakognition und Sinn in Form technischer Metaphern auf: quasimathematisch als „Selbstkongruenz" (Carl Rogers), quasiphysikalisch als „Kohärenz" (Antonovsky 1979, 1987), bei Freud nachträglich quasimoralisch oder quasitheologisch als „Über-Ich" eingeführt. Während Kongruenz und Kohärenz zu stark Vergleichsprozesse und Zusammenhangserleben (*„flow"*) intendieren, importiert das Freudsche Über-Ich ungewollt die schwergewichtige Ethik einer Kultur in das Gedächtnis des Einzelnen, ohne zu hinterfragen, ob er tatsächlich die herrschende Moral angenommen und verinnerlicht hat.

Alle drei Begriffe unterschätzen den Anteil aktiver Konstruktion bei der Schaffung von Metakognition und Sinn: Wieso sollte sich das Bewußt-Sein hier anderer Fähigkeiten und Funktionen bedienen als bei der Wahrnehmung von Situationen? Was heißt es eigentlich, Kognitionen wahrzunehmen? An die Stelle sensorischer Reize treten Imaginationen. Je abstrakter Metakognition operiert, desto stärker ist es von anschaulichen Bezügen (Skizzen, bildhaften Vorstellungen) abhängig, um den Gegenstandsbezug nicht zu verlieren – eine Erkenntnis, die nicht gerade neu ist (z.B. Schopenhauer 1859, S. 84). Imaginationen sind aber bei aller Sinnlichkeit in der Regel von schwächerer Intensität als unmittelbare Reizempfindungen, oder sie streichen einen sensorischen Aspekt heraus, der vor dem „inneren Auge" gleichsam vergrößert, wie unterm Mikroskop, erscheint. Die Imagination von Imaginationen wäre nun ein noch blasseres Phänomen und es läßt sich berechtigterweise fragen, ob sie überhaupt möglich sind. Zumindest bleibt aber die Schere zwischen der verstandesmäßig vorstellbaren Projektion von Sinn ins Unendliche und der Blindheit des inneren Auges, diese unendliche Tiefe imaginativ zu erhellen.

Es ist verwunderlich, daß sich die Psychologie, vor allem die kognitive und die klinische Psychologie, die für lokale Konzepte der „kognitiven Verhaltenstherapie" durchaus miteinander kooperieren, der zweiten Dimension des Bewußt-Seins, dem Sinn und seiner Beziehung zur Sinnlichkeit, selten gewidmet haben, obwohl ihre Evidenz für das Entstehen psychischer Störungen zum Greifen nah ist. Nicht nur, daß der Versuch, in den unendlichen Progreß verstandesmäßiger Sinnproduktion einzusteigen, in Verrücktheit mündet. Metakognitives Bewußt-Sein ist auch in seiner alltäglichen Funktionalität aufgrund der intensiven Selbstreferenz hochgradig krisenanfällig. Wenn ich oben festgestellt habe, daß Bewußt-Sein eine zur Existenz mitlaufende Fähigkeit des Menschen herstellt, so läßt sich die Synchronizität der Metakognition nicht ohne weiteres behaupten, ja ist als permanenter Zustand nicht einmal wünschenswert. Metakognition kann nur funktional wirken, wenn sie sich als Hilfsinstrument anbietet, wo unmittelbar situationsbezogene Kognition nicht weiter kommt oder in Widersprüche gerät.

Es wäre schlicht situationsunangemessen, fortlaufend auf der Metaebene wahrzunehmen, zu kommunizieren usw. Der adäquate Wechsel zwischen beiden Ebenen des Bewußt-Seins gehört zu den Erkennungszeichen psychischer Gesundheit. Zwanghaftigkeit ließe sich in diesem Zusammenhang als Fehlen jeglicher Metakognition verstehen, so daß ein Bedürfnis nach fortgesetzter Realitätskontrolle resultiert. Depression könnte als Fixation auf bewertende Metakognitionen verstanden werden, die sinnlicher Wahrnehmung den Zugang zum Bewußt-Sein versperrt. Überflüssig zu erwähnen, daß der bedarfsgerechte Wechsel zwischen kognitiver und metakognitiver Tätigkeit, zwischen Sinnlichkeit und Sinnhaftigkeit gerade auch Kreativität charakterisiert. Der Wechsel zwischen innengesteuerten und sensorisch ausgelösten Modi geistiger Verarbeitung, sofern er für die psychische Situation von Bedeutung ist, wird weiter unten in einem Modell dargestellt.

Der Abbruch des unendlichen Progresses metakognitiver Operationen erfolgt mit Hilfe ritualförmiger Konventionen, die dem Alltagsbewußt-Sein kausalanalytische Muster suggeriert, sogenannte „letzte Ursachen", den „unbewegten Beweger", „JHWH", „Nirwana", das „Dao", die „Ordnung Null", kurz eine letzte Instanz. Hier ist nicht der Ort, über die Funktionalität der Setzung von Gründen als Ausweg aus der metakognitiven Falle zu befinden. Offenkundig ist die Affinität dieser kausal motivierten Denkfigur zu religiösen Schemata: Es wird eine aus kulturellen oder mythologischen Motiven erwachsene Konvention festgelegt, die den Umfang der Reflexion bestimmt und Wahrheitskriterien definiert.

Die positivistisch-behavioral ausgerichtete Psychologie äußert sich zu diesem Thema nicht. Sie ignoriert vollständig das existenzielle Terrain menschlichen Lebens, die Sinngebundenheit der Persönlichkeit und ihrer Entwicklung, kann sich Denkvorgängen nur der äußeren Form nach nähern, ohne ihren Inhalt zu begreifen. In dieser Weise war bereits die antike griechische Logik von Formen ausgehend extensional, die altindische Logik dagegen intensional angelegt.

Meine Argumentation besteht darin, daß wegen der äußerlich beobachtbaren Endlichkeit von inneren Prozessen auf die Notwendigkeit des Abbruchs metakognitiver Operationen geschlossen werden kann. Die Art der Ritualisierung dieses Abbruchs, ob ihr nun das Occamsche Messer oder eine liturgische Vorschrift zugrunde liegt, stellt eher beiläufiges Schmuckwerk und daher Glaubenssache dar. Wissenschaft ist von ihr ebenso durchdrungen ist wie Religion (Albert Einstein 1934, S. 171, vgl. S. 17).

Akzeptiert man diese Funktionalisierung des Religiösen im psychischen System, so ist es nicht mehr abwegig, von einem „religiösen Bedürfnis" zu sprechen, das dahin wirkt, geistige Tätigkeiten zu begrenzen. Gott ist eine Prothese des Geistes. Dabei ist es nicht nötig, die Vokabel „Gott" zu bemühen. Ein Irrtum wäre es ebenfalls, die psychische Funktionalität (quasi-) religiöser Schemata als Plädoyer für die Schöpfung oder das objektive Wirken Gottes mißzuverstehen. „Gott" erscheint lediglich als anthropomorphe Personifikation der Letztursache. Der Gottesbegriff ist nicht notwendig für den metakognitiven Einfluß, den religiöse Muster ausüben. Als funktional bedeutsam für das Eindämmen des Fluktuierens psychischer Prozesse erweist sich vielmehr die ritualisierte Form, die von religiösen oder quasireligiösen Schemata erzeugt wird – ob „Gott" darin enthalten ist oder nicht. Gerade die Wissenschaft, einschließlich der exakten Naturwissenschaft, tendiert hinsichtlich ihrer rituellen Praxis der Wahrheitsfestlegung anhand dogmatisch gehandhabter Objektivitivitätskriterien zu religiösen Vorbildern, verkörpert eine moderne Religion ohne Gottesbegriff, die schließlich, wie zuvor schon der Konfuzianismus und in Teilen der Buddhismus, auch als soziales System zahlreiche Funktionen der ehemaligen Priesterkaste übernimmt (C. F. von Weizsäcker 1990, Paul K. Feyerabend 1978). Anstelle von Wissenschaftstheorie wäre deshalb eher von Wissenschaftstheologie zu sprechen.

1.2.3 Meta-Kognition und Handeln

Indem religionsförmige Schemata die metakognitive Reflexion – logisch legitimiert oder nicht – gültig abschließen, greifen sie an einer handlungsrelevanten Stelle in kognitive Prozesse ein: Sie bilden in letzter Instanz das Zünglein an der Waage, wenn es Entscheidungen zu treffen gilt. Der Abbruch ausufernder metakognitiver Reflexionsschleifen erfolgt nicht nur aus dem Selbstzweck heraus, das Bewußt-Sein vor Verwirrung und Störung, zu schützen, sondern um – sobald Bewußt-Sein organisch verbunden mit physischem Sein ist – das emergent stratifizierte System innerhalb angemessener, endlicher Zeit von oben her zum Handeln zu bewegen. Wer im zirkulär-referenziellen Bewußt-Sein seiner

Existenz Ziele und Wünsche formuliert, sein Bewußt-Sein im Sein verwirklicht – d.h. in fremdreferenzielle Vorgaben für den Körper, die physikalische Umgebung und die soziale Mitwelt umwandelt – kommt zu „Da-Sein". Da-Sein ist zweimal gebrochenes Sein und diese zweimalige Abstufung – in der Reflexion und im Handeln – prägt sich dem Menschen als allgemeiner Zustand seiner Existenz auf. In der Trinität „Sein – Bewußt-Sein – Da-Sein" spiegelt sich die Form der Existenz, die physikalisch-physiologische, die individuell-geistige und die sozial-praktische; sie zeigt sich in Zielen und Zielannäherungsversuchen (Miller, Galanter & Pribram 1960).

Zirkuläre Referenzialität mit ihren beiden Ausrichtungen der Selbst- und Fremdreferenz sowie mitlaufende autopoietische Reproduktion des Systems und interpoietische Anregung von Übergangsprozessen gehören zusammen. Die Notwendigkeit des Handelns resultiert in erster Linie aus dem Wunsch der Systemerhaltung, Autopoiese, die qualitativ anderes meint als Darwinsche Arterhaltung oder den Kampf um individuelles Überleben. Interpoiese beschreibt die aktive Grenzregulation des Systems mit seiner Umwelt, um eine optimale Balance selbstreferenzieller Werte und fremdreferenzieller Gegebenheiten zu realisieren. Wahrnehmungspsychologisch entspricht ihr die Konzeption des Schemas, einschließlich der von Jean Piaget ins Spiel gebrachten Äquilibration zwischen Assimilation (der Umwelt) und Akkomodation (des Systems). Das Erreichen selbstreferenzieller Werte zieht nicht unbedingt nach sich, daß die Grenzregulation lediglich auf homöostatischem Wege erfolgt. Das System kann, statt sich anzupassen, expandieren, mutieren, regredieren – oder auch sterben. Autopoiese und Eigendynamik, Anschlußfähigkeit an sich selbst und Weiterentwicklung, interpoietische Beeinflussung durch die Umwelt und Umweltgestaltung schließen sich gegenseitig aus und ergänzen sich zugleich.

Kompliziert wird der Prozeß zudem, wenn wir entgegen der Luhmannschen Doktrin den Menschen, die Person als System betrachten wollen. In der „Person" vollziehen Subsysteme mit unterschiedlicher Funtionalität ihre jeweils eigene Grenzregulation innerhalb des Gesamtsystems, wobei selbstreferenziell gesetzte Werte des einen Subsystems gleichzeitig Umweltgrößen oder sogar Fremdreferenzen anderer Subsysteme sind. Die Strecke, die der Wille dem Muskelapparat zum Zurücklegen vorgibt, stimuliert in physiologische Prozesse. Autopoiese wirkt nicht als Generalfaktor für das Gesamtsystem, sondern jeweils nur auf der Ebene des Subsystems, das solange funktioniert, d.h. der emergent herangetragenen Rahmungstendenz folgt, solange es imstande ist, sich aktiv zu regenerieren. Physiologisch kann der Körper der Person aufgeben, einen Schwächeanfall erleiden etc. Damit ist nicht automatisch die Selbstreferenz der Person insgesamt beeinträchtigt, da bei glücklichen Umständen ein psychisches oder soziales Subsystem *interpoietisch* immer noch die rettende Unterstützung physiologischer Subsysteme anregen kann. Anders wäre es nicht erklärbar, daß sich beispielsweise die griechischen Feuerläufer zu Ostern die Fußsohlen nicht verbrennen, obwohl sie ungeschützt über 400°C heiße Holzkohle gehen. Derartig extreme Immunreaktionen sind nicht ohne weiteres verfügbar. Dahinter steckt eine kulturell überlieferte, ritualförmig eingeübte Veränderung der vegetativen Prozesse von emergenter Warte aus, indem sich die Läufer durch bestimmte Tänze in einen ekstatischen Bewußtseinszustand versetzen. Es gibt keinen Zwangsmechanismus, der von physischen auf psychische Strukturebenen einwirkt, während umgekehrt psychische Systeme Befehlsgeber für physische sind. Die Intransitivität dieser Beziehung in strukturierten Systemen drückt sich in hierarchischer Stratifikation aus, wobei die Freudsche Gliederung in Es, Ich und Über-Ich nur eine willkürlich herausgegriffene Schematisierung der Binnendifferenzierung psychischer Systeme darstellt.

Funktional bedeutsam ist die Tatsache, daß Systeme, die letztlich aus physikalischen Subsystemen bestehen, ihre referenzielle Grenzregulation erstens dadurch verbessern können, indem sie über eine (prä-) symbolische Repräsentation relevanter Umweltgrößen verfügen (Kognition) und zweitens über ihre internen Repräsentationen und deren Formen reflektieren können (Metakognition). Es ist kein Wunder, daß die Beschreibung der physischen Umwelt leichter und präziser gelingt als die Vorhersage des Handelns anderer lebender Systeme.[8] Bewußt-Sein rahmt systemeigenes Sein, hier sind Herrschaftsrelationen vertraut und funktional.

---

[8] Unter „lebendem System" verstehe ich hier ein System, das nicht nur zur Reproduktion seiner selbst, sondern auch zur aktiven Grenzregulation imstande ist, das also in manchen Umweltsituationen nach Maßgabe seines Handlungsspielraumes unvorhergesehen agieren kann.

Ohne Kommunikation oder wenigstens post-symbolisches Ausdrucksverhalten, das kommunikativ wirkt, kann ein System nicht wissen, welche (prä-) symbolische Repräsentation sich ein anderes System gebildet hat und wie es diese bewertet. Moralphilosophisch wird in diesem Zusammenhang gern vom „freien Willen" gesprochen, ein Begriff, der die schwellenmäßig-interpoietische Anregung des Bewußt-Seins durch das Sein negiert. Das andere System ist jedoch „nur" in seinem Willen frei, d.h. in der Art seiner symbolischen Repräsentation und der Art seines Operierens mit symbolischen Formen. Ob und wie Bewußt-Seins-Akte über die eigene Systemgrenze hinweg gegenüber dem anderen System handlungswirksam auftreten, hängt vor allem von der jeweiligen Abschätzung gegenseitiger Erwartungen ab, ein Kommunikationsprozeß, der doppelte Unsicherheiten in sich birgt (Parsons & Shils 1951). Jede Seite kann sich täuschen. Wenn es kommunikativ gelingt, die doppelte Kontingenz zu klären, z.B. durch soziale Hierarchiebildung, Vertrag, Gesetzgebung oder Vertrautheit, dann erscheint dem psychischen System Grenzregulation gegenüber anderen Systemen möglich, wie es Selbstregulation nach innen hin, gegenüber den eigenen Gedanken und dem eigenen Körper, in analoger Weise kennt. Vertrautheit produziert Vertrautheit. Gleichzeitig geht damit der Reiz doppelter Kontingenz verloren.

Die Grenzregulation eines Systems kann nur dann motiviert erfolgen, wenn es mitlaufend (prä-) symbolische Repräsentationen der Umwelt, seiner selbst und schließlich der Schwellen interpoietischer Beeinflussung eigener Subsysteme entwickelt. Die Gesamtheit dieser (prä-) symbolischen Formen und die Freiheit, die sich die Person im Umgang mit ihnen nimmt, charakterisiert ihre „psychische Situation". Auch bei vollendeten logischen wie kreativen Fähigkeiten und echter Selbstkongruenz kann ein System die Repräsentanzformen eines anderen Systems aufgrund dessen Autonomie nur durch Kommunikation erfahren.

1.3 Die transzendente Qualität der Situation

Menschen befinden sich immer schon in einer Situation. Daher erscheint der Begriff der Situation dem der Person vorgeordnet; ihre Gegenüberstellung, die im methodischen Situationismus und Interaktionismus erfolgte, suggeriert dagegen eine logische Gleichstellung.

Tatsächlich können Situationen unabhängig von Personen existieren, aber nicht umgekehrt. Situation ist damit auch gegenüber den Begriffen „Handlung" und „Geschehnis" primär, da eine Situation sowohl Ergebnis von Handlungen als auch von Geschehnissen sein kann. Die Unterscheidung entsteht gerade erst durch die Einführung des Unterschiedes zwischen Ereignissen, die auf Menschen oder sonstige natürliche Prozesse zurückgehen.

In der modernen Physik hat der Begriff der Situation durch die Hypothese „objektiver Wahrscheinlichkeiten" und probabilistischer Verwirklichungstendenzen eine ungeheure Aufwertung erfahren. Nach klassischem Verständnis sind wir zu Wahrscheinlichkeitsaussagen lediglich aufgrund unseres Wissensmangels genötigt (Laplace 1814). Würden wir alle Ausgangsbedingungen und Gesetzmäßigkeiten kennen, so wären wir in der Lage, die gesamte Zukunft vorherzusagen. Eine dämonische Vorstellung! Rutherfords & Soddys Entdeckung des spontanen Atomzerfalls, der sich in probabilistischen Halbwertzeiten angeben läßt, und die Unmöglichkeit, den Ort und die Geschwindigkeit eines Elektrons in der Elektronenwolke um einen Atomkern herum exakt zu bestimmen, haben die mit einer Wahrscheinlichkeitslogik operierende Quantenmechanik auf den Plan gerufen. Wenn es jedoch möglich ist, die Wahrscheinlichkeit eines Ereignisses anzugeben, so wird diese durch das Hinzutreten eines anderen Ereignisses, dem eine gewisse Wahrscheinlichkeit zukommt, empfindlich variiert.

> „Wir können folglich sagen, daß eine typische Propensitätsaussage, etwa eine Aussage über die Propensität des Zerfalls eines bestimmten instabilen Kerns, aus einem universalen Gesetz kausaler Art plus den Anfangsbedingungen nicht abgeleitet werden kann. Andererseits kann die *Situation*, in der ein Ereignis stattfindet, die Propensitäten stark beeinflussen; zum Beispiel kann das Eintreffen eines langsamen Neutrons in der unmittelbaren Nähe eines Atomkerns die Propensitäten des Kerns so beeinflussen, daß der Kern das Neutron einfängt und, anschließend, zerfällt... Ich meine, daß diese Idee der Situationsabhängigkeit der Wahrscheinlichkeit oder Propensität eines interessanten Ereignisses einiges Licht auf die Probleme der Evolution und der Emergenz werfen kann... In jüngster Zeit wurden wiederum die subatomaren Teilchen als komplexe Strukturen erkannt; David Bohm hat die Möglichkeit unendlich vieler solcher hierarchischer Schichten untersucht." (Karl Popper 1977, S. 49-58)

Der gewohnte Blick auf die „Grundlagen", „Elemente" und „Atome", der uns tragenden Natur, der je weiter er vordringt, immer einfacher werdende Bausteine wahrzunehmen glaubte, ist demnach trügerisch. Wohin man auch schaut, ob in Richtung der Elementarteilchchen die Evolutionsleiter hinab oder in Richtung soziale Systeme hinauf – überall umgibt uns chaotisch organisierte Komplexität. Diese Erkenntnis ist keineswegs neu. Doch eine Veränderung der Erwartungen, die an die Wissenschaft gerichtet sind, läßt auf sich warten. Die Struktur des wissenschaftlichen Theorienkorpus steht in eigenartiger Inkongruenz zur Struktur dessen, was beschrieben werden soll. Noch immer erscheint das mittelalterliche Postulat einfacher, intuitiv oder erfahrungsmäßig einsehbarer Axiome und zugehöriger Ableitungsregeln als unhintergehbarer Standard.

Spielt die Situation für die Bestimmung „objektiver Wahrscheinlichkeiten" auch in der Psychologie eine Rolle? Wenn man annimmt, daß psychische Phänomene aus dem Chaos einer Wolke einiger Milliarden Neuronen resultieren, so müßte die Psychologie jeglichen Anspruch, gültige Aussagen oder Prognosen treffen zu können, zurücknehmen. Dagegen könnte argumentiert werden, daß es möglicher- oder besser gesagt wahrscheinlicherweise Selbstorganisationsprinzipien gibt, nach denen das Gehirn gerade aufgrund seiner Komplexität stabile Strukturen erzeugt. Diese wären dann als Gegenstand der Psychologie zu betrachten. Darüberhinaus läßt sich fragen, inwieweit die emergente Ordnung des Gehirns von außen durch die Struktur der Umwelt gerahmt ist. Wenn die kontextuelle Rahmung der Hirnprozesse Wirkungen hinterläßt, so bestünde eine alternative Forschungsstrategie darin, anstelle der „Messung" objektiver Wahrscheinlichkeiten anhand von Zufallsstichproben die Struktur der emergenten Situationen zu untersuchen. Im besten Falle müßten beide Wege – mit unterschiedlichem Aufwand zwar – zum selben oder wenigstens ähnlichen Ziel führen.

Bevor eine Operationalisierung des Situationsbegriffes zum Zweck psychologischer Untersuchungen greifen kann, muß die allgemeine Grammatik menschlicher Situationen geklärt werden, d.h. es müssen die Elemente und Relationen diskutiert werden, die unabhängig von der einzelnen Person als Charakteristika von Situationen gelten. Gehorchen psychische Situationen der klassischen Logik mit eindeutigen Wahrheitswerten und formaler statt intensionaler Gültigkeit oder ist vielmehr – etwa nach dem Vorbild der Quantenlogik – ein passender Kalkül erst noch zu entwickeln? Diese Frage zielt nicht allein in den

Bereich der psychologischen Methodik, sondern in die Grundlagen sämtlicher Humanwissenschaften, wobei sich insbesondere die philosophische Anthropologie, Existenz- und Sprachphilosophie um eine Analyse der Situation des Menschen bemüht haben. Tatsächlich erscheinen diese am ehesten imstande, zwischen der empirischen Therapiewirkungsforschung und der Therapietheorie zu vermitteln, auch im forensischen und kriminologischen Bereich, denn beide setzen – zumindest implizit – gemeinsame Auffassungen über Alltagsbewältigung voraus.

Martin Heidegger versteht die Charakterisierung der Lebenssituation des Menschen als „Fundamentalanalyse des Daseins", wobei der Begriff des Daseins für ihn die genuin menschliche Seite des Seins beinhaltet in dem Sinne, daß nur diese Seinsform über das Sein reflektiert. Philosophisch verklausuliert, beschwört Heidegger (1927, S. 11) die Vorgeordnetheit einer phänomenologischen Analyse. Es kann hier nicht darum gehen, den „Sinn des Seins" zu klären. Die Begriffsbildungen Heideggers erscheinen zudem für diese Aufgabe als irreführend. Es stellt sich die Frage, inwieweit er überhaupt lösbare Probleme oder aber Sprachverwirrtheiten[9] formuliert, deren Problematik eher grammatikalisch als inhaltlich zu verstehen ist (vgl. Wittgenstein 1918, Satz 6.53). Zumindest die Richtung des Heidegger'schen Denkens schließt wesentliche Kategorien menschlicher Lebenssituationen ein. Heidegger implementiert die Zweckgebundenheit der Wahrnehmung in den Begriffen Zuhandenheit, Zeit, Sorge, Selbst-, In-, Mit- und Ganz-Sein, Begriffe, die ich lieber in einem systemtheoretischen Kontext plaziere.

Rentsch (1985, S. 2) gewinnt den situativen Ansatz als Quintessenz eines Vergleiches zwischen der existenzialen (Heideggerschen) und sprachanalytischen (Wittgensteinschen) Grundlegung. Er hält fest, daß Situationen die menschliche Lebenswirklichkeit konstituieren und die Fokussierung physischer oder psychischer Eigenschaften sich in diesem Zusammenhang als Resultat unterschiedlicher Praxisformen je nach

---

[9] Heidegger (1927, S. 220) ist sich dieses Problems durchaus selbst bewußt: [die Untersuchung] „muß sich vor hemmungsloser Wortmystik hüten; gleichwohl ist es am Ende das Geschäft der Philosophie, die Kraft der elementarsten Worte, in denen sich das Dasein ausspricht, davor zu bewahren, daß sie durch den gemeinen Verstand zur Unverständlichkeit nivelliert werden, die ihrerseits als Quelle für Scheinprobleme fungiert."

Situation verstehen läßt. Der Vorschlag läuft darauf hinaus, „Situation" als Übergreifendes aufzufassen, das Sein, Bewußt-Sein und Da-Sein gleichermaßen umschließt. Die Person kann der situativen Gebundenheit nicht entkommen. Daher zerfällt die Welt nicht in Subjekt und Objekt. Die Person ist immer schon in der Situation. Darin besteht die Transzendentalität der Situation.

> „Alles Sosein dieses Seienden ist primär Sein." (Heidegger 1927, S. 42)

Mit dieser Feststellung ist aber nicht schon die monistische Sichtweise bewiesen. Vielmehr kann die Situation von qualitativ unterschiedlich agierenden Systemen ausgefüllt sein, deren jeweilige *Funktionssprache* nicht ohne weiteres ineinander übersetzbar ist. Platonische Hierarchiebildung erscheint als eine Möglichkeit funktionaler Differenzierung, doch nicht als die einzige. Mitunter finden sich derartige Sprünge der Funktionalität auch innerhalb eines Systems: Es gibt Systeme, die über mehrere emergente Ebenen verfügen.

Bei diesem Versuch, Situation monistisch zu definieren und intern zu differenzieren, bleiben zahlreiche Fragen offen. Stehen Sein, Bewußt-Sein und Da-Sein auf einer Ebene als drei Formen des Seins oder drei Komponenten der Situation paritätisch nebeneinander? Befinden sie sich vielmehr in einem komplexen Abhängigkeitsverhältnis, in dem auch die Negation oder die Abwesenheit Wirkung erzielen kann? Ein Beispiel aus der Literatur, um die Komplikation zu verdeutlichen:

> „Wenn ich eine Zigarette rauche, rauche ich eine Zigarette. Ich rauche, weil ich gerne rauche. Der kurzen Unterbrechung wegen, die es einleitet. Die Zigarette zerstreut und hilft, daß die Zeit vergeht. Ich weiß wohl, daß die Zeit keiner Hilfe bedarf, um zu vergehen. Wir sind es, die der Hilfe bedürfen. Ich rauche, um mir dabei zu helfen, daß eine Zeit vergeht, die in jedem Fall verginge, auch ohne Hilfe. Ich rauche, damit ich es bin, die vergeht, und nicht die Zeit. Ich vergehe, die Zeit bleibt. Die Zeit ist wie Gott. Die Zeit ist Gott. Im Anfang war die Zeit. War, ist, wird sein. In diesem Augenblick löschen die Wächter das Feuer." (Yvette K. Centeno 2004).

Offen bleibt auch, wie es um die Unmittelbarkeit von Situationen steht. Gibt es keinen Unterschied zwischen der momentanen und der allgemeinen Situation? Welche Rolle spielt die Zeit für die Bestimmung der Situationsbedingungen? Nach welchen Mustern lassen sich Situationen unterscheiden?

1.4 Existenzielle Dimensionen des Alltags

Für den weiteren Gang der Untersuchung stellt sich zunächst die Frage nach einer genaueren Differenzierung des Situationsbegriffes. Systemtheoretisch wäre zwischen System und Umwelt zu unterscheiden: Beide können nur in Bezug aufeinander definiert werden, d.h. eine Umwelt existiert stets *für* ein bestimmtes System, das seinerseits zur Umwelt anderer Systeme gehören kann. Referenzialität, *sowohl Selbst- als auch Fremdreferenz*, gehört zu den Eigenschaften von Situationen, die ihre Grammatik bestimmen. Für die Beschreibung oder Rekonstruktion von Geschehnissen oder Handlungsabläufen kann von ihr nicht abstrahiert werden.

Betrachtet man entgegen der Einwände Luhmanns eine Person als System, so konstituiert die Person mitsamt ihrer Umwelt die *psychische Situation*, in der sie sich befindet, als unmittelbar wirksamen Handlungskontext. Für den Entwurf einer theoretischen Konzeption der Persönlichkeit muß jedoch gefragt werden, welche Eigenschaften neben der Referenzialität zur Grammatik von Situationen gehören, also von allen Personen geteilt werden. *Alltäglichkeit* erscheint daher als zentrales phänomenologisches Kriterium, um wesentliche oder, operational gesagt, durchschnittliche Züge der *Grundsituation des Menschen*, der *conditio humana*, als abstrakteste situative Vorgabe zu charakterisieren (Heidegger 1927, S. 17, 43; vgl. Rentsch 1999, S. 68 ff.).

Anhand eines Gerüsts existenzieller Dimensionen lassen sich *Situationsklassen* beschreiben, in denen einzelne Grundeigenschaften der menschlichen Situationalität schwächer ausgeprägt und andere paradigmatisch hervorgehoben sind. Methodisch sind derartige Situationsklassen nicht immer eindeutig zu definieren und hängen stark vom Forschungsinteresse der jeweiligen Untersuchung ab. Als Beispiel wären *Konstellationen interpersoneller Konflikte* zu nennen, ein Fokus, der in weiten Teilen der klinischen Psychologie und der Psychiatrie vorherrscht, oder Jaspers' (1919) *Grenzsituationen*, in denen die Beschränkungen der menschlichen Existenz erlebbar werden. Jaspers begreift die Grenzen des menschlich Möglichen noch im Schema der Subjekt-Objekt-Dichotomie, die von der phänomenologischen Methode abgelehnt wird.

Die diffundierende Sprache der Existenzphilosophen, die ihren Gegenstand oft nur intuitiv ahnbar einkreist, statt ihn zu benennen, und den Anschein philosophischer Tiefe zuweilen nur aufgrund ihrer Tendenz zu verdinglichender Nominalisierung erhält (gerade die deutsche Sprache lädt zu Nominalkonstruktionen ein), übersetze ich im folgenden in systemtheoretische Termini.

1.4.1 Zirkuläre Referenzialität versus Einheit der Person

Die Momente einer Situation sind untereinander zirkulär verknüpft. Das heißt in unserem Fall, die Person konstituiert ihre Situation *und* wird durch die Situation bestimmt, z.B. indem sie sich selbst in Bezug zu ihrer Situation wahrnimmt. Das Verhältnis zwischen Selbst- und Fremdreferenz läßt sich nur zirkulär beschreiben.

> „in-der-Welt-sein: ... Jede Hebung des einen dieser Verfassungsmomente bedeutet die Mithebung des anderen, das sagt: jeweilig ein Sehen des ganzen Phänomens." (Heidegger 1927, S. 53)

Die zirkuläre Referenzialität von System und Umwelt hat die Verquikkung der Begriffe „Situation" und „Person" Folge und verwischt letztlich die Eindeutigkeit der Zuschreibung einer Eigenschaft. Resultate der Persönlichkeitsdiagnostik können daher nicht ohne weiteres der befragten Person untergeschoben werden, wenn unklar ist, auf welche Situation sich die Fragen beziehen.

In der Existenzphilosophie firmiert Referenzialität unter „Geschichtetheit", ein Begriff, der die Gesamtheit des Seins durchzieht, sich sowohl auf die Binnenstruktur der Person als auch auf die äußere Umgebung anwenden läßt. Bei grober Klassifikation unterscheiden sich funktional-sachliche und sozial-interaktionelle Vernetztheit grundlegend, d.h. sie lassen sich als emergent aufeinander bezogene Seinsschichten vorstellen, die sich durch verschiedene *Arten existenzieller Relationen* auszeichnen: Höhere Schichten werden von den niederen getragen, genießen aber eine begrenzte Autonomie ihnen gegenüber. Nicolai Hartmann (1932, S. 66 ff.) differenziert zwischen materieller, organischer, psychischer und sozialer Schicht. Bei Heidegger (1927) erscheint die Geschichtetheit in der Weise, daß er die *Existenz* der *Essenz* vorausgehen läßt. Sartre (1943, S. 539) differenziert die Seinsmodi am Beispiel des Körpers. Der Person selbst erscheint er holistisch und bietet kaum Gelegenheiten zur bewußten Einflußnahme auf vegetative

Prozesse. Für andere, insbesondere Mediziner, ist er dagegen objekthaft analysierbar und manipulierbar.

Referenzialität gilt auch für Subsysteme. Vegetative Systeme, beispielsweise Atmung und Herztätigkeit, interagieren kontextbezogen miteinander, wie auch verschiedene psychische Systeme, z.B. Wahrnehmung und Gedächtnis, nicht ohne Bezug aufeinander auskommen. Hinzutritt die Spezifität der Referenz nach außen: Nicht immer verlangen Umweltanforderungen die Gesamtheit der Person, sondern lediglich umschriebene Rollen, die im sozialen Bewußt-Sein der Person zwischenmenschliche Grenzen markieren. Sowohl wegen der Binnendifferenzierung als auch wegen der Funktionalität der Außenbeziehungen richtet sich die Sorge der Person auf die Erhaltung ihrer Ganzheit. Gerade in emergent stratifizierten Systemen wächst die Bewahrung der Ganzheit, der Identität, zur Aufgabe (vgl. Heidegger 1927, S. 324).

Keineswegs folgt aus der Einheit der Person, sie könne lediglich als einzeller- oder amöbenhaftes Wesen auftreten. Die Person stellt vielmehr ein komplexes System dar, das mehrere emergente Funktionsebenen in sich vereint. Persönlichkeit ist strukturell geschichtete Einheit, die ihre Individualität anhand der Referenzialität zur Außenwelt erfährt und gegen die Spezifität einzelner funktionaler Referenzen behaupten muß. Verschiedene Gelegenheiten bieten Anlaß, identitätsstiftende Individualität zu erleben:

- die Wirkung des eigenen Tuns, das, indem es sichtbare Resultate zeitigt – ob erfolgreich oder nicht sei dahingestellt – innere Repräsentationen der Person nach außen trägt und ihr zurückspiegelt, vgl. Ernst Cassirer (1925, S. 261 ff.), der den magischen Glauben an die Kausalität auf das Erleben der eigenen Handlungswirksamkeit zurückführt; Heidegger (1927) spricht von Selbstheit im Seinsmodus des Handelns, der Arbeitspsychologe Winfried Hacker (1986, S. 136 ff.) erblickt in „vollständigen Tätigkeiten" eine Quelle für die Persönlichkeitsentwicklung des Einzelnen;
- die Begegnung mit anderen Menschen, die ihren Höhepunkt in der „Wirheit des Selbst im Lieben" sucht und die Heidegger'sche Philosophie aus der solipsistischen Isolation heraushebt, um sie

in einen emergenten sozialen Kontext zu stellen, vgl. Ludwig Binswanger (1942, S. 116 ff.);
– die Trennung vom Vertrauten, beispielsweise die Ablösung aus der ursprünglichen Symbiose mit dem Herkunftssystem, oder Wechsel temporärer Umweltsysteme.

Die tragende Seinsschicht der Person ist ihr Körper. Hier zeigt sich meines Erachtens am schärfsten, daß die Person entgegen der Auffassung Luhmanns eine systemische Einheit bildet (vgl. (Heidegger 1927, S. 328; Hartmann 1932, S. 138). Wären körperliche, psychische und soziale Ebene der Person derart voneinander abgetrennt, daß sie nur untereinander Systeme bilden könnten, wie Luhmann behauptet, so müßte der Körper nicht der Person, sondern der Umwelt des psychischen Systems zugerechnet werden. Tatsächlich stehen vegetative und psychische Funktionssysteme in eng verflochtener – psychosomatischer – Wechselwirkung, *so daß sie einander nicht wählen können*. Sie sind aneinander versklavt (vgl. Sartre 1943, S. 543). Dies erkannte – auf etwas possierliche Weise – selbst der wegen seiner mechanistischen Metapher vielgescholtene de La Mettrie, der die Unmöglichkeit der psychosomatischen Wahl fest einkalkuliert, um ihre zirkuläre Durchdringung zu behaupten.

> „Der Mensch ist eine zu komplizierte Maschine, daß es unmöglich ist, sich zunächst eine klare Idee von ihr zu bilden und sie dann entsprechend zu definieren... *Seele und Körper schlafen zusammen ein*. In dem Maße, wie die Bewegung des Blutes ruhiger wird, verbreitet sich ein wohltuendes Gefühl des Friedens und der Ruhe in der ganzen Maschine... Dagegen peitscht der Kaffee, dieses Gegengift des Weins, unsere Einbildungskraft auf und vertreibt dadurch unsere Kopfschmerzen und Sorgen, ohne sie uns – wie jenes Getränk – für den nächsten Tag aufzusparen. *Der menschliche Körper ist eine Maschine, die selbst ihre Federn aufzieht.*" (Julien Offray de La Mettrie 1747, S. 33 ff., Hervorhebung – T. K.)

Die Konzeption des Körpers als Teil der Umwelt würde es den psychischen Systemen im Unterschied dazu erlauben, sich einen anderen Körper zu suchen. Dies aber ist, zumindest im Laufe eines Lebens, unmöglich.[10] Der Körper würde für die psychischen Systeme nicht nur

---

[10] Die Einschränkung auf eine Lebensspanne erwähne ich hier mit Rücksicht auf den buddhistischen Reinkarnationsglauben.

keine bestimmende Fremdreferenz markieren, sondern wäre ihnen tatsächlich fremd.

Mit etwas Spitzfindigkeit könnte gegen diese Argumentation vorgebracht werden, daß auch das Wasser zur Umwelt und nicht zum Fisch zählt, bloß weil er unmöglich außerhalb des Wassers leben kann. Doch hier geht es um die Frage der Identität: Ein Fisch kann sehr wohl in unterschiedlichen Gewässern existieren, Hauptsache, es handelt sich um ein Gewässer, das für ihn geeignet ist. Eine Person kann schwerlich heute in diesem, morgen in jenem Körper wohnen, Hauptsache, es handelt sich um einen menschlichen Körper. Die Zuordnung von Körper und Person ist eineindeutig und die Beziehung zwischen Körper und Bewußt-Sein existenziell in dem Sinne, daß es ein Bewußt-Sein von *meinem* Körper ist.

Erfolgreiche Sozialisation – auch wenn, ja gerade weil die Person mit anderen kommunizieren kann – geht einher und verhandelt mit selbstbezogener Individualität, existenzieller Einsamkeit, mit dem Zurückgeworfensein auf sich selbst. Die Person kann nur für sich oder für ihre Rolle sprechen.

„Das Sein des Seienden ist *je meines.*" (Heidegger 1927, S. 41)

Die Balance von Selbst- und Fremdreferenz durchläuft jedoch unterschiedliche Stadien. Ursprünglich, als Säugling, ist der Mensch einerseits extrem operational geschlossen und reagiert nur entsprechend innerer, genetisch programmierter Rhythmen (Piaget & Inhelder 1966). Andererseits ist der Säugling wie später nur noch in Ausnahmesituationen (z.B. im Gefängnis) physisch und psychisch extrem von Bezugspersonen abhängig. Daraus ergibt sich, daß psychische Situationen wie der Mach'sche Wahrnehmungsraum auf das eigene Ich zentriert sind – und zwar jeweils für alle Beteiligten. „Einfühlung" ist weder angeboren noch selbstverständlich, sondern setzt den Erwerb metakognitiver Fähigkeiten voraus.[11] Die Einführung des Entwicklungsgedankens löst den Streit zwischen Binswanger und Heidegger um die „Jemeinigkeit" in Luft auf.

Was hier als Subjektivität des Bewußt-Seins daherkommt, erscheint der Person faktisch. Für den Buddhisten *ist* die Reinkarnation eine

---

[11] Dazu gibt es viele Methoden, nicht allein Rollenspiel oder zirkuläres Fragen.

bedrohliche Realität, an der er sein Leben ausrichtet, um sie zu beenden. Selbst wenn das Wirklichkeitsverständnis der Person – aus Sicht der Systemtheorie – eine Konstruktion, Fiktion oder Illusion darstellt, konstituiert sie eine Tat-Sache im Sinne einer handlungswirksamen Interpretation.

> „Die Tatsache, nicht nicht frei sein zu können, ist die Faktizität der Freiheit, nicht nicht existieren zu können, ist ihre Kontingenz." (Sartre 1943, S. 841)

Die emergente Geschichtetheit der Person in eine tieferliegende physische und eine höhere psychische Strukturebene mit ihren jeweiligen Subsystemen resultiert alltagsbezogen in der existenziellen Gebundenheit an das „Besorgen" (Heidegger 1927, S. 73), d.h. in einer Orientierung an den Bedürfnissen des Körpers, die vom Bewußt-Sein gleichsam als Foucaultsche „Sorge um sich" interpretiert wird. Die existenzielle Situation des Menschen wird innen wie außen durch natürliche Gegebenheiten und Prozesse gerahmt, die die Offenheit des Handlungsspielraumes begrenzen (Heidegger 1927, S. 42). Sein, Bewußt-Sein und handelndes Da-Sein bilden einen Rückkopplungskreis, der sich in der Heideggerschen Rede von „Vorhandenheit" und „Zuhandenheit" wiederfindet. Die Person deutet die Situation nicht als vorhanden, sondern interpretiert sie als *zuhanden* entsprechend der von ihr gewählten Zwecke, „doch wieder am je eigenen Dasein" orientiert (Heidegger 1927, S. 118)

Der Mensch erfährt, was gegeben ist, indem er es nutzt, d.h. zunächst: ausprobiert. Erst durch Reflexion, durch Erinnerung und Vergleich, bemerkt er, daß das Zuhandene mehr ist, als er durch den Nutzen, den es für ihn hat, erwartet (Heidegger 1927, S. 69). Bei aller Zweckgerichtetheit – von der Subjektivität der Zwecke ganz abgesehen – bleibt grundsätzlich interpretativer Spielraum offen: Die Person gewinnt ihr Wirklichkeitsverständnis aus der Situation, ist aber durch sie in der Art ihrer Interpretation nicht festgelegt (Heidegger 1927, S. 53). Selbst wenn die Person den Unterschied zwischen Vorhanden- und Zuhandenheit nicht wahrnimmt, zeigt sich die Interpretativität der Situation in ihren Handlungen. Die Person kann einer situativen Aufforderung folgen, muß aber nicht. Wenn sie situativen Aufforderungen folgt, bleibt die Frage, welche sie wählt.

Es wäre also verkürzt, die Abhängigkeit der höheren Schichten von ihrem tragenden Fundament mit einem Plädoyer für den Materialismus zu verwechseln. Denn Bewußt-Sein hängt „nur" hinsichtlich seiner Existenz vom Sein ab, nicht hinsichtlich seiner Essenz. Volkstümlich gesprochen, heißt Essenz sehen lernen; essenzielle Differenzierung bedeutet, die verborgenen Schichten der Dinge zu sehen. Damit es Bewußt-Sein gibt, muß es Gehirn und Körper geben, das Bewußt-Sein aber ist frei, seine Inhalte und Phantasien zu wählen und zu produzieren. Ja, die Einsicht in die Vorgänge des Gehirns ist derart kompliziert, daß es dem Alltagsbewußtsein nicht gelingt, ein einigermaßen adäquates Modell der Hirnprozesse zu entwickeln – und es benötigt diese nicht. Wer will dann noch behaupten, das Bewußt-Sein hinge essenziell von der Materie ab, das seine Existenz bewerkstelligt?

Die Beziehung zwischen den Schichten, d.h. die strukturelle Korrespondenz zwischen (prä-) symbolischer Beschreibung und objekthafter Realität äußert sich in den Schwierigkeiten, Wahrheit als Übereinstimmung (*adaequatio*) zu definieren. Die Logik in ihren unterschiedlichen Gestalten gehört zum Instrumentarium desjenigen, der zwischen Sein und Bewußt-Sein übersetzen will.

„Die Aussage ist *wahr*, bedeutet: sie entdeckt das Seiende an ihm selbst."
(Heidegger 1927, S. 218)

Der Doppelcharakter, die Zweiseitigkeit der Wahrheit impliziert unhintergehbar die Vermischung von Urteilsbildung und Urteilsgehalt. Sie wirkt – da symbolische Beschreibung sprachlich, also sozial vermittelt ist – in Form von *Halbwahrheiten* vehement auf die Schicht der sozialen Beziehungen zurück. Mit dem transitiven Psychologismus der „Affektlogik" Ciompis (1982, S. 68), der ohne Innezuhalten affektive Strukturen der Logik und die logische Struktur des Affekts in einem Atemzug nennt, als wären sie ein und dasselbe, haben die grundlegenden, aus der Geschichtetheit des Seins resultierenden Einflüsse psychischer Prozesse der Symbolbildung auf die Wahrheitsfindung nichts zu tun.

Immerhin gelingt es der Logik, innerhalb axiomatischer Kalküle Unabhängigkeit von Affekt und psychischer Situation zu erlangen. Hier wird dem Bewußt-Sein festes Terrain abgetrotzt. Der Preis dafür ist die Reduktion von Inhalten auf Tautologien. Woher die Axiome logischer

Kalküle kommen, kann dagegen sehr wohl Gegenstand psychologischer Untersuchungen sein oder pragmatischer Überlegungen. Damit landen wir wieder beim Primat der Situation. Hätten die Griechen den Wissenschaften nicht die sogenannten natürlichen Zahlen zugrundegelegt – die Menschen hätten sich eine andere Welt gezimmert.

1.4.2 Lagegebundenheit versus Willensfreiheit

Vordergründig schlägt sich sachliche Gebundenheit in der Rahmung von Situationen durch formale Kategorien nieder, in Raum und Zeit. Für die Beschreibung psychischer Situationen gibt es jedoch keinen Vorrang bestimmter kulturell vorgeprägter Wahrnehmungsmuster des formalen Rahmens.

Jede Situation ist an Orte gebunden, metaphorisch ist daher häufig von der „Lage" die Rede. Ob sich das Bewußt-Sein des Raumes auf euklidische, hyperbolische, fraktale oder animistische Geometrien stützt, sei dahingestellt. Für Physiker oder Ingenieure mögen quantifizierbare Raumkonzepte Bedeutung haben, für Diplomaten hat Raum eher die Gestalt einer geopolitischen Landkarte, die von Machtvektoren unterschiedlicher Dimensionalität und Intensität ausgefüllt ist. Für Anhänger der Feng-Shui-Lehre empfängt Raum wiederum aus völlig anderen Zeichen heraus seine konkret wahrgenommenen Qualitäten. Binswanger (1942, S. 21) postuliert für die Liebenden einen Wir-Raum als oberstes Ordnungs- und Sinnprinzip. Dort räumen sie sich liebend Platz ein. Der anfangs konzentrische Narzismus der Einzelnen erweitert sich in diesem geometrischen Bild zur Ellipse, mit dem oder der Geliebten als zweitem paritätischen Brennpunkt und einem gemeinsamen Mittelpunkt.

Die Auseinandersetzung der Kirche mit Galilei hat für jedermann offenkundig gezeigt, welche inhaltlichen Folgen von der herrschenden Kultur abweichende Auffassungen in Bezug auf die formale Kategorie des Raumes haben können. Sie betreffen den Maßstab des Koordinatensystems kosmologisch orientierter Weltanschauungen (Heidegger 1927, S. 56). Der Begriff der Umwelt als unmittelbarer Handlungskontext (Fremdreferenz) ist jedoch zu unterscheiden von der systemtheoretischen Umwelt als „nächste Welt des alltäglichen Daseins" (Heidegger 1927, S. 66), zu der sich ein System selbstreferenziell definitorisch in

Differenz und zugleich interpoietisch grenzregulierend in Beziehung setzt.

In zeitlicher Hinsicht existieren Situationen – wie Heraklits Fluß, in den man nicht zweimal steigen kann – unwiederbringlich und einmalig. Gelegenheiten können verpaßt werden, psychische Situationen sind nicht reversibel.[12] Der Mensch

> „...kann nicht 'rückwärts', denn er kann das real Gewordene nicht ungeworden machen, er kann nicht 'seitwärts' heraus, denn die Situation hält ihn umfangen, ist die seinige. Er kann nur 'vorwärts'." (Hartmann 1932, S. 134)

Die Sorge der Person, sich in ihrer Ganzheit, als System, in einer durchgängig irreversiblen Welt zu erhalten, begründet bei Heidegger (1927, S. 19, 328) die *existenzielle Bedeutung des Zeitbegriffs*. Aus der Irreversibilität der Zeit leitet Nicolai Hartmann dagegen nicht nur einseitig die Schicksalhaftigkeit der Situation ab, der die Person nicht entfliehen kann, sondern er sieht das paradoxe Phänomen, daß die Situationen, in die der Mensch hineingerät, Spielraum für Entscheidungen lassen bis hin zur Hilflosigkeit.

> „Darin also hat er Freiheit, wie er sich entscheidet, nicht aber darin, ob er sich überhaupt entscheiden will. Er ist von der Situation zur Entscheidung gezwungen. Aber zur freien Entscheidung. So kommt das Eigentümliche heraus, daß er von ihr geradezu zur Freiheit gezwungen ist." (Hartmann 1932, S. 132 ff.)

Von daher gelangt Hartmann zu einem situativen Verständnis der Person: Person ist, was in Situationen gerät und sich durchfinden muß. Was bei Hartmann als Paradoxie erscheint, läßt sich auf verschiedenen

---

[12] Die Implikationen dieser Erkenntnis auf die Durchführung „psychologischer Experimente" ist nur unzureichend diskutiert worden. Experimente zeichnen sich ja gerade dadurch aus, daß sie unter gleichen Bedingungen wiederholbar sind. Ansonsten kann in wissenschaftlichem Sinne nicht von „Experiment" die Rede sein. Setzt man aber dieselben Probanden einer Versuchsanordnung ein zweites Mal aus, trifft der Heraklit-Effekt in direkter Weise zu, denn sie sind nicht mehr dieselben, sondern haben sich in der Zwischenzeit verändert (insbesondere auch durch die Versuchsdurchführung). Zieht man andere Probanden für die Testwiederholung heran, kann von „Wiederholung" im strengen Sinne nicht gesprochen werden, denn die Unterschiede zur ersten Stichprobe sind im Grunde überhaupt nicht erfaßbar. In der Forschungspraxis wird das existenzielle Dilemma auf lineare Meßgrößen und ihre Fehlerwahrscheinlichkeit verkürzt, um es auszumerzen.

Ebenen ansiedeln und widerspruchsfrei verstehen. Freiheit bedeutet auch Freiheit gegenüber der Irreversibilität der Zeit, die auf existenzieller Ebene, physisch oder ereignis-bezogen konzeptualisiert, unhintergehbar in jedem Augenblick vorbei ist. Dagegen ermöglicht es die essenzielle Ebene, Synchronizität des Ungleichzeitigen herzustellen. Die Loslösung vom momentanen raumzeitlichen Kontext, der unmittelbar wirkenden Reizkonstellation zählt zu den wesentlichen Vorzügen kognitiv-imaginativer Modelle. Sie erst eröffnet das Spielfeld für geistiges Probehandeln und Phantasien. Deren Umsetzung ist ein anderes Thema. Bewußt-Sein ist also durch Synchronizität und Irreversibilität in einem gekennzeichnet. Einerseits ist der Gedanke, den ich jetzt denke, jetzt schon vergangen – ebenso wie alle anderen Ereignisse. In meinem Denken bin ich andererseits aber imstande, den Gedanken aufzuhalten, zu wiederholen, fortzuspinnen. Bewußt-Sein als Prozeß ist Teil des vergänglichen, irreversiblen Seins; Bewußt-Sein ist bewußt als Inhalt, der die Synchronizität des Ungleichzeitigen realisiert.[13]

Auch Jean-Paul Sartre (1943, S. 835 ff.) bringt den Situationsbegriff in Zusammenhang mit der Willensfreiheit, indem der handelnde Mensch Zwecke so setzt, daß ihm Umstände als widrig oder günstig erscheinen. Dieselbe äußere Situation kann für zwei Menschen vollkommen verschieden sein, wenn sich ihre Ziele unterscheiden. Ein faktischer Zustand allein bietet noch keinen Anlaß für ein Motiv, d.h. das Empfinden eines Mangels und den Entwurf eines intentionalen Aktes.

> „Man muß jedoch beachten, daß die mit dem Handeln identische Wahl, um sich vom Traum und vom Wunsch unterscheiden zu können, einen Realisierungsbeginn voraussetzt. Wir sagen also nicht, daß ein Gefangener immer frei ist, das Gefängnis zu verlassen, was absurd wäre, und auch nicht, daß er immer frei ist, die Entlassung zu wünschen, was eine belanglose Binsenwahrheit wäre, sondern daß er immer frei ist, auszubrechen zu versuchen (oder sich befreien zu lassen) – das heißt, was auch seine Lage sein mag, er kann seinen Ausbruch entwerfen und sich selbst über den Wert seines Entwurfs durch einen Handlungsbeginn unterrichten... Die Kontingenz

---

[13] Mir scheint, als würde George Spencer-Brown in seiner „Logic of Form" ungenügend zwischen diesen beiden Ebenen unterscheiden. In der Folge erwächst daraus eine wilde Beliebigkeit im Konstruieren von Realitäten, die, wenn es praktisch wird, zu Fehlhandlungen oder systematischen Verwechslungen von Einbildung und Existenz beiträgt.

der Freiheit im Seins-*Plenum* der Welt, insofern dieses *Datum*, das nur da ist, um die Freiheit *nicht zu nötigen*, sich dieser Freiheit nur enthüllt als *schon erhellt* durch den Zweck, den sie wählt – das nennen wir Situation... Situation und Motivation sind eins." (Sartre 1943, S. 835 ff.)

Situation und Situationsnutzung fallen bei Sartre zusammen, wobei die Autonomie der Wahl – und als deren psychologische Grundlage die Selbstkontrolle – vorausgesetzt wird.

Für den Physiker drückt sich die Gerichtetheit des Zeitstrahls in der Asymmetrie der Logik aus. Die Vergangenheit erscheint faktisch und kann in deterministischen Begriffen beschrieben werden. Ereignisse der Vergangenheit lassen sich eindeutig als „wahr" oder „falsch" bewerten, während die Zukunft offen ist und bestenfalls Wahrscheinlichkeitsprognosen erlaubt (Weizsäcker 1987, S. 16).

Meiner Ansicht nach täuscht dieser Eindruck. Denn auch für den Physiker ist nur die Vergangenheit faktisch, die von einem bestimmten Beobachtungszeitpunkt t_1 bis zu einem bestimmten Beobachtungszeitpunkt t_2 reicht, unter der Voraussetzung, daß zu t_1 bereits Beobachtung stattgefunden hat. Das bedeutet aber, daß nur ein kleiner Teil der Vergangenheit faktisch bekannt ist, der Rest aber erschlossen werden muß. Genau dies ist die Situation, in der sich Historiker gleichermaßen wie Psychoanalytiker wiederfinden. Die Faktizität der Vergangenheit ist ein physikalistischer Mythos.

An dieser Stelle wird zumindest klar, daß die Rekonstruktion des unbeobachtet Vergangenen eine andere Methodik und wohl auch Logik beansprucht als der deterministische Schluß von einem Zeitpunkt, der bereits in der Vergangenheit beobachtet wurde, in die Gegenwart oder Zukunft hinein. Für das Handeln der Person ist angesichts der existenziellen Irreversibilität der Zeit vielmehr die Frage nach der günstigen Gelegenheit relevant, in der sich Zuhandenheit von Umweltgegebenheiten und passendes Bewußt-Sein treffen.

Offenbar verhält es sich mit der psychologischen Zeit ähnlich wie mit dem psychologischen Raum: Je weiter weg die Ereignisse sind, desto diffuser erscheinen sie.[14] Die nahe Vergangenheit erscheint etwa

---

[14] Die Betonung liegt auf „psychologisch": für einen Sinologen, der in Amerika lebt, können Ereignisse, die im 3. Jahrhundert in Luoyang, der alten Kaiserhauptstadt Chinas, stattgefunden haben, nah sein, während ihn das Verhalten des Nachbarn, der seinen Hund ausführt, befremdet.

genauso klar im Bewußt-Sein wie die nahe Zukunft im Lichte von Plänen und Erwartungen. Vergangenheit und Zukunft spiegeln sich nicht im stetig fliehenden Punkt der Gegenwart, noch stehen sie sich asymmetrisch gegenüber. Vielmehr bildet das psychologisch Vertraute – eine Art persönlichen Expertenwissens zu günstigen Gelegenheiten (für welche Zwecke auch immer) – einen materiell-raumzeitlichen *Mikrokosmos*, der die Person als Rettungsring in seiner Mitte birgt, damit sie im Ereignismeer überleben kann.[15] Dieses Meer, das Unbekannte und Unvorhersehbare, dennoch mit Hilfe raffinierter Hilfsmittel überquerbar, bildet den psychologischen *Makrokosmos*, dessen Unbestimmtheit und nebelhafte Auflösung in weiter Entfernung zu dem Eindruck führen kann, die Zeit habe eine Kreisstruktur. In zahlreichen Mythologien findet sich diese Idee vom Ursprung. Tatsächlich hängt die Psychologie der makrokosmischen Zeit wie auch das makrokosmische Raumempfinden in der Hauptsache von kulturellen Einstellungen ab.

Die Wahl der passenden Rekonstruktionsmethode wird nicht nur von der raumzeitlichen Entfernung motiviert – ein Steinzeit-Archäologe bedient sich anderer Herangehensweisen als ein Kriminalist – sondern vor allem von der Lage des Beobachterstandpunktes. Ein am Geschehen Beteiligter entwickelt eine andere Sicht auf die Situation als ein bloßer Beobachter, und – in diesem Zusammenhang ausschlaggebend – ein Beteiligter wird anders handeln, wenn er weiß, daß er beobachtet wird.

1.4.3 Doppelte Kontingenz versus soziale Kontrolle

Aus der essenziellen Freiheit, eine Situation nach Belieben zu interpretieren, erwächst zugleich die Willensfreiheit der Person. Sie legt ihre Sichtweise, wie subjektiv auch immer diese sein mag, ihrem Handeln zugrunde. Treffen sich zwei Personen, ist die Situation von der Willkür beider bestimmt. In der Tat genügt es dann nicht mehr, von „psychischer Situation" zu sprechen. *Insofern* ist Niklas Luhmann zuzustim-

---

[15] Niklas Luhmann (1984, S. 300; 2002, S. 33) spricht in Anschluß an Maturana (1982) von „struktureller Kopplung". Damit ist die Idee der Entsprechung in der Luhmannschen Systemtheorie begrifflich angelegt, auch wenn sie von der Idee der Autopoiese dominiert wird.

men, der soziale Systeme nicht auf psychische reduziert wissen will.[16] Die Begegnung mit Anderen bildet eine spezifische Form der Referenzialität, die nicht allein von der Ebene des bloßen Vorhandenseins oder der objekthaften Instrumentalisierung her verstanden werden kann.

> „...weil die Seinsart des innerweltlich begegnenden Daseins der Anderen sich von Zuhandenheit und Vorhandenheit unterscheidet... Dieses Seiende ist weder vorhanden noch zuhanden, sondern ist so, wie das freigebende Dasein selbst – es ist auch und mit da." (Heidegger 1927, S. 118)

Die Person ist in der Begegnung mit dem Anderen einerseits den Äußerungen dessen psychischer Verfassung ausgesetzt, andererseits ruft sie diese Äußerungen selbst im Anderen hervor. Sie kann den Anderen nur aus dem jemeinig-egozentrischen Blickwinkel wahrnehmen, mit der sie auch sonst wahrnimmt. Gleichzeitig weiß sie, daß sie vom Anderen in gleicher Weise erlebt, vielleicht beobachtet wird. Soziale Situationen entstehen gerade aus jener besonderen Interaktion, die mit der Doppelung der Erwartungen einhergeht. Luhmann entnimmt die Idee der doppelten Kontingenz der soziologischen Systemtheorie Talcott Parsons & Edward Shils (1951), die darin einen Anlaß zur gegenseitigen Einschätzung erblicken.

> „Ego erfährt Alter als alter Ego. Er erfährt mit der Nichtidentität der Perspektiven aber zugleich die Identität dieser Erfahrung auf beiden Seiten. Für beide ist die Situation dadurch unbestimmbar, instabil, unerträglich. In dieser Erfahrung konvergieren die Perspektiven, und das ermöglicht es, ein Interesse an der Negation dieser Negativität, ein Interesse an Bestimmung zu unterstellen." (Luhmann 1984, S. 172)

Jeder Mensch weiß, daß soziale Situation mitnichten immer unbestimmbar und unerträglich sind, im Gegenteil, sie werden bedürfnishaft aufgesucht. Der Mensch ist ursprünglich ein Gesellschaftswesen, als Säugling und Kind physisch vom sozialen Kontext und Kontakt abhängig. Erst im Laufe der Ontogenese eignet sich der Mensch jemeinige Individualität an und versucht zugleich, in der Begegnung mit Anderen existenzielle Einsamkeit und Verunsicherung im Umgang mit sich selbst wie mit den Dingen zu überwinden. Kontingenz wird erst in fremden

---

[16] Die Konstitution sozialer Situationen aus der prinzipiell nicht restlos gegenseitig einsehbaren psychischen Situation der Beteiligten rechtfertigt jedoch nicht die Auflösung der Person, die Luhmanns systemtheoretischer Ansatz suggeriert (Luhmann 1984, S. 155, 397, 429).

Situationen, in Konflikten oder im Extremfall spürbar. Nicht erst das „Interesse an Bestimmung" sorgt für Vertrautheit in (und mit) sozialen Situationen, sondern die mikrokosmisch-familiale Einübung in Kommunikationsprozesse, die an der Entstehung der Person als vom Herkunftssystem abgelöstes Individuum maßgeblich beteiligt ist. Individuation und Sozialisation meinen denselben Vorgang, den sie jeweils von einer anderen Seite betrachten. Kommunikation soll hier nicht auf sprachlichen Austausch verkürzt werden; welche Form (post-) symbolische Interaktion auch annimmt, ihre Eigenart besteht darin, daß sie durch Lernprozesse vorbereitet ist. Wenn jemand „Feuer!" schreit, weiß der Hörer bereits, was gemeint ist.[17]

Wie es einer Person unmöglich ist, die Situation nicht zu interpretieren, indem sie sich in irgendeiner Weise verhält, ist es ihr unmöglich, in der Begegnung mit anderen Personen nicht zu kommunizieren. Auch Nicht-Kommunikation ist Kommunikation (Watzlawick et al. 1969). Dieser Satz trägt scheinbar die Züge einer Paradoxie vom Schlage des Lügners.[18] Der Widerspruch löst sich jedoch auf, wenn man „Nicht-Kommunikation" nicht im strengen Variablensinn als Gegenteil von Kommunikation definiert, sondern entsprechend der Russell-Whiteheadschen Typentheorie lediglich als eine Spielart der Kommunikation, die dem Erscheinungsbild von dem, was gemeinhin unter Kommunikation verstanden wird, zuwiderläuft, z.B. Schweigen. Der Satz beschreibt dann auch keine Tautologie, wie Schöppe (1995, S. 104) meint, sondern eine Aufzählung oder Zuordnung.

Weder das Interesse an Bestimmung noch die Einübung in Kommunikationsprozesse sorgt allein für die Einschränkung doppelter Kontingenz, vielmehr ist Kommunikation als zeichenhafte Äußerung an

---

[17] Zur „Fundamentalontologie" des Zeichens vgl. Heidegger 1927, S. 77 ff.

[18] Diogenes Laertius schreibt Eubulides die Erfindung (oder Entdeckung) des Lügner-Problems zu: Ein Kreter habe behauptet, alle Kreter lügen. Theophrast und Chrysipp haben umfangreiche Abhandlungen zum „Lügner" verfaßt. Aristoteles setzte sich mit ihm in den „Sophistischen Widerlegungen" auseinander: „Ähnlich ist auch das Argument über den Fall, in welchem derselbe zugleich Wahres und Falsches sagt. Da es aber nicht leicht ist, einzusehen, welches von beiden, das Wahr oder das Falsch, hier schlechthin zu behaupten sei, scheint die Lösung schwer zu sein. Jedoch steht nichts im Wege, daß etwas schlechthin falsch, von einem gewissen Standpunkt aus aber oder im Hinblick auf etwas wahr sei, und daß es von einigen Gesichtspunkten wahr sei, nicht aber schlechthin wahr." (Kapitel 25.180b)

physische Medien gebunden, ob es sich nun um Schweigen, Lautsprache, Gesten oder um bildlichen Ausdruck handelt. Die Personen sind frei, ihre Botschaften zu formulieren. Wie sich die Botschaft anderen Personen mitteilt, hängt auch vom Medium ab, das geeignet ist, sie zu transportieren, dem technische Zugeständnisse eingeräumt werden müssen oder das besondere sinnliche Effekte befördert. Kunst wird durch handwerkliche Vollendung oder deren absichtsvolle Zurückweisung konstituiert und strahlt Modellhaftigkeit aus.

Wäre die Person lediglich eine kommunikativ hergestellte, nahezu fiktionale, deontologisierte Konstruktion, wie sie durch die Köpfe einiger Systemtheoretiker geistert, ließe sie sich auf das Resultat der Selektion situationsadäquater Erwartungen reduzieren, oder - einfacher gesagt - wäre die Person identisch mit den Rollen, die sie in bestimmten sozialen Situationen spielt,[19] dann würde es nicht verwundern, wenn die Menschheit morgen anfinge, sich mit Hilfe von Bienentänzen zu verständigen. Das Beispiel zeigt, daß in manchen Theorien sozialer Systeme zwar viel über funktionale Zwänge gesagt wird, aber eine Reihe von „Selbstverständlichkeiten" unberücksichtigt bleibt, beispielsweise das Verhältnis zwischen Körperlichkeit und Bewußt-Sein. Bei genauerer Betrachtung erweisen sich gerade die Prozesse im Grenzraum zwischen unterschiedlichen Systemebenen, die Luhmann durch die Bedingung der Anschlußfähigkeit ausgrenzen möchte, als konstituierend für die Entwicklung der Persönlichkeit, psychischer und sozialer Situationen sowie kultureller und juristischer Normen.

Keinesfalls verlangen alle Arten sozialer Situationen eine universale Grundregel, die - erstaunlich ausgereift im Hammurabi-Kodex - paritätische Gegenseitigkeit fordert, mit anderen Worten, Gleiches mit Gleichem aufrechnet. Im Kern ist damit die Talion angesprochen. Sie ist in die Rechtsgrundlagen des Alten Testaments eingeflossen ist und prägt noch immer maßgeblich das informelle Gerechtigkeitsempfinden.[20]

---

[19] Meines Erachtens verwechselt Luhmann durchweg die Begriffe „Person" und „Rolle".
[20] Bemerkenswerterweise wird bei Hammurabi (§196 bis 201) eine Unterscheidung nach der Schichtzugehörigkeit vorgenommen, die sich in der Bibel nicht mehr findet. Vermutlich hatte sich die altbabylonische Gesellschaft bereits stärker stratifiziert als die judäisch-israelitischen Hirtenstämme 1000 Jahre später. Bei Hammurabi galt die aufrechnende Gerechtigkeit - Auge um Auge, Zahn um Zahn - nur für

Luhmann reanimiert die Talion an zentraler Stelle, indem er sie – zeitgemäßer formuliert – in den Konstitutionsprozeß sozialer Systeme zur Eindämmung doppelter Kontingenz verortet:

„Ich tue, was du willst, wenn du tust, was ich will... Ich lasse mich von dir nicht bestimmen, wenn du dich von mir nicht bestimmen läßt." (Luhmann 1984, S. 166 f.)

Fairness als elementarer Baustein sozialer Systeme, der *in der Theorie* sowohl dem freien Tauschhandel wie der Definition von Gerechtigkeit ein Fundament gibt – wie schön wäre die Welt. Als soziale Grundrechenoperation genügt die zur Fairness mutierte Talion nicht, um zu erklären, warum – häufig unausgesprochen – Regeln befolgt werden, die dem Talionsgebot widersprechen.

Paritätische Gegenseitigkeit setzt die Abwesenheit von Machtgefälle voraus, eine Bedingung, die in der menschlichen Geschichte bestenfalls in kurzen, nachrevolutionären Phasen erfüllt war. Bereits die Unterschiedlichkeit der Begabungen und die Loyalität gegenüber den Eltern, die durch die langwährende Symbiose des Säuglings biologisch gestützt wird, sorgen unabhängig von Besitzunterschieden, Arbeitsteilung und der Besetzung politischer Ämter für fortwährende, „natürliche" soziale Differenzierung, sprich: Hierarchiebildung. In diesem Zusammenhang sind mikroevolutive Prozesse, die Koevolution von Person und Situation im ontogenetischen Verlauf zu betrachten: Modellernen, sozialer Vergleich, Partnerschaft, Loyalität, Unterwerfung. Innerhalb der Dialektik von Situationsbezug und Einheit der Person beansprucht sowohl die funktional-rollenbestimmte („Luhmannsche") Kommunikation zwischen Personen ihren Platz als auch das („Buber-Binswangersche") dialogische Ansprechen des Anderen als „Du" in der Gesamtheit seiner Person.

Offenbar verdrängte die Entstehung der *civitas*, des Lebens in großen Städten, die archaisch-dörflichen Formen sozialer Kontrolle durch *face-to-face*-Kontakt, persönlich-familiale Abhängigkeit und vertragsähnliche Regelungen zwischen verschiedenen Sippen (vor allem in Fragen von Heirat und Fehde). An deren Stelle traten in den von Städten dominierten Industriegesellschaften mächtige soziale Institutionen. Sie

---

(männliche) Angehörige desselben Status, nicht aber, wenn ein freier Mann sich an einem Sklaven vergangen hat oder umgekehrt. In diesem Falle wandte Hammurabi Tarifstrafen an.

sollten das Kontrollvakuum füllen, das sich in Europa zu Beginn der Neuzeit eingestellt hatte und den europäischen Freiheitsmythos nährte. Die Entwicklung ist bis in die Gegenwart zu beobachten: Soziale Kontrolle verlagert sich vom unmittelbaren Kontakt in die Hände des Staates, der Justiz oder beauftragter Ordnungskräfte. Aus der Sicht des Einzelnen geht sie vom erlebbaren Mikrokosmos zunehmend in den abstrakten Makrokosmos über.

Voraussetzung für das Gelingen dieses Verlagerungsprozesses ist, daß erlernte Distanztechniken zu Selbstkontrolle verhelfen. Die Effizienz zivilisatorisch antrainierter Internalisierung muß jedoch bezweifelt werden. Mit der frühneuzeitlichen Landflucht wuchsen die Gefängnisse und ersetzten die seltener ausgesprochenen, abschreckenderen Körperstrafen allmählich (Michel Foucault 1975). Die Erfindung der Guillotine, im Zuge der französischen Revolution mit dem Schlachtruf nach einem „gleichen Tod für alle!" begründet, darf im Vergleich zur zelebrierten Marter wohl als Beispiel einer sozialen Distanztechnik gelten. Deren Existenz signalisiert noch lange kein Fortschreiten des Zivilisationsprozesses, wie Norbert Elias (1939) behauptete. Automatische Gewehre, ferngelenkte Raketen und Zyklon B – neben der Erfindung des Bestecks ebenfalls prototypische Vertreter des Zivilisatorischen – haben eher zu einer Zunahme der Barbarei geführt als zu einer profunderen Moral. Je machtvoller die sozialen Institutionen dem Einzelnen gegenüber auftreten mögen, es erhöht sich damit zugleich das Ausmaß möglichen Machtmißbrauchs. Scham – als Ausdruck der Selbstkontrolle im Umgang mit dem anderen Geschlecht – scheint vielmehr in Gesellschaften, die durch geringere soziale Distanzen zwischen ihren Mitgliedern und daher auch durch weniger soziale Technik gekennzeichnet sind, stärker ausgeprägt zu sein als in der westlichen Kultur (Duerr 1990, S. 24 und 256 ff.).

1.4.4 Dimensionen menschlicher Existenz

Situationen erweisen sich transzendent insofern, daß es der Person zwar möglich ist, einer bestimmten Situation zu entkommen, aber nicht der situativen Einbindung als solcher. Dazu gehören Raum und Zeit, allgemeiner gesagt, die Permanenz des Formalen. Referenzialität zwischen Person und Situation tritt zirkulär in Erscheinung: Die Person kann sich nur in Bezug auf ihre Umwelt als System definieren, eine (psychische) Situation existiert nur in Bezug auf die Person. Die Person wird dabei als komplexes System aus evolutionär erworbenen, emergent geschichteten Strukturebenen aufgefaßt, die sowohl vegetativ-physische Subsysteme als auch kognitiv-psychische Subsysteme beherbergen.

Die existenzielle Sorge der Person um sich wird vor allem von ihrer Körperlichkeit bestimmt, die essenzielle Freiheit der Person von emergenten geistigen Fähigkeiten. Emergenz beschreibt das Verhältnis der Strukturebenen und wird von der Person als Einheit erlebt. Da der Körper an das Bewußt-Sein „versklavt" ist und umgekehrt das Bewußt-Sein nicht imstande ist, einen anderen Körper frei zu wählen, kann nicht von unabhängigen Systemen die Rede sein. (Daran ändert auch die Diagnose oder Einbildung einer „multiplen Persönlichkeit" nichts, nur daß sich das Bewußt-Sein in diesem Falle in mehrere Bewußt-Seins-Zustände aufspaltet. Die Singularität des Bewußt-Seins habe ich nicht behauptet, sie wird vielmehr durch die verdinglichende Ausdrucksweise suggeriert.) Auf der Ebene des Bewußt-Seins erweist sich die Situation als essenziell interpretativ durch die Person: Die Person deutet die Situation im Licht der von ihr verfolgten Zwecke, oftmals ohne zwischen objektivem Vorhandensein und wunschgemäßem Zuhandensein zu unterscheiden. Auch Handlungen sind interpretativ und formale Kategorien wie Raum und Zeit unterliegen der Interpretation. Essenzielle Freiheit ist nicht erblich oder angeboren, sie wird von der Person im Zustand relativer Autonomie hergestellt. Die Logik als Versuch, Objektivität auf der interpretativen Ebene zu etablieren, hat ihren Preis: Sie beschränkt sich auf letztlich tautologische Umformungen innerhalb operativer Kalküle, deren Axiome wiederum außerhalb der Logik motiviert sind.

Die Person produziert die Differenz zwischen Mikro- und Makrokosmos durch den von ihr abgeschrittenen Erfahrungsbereich. Innerhalb des Mikrokosmos erhalten Vergangenheits- und Zukunftsereignisse einen ähnlichen Wahrscheinlichkeitswert. Währenddessen sind für das Verstehen makrokosmischer Ereignisse jeweils besondere Methoden erforderlich. Die Unterscheidung zwischen Mikro- und Makrokosmos läßt sich auch anhand des Beobachterstandpunktes treffen. Alle Situationen, an denen die Person selbst beteiligt ist, gehören zum Mikrokosmos und sind durch die „jemeinige" expertenhaft-egozentrische Perspektive gekennzeichnet. Ereignisse, an denen sich die Person nicht beteiligen *kann*, so daß ihr maximal eine Beobachterrolle zufällt, konstituieren den Makrokosmos der Person.

Die essenzielle Interpretativität potenziert die Freiheitsgrade sozialer Situationen. Kontingenz führt zu Kontrolle, die durch soziale Distanzierung und Anonymisierung aufgehoben oder, genauer gesagt, vom ontogenetischen Mikrokosmos in den abstrakt-gesellschaftlichen Makrokosmos verlagert wird. Die Internalisierung von Gegenseitigkeit, Loyalität und Regelakzeptanz findet zwar noch statt – vor allem während der ersten Lebensjahre in der Herkunftsfamilie – spätestens aber mit der Pubertät treffen natürliche Ablösung und zunehmendes Abstraktwerden sozialer Regeln in der städtischen Gesellschaft zusammen und bringen zahlreiche Phänomene des Kontrollverlustes hervor.

Die drei geschilderten Dimensionen der menschlichen Situation lassen sich nicht unabhängig von einander konstatieren: Geschichtetheit ist eine spezifische Form der Referenzialität, Körperlichkeit und sachliche Gebundenheit sind Teil der systemischen Schichtung usw. Es sind damit eher Thesen benannt, die ich den nachfolgenden Überlegungen voraussetze, um letztlich in Teil 2 dieser Reihe eine Operationalisierung des Situationsbegriffes für psychologische Messungen entwickeln zu können. Die Unklarheit des Bezuges, welche der Eigenschaften eher der Person oder der Situation zuzuschreiben sind, rührt von einem Fortleben des Denkens in Subjekt-Objekt-Dichotomien her, das eine interaktionistische Verquickung beider Kategorien schematisch aufspalten möchte. Wenn man einen zweigliedrigen Fragenbogen in der Form „Situationsvorgabe" und „habituelle Reaktionsweise" konzipiert, wird man eine dichotome Trennung in irgendeiner Form vornehmen müssen. Worin besteht die entscheidende Leitdifferenz, anhand derer sich Eigenschaften, die schließlich als Items formuliert werden, der Situation oder der Person zuordnen lassen? Die systemtheoretische Sichtweise erlaubt eine Orientierung zu dieser Frage.

2 Entwicklung, Emergenz und Hierarchie

2.1 Motivation

Emergenz charakterisiert nicht nur die innere Geschichtetheit psychischer Systeme, sondern auch die Rollenverteilung in sozialen Hierarchien, ob es sich nun um die Differenz zwischen Machtinhabern und Unterworfenen oder um Eltern-Kind-Verhältnisse handelt. Psychische und soziale Systeme erweisen sich derart als komplex, daß ihre Geschichte im Hegelschen Sinne in ihnen aufgehoben ist – freilich nicht „authentisch", sondern modifiziert, verzerrt, umgewandelt, implizit. Zur aktuellen Situation gehört nicht nur das unmittelbar Gegenwärtige, sondern auch das unsichtbar Vergangene. Die Aufhebung des Vergangenem im Gegenwärtigen motiviert bei der Betrachtung von Familiensystemen, die in jeder ernsthaften Persönlichkeitsdiagnostik eine zentrale Rolle spielen, zu einer mehrgenerationalen Sichtweise. Der situative Ansatz orientiert auf Pragmatismus unter Berücksichtigung der systemkonstituierenden Geschichte. Im folgenden sollen die theoretischen Grundlagen der Emergenz-Diskussion ins Licht gerückt werden.

2.2 Emergenz: Systemwechsel oder Erkenntnislücke?

2.2.1 Gott im theoretischen Niemandsland

Im neuzeitlichen Denken Europas taucht der Begriff „Emergenz" seit 1844 wieder auf, als Lewes damit in einer Rezension des Werkes „System of Logic" die Erkenntnis John Stuart Mills charakterisierte, daß physikalische und chemische Begriffe nicht genügen, um die Entstehung des Lebens zu erklären. Auf dem Kongreß für Philosophie im Jahre 1926 gab es unter Hans Driesch eine ganze Sektion für Emergenz. Dabei war das Denken in Ebenen oder Emergenzverhältnissen schon seit längerem eingeführt. Zu Beginn des 18. Jahrhunderts begründete Giovanni Battista Vico (1725/1744) die Teilung in Natur- und Geisteswissenschaften mit einer Argumentation, die letztlich auf einen Begriff von Emergenz zurückgreift. In Leibniz' Monadologie (1714) gibt es eine bemerkenswerte Stelle, die implizit die Emergenz der Beziehung zwischen Leib und Seele avisiert:

> „L'âme suit ses propres lois et le corps aussi les siennes, et ils se rencontrent en vertu de l'*harmonie préétablie* entre toutes les substances, puisqu'elles sont toutes des représentations d'un même univers. Les âmes agissent selon les lois des causes finales par appétitions, fins et moyens. Les corps agissent selon les lois des causes efficientes ou des mouvements. Et les deux règnes, celui des causes efficientes et celui des causes finales, sont harmoniques entre eux." (Leibniz 1714, §§80 und 81)

Der Übergang zwischen der Ebene des Körpers und der Ebene des Geistes muß nicht mehr als harmonisch von Gott prästabiliert betrachtet werden. Vielmehr ist an diese Stelle das Resultat eines langwährenden Evolutionsprozesses getreten, der in mikrokosmischen Ausschnitten zu einer partiellen Paßfähigkeit oder strukturellen Kopplung geführt hat. Doch die Herkunft der funktionalen Entsprechung, die das Verhältnis von Leib und Seele im Normalfall auszeichnet, betrifft nicht die eigentliche Frage.

Die pragmatische Bedeutung der Emergenz-Debatte ist offensichtlich. Immer wieder ist versucht worden, diese Erklärungs- oder Kausalitätslücke als Gottesbeweis zu interpretieren, sowohl von christlichen Kirchen, die sich gegen den Vormarsch der Wissenschaft behaupten wollten, als auch von neueren Sekten. Der Umstand, daß wir nicht alles in der Natur beschreiben und erklären können, beweist jedoch mitnichten die Existenz Gottes, sondern zeigt schlicht die Beschränktheit menschlichen Wissens. Das Argument emergenter Phänomene zielt auf die Schwäche des positivistischen Ansatzes, der nur Erklärungen von Elementarbegriffen gestattet und alles darüber hinausgehende Sprechen verbietet. Prototypisch für die kommunikative Unzulänglichkeit des Positivismus ist Wittgensteins Tractatus, der sich strenggenommen, d.h. streng selbstreferenziell auf sich zurückbezogen, nicht an das eigene Verdikt „Worüber man nicht sprechen kann, muß man schweigen" hält, sondern eine axiomatische Methode mit Hilfe der Numerierung lediglich *suggeriert*, an den meisten Stellen jedoch intuitiv voranschreitet.

Interessanterweise versuchte der logische Positivismus, auch den Emergenz-Begriff systematisch einzuordnen. Unter Verzicht auf mathematische Symbole erscheinen ihm diejenigen Eigenschaften eines Systems als emergent, die sich nicht aus den Theorien ableiten lassen, welche für ihre Elemente gelten, oder mit Hempel & Oppenheim (1948):

> Charakteristika W eines Objektes w heißen emergent relativ zu einer Theorie T, einer Teilrelation Pt und Attributen G, wenn W nicht mit den Mitteln von T, Pt und G abgeleitet werden kann. Mit anderen Worten, gelten diejenigen Eigenschaften eines Systems als emergent, die sich nicht mit Hilfe der Begriffe (Theorien) erklären lassen, welche für ihre Komponenten ausreichen.

Gestalttheoretisch beinhaltet Emergenz einen Teil-Ganzes-Kontrast in der Beschreibung. Teile bilden ein Ganzes mit Eigenschaften, die ihnen selbst nicht anhaften. Sie werden – ontologisch gesprochen – von oben her, durch das Ganze funktionell gerahmt. Dieser Versuch, Emergenz zu bestimmen, geht weit über die formal-positivistische Definition hinaus. Aus positivistischer Sicht gibt es keinen verifizierbaren Zusammenhang zwischen den in einer Theorie emergent erscheinenden Zusammenhängen und dem Gegenstand der Theorie. Doch es erscheint verwunderlich, daß bestimmte Erklärungsnöte überzufällig oft bei denselben Fragen auftreten.

Im Phaidon läßt Platon den auf seine Hinrichtung wartenden Sokrates das Ungenügen einer Erklärung feststellen, die sich nur auf Verursachung durch konstituierende Prozesse beruft. Eindringlicher ist die Emergenz des menschlichen Willens und der Einsicht in soziale Gefüge selten gegen Versuche verteidigt worden, freies Handeln positivistisch von der Physiologie her zu erklären. Dieses *Ereignis* erweist sich – samt seiner Umkehrung durch Aristoteles – für die westliche Wissenschaft als ebenso schicksalhaft wie die Erlösungsmetapher der Kreuzigung Jesu für die europäische Kultur und ihre Umkehrung durch die katholische Kirche.

> „Eines Tages hörte ich jemandem zu, der las aus einem Büchlein des Anaxagoras vor, wie er sagte, und behauptete, es sei die Vernunft, die alles ordne und die Ursache aller Dinge sei... Von dieser wunderschönen Hoffnung, mein Freund, wurde ich indes jäh herabgestürzt, als ich im Weiterlesen sah, daß dieser Mann selbst keine Vernunft anwendet und daß er für die Anordnung der Dinge keine anderen Ursachen angibt als die Luft und den Äther und das Wasser und manches Ungereimte mehr. Es schien mir, als sei ihm etwas ganz Ähnliches unterlaufen, wie wenn jemand sagte: 'Sokrates tut alles, was er tut, mit Vernunft.' Wenn er aber nachher die

Gründe für all meine Handlungen darzulegen versuchte, begänne er mit der Behauptung, ich sitze deswegen hier, weil mein Leib aus Knochen und Sehnen bestehe und weil die Knochen fest durch Gelenke voneinander getrennt seien, während die Sehnen gespannt und wieder gelockert werden können, wobei sie die Knochen samt dem Fleisch und der Haut, die das zusammenhält, rings umgeben. Während nun die Knochen in ihren Gelenken hangen, würden die Sehnen bald gelockert, bald wieder angespannt und setzten mich dadurch instand, meine Glieder zu biegen – und das sei der Grund, weshalb ich so zusammengekauert hier sitze. Und für mein Gespräch mit euch, würde er andere Gründe dieser Art namhaft machen; er würde die Laute und den Atem und das Gehör und eine Menge solcher Dinge als Ursache angeben und sich dabei gar nicht bemühen, die wahren Gründe zu nennen: daß es nämlich die Athener für besser befanden, mich zu verurteilen, und daß ich es daher meinerseits für besser befunden habe, hier zu sitzen, und für richtiger, da zu warten und die Strafe auf mich zu nehmen, welche sie auch verhängt haben mögen. Denn beim Hunde, ich glaube, diese Sehnen und Knochen wären schon längst in Megara oder bei den Boiotiern, fortgetragen von der Vorstellung des Besten, hätte ich nicht geglaubt, es sei gerechter und schöner, statt zu fliehen und wegzulaufen, das Gericht der Stadt über mich ergehen zu lassen, mag es ausfallen, wie es will." (Platon, Phaidon 97b-98d)

Der Streit zwischen natur- und geisteswissenschaftlicher Psychologie kann genau auf diesen Punkt zurückgeführt werden und mit ihm das Ungenügen der Anwendung positivistisch-empirischer Forschungsbefunde auf die psychologische Praxis.

2.2.2 Emergenz als Indiz für Eigendynamik

Bleibt die Frage, ob Emergenz eine befristete Lücke in unserer Erkenntnis markiert oder ob sie eine „objektive" Bifurkation, einen qualitativen Unterschied von Systemeigenschaften beschreibt, der durch Evolution hervorgebracht wird und einer allgemeinen, fächerübergreifenden Wissenschaft im Wege steht. Gerade in der Grauzone zwischen den Wissensgebieten, so will es scheinen, spielen sich Paradigmenwechsel ab.

Angenommen, ein Luftbehälter wird durch äußere Energiezufuhr von einer Seite erwärmt: Es bilden sich in ihm Konvektionsströme, d.h. die zuvor ungeordneten Bewegungen der Moleküle gehen in geordnete Bewegung über. Die Nichtgleichgewichtszustände, die dabei durchlaufen werden, lassen sich nicht allein durch die phänomenologischen Größen Druck und Temperatur charakterisieren.

Bezieht sich Emergenz nun ausschließlich auf einen Mangel an Begriffen oder muß ihr stets eine ontologische Entsprechung zugedacht werden? Hebt die Natur, was wir durch Eigendynamik hervorgebracht denken, tatsächlich als etwas Besonderes gegenüber anderen Vorgängen hervor? Anders gefragt: Ist die Gliederung der Wissenschaften zufällig, das Ergebnis einer Konvention, willkürlich also oder verbergen sich in den Grenzbereichen der Wissenschaften Schwierigkeiten, die man vorerst ausklammern wollte?

Konrad Lorenz (1973, S. 48 f.) erblickte im Schwingkreis ein Sinnbild für *Fulguration*, die Entstehung neuer Systemeigenschaften. Analog zum Räuber-Beute-Modell, läßt sich der Schwingkreis in seine Einzelteile, Spule und Kondensator, zerlegen. Doch kann der Wechselstrom, der aus dem Zusammenwirken beider Elemente resultiert, als „neue Qualität" gelten? Man benötigt zur Erklärung seiner Entstehung keine anderen Begriffe oder Gesetzesannahmen als zur Beschreibung der Vorgänge in den Bestandteilen.

Soziale Ordnungen lassen sich unmöglich auf geistige Inhalte, jene unmöglich auf psychische Vorgänge, diese nicht auf organische Funktionen, letztere nicht auf physikalische Gesetze zurückführen. Die Ausdehnung physikalischer Begriffe auf Lebendiges und Kulturelles gerät unweigerlich ins Mechanische, das von La Mettrie (1747) her noch blechern in den Ohren klingt – kaum ein Unterschied zum Netzwerkrauschen der Computer-Metapher in der Psychologie. Umgekehrt mündet die Ausdehnung psychologischer Begriffe auf Organisches oder Totes im Animismus der Naturvölker. Auch innerhalb einer Disziplin stoßen wir auf Emergenz, wie das Luftbehälterbeispiel zeigt. Offenbar sind die Grenzen der Wissenschaften keineswegs von Anfang an derart axiomatisch festgelegt, daß sie Komplikationen ausgrenzen, sondern mit wachsender Differenziertheit des Wissens müssen wir *mitlaufend* die Emergenz von Theorien zugestehen.

Die wissenshistorische Betrachtung liefere Hinweise auf Wirkliches, die Genese der Erkenntnis indiziere ihre Geltung? Mischen sich hier Denken und Wirklichkeit nicht zu offensichtlich? Heißt dies nicht, das Entstehen von Eigendynamik, die zu Emergenz führt, hängt geradewegs von unserem Wissensstand ab?

Um der Verwirrung zu entgehen, werde ich im folgenden unterscheiden zwischen der als tatsächlich angenommenen Strukturbildung, die sich eigendynamisch vollzieht, und dem innerhalb eines Wissensystems Unerklärlichen, das aus der Perspektive seiner Grundbegriffe im Rahmen eines bestimmten theoretischen Bewußt-Seins emergent erscheint und zu neuen Namen drängt. Biologische Systeme stellen physikalische in ihren Dienst, das Gehirn als vernetztes Ganzes dirigiert die Vorgänge in einzelnen Neuronen oder Neuronenverbänden, durch gesellschaftliche Etikette wird der Einzelne zu einem Handeln gedrängt, das er privat nicht zeigen würde.

In all diesen Fällen reichen die Begriffe einer Theorie nicht aus, um die Phänomene zu erklären, die nicht zu ihrem ursprünglichen Gegenstandsbereich gehören. Eigendynamik schafft Strukturen zwischen und Ebenen in Systemen, die sich in emergenten Erklärungsmustern niederschlagen. Genauso darf Emergenz nicht mit Autonomie verwechselt werden. Im erwähnten Luftbehälter lassen sich die Bewegungen der Moleküle nicht aus den phänomenologischen Begriffen Druck und Temperatur herleiten. Dennoch würde man ihm, solange er sich im thermodynamischen Gleichgewicht befindet, weder Eigendynamik und noch Struktur zuschreiben und folglich den Bewegungen der Moleküle keine Emergenz.

> „Das heißt nun nicht, daß ich eine Ontologie völlig voneinander getrennter Schichten postuliere und deshalb gar die völlige Unabhängigkeit der Einzelwissenschaften, welche die verschiedenen Schichten als ihren Gegenstand haben. Ich setze auf Vereinheitlichung. Das heißt aber nicht, daß T_6 auf T_5, T_5 auf T_4, T_4 auf T_3 und so weiter reduziert werden müssen, sondern daß versucht werden muß, eine umfassende Theorie T zu entwickeln. Im Falle des Erfolgs wäre das auch eine Reduktion, nämlich von allen T_1, T_2, ... T_6 auf T, aber keine Mikroreduktion im Geiste des Substanzialismus. Ich behaupte übrigens, daß alle bisherigen erfolgreichen Reduktionen in der Wissenschaftsgeschichte solche Erweiterungen waren." (Helmut Schwegler 1992, S. 44)

Von einer solchen umfassenden Wissenschaft sind wir weit entfernt. Definiert man Emergenz nur als Begriffsknappheit und vermeidet jeden ontologischen Bezug, wie von Hempel & Oppenheim (1948) vorgeschlagen, so erweist sie sich als zu unscharf, um den theoretischen Hürdensprung zu erfassen, zu welchem das Auftreten von Eigendynamik nötigt. Emergenz beschreibt nicht irgendeine Unzulänglichkeit des Reduktionismus, sondern sie weist auf Unerklärtes an den Stellen, wo Eigendynamik zum Zuge kommt. Vordergründig bezieht sich Emergenz zeichenhaft auf Theorien oder Modelle, diese jedoch haben Eigendynamik zum Gegenstand.

2.2.3 Jenseits der Kausalität

Insofern ist, was wir für emergent halten, abhängig vom *Corpus rationale*, vom gesammelten Wissen unserer Zeit. Gerade die Genetik greift das emergent Erscheinende fortwährend an und verführt zu dem Trugschluß, wir brauchten nur den Bauplan der Lebewesen vollständig zu entschlüsseln, schon ließe sich das Leben programmieren. Doch selbst wenn wir alle Gesetze *kennten*, aus denen Strukturen hervorgehen, wären wir kein Laplacescher Dämon und nicht imstande, die Zukunft vorherzusagen, denn uns fehlte die Kenntnis der Rand- und Anfangsbedingungen. Um eine Erklärung zu finden, muß man sowohl im Besitz der allgemeinen Gesetze (und entsprechenden Begriffe) sein als auch die Bedingungen der konkreten Situation kennen, die für eine Sache zutreffen, nach dem Hempel-Oppenheim-Schema:

Explanans	(allgemeines Gesetz)
Antecedens	(Situationsbedingungen)
Explanandum	(das Zuerklärende)

Kausal heißt eine Erklärung, wenn es zumindest im Prinzip möglich ist, die konkrete Situation hinreichend für die Ableitung des Explanandums. Für die Quantenmechanik ist diese Voraussetzung nicht erfüllt. Zwar ähneln ihre Zustandsgleichungen denen der klassischen Mechanik, die Anfangsbedingungen können jedoch nur als Wahrscheinlichkeiten angegeben werden (vgl. John von Neumann 1932, S. 158).

Die Heisenbergsche Unschärfe, die notwendige Unbestimmtheit unseres Wissens im physikalisch Mikroskopischen, geht auf die Invasivität der Beobachtungen zurück: Meßfehler und Meßwerte liegen in derselben Größenordnung. Das Beobachtete verändert sich durch die Beobachtung. Was für die Mikrophysik gilt, trifft im übertragenen Sinne auf psychologische und soziologische Beobachtungen zu. Menschen handeln anders, wenn sie beobachtet werden (oder sich beobachtet fühlen). Dieses Dilemma hat zur Methodik der „teilnehmenden Beobachtung" geführt. Doch auch diese ist nicht imstande, das „Verhalten an sich" festzustellen, sondern nur im Kontext einer konstruierten sozialen Situation.

Mikrophysikalische und – in einem anderen, aus emergenter Abstufung hervorgegangenem Sinn – auch psychologische und soziologische Prozesse verlaufen jeweils indeterministisch. Sie können nicht aus Anfangsbedingungen vorhergesagt werden: Ihr Antecedens ist nicht hinreichend bestimmbar. Wie aber verhält es sich mit der ersten Voraussetzung im Hempel-Oppenheim-Schema? Wenn sich durch Eigendynamik Strukturen bilden, die sich den Gesetzen ihrer Umwelt zumindest partiell entziehen und einer eigenen Gesetzlichkeit gehorchen, wird ein Explanans vonnöten, das bisher nicht in Betracht gezogen. Eben dies meint Emergenz. Kausalität setzt, während die passenden Gesetze als bekannt gelten, die prinzipielle Erkennbarkeit der konkreten Situation voraus. Erkenntnisschranken erwachsen in dieser Sichtweise aus der unberechenbaren Vielzahl der Randbedingungen, nicht aber aus ihrem undurchschaubar komplexen Zusammenhang (vgl. Heinz von Foerster 1997, S. 40). Emergenz beschreibt das Wirken eigendynamischer Gesetze, ob sie sich unserer Kenntnis entziehen oder nicht.

Es kann also zwischen antecedischer und explanatorischer Unvorhersagbarkeit unterschieden werden, je nachdem, welche der Voraussetzungen des Hempel-Oppenheim-Schemas unerfüllt bleiben. Nur bei Unbestimmtheit des Explanans kann von Emergenz die Rede sein. Daraus resultieren verschiedene Arten von Vorhersagen, denen wiederum verschiedene Arten von Dynamik entsprechen. Im Falle kausaler Erklärungen, wenn sowohl Gesetze als auch konkrete Bedingungen bekannt sind, verläuft der entsprechende Prozeß *determiniert* (klassische Mechanik). Wenn sich der Antecedens, d.h. die konkrete Situation, nur noch im Sinne von Wahrscheinlichkeiten ermitteln läßt, besteht immerhin noch eine *Tendenz* zum vorhersagbaren Geschehen. Reichen die Gesetze, welche die Systemkomponenten beschreiben, nicht hin, um das Systemganze zu erfassen, so muß man ihm die emergente Fähigkeit zur *Kontingenz* einräumen, d.h. zur selbstreferenziellen Funktionswahl, die sich der fremdreferenziellen Vorgabe zumindest teilweise entzieht.

Ich möchte nicht behaupten, daß mit den drei Qualitäten von Entwicklungsverläufen (Determinismus, Tendenz, Kontingenz) – Stagnation wäre als vierte hinzuzählen – notwendig „Höherentwicklung" eingeschlossen ist. Dieser Begriff führt vor allem deshalb in die Irre, weil er die Vorstellung einer linear-quantitativ erfaßbaren Entwicklung weckt. Der Strukturwechsel von Determinismus zur Kontingenz innerhalb von Systemen beschreibt vor allem qualitative Änderung, ihre wachsende strukturierte Komplexität und Differenzierung.

2.2.4 Logische Spielarten des Monismus

Die Idee, daß alles aus einem durchgängigen Evolutionsprozeß hervorgeht, läßt „die Wirklichkeit" als Einheit erscheinen – soweit die erste Annahme des Monismus. Im Zeitalter der Mythen entsprach dieser Vorstellung der Ursprung des Makrokosmos aus dem Ei. Mit dem Begriff der Emergenz hingegen erscheint die Einheit des Wirklichen gebrochen in gegeneinander abgegrenzte Strukturebenen (Seinsschichten).

Der Anspruch, alle Erscheinungen des Lebens, der Seele und der Kultur auf Grundlage physikalischer Begriffe zu beschreiben und erklären, greift weit darüber hinaus. Die zweite, radikal physikalistische Annahme des Monismus behauptet nicht nur Reduzierbarkeit – Helmut Schwegler (1992, S. 43) nennt sie „Mikroreduktion" –, sondern Universalität. Die Physik unterscheidet sich von den übrigen Entwürfen des Bewußt-Seins darin, daß sie in beispielloser Weise Unabhängigkeit vom menschlichen Subjekt anvisiert. Für die Humanwissenschaften ist der Bezug zum emergent stratifizierten Menschen nicht auflösbar, vielmehr bildet er den Gegenstand des Interesses. Der Ausgangspunkt des physikalischen Monismus ist folglich in zweifacher Hinsicht *spekulativ*: Er stützt sich auf die Hypothese einer einheitlichen Wirklichkeit und ihrer Rekonstruierbarkeit mit Hilfe physikalischer Begriffe.

Solange man auf einer emergenzfreien Ebene bleibt, mag man mit Recht alles, was einem begegnet, auf die geltenden Begriffe, Axiome usw. zurückführen. Es geht jedoch zu weit, diesen Anspruch auf emergente Abstufungen auszudehnen, beispielsweise das Gefühlsleben von Menschen ontologisierend mit Begriffen der phänomenologischen Wärmelehre zu beschreiben. (Metaphorisch ist das natürlich erlaubt und man darf sehen, wie weit man damit kommt.)

Carl Friedrich von Weizsäcker neigt einem gemäßigten Reduktionismus zu, wie er unter Physikern typisch ist:

> „Wir haben gute, wenn auch nicht zwingende Gründe für die Annahme, daß die Gesetze der Physik (einschließlich derer der Chemie) in lebenden

Organismen vollauf gelten. Innerhalb des Begriffsgerüstes der bestehenden Wissenschaft würde diese Aussage, wenn sie wahr ist, schwerlich eine andere Konsequenz zulassen als die Annahme, ein Wissenschaftler, der alle physikalischen und chemischen Fakten des Lebens kennt – sowohl Gesetze wie kontingente Zustände –, wäre dadurch in der Lage, das Verhalten lebender Organismen zu erklären und es soweit vorauszusagen, wie die dabei angewandte Physik determiniert ist." (Weizsäcker 1990, S. 408 f.)

Obwohl sich der universale Anspruch der Physik heraushören läßt, ist er vorsichtiger formuliert: Zum einen sprechen pragmatische Gründe gegen eine Ableitung menschlichen Handelns aus seinen physikalischen Grundlagen, denn eine solche Ableitung wäre unübersichtlich und kompliziert. Zum anderen wird nur vom physikalisch determinierten Verhalten gesprochen, zu dem weder geistige Inhalte noch das unleugbar subjektive, menschliche Erleben gehören. Weizsäcker hält die Biologie für reduzibel, psychisches Geschehen jedoch für emergent.

„Die physikalische Wissenschaft beschreibt nicht das, was wir Geist nennen." (a.a.O.)

Zwar mögen geistige Vorgänge zu hirnorganischen parallel laufen, doch geschieht es nicht auch umgekehrt, daß der „freie Wille" physiologische Vorgänge rahmt? Geht man davon aus, daß die Physik einen anderen Wirklichkeitsbezug hat als die Psychologie, ist klar, daß sich physikalische Variablen nicht ohne weiteres über diese Kluft ausweiten lassen, daß sie zumindest nicht alle psychologischen Phänomene berühren; schärfer formuliert: keines vollständig beschreiben und erklären können. Analoges läßt sich auch für das Verhältnis der psychischen und sozialen Phänomene sagen.

In der abendländischen Wissenschaft hat es eine lange Tradition, seelische Äußerungen physiologisch zu begründen. Die Problematik des Bestrebens, Psychisches zurückzuführen auf Organisches, hat zu extremen Positionen geführt: Entweder betrachtet man das Bewußt-Sein als Epiphänomen ohne reale Existenz, das dem leiblichen Dasein aufgesetzt sei. In der Folge konzentriert man sich darauf, nur „positives" Wissen gelten zu lassen, also solches, das sich anhand klassischwissenschaftlicher Kriterien nachweisen läßt, und Psychisches darauf zu reduzieren (Psychophysik, Behaviorismus). Oder aber man sieht zwischen Körper und Geist eine unüberbrückbare Kluft, indem man psychische Phänomene für nicht vollständig rückführbar auf physische hält. Letztere erklären lediglich strukturell, wie Psychisches möglich und welchen Konstitutionsregeln es unterworfen ist, können aber nicht die konkrete Phänomenologie und Eigengesetzlichkeit psychischer Äußerungen fassen.

Zwar können die zur Systemkonstitution notwendigen Bedingungen nicht außer Kraft, ohne daß es zum Zusammenbrechen des Systems kommt, doch sie genügen nicht, um das eigendynamische Handeln des Systems zu verstehen. Sie sind notwendige, aber nicht hinreichende Bedingungen.

> „Trotz der materialistischen Tendenz, die 'Seele' wesentlich als einen bloßen Abklatsch physikalischer und chemischer Vorgänge zu begreifen, liegt doch nicht ein einziger Beweis für diese Hypothese vor... Es wird nicht sobald gelingen, komplexe seelische Tatbestände auf eine chemische Formel zu bringen; der seelische Faktor muß daher ex hypothesi vorderhand als eine autonome Wirklichkeit rätselhaften Charakters gelten." (C. G. Jung 1936)

Um auf Emergenz zu stoßen, muß man die Entdeckung machen, daß Analysieren zwar notwendig ist, um Elemente zu identifizieren, aber nicht weiterhilft, wo eigendynamisch Synthese stattfindet oder stattgefunden hat. Dieser Vorwurf ist gegen die Psychoanalyse laut geworden, die im orthodoxen, Freudschen Sinne zu destruktiv am Vergangenen klebt und Defizite betont, statt zu einer prospektiven Integration der Entwicklungsgeschichte einer Person mit ihrem Willen beizutragen. Diese Orientierung hat Roberto Assagioli (1965) in der Konzeption einer therapeutischen „Psychosynthese" vorgeschlagen. Tatsächlich bedeutet Eigendynamik, anthropomorph gesagt, im psychosozialen Kontext vor allem „Wille". Detailkenntnisse der Physik verlieren an Wert für das Verständnis eines Systems, je mehr emergente Strukturebenen es in sich vereint.

> „Einzeluntersuchungen auf der physikalisch-chemischen Ebene, wie zahlreich sie auch immer sein mögen, bleiben unfruchtbar, solange man nicht mit Hilfe eines Modells des übergeordneten Integrationsgefüges die Stelle und Funktion dieser Vorgänge niedrigerer Ordnung im Zusammenhang des ersteren verstehen kann." (Norbert Elias 1983, S. 211)

Eigendynamik, die zu Strukturbildung führt, stellt die konstituierenden, physikalisch-chemischen sowie biologischen und psychischen Prozesse funktionell in die Dienste der jeweils „höheren", systemischen Selbstreferenz. Allein auf Grundlage der konstituierenden Prozesse läßt sich das Funktionieren des stratifizierten Systems nicht erklären: Es organisiert einen emergenten Zusammenschluß, zu dessen Beschreibung andere Begriffe nötig sind als physikalische.

Emergenz und Reduzierbarkeit stehen in einem komplementären, aber nicht ausschließlichen Verhältnis zueinander. Wenn sich zwei Theorien, die zwei Systeme oder Arten von Systemen beschreiben, aufeinander reduzieren lassen, so erweisen sie sich teilweise als strukturell identisch (isomorph). Der Nachweis der Identität läßt sich mit Hilfe formal-logischer Operationen bewerkstelligen. Gelingt dies nicht, darf man die Theorien nicht für emergent halten, denn immerhin kann sich herausstellen, daß sie gänzlich unabhängig voneinander sind.

In logischer Hinsicht bilden Reduzierbarkeit und Emergenz gleichrangige Kombinationen möglicher Überlappungen von Theorien, die eine monistisch aufgefaßte Welt mit emergenten Überwerfungen betreffen:

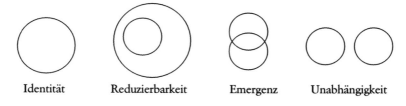

Identität   Reduzierbarkeit   Emergenz   Unabhängigkeit

Abbildung 1: Inferenzmöglichkeiten zweier Systeme

Neben Emergenz und Reduzierbarkeit existieren zwei weitere Spielarten: Identität und Unabhängigkeit, die Extreme der möglichen Überlappungsverhältnisse. Sie können daher nicht als Spezialfälle von Emergenz und Reduzierbarkeit gesehen werden. Reduzierbarkeit bedeutet nicht Identität, sonst wäre die Prozedur des Beweisens überflüssig. Emergenz ist nicht gleichzusetzen mit Unabhängigkeit.

Emergenz kann inhaltlich beschrieben werden als Interaktion zwischen zwei relativen Autonomiebereichen, d.h. von Bereichen, in denen eigenständige Zusammenhänge wirken, die sich nicht durch die Gesetzmäßigkeiten anderer Theorien erklären lassen. Eigendynamik bringt Selbstreferenzialität hervor. Umgekehrt ist Selbstreferenzialität eine Form von Eigendynamik, die als Fremdreferenz der konstituierenden Prozesse auftritt und deren Autonomie begrenzt. Umwelt bleibt für das

System dagegen schlicht fremd. Es gibt keine Vorgabe, mit der das System über Umweltprozesse bestimmen könnte, denn die Umweltsysteme sind durch eigene Selbstreferenzen vom System abgegrenzt (insofern ist das Phänomen der „doppelten Kontingenz" kein Spezifikum sozialer Systeme). Wendet man den Emergenz-Begriff auf evolutive Prozesse an, so entsteht ein Schichtenmodell, das im Vergleich zur Pyramide Nicolai Hartmanns auf dem Kopf steht:

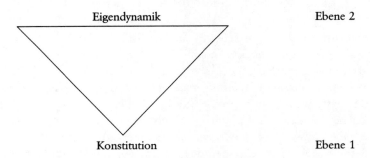

Abbildung 2: Grundschema emergenter Schichtung

Die Konstitution eines emergent stratifizierten Systems ist gegeben in einem autonomen Bereich 1, der die Bedingungen der Möglichkeit eines autonomen Bereiches 2 verwirklicht. Die Eigendynamik operiert vom Bereich 2 aus und läßt sich in seiner konkreten Gestalt nicht durch Gesetzmäßigkeiten der konstitutiven Grundlagen erklären. Dennoch stehen die konstituierende und die emergente Ebene in Beziehung miteinander. Gerade die Erforschung der Übergangsprozesse erweist sich als ertragreich und paradigmatisch. Das Dogma[21] der Autopoiese-Erfinder Maturana & Varela (1987), daß Selbstreferenz mit operationaler Geschlossenheit einhergehe, engt den Blick horizontal auf jeweils emergenzfreie Funktionsebenen ein.

> „Es wird gesagt: 'Sprechakte bringen nur Sprechakte hervor', 'Rechtsakte bringen nur Rechtsakte hervor', 'Zahlungen bringen nur Zahlungen hervor' usw. Das mag in einer eingeschränkten Betrachtungsweise richtig sein und ist dann auch Grundlage dafür, daß man Kommunikationssysteme, Rechts-

---

[21] Darauf beruft sich nicht nur die kognitive Neurobiologie, sondern auch die soziologische Systemtheorie.

systeme, Wirtschaftssysteme, Nervensysteme usw. überhaupt bis zu einem gewissen Grade als unabhängig voneinander untersuchen und modellieren kann. Aber in ontologischer Strenge aufrechterhalten, widerspricht ein solcher Standpunkt der Einheit unserer Handlungswelt. Unter Beibehaltung ihrer relativen Berechtigung und Nützlichkeit muß an der grundsätzlichen Überwindung solcher 'Schnittstellen' gearbeitet werden. In einem übergeordneten Systemrahmen bringen Sprechakte doch Nervenaktivitäten und Rechtsakte Zahlungen hervor usw. Es gibt keine unüberwindbaren Brüche. Prinzipiell kann man sagen, daß Schnittstellen zu überbrücken sind durch Relatoren, die ihre Hände nach beiden Seiten reichen." (Helmut Schwegler 1992, S. 46)

Konstitutive Bedingungen wirken über Strukturebenen hinweg, physikalische Gesetzmäßigkeiten gelten auch für Organismen. Sie bestimmen aber nur umrißhaft die globalen Eigenschaften und Fähigkeiten des Systems. Sind die konstitutiven Bedingungen außer Kraft gesetzt, gerät das System nicht nur in eine Sinnkrise, d.h. eine Krise auf essenzieller Ebene, sondern droht, seine Existenz aufzugeben. Sterben ist ein evidenter Hinweis auf den Zerfall eines emergent stratifizierten, lebenden Systems. Die Organe verlieren mit dem Wegfall der höheren, selbstreferenziellen Einheit des Organismus nicht nur ihre Funktion, sondern ihre Existenz. Umgekehrt geht mit der Existenz die psychisch-geistige Essenz des Systems verloren. Erst auf der nächsten emergenten Strukturebene, innerhalb sozialer Systeme, kann die Essenz der Ideen eines Individuums - zumindest gefiltert in sozial anschlußfähigen Formen und Funktionen - auch über dessen Tod hinaus weiterexistieren.

Indem die eigendynamische Ebene entscheidend an der Erhaltung der Anschlußfähigkeit des Systems mitwirkt und damit sowohl systemstabilisierende Selbstreferenz als auch die Fähigkeit zur Autopoiese sichert, kann sie Systemgrenzen nicht beliebig setzen. Es ist nicht möglich - mag es auch dem Theoretiker mit einem Bleistift auf Papier gelingen - verschiedene Systeme durch logische Kombination über den Wirkraum ihrer konstitutiven Bedingungen hinaus zu vereinigen. Die Selbstreferenz des einen Systems wäre gleichzeitig die Fremdreferenz der anderen Systeme, so daß sich die Frage stellt, wie gut sie aufeinander abstimmbar sind. Man kann nicht beliebige Subsysteme formal zu einem Makrosystem zusammenfassen, wenn sie nicht imstande sind, über die Systemgrenzen hinaus interpoietisch zu kooperieren.

Wir haben es also mit zwei Arten von Emergenz zu tun: der inneren Emergenz eines Systems, d.h. seines eigendynamisch-autonomen Spielraums, zu den zugehörigen konstitutiven Bedingungen und der äußeren Emergenz des einen Systems zu einem anderen, die aus der jeweils systemeigenen Sicht als Kontingenz des anderen erscheint. Die Form eines Systems markiert die Grenze seiner Fähigkeit zur Auseinandersetzung und zu Beziehungen mit der Umwelt.

2.2.5 Das Bedürfnis nach Ausweitung der Kausalität

Makrokosmisch kann das System seine Umgebung nicht beeinflussen, sondern unterliegt ihren konstituierenden Wirkungen. Mikrokosmisch schafft es sich seine Umgebung selbst. Dieser Satz gilt auch für das Psychische: Ich lebe einerseits in der (physischen, sozialen) Umwelt und werde durch sie bestimmt, andererseits gestalte ich diese Umwelt und forme sie um (Grenzregulation). Wir empfinden die Welt als stabil und ganzheitlich, da in der Wahrnehmung die einzelnen Sinneskanäle integriert und gegen Störungen geschützt werden (Konstanzphänomene, evolutionär vermittelte strukturelle Entsprechung). Beispielsweise werden die irregulären Erschütterungen des Netzhautbildes beim Gehen vom Nervensystem *mitlaufend* korrigiert.

Während mikrokosmische Prozesse weitgehend determiniert und kausal erscheinen, indem das System sie selbst schafft oder beeinflußt, ist der Makrokosmos des Systems nicht vor Unvorhersehbarem gefeit. Um ein anderes Beispiel zu nennen: Im Zeitalter der Fortbewegung mit Pferden mußten die Menschen lernen, das Tier in ihrem Sinne zu steuern. Der Übergang ins motorisierte Zeitalter hat einerseits zu einer größeren, nämlich mechanischen Zuverlässigkeit geführt. Das Pferd kann autonomer als das „Auto" seinen Willen durchsetze; es symbolisiert eine nichttriviale, das Auto eine triviale Maschine. Darin spiegelt sich die Ambivalenz des sogenannten Fortschritts. Die Erfindung der motorisierten Fortbewegung hat den Mikrokosmos des Menschen deutlich ausgeweitet. Andererseits ging die Notwendigkeit verloren, den Umgang mit dem höheren Emergenzniveau des Tieres zu erlernen. Es wundert daher nicht, daß auch das essenzielle Bewußt-Sein der Menschen in den Industriegesellschaften stärker von Machbarkeitsüberzeugungen und dem Wunsch nach rezeptartig-mechanistischer Beherrschung der Umwelt geprägt ist.

Evolutive Systeme sind bestrebt, sich so einzurichten, daß Mikro- und Makrokosmos zueinander passen, sich ähnlich sind – gelingt dies, wird das Leben als sinnvoll empfunden.

„Alles im Kosmos ist wie im Kosmos." (Marcel Granet 1934)

Daher wenden sich die meisten Religionen der Kosmologie zu, nicht in einem physikalischen Sinn, sondern lediglich mit dem Anspruch einer anthropomorph-subjektiven Theorie, deren Hauptmethode die Metapher ist. Das Bestreben nach Einklang, Analogienbildung und Ausweitung der Sicherheitszone des Vertrauten zieht sich nicht nur durch die Mythologie, es wird – mit jeweils eigenen Mitteln – von der Machtpolitik und von der Wissenschaft verfolgt.

Was ein System als Makrokosmos markiert, fordert zu neuen Formen der Auseinandersetzung heraus, zirkulär-referenziell auf intrasystemische Beziehungen übertragen und modifiziert werden. Ist das System den makrokosmischen Anforderungen nicht gewachsen, d.h. kann es seine mikrokosmische Selbstbestimmung nicht gegen sie schützen, verliert es die Grundlage zur Autonomie. Der Mikrokosmos des Systems geht in unbeherrschbaren Makrokosmos über. Kann das System jedoch einen Anschluß zwischen Mikro- und Makrokosmos herstellen, d.h. kann es seine Fähigkeit zum Handeln trotz aller Widrigkeiten retten, so fließt der erweiterte Mikrokosmos in die konstitutiven Bedingungen des Systems ein.

2.3 Vertikale Perspektive und Systemtheorie

Während ich bisher vorausgesetzt habe, daß es Systeme mit emergent stratifizierten Strukturen gibt, sollen jetzt Fragen zu ihrer Herkunft gestreift werden: Wie entsteht Struktur? Wie sind emergente Abstufungen möglich und wie manifestieren sie sich im System? Woher kommt die Eigendynamik des Systems, die es unmöglich macht, durchgängige Gesetzmäßigkeiten in der materiellen und subjektiven Welt festzustellen, in einheitliche Begriffe und Theorien zu kleiden?

2.3.1 Systemkonstitution durch zirkuläre Referenzialität

Die mindeste Voraussetzung, die ein *System* – so einfach es sei – erfüllen muß, damit es sich von seiner Umwelt abhebt, ist die Möglichkeit, diese auf eine systemeigene Größe zu beziehen. Ob bewußt oder ohne

Bewußt-Sein: Solange ein Gebilde in seiner Reaktion auf Umliegendes nicht Bezug auf Eigenes nimmt, kann es nicht System genannt werden.

Wie weit läßt sich der Systembegriff ausdehnen, wenn man diese schwache Bedingung formuliert? Bildet ein Haufen Sandkörner – um das Problem des Sorites zu modifizieren – ein System, weil er im Vergleich zu verstreut umherliegenden Sandkörnern die „Eigengesetzlichkeit" des Zusammenstürzens in sich birgt? Zweierlei fällt auf an dieser Frage. Zum einen ist es für die Identifikation von Systemen entscheidend, welche Umwelt in Betracht kommt. Das System selbst muß seinen Bezug zur Umwelt zirkulär definieren. Zum anderen können wir nicht leugnen, daß eine Erkenntnisintention daran beteiligt ist, wenn Menschen anfangen, ein Gebilde als System zu betrachten. Ein Steinhaufen mag als eine Ansammlung ohne Dynamik erscheinen, sobald er zu einer Geröllhalde im Gebirge wird, die durch kleinsten Anstoß ins Rutschen kommt, beginnen wir, sie als kompliziertes statisches System anzuerkennen und ihre kritischen Punkte zu untersuchen.

Doch die Selbstreferenz einer Geröllhalde ist nicht identisch mit dem Selbstbewußtsein eines psychischen Systems, sie ist ihm bestenfalls ein Gleichnis. Wer „ich" sagt, gebietet mit diesem Wort über seinen Körper und seine Handlungen. Wie der Körper Ruhe oder Bewegung realisiert, erfährt die emergente psychische Ebene des Systems nicht.

Ein System gewinnt Identität als System, indem es sich von einer wie auch immer gearteten Umwelt abgrenzt. Die Grenze markiert einen Wechsel der Prozessualität, nicht ihr Ende (Luhmann 1984, S. 35). Wie kommt die Differenz von System und Umwelt zustande, wie erlangt ein System seine Identität?

2.3.2 Paradoxien der Eigendynamik: Mutation und Selbsterhaltung

Will man irgendwie den Beginn der für Menschen bedeutsamen Evolution charakterisieren, so geht man heute wie im Zeitalter der Mythen[22] auf die Vorstellung des Strukturlosen zurück, auf einen spekulativen Anfangspunkt, im Chaos. Wenn man sich den Ausgangszustand der Welt im Chaos vorstellt, hat es wenig Sinn, von System zu sprechen. Im Chaos wäre jede Differenz zwischen System und Umwelt gegenstandslos, man könnte sie nicht unterscheiden. Indem Eigendynamik aus dem

---

[22] z.B. Laozi, Daodejing, Kapitel 15

ursprünglichen Chaos hinausführt, erhält man den Eindruck, künftige Struktur sei in ihm bereits angelegt. Eigendynamik gibt den Impuls, sich in Systeme zu organisieren.

Umgekehrt beginnen durch Eigendynamik geordnete Systeme zu schlingern, sie zeigen chaotisches Verhalten, das ihre Struktur zerrüttet oder ihr Wirkungsgefüge ändert. So spielt Eigendynamik eine paradoxe Rolle: Sie konstituiert Systeme, indem sie Differenz schafft zur nichteigendynamischen Umwelt, zugleich treibt sie, nicht ohne Bezug auf den unvermeidlichen quantenmechanischen Zufall, die Entwicklung des Systems voran. Eigendynamik bildet Strukturen, indem sie Chaos ordnet, und sie ändert Strukturen, indem sie Chaos in ihnen erzeugt.

Mit Rücksicht auf ihre strukturbildende Wirkung wird Eigendynamik mitunter auch als Selbstorganisation bezeichnet (Eigen, Haken, und Prigogine, von Foerster) oder als Autopoiese (Maturana, Varela). Hermann Haken (1981) postuliert die Wirkung eines „Ordners". Dies dürfte eine zu stark ontologisierende Vorstellung sein, denn die Idee der Selbstorganisation besteht gerade darin, daß sie ohne einen Ordner auskommt, vielmehr Ordnung aus sich selbst heraus - autopoietisch - herstellt.

Selbstreferenz meint die Möglichkeit, externe Größen mit systemeigenen zu vergleichen, woraus eine *Information* resultiert, welche die Differenz zwischen System und Umwelt erzeugt: Das System ist imstande zu vergleichen, aber nur in Bezug auf sich selbst.[23] Selbstreferenz in diesem Sinne ergibt sich rein reflektierend, informatorisch, passiv. Erst wenn man dem System eine *Funktion* mit Wirkung nach außen unterstellt, etwa die Veränderung eines Umweltfaktors, beginnen Selbstreferenz und Funktion zu diesem Zweck interne Größen untereinander aktiv in Bezug zu setzen und zu „versklaven" (Hermann Haken 1981, S. 25). Insofern ist ein System intern funktional verflochten und hebt sich, funktionalisierte Selbstreferenz vorweisend, von seiner Umwelt ab, nicht nur indem es reflektiert, sondern indem es handelt. Handeln läßt sich in diesem Kontext als Umwandlung von Selbst- in Fremdreferenz betrachten. Beiden liegt derselbe informatorische Betrag zugrunde, doch sie verweisen in unterschiedliche Richtungen.

---

[23] Diese Fähigkeit entspricht in der Freudschen Entwicklungspsychologie dem primären Narzismus.

Struktur bildet sich, wenn nicht sämtliche Eigenschaften für die systemische Kopplung von Selbstreferenz und Funktion bedeutsam sind, sondern nur einige. Struktur zeichnet sich gegenüber Strukturlosem, aber auch gegenüber dem Systemganzen durch Selektion aus. Eigendynamik bezeichnet die besondere, von der Umwelt differente Prozessualität, die sich innerhalb eines Systems *nach* und auf Grundlage seiner Konstitution herausbildet. Um den formalen zeitlichen Unterschied zur Selbstorganisation nicht überzubewerten, spreche ich ausschließlich von Eigendynamik.

Unter *Autopoiese* ist das auf Anschlußfähigkeit ausgerichtete Bemühen eines Systems zu verstehen, sich und seine Struktur zu erhalten, sowohl nach außen, gegen Umweltschwankungen (indem es sich ihr und indem es sie an sich anpaßt), als auch nach innen, durch mitlaufende Reproduktion.

Wird Selbstreferenz nicht auf Vergleich und Information beschränkt, sondern auf die Gesamtheit identitätsstiftender Operationen zwischen den Elementen eines Systems ausgedehnt (Luhmann 1984, S. 58ff), so verschwinden die hier genannten Unterschiede, alle systeminternen Begriffe lassen sich ihr dann unterordnen. Tatsächlich faßt Luhmann (1984, S. 57) Selbstreferenz, Selbstorganisation und Autopoiese synonym auf. Nach meinem Eindruck kommt dabei jedoch die dialektische Verquickung von Selbst- und Fremdreferenz zu kurz. Um das Dogma operationaler Geschlossenheit – nach dem Motto „Nur Kommunikation kann kommunizieren" – aufrechtzuerhalten, werden operational zusammenhängende Subsysteme unterschiedlicher Prozessualität stracks in der Umwelt verortet. Damit entsteht jedoch nur eine andere Rhetorik, keine neue Form der Beschreibung, nur eine andere Variablenbezeichnung, keine neue Variable. Luhmann (1997, S. 21) gesteht ein, daß neben dem Argument der operationalen Geschlossenheit ein ästhetisches Bedürfnis für den Entwurf der Theorie ausschlaggebend ist.

> „Nur vorsorglich sei noch angemerkt, daß dies natürlich nicht besagen will, daß Kommunikation ohne Leben und ohne Bewußtsein möglich wäre. Sie ist auch ohne Kohlenstoff, ohne gemäßigte Temperaturen, ohne Erdmagnetismus, ohne atomare Festigung der Materie nicht möglich. Man kann angesichts der Komplexität der Welt nicht alle Bedingungen der Möglichkeit eines Sachverhalts in den Begriff dieses Sachverhalts aufnehmen: denn damit

würde der Begriff jede Kontur und jede theoriebautechnische Verwendbarkeit verlieren." (Luhmann 1997, S. 21)

Der autopoietisch nuancierte Sprachgebrauch verfälscht den Umweltbegriff, indem er ihn zum Auffangbecken erweitert für alles, was sich der angeblichen Geschlossenheit der Prozesse nicht fügt: psychische und physische Systeme, unmittelbare Gegebenheiten, historisch überlieferte Traditionen und dergleichen mehr nach Belieben. Zugegeben, auch theoretischer Diskurs - als eine Form der Kommunikation - muß auswählen, selektiv wahrnehmen, fokussieren. Wer einen *Grand ouvert* gewinnen will, darf den höchsten Trumpf nicht in den Skat stecken. Um Evolution zu verstehen, sind gerade die Übergänge zwischen emergenten Strukturen interessant, d.h. nicht Offenheit oder Geschlossenheit an sich, sondern die schleusenartige Kanalisation zwischen funktionell verschachtelten Subsystemen. Die Rede von „operationaler Geschlossenheit" blendet die vertikale Perspektive auf Systeme aus.

Beispielsweise können Systeme, die unter Energiezufuhr stehen, nach dem Prinzip von Glansdorf und Prigogine stationäre Zustände höheren Ordnungsgrades fern vom thermischen Gleichgewicht einnehmen, indem sie *Entropie* abführen. Fluktuationen schaukeln das System in einen nächsten stabilen Zustand auf, es entsteht ein irreversibler Prozeß, der als physikalische Evolution in die Chemie biologischer Makromoleküle (Proteine, Nukleinsäure) mündet. Da die physikalische Evolution quantenmechanisch nicht determiniert ist, zugleich aber wegen der Irreversibilät thermodynamischer Prozesse zwangsläufig fortschreitet, muß sie entsprechend dem *Paradoxon der Eigendynamik* als notwendig und gleichzeitig unvorhersehbar gedeutet werden (vgl. Stegmüller 1987, S. 218).

Betrachten wir ein bekanntes Beispiel aus der Evolution. Biologische Systeme nutzen, die Differenz chemischer Elemente als Information zur identischen Redublikation der Nukleinsäuren, welche das zur Selbstreproduktion fähige System vor ein nicht geringzuschätzendes Problem stellt: die Meisterung der quantenmechanisch unvermeidlichen Fehlerquote, die zwar einerseits - als Mutationen - die Weiterentwicklung des Systems ermöglicht, andererseits seine gegenwärtige Stabilität gefährdet. Ein Ausgleich zwischen diesen Alternativen wird u.a. durch mitlaufende Reproduktion angestrebt.

Wie aus der Differenz zwischen System und Struktur Eigendynamik hervorbrechen kann, drückt sich auch in den Phänomen aus, das deterministisches Chaos oder Schmetterlingsflügeleffekt[24] genannt wird. Kleine, jenseits der Meßgenauigkeit liegende Unterschiede im Anfangszustand eines nichtlinearen Systems ziehen große, meßbare, mitunter qualitative Unterschiede in den Folgezuständen nach sich (vgl. Poincaré 1914). Will man einen so banalen Prozeß wie die Bewegung eines Pendels beschreiben, das weit genug aus der Ruhelage ausgelenkt wurde, eignen sich am ehesten nichtlineare Gleichungen.[25] Nichtlinearität charakterisiert fundamental das gesamte Naturgeschehen. Insbesondere Evolutionsgleichungen – ob sie nun wie die Liouville-Gleichung Bewegungen in Gasen, Flüssigkeiten oder Plasmen, Räuber-Beute-Systeme oder die Entwicklung des Universums beschreiben – enthalten notwendigerweise nichtlineare Ausdrücke (Leven et al. 1989, S. 4).

Paart sich *Nichtlinearität* mit entsprechenden Parametern und Randbedingungen, läßt sich Systemverhalten nicht mehr nach dem Willen des Laplaceschen Dämons vorhersehen: Die Möglichkeit, aus einer singulären Messung alle künftigen Zustände vorauszuberechnen, wurde aufgrund seiner Effizienz und Bequemlichkeit in der klassischen Mechanik zum Maßstab wissenschaftlicher Erkenntnis emporgehievt. Die Mehrzahl natürlicher Systeme läßt sich aber nicht linear modellieren. Damit gerät die naturwissenschaftlich orientierte Methodik in ein Dilemma. Entweder sie verzichtet auf die Untersuchung komplexer Systeme oder sie definiert ihren Maßstab der Exaktheit neu.

---

[24] Nach der Vorstellung, der Flügelschlag eines Schmetterlings kann im deterministischen Chaos der atmosphärischen Molekülbewegung einen Hurrican auslösen.
[25] An dieser Stelle muß angemerkt werden, daß die überwiegende Mehrzahl der „empirischen" Erkenntnisse der Psychologie und der Soziologie auf der Grundlage linearer Modelle ermittelt wurden. Offenbar trägt die emergente Brechung hier zu einer Vergröberung des Meßniveaus bei: Um das Funktionieren des stratifizierten Systems insgesamt zu verstehen, erscheint es nicht notwendig, die komplexen, nichtlinearen, konstituierenden Prozesse im Detail zu kennen. Mit anderen Worten: Die konstituierende Grundlage wird für ein derart linear schematisierendes System zum Makrokosmos oder sie gerät zumindest an die Grenze zwischen Makro- und Mikrokomos, d.h. sie wird Gegenstand eines Borderline-Syndroms.

2.3.3 Kommunikation und Macht

Welchen Weg soll man in diesen Fällen wählen? Bleibt die Möglichkeit, den Horizont auf den jeweils nächsten Schritt einzuschränken und *mitlaufend* zirkulär zu beobachten, was passiert. Genau dies finden wir – häufig subtil, nonverbal – in der menschlichen Kommunikation, wenn das Handeln des anderen jeweils als kontingent angesehen wird. Davon muß man selbst in „geordneten" sozialen Institutionen ausgehen, wohl wissend, daß auch die Gegenseite ihre Beobachtungen anstellt.

Eigendynamik hebt ein System von seiner Umgebung ab. Es schafft sich Bedingungen, die nur innerhalb der eigenen Grenzen gelten. Systeminterne Prozesse setzen die Systemelemente in Relation; intersystemische Prozesse schaffen Bezug zwischen Elementen verschiedener Systeme. Die Beeinflussung eines Systems durch die Umwelt oder durch andere Systeme gelangt nur in Reichweite, wenn eine in dieser Beziehung gemeinsame *Wirksprache* vorhanden ist, in welche das jeweils systeminterne Geschehen übersetzt werden kann. Zwei Händler können sich nur einig werden, wenn sie eine Währung finden, die beide – und zwar jeder für sich – nutzen können. Zwei Gesprächspartner müssen eine im wörtlichen Sinne gemeinsame Sprache finden, unabhängig von der Modalität (Gebärden, Laute, Schrift).[26]

Je physikalischer die Prinzipien der Wirksprache etabliert sind, desto schwieriger ist es für ein System, ihr auszuweichen – unabhängig wie hochentwickelt, mit wievielen emergenten Strukturebenen das System ausgestattet ist. Mit anderen Worten: Wenn essenzielle (präsymbolisch-informale, symbolisch-formale) Kommunikation die intendierte Botschaft nicht zu transportieren vermag, wird auf physische Mittel gesetzt: zeitliches Zuvorkommen oder Hinausschieben, räumliche Aus- oder Eingrenzung, körperliche Marter, Krieg.

---

[26] Wer Alphabetschriften gewöhnt ist, empfindet Begriffsschriften wie das Chinesische auf den ersten Blick unüberschaubar kompliziert. Doch der Schein trügt. Gerade wegen der Unabhängigkeit von der Aussprache, die von Region zu Region stark wechseln kann, transportieren diese Schriftsysteme die Semantik nahezu universal. Daher können sich Chinesen aus allen Provinzen ohne weiteres schriftlich verständigen, auch wenn sie sich mündlich nicht verstehen. Diese Universalität ist den europäischen Sprachen mit Einführung des Alphabets nicht gegeben (und mit ihr, scheint es, die politische Einheit).

Das Gefängnis ist im neuzeitlichen Europa die gewöhnliche Form der physikalischen Unterwerfung von Menschen, deren kriminelles Handeln durch Kommunikation nicht beeinflußbar erscheint. Es gehört zu den liberalen Mythen, daß nur Kriminelle auf diese Weise gedämpft werden.[27] Ein Staat sperrt seine Gegner ein, unabhängig davon, ob sie als Dekabristen eben noch zum gehobenen Adel mit aufklärerischen Ideen gehörten. Gewitztheit vom Schlage Alexander Puschkins konnte ein Duell um der Ehre willen nicht verhindern. Der Dichter fand zwei Tage nach dem Schuß, der ihn im Unterleib traf, sein qualvolles physisches Ende. Qin Shi Huang Di, der chinesische Staatsgründer, ließ gegen Ende des dritten Jahrhunderts v.u.Z. sämtliche auffindbaren Geschichtsbücher verbrennen, um seine Ära zum Anfang der Zeit zu proklamieren. Die katholische Kirche bediente sich einige hundert Jahre lang inquisitorischer physischer Gewalt, um unliebsame Meinungen auszumerzen. Ein im akademischen Milieu verbreitetes physisches Machtmittel ist die Redezeit, die gerade von denen aggressiv benutzt wird, die erfolgreich auf der schmalen Karriereleiter emporklettern wollen: Gesprächspartner erscheinen im universitären Diskurs als Konkurrenten, ihnen wird das Wort abgeschnitten und die besonders raffinierten *Platzhirsche* – eine räumliche Metapher – verstehen es, ein paar Sekunden, bevor andere sich äußern, das Wort zu ergreifen.

Allerdings, das muß eingeräumt werden, funktioniert diese Strategie nur innerhalb paradigmatischer Wissensfelder, wenn die grundlegenden Regeln bereits abgesteckt sind; an den Rändern, wo der Paradigmenwechsel lauert, ist von den akademisch Integrierten wenig zu erwarten. Umdenken wird nicht selten von Außenseitern initiiert.[28] Michel Foucault hat die Macht des Körpers für die akademische Welt in eine saftlose Sprache übersetzt und als soziologisch ernstzunehmenden Tat-

---

[27] Das oberste Prinzip im deutschen Grundgesetz „Die Würde des Menschen ist unantastbar" soll mit Hilfe justizieller Macht die Angreifbarkeit dieses frommen Wunsches untermauern. Würde er als Bewußt-Seins-Produkt, das bekanntlich aus politisch herbeigeführtem, katastrophalem Leid resultierte, nicht nur essenziellen Charakter tragen, sondern wäre existenziell im System der Gesellschaft verankert, wäre es überflüssig, ihn derart zu betonen.

[28] Wittgenstein zog sich in einen Norwegischen Fjord zurück, um dem universitären Betrieb zu entkommen, Einstein war beim Patentamt beschäftigt, als er 1905 seine drei bahnbrechenden Artikel veröffentlichte.

bestand in die gehobene Diskussion eingeführt. Indem er den Körper auf ein Instrument der Gesellschaft reduzierte und auf vermittelnde psychische Instanzen verzichtete, hat er ein gutes Drittel der emergenten Stratifikation unterschlagen.

Wer in der Ukraine geboren ist und versucht, über die grüne Grenze ins reiche Europa zu gelangen, kennt auch ohne Foucaultsche Belehrung die Wirkung der physischen Hindernisse. Angenommen, er begibt sich nicht in die Hände der Mafia, so bedeutet der Versuch, auf eigene Faust die Grenze zu überqueren, nicht allein das Überwinden der natürlichen Barrieren, eines Flusses, Gebirgszuges etc., sondern vor allem das geschickte Übertölpeln der von der Grenzpolizei im Auftrag des Staates errichteten physischen Kontrollen. Hier stehen sich sozial vermittelte und individuell motivierte physische Macht gegenüber. Eine Verkürzung auf die Spielchen des Staates, durch Wirkung auf die Körper seine Macht zu befestigen, genügt nicht, um die Situation zu begreifen. Vielmehr kann es dem Einzelnen gelingen, entgegen der angestrebten Grenzsicherung die gesellschaftlichen Hürden intelligent zu durchbrechen.

Offensichtlich genügt der Wille einer Partei, physische Gewalt an die Stelle essenzieller Kommunikation zu setzen – es ist dafür keine zirkuläre Absprache, kein systemischer Kreisprozeß notwendig. Voraussetzung ist vielmehr die Verfügbarkeit und Beherrschung der entsprechenden physikalisch-physischen Mittel, die nicht ohne Grund an erster Stelle mit *Macht* assoziiert sind. Dies gilt auch für die Kommunikation eines Systems mit sich selbst. Selten beendet jemand aufgrund eines drastischen Lungenpräperats, das ihm im Museum vorgeführt wird, seine Gewohnheit zu rauchen. Eines der ersten spürbaren Anzeichen chronischer Bronchitis erzeugt dagegen recht schnell einen essenziellen Willen. Nur ist es dann oft schon zu spät.

Betrachtet man die Person als emergent stratifiziertes System, so fällt auch auf die Freiheit, die ihr eine Gesellschaft gewährt, ein differenzierteres Licht. Auf der physischen Ebene werden Strukturen gebildet, die auf der essenziellen Ebene ausgefüllt werden. Essenzielle Freiheit bedeutet Freisein von rituellen Vorschriften. Demokratisch verfaßte Staaten, die glauben, die aristokratische Ritualistik abgeschüttelt zu haben (um neue Rituale zu schaffen, beispielsweise das bürokratische Antragswesen), müssen sich jedoch fragen, was diese Freiheit wert ist, wenn die Lebensbedingungen nicht so organisiert sind, daß sie die leibliche Existenz des Wählers sichern. Ritualistik setzt Akzeptanz voraus; wer auf physische Machtmittel fixiert ist, wird seine politischen Gegner eher verfolgen oder aus dem Weg räumen, als sich mit ihnen auseinanderzusetzen.

Subtiler sind die alltäglichen existenziellen Zwänge, die essenzielle Freiheiten Hohn sprechen, beispielsweise in der Erwerbsarbeit. Ein System nahezu unmerklicher physischer Zwänge durchzieht die „freie" Gesellschaft, ausgeglichen durch die Sozialversicherung, kaschiert durch die strukturelle Freiheit, sich zwischen mehreren Systemen der Versklavung entscheiden zu können (z.B. Angestelltentum vs. Selbständigkeit). Die Fragestellung wurde von der Französischen Revolution aufgeworfen. Doch nirgends sind (essenzielle) Freiheit *und* (existenzielle) Gleichheit in einem Zug realisiert worden. Der Stalinsche Kommunismus krankte an einer verheerenden Verschmelzung der Ebenen. Daher glaubte die Nomenklatura, essenzielle Zweifel am System würden das System existenziell gefährden. Doch das Gegenteil ist der Fall: Beraubt man das System um die Möglichkeit metakognitiver Reflexion und Kritik, verliert es seine oberste Selbstreferenz und damit seine Bestimmung.

Die Dialektik von Essenz und Existenz bliebe verkürzt dargestellt, würde man das Überleben der Ideen trotz physischer Eingrenzung oder gar Auslöschung der Personen, die sie gedacht haben, leugnen. Selten hat es eine Macht geschafft, essenzielle Ideen mit physischen Mitteln auf Dauer zu verhindern. Die Voraussetzung für das Überleben essenzieller Ideen, wenn ihr Erfinder aufhört zu existieren, ist das Vorhandensein eines sozialen Systems, das die Wirksprache dieser Idee versteht und weiterträgt – in der Regel, weil es sich einen physischen Nutzen, sprich perspektivischen Machtvorteil, verspricht. Aus diesem Grund setzen sich praktikable technische Ideen unaufhaltsam durch, während es politische Ideen dagegen schwer haben, unabhängig davon, ob nun moralische Gründe gegen erstere und für letztere sprechen.

Anschlußfähigkeit verbindet nicht nur Systeme auf derselben Strukturebene, sondern hält auch emergent stratifizierte Systeme über ihre physische, psychische und soziale Ebene hinweg zusammen. Wie auch immer das System Signale von außen zirkulär-referenziell in seine Privatsprache übersetzt – nicht zu übersehen ist, daß es zum Zweck der

Grenzregulation auf der Ebene konstituierender Basisfähigkeiten operieren können muß, die es universalsprachlich-fremdreferenziell mit den jeweiligen Umweltsystemen verbinden. Zunächst bedeutet dies im einfachsten Sinne, daß ein System in der Lage sein muß, Grenzregulation mit seiner physischen Umwelt zu betreiben. Markiert ein Virus, der bei unwirtlichen Bedingungen jahrtausendelang als leblose Materie überdauert und, sobald er einen geeigneten Wirt findet, sich zu vermehren beginnt, den ersten und letzten, gewissermaßen alternativen Höhepunkt der Evolution? Je stärker das System emergent stratifiziert ist, desto weniger genügt der physisch-physikalische Austausch mit der Umwelt zum Überleben. Bei strenger Kälte genügt Pinocchios gemalter Ofen gewiß nicht, um die Existenz zu erhalten. Doch wer in dieser Situation imstande ist, körperwärmende Einbildungen essenziell zu steigern, erhöht die Chance seines physischen Überlebens.

2.3.4 Das Maximum: Relative Autonomie

Phänomenologisch läßt sich die Luft in einem Behälter durch Druck, Volumen und Temperatur hinreichend kennzeichnen, wenn man so will, strukturell beschreiben. Schaut man genauer hin - mit der Newtonschen Mechanik im Hinterkopf -, lassen sich die genannten Größen aus den Bewegungen der unzähligen Luftmoleküle errechnen, wenn man die Verteilung ihrer Geschwindigkeiten und Orte kennt. Und umgekehrt? Lassen sich aus dem phänomenologischen Bild die Bewegungen der einzelnen Moleküle rekonstruieren? Zu einem „bestimmten" Druck der Luft gegen die Wände des Behälters gehören zahllose mikroskopische Zustände, die ihn realisieren. Der Unterschied zwischen ihnen fällt nur deshalb nicht auf, weil die Messung des Druckes um Größenordnungen länger dauert als die Stoßzeit der Teilchen gegen die Wand des Behälters und somit eine Mittelung darstellt.

Was sich hier schon nach klassischem Verständnis zeigt, ist das einseitige Abhängigkeitsverhältnis der phänomenologischen Größen vom Mikroskopischen: Sie werden unumkehrbar von unten her konstituiert. Temperatur und Druck kennzeichnen eine Wahrscheinlichkeitsverteilung, sie sind nicht in der Lage, die mikroskopischen Bewegungen im einzelnen zu bestimmen. Ändert man künstlich Druck oder Temperatur, so „befiehlt" man nicht jedem Molekül einzeln eine Änderung seiner Koordinaten, sondern bestimmt nur ihre Verteilung, die sich durch wenige Variablen charakterisieren läßt.

Die physikalische Metapher beschreibt das emergente Verhältnis zwischen konstituierenden Bedingungen und eigendynamischer Steuerung des Systems unzureichend. Nicht in jedem Fall drückt sich der Unterschied lediglich quantitativ aus. Die phänomenologische Thermodynamik kürzt ja nur die umständlicheren Formeln der kinetischen Thermodynamik ab, ohne daß es sich tatsächlich um qualitativ andere Gesetzmäßigkeiten handeln würde. Dies läßt sich beispielsweise für das Verhältnis von Gehirn und Geist oder von Masse und Macht nicht behaupten. Auch hier wird die Situation des Systems bestimmt von einer Vielzahl konstituierender Elemente und einer geringen Anzahl rahmender Prinzipien bzw. Motivationen. Die augenscheinliche Parallelität zur Thermodynamik täuscht darüber hinweg, daß die Chemie der neuronalen Natriumchloridkanäle wenig über die emergente Ebene der Ideen aussagt und die Gedanken, die die Einzelnen über die Gesellschaft hegen, wenig Einfluß auf die Gesellschaft ausüben.

Umgekehrt können die konstituierenden Elemente von der emergenten Ebene aus „versklavt" werden, wie Hermann Haken (1981, S. 25) sagt. Doch der Begriff „versklaven" beschreibt die Art des Zusammenhangs meines Erachtens zu eng. Denn die eigendynamisch und eigengesetzlich agierende emergente Ebene „versteht" in den meisten Fällen überhaupt nicht, wie die konstituierenden Prozesse des Systems funktionieren. Um laufen zu können, muß ich nicht wissen, wie der physiologische Apparat gebaut ist, es genügt der Impuls zum Laufen. Analoges gilt für zahlreiche alltagspraktische Situationen, ja sogar für manche medizinische Methode, deren Wirksamkeit nachgewiesen, aber nicht „ursächlich" erklärt ist. Wenn es auf Spontanität ankommt, wäre es eher hinderlich, über die konstituierenden Prozesse zu reflektieren und der emergenten Ebene damit die Last der Analyse aufzubürden, beispielsweise bei der Bewegungskoordination. In anderen Fällen, vor allem bei komplizierten Konflikten, die ein umschriebenes Eingreifen erfordern, ist die Analyse der „Hintergründe" unerläßlich, wenn die Interventionen, die von der emergenten Ebene aus vorgenommen werden, nicht mit Kahlschlag enden sollen.

Aus diesen Beispielen läßt sich sehen, daß die konstituierenden Bedingungen in der Regel über Autonomie verfügen, die durch ihre Eigengesetzlichkeit systemisch abgesichert ist. Die emergente Ebene des Systems kann nur in Umrissen wissen, was sie tut. Im Alltag ist das trichterhafte Bewußt-Sein der emergenten Ebene lediglich imstande, *rahmend* Vorschriften an die konstituierenden Bedingungen des Systems weiterzureichen. Diese tragen häufig imperativen Charakter[29], d.h. sie entstehen impulsiv und sind final auf das Erreichen eines bestimmten Grenzwertes ausgerichtet. Daher beanspruchen die konstituierenden Bedingungen nur relative Autonomie (vgl. Gerhard Roth 1987, S. 263). Ihre Freiheit besteht in der Wahl der unendlich kleinen Schritte, mit denen der emergent vorgegebene Grenzwert eigendynamisch realisiert wird. Relativität bedeutet in diesem Zusammenhang Begrenzung und Ausrichtung. Ihrer spezifischen Prozessualität zum Trotz sind die konstituierenden Bedingungen nicht freischwebend, sondern in den Handlungskontext des Systems und dessen mikrokosmische Grenzregulation eingebunden. Mehr Auutonomie können die konstituierenden Bedingungen nicht beanspruchen, ansonsten würden sie sich „freiflottierend" verselbständigen, als eigenständiges System absondern und ihre Einbindung in die emergente Stratifikation verletzen.

Ein derartiger Verlust essenzieller Systemeigenschaften ist nicht unmöglich. Daß emergente Vorgaben nicht zum Leistungsspektrum der

---

[29] Ein Irrtum des jungen Wittgenstein bestand darin, daß er die Hauptfunktion der Sprache in der Beschreibung sah. Imperative werden in der „Grammatik" des Tractatus nicht behandelt. Um sprachliche Aufforderungen zu verstehen, sind genaue Beschreibungen nicht erforderlich, oft sogar hinderlich. Man stelle sich vor, die komplexe Schritt- und Sprungfolge eines Tanzes werde mit Symbolen verschlüsselt und aufgezeichnet. Tatsächlich existieren derartige *stepmaps* – doch ich habe noch niemanden getroffen, der anhand dieser, sicherlich exakten Darstellungen tanzen gelernt hätte. Das Modell ist entscheidend, das Vormachen und Zeigen, Meisterschaft entsteht durch Nachahmung, Verinnerlichung und Bewußtwerden von Details. Auch in der Malerei kann großes Können nicht durch Lehranweisungen vermittelt werden. Die Sprache ermöglicht zwar analytische Beschreibungen, doch es wäre ein Irrtum, darin ihre hauptsächliche Anwendung im Alltag zu erblicken. Der Sprecher kann dem Hörer *mit dem Blick* oder durch Nennen eines Namens anzeigen, welchen Gegenstand er meint. Paradoxien der Form „a=b", die in der analytischen Philosophie ausweglos erscheinende Diskussionen provozieren, tauchen dann gar nicht auf oder anders gesagt, sie werden beiläufig operational gelöst, indem der Sprecher nicht die Identifizierung von a und b behauptet (die ihre vorherige Differenzierung ja ad absurdum führt), sondern dem Hörer lediglich andeutet, er solle b in einem bestimmten Kontext wie a behandeln.

konstituierenden Prozesse passen können, ist dem Erfahrungswissen lange vertraut. Der Marathon-Läufer, der 490 v.u.Z. den Athenern die Nachricht des Sieges über die Perser überbrachte, starb infolge physischer Überforderung. Der Körper des Alkoholikers und der Körper der Magersüchtigen können nach chronisch unpassender verstandesmäßiger Haltung, die mit der Zeit ins Unbewußte übergehen kann, ihre anfangs gegensteuernde Eigengesetzlichkeit verselbständigen bis hin zur Unausweichlichkeit des Todes – gemäß dem Motto: „Verstand schafft Leiden".[30]

Durch das Nadelöhr des Bewußt-Seins sind konstituierende Bedingungen und emergente Ebene imstande, einander Rückmeldung zu erteilen. Nur Resultate – des Denkens, des Handelns – können über die Strukturgrenze hinweg ausgetauscht werden. Das Bewußt-Sein kann die Handlungsergebnisse des Systems als äußerliche Tatsachen interpretieren, wie es auch sonst Objekte als Zeichen nimmt. Zeichen besitzen objekthafte Gestalt, damit sie wirksprachlich fungieren können. Gezielte Einflußnahme der emergenten Ebene auf umschriebene konstituierende Elemente erfordert spezifische Techniken zum Abbau der doppelten Kontingenz. Denn auch die konstituierenden Bedingungen verfügen innerhalb des Systemzusammenhangs über Eigendynamik und damit über relative Autonomie.

Beispielsweise erlauben bestimmte Körpertechniken mit Hilfe der Atmung, durch Selbsthypnose oder mentales Training die Beeinflussung umschriebener vegetativer Prozesse. So gelingt es den bereits erwähnten griechischen Feuerläufern im Zustand ekstatischer Trance, in die sie sich durch Musik und Tanz versetzen, Brandwunden beim Gehen über glühende Holzkohle effektiv zu verhindern. Daß die emergent veränderten Bewußtseinszustände der Feuerläufer von besonderen hirnfunktionellen Prozessen begleitet werden, gilt als erwiesen (Larbig & Miltner 1990). Zum Erfolgsgeheimnis dieser Ekstase-Technik gehört, daß die Tänzer prüfen, ob die Trance stark genug ausgeprägt ist, sie unverwundet über die Glut zu tragen. Dazu schaffen sich die Tänzer ein wirksprachliches Zeichen, indem sie während des Tanzes in bestimmten Zeitabständen beobachten, ob die Schmerzempfindung in

---

[30] Nach dem gleichnamigen Theaterstück („Горе от ума") von A. S. Gribojedow (1795–1829).

ihren Fingerspitzen verschwindet, wenn sie in eine Kerzenflamme fassen.

Auch in sozialen Systemen wird versucht, von emergenter Ebene aus Einfluß auf das Handeln der Einzelnen zu nehmen, üblicherweise in Form von Verträgen. Hier stellt sich die Situation etwas anders dar als beim Versuch, den Körper zu einer bestimmten Leistung zu bewegen. Denn der Körper schafft aufgrund seiner physischen Prozessualität wesentlich rascher „harte" Fakten als die Gesamtperson eines Menschen in einem sozialen Netzwerk. Im Vergleich zur Person verfügt der Körper über eine Emergenzebene weniger. Dieser Mangel resultiert in geringeren Freiheitsgraden für den Umgang mit Situationen. Die Person filtert jedoch die Komplikationen ihres Körpers mit Hilfe ihres emergenten Bewußt-Seins und gewinnt durch die Reduktion zum einen intellektuelle Übersicht über Strukturen, zum anderen Flexibilität im praktischen Handeln. Die Ebene der sozialen Systeme muß - abgesehen von Krisensituationen - nicht auf die körperliche Verfaßtheit der Personen rekurrieren, sondern kann die emergenten Resultate des Bewußt-Seins der Person zur Verhandlungs- und Operationsgrundlage nehmen. Deren Eigengesetzlichkeit erzeugt aber wiederum doppelte Kontingenz, so daß Verträge in der Regel Bestimmungen für Regelverletzungen enthalten. Dabei handelt es sich meist um letztlich objekthaft-physische Zwangsvorschriften, die eben nicht nur (prä-)symbolischen Charakter tragen, sondern Fakten schaffen (z.B. Kündigungen).

2.3.5 Hierarchie zur Steuerung von Komplexität

Systeme, die sich entwickelt und über den individuellen Vertreter hinaus erhalten haben, sind durch eine gewachsene Hierarchie emergenter Ebenen gekennzeichnet, die fraktal selbstähnlich den Entwicklungsprozeß auch im Individuum abbildet. Ob hierarchische Strukturen in einer konkreten Situation funktional sind, hängt vor allem von der Funktionstüchtigkeit der innersystemischen und grenzregulatorischen Übergangsprozesse ab. Zumindest sind emergent stratifizierte Systeme potenziell funktional. Je mehr emergente Ebenen vorhanden sind, desto komplexer gestalten sich auch die Übergangsprozesse. Einerseits nimmt der Handlungsspielraum und die relative Autonomie des Systems zu, andererseits kann sich das System dadurch selbst behindern.

Im nächsten Kapitel werde ich zeigen, wie sich Hierarchien durch eine Sichtweise fraktal-selbstähnlicher Strukturen immer feiner auflösen lassen, bis sie – für den Einzelnen – nicht mehr sichtbar sind. Dies ist der Fall, wenn die Hierarchisierung der internen Systemstrukturen den Hierarchisierungsgrad der wahrgenommenen Umwelt übersteigt. Damit geht jedoch unweigerlich eine Einschränkung auf kleinste mikrokosmische Umwelten einher und es wäre naiv zu glauben, es gebe keine Hierarchien mehr.

„Es genügt, jede Kategorie der Kommunikation als potentiellen Kontext für jede beliebige andere Kategorie zu betrachten. Welche davon als die 'stärkere' oder 'höhere' gilt, hängt davon ab, welche wir zum jeweiligen Zeitpunkt als Kontext für eine andere definieren." (Lynn Hoffman Hennessy 1992, S. 24)

Diese Art des postmodernen Konstruktivismus will keinerlei Hierarchie mehr anerkennen. Dabei wird jedoch übersehen, daß Hierarchien Vorteile mit sich bringen, indem sie indirekte Entscheidungswege eröffnen, wo direkte Kommunikation zu eskalierenden Konflikten führen würde. Vielmehr kommt es darauf an, Hierarchien – die ohne Rückbindung an die konstituierenden Grundlagen aufgrund des Emergenzvorteils eine starke Tendenz zur selbsterhaltenden Eigendynamik entwickeln – auf ein funktionales Maß zu beschränken, statt sie abzuschaffen. Es mag sein, daß hierarchische Strukturen oft überflüssig oder störend wirken, wo ein paritätisches Miteinander günstig wäre. Die Leugnung, daß vor allem komplexe soziale Systeme hierarchisch gebaut sind, mag für einen systemischen Therapeuten eine vernachlässigbare Blindheit bedeuten (solange zumindest, bis er einmal Zahnschmerzen bekommt und sich wieder daran erinnert, daß es körperliche „Ursachen" für Empfindungen geben kann). Nimmt er seine Leugnung von Hierarchien ernst und erklärt sie zum Dogma, schränkt er damit auch seinen Fokus auf Alltagsbeziehungen (und Klienten) ein, die das Privileg genießen, weitgehend ohne soziale Hierarchien zu leben.

Pattee (1973) betrachtet Hierarchisierung als eine Art Selbstsimplifikation der Differenzierungsmöglichkeiten eines Systems, eine Auffassung, der sich Luhmann (1984, S. 39) anschließt. Wo es Selektion gibt, ist auch Hierarchie. Daher ist Luhmann zu widersprechen, der Hierarchie einschränkend als Methode der Selbstsimplifikation, Selektion aber als ein Definitionsmerkmal kommunizierender Systeme betrachtet.

Wenn nicht alle Spieler gleichzeitig am Ball sein können, es aber darauf ankommt, Tore zu schießen, muß wohl oder übel von Hierarchie gesprochen werden. Nämlich zwischen Torschützen und denen, die leer ausgehen. Das ist ein Unterschied, der sich physisch auswirkt oder sagen wir monetär. Hierarchien entstehen überall, wo es Unterschiede gibt, die Unterschiede machen. Diese Formulierung impliziert bereits Hierarchie, bewirkende und bewirkte Unterschiede, mag nun die funktionelle Systemtheorie, sich selbst konstruktivistisch mißverstehend und unideologisch ihre Ideologie verschleiernd, die Parität der Ebenen zu ihren „heiligen Kühen" zählen.

Einen Gegensatz zwischen funktionalen (horizontalen) und emergenten (vertikalen) Strukturen zu konstruieren, würde das Ziel verfehlen (Luhmann 1984, S. 261). Hierarchische Strukturen erweisen sich in der Erfüllung selbstreferenzieller Dienstpflichten als dysfunktional, wenn sie Übergangsprozesse zwischen System und Umwelt oder zwischen Systemebenen verhindern, wo sie erforderlich sind. Umgekehrt tritt ein Defizit in Erscheinung, wenn sich Hierarchien als durchlässig erweisen, wo ihre Funktion darin besteht abzugrenzen. Läßt sich daraus eine „Empfehlung" ableiten? Wenn Hierarchien unumgänglich sind, dann seien sie, will es einerseits scheinen, flach. Denn je mehr Ebenen eine Hierarchie beinhaltet, desto größer ist die Wahrscheinlichkeit potenzierter Eigendynamik. Auf der anderen Seite kürzen flache Hierarchien Karrierewege ab, erschweren damit die statusbezogene Persönlichkeitsentwicklung und verschärfen die Konkurrenz. Sie stellen darüber hinaus eine soziale Gefahrenquelle dar, wenn ungeeignete Kandidaten rasch auf bedeutsame Posten gelangen. Wir haben es offenbar auch in der Frage der Hierarchien mit einem nichtlinearen Phänomen zu tun, dessen Optimum zugleich Maximum eines umgekehrt-U-förmigen Verlaufes ist. Was bedeutet dies jenseits der quantitativen Metapher? Ein System kann funktional um so geschmeidiger agieren, je besser es in der Lage ist, hierarchische Ebenen in *fraktale Übergänge* umzuwandeln und je nach Situation *ritualförmig* zu öffnen oder zu schließen.

Kann ein Ameisenstaat etwa als hierarchisch strukturiert gelten, wenn einzelne Arbeiter, die sich durch emsige Geschäftigkeit einen „Status" erworben haben, den ganzen Haufen einschließlich der reglosen Königinnen und Männchen dazu bewegen könnten, an einen günstigeren Ort umzuziehen (Maeterlinck 1926/30, S. 222) – ein Ansinnen, das von Hingabe an eine abstrakte Selbstreferenz zeugt, sich aber gegen die strukturelle Entscheidungsmacht der Königinnen richtet? Insofern erweist sich die Polarität hierarchisch vs. funktional als unglücklich gewählt. Ein zweidimensionales Koordinatensystem ist eben nicht schon durch eine Achse hinreichend beschrieben.

Gregory Bateson (1972, S. 553 ff.) entwickelt seine Konzeption hierarchischer Loyalitäten anhand der „verzweigten Theorie logischer Typen" von Whitehead & Russell (1910). Um aus Selbstbezüglichkeit resultierende Antinomien von der Art des Lügners zu vermeiden und logisches Schließen mit All-Aussagen auf ein sicheres Fundament zu stellen, erklärte Russell bereits 1908 Hierarchien des Denkens als formal notwendig.

> „In einer elementaren Aussage können wir einen oder mehrere Termini von einem oder mehreren Begriffen unterscheiden; die Termini sind alles, was als das Subjekt dieser Aussage betrachtet werden kann, während die Begriffe die Prädikate bzw. Relationen sind, die von diesen Termini behauptet werden. Die Termini der elementaren Aussage wollen wir Individuen nennen; sie bilden den ersten und niedrigsten Typ... Elementare Aussagen zusammen mit solchen, die nur Individuen als scheinbare Variablen enthalten, wollen wir Aussagen erster Ordnung nennen. Sie bilden den zweiten logischen Typ. Wir haben also eine neue Gesamtheit, jene der Aussagen erster Ordnung. Wir können also neue Aussagen bilden, in welchen Aussagen erster Ordnung als scheinbare Variablen vorkommen. Diese wollen wir Aussagen zweiter Ordnung nennen. Sie bilden den dritten logischen Typ... Das oben geschilderte Verfahren kann unendlich fortgesetzt werden. Der n+1. logische Typ wird aus Aussagen n. Ordnung bestehen, welch solche sein werden, die Aussagen der n-1. Ordnung, aber keiner höheren enthalten." (Bertrand Russell 1908, S. 236)

Um mit solcherart, säuberlich voneinander getrennten Ebenen des Bezugs operieren zu können, führten Whitehead & Russell (1910, Bd. 1, S. 56) das sogenannte „Reduzibilitätsaxiom" ein, das es erlaubt, zwei Funktionen für formal äquivalent zu erklären, wenn sie sich auf dieselbe Klasse von Argumenten beziehen. In den 1920er Jahren hat Chwistek gezeigt, daß diese Annahme wiederum zu einem logischen Widerspruch führt, nämlich der Richardschen Antinomie. Cambridge-Professor Ramsey monierte außerdem, daß in den „Principia Mathematica" nicht genügend zwischen logischen und semantischen Antinomien unterschieden wird. Zweifellos kann die Typentheorie auch angewandt werden, um zwischen objekt- und metasprachlichem Denken zu differenzieren – dabei handelt es sich jedoch nicht um eine formale, sondern um eine wissenschaftsphilosophische, wenn man so will „psychologisierende" Anwendung.

Bertrand Russell soll in hohem Alter George Spencer-Brown (1969, S. xxi) seine Unzufriedenheit in Bezug auf die Typentheorie gestanden haben, eine Unzufriedenheit, die aus dem Unbehagen an der Einführung von Ebenen und Hierarchie erwuchs. Dem mathematischen Minimalisten mag darin ein Bruch der ästhetischen Einfachheit der Theorie erscheinen.

In der Kommunikationstheorie hat die Idee der Ebenen ausufernde Verbreitung gefunden, z.B. in der hierarchischen Gliederung der Systeme kommunikativen Handelns in Sprechakt, Episode, Beziehung, Lebensdrehbuch, Familienmythos, kulturelles Programm (Verne Cronen & Barnett Pearce 1980). Spencer-Brown bezeichnet sich in seltener Selbstherrlichkeit als Erfinder der Idee sogenannter „imaginärer Wahrheitswerte", die er in Abgrenzung von der Booleschen Algebra als „Brownsch" apostrophiert. Akzeptiert man deren Existenz auch in der formalen Logik, so kann die Sprengkraft der Antinomien relativiert werden. Tatsächlich ist der Gedanke, es könne sinnvoll mit mehr als zwei Wahrheitswerten operiert werden, uralt. Der Aristotelische Satz vom ausgeschlossenen Dritten sollte gerade das Überhandnehmen magischer Denkweisen eindämmen. Im übrigen findet sich schon bei Whitehead und Russell die Feststellung::

> „Daß Worte wie 'wahr' und 'falsch' in Übereinstimmung mit der Art von Aussage, auf welche sie angewandt werden, viele verschiedene Bedeutungen haben, ist nicht schwer zu sehen." (Whitehead & Russell 1910, Bd. 1, S. 41)

Auch die Distinktionstheorie der Spencer-Brownschen „Logic of Form" hantiert mit hierarchischen Unterschieden, nämlich zwischen dem *marked* und dem *unmarked state*. Dem entspricht die vielbeschworene Differenz zwischen System und Umwelt. Das Setzen von Unterschieden, die Unterschiede machen, und die Einführung von Ebenen des Denkens oder der Betrachtung korrespondieren miteinander, um nicht zu sagen, sie sind formal isomorph und suggerieren nur inhaltlich verschiedene Deutungen. Während die Differenzrhetorik der Systemtheorie lediglich funktionelle Unterschiede fokussiert, erinnert das Wort „Hierarchie" an die vertikale Perspektive. In einer Theorie der fraktalen

Rekursion verschwindet dieser psychologisch motivierte Unterschied jedoch.

Wo immer man Ebenen und Emergenzabstufungen ansetzt, bleibt der Phantasie oder dem Instinkt des Theoretikers überlassen. Bateson unterscheidet – in Analogie zu Poppers „drei Welten" – die physiologischen Prozesse des Organismus von den psychischen des Lernens und den ökologischen der Gesellschaft, aus der die Umwelt „dieser menschlichen Tiere" erwächst. Die Hierarchie der Loyalitäten könnte auch differenziert werden in: Individuum, Familie, soziale Gruppe, Staat, Kultur, Menschheit, Natur im allgemeinen (vgl. Mücke 1998, S. 98). Das *Paradoxon des Gewissens* besteht darin, daß für das Individuum einerseits die Zugehörigkeit zum nächstliegenden sozialen Kontext, im Ernstfall zu sich selbst, die mächtigste Motivation verkörpert, und andererseits bei der Bewertung der individuellen Handlungen die Maßstäbe der höheren Ebenen angelegt werden (vgl. Kalinke 2000, S. 120). Wenn sich also ein Jugendlicher einer Gang zughörig fühlt, wird er mit bestem Gewissen deren Aufträge erfüllen. Er gerät erst in Konflikt, wenn er sich dazu nicht in der Lage sieht, z.B. weil er beginnt, seine Taten im Kontext der „höheren" Maßstäbe des öffentlichen Rechts zu sehen. Eine Gesellschaft, in der individuumsbezogene Egozentrik und altruistischer Einsatz für die Umwelt in eins fallen, bleibt Adam Smith' hoffnungslos optimistischer Wunschtraum.

3 Entwurf einer systemischen Hermeneutik der Alltagssituation

> „Man soll die Dinge so einfach machen wie möglich, aber auch nicht einfacher." *(Albert Einstein)*

3.1 Motivation

Über Verstehen zu reden, ist nicht selbstverständlich, auch nicht in jedem Falle angebracht; dieses Reden geschieht von gehobener Warte aus, mit ironischem Zungenschlag könnte man sagen: Es geschieht abgehoben. So muß es sich rechtfertigen, eine geeignete Sprache finden. Dazu besteht ein weiterer Grund: Genährt von der Vorstellung, daß jeder in seiner Welt lebt, jedes Du ein Ich und unzugänglich ist (Günther 1975, S. 61; Luhmann 1992, S. 20), erscheint die Möglichkeit des Sichverstehens grundsätzlich zweifelhaft. Gibt es gemeinsame Wurzeln, aus denen unsere, jeweils individuellen Vorstellungen erwachsen? Gibt es systemische Strukturen, die einen situativen Rahmen schaffen, so daß zwar nicht Einfühlung in den anderen als Individuum – wenn man dieses Wort ernst nimmt –, aber in seine Rolle möglich wird? Welche logischen und welche genuin menschlichen Voraussetzungen sind an das Verstehen von Situationen geknüpft? Wie können Menschen, so verschieden sie sind, dasselbe meinen?

Im ersten Schritt möchte ich mit den folgenden Überlegungen zeigen, daß einige „klassische" philosophische oder wissenschaftstheologische Fragen, die den Zweifel an der Möglichkeit einer Hermeneutik unmittelbar wecken, nur dadurch entstehen, daß der Blick radikal auf die Gegenwart eingeengt wird und das Gewordensein, sowohl aus individueller wie aus systemischer Sicht, ausgeblendet wird. Die Diskussion dreht sich in diesem Zusammenhang auch um die alte Frage, ob die Mittel der traditionellen Logik ausreichen, um die vertikale Perspektive auf Systeme ernsthaft in Rechnung zu stellen, mit anderen Worten, es geht um den Methodenstreit zwischen Geistes- und Naturwissenschaften. Im zweiten Schritt formuliere ich ein strukturales Modell, in dem Vergangenheit und Zukunft als gegenwartsbezogene Komponenten ihren Platz haben. Die vertikale Schichtung des Systems wird schließlich in immer feinere fraktale Anteile ausdifferenziert, die sowohl an der Grenzregulation des Systems mit seiner Umwelt beteiligt sind, als auch an der selbstähnlichen Erhaltung des Systems über die Zeit hinweg. Aus dieser Grundsituation leite ich strukturelle „Rahmenbedingungen" für die Kommunikation und Entwicklung von Systemen ab.

Der Gedanke ist keineswegs so neu, wie es auf den ersten Blick scheint oder die Wortneuschöpfung „fraktal" glauben machen will. Von Hippokrates überliefert Leibniz den Satz: „συμπνοία πάντα"[31] – alles stimme mit allem überein oder, weniger scharf formuliert, sympathisiere mit allem. In seinem Versuch eines theologisch angereicherten Atomismus, in der Monadologie, findet sich die neuzeitliche Wiederentdeckung der Fraktalitäts-Idee. Sie wird vorbereitet in den Paragraphen §§35 und 36, ausgeführt in §§61 und 62. Nicht nur der Aufbau der Welt kann sukzessive anhand von Monaden erklärt werden, vielmehr läßt sich umgekehrt anhand der Monaden die Welt erkennen.

> „Et les composés symbolisent en cela avec les simples. Car comme tout est plein, ce qui rend toute la matière liée, et comme dans le plein tout mouvement fait quelque effet sur les corps distants à mesure de la distance, de sorte que chaque corps est affecté non seulement par ceux qui le touchent, et se ressent en quelque façon de tout ce qui leur arrive, mais aussi par leur moyen se ressent de ceux qui touchent les premiers dont il est touché immédiatement: il s'ensuit que cette communication va à quelque distance que ce soit. Et par conséquent tout corps se ressent de tout ce qui se fait dans l'univers, tellement que celui qui voit tout, pourrait lire dans chacun ce qui se fait partout, et même ce qui s'est fait ou se fera, en remarquant dans le présent ce qui est éloigné tant selon les temps que selon les lieux." (Leibniz 1714, Monadologie §62)

Ein modernes Konzept zur Beschreibung systemischer Übergänge entwirft Benoît Mandelbrots „Fraktale Geometrie der Natur" (1977). Das Ganze ist nicht nur mehr – oder anders – als die Summe der Teile, woran die Gestaltpsychologie anknüpfend an holistisch-idealistische Traditionen des antiken griechischen Denkens erinnert hat. Umgekehrt verrät der Teil, gerade in komplexen Systemen, als Bruchstück der

---

[31] zitiert nach G. W. Leibniz, Monadologie §62

Evolution, den Aufbau des Ganzen. Beispielsweise enthält der Kern jeder einzelnen Zelle die genetische Information über die Struktur des Gesamtorganismus, auch wenn nicht jeder Abschnitt des Genoms aktiviert ist. Synergetik beschreibt demnach nur eine Seite des komplementären Verhältnisses zwischen Element und System. Die andere Seite kommt in Begriffen wie „Selbstähnlichkeit" zum Ausdruck. Erst beide zusammen ermöglichen ein Verständnis des Handlungsspielraums und der Entwicklungswege von Systemen.

3.2 Vorausgesetzte Anerkennung von Entwicklungstatsachen

3.2.1 Die Schizophrenie des Solipsten

Descartes' (1654) „*Cogito, ergo sum*" behauptet zwar eine Existenz außerhalb des Denkens, geht aber nicht weit genug: Die Existenz, auf welche Descartes folgert, bleibt auf den Einzelnen und auf die Gegenwart beschränkt, er sagt nicht, daß es andere gibt außer mir, nicht, daß ich geworden bin. Die Inkonsequenz der cartesischen Wende hat bereits Schelling in seiner Münchner Vorlesung „Zur Geschichte der neueren Philosophie" (1827) erkannt, doch statt über sie hinaus zum Umfeld oder zu evolutionsgeschichtlichen Wurzeln vorzustoßen, nutzt Schelling die individualisierende Einschränkung bei Descartes als transzendentale Rechtfertigung Gottes. In seiner Argumentation setzt er ein mehrstufiges Konzept geistiger Tätigkeit voraus, genauer gesagt, die Differenz zwischen unmittelbarem, auf einen Gegenstand bezogenen Denken und metakognitiver Reflexion des Denkens über den eigenen Prozeß.

> „Das 'Ich denke' ist seiner Wahrheit nach keineswegs etwas Unmittelbares, es entsteht nur durch Reflexion, welche sich auf das Denken in mir richtet, welches Denken übrigens auch unabhängig von jedem Reflektieren vonstatten geht, wie ich denn sogar in der Regel denke, ohne mir zu sagen, daß ich denke, ohne dieses Denken selbst wieder zu denken, ja das wahre Denken, muß sogar ein objektiv unabhängiges vor jenem auf das reflektierende Subjekt sein, oder es wird um so wahrer denken, je weniger von dem Subjekt sich in es einmischt. Da es also zweierlei ist, das Denkende und das auf dies Denkende Reflektierende und es als eins Setzende, oder da es ein objektives, von mir unabhängiges Denken gibt, so könnte ja dieses in jener vermeinten Einheit oder, indem es das ursprüngliche Denken sich zuschreibt, eben darin könnte es sich täuschen, und das 'Ich denke' könnte nicht mehr

auf sich haben als der Ausdruck, dessen ich mich ebensowohl bediene: Ich verdaue..." (Schelling 1827, S. 81)

In diesen Sätze kondensiert die unsichtbar schwelende Herausforderung förmlich, der sich der deutsche Idealismus im Übergang vom platonischen zum neuzeitlichen Denken gegenüber sah. Gott als oberste essenzielle Instanz mittels eines Existenzbeweises physisches Wirken zuzuschreiben, gleicht der Quadratur des Kreises. Der Versuch hat – seit dem Mittelalter – zumindest die Bemühungen um die Logik beflügelt. Der Widerspruch, in dem Schelling sich verfängt, ist in der Verwendung des Pronomens „ich" bzw. seinen Generativa zu suchen. Zunächst spaltet er im Ich das unmittelbare vom reflektierenden Denken ab. (Und es könnten noch weitere Formen oder Ebenen des Denkens unterschieden werden.) Dann aber identifiziert er die Reflexion *negativ* mit der Gesamtheit des Ich, indem er sie als „objektiv und unabhängig von mir" postuliert. Die von der Person künstlich abgetrennte Reflexion schärft den Eindruck eines Kontrastes: auf der einen Seite der überhöhte Gott, auf der anderen das „vegetative", unreflektierte Denken, das auf einer Stufe mit der Verdauung stehe. Es gibt einen Weg, die Enge des cartesischen Individualismus zu überwinden, ohne daß über den platonischen εἶδος oder seine Spielarten als Monade, prästabilierte Harmonie, transzendentale Vernunft etc. spekuliert werden muß – die Frage nach dem rahmenden Kontext, der Dialektik von Konstitution und Eigendynamik.[32]

Irgendwoher ist jeder gekommen und dieses Irgendwoher kann nicht schon in ihm gelegen haben, sondern es war unabhängig, außerhalb, war Mutter und Vater, zusammenwirkende Wirklichkeit, rahmende Fremdreferenz. In Umkehrung der Descarteschen Erkenntnis muß es heißen: Bin ich, so muß es Wirkendes geben, das mich hervorgebracht hat.[33] Erst später, mit dem Bewußtwerden der Wahrnehmung und ihrem Bewußtwerden als eigene Wahrnehmungen, gewinnt die zir-

---

[32] Zweiwertigkeit verliert ihre exklusive Stellung im Erkenntnisprozeß bereits, wenn man unter Reflexion mehr versteht als Widerspiegelung; Eigendynamik lenkt den Blick noch deutlicher auf die inhaltliche Vielfalt der Entwicklung.
[33] In der mythologischen Denkweise ist dieses Hervorbringende weiblich; Mutterschaft und Geburt werden als Modell für die kosmische Entwicklung verallgemeinert. Wichtig ist jedoch, daß der Evolutionsgedanke überhaupt schon in früher Zeit eine Rolle spielt (z.B. Daodejing, Kapitel 15).

kuläre Referenzialität des Systems aufmerksamkeitsfilternde, blicklenkende Funktion, beginnt sie, einerseits abzugrenzen und zu isolieren, andererseits fremdreferenziell den mikrokosmischen Austausch mit der Umwelt zu steuern.

Man hört nicht nur Stimmen, sondern wird angesprochen. Mindestens ein Du, gleichgültig, ob Vater, Mutter oder ein Dritter, spricht zum Kind, bevor es sprechen lernt, umsorgt es, bevor es für sich selbst sorgen kann – eine Tatsache, die sich in jedem Menschenleben wiederholt und in der Anerkennung des Anderen mündet, die, wenn sie dem Umsorgten nicht bewußt wird, zu ihr nötigt. Der Solipsist *kann*, wenn er seiner Auffassung treu ist, nur Stimmen hören, die zu ihm sprechen. Wie soll er sich das Phänomen, angesprochen zu werden, anders erklären? Damit diagnostiziert er sich selbst als schizophren. Indem er dem Anderen den Status als alter Ego aberkennt, disqualifiziert er sich für Verständigung. Der selbständige, sozialisierte Einzelne mag sich so wichtig nehmen, daß er von Anderen nichts bemerkt; dies aber ist kein Argument gegen ihre Existenz.

Nichts zwingt dazu, das außerhalb und im System Wirkende als Gerade-so-Wirkendes wahrzunehmen. Gewordensein und Angesprochenwerden verweisen zwar hinreichend evident auf das Vorhandensein einer Umwelt, der natürlichen wie der sozialen, sie sagen aber nichts über die Wahrhaftigkeit der Vorstellungen, die eine Person von ihr entwickelt.

Ego ist verschieden von Alter und begreift es doch als alter Ego. Ich sieht, daß Du auf ähnliche Weise entstanden und gewachsen, in seinem Willen ähnlich autonom und zugleich ans Wirkliche gebunden ist wie Ich. Aus einer Tatsache, der evolutiven Verwandtschaft der Personen, folgt gleichermaßen, was ihnen gemeinsam ist und was sie unterscheidet. Alter ist Ego als Alter unüberbrückbar fremd und zugleich als alter Ego selbstverständlich vertraut.

Überraschenderweise löst sich dieser Widerspruch bereits durch einen alten Aristotelischen Gedanken, die Unterscheidung von *genus* und *differentia specifica*.[34] Du und Ich gleichen sich hinsichtlich ihrer Gattung, d.h. ihrer Evolutionsgeschichte und der resultierenden Struktur, was keinen Widerspruch dazu bildet, daß sie sich als Individuen je

---

[34] Aristoteles, Zweite Analytik, 2. Buch, 13. Kapitel

in ihrer Eigenart unterscheiden. Die Hautfarbe ist unwichtig, um als Mensch zu gelten; für die Individualität eines jeden ist sie jedoch von Bedeutung.

3.2.2 Schwächen und Stärken natürlichen Sprechens

Ontologisierende anthropomorphe Feststellungen wie „das System grenzt sich von der Umwelt ab, indem es Eigendynamik entwickelt" können lediglich heuristisch gemeint sein. Sie gehören, werden sie ausgesprochen, einem implizit reflektierenden Bewußt-Sein an, das, indem es zugestehen muß, bestenfalls ausschnittweise abbildend und mindestens ausschnittweise ungültig zu sein, nicht mit der Wirklichkeit verwechselt werden darf. Allein die leitmotivische Wirkung des Anthropomorphen und der mit ihm verbundenen natürlichen Sprechweise läßt sich nicht verhehlen: Es gibt durch das Nadelöhr des Bewußt-Seins hindurch für ein System keinen anderen Zugang zu seiner Umwelt als einen vorläufigen. Schablonenhaft strukturiert und paradigmatisch bebrillt, kann es makrokosmisch Ungeregeltes und Zufälliges nur mittels schematischer Unschärfe auffangen. Die Naturwissenschaft gewinnt ihre Präzision dadurch, indem sie das Unbekannte gleichsam als *Black Box* zur Variablen erklärt, deren Werte durch sukzessive Annäherung mit jeweils endlicher Genauigkeit bestimmt werden. Diese Strategie des Übergangs vom Schema zur Differenzierung ahmt im Prinzip kognitive Gewohnheiten des Alltags nach.

Der ontologisierende Sprachgebrauch verführt dazu, was vom Bewußt-Sein behauptet wird, für wirklich zu halten. Hielte ich Systeme nicht für wirklich, bildeten sie in meiner Vorstellung keine Wirkeinheit im Zusammenhang der Evolution, so würde ich nicht von „Systemen" sprechen. Dabei gibt es – im Kalkül herkömmlicher Logiken – weder einen Beweis, daß es Systeme, noch daß es die Realität gibt.

Die Interpretation der Vorkommnisse im natürlichen Sprechen hat den Vorteil, daß ihr Gegenstand, die syntaktischen Kategorien, als ontologisch-existent vorausgesetzt werden können. Sie sind nicht nur essenziell wie der Gedanke, sondern erhalten manifeste und tradierbare Gestalt, indem sie physisch ausgesprochen oder aufgeschrieben und damit wirksprachlich-objekthaft werden. Hinzu kommt gegebenenfalls die Ganzheitlichkeit natursprachlicher Äußerungen; hier treten pragmatische und semantische Inhalte gemischt hervor. Daraus erwachsen jedoch auch Gefahren: Beispielsweise ist die Verständlichkeit natürlichen Sprechens durch Mehrdeutigkeiten (z.B. Homonyme) erschwert.

Indem das Bewußt-Sein über den Fakt seiner Evolution reflektiert, befindet es sich in einer paradox erscheinenden Situation: Einerseits muß es feststellen, daß sich psychische Inhalte und darüber hinaus Geschichte wie auch Gesellschaft nicht aus chemischen Elementen und Verbindungen erklären lassen; andererseits registriert es, daß es einer Entwicklung unterworfen ist, die von chemischen Verbindungen oder atomphysikalischen Vorgängen ihren Ausgang genommen hat, deren Wegfall den sofortigen physischen Tod der Person und das Verschwinden des Bewußt-Seins zur Folge hätte.

Insofern darf, den Relativismus einschränkend, gesagt werden, daß Menschen nicht anders können, als die Welt mit menschlichen Augen zu sehen. Insofern behauptet das Anthropische Prinzip einen unhintergehbaren Anthropomorphismus der Wahrnehmung (Barrow & Tipler 1986, S. 3).

Von Wirkendem hervorgebracht, steht die Person in der Wirklichkeit. Sie vermag, sie zu sehen wie eine Biene das Bienennest.[35] Als bedeutsam, denk- oder handlungsanstoßend, tritt hervor, worauf sich die Aufmerksamkeit richtet, der fokussierte Ausschnitt des Mikrokosmos. Aus der Selektivität oder Fraktalität des Wahrnehmens und Wissens ergibt sich die Bedeutung der Schlußprozesse. Mit ihrer Hilfe ist es möglich, über das ontologisierende Sprechen, das Wahrgenommenes implizit mit Wirklichem gleichsetzt, hinauszusteigen zu den Strukturen, die das Bild rahmen, und den weiteren Kontext in die Betrachtung zurückzutragen. Dieses explizit reflektierende Bewußt-Sein, das sich selbst

---

[35] „Vor allem ist der Fall der Chalicodome oder Mörtelbiene charakteristisch und überraschend. Sie speichert in einer Zelle Honig auf, legt ein Ei hinein und schließt sie dann zu. Bricht man in Abwesenheit des Insektes, aber während der Zeit, die den Mauerarbeiten gewidmet ist, eine Öffnung in die Zelle, so bessert sie sie auf der Stelle aus. Bricht man in diese selbe Zelle ein Loch, nachdem die Arbeit des Mauerns beendet ist und die Biene bereits mit dem Aufspeichern des Honigs begonnen hat, so kümmert sie sich nicht darum und fährt fort, ihren Honig in das durchbohrte Gefäß zu ergießen, aus dem er wieder ausläuft. Glaubt sie dann, die Menge Honig hineingegossen zu haben, die das Gefäß normalerweise hätte füllen müssen, so legt sie ihr Ei, das mit dem Rest des Honigs durch dieselbe Öffnung verschwindet, und schließt dann befriedigt, gravitätisch, gewissenhaft die leere Zelle." (Maurice Maeterlinck 1926/30, S. 194)

metakognitiv spiegelt, um den Eigenanteil am Wahrgenommenen und Eingebildeten zu erfahren, kann sich nicht der natürlichen Sprache bedienen. Damit ist viel verlangt.

Mehr noch als durch visuelle Wahrnehmung formt sich von den Wirkungen des Eingreifens und Tätigseins ein Bild, ein Begriff vom „Wirklichen", formt sich der Mikrokosmos der Person, nicht als Kosmos, in den alle gleichermaßen gesetzt sind, nicht als geographische Welt, sondern als subjektiv-ichbezogene, zirkulär-referenzielle, interpoietisch-anregende Umwelt, mit der Wirklichkeit verbunden durch Reflexion über das essenzielle Wirken und existenzielle Bewirktwerden der Person. Der Mikrokosmos ist das natürliche Handlungsfeld der Person, einschließlich des Sprechens. Hier gestattet sie sich aufgrund der Vertrautheit und des Kontingenzmangels, ohne tatsächliche Reibungsverluste zu ontologisieren, kausale Schlüsse zu ziehen, Reflexion auszuschalten, spontan zu sein, routiniert vorzugehen und Sicherheit zu empfinden. Mikrokosmos ist der gewöhnliche Alltag.[36] Hier weicht das Bewußt-Sein am weitesten von der Methodik abbildgetreuer wissenschaftlicher Erkenntnis ab. Wie kann die Welt eines Du einem Ich zugänglich sein, obwohl die Kluft zwischen ihnen unüberbrückbar erscheint? Auf welcher Grundlage können wir Verstehen als möglich ansehen? Worauf gehen Gleichheit und Verschiedenheit der Auffassungen zurück?

3.2.3 Zum Problem des Idealismus

Im Gleichnis ist Unveränderliches enthalten, es ist Symbol, verleiht dem Denken Struktur, die als Abstraktion, als εἶδος[37] aus dem bizarr Wirklichen gerinnt. Zum einen hat das System einen Teil der Umwelt, den Mikrokosmos, als Wirkung eigenen Wirkens willentlich hervorgebracht, insofern „entspricht" er dem Bewußt-Sein, erscheint kausal und determiniert. Zum anderen ordnen Nervensystem und Gehirn, so komplex sie zusammengesetzt sind, die Wahrnehmungen, leiten sie in vorbestimmte Kanäle, die dem Erwartbaren angepaßt sind.

---

[36] Es gibt auch den außergewöhnlichen Alltag, das bedrohlich Unvorhersehbare, als solches Gegenstand der sogenannten „Psychotraumatologie".
[37] In der Psychologie des 20. Jahrhunderts tauchte dieser Begriff unter der Bezeichnung „Gestalt" auf und begründete die Berliner Schule der kognitiven Psychologie („Gestaltpsychologie").

Daher gibt es kaum ein aufregenderes Erlebnis als unerwartete Veränderung, Erwartungs-Enttäuschung, die überrascht, erstaunt, entgeistert, verwirrt und sprachlos werden läßt. Gerade wenn die Veränderung nicht nur unerwartet eintrifft, sondern überhaupt nicht erwartet werden *konnte*, veranlaßt sie, eine neue essenzielle Dimension im Bewußt-Sein zu entwickeln. Das Ergebnis des Michelson-Versuchs traf die Anhänger der klassischen Mechanik gänzlich unvorbereitet, es mußte ein bis dahin nicht benötigter Denkrahmen geschaffen werden, um das Experiment zu erklären. Unmöglich können wir annehmen, Umgebungsprozesse, selbst wenn sie das System bewirkt hat, seien a priori so strukturiert, wie das Bewußt-Sein als Resultat vergangenen Wirkens sie auf essenzieller Ebene modelliert. Unmöglich läßt sich behaupten, die Ordnung des Denkens stimme a priori mit der Struktur des Seins überein, auch wenn diese willkürliche Identifikation seit Aristoteles zur kaum hinterfragten Tradition geworden ist (vgl. Günther 1959, S. 13).

Keine im Vergangenen noch so bewährte, d.h. autopoietisch (re-)produzierte Systemstruktur kann garantieren, daß sie jetzt noch sinnvoll und nicht irreführend wirkt. Ob Aggression angemessen ist, hängt nicht vom Affektausbruch selbst, sondern von der Situation ab. Die Kontextwirkung von Gegenständen, die nicht im Fokus der Aufmerksamkeit stehen, täuscht das Bewußt-Sein (z.B. beim Betrachten der Figuren von Müller-Lyer). Die Reihe der situativen Fehlanpassungen zwischen System und Umwelt ließe sich lange fortsetzen. Konrad Lorenz' Glauben (1973, S. 18), „daß alles, was unser Erkenntnisapparat uns meldet, *wirklichen* Gegebenheiten der außersubjektiven Welt entspricht", teile ich nicht. Selbst in einer „Welt der mittleren Dimensionen" (Vollmer 1975, S. 163; 1988, S. 77 ff.) gibt es genügend Konstellationen, in denen sinnliche Wahrnehmung und äußere Reiz-Situationen nicht zueinander passen. Oder nach einer bestimmten Zeit nicht mehr zueinander passen werden. Schwer zu leugnen, daß Strukturen immer nur eine Auswahl der potenziellen Möglichkeiten realisieren, die im Laufe von Evolution und Ko-Evolution variiert.

Solange sich wenig ändert, bleiben Wahrnehmungen und Gedanken im Rahmen, unerschüttert, stabil, eidetisch. Ein in den Sand gezogenes Dreieck erkennen wir trotz seiner Unvollkommenheit als idealtypisches Dreieck an, weil bestimmte Interneuronen, die Hubel-Wiesel-Detektoren, auf das Erkennen geometrischer Konturen spezialisiert sind und das Unvollkommene neuronal idealisieren. Tatsächlich wären zahlreiche logische Figuren undenkbar ohne die Wirksamkeit der eidetischen Abstraktion – kein Beweis in der Geometrie, kein „allgemeines" Gesetz, keine Mathematik. Daß bestimmte konstituierende, sprich physische Prozesse wirksam sein müssen, damit das Bewußt-Sein – in einigen Situationen zumindest – logische Raffinesse entwickeln kann, rückt die Psychologismus-Debatte in ein anderes Licht. Obwohl die Psychologie keinen Anspruch auf Grundlegung der Logik erheben kann, sind metakognitive Beziehungen zwischen der syntaktischen, semantischen und pragmatischen Dimension des Bewußt-Seins nicht zu leugnen; sie wirken bis in die Struktur der Logik und umgekehrt bis in die Einzelheiten unseres Handelns.

Allein auf syntaktischer Ebene betrachtet, gibt es keine Abhängigkeit der logischen Formalismen von psychischen oder psychophysischen Sachverhalten. Lediglich die Schlüssigkeit, d.h. die Rückführbarkeit des Ausdrucks in die Form der Tautologie ist als Maßstab für die Gültigkeit eines Kalküls heranzuziehen. Die systemische Voraussetzung, daß auch logisches Operieren von konstituierenden Prozessen getragen wird, beeinflußt jedoch nicht nur die Fähigkeit zum logischen Denken.[38] Vielmehr gehen die konstituierenden Prozesse in die Form der Kalküle, in ihre axiomatischen Grundsätze ein. Es ist kein Zufall, daß die Erfindung neuer Strukturtypen der Logik mit den Erfordernissen floriert, die einem nicht-Aristotelischen Wirklichkeitsverständnis entspringen. Hinsichtlich ihrer prä-apriorischen Voraussetzungen orientieren sich einzelne logische Kalküle nicht selten an natursprachlichen Vorbildern. Natursprachliche Syntax in einem formalen Kalkül abstrahierend nachzuahmen, birgt andererseits einen Zirkel in sich. Entnimmt man ihr eine Logik, um sie später auf natürliche Sprache anzuwenden, so ist es selbstverständlich, daß die extrahierte Logik passend erscheint. Zumindest zeigt sich an dieser Tautologie die syntaktische Evidenz des Verfahrens.

Der platonische Idealismus geriet ernsthaft in Gefahr, als unter Berufung auf ihn begonnen wurde, Ideen und Realität miteinander zu identifizieren, von ideal gedachten Strukturen des Bewußt-Seins auf

---

[38] Diese darf freilich nicht mit der Logik und ihren Resultaten verwechselt werden, eine Forderung, die beinahe banal klingt.

ebenso ideal gedachte Strukturen des Seins zu schließen. Allzu verführerisch wirkt die interpoietisch hergestellte, zeitweilige Entsprechung zwischen essenzieller Repräsentation des Systems und zeichenhaft-fokussierter Wahrnehmung der Umwelt. Damit eine eidetische Operationsweise des Bewußt-Seins nicht fehlgeht, genügt die Betrachtung zweier Ebenen – des Seins und des Bewußt-Seins – nicht. Vielmehr ist eine Ebene vonnöten, die mitlaufend das jeweilige Verhältnis zwischen Symbol und Symbolisiertem reflektiert. Genau dies ist die Funktion der Metakognition, mit deren Wirken die vorurteilsbehaftete Gleichsetzung von Denken und Realität verschwindet. Differenzen zwischen Ich und Du können konzeptualisiert werden, ohne daß sie unüberbrückbar erscheinen. Denn sowohl Ich als auch Du hat die Möglichkeit, metakognitiv das eigene Verhältnis seines momentanen Bewußt-Seins zur Situation einzuschätzen als auch die momentane Verfaßtheit des Anderen. Daraus erwächst keineswegs ein objektives Bild der Realität oder intersubjektive Nachvollziehbarkeit, sondern die soziale Fertigkeit, mit differierenden Sichtweisen umzugehen und diese als emergente, kommunikativ vermittelte „soziale Realität" zu betrachten.

Der Wert eidetischer Abstraktion für das System besteht im Abgehobensein von rasch wechselnden, vergänglichen Umweltereignissen. Abstraktion ist Teil des Mikrokosmos, den das System vom Bewußt-Sein her konstruiert, um seine Grenzregulation zu stabilisieren. Mit Hilfe des mitlaufenden metakognitiven Aufmerkens bei essenziellen Differenzen zwischen interner Repräsentation und repräsentiertem Ereignis kann es dem Bewußt-Sein gelingen, eidetische Elemente fraktal in immer differenziertere, wiederum eidetisch konstruierte Elemente aufzuspalten. Dieses Vorgehen erlaubt eine geradezu „ideale" Annäherung an Umweltstrukturen, obwohl keine tatsächliche Übereinstimmung zwischen Realität und Denken vorhanden ist – analog zur Idee der Integration, die es erlaubt, unregelmäßige geometrische Gebilde durch unendlich feine Quadrate genau auszumessen.

Der Vergleich hinkt wie jeder Vergleich. Der fraktale Charakter der Ausdifferenzierung sorgt dafür, daß die immer feineren, hierarchisch verschachtelten Substrukturen der Wahrnehmung nicht auf jeder Ebene und nicht für jedes Element die gleiche Form besitzen. Außerdem müssen die zugrundegelegten Formen keine eidetische Gestalt besitzen. Aus diesen Gründen entfällt in einer „fraktalen Logik" das Argument, alle

Schlüsse würden unabhängig davon, wer sie zieht, zum selben Ergebnis gelangen. Intersubjektivität kann – im Alltag wie auch in Geistes- oder Humanwissenschaften, die mindestens das theoretische Niveau des Alltagsverständnisses aufnehmen – nicht länger als Maßstab der Objektivität gelten.

> „Was für *ein* Ich wahr ist, das ist in demselben Sinn und derselben Form auch für jedes beliebige andere denkende Subjekt verbindlich, sofern es sich nur den etablierten Regeln rationaler Kommunikation zwischen Ich und Du willig unterwirft." (Gotthard Günther 1959, S. 12)

Dieser Grundsatz des *zweidimensionalen* platonischen Idealismus, der nur zwischen Gegenstandsebene und Abbildebene unterscheidet, übergreifende metakognitive Geistestätigkeiten aber nicht als rational anerkennt, ist mithin aufgehoben, sobald Eigendynamik, Emergenz, Fraktalität oder qualitative Entwicklung ins Spiel kommt. Der Idealismus als Philosophie der tautologischen und insofern apriorischen Wissenschaften, der Mathematik und der Logik, die vermeintliche Intersubjektivität als letzten glaubhaften Trost gegenüber aller empirischen Relativität behaupten, muß auch erklären, wie eidetische Vorstellungen und die Axiome logischer Kalküle entstehen. An dieser Stelle knüpft Idealismus begründungstheoretisch in seinen Voraussetzungen an Pragmatismus und evolutionären Empirismus an. Metakognition ist, bildhaft gesprochen, die Himmelsleiter, auf der das reflektierende System zwischen existenziellen und emergenten essenziellen Ebenen auf- und abklettert, um je nach Situation eine Entsprechung, Abgehobenheit, Orthogonalität, Schiefwinkligkeit, Drehung oder Spiegelung der Ebenen zu veranlassen. Wissenschaft fokussiert in ihrem Wahrheitsbegriff explizit lediglich die Entsprechung. In sozialen Zusammenhängen ist aber nicht selten die Drehung, also Abgrenzung, Tabuisierung und Differenzierung funktional bedeutsam.

In der um die vertikale Perspektive erweiterten Sichtweise bezeichnet εἶδος die Vorstellungen, mit denen Systeme angeborenermaßen oder mit physiologischer Wahrscheinlichkeit und daher vegetativ-unbewußt oder prä-apriorisch an die Umwelt herantreten. Veränderliches wird ignoriert, solange es im Rahmen des Erwartbaren bleibt, den eidetische Vorstellungen präjudizieren. Sobald es aus dem Rahmen des Erwartbaren herausspringt, zwingt es dazu, den essenziellen Vorstellungsrahmen zu ändern. Unerwartete Veränderung dient als Anstoß für ein passenderes Paradigma. Ist es gefunden, kommen neue eidetische Formen zur Wirkung. So weiten emergent stratifizierte Systeme, tastend und umstoßend, ihren Erkenntnisbereich aus, erfahren die Tücken der Anpassung an eine vergangene Welt, korrigieren Irrtümer und fassen in metakognitiven Strategiemodellen zusammen, welche Deutungen das natürliche oder soziale Umfeld offenbart.

3.2.4 Psychologismen der reinen Vernunft

Immanuel Kant (1783, 1787) behauptete, es gebe „reine Anschauung", die unabhängig von jeder Erfahrung das Denken leitet und der kein konkreter Gegenstand zugrunde liegt, aber nichts könne außerhalb des Rahmens, den die reine Anschauung bestimmt, existieren. Beispiele für solche „reinen Begriffe" sind nach Kants Auffassung Raum und Zeit. Er benötigt sie, um die Möglichkeit von Mathematik, die apodiktische Gewißheit ihrer Sätze und die uneingeschränkte Möglichkeit ihrer Anwendung auf wirkliche Objekte zu zeigen. Aus der Sicht der Evolutionstheorie läßt sich bereits die Prämisse in Kants Argumentation hinterfragen: Gibt es „reine Vorstellungen" und „reine Begriffe" tatsächlich?

Auch höheres, abstraktes Denken ist an sinnliche Prozesse gebunden, indem wirksprachlich-objekthafte Zeichen für Gegenstände genommen werden und an deren Stelle eine empirische Funktion erfüllen. Ohne symbolhafte Repräsentationen wäre formales Denken gegenstandslos, sogar unmöglich. Sie konstituiert eine künstliche Sinneswelt, die – mit Anspielung auf Pawlows zweites Signalsystem – Empirie 2. Ordnung genannt werden kann. Dieser Einwand zieht Folgen nach sich: Die Grenzen zwischen *reiner* und *angewandter* Logik verwischen sich. Kant versteht unter reiner Logik Verstandesausübung unter Abstraktion von allen empirischen Bedingungen. Dies entspricht der heutigen formalen Logik. Er nennt eine Logik angewandt, wenn sie auf die Regeln des Gebrauchs des Verstandes unter den subjektiven empirischen Bedingungen, die die Psychologie lehrt, gerichtet ist. Läßt sich nun behaupten, die formale Logik ist vollkommen unbeeinflußt sowohl von individuell-subjektiven als auch anthropomorph-intersubjektiven Erkenntnisvoraussetzungen? Um das Abgrenzungsproblem zwischen Logik und Psychologie zu klären, muß untersucht werden, inwieweit die „reine Anschauung", d.h. das regelhafte Operieren mit Zeichen, tatsächlich sichert, apodiktische Urteile zu treffen, oder inwieweit „evolutionär-apriorische" Bedingungen subjektiv in die Entscheidung über die Korrektheit des Schließens einfließen.

Angenommen, es gäbe „reine Begriffe", die die *Form der Sinnlichkeit* beschreiben und die vor aller Erfahrung im Bewußt-Sein vorhanden sind. Kant meint, daß Raum ein Begriff dieser Art sei. Bevor ich an einen konkreten Gegenstand denke, weiß ich, daß er eine bestimmte Ausdehnung im Raum einnimmt. Allgemein gesprochen: Anschauung, die der Wirklichkeit des Gegenstandes vorausgehe, könne nichts anderes enthalten als die *Form* der Sinnlichkeit. Stillschweigend ist hier die Annahme getroffen, daß der Gegenstand *nur* in dieser Form der Sinnlichkeit betrachtet werden kann. Das aber zeigt erst die Erfahrung, die sich im Laufe der Geschichte in Konventionen oder in genetischen Anlagen der Kognition ausdrückt. Sie ist dem einzelnen insofern a priori gegeben, als sie ihm angeboren oder anerzogen wird. Damit geht Kants Reinheit der Begriffe von Empirie auf in der allgemein menschlichen Subjektivität, die sich bei bestem Willen nicht abstreifen läßt. Auf das Beispiel des Raumes angewandt heißt das: Die Dreidimensionalität ist einerseits empirisch in Bezug auf menschliche Subjektivität und andererseits zugleich a priori in Bezug auf einzelne Menschen wirksam. Die Feststellung, daß drei Zahlen ausreichen, um einen Punkt im Raum zu kennzeichnen, hat nur einen Sinn innerhalb physikalischer Theorien. Außerhalb dieser *Meßvorschrift* ist der Begriff des dreidimensionalen Raumes weder zwingend noch hilfreich, wie der erwähnte Wir-Raum Binswangers zeigt.

Kant gesteht der Logik einen gewissen Freiheitsgrad zu. Es gebe so viele Arten logischer Urteile wie Möglichkeiten, Vorstellungen im Bewußt-Sein zu vereinigen. In seinen „vollständigen" Tafeln der Urteile (1783, S. 76) schränkt er die möglichen Denkformen auf die Figuren ein, die sich in Europa eingeschliffen und stabilisiert haben – ohne zu beweisen, daß sich darin das gesamte Spektrum möglicher Verknüpfungen von Vorstellungen verbirgt. Mit der Zurückweisung dieses Vorurteils, dem übrigens noch Piaget in seiner Entwicklungspsychologie der Intelligenz gefolgt ist, geht der Wunsch einher, die Aufgabe der Logik weiter zu fassen.

3.3 Methodische Annäherungsversuche

3.3.1 Wie sich etwas sagen läßt

Im objektiv Wirklichen kann niemand seinen Standpunkt wählen. Denn niemand versteht es, die aus fraktal operierender Metakognition resultierende Subjektivität wirksam auszuschalten – es sei denn um den Preis, seine Reflexionsfähigkeit einzubüßen. Die herkömmliche Wissenschaftstheologie trennt Entstehungs- und Begründungszusammenhang voneinander. Sobald in solipsistischer Privatheit gewonnene Einsicht *nachvollziehbar für andere* ausgedrückt wird, sobald sie sich in kollektiv vervielfachter Beobachtung als *gültig* erweist, erlangt sie den Status von Objektivität – die nicht frei ist vom menschlich Allzumenschlichen, dem unhintergehbaren Anthropomorphismus. So die traditionelle Auffassung. Sie bezeichnet ein Ideal, das nur für die Beobachtung allereinfachster, isolierbarer Sachverhalte erreichbar ist, nicht aber für das Verstehen essenzieller Differenzen, auf deren Subjektivität es hier gerade ankommt.

Welche Paradigmen im Blickfeld auftauchen und verschwinden, wird nicht allein davon bestimmt, ob sich irgendwelche ihrer Ableitungen als falsch herausstellen. So sehr – innerhalb der Wissenschaft – die Intersubjektivität der Wahrheitskriterien beschworen wird, scheint es auch von der Vehemenz und suggestiven Ausstrahlung der Vertreter einer Auffassung, kurz von sozialen Faktoren, abzuhängen, wie ihr Schicksal verläuft (Kuhn 1967, S. 156). Was für die um Objekthaftigkeit bemühte Wissenschaft gilt, kennzeichnet um so mehr den Alltag des Wahrnehmens, Sprechens und Beurteilens. Insofern gibt es keine Vorstellungen, die eine Person akzeptieren muß, aber sie muß einen Rahmen annehmen, wenn sie sich nicht als Solipsist disqualifizieren will.

Gibt es keinen anderen Weg, Verständliches zu sagen, keine Begründung, die Kommunikation legitimiert, ohne die Identität des Gemeinten zu behaupten? Emergent stratifizierte Systeme haben prinzipiell zwei Möglichkeiten, eine Verständigungsgrundlage herzustellen. Die eine, in horizontaler Perspektive, besteht in der Betrachtung der jeweiligen Abgrenzung von der Umwelt, die einen Rückschluß auf den Status der zirkulären Referenzialität des Systems erlaubt. Hier kommt die Funktionalität der aktuellen Grenzregulation zur Sprache. Systeme können sich ähnlichen Situationen ausgesetzt sehen und ihre Strategien im

Umgang mit ihnen vergleichen. Die andere Möglichkeit, in vertikaler Perspektive, fokussiert die Geschichte des Systems: wie es geworden ist, was es ist. Die Gemeinsamkeiten in dieser Hinsicht sind noch weit umfassender als hinsichtlich der aktuellen Situation. Nicht nur die phylogenetische Entwicklung, nicht nur die Kulturgeschichte ist für alle Systeme einer Spezies dieselbe, auch die genetisch programmierten Entwicklungsphasen, die in individuellen Herausforderungssituationen münden, denen sich die Systeme regelhaft ausgesetzt sehen, haben dieselbe Struktur. Daher das Unbehagen an dem positivistischen Verdikt, worüber wir angeblich nicht sprechen könnten, darüber müßten wir schweigen – mit dem Voraussatz, nur das Sprechen in definierten Begriffen (Namen) sei verständliches Sprechen, und dem Nachsatz, es münde letztlich in Tautologie. Die positivistische Beschränktheit resultiert aus der Blindheit gegenüber der Geschichte oder der vertikalen Perspektive. Um so verheerender die Auswirkungen, wenn der positivistische Wahrheitsbegriff zum Objektivitätsmaßstab in den Sozial- und Geisteswissenschaften erhoben wird.

Anders verhält es sich mit dem Strukturalismus. Essenzielle Inhalte können von keiner Theorie vorhergesagt werden. Lediglich die Strukturen essenzieller Ebenen, ihre Entwicklungsdynamik und Verquickung in der sozialen Begegnung erlauben einen theoretischen Zugriff. Phantasie ist emergent. Daher schwanken Geschichtswissenschaft und Ethnologie zwischen anekdotischem Sammelsurium und strukturalistischen Oberflächen.

Im übrigen wird es nicht genügen, biologisch oder physikalisch unabdingbare Voraussetzungen der Evolution anzuführen. Wie soll aus ihnen Einsicht in die Struktur von Vorstellungen erwachsen? Will man näher bestimmen, was sich für das Entstehen und Erwachen ichfähiger, mit Bewußt-Sein versehener Systeme im Rückschluß auf das Wirkend-Wirkliche als notwendig erweist, muß man wohl oder übel eine essenziell strukturierte Konzeption unterschieben. Einen strukturellen Rahmen, als evolutionär-wirkende Ontologie verstanden – nicht aber die Inhalte, die ihn ausfüllen – muß jeder akzeptieren, der nicht sein Bewußt-Sein leugnet, der nicht zugibt, daß er bewußtlos ist.

In den folgenden Abschnitten möchte ich die Grundpfeiler einer systemtheoretischen Hermeneutik verankern, die nicht nur eine Theorie des Meinens und Verstehens stützen sollen, sondern Ideen des Strukturalismus, der Zirkularität und des interpoietischen Übergangs – vermittelt über die Geometrie der Selbstähnlichkeit – miteinander verknüpft und auf psychosoziale Phänomene anwendet. Ziel ist es, eine formale Sprache zu entwickeln, in welche sich Deutungen und Verständnisgrundlagen strukturell übersetzen lassen, ohne sie durch Übervereinfachung zu entstellen.

Der Wissensstand über Evolution sei vorausgesetzt; es kann hier nicht Aufgabe sein, ihn nachzuzeichnen. Vielmehr geht es darum, anhand von Wirkzusammenhängen Anhaltspunkte über die Situation emergent stratifizierter Systeme abzulesen. Es geht um die prospektive Folgerung von der Funktionalität bewährter Lösungen, die zum Gegenstand der Einzelwissenschaften gehören, auf die gegenwärtige Lage eines Systems. Der Umgang mit evolutionären Herausforderungen kann, ja muß zwar individuell verschieden gestaltet werden, z.B. in Rücksicht auf eine spezifische Umwelt und die spezifische Vorgeschichte des Systems. Die Situation, ihre eigene Evolution zu meistern, besteht aber für strukturell gleichartige Systeme in ähnlicher Weise. Insofern sind prospektive Schlüsse verallgemeinerbar. Sie verhandeln auf einer entsprechend allgemein gehaltenen, d.h. nicht notwendigerweise *en détail* allgemeingültigen, sondern prä-apriorischen oder evolutionär-apriorischen Begriffsebene.

Die Anwendung der Evolutionstheorie auf die Sprache impliziert entsprechend der „Evolutionären Erkenntnistheorie" eine wechselseitige funktionale Passung zwischen Sprachgebrauch und systemischer Umwelt. Syntaktische Formen und zumindest teilweise auch inhaltliche Kategorien besitzen insofern keinen Privatcharakter, als sie strukturell gleichartige Bestimmungsmomente der Lebenswelt, der „Welt mittlerer Dimension" oder des Mikrokosmos der Systeme, sprachlich funktionalisieren. Dabei kommt es nur bis zu einem gewissen Grad auf die absolute Identität des Zeichens mit dem Bezeichneten an. Kommunikativ wirksam wird vielmehr die interpoietisch-eigendynamische Anregung von Inhalten zwischen den Systemen. In zahlreichen Alltagssituationen würden erschöpfende Beschreibungen nicht nur den Zeitrahmen sprengen, sondern schlicht langweilen, d.h. es kommt hier gerade darauf an, nicht zuviel zu sagen, damit sich der Kommunikationspartner essenziell angeregt fühlt.

Obwohl ich es nicht für gerechtfertigt halte, aus dem *Rückschluß* ein teleologisches Prinzip abzuleiten, ist nicht zu übersehen, daß es mit Hilfe des evolutiven Arguments schwer fällt, zwischen konkurrierenden Konzeptionen zu entscheiden. Die Tatsache, *daß* sich alles Existierende auf irgendeine Weise entwickelt hat, kann als verbindlich angesehen werden, nicht aber *wie* sich die Evolution potenziell vorstellen läßt. Aus dem Umstand, daß irdisches Leben vor allem Verbindungen der Elemente C, O, N, H zu verdanken ist, können Grenzbereiche für Naturkonstanten bestimmt werden, *damit* sich biologische Systeme herausbilden können. Analog dazu versuche ich einen Rahmen zu bestimmen, innerhalb dessen man die Kommunikation von Systemen beschreiben kann, wenn man akzeptiert, *daß* sie ihrer natürlichen und sozialen Umwelt eigendynamisch entsprungen und zugleich konstitutiv verhaftet sind. Welche Ideen eine Person für sich als bedeutsam anerkennt, bleibt davon unberührt.

3.3.2 Eigendynamik und Evolution der Erkenntnismethoden

Historische Rekonstruktion kann ihre essenzielle Funktionalität gut begründen. Ist doch, was tatsächlich stattgefunden hat, mindestens auch möglich, nicht aber notwendig so, wie es geschehen ist. Ob sich aus der Modallogik des Möglichen und des Tatsächlichen konkrete Vorbilder für die künftige Handlungen ergeben, bleibt strittig. Denn das Tatsächliche füllt das Mögliche nicht vollständig aus. Erst die Rekonstruktion kann den Raum des Möglichen systematisch erkunden. Gemindert wird der Nutzen der Rekonstruktion jedoch durch die Einschränkung des Zeithorizontes auf Überliefertes. Der Mangel an Information und die Fraktalität der überkommenen Zeichen, läßt den Blick in die Vergangenheit genauso ins Spekulativ-Vage münden wie den Blick über den Rand des Mikrokosmos hinaus in die Zukunft.

Das spekulativ-heuristische Moment der historischen Rekonstruktion kennzeichnet im übrigen in gleicher Weise den schöpferischen Entstehungsprozeß mathematischer, logischer oder naturwissenschaftlicher Theorien. Wäre deren Erkenntnisfortschritt „programmiert", wäre wohl längst ein Vorläufer des Aristoteles' zum Erfinder der formalen Logik avanciert und es hätte nicht beinahe ein Jahrtausend gedauert, ehe sie ihre scholastische Ausweitung erfahren hätte.

Die Beschäftigung mit mathematischen Objekten und der Beweis mathematischer Behauptungen erfordert Setzungen, Vereinbarungen, Annahmen, Fiktionen, Als-ob-Operationen. Erst dann ergibt sich der Sinn mathematischer Sätze. Die Struktur des kreativen Prozesses ist auch der „Logic of Form" von George Spencer-Brown zugrundegelegt: Ausgehend von Schema A setze man hypothetisch eine Differenz und teste, ob sich A nach vereinbarten Ableitungsregeln zu entsprechenden Schemata A', A" usw. differenzieren läßt, die als Theorie bezeichnet werden können.

Unter dem Gesichtspunkt der Fraktalität von Unterscheidungen folgt als Besonderheit systemischer Setzung, daß in der Differenz das Ganze noch enthalten ist oder zumindest nicht aus dem Blick gerät. Die Differenz von System und Umwelt beispielsweise zeigt zwar einen Wechsel der Prozessualität, der Determinationsfähigkeit, des Emergenzniveaus, des Komplexitätsgrades usw. an, aber sie markiert zugleich eine auf dem Wege zirkulärer Referenzialität mitlaufend zur aktuellen Situation hergestellte Einheit.

Hermeneutisches Herangehen unterstellt psychische Konstanten der Strukturwahrnehmung. Diese sind am ehesten durch eine gemeinsame Evolutionsgeschichte garantiert. Damit Verstehen fremder Erlebniszustände Erkenntnis schaffen kann, muß es ein gemeinsames Drittes zwischen zwei an Verständnis interessierten Kommunikationspartnern geben. Ob das gegenseitige Verständnis in Konsens oder Dissens mündet, ist dafür unerheblich. Dieses gemeinsame Dritte ist aus systemischer Sicht weniger der „objektive Geist", der manifeste Ausdruck des Idealtypischen in Geschichte und Kultur, sondern der Rekurs auf eine strukturell ähnliche, existenzielle oder essenzielle Situation. Das verstehende System erlebt dann zwar nicht identisch dieselben Zustände wie das mitteilende System, kann aber interpoietisch Erinnerungen an eigene Erlebnisse in strukturell ähnlicher Situation wachrufen oder imaginativ entwickeln. Es müssen keine eidetischen Formen herhalten, um intersubjektive Nachvollziehbarkeit zu ermöglichen. Im Rahmen fraktaler Selbstähnlichkeit können Gestaltwahrnehmung wie auch Abstraktion als Vergleichsbasis jeweils eigendynamisch durch das verstehende System (re-) produziert werden.

Die axiomatische Methode setzt an die Stelle der natürlichen systemischen Differenzsetzung formallogische Verfahren. Grundsätze, Termini und Regeln, die im spontanen Prozeß oft erst nachfolgend entstehen, werden dem axiomatischen System vorgeschrieben. Damit erhält der Bereich einer axiomatischen Theorie eine wohldefinierte Grenze, innerhalb derer die Bedeutung von Zeichen und die Anwendung von Regeln festgelegt ist. Sukzessives Ausprobieren nach dem Prinzip *trail and error* - Grundlage des natürlichen Erkenntnisgewinns - entfällt. Damit gewinnt das System einerseits freie Kapazität und kann Routine entwickeln. Andererseits verliert es die Fähigkeit, seine Erkenntnismethodik flexibel der Situation anzupassen. Dieser Nachteil wird immer dann bewußt, wenn unvorhergesehene, ja unvorhersehbare Umwelteinflüsse bemerkbar werden und die Grenzregulation des Systems herausfordern.

Klarheit und Strenge der axiomatischen Theorie täuschen nicht darüber hinweg, daß ihre Konstruktion erst möglich ist, wenn Begriffsbildungen einer natürlichen Sprache vorliegen. Der Aufbau axiomatischer Theorien beansprucht metakognitive Prozesse und bedient sich dabei einer anderen als der jeweiligen Objektsprache des Kalküls. Einerseits stützt sich Axiomatik als Systematisierungsgrundlage für emergenzfreie Wissensgebiete auf prä-apriorisch entwickelte Schemata, die, sobald sie bewußt werden, als Dialektik bezeichnet werden können. Wie immer man es nennt - prä-apriorisches Operieren, strukturell-systemische Metakognition, Reflexion oder dialektisches Denken - ohne den Schritt zur formalen Ausdifferenzierung kommt man andererseits über Schemata nicht hinaus.

Insbesondere entsteht ohne Formalisierung keine Handhabe, aus dem Beobachteten auf das Mögliche zu schließen. Diese Unbestimmtheit war es, die die Positivisten nolens volens zur Ablehnung natürlichen Sprechens und dialektischen Philosophierens gebracht hat. In der Folge gelang es ihnen nicht mehr, den kreativen Entstehungsprozeß der eigenen Theorien, also einen essenziellen Teil ihrer selbst, begrifflich zu fassen und sie fielen in den naiven zweidimensional-idealistischen Naturalismus der Korrespondenztheorien zurück. Statt die Existenz evolutionär erworbener prä-apriorischer Schemata und die Funktionalität metakognitiver Prozesse für den Erkenntnisgewinn zu leugnen, besteht die Aufgabe vielmehr darin, den eigendynamischen Anteil des Systems an der Konstruktion konkreter Bewußtseinsinhalte auszuloten. Das heißt, es ist eine Theorie vonnöten, die sowohl zirkuläre Reflexivität als auch Emergenz formal operationsfähig definiert.

Entsprechung zwischen Theorie und Sachverhalt kann es nach positivistischem Verständnis nur auf der Hier-und-Jetzt-Ebene, zwischen Ereignis und Prädiktion geben. Aus diesem Grunde streben Referenztheorien – als wissenschaftstheologisches Ideal der Einzeldisziplinen – meßtechnische Operationalisierungen an. Eine Aussage wird auf einem gegebenen Emergenzniveau als „wahr" definiert, wenn die Bedingungen ihrer Wahrheit entsprechend des gewählten logischen Kalküls erfüllt sind. Die Wahrheitsbedingungen sind identisch mit der Bedeutung der Aussage; Semantik wird operational in Syntax überführt. Indem die Referenztheorie angibt, wie eine Kategorie zu operationalisieren ist, schafft sie Korrespondenzen zwischen Abbild und Sachverhalt. Damit wird jedoch der Zirkel einer ausschließlich semiotischen Interpretation durchbrochen. Axiome können weder nur allein auf einer Emergenzebene des Systems begründet werden noch allein innerhalb von Sprache. Ihre Rechtfertigung muß einen Anschluß zur inhaltlich aufgefaßten Semantik, d.h. zur Umwelt des Systems oder zu existenziellen Systemebenen, herstellen. Die Beziehung zur Umwelt ist Systemen nicht unmittelbar gegeben; um sie zu fassen, sind sie genötigt, aus filternden Übergangsprozessen resultierende, (prä-) symbolisch-essenzielle Vorannahmen zu treffen. Auf ein und derselben Emergenzebene kann das System dann homöomorphe Funktionen ableiten, die Entsprechung zwischen Abbild und Sachverhalt testen, wenn es sich in einer gegebenen Situation dafür interessiert.

Interessanterweise unterscheidet die positivistische Methode trotz formaler Isomorphie (Pleonasmus!) zwischen verschiedenen „Wahrheitsgraden": Strukturell gleichen die Prämissen eines Schlusses den Axiomen einer Theorie, in beiden Fällen werden aus logisch unbewiesenen Vorausannahmen Schlüsse abgeleitet. Während Axiome in jedem Fall innerhalb des Systems als wahr gesetzt werden, gelten Prämissen darin als hypothetisch, im Sinne von: Wenn A, dann B. Erst außerhalb des Systems kommt auch den Axiomen – falls sie nicht tautologisch sind – hypothetischer Charakter zu.

Die absolute Zuverlässigkeit des logischen Operierens besitzt nicht nur wissenschaftstheologischen Wert. Es läßt sich vor allem technologisch nutzen. Zugleich verführt die isolierte Verläßlichkeit widerspruchsfreier Kalküle zu einem Machbarkeitswahn, der die emergenten Abstufungen und die Eigengesetzlichkeit der verschiedenen Systemebenen außer Acht läßt.

Die Husserlsche Phänomenologie will scheinbar das Gegenteil erreichen: Edmund Husserl, Schüler Brentanos, einer der prominentesten Gegner des Psychologismus und der Wissenschaftstheologie der Positivisten verbunden, versuchte das subjektive Moment, das einem Sachverhalt durch die Eigendynamik des Bewußt-Seins zugefügt wird, abzustreifen. Auf diese Weise hoffte er, das Wesen der jeweiligen Sache, einschließlich seiner Mehrdimensionalität, bloßzulegen. Dieses „Wesen der Sache" läßt sich aber nicht mehr als Platonischer εἶδος verstehen, denn die Differenz zwischen der Sache selbst und der Zutat des Bewußt-Seins muß notgedrungen immer mitgedacht werden. Es gibt keine ideale Gestalt der Sache, schon gar nicht, wenn es sich um „Alltagsdinge" handelt. Vielmehr unterliegt die Phänomenologie einer methodischen Abhängigkeit von den Lebenssituationen, durch deren Variation der „Wesenskern" sichtbar wird. Gemeinsam ist der Husserlschen Phänomenologie mit dem logisch-positivistischen Naturalismus die Freiheit von abstrakten Kategorien; es werden Hier-und-Jetzt-Aussagen als Referenzpunkte genommen.[39]

Aus der Gegenüberstellung der dialektisch-differenzsetzenden und der logisch-axiomatischen Methode erwächst, je nachdem welcher Richtung man das Hauptgewicht beimißt, die Konstellation des mittelalterlichen Universalienstreites. Der Versuch, eine Theorie axiomatisch zu etablieren, setzt die Geltung eines Systems von Grundbegriffen als kalkülbezogenen εἶδος voraus und impliziert „Universalienrealismus". Versucht man dagegen essenzielle Begriffe mit Hilfe einer Referenz- oder Korrespondenztheorie über die Sprache hinaus mit empirischen Ereignissen zu verknüpfen, resultiert der „Nominalismus".

Beide Auffassungen widersprechen einander weniger, als es einem logisch-horizontalen Blick auf den Prozeß des Erkenntnisgewinns erscheint. Vielmehr greifen beide Ansätze verschiedene Phasen der Inter-

---

[39] Bereits mit Max Scheler mutierte Husserls logische Methode der phänomenologischen Wesensschau zu einer intuitiven Metaphysik des „Wertproblems" in der Geschichtsbetrachtung.

aktion zwischen abbildender und metakognitiver Tätigkeit des Bewußt-Seins auf, nämlich Abstraktion und Verifikation.

Die Bildung natürlicher Begriffe kann systemtheoretisch als sukzessives Setzen und Testen von Unterschieden beschrieben werden. Konventionell eingeschliffene Begriffsbedeutungen dienen als Ausgangsmuster, sind aber der situativen Modifikation zugänglich. Auf diese Weise kann das System Begriffe entsprechend ihrer spezifischen Verwendung voneinander abgrenzen. Solange das System seine Begriffsverwendung mitlaufend reflektiert und teils unbewußt, teils implizit-situativ korrigiert, kann die Ausdifferenzierung des sprachlichen Ausdrucks als Reaktion auf die grenzregulatorische Wahrnehmung der Umwelt verstanden werden. Indem das System beginnt, metakognitiv zu operieren, indem es aktiv zu denken beginnt, benötigt es begriffliche Abstraktionsebenen, auf denen es die Bewußtseinsinhalte entsprechend seiner essenziellen Interessen synchron kombinieren und rahmen kann. Die begrifflichen Abstraktionsebenen besitzen, wenn sie durch das System metakognitiv genutzt werden, einen emergenten Charakter gegenüber den Wahrnehmungen, Empfindungen und sensorischen Eindrücken des Systems. Das System vervielfacht seine emergente Stratifikation in sich selbst psychisch – es entstehen temporär essenzielle Ebenen, auf die Kommunikation situativ zugreifen kann.

Akzeptiert man die Freiheit und Willkür des Willens, so lassen sich nur noch Bedingungsnormen aufstellen: Wer in einer positivistischen Gemeinde argumentieren will, muß sich den syntaktischen und semantischen Zwängen der Argumentation unterwerfen. Anderenfalls reagiert die Gemeinde aller Erfahrung nach mit den Mitteln physischer Macht in Form von Ausschluß. Physische Abstrafung ist kein Argument gegen die Möglichkeit, nach Belieben irreale Vorstellungen zu entwickeln und zu behaupten, sie seien realistisch. Erst der Versuch des Systems, irreale Vorstellungen zu realisieren, würde fehlschlagen. So ist die Grenzregulation der Ausgangspunkt, zu dem das Bewußt-Sein zurückkehrt. Ebenso wäre es möglich, nach Belieben widersprüchliche Vorstellungen miteinander zu verknüpfen. Daraus mag ansprechende surreale Kunst entstehen, der schwerlich ein tautologischer Charakter unterzuschieben ist. Hätte Herr Wittgenstein doch ab und zu eine Ausstellung von René Magritte besucht.

Die emergente Intention einer Handlung und die Differenziertheit des essenziellen Bewußt-Seins zu ihrer Realisation bestimmen das grenzregulatorische Geschick eines Systems. Daraus resultieren Intensität und Auflöseschärfe, mit denen das System mikrokosmische Sachverhalte erfaßt. Genügt es, Gegenstände und ihre Eigenschaften zu unterscheiden, eignet sich als passende Logik wie im „Tractatus" bereits eine Axiomatik auf Grundlage der Mengenlehre. Reicht diese Unterscheidung nicht, interessiert sich das System beispielsweise für fließende Übergänge, muß es andere logische Formen heranziehen. Die Wahl einer Logik mit passender axiomatischer Struktur richtet sich in mikrokosmischer Entsprechung einerseits nach den semantischen Erfordernissen, die der Objektbereich stellt, andererseits nach dem Anspruchsniveau des Systems hinsichtlich der Auflöseschärfe.

Erst die Entscheidung des Systems, interpoietisch auf den Mikrokosmos oder mikrokosmische Ausschnitte einzuwirken und die Wahl einer logischen Form, die den Zielen und Ansprüchen des Systems gerecht wird, unterwirft die Konsistenz kognitiver Umformungen der Syntax. Rückwirkend kann die Unmöglichkeit, entsprechende Tautologien oder ein Verfahren, welches ihre Gültigkeit beurteilt, zu finden, Bescheidenheit in den Ansprüchen lehren.

Interne Konsistenz meint Korrektheit einer Theorie in sich selbst. Ob sie der intendierten Struktur angemessen ist, muß außerhalb der Logik entschieden werden. Intention des Systems und Struktur der Umwelt können auf pragmatischer Ebene konfrontiert werden. Versucht das System die Angemessenheit seiner grenzregulatorischen Mittel sowohl den Umwelt- als auch den Systemstrukturen entsprechend zu qualifizieren, genügt eine naturalistische Spiegelung der Realität nicht. So bleibt es bezeichnenderweise Aristoteles überlassen, in vorwegnehmender Auseinandersetzung mit dem Positivismus die metakognitive Berechtigung der Philosophie zu behaupten. Denn um zu widerlegen, daß Philosophieren möglich ist, muß man philosophieren. Sätze dieser Art sind nicht extensional aufgefaßt und somit nicht Gegenstand der formalen Logik. In ihnen fallen Wahrheitsbedingung und psychischer Prozeß zusammen.

3.3.3 Wie allgemein ist die „allgemeine Psychologie"?

Weder die Wechselwirkung zwischen Umwelt und System noch die physiologische Konstitution legen *eindeutige* Gedächtnisstrukturen fest. Versucht man umgekehrt zu modellieren, in welcher Art unser Gedächtnis Beziehungen repräsentiert, so zeigt sich, daß ein n-stelliger Prädikatenkalkül – beliebtes Forschungsparadigma der kognitiven Psychologie – zwar ganz verschiedene Möglichkeiten für die Simulation zuläßt, diese aber weit entfernt sind von einer ernstzunehmenden Alltagsvalidität. Bestenfalls kommen derartige „allgemeinpsychologische" Ansätze den Algorithmen klassischer Computerprogrammierung nahe, die mit der Durchsetzung graphischer Programmiermethoden selbst auf dem Gebiet der Informatik an den Rand gedrängt wurden – aus dem tatsächlich allgemeinpsychologischen Grund, daß bildhafte Elemente als archaischere kognitive Verarbeitungsgegenstände wirksamer das abstrakte Denken stimulieren als abstrakte Begriffe selbst. Natürlich kann es nicht Ziel psychologischer Forschung sein, die Algorithmen von Computerprogrammen zu untersuchen. Letztlich geht es um Denkprozesse unter Alltagsbedingungen. Logische Schlüsse nehmen darin einen wichtigen, aber nicht den ausschließlichen Anteil ein.

Mit der Simulation kognitiver Leistungen durch Computer ist prinzipiell das Problem verbunden, daß sie den Forschungsgegenstand unzulässig verkürzt, als würde man die Lebensweise eines Wildtieres außerhalb seines Umweltsystem, etwa in einem Gehege, beobachten. Indem sich der Forscher auf Denotationen einschränkt, gewinnt er den Prädikatenkalkül abstrahierend aus der natursprachlichen Grammatik. Damit läßt sich die Struktur kognitiver Prozesse, z.B. das Fällen einer Entscheidung, bestenfalls dort aufhellen, wo Eigenschaften explizit definiert werden können. Axiome und Operationalisierungen beseitigen den Einfluß des Unbewußten, Intuitiven und Heuristischen. Was für das Ergebnis wissenschaftlicher Forschung gelten soll, Widerspruchsfreiheit gemäß den Regeln des gewählten logischen Kalküls, gilt jedoch nicht für die Praxis der Forschung und noch weniger für den gewöhnlichen Alltag. Die scheinbare Präzision, die sich die allgemeine Psychologie an dieser Stelle erkauft, macht sie unbrauchbar für die Anwendung.

Sobald situative Komplexität und emergente Stratifikation ins Spiel kommen, verliert der Prädikatenkalkül seine Gültigkeit, weil er nicht geeignet ist – weder als Graph noch als Proposition – fraktale Eigenschaften, ihre Übergänge und doppelte Kontingenz darzustellen. Natürliche Sprache mit ihren Anspielungen, Homonymen, Metaphern, semantischen und syntaktischen Unvollständigkeiten, Ausrufen und Modulationsmöglichkeiten läßt sich im kommunikativen Handeln effektiver gebrauchen. Sie erfaßt auch System-Umwelt-Beziehungen – vor allem sozialer Zusammenhänge – treffender als die Logik, beispielsweise in Romanform oder im Theater. Logische Korrektheit kann unter Umständen hinderlich sein. Indem sich die allgemeine Psychologie einem pseudo-naturwissenschaftlichen Duktus verschrieben hat, büßt sie ihre Allgemeingültigkeit ein.

Mit der Computermetapher gerät die allgemeine Psychologie unausweichlich in ein Dilemma: Sollte es eines Tages möglich sein, Computer derart komplex zu bauen oder zu programmieren, daß sie natürliche Gedächtnisstrukturen und Verarbeitungsprozesse adäquat simulieren, so sind die Produkte, obwohl künstlich vom Computer erzeugt, nicht mehr ohne weiteres überblickbar und von einer ähnlich unvorhersehbaren doppelten Kontingenz gekennzeichnet wie soziale Kontakte zwischen Menschen. Wenn die Simulation dagegen auf überschaubare und nachvollziehbare Prozeduren reduziert ist, wird sie der Komplexität des Bewußt-Seins nicht gerecht.[40]

Der anatomische Unterschied zwischen projektiven und assoziativen Verbindungen im Gehirn korrespondiert eigentümlich sowohl mit der Differenz zwischen denotativen und konnotativen bzw. semantischen und episodischen „Einträgen" im Gedächtnis als auch mit der Differenz zwischen fluider und kristalliner Intelligenz. Die weitgehende Beschränkung der „allgemeinen Psychologie" auf denotativ-semantische Inhalte und fluide Intelligenz läßt sich verstehen, wenn überhaupt erst einmal verbindliche Aussagen über das Bewußt-Sein elaboriert werden sollen. Die reduktionistische Strategie geht jedoch nicht auf. Die komplementären Momente kognitiver Verarbeitung können zwar im experimentel-

---

[40] Die Möglichkeit, mit Hilfe intelligenter Technik menschliche Leistungen nachzuahmen, ist vielleicht weniger weit entfernt, als wir glauben. Prinzipiell besteht dazu die Chance, denn auch die Natur konstituiert auf physischer Grundlage emergenten Geist. Warum sollte es dem Homo faber nicht gelingen?

len Paradigma, nicht jedoch in der Person oder in der psychischen Situation aufgespalten werden.

Die alte Grenzfrage zwischen Logik und Psychologie taucht hier wieder auf, diesmal aber von der anderen Seite: An dieser Stelle interessiert nicht, welche psychischen Prozesse und Einstellungen der Logik stillschweigend – evolutionär-apriorisch oder prä-apriorisch – voraussetzt sind, sondern inwiefern hypothetisch als gleichartig angenommene, an der Logik orientierte Verarbeitungsvorgänge Raum für Subjektivität und letztlich kulturelle Unterschiede offen lassen? Provokanter gefragt:

Ist die „allgemeine Psychologie" tatsächlich allgemein, etwa indem sie auf gemeinsame physiologische Funktionen zurückführt, oder muß sie die Unabhängigkeit ihrer Gültigkeit von der jeweiligen Soziokultur erst noch beweisen?

Struktur entsteht bei Luhmann in direkter Folge der Selbstreferenz, die die Grenze zwischen System und Umwelt schafft. Nach diesem Schema gesteht er dem System die weitere Ausdifferenzierung seiner Binnenstruktur zu – jedoch ohne emergente Abstufungen (Luhmann 1984, S. 79). Struktur habe lediglich die Aufgabe, das Operieren des Systems im Sinne seiner Selbsterhaltung, Selbstreferenz usw. zu verkürzen, damit sich „die Beliebigkeit dessen, was als nächstes drankommt" reduziert (Luhmann 1992, S. 130). Sie erscheint nur sinnvoll, solange das System funktioniert. Es zeigt sich jedoch, daß in der Differenz zwischen System und Struktur, indem nicht alle, sondern nur für die jeweilige Situation bedeutsame Züge der Elemente in die Struktur eingehen, scheinbar unerwartete Veränderungen, Mutationen des Systems erkennbar werden; etwa wie eine minimale Änderung jenseits der Meßgenauigkeit Chaos in physikalisch determinierten Systemen erzeugen kann, ohne daß dieser chaotische Prozeß völlig strukturlos geschehen würde.

Gerade das Problem der Meßgenauigkeit hat die empirische Psychologie bislang daran gehindert, den situativen Ansatz weiterzuverfolgen. An zumindest potenzielle Meßbarkeit ist der wissenschaftliche Anspruch der Psychologie geknüpft. Will sie ihm gerecht werden, muß sie sich auf isolierte Persönlichkeits- oder Situationsfaktoren einschränken, die sich jeweils in ihrer Ausprägung erfassen und in ihrem linearen oder nichtlinearen Zusammenhang modellieren lassen. Zirkuläre Wechselwirkungen, die zu qualitativen Veränderungen beitragen, bleiben darin jedoch unberücksichtigt.

3.3.4 Vorannahmen einer Logik der Emergenz

Die Sätze der Neurophysiologie sagen etwas über physikalisch-chemische Prozesse, sie sagen nichts über das Bewußt-Sein. Sie beschreiben, oder sie versuchen zu beschreiben, wie die konstituierenden Prozesse des Bewußt-Sein organisiert sind. Was folgt daraus für den Inhalt der Gedanken? Nichts.

Der Inhalt des Bewußt-Seins ist emergent gegenüber den materiellen Strukturen, die ihn hervorbringen. Sie ermöglichen ihn nicht nur, sondern umgekehrt: er setzt sie in Bewegung. Die Emergenz zwischen Materiellem und Ideellem, zwischen Körper und Geist, veranlaßte Popper (1977) zur partiellen Rettung des Monismus, die Welt triangulär zu teilen in Welt 1 der Physik, Welt 2 der psychischen Zustände und schließlich in Welt 3 des kulturellen sowie gesellschaftlich-historischen Geschehens. Damit wird nicht behauptet, daß diese drei Welten wie Felsblöcke unbeeinflußt nebeneinander stehen. Tatsächlich scheinen sie sich, wenn sie schon nicht dasselbe sind, gegenseitig zu bedingen. Eine Rückführung der Inhalte des Bewußt-Seins auf konstituierende physiologische Prozesse erscheint unmöglich und würde, weil sich Bewußt-Sein selbst bestimmt, nichts bringen. Wir können nicht errechnen, wie wir die Welt erleben. Insofern erscheint die Frage, was Bewußt-Sein ist, trivial: Jeder weiß es, indem er es erlebt.

In emergent stratifizierten Systemen kommt es zwischen den Ebenen nicht auf Wahrheit an, sondern auf die Funktionalität der Übergänge. Wahrheit ist als Entsprechung zwischen existenziellen und essenziellen Ebenen lediglich ein Spezialfall der Effektivität, wenn die wahrheitsgetreue Beschreibung zur Steuerung der konstituierenden Prozesse beiträgt. Sie kann auch hinderlich sein. Wo Witz gefragt ist, wirkt Wahrheitsliebe trocken – oder unzutreffend. Im Einzelfall kann es funktional sinnvoller sein zu lügen, als die Wahrheit zu sagen – diese Erfahrung gehört zum Alltag.

Da paradigmatische Beispiele den Grad der Anwendbarkeit einer Theorie charakterisieren, möchte ich an dieser Stelle nicht nur Bezüge aus der logisch-empirischen Forschung anführen. Diese kümmert sich nur wenig um die Konzeptualisierung des Alltags. Scheinbar selbstverständliche Auffassungen fließen ihr zwar in Form von Plausibilitätsannahmen ein, doch häufig ohne daß es den beteiligten Theoretikern bewußt ist. Eine Passage aus Dostojewskijs „Brüder Karamasow" erhellt an einem harmlosen Fall, in welche Komplikationen die doppelte Kontingenz der Erwartungen im kommunikativen Austausch führen kann und wie hilflos ihnen ein Verfechter des naiven Wahrheitsbegriffes, der an die objektive Existenz des Für-Wahr-Gehaltenen glaubt, gegenüber steht. Lise, ein an den Rollstuhl gefesseltes Mädchen, hatte Aljoscha, einem der drei Karamasow-Brüder, der gerade Novize im Kloster war und von seinem Starez ins Leben geschickt wurde, in einem Brief ihre Liebe gestanden.

> Aljoscha ging zur Tür, öffnete sie ein wenig und meldete, daß niemand horche. „Kommen Sie her, Alexej Fjodorowitsch", fuhr Lise fort, die immer tiefer errötete, „geben Sie mir Ihre Hand, sehen Sie, so. Hören Sie, ich muß Ihnen ein großes Geständnis machen: den gestrigen Brief an Sie habe ich nicht im Scherz geschrieben, sondern im Ernst..." Und sie bedeckte ihre Augen mit der Hand. Man konnte es ihr ansehen, daß sie sich sehr schämte, dieses Geständnis zu machen. Plötzlich ergriff sie seine Hand und küßte sie eilig dreimal.
> „Ach, Lise, das ist doch vortrefflich" rief Aljoscha freudig. „Ich war völlig überzeugt, daß Sie im Ernst geschrieben haben."
> „Überzeugt, man stelle sich das vor!" Sie schob plötzlich seine Hand zurück, ohne sie loszulassen, errötete tief und lachte ein kleines, glückliches Lachen. „Ich habe ihm die Hand geküßt, und er sagt bloß: Das ist doch vortrefflich."
> Aber ihr Vorwurf war unberechtigt: auch Aljoscha war sehr verwirrt.
> „Ich möchte Ihnen immer gefallen, Lise, aber ich weiß nicht, wie ich das machen soll", brachte er mit Mühe und Not hervor und wurde ebenfalls rot.
> „Mein lieber Aljoscha, Sie sind kalt und dreist. Man denke doch nur: er hat geruht, mich zu seiner Frau zu erwählen, und läßt es dabei bewenden! Er war überzeugt, ich hätte ihm im Ernst geschrieben, wie finden Sie das! Aber das ist doch eine Dreistigkeit!"
> „Ist es denn schlimm, daß ich davon überzeugt war?" sagte Aljoscha und lachte auf einmal.
> „Ach, Aljoscha, im Gegenteil, es ist schrecklich gut", entgegnete Lise, die ihn zärtlich und glücklich anblickte. [...] „Sagen Sie, haben Sie vorhin, als ich meinen gestrigen Brief verleugnete, wirklich geglaubt, ich liebte Sie nicht?"
> „Nein, ich habe es nicht geglaubt."
> „Oh, Sie unausstehlicher Mensch, Sie unverbesserlicher!"

„Sehen Sie, ich wußte, daß Sie mich... wahrscheinlich lieben, aber ich tat, als glaubte ich Ihnen, daß Sie mich nicht lieben, um es Ihnen... recht zu machen..."
„Das ist ja noch schlimmer! Schlimmer und zugleich das Beste. Aljoscha, ich liebe Sie schrecklich. Ich hatte mir vorhin, kurz bevor Sie kamen, vorgenommen: Ich werde ihn nach dem gestrigen Brief fragen, und wenn er ihn ruhig hervorzieht und ihn mir gibt - mit so etwas kann man bei ihm immer rechnen -, so bedeutet das, daß er mich überhaupt nicht liebt, nichts für mich empfindet, sondern einfach ein dummer und nichtswürdiger Junge ist, und dann bin ich verloren. Aber Sie haben den Brief in der Zelle gelassen, und das hat mir Mut gemacht: nicht wahr, Sie haben ihn in der Zelle gelassen, weil Sie ahnten, daß ich ihn zurückverlangen würde, also um ihn nicht abgeben zu müssen. Ist es so? Es ist doch so?"
„Ach, Lise, es ist gar nicht so, ich habe den Brief auch jetzt bei mir und hatte ihn auch vorhin bei mir, hier in dieser Tasche, hier ist er!"
Aljoscha holte lachend den Brief hervor und zeigte ihn von weitem.
„Nur gebe ich ihn Ihnen nicht, Sie dürfen ihn nur so in meinen Händen ansehen."
„Wie? Sie haben also vorhin gelogen? Sie, ein Mönch, und gelogen?"
„Mag sein", Aljoscha lachte wieder. „Ich habe gelogen, um den Brief nicht zurückgeben zu müssen. Er ist mir sehr teuer", fügte er plötzlich tief bewegt hinzu und wurde von neuem rot, „und auf ewig, ich werde ihn niemandem geben!"
Lise sah ihn entzückt an.
(Dostojewskij 1879/80, S. 294 ff.)

Da jede emergente Ebene ihre spezifische Eigengesetzlichkeit besitzt, ist sie damit auch durch ihren eigenen Wahrheitsbegriff charakterisiert - im allerweitesten Sinn, bis hin zur Aufhebung der Wahrheit. Im kommunikativen Austausch zweier Personen können die Ebenen und mit ihr die Wahrheits- oder Funktionalitätskriterien von Schritt zu Schritt wechseln. Damit entsteht jene Komplexität des Alltags, die mit Schemata der herkömmlichen zweiwertigen Logik nicht faßbar sind.

Was George Spencer-Brown (1969, S. XXII) in Analogie zu den komplexen Zahlen als „imaginären Wahrheitswert" apostrophiert, umfaßt im besten Falle einen Bruchteil der möglichen Verhältnisse zweier emergenter Ebenen. Dabei rückt Spencer-Browns (1969, S. 67) pragmatischer Ansatz, Anweisungen oder Aufforderungen im Vergleich zu Beschreibungen als ursprünglicher anzusehen, das Primat eines umfassenderen handlungsleitenden Begriffes als „Wahrheit" bereits in greifbare Nähe. Spencer-Brown bleibt jedoch rhetorisch. Der Wissenschaftstheologie verhaftet, sucht er entsprechend den Spielregeln Aristotelischen Argumentierens nach einer Lösung des selbstbezüglichen Paradoxons jenseits der Whitehead-Russellschen Typentheorie und legitimiert selbstwidersprüchliche Aussagen, indem er ihnen eine neue Klasse von Wahrheitswerten zuordnet. Konventionell erscheint sein Diktum, imaginäre Punkte seien unbestimmt im Raum, aber real in der Zeit.[41] Insgesamt läßt er den Wahrheitsbegriff und den mit ihm verbundenen Abbildungswunsch nicht hinter sich, sondern rehabilitiert lediglich das Mystische. *Effektiv* schließt sich Spencer-Brown vom wissenschaftlichen Diskurs aus, indem er die Reichweite der Wissenschaft zu erweitern sucht – darin besteht sein persönliches Paradox. Denn auch sein Umgang mit Alltagsaussagen ufert ins Mystisch-Umfassende aus. Er übersieht die Schönheit der naheliegenden Komplexität, die wie ein Tanz zur Annäherung, zum Ausspielen der Klaviatur, geschaffen ist, um schließlich zu Einfachheit, Vertrauenswürdigkeit und Verläßlichkeit vorzudringen. Wie wenig wirksam Spencer-Browns Konzept in Liebesangelegenheiten war, dokumentiert sein armseliges Buch „Dieses Spiel geht nur zu zweit" (1971).

Entsprechung im Sinne von Identität oder auch nur Isomorphie kann es zwischen Ebenen, wenn Emergenz im Spiel ist, nicht geben. Bestenfalls an den Nahtstellen der Ebenen, an Berührungspunkten, in einem gewählten Rahmen oder einer interpoietischen Wirksprache werden Signale genutzt, die über die emergente Abstufung hinweg übersetzen. Hier auf Wahrheit im Sinne der traditionellen Logik zu insistieren, hieße das System seiner Lebensfähigkeit zu berauben.

Funktionalität markiert das Minimum der Paßfähigkeit zwischen den Ebenen und wird durch ritualförmige Übergänge hergestellt. Indem *Effektivität* die Veränderung der Funktionalität anzeigt, dient sie als ihr Maßstab. Entsprechung und Wahrhaftigkeit sind die älteren Schwestern der Wahrheit. Wahrheit resultiert aus dem Vergleich der Strukturen zweier Ebenen, man mag sie Sein und Bewußt-Sein oder anders nennen. Doch das Bewußt-Sein ist aufgrund seiner Eigendynamik nicht an Wahrheit, d.h. identische Reduplikation des empirisch Seienden gebunden, sondern frei zur Erfindung, Phantasie, Konstrukti-

---

[41] Konventionell insofern, als Spencer-Brown zu Beginn seines Kalküls heuristisch von Teilungen des Raums ausgeht und die Zeitdimension erst an späterer Stelle Eingang findet. Man könnte genauso gut umgekehrt beginnen.

on. Es war keineswegs ein Fehlgriff Platons, sich den Ideenhimmel als Projektionsschirm vorzustellen, auf dem sich die Welt virtuell verdoppelt – eine Metapher, die zu den prä-apriorischen Voraussetzungen zählt für den zweiwertigen Wahrheitsbegriff. Vielmehr die Einschränkung, daß es für Platon und den mit ihm begründeten naturwissenschaftlichen Idealismus nur zwei Ebenen gab, hemmte die weitere Theorieentwicklung. Hinzu trat die verschärfende Annahme, daß sich die Ebene des Bewußt-Seins durch größere Flüssigkeit auszeichne und daher einseitig an die Ebene des Seins anzupassen sei, um diese abzubilden.

Vico's Paradoxon (1725/1744), daß der Mensch sowohl Erzeuger als auch Produkt seiner Geschichte sei, klärt sich auf mit der Annahme der doppelten Emergenzabstufung, die die menschliche Existenz charakterisiert und *wenigstens drei* Ebenen voraussetzt. Aus Sicht der konstituierenden Prozesse bringt der Mensch die Geschichte hervor, von der emergenten Ebene der Gesellschaft her ist er ihr – mitsamt seines Körpers – unterworfen. Das Paradoxon entschärft sich mit Einführung der vertikalen Perspektive, die sich formal in der Einführung von Indices für die beteiligten Emergenzebenen ausdrückt. Die Beziehung des Menschen zur Geschichte ist zwar zirkulär, doch Eingang und Ausgang dieser Zirkularität betreffen nicht die gleichen Seinsschichten des Menschen, sondern Ebene 2 (wobei 1 hier in 2 emergent inbegriffen ist) und 3.

Die Indicierung der Ebenen, von Popper auf drei veranschlagt, läßt sich jedoch mit beliebiger Genauigkeit der Betrachungsebene verfeinern. Die ursprünglich geometrische Idee der Fraktalität (Mandelbrot 1977) differenziert die Vorstellung von Ebenen in letztlich infinitesimale strukturerhaltende Ereignis-„Bausteine". Mit ihrer Hilfe können auch minimale Sequenzen des Alltags in eine vergröbernde, aufs Wesentliche lenkende strukturalistische Begrifflichkeit gebracht werden. An dieser Stelle spreche ich der Einfachheit halber weiterhin von „Schichten" oder „Ebenen". Zur Konstruktion eines formalen Kalküls wende ich dann im nächsten Abschnitt die Fraktalitäts-Idee auf die systemische Beschreibung von Alltagssituationen an.

Es dreht sich im Alltag – selbst im Alltag der Gerichte, die ihren sehr eigenen Begriff von Wahrheit und eine quasi-demokratische Verhandlungsmethodik zu ihrer Bestimmung abgegrenzt haben – nur selten um Wahrheit im logisch-empirischen Sinne, also um Abbildungsidentität oder um Isomorphie. Vielmehr kommt es auf die Zuverlässigkeit von Absprachen an, die Wirksamkeit von Handlungen usw. Die traditionelle wissenschaftliche Sprache ist aber auf die Beurteilung des Wahrheitsgehaltes unter syntaktischem Gesichtspunkt ausgerichtet. Daher eignet sie sich zur Beschreibung von Alltagssituationen nur wenig. Humanwissenschaften, die sich ohne auf die Besonderheiten ihres „Gegenstandes" zu berücksichtigen, den naturwissenschaftlichen Wahrheitsbegriff aneignen, verlieren das Eigentliche, das sie interessiert, aus den Augen. Es müssen Alternativen, unabhängige Bewertungsmaßstäbe gefunden werden. Übereinstimmung kann nur auf der metakognitiven Ebene Maßstab bleiben, in der Beschreibung des Alltags werden andere als die sprachlichen Mittel der Naturwissenschaft benötigt.

Emergenz als Phänomen der Reflexion über Wissenschaft weist offenbar auf ein *Extensionalitäts-Intensionalitäts-Dilemma* der Theorienbildung. Das Dilemma oder Mißverhältnis von Extensionalität und Intensionalität begründet, weshalb die traditionelle Logik in den Geistes- und Sozialwissenschaften nicht ausreicht oder nicht einmal anwendbar ist (obwohl sie weiterhin unreflektiert genutzt wird). Historisch betrachtet hat sich die formale Logik, ausgehend von den genialen, metaphysisch kommentierten Entwürfen Aristoteles', zunehmend am Vorbild der Mathematik orientiert. Sie eignet sich vorrangig für Gebiete, die sich innerhalb eines Emergenzniveaus mathematisch darstellen lassen. In geradezu märchenhaftem Duktus erklärt Kurt Lewin die Qualität des Formalismus zum Reifekennzeichen der Psychologie. Das Dilemma besteht jedoch darin, daß in einer Wissenschaft, die selbst zum Gegenstand angehört, dem sie sich widmet, formale Strukturtypen deutlicher vom empirischen Erkenntnisstand abhängen als in den klassischen Naturwissenschaften.

> „Enthusiasmus für Theorien? Ja! Die Psychologie bedarf solcher Begeisterung. Es entsteht jedoch ein leerer Formalismus, wenn wir vergessen, daß Mathematisierung und Formalisierung nur so weit vorangetrieben werden sollten, wie es die Reife des bearbeiteten Materials im Augenblick zuläßt... Für den Psychologen als Erfahrungswissenschaftler sehen die Dinge recht anders aus. Er findet sich inmitten eines reichen und unermeßlichen Landes voll seltsamer Geschehnisse: Menschen geben sich selbst den Tod; ein Kind spielt; ein anderes formt die Lippen und versucht sein erstes Wort; ein Verliebter, im Leiden gefangen, will oder kann keinen Ausweg finden; es gibt

einen geheimnisvollen Zustand, den man Hypnose nennt, in dem der Wille eines Menschen einen anderen zu lenken scheint; man strebt nach höheren und schwierigeren Zielen; Loyalität einer Gemeinschaft; Träumen; Planen; Welterforschen – und so ohne Ende... Einmal muß die Psychologie die Formalisierung zustande bringen, soll eine anerkannte Wissenschaft aus ihr werden; die Psychologie kann und muß jetzt bestimmte Schritte in dieser Richtung beginnen. Doch werden sich der verheißungsvolle Beginn und das wachsende Interesse in das Unternehmen bald in Enttäuschung wandeln, wenn wir nicht gewisse, zum Teil aus den neuesten Entwicklungen der Philosophie und Logik offenbar gewordene Gefahren freimütig diskutieren und zu vermeiden suchen." (Kurt Lewin 1940, S. 41-44)

Kurt Lewins „Feldtheorie" gewinnt ihren Formalismus nach physikalischem und vektorgeometrischem Vorbild. Hier kommt es zu seltsam anmutenden Formulierungen, beispielsweise die Person besitze hinsichtlich ihrer inneren Spannungszustände einen „mittleren Grad von Flüssigkeit".

> „Es leuchtet ein, daß dieser Flüssigkeitsgrad sowohl von Person zu Person wie auch für dieselbe Person von Situation zu Situation variieren kann." (Kurt Lewin 1940, S. 52)

Zweifellos ist es wichtig, die Frage zu diskutieren, welche Variablenart psychische Größen verkörpern, ob es sich bei ihnen um Skalare, Vektoren oder Tensoren handelt[42] – ein Gesichtspunkt, den gerade der sich als naturwissenschaftlich selbstmißverstehende „Behaviorismus" eklatant vernachlässigt. Die physikalische Metapher Kurt Lewins geht jedoch zu weit, wenn sie Denkmodelle der phänomenologischen Thermodynamik auf die Psychologie überträgt. Immerhin kann die theoretische Physik bis in die Gegenwart hinein als die am weitesten formalisierte Wissenschaft gelten. Dieser Erfolg ist vor allem einer wechselseitigen Kooperation mit der Mathematik und der Logik zu verdanken. Die Mathematik hat nicht nur ihre im Elfenbeinturm elaborierten Sätze der Physik zur Verfügung gestellt, sondern umgekehrt inspirierten die theoretischen Herausforderungen physikalischer Probleme die Mathematik zur Weiterentwicklung.

Von der Psychologie ist bislang nur ein schwacher Impuls in Richtung Mathematik ausgegangen. Sie begnügt sich zumeist mit der Nut-

---

[42] Einen Mittelweg beschreibt die Statistik: Sie extrahiert aus zahlenmäßig komplexen Zusammenhängen operationale Kennwerte, von denen man hofft, daß sie phänomenologisch aussagekräftig sind.

zung von statistischen Methoden, die ursprünglich für andere Fächer entwickelt wurden. Im hier diskutierten Zusammenhang wäre nach einer Logik zu fragen, die ihrer Struktur nach zum intendierten Sachverhalt – psychosozialen Zusammenhängen – paßt. Herkömmliche logische Kalküle können nicht ohne weiteres in Theorien angewandt werden, die mehrere Emergenzstufen behandeln. Sie müssen zwangsläufig wesentliche Dimensionen des Gesamtkomplexes von der Betrachtung ausschließen. Auf welche Weise kann die Logik dahin gebracht werden, diese Lücke zu füllen? Ausgehend vom inhaltlich skizzierten Aufbau emergent stratifizierter Systeme, besteht die Aufgabe nun darin, ihre Strukturgrößen zu formalisieren:

1. die zirkulär-referenzielle Behauptung des Gesamtsystems in unterschiedlichen Umweltkontexten, symbolisiert durch das Abgrenzungs-Zeichen „|", das bei der Ausfüllung mit Variablen „a|b" soviel bedeutet wie „b aus der Sicht von a";
2. das Zusammenwirken der konstituierenden Prozesse und der emergenten Ebene des Systems, aus dem seine Eigendynamik resultiert, dargestellt durch das Synergie-Zeichen „$\oplus$"; es deutet nicht einfache Addition der Prozesse an, sondern das Erzeugen von Eigengesetzlichkeit, worin diese im konkreten Fall auch immer bestehen mag; Synergie ist zugleich Ausdruck der Fraktalität des Ganzen; nicht nur die zur Plattitüde verkommene Auffassung, das Ganze sei mehr als die Summe der Teile, kennzeichnet die Operationsweise des $\oplus$-Zeichens, sondern auch die fraktale Selbstähnlichkeit, daß im Teil die Struktur des Ganzen enthalten ist; erst beide Operationsrichtungen zusammen beschreiben die Dialektik der Emergenz vollständig;
3. Klammern markieren die interne Abgrenzung von Subsystemen; eingeklammerte Konstituenten entfalten für sich genommen synergetische Eigendynamik, die wiederum konstituierend in das Gesamtsystem einfließt;
4. der Übergang zwischen Emergenzebenen, der den Anschluß und zugleich die Abgrenzung zwischen den Eigengesetzlichkeiten der beiden Ebenen beschreibt, wird symbolisiert durch wechselnde Indices, beispielsweise i und $i+1$ oder j und $j+1$, so daß die logischen Paradoxien der Selbstrückbezüglichkeit, die im Rahmen

der herkömmlichen horizontal-funktionalen Sichtweise entstehen, vermieden werden.

Einzelheiten des vorgeschlagenen Herangehens auszuführen und den Entwurf einer „Logik der Emergenz" auf das strukturelle Verstehen von Alltagssituationen psychischer Systeme anzuwenden, ist die Aufgabe der nächsten Abschnitte.

3.4 Entwicklungskontexte der personalen Identität

3.4.1 Logische und psychische Identität

Analytisch gesehen, beschreibt Identität die Übereinstimmung mit sich selbst im Sinne der Formel „x=x". Damit ist, wie auch der junge Wittgenstein im Tractatus festgestellt hat, nichts gesagt und nichts gewonnen als eine Tautologie. Bereits Hegel scheint die inhaltliche Leere der axiomatischen Logik gespürt zu haben.

> „Wenn nämlich z.B. auf die Frage: was ist eine Pflanze? die Antwort gegeben wird: eine Pflanze ist eine – Pflanze, so wird an der Wahrheit eines solchen Satzes von der ganzen Gesellschaft, an der sie erprobt wird, zugleich zugegeben, und zugleich einstimmig gesagt werden, daß damit Nichts gesagt ist... Wenn einer den Mund aufthut, und anzugeben verspricht, was Gott sey, nämlich Gott sey – Gott, so findet sich die Erwartung getäuscht, denn sie sah einer verschiedenen Bestimmung entgegen; und wenn dieser Satz absolute Wahrheit ist, wird solche absolute Rednerei für gering geachtet; es wird nichts für langweiliger und lästiger gehalten werden, als eine nur dasselbe wiederkäuende Unterhaltung, als solches Reden, das doch Wahrheit seyn soll." (Hegel 1812, S. 513)

Nichtsdestotrotz kann die grammatische Konstruktion „x=x" semantische Botschaften transportieren, wenn sie in Bezug auf einen deutbaren Kontext gelesen wird. Ein berühmtes Beispiel dafür ist das Gedicht Gertrude Steins „A rose is a rose is a rose is a rose."[43] Hier wird der formal-tautologische Eindruck kommunikativ als Aufmerksamkeitsfokus und poetisches Prinzip genutzt, so daß sich der Hörer zunächst instinktiv fragt, ob die Dichterin überhaupt etwas sagen will. Möglicher-

---

[43] Kommentar aus logischer Sicht bei Günter Schulte (1986, S. 13), doch es scheint, als bliebe die konnotativ-pragmatische Intention Gertrude Steins hier unverstanden, vgl. Niklas Luhmann (1987, S. 170)

weise bricht er an dieser Stelle ab und hält den Text für unverständlich. Erst die von konnotativen Assoziationen, nicht von der logisch-syntaktischen Struktur angeregte Vorstellung einer Rose, die man nicht zerpflücken muß, um sie schön zu finden, eröffnet den Blick auf den Inhalt der Aussage und ihre Radikalität – gerade im Hinblick auf das analytische Vorgehen.

Wer sich an einer formallogischen Axiomatik festbeißt, hat keine Gelegenheit, nichtssagendem Wiederkäuen auszuweichen. Daher plusterte Hegel die analytische Identität vorbeugend zu einer dreistufigen dialektischen Konstruktion auf. Eigentlich bleibt aber unklar, woher er die vorgeschlagene Operationalisierung nimmt. Auch der sophistische Trick, am Ende des Dreischritts wieder zum Ausgangspunkt zurückzukehren, kann weder den Logiker noch den Empiriker zufriedenstellen.

> „Das Wesen ist zuerst einfache Beziehung auf sich selbst; reine Identität. Dieß ist seine Bestimmung, nach der es vielmehr Bestimmungslosigkeit ist. Zweitens die eigentliche Bestimmung ist der Unterschied, die Verschiedenheit überhaupt; theils aber als entgegengesetzte Verschiedenheit oder als Gegensatz. Drittens als Widerspruch reflektirt sich der Gegensatz in sich selbst und geht in seinen Grund zurück." (Hegel 1812, S. 505)

Hier wird der ursprünglichen Formel

$$x = x \qquad (1.1)$$

mit quasi-mathematischer Überlegung lediglich eine „nahrhafte Null" der Form

$$x = x + (e - e) \qquad (1.2)$$

hinzuaddiert und im Anschluß wieder gestrichen

$$x = x \qquad (1.1')$$

Unausgesprochen, nur anhand der anthropomorphen Form der Hegelschen Ontologie erkennbar, suggeriert die zitierte Passage eine Gleichsetzung der psychischen und der analytischen Identität. Hegel stellt sich nach analytischem Muster den Erwerb der Identität idealtypisch vor, indem er den Ausgangspunkt als Entdeckung der Bestimmung in sich selbst beschreibt. Strenggenommen ist von Erwerb und Entstehung der Identität keine Rede – ihr Vorhandensein wird einfach vorausgesetzt. Psychische Systeme entwickeln aber ihre Identität nicht von einem Tag auf den anderen, sondern im Laufe eines komplexen, von emergenten physischen und sozialen Ebenen her beeinflußten Prozesses.

Erst das Resultat läßt sich als Bewußt-Sein der Selbstwirksamkeit auffassen, wobei der Tendenz des Bewußt-Seins zum Verdinglichen auch die „Identität" subsumiert wird. Identität erscheint dann als abstrakte Einheit der in einem bestimmten situativen Kontext zusammenwirkenden Elemente des psychischen Systems. Man könnte auch sagen, psychische Identität ist, was eine Person von sich selbst bewußtermaßen in eine Situation einbringt, sei es um sich ihr anzupassen, sei es, um sie zu gestalten. Damit ist impliziert, daß die Identität mit der aktuellen Situation wechseln kann, wenn die Person die Anteile, die sie zur Geltung bringt, variiert. Doch die Situation zwingt nicht dazu. Die Person hat die Freiheit, sich auf ihre „Identität" zu berufen und neue Rollen abzulehnen. An dieser Stelle taucht die Frage auf, ob sich die „Identität" als Selbstbestimmung der personalen Grenzen auf die situative Variabilität beschränkt oder ob es sich lohnt, nach tieferen Wurzeln der Identität zu graben.

Die Einführung der Zeitdimension in die Betrachtung verändert nachhaltig die Sicht auf die Bestimmungsmomente von Identität. Formal gesehen, mutiert die tautologische Gleichung „$x=x$" zum Schema

$$x(t_2) = x(t_1) \tag{1.3}$$

das nach Herakliteischem Diktum nicht mehr als tautologisch angesehen werden kann, wenn es sich bei t_1 und t_2 um zwei verschiedene Zeitpunkte handelt. Für psychische Systeme sind in diesem Zusammenhang zwei Fragen von besonderer Bedeutung. Erstens: Wie stellt die Person ihre Identität über den Zeitverlauf fest, d.h. mit welchen „Meßinstrumenten" ermittelt sie ihre Identität und wie genau ist diese Messung? Zweitens: In welchem Maße sind Veränderungen des identisch Empfundenen tolerierbar oder sogar erwünscht? Entspricht dem analytischen ein psychisches Gleichheitszeichen oder ist darin vielmehr eine wohlmeinende Abstraktion zu sehen? Will man die Modifikation der

Identität in einfachster Form in Rechnung stellen, muß die Identitätsformel (3) um eine Entwicklungsvariable erweitert werden:

$$x(t_2) = x(t_1) + e \tag{1.4}$$

Es läßt sich fragen, ob der Entwicklungsterm e auf empirischer Grundlage, „evolutionär-apriorisch", in strukturell unterschiedene Einflußfaktoren untergliedert werden kann: etwa in Einflüsse, die der Person im Rahmen ihrer situativen Grenzregulation begegnen (s), Einflüsse, die endogen-genetisch programmiert sind (g), sowie last not least zufällige Faktoren (z). Damit erhält die Formel der Identitätsentwicklung folgende Gestalt:

$$x(t_2) = x(t_1) + s + g + z \tag{1.5}$$

Zugegebenermaßen beschreibt dieses Schema – von multiplikativen Zusammenhängen und der eigendynamischen Variabilität der drei erwähnten Einflußfaktoren sei abgesehen – lediglich die Entwicklung zwischen zwei Phasen der Identitätsbildung. Es bestünde keine Hürde, die Formel nach empirischen Einsichten anzureichern und ins Uferlose zu differenzieren. Doch damit würden wir uns an dieser Stelle nur den Blick aufs Wesentliche verstellen. Bedeutsam ist vielmehr die Frage, welche Dynamik die Identitätsentwicklung erfährt, wenn man den hier im Querschnitt betrachteten, in seiner Abfolge gestoppten Prozeß auf eine kontinuierliche Zeitreihe extrapoliert und die Resultate der vorangegangenen Entwicklungsschritte rekursiv einfließen läßt.

3.4.2 Die Fraktalität Hegelscher Aufhebungsprozesse

Der Gedanke, daß sich anfangs lose verteilte Elemente mehr oder weniger sprunghaft zu komplexeren Gebilden verbinden und Eigendynamik entwickeln, ist keineswegs neu. Die Hegelsche Dialektik überspitzt die Lanze des Entwicklungsgedankens insofern, als sie den qualitativen Sprung *innerhalb eines Systems* als Folge eines Widerspruchs veranschlagt, ohne das πάντα ρεῖ der Prozesse in Betracht zu ziehen, die ihn bewirkt haben.

> „Das Sein im Werden, als eins mit dem Nichts, so das Nichts als eins mit dem Sein, sind nur Verschwindende; das Werden fällt durch seinen Widerspruch in sich, in die Einheit, in der beide aufgehoben sind, zusammen; sein

Resultat ist somit das *Dasein*. Das Dasein ist Sein mit einer *Bestimmtheit*, die als unmittelbare oder seiende Bestimmtheit ist, die *Qualität*." (Hegel 1830, §89, §90)

An späterer Stelle fügt Hegel hinzu:

„Das spezifische Quantum ist insofern teils bloßes Quantum, und das Dasein ist einer Vermehrung und Verminderung fähig, ohne daß das Maß, welches insofern eine *Regel* ist, dadurch aufgehoben wird, teils aber ist die Veränderung des Quantums auch eine Veränderung der Qualität. Das *Maßlose* ist zunächst dies Hinausgehen eines Maßes durch seine quantitative Natur über seine Qualitätsbestimmtheit. Da aber das andere quantitative Verhältnis, das Maßlose des ersten, ebensosehr qualitativ ist, so ist das Maßlose gleichfalls ein Maß; welche beiden Übergänge von Qualität in Quantität und von diesem in jene wieder als *unendlicher Progreß* vorgestellt werden können, - als das sich im Maßlosen Aufheben und Wiederherstellen des Maßes." (Hegel 1830, §108, §109)

Was Hegel dem Sein als „metaphysische Definition Gottes" zuschreibt, kann aus heutiger Sicht als Abstraktion aus dem Entwicklungsgang von Natur und Gesellschaft, empirisch also, gewonnen werden. Hier geht es nicht um Detailerkenntnisse der Evolutionsforschung, sondern um die formale Struktur rekursiver Entwicklungsprozesse und wie es möglich ist, daß Identität vielfältigen Beeinflussungen zum Trotz erhalten bleiben kann.

Ausgehend von ihrer mathematischen Form beschreibe ich im folgenden die Struktur rekursiver Entwicklungsprozesse aus systemtheoretischem Blickwinkel, genauer gesagt, aus dem Blickwinkel emergent stratifizierter Systeme. Der Versuch einer weitergehenden, psychologisch interpretierbaren Formalisierung schließt sich an.

Die allgemeine Gestalt rekursiver Funktionen läßt sich schematisch darstellen als:

$$x_{i+1} = y_i = f(x_i) \qquad (2.1)$$

Die Zeitdimension ist hier diskret enthalten, indem man unterstellt, daß zwischen Einsetzen des Argumentes x_i und Ermitteln des Funktionswertes $f(x_i)$ Zeit verstreicht. Ontologisch verstanden steckt hinter dem „Ermitteln des Funktionswertes" ein evolutiver Prozeß, dessen Geschwindigkeit definiert werden kann als:

$$v_e = \Delta x / \Delta t \qquad (2.2)$$

mit $\Delta x = x_{i+1} - x_i$ und $\Delta t = t_{i+1} - t_i$. Vorausgesetzt sei hier, daß sich die betreffende Größe, anhand derer das Fortschreiten des Entwicklungsprozesses erkannt werden soll, operational meßbar ist. Ansonsten ist sich Formel (2.1) nur metaphorisch verstehen. Sie gibt die Struktur rekursiver Prozesse an, die in gewisser Weise die Identität erhalten und zugleich Veränderung zulassen. Mit anderen Worten, x_{i+1} ist noch immer ein x, indem es *strukturell* an derselben Stelle der Gleichung wieder eingesetzt wird, d.h. dieselbe Rolle weiterspielt, wenn es auch hinsichtlich seines Wertes durch die in Δt stattgefundene Veränderung nicht mit x_i identisch sein muß, ja sogar erwartungsgemäß nicht mehr mit x_i identisch ist. An die Stelle der „Identität" tritt, wie hier plausibel geworden ist, bei Anwendung der systemtheoretischen Terminologie der Begriff der „Selbstähnlichkeit", „Beinahe-Übereinstimmung" wie er sowohl im Zusammenhang mit fraktal-geometrischen als auch mit autopoietischen Strukturen diskutiert worden ist (An der Heiden et al. 1985, S. 340).[44]

Wenn im folgenden von „Identität" die Rede ist, meine ich in der Regel nicht die analytische Identität im Sinne absoluter Übereinstimmung, sondern psychische Identität, die sich in Analogie zur Selbstähnlichkeit als ungefähre Identität oder, psychologisch genauer als strukturelle bzw. Rollenidentität auffassen läßt.[45] Was für den Identitätsbegriff gilt, betrifft im übrigen gleichermaßen die Zeit: Der Extremfall vollkommener Übereinstimmung (der nicht ausgeschlossen, aber unwahrscheinlich ist) diffundiert in Selbstähnlichkeit, d.h. die Vorstellung von Zyklen, die sinusförmig zur Selbsterneuerung autopoietischer Systeme führen, löst sich in mehr oder weniger regelmäßige Rhythmen

---

[44] Wittgenstein (1953) spricht von „Familienähnlichkeit". Auch hiermit ist gemeint, daß zwei „Dinge" zwar nicht identisch, aber durch einen gemeinsamen Stammbaum der Möglichkeiten miteinander verbunden sind.

[45] Der Begriff der Rolle setzt das Vorhandensein sozialer Systeme auf der nächsten Emergenzebene voraus. Da ich hier die Strategie verfolge, mich der Person als emergent stratifiziertem psychischen System von zwei Richtungen her zu nähern, von der konstituierenden physischen Basis einerseits und den rahmenden sozialen Beziehungen andererseits, kann diese Voraussetzung als erfüllt gelten. Einem Forscher, der dem klassischen Kausalitätsideal der Erklärung von unten her folgt, fehlt diese zweite Bestimmung oder er denunziert sie als teleologisch.

auf, die sich durch dynamische Attraktoren hervorgebracht denken – und mathematisch beschreiben – lassen.

Francisco Varela (1987, S. 127) verwendet die allgemeine Identitätsentwicklungsformel (2.1) in der mathematischen Form einer rekursiven Funktion ohne Indices (2.3). Mag diese Gleichung auf den ersten Blick paradox erscheinen, da hier Argument und Funktionswert gleichgesetzt sind.

$$x = f(x) \tag{2.3}$$

Tatsächlich kann auf diesem Wege Selbstbezüglichkeit paradoxiefrei beschrieben werden. Löst man Gleichung (2.3) nach x auf, erhält man sogenannte Eigenwerte.[46] Jeder kennt derartige Werte aus der Schulmathematik, z.B. in der Gleichung $1 = \sqrt{1}$. Der Umstand, daß die Wurzel aus 1 gleich 1 ist, korrespondiert mit der Tatsache, daß die unendlich oft wiederholte Wurzelziehung bei einem Startwert ungleich 1 in 1 mündet, d.h. der Grenzwert dieser Funktion ist gleich dem Eigenwert. Nun wäre es jedoch ein Irrtum, die Entwicklung einer rekursiven Serie mit dem Eigenwert zu verwechseln. Um den Entwicklungsweg zu beschreiben, sind Indices unerläßlich. Die Eigenwerte markieren Ordnungszustände, die sich als stabil erweisen können, aber keineswegs zwangsläufig stabil sein müssen. Beispielsweise ist 0 ein instabiler Eigenwert der Wurzelfunktion: Die Werte laufen, wendet man die Funktion rekursiv auf sich selbst an, bei der geringsten Abweichung von ihm weg.

Aus der Beschränkung auf Ordnungszustände resultieren Komplikationen, die sich auch im metaphorischen Sprachgebrauch niederschlagen, den die Systemtheorie in Bezug auf die Mathematik der Rekursion eingeübt hat. Varela schreibt dem Term (2.3) zentrale Bedeutung für die Entstehung emergenter Phänomene zu, indem er den *circulus vitiosus*, das Schreckgespenst der Logiker, zu einer fruchtbaren Gelegenheit ummünzt, zu einem *circulus fructuosus* (Varela 1987, S. 127). Auf diese Weise lassen sich *chaotische Prozesse* konstruktivistisch schönreden. Daß stabile *Ordnungszustände* rekursiv durchlaufen und selbst-

---

[46] Die Bezeichnung geht auf David Hilbert zurück, in der chaostheoretischen Literatur ist synonym von „Fixpunkten" die Rede.

organisiert aufrecht erhalten werden, genügt zum Verstehen alltäglicher Ungeordnetheit nicht. Doch fatal wäre es, die Rechtfertigungen, die in diesem Zusammenhang gern mit philosophischem Impetus geäußert werden, mit realen Tatsachen zu verwechseln, wie es auch „radikalen Konstruktivisten" manchmal unterläuft. Maturana (1982, S. 217) verkauft den Konstruktivismus an dieser Stelle unfreiwillig als Realsatire, indem er seine „Bauanleitung" autopoietischer Systeme analog zur Beschreibung einer trivialen Maschine skizziert und sogar für technologisch verwertbar hält.

Als Beispiel für mathematische Rekursion kann die logistische Parabel gelten, die sich als Modell auf zahlreiche natürliche und soziale Systeme anwenden läßt. Gerade in der empirischen Psychologie wird immer wieder betont, ein Zusammenhang beispielsweise zwischen elterlicher Unterstützung für das Kind und dessen Lernverhalten sei nicht linear, sondern „umgekehrt U-förmig". Viele andere Beispiele ließen sich nennen. In der Psychologie dient der Hinweis darauf meist nur dazu, die kritische Reflexion über die Anwendungsberechtigung linearer Modelle wie der Korrelations- oder der Faktorenanalyse anzumahnen (die dann in aller Regel trotzdem für Berechnungen zugrunde gelegt werden). Der umgekehrt U-förmige Verlauf wird gerade durch die logistische Parabel mathematisch beschrieben und hat weitergehende wissenschaftsstrategische Konsequenzen. Das Nachdenken darüber und der Umstand, daß tatsächlich die überwältigende Mehrheit der empirisch-psychologischen Untersuchungen auf nichtlineare Zusammenhänge gestoßen ist, fordert zum Aufbau einer theoretischen Psychologie heraus, die nicht wie der Behaviorismus vor den komplexen Interaktionen der psychischen Systeme kapituliert oder einfach die Augen verschließt. Außer in Teilen der Persönlichkeitspsychologie (z.B. Kuhl 2001) ist dieser Weg bislang unbeschritten geblieben. Naturgemäß ist nicht alles, was eine Theorie behauptet, auch schon empirisch nachgewiesen.[47] Die Aufgabe der Theorie besteht zum einen darin,

---

[47] Es erscheint bedauerlich oder als Spätherbe des Behaviorismus, daß diese Grundtatsache wissenschaftlichen Arbeitens gegenüber wissenschaftspolitischen Entscheidungsträgern in der Psychologie wie etwa Gutachtern oder Herausgebern von Zeitschriften, immer noch nahegebracht werden muß (vgl. Kuhl 2001, S. 9).

bekannte Einzelergebnisse in Zusammenhang zu bringen und zum anderen, das Ableiten von Hypothesen zu ermöglichen.

Zunächst sieht die Dynamik des Funktionsverlaufes der logistischen Parabel sehr einfach aus. Beginnend von einem beliebigen Startwert x_o wird das jeweilige Ergebnis y_i als Argument x_{i+1} wieder in die quadratische Gleichung eingesetzt:

$$x_{i+1} = f(x_i) = r(1 - x_i) x_i \qquad (2.4)$$

Der belgische Soziologe Pierre-François Verhulst führte die logistische Parabel 1838 ein, um das Wachstum von Populationen bei endlichen Ressourcen zu beschreiben.[48] Der Parameter r symbolisiert das Wachstum der Population entsprechend ihrer Umweltressourcen. Beispielsweise läßt sich an Wölfe und Schafe denken. Sind nur wenige Wölfe da, werden sie genügend Schafe zum Fressen finden und sich nahezu exponentiell vermehren. Ab einer bestimmten Größe der Wolfspopulation kippt das Paradies und die Zahl der Wölfe wird im darauffolgenden Jahr wieder geringer sein, so daß die Zahl der Schafe wieder wachsen kann. In dieser Form beschreibt die Parabel einen zyklischen Prozeß, bei dem nach einer gewissen Anzahl n von Iterationen die Anfangszustände wieder eingenommen werden, d.h. es gilt:

$$x^* := x_{i+n} = x_i \qquad (2.5)$$

Die Wiedereintrittsstelle des Zyklus (Orbits) an der Stelle x^* heißt, wie bereits erwähnt, Fixpunkt oder Eigenwert und läßt sich mit den Lösungen $x^{1*} = 0$ und $x^{2*} = 1 - 1/r$ berechnen aus:

$$x^* = r(1 - x^*) x^* \qquad (2.6)$$

Graphisch veranschaulichen läßt sich diese Eigenschaft, indem man in ein Diagramm sowohl die Parabel als auch die Gerade y = x zeichnet.

---

[48] Bei Verhulst hatte die Formel ursprünglich eine integrierte exponentielle Gestalt, nämlich $x(t) = K/[1 + \exp(a - bt)]$. Für die Veranschaulichung der Selbstähnlichkeit in iterativen Prozessen genügt die quadratische Gleichung. Die Bezeichnung „logistisch" kam erst nach 1875 hinzu, als das Militär begann, die Überlegungen zu nutzen.

Die Fixpunkte sind dort an den Schnittpunkten der beiden Linien zu finden.

Soweit erscheint Formel (2.4) leicht überschaubar. May (1976) konnte jedoch eindrucksvoll zeigen, daß sich bei fortgesetzter Iteration vielfältige und überraschend komplexe Phänomene aus einfach erscheinenden mathematischen Formeln entwickeln, die analog zur logistischen Parabel zum einen nichtlinear verlaufen und zum anderen nicht umkehrbar sind. Zunächst ist festzustellen, daß die Werte x_i, unabhängig davon welchen Startwert x_0 man innerhalb des Intervalls von 0 bis 1 wählt, in einen *stabilen Fixpunkt* oder *Attraktor* x^* laufen, der sich genau dort befindet, wo die erste Ableitung von (2.4), also der Anstieg der Kurve, betragsmäßig kleiner eins ist:

$$|f'(x_i) = r(1 - 2x_i)| < 1 \qquad (2.7)$$

Für $x^{2*} = \frac{1}{2}$ läßt sich bei $r = R_1 = 2$ ein stabiler Fixpunkt lokalisieren, dessen Ableitung nicht nur kleiner eins, sondern gleich Null ist und daher *superstabil* genannt wird. Die r-Werte, für die sich ein superstabiler Zyklus ergibt, werden per Konvention mit einem großen R gekennzeichnet.

Die Ableitung (2.7) zeigt, daß es von r abhängt, ob ein Fixpunkt stabil ist oder nicht. Der erste Fixpunkt $x^{1*} = 0$ ist, wie sich leicht ablesen läßt, für alle Werte von r zwischen $0 < r < 1$ stabil. Der zweite Fixpunkt $x^{2*} = 1 - 1/r$ erweist sich dagegen für alle r zwischen $1 < r < 3$ als stabil, denn

$$|r(1 - 2(1 - 1/r))| = |2 - r| < 1 \qquad (2.8)$$

Nun passiert ab einem Wert von $r \geq 3$ etwas Neues: Der Fixpunkt x^{2*} beläuft sich für $r = 3$ auf $2/3$, seine erste Ableitung nimmt den Wert -1 an, d.h. dieser Fixpunkt ist indifferent, er zieht nahegelegene Werte weder an, noch stößt er sie ab. Ab einem $r > 3$ gabelt sich der Fixpunkt auf in einen neuen Zyklus mit doppelter Periodenlänge, der bei einem anderen Wert, nämlich R_2, wiederum zersplittert in einen Zyklus mit der Periode 4. Das Szenario wiederholt sich bei R_3, wo ein Zyklus mit der Periode 8 entsteht usw. - ad infinitum mit 2^n Perioden bei R_n.

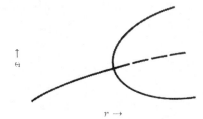

Abbildung 3: Die Heugabel-Bifurkation. Die äußeren Zinken symbolisieren die neuen Entwicklungsverläufe nach einer Bifurkation, die gestrichelte Zinke in der Mitte steht für den inzwischen instabil gewordenen alten Prozeß.

Der Funktionsverlauf verästelt sich bifurkativ. Der Übergang in den nächsten stabilen Zyklus zeichnet sich durch eine Reihe bemerkenswerter Eigenschaften aus, die sich als *asymptotische Selbstähnlichkeit* bezeichnen lassen:

1. die Perioden verdoppeln sich;
2. die geometrische Parabelform wiederholt sich nahezu, aber nicht exakt identisch;
3. die Funktion kehrt ihr Vorzeichen um, d.h. eine Parabel, die ursprünglich nach oben gewölbt war, zeigt ihre Wölbung nun nach unten;
4. die Kurve verkleinert sich in Höhe und Breite nach einem festen Faktor, so daß sie immer feiner und differenzierter erscheint.

Bis hierher scheint die Betrachtung noch überschaubar: Die Funktion nimmt graphisch einen parabelförmigen Verlauf und geht bei rekursiver Anwendung in stabile und superstabile Zyklen mit jeweils doppelter Periode über. Die Periodenverdopplung korrespondiert mit einer Verkleinerung der Amplituden. Mitchell Feigenbaum (1979) schätzte den Skalierungsfaktor beim Übergang von einem stabilen Zyklus R_n zum nächsten stabilen Zyklus R_{n+1} mit Hilfe einer Potenzreihe auf ungefähr -2.5, d.h. die Größe der Parabel nimmt um den Faktor 2.5 beim Übergang in einen neuen Zyklus ab. Die Selbstähnlichkeit der Zyklen und die Verkleinerung der Kurve x infolge der Fraktionierung läßt sich schon anhand der ersten Periodenverdopplung erkennen (Abb. 4).

Auch für den Abstand zwischen zwei stabilen Zyklen mit jeweils doppelter Periode, d.h. für $R_{n+1} - R_n$ läßt sich ein Skalierungsfaktor schätzen. Nach einer Herleitung von Grossmann & Thomae (1977) gilt:

$$\lim_{n \to \infty} (R_{n+1} - R_n) \approx (R_n - R_{n-1}) / \delta \qquad (2.10)$$

In dieser Formel beschreibt $\delta \approx 4.669$ die berühmte Feigenbaum-Konstante, die nicht nur für die logistische Parabel gilt, sondern universell für zahlreiche nichtlineare Funktionen.

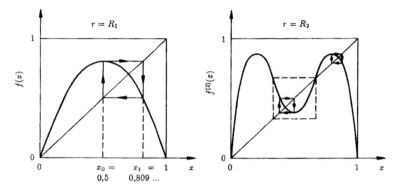

Abbildung 4 (nach Schuster 1984): Die linke Graphik zeigt die quadratische Abbildung für einen superstabilen Zyklus der Periodenlänge 2. Das rechte Bild stellt den Übergang nach einer Rekursion zu einem Zyklus der Periodenlänge 4 dar, wobei sich nicht nur die Periode verdoppelt, sondern innerhalb des gestrichelten Quadrats die ursprüngliche Parabel mit umgekehrtem Vorzeichen selbstähnlich wiederfindet.

Da die Perioden infolge der Verdopplung systematisch kleiner werden, ist klar, daß sich der Übergang in einen nächsten stabilen Zyklus nicht endlos fortsetzt, mit anderen Worten: Läßt man die Zahl stabiler Zyklen, d.h. die Möglichkeit asymptotisch selbstähnlicher Periodenverdopplungen hypothetisch gegen Unendlich fortschreiten, kristallisiert sich ein Grenzwert bei $R_\infty \approx 3.57$ heraus. Jenseits dieses Grenzwertes verhält sich die Funktion in unvorhersehbarer Weise.

Einige r-Werte führen zu stabilen Fixpunkten, für andere existieren dagegen keine stabilen Zyklen, so daß sich Zonen des Chaos und Fenster im Chaos bilden. Die Iterationsergebnisse hängen dabei empfindlich von den Anfangsbedingungen ab. Kleine Abweichungen zu Beginn können durch iterative Verdopplung rasch zu großen Abständen zweier Kurvenpunkte beitragen.[49] Insbesondere lassen sich für instabile Zyklen die zu erwartenden Resultate nicht mehr eindeutig voraussagen, obwohl die Gleichung vollständig determiniert ist. Dieses Phänomen wird als „deterministisches Chaos" bezeichnet.

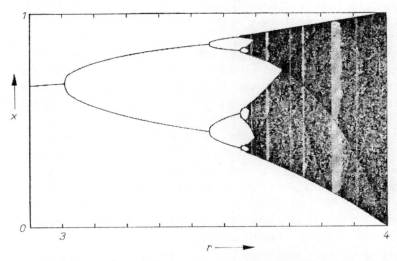

Abbildung 5: Feigenbaum-Diagramm der iterierten logistischen Gleichung. Bei einem Wert von 3 setzt die erste Bifurkation ein, gefolgt von periodenverdoppelnden Bifurkationskaskaden chaotischer Verläufe, die immer wieder von „Wachstumsfenstern" unterbrochen sind, hier besonders deutlich bei einem Wert um 3.83.

Der fraktale Funktionsverlauf, der sich graphisch in Form verschachtelter „Heugabel-Bifurkationen"[50] darstellt, kann heuristisch auch als

---

[49] Dieses Phänomen stellt den „kathartischen" Sinn von Revolutionen, in periodischen Abständen eine zeitweilige Angleichung der Lebensvoraussetzungen herzustellen, in Frage.
[50] Je nach Wahl der Gleichungsparameter und Generatorfunktion ergeben sich aus der Iteration bifurkale Muster in Gestalt von „Apfelmännchen", „Feigenbaum-Diagrammen", „Julia-Mengen", „Kochschen Schneeflocken", „Hilbert-Kurven", „Sier-

Metapher für ontogenetische Reifungsprozesse dienen. Bis zu einem gewissen Stadium verläuft die Entwicklung mehr oder weniger endogen programmiert. Ab einem bestimmten Zeitpunkt ist ein derartiges Komplexitätsniveau erreicht, daß sich zur genetisch programmierten Entwicklung Eigendynamik aufmoduliert. Eigendynamik ermöglicht dem System ein für äußere Beobachter unvorhersehbares, „freies" Agieren. Bei näherem, mikroskopisch vergrößertem Hinsehen entpuppt sich, daß die Strukturen der endogenen und von früh an prägenden Muster strukturell erhalten bleiben, sich selbstähnlich sind, aber in ihrer Dimension und Ausgestaltung verfeinern, so daß sie nach außen mit anderer Gestalt auftreten.

Die selbstähnliche Übertragung von Mustern geht in der Regel mit einem Vorzeichenwechsel vonstatten, d.h. was von der vorhergehenden Generation übernommen wird, findet die nachfolgende Generation oft ersteinmal schlecht (Abgrenzung durch Gegenidentifikation, Gegenabhängigkeit). Auch die numerische Erkenntnis, daß nur bestimmte Startwerte zur Bifurkation – im übertragenen Sinne zu Eigendynamik und relativer Autonomie – führen, besitzt ihr ontogenetisches Analogon: Es müssen zu Beginn und bis zu einem gewissen Zeitpunkt vom Elternsystem wachstumsfördernde Bedingungen (x_o) hergestellt werden, damit sich Selbständigkeit, Selbstwirksamkeit und Selbstbewußtsein durch interne Ausdifferenzierung und Abgrenzung nach außen hin entwickeln können. Metakognition ist keine Selbstverständlichkeit, sondern erscheint in diesem Licht als zwar potenziell im genetischen Programm angelegtes, aber der hinreichenden Anregung bedürftiges Entwicklungsresultat. Eine Schwäche der Analogie ist sicherlich darin zu sehen, daß die einzelnen psychischen Funktionssysteme ihre eigenen Startwerte und Bifurkationspunkte besitzen. Dieser Umstand ließe sich in einem genaueren Modell durch weitere Parameter meistern.

Der von Hegel als spekulativer Ausgangspunkt gewählte Widerspruch des Werdens in sich selbst – daß etwas nur werden kann, was es

---

pinski-Dichtungen", „Minkowski-Würsten", „Drachenkurven", „Schildkröten-Algorithmen", „Arnoldschen Katzen", „Cantorschem Staub", „Lichtenberg-Figuren", „Menger-Schwämmen", „Teufelstreppen", „Brownschem Gebirge" oder ähnlichen Figuren, denen die Mathematiker exotisch anmutende Namen verliehen haben, um von der Singularität der euklidischen Welt auf die Mannigfaltigkeit der natürlichen Fraktionalität hinzulenken.

im Grunde schon ist – löst sich durch die Einführung (mindestens) zweier Erklärungsebenen auf, ähnlich wie sich die selbstreferenziellen Paradoxien in der Russell-Whiteheadschen Typentheorie durch Einführung von einander abgegrenzter Beschreibungsniveaus auflösen. Ein emergentes System birgt Fähigkeiten in sich, die nicht aus den Eigenschaften der konstituierenden Elemente, wenn man sie einzeln betrachtet, erklärbar sind. Damit ist es durchaus sinnvoll – was Konstruktivisten suspekt erscheint –, latente oder potenzielle Eigenschaften zu postulieren. Das Maß, von dem Hegel in Anlehnung an die alte Philosophie spricht, ließe sich als rahmende oder interpoietische Vorgabe von der emergenten Strukturebene aus erklären.

3.4.3 Nichtlinearität und Strukturalismus

Die logistische Parabel stellt eines der einfachsten nichtlinearen Modelle dar und führt zugleich die phantastischen Komplikationen vor Augen, die damit verbunden sind. Interessiert man sich hauptsächlich für qualitative Unterschiede (Eigenschaft 3 der iterierten Funktion im vorhergehenden Abschnitt), also für die Frage, in welche Richtung die nächste Änderung erfolgen wird – damit wäre in den Human- und Sozialwissenschaften beim dortigen Komplexitäts- und Emergenzniveau schon viel erreicht – läßt sich Entwicklung als Abfolge von binären Zeichen darstellen, z.B. „–" und „+", „0" und „1", „rechts" und „links", „oben" und „unten". Eine solche Abfolge der dualen Zeichen wird *symbolische Dynamik* genannt. Die symbolische Dynamik selbstähnlicher Funktionsverläufe weist dem Strukturalismus einen methodischen Sinn zu und begrenzt zugleich seinen Nutzen.

Um in diesem Sinne Entwicklungsreihen aufzustellen, ist eine genaue Kenntnis der Funktion wie auch der sensiblen Parameter nicht notwendig. Voraussetzung für die Gültigkeit der strukturalistischen Prognosen im chaotischen Raum der Möglichkeiten ist die Nichtlinearität der Zusammenhänge, die den Vorzeichenwechsel an den Bifurkationspunkten begründet. Daraus läßt sich für die Beschreibung superstabiler Zyklen eine sehr einfache Konstruktionsregel gewinnen. Wenn eine Periode mit 0 beginnt und im zweiten Durchlauf in 1 übergeht, so ist jede 0 durch eine 1 zu ersetzen, wenn die Anzahl der links von ihr stehenden Einsen gerade ist, ansonsten bleibt die 0 erhalten. Einzeln aufgeführt heißt das:

Zyklus 0:	0
Zyklus 0 → Zyklus 1:	00 → 01
Zyklus 1 → Zyklus 2:	0101 → 0101
Zyklus 2 → Zyklus 3:	01010101 → 01011101
Zyklus 3 → Zyklus 4:	0101110101011101 → 0101111101111101
usw.	

An dieser Darstellung läßt sich sowohl die Periodenverdopplung als auch die hinzukommende Dynamik mit jedem neuen Zyklus ablesen. Die Konstruktionsregel, daß jede gerade Anzahl eines der beiden Symbole zu einem Vorzeichenwechsel führt, steht in einer gewissen Beziehung zur Hegelschen „Negation der Negation", die eine Aufhebung des Ursprünglichen in neuer Qualität beschreibt. Mathematisch wird diese Regel plausibel, wenn man anstelle der willkürlich gewählten 0 eine −1 einsetzt und sich die Umwandlungsvorschrift als Multiplikation vorstellt. Psychologisch entspricht diese Struktur dem Phänomen der doppelten Abgrenzung, die zu einer Wiederholung ähnlicher Muster im Verlauf von zwei Generationen führen kann: Abgrenzung von der Abgrenzung des Vorgängers zieht Ähnlichkeit mit dem Vorvorgänger nach sich. Familiendynamische Implikationen dieser Erkenntnis werde ich weiter unten besprechen.

Die Methode der symbolischen Dynamik läßt sich hervorragend nutzen, um Entwicklungsverläufe qualitativ zu beschreiben – und in ihrer Richtung vorherzusagen. Denn aufgrund der Selbstähnlichkeit, die aus dem systematischen Vorzeichenwechsel resultiert, läßt sich ein Algorithmus ableiten, wie der Wert des m-ten Zeichens x_m im superstabilen Zyklus R_n mit der Periode 2^n *ohne Iteration* berechnet werden kann. Darin liegt zugleich der prognostische Wert der strukturalistischen Beschreibung. Zunächst läßt sich erkennen, daß alle Zeichen, die sich an einer ungeraden Stelle befinden, mit einer 1 besetzt sind, d.h. hier gibt es gar keine Variation (dabei zählt das nullte Zeichen, die anfängliche Null, nicht mit).[51] Nur die Zeichen an gerader Stelle können zwischen 0 und 1 wechseln. Für diese lautet die algorithmische Vorschrift:

---

[51] Der Anschaulichkeit halber möge der Leser in obiger Folge alle Zeichen an gerader Stelle wegstreichen – es bleiben nur Einsen übrig.

$$m = 2^q \cdot k \qquad (2.9)$$

mit: wenn q ungerade, dann $x_m = 0$, ansonsten $x_m = 1$

Mit anderen Worten bedeutet dieser Ausdruck: Zerlege m in eine Potenz q von 2 und einen ungeraden Faktor k. Wenn die resultierende Potenz q ungerade ist, dann wähle das Zeichen 0, wenn q gerade ist, dann die 1.

Statt der eben besprochenen Konstruktionsregel können mit Hilfe der symbolischen Dynamik dualer Zahlenfolgen ebenso andere Verläufe modelliert werden, z.B. die bekannte Morse-Thue-Folge.[52] Auch diese steht in metaphorischer Beziehung zur Hegelschen Dialektik. Axel Thue's Vorschrift bestimmt, daß die Folge im nächsten Zyklus stets um das Komplement des vorangegangenen Zyklus erweitert wird. Bei einer dualen Darstellungsweise gewinnt man das Komplement einfach durch Vertauschung der Zeichen. Daraus ergibt sich für eine willkürlich mit 0 beginnende Folge:

Zyklus 0:   0
Zyklus 1:   01
Zyklus 2:   0110
Zyklus 3:   01101001
Zyklus 4:   0110100110010110
usw.

Die Morse-Thue-Folge besitzt einige bemerkenswerte Eigenschaften: Sie ist in zweifacher Hinsicht selbstähnlich. Zum einen bleibt sie identisch erhalten, wenn man jedes zweite Zeichen wegstreicht. Zum anderen bildet sie sich in sich selbst ab, wenn man jedes zweite Paar benachbarter Zeichen ausläßt.[53] Schließlich ist zu erwähnen, daß sich die

---

[52] Benannt nach dem Norweger Axel Thue (1863–1922) und dem Amerikaner Marston Morse (1892–1977). Thue (1906) erfand die mathematische Konstruktionsvorschrift der Folge, um zu zeigen, daß es rekursiv beschreibbare und dennoch aperiodische Folgen gibt. Morse (1921) erkannte ihren Nutzen für die Beschreibung nichtlinearer Phänomene.
[53] Außerdem entspricht die Morse-Thue-Folge der binären Wurzel der Folge als Dualziffer dargestellten natürlichen Zahlen – auf diese Weise werden wichtige Sym-

eingangs beschriebene Folge der superstabilen Zyklen durch Partialsummenbildung modulo 2 in die Morse-Thue-Folge überführen läßt. Umgekehrt entsteht die Morse-Thue-Folge aus der Folge der superstabilen Zyklen, indem man benachbarte Elemente zu einer Summe modulo 2 zusammenzieht. Philosophisch interpretiert, bedeutet diese gegenseitige Ableitbarkeit, daß die „Gesetze" der Hegelschen Dialektik, der Satz von der Einheit des Widerspruchs (der Komplementaritäten) und der Satz von der Negation der Negation, nicht unabhängig voneinander sind, sondern redundant.

Obwohl die Morse-Thue-Folge nicht periodisch ist, gibt es doch rhythmische Häufungsstellen, d.h. ausgeprägte Verdichtungen und Verdünnungen der beiden Zeichen. Im übrigen läßt sich nach analogem Bauschema eine selbstähnliche Folge konstruieren, die nicht auf dem Binärsystem beruht, sondern auf dem Ternärcode. Insofern erweist sich die Beschränkung auf zwei Symbole, d.h. zwei fundamentale Beschreibungszustände, die nicht nur der Aristotelischen Logik, sondern auch noch der Hegelschen Dialektik zugrunde liegt und von Gotthard Günther (1959) einer deutlichen Kritik unterzogen wurde, als formale Willkür oder Konventionalismus. Mathematisch gesehen sind die Zahlensysteme ineinander transformierbar.

Daher zielt der Vorwurf ins Leere, mit seiner Schwarzweiß-Sicht könne der Strukturalismus nur schematische Beschreibungen liefern, die immer, wenn es konkret wird – wie beispielsweise im Alltag –, zu ungenau seien. Prinzipiell kann mit strukturalistischen Schemata (Pleonasmus!) eine beliebige Genauigkeit erreicht werden, wenn man sie genügend tief verschachtelt. Die Schwierigkeit besteht vielmehr darin, daß jede Genauigkeit unabhängig von der Beobachtungs- oder Meßmethode grundsätzlich endlich ist. Wie geschickt man die Unterscheidungen auch ausdifferenziert, irgendwann muß man aufhören. In komplexen nichtlinearen Systemen können aber kleine Veränderungen gravierende Wirkungen hervorrufen. Diese Veränderungen müssen nicht von außen durch eine sichtbare Ursache hervorgerufen werden, sondern können allein aus der Entwicklung des Systems im Laufe der Zeit resultieren. Mathematisch ausgedrückt, zeichnet sich „Entwicklung"

---

metrieeigenschaften der natürlichen Zahlen sichtbar, die man ihnen sonst nicht ohne weiteres ansehen würde.

durch eine Linksverschiebung der Zeichenkette ab. Die Endlichkeit der Meßgenauigkeit drückt sich dagegen in dem Umstand aus, daß ab einer bestimmten Stelle die weiter rechts liegenden Zeichen unbekannt sind. Die Entwicklung führt nun autonom dazu, daß die unbekannten Zeichen nach links wandern und irgendwann die Steuerung des Systems übernehmen. Dieser Prozeß, in dessen Folge aus vollständig determinierten Regeln unvorhersehbare Zustände erwachsen, läßt sich wiederum beispielhaft an der logistischen Parabel beobachten.

Die Möglichkeit quantitativer Vorhersagen erscheint beim derzeitigen Theorieniveau in den Sozialwissenschaften außer in Simulationsmodellen noch in weiter Ferne zu liegen. Die potenzielle rechnerische Genauigkeit würde in den meisten Fällen durch qualitative Fehler um Größenordnungen in Frage gestellt. Denn es kommt noch häufig vor, daß sich psychische und soziale Systeme in eine Richtung bewegen, die im Vorfeld nicht konzeptualisiert wurde, manchmal auch nicht konzeptualisierbar war. Man versuche nur, mit einiger Genauigkeit geschichtliche Ereignisse vorherzusagen.[54] Daran ändern auch repräsentative deskriptive Statistiken nichts. In den meisten sozialwissenschaftlichen Untersuchungen liegen ihnen lineare Modellannahmen zugrunde, die der Komplexität emergenter Systeme a priori nicht gerecht werden können. Sie haben lediglich als Bestätigungsforschung einen gewissen Sinn: zur Beruhigung der Nerven in Institutionen, wo Entscheidungen getroffen werden müssen, auch wenn Begründungen fehlen.

3.4.4 Die formale Struktur emergent stratifizierter Systeme

Qualitativ ist die symbolische Dynamik der logistischen Bifurkationen bereits beschrieben worden, beispielsweise in der „Schichtentheorie" Nicolai Hartmanns (1932, S. 17, 66 und 80 ff.). Auch Norbert Elias zeichnet ein Bild dialektischer Entwicklung, das dem hier geschilderten Modell qualitativ nahe kommt:

> „Im Laufe eines selbsttätigen, ungeplanten, aber gerichteten Entwicklungsprozesses gehen – unter bestimmten Umständen – aus reversibel und in diesem Sinne relativ locker organisierten Einheiten irreversibel organisierte In-

---

[54] Hätte man beispielsweise im Mai 1989 die Bewohner Osteuropas repräsentativ befragt, ob sie sich den Zusammenbruch der Sowjetunion, des sozialistischen Lagers und den Fall des eisernen Vorhangs innerhalb der kommenden Monate vorstellen könnte, hätte die Mehrheit dies vermutlich verneint.

tegrationseinheiten mit mehr und mehr spezialisierten Teileinheiten und mehr und mehr hierarchisch übereinandergeordneten Integrationszentren hervor. Wenn man in Gedanken von diesen zu jenen fortschreitet, dann entdeckt man, daß die Einheiten, die jeweils eine höhere Integrationsstufe repräsentieren, stufenspezifische Eigentümlichkeiten des Funktionierens und Verhaltens besitzen, die sich nicht auf die Eigentümlichkeiten der zusammensetzenden Teileinheiten niedrigerer Stufe zurückführen, sich nicht allein aus deren Funktions- und Verhaltensweisen erklären lassen, sondern die aus der Eigenart der Konfiguration, die die Teileinheiten niedrigerer Stufe miteinander bilden, erklärt werden müssen." (Elias 1983, S. 200 f.)

Betrachtet man ein System hinsichtlich seines Funktionierens, so lassen sich Teilsysteme als Funktionselemente abstrahieren, die, im Dienste der Selbstreferenz, miteinander fremdreferenziell verknüpft sind. Daraus entsteht das Bild eines horizontal angeordneten Beziehungsmusters. Lenkt man den Blick dagegen auf das Gewordensein des Systems, so fällt die vertikale Abstufung der emergenten Strukturebenen ins Auge. Diesen Vorwurf muß man gegen die soziologische Systemtheorie Luhmanns erheben, daß sie lediglich von einem hohen Turm auf das Agieren der Systeme herabblickt. Aus dieser Höhe erscheinen sie eher kleinformatig flächig oder punktartig, auftauchend und verschwindend, so daß die systemisch-funktionale Bedeutung der Tiefendimension weitgehend unbeachtet bleibt.

Fokussiert man hingegen die vertikale Stratifikation der Systeme, lassen sich, angefangen von physikalisch-chemischen, biologischen und psychischen hin zu sozialen Prozessen, jeweils konstituierende Bedingungen erkennen, die das sichtbare Handeln des Systems ermöglicht und hervorbringt, ohne es zu determinieren. Vielmehr bleibt - zumindest potenziell - der Handlungsspielraum des Systems offen, so daß auf der emergenten Ebene der Entscheidungen jeweils Eigendynamik zum Zuge kommt. Diese Struktur taucht prozeßtransformiert in den einzelnen emergenten Ebenen des Systems erneut auf - in diesem Sinne scheint es einen roten Faden, ein systemisches déjà-vu-Erlebnis oder einen fraktalen Tiefeneffekt zu geben, der sich durch sämtliche Entwicklungsphasen hindurchzieht und in der Schichtung hochentwickelter Systeme manifestiert - mit jeweils eigenen Strukturregeln auf jeder Stufe.

Die aus Komplexität und Differenzierung erwachsende Eigendynamik der emergenten Struktur rahmt mit Zielvorgaben die konstituierenden Prozesse und wird selbst wiederum von der nächsthöheren emergenten Ebene in ihrer Autonomie begrenzt. Aus diesem Grund genießt kein Mensch der Welt absolute Freiheit, sei er nun reich, mächtig, arm oder unabhängig. Immer gibt es soziale Systeme, die den Spielraum von Personen zugleich ermöglichen und einschränken, immer gibt es die biologische und physikalische Ebene, die den Spielraum für Entscheidungen konstituiert und rahmt. Hierarchie ist nicht zu umgehen, da sie bereits in der emergenten Schichtung der psychischen Systeme selbst vorhanden ist, sonst wären sie keine psychischen Systeme (sondern beispielsweise Einzeller).

Zurück zum Versuch der Formalisierung der vertikalen Sichtweise auf emergent stratifizierte Systeme. Zunächst wird der emergente Handlungsspielraum (HS) in der Strukturgleichung als Resultante aus konstituierenden Bedingungen (KB) und der Eigendynamik (ED) des Systems definiert:

$$HS_i = KB_i \oplus ED_i \qquad (3.1)$$

In dieser Definition könnten die Indices ohne weiteres weggelassen werden. Die Entwicklung einer Zeitreihe ist hier noch nicht abzulesen. Die eigentliche Entwicklungsformel lautet:

$$KB_{i+1} = HS_i \qquad (3.2)$$

Daraus ergibt sich

$$\begin{aligned}HS_i = KB_{i+1} &= KB_i \oplus ED_i & (3.3)\\ &= KB_{i-1} \oplus ED_{i-1} \oplus ED_i & (3.4)\\ &= KB_{i-2} \oplus ED_{i-2} \oplus ED_{i-1} \oplus ED_i & (3.5)\\ \text{usw. bis } &= KB_0 \oplus ED_0 \oplus ED_1 \oplus ... \oplus ED_{i-1} \oplus ED_i & (3.6)\end{aligned}$$

Im Grunde genommen stellen (3.1) und (3.2) zusammen nur einen Spezialfall von (2.1) dar, indem für die Funktion f eine Art Addition eingesetzt ist. Die Strukturvariablen sind nicht atomistisch, sondern als funktionale Zusammenfassungen zu verstehen. Sie lassen sich demzufolge im Plural lesen. Uwe An der Heiden (1992, S. 62) greift im Unterschied zu (3.1) und (3.2) die Binnendifferenzierung der Ebenen in Einzelfaktoren auf und gelangt auf diesem Wege zu einem Variablengerüst, das insgesamt durch ein Gleichungssystem berechenbar wird. In den hier angeführten *Strukturgleichungen* ist die mathematische Operation nicht numerisch, sondern metaphorisch gemeint. Das eingekreiste Pluszeichen „$\oplus$" symbolisiert, daß die Einflüsse von zwei Faktoren zusammenfließen und interagieren, d.h. sie können sich nicht nur gegenseitig steigern oder auslöschen, sondern Synergien bilden. Daher ist von Resultante und nicht von Summe die Rede. Ob die eingesetzten Variablen überhaupt angemessen quantifizierbar sind und wenn ja wie, erscheint fraglich.[55]

Ontologisch interpretiert, wissen wir anhand der Entwicklungsreihe (3.6), daß mit KB_0 ein wie auch immer gearteter „fester Grund", eine ursprüngliche Konstellation konstituierender Bedingungen, existiert. Wir wissen aber nicht, woher KB_0 stammt. Ein Mathematiker würde vielleicht antworten, aus der Struktur der natürlichen Zahlen, denn die angeführte Reihe ist eine Konstruktion entsprechend der implizit vorausgesetzten, man könnte auch sagen, „hineingeschmuggelten" Zahlenreihe. Wahrscheinlich wäre der Mathematiker verlegen um eine Antwort, woher die natürlichen Zahlen kommen. Für einen Theologen wäre der Ausdruck KB_0 vielleicht ein Indiz für die Existenz des Schöpfergottes, Aristoteles würde darin ein Zeichen für das Wirken des „ersten Bewegers" erblicken. Der Mathematiker hätte wenig Mittel zur Hand, das Gegenteil zu beweisen – doch er könnte das hier vorgestellte, noch recht grobe Schema differenzieren, gewissermaßen entdigitalisieren, so daß die disjunkten Zeitintervalle zwischen t_i und t_{i+1} sukzessive in ein Kontinuum übergehen, dessen Koordinatenursprung sich durch Verschiebung mitbewegen läßt. In der Folge gäbe es zu jedem, ins Unendlichkleine aufgelösten KB_0 wiederum einen Vorläufer – und zugleich auch feste Struktur in Form materialisierter Grenzwerte.

Das Entwicklungsschema emergent geschichteter Systeme läßt sich veranschaulichen, indem der Zeitstrahl, der bisher im Index i versteckt blieb, räumlich dargestellt wird. Entgegen den ersten Anschein verbirgt sich in diesem Schema keine Mechanik, sondern eine fraktale Struktur, die auf jeder Ebene innerhalb ihres Autonomierahmens vermittels spezifischer Eigendynamik zu neuen Entwicklungen führen kann. Anderer-

---

[55] Mit diesem Thema beschäftigen sich Teil 2 und 3 der Reihe „Konfliktverhalten situativ".

seits weist in jeder Systemgeschichte ein Weg zu den Ausgangsbedingungen und -zuständen zurück, mag er auch verschlungen sein: Ursprüngliches ist, mannigfach modifiziert, kompensiert, sublimiert oder mutiert, in späteren Stadien des Systems weiterhin enthalten. So ist das folgende Bild von unten nach oben zu lesen.

.
.
.

emergenter Spielraum des Systems (Ebene i + 2)
Eigendynamik i + 2
konstituierende Bedingungen i + 2 = Spielraum des Systems i + 1

.

emergenter Spielraum des Systems (Ebene i + 1)
Eigendynamik i + 1
konstituierende Bedingungen i + 1 = Spielraum des Systems i

.

emergenter Spielraum (Ebene i)
Eigendynamik i
konstituierende Bedingungen i = Spielraum des Systems i - 1

.
.
.

Konstituierende Bedingungen und emergenter Spielraum des Systems folgen einer jeweils eigenen Gesetzlichkeit. Aus phylogenetischer Perspektive bestehen Menschen zwar aus Atomen, Molekülen, Zellen und Organen, doch die Gesamtheit der hierarchisch gestuften Elemente reicht nicht aus, um den Spielraum menschlichen Handelns zu erklären. Umgekehrt bilden die aus eigendynamischer Autonomie resultierenden, „komplexen" Fähigkeiten, des Denkens oder Sprechens, keine Beschreibungsmerkmale der konstituierenden Prozesse. Ihre Ausweitung auf diese Ebene mündet im Animismus.

Aus ontogenetischer Sicht erklären sich zahlreiche „mystische" Erlebnisse oder soghaft unbewußte Handlungsmuster aus dem prägenden Einfluß nichtsprachlicher Kindheitserfahrungen – z.B. der taktilen Erfahrung der mütterlichen Brust – die im Gedächtnis als ältere und daher wirksamere „Spuren" erhalten bleiben, ohne auf die Ebene des sprachlichen Bewußt-Seins zu gelangen.

Die wechselseitige Unabhängigkeit der emergenten Ebenen gilt jedoch nicht unumschränkt. Es gibt Funktionen, die emergente Strukurebenen durchstoßen. Basale Regeln wirken über alle Ebenen fort (so gehorchen auch organische Körper den Fallgesetzen), jedoch: Sie erklären immer weniger, weil die konstituierenden Bedingungen zirkulärreferenziell gerahmt, vom System, soweit möglich, eigendynamisch genutzt werden.[56] So entstehen auf der Ebene des emergenten Spielraums Inhalte, die eine nach unten nicht reduzierbare Typik erlangen, aber beim Übergang in die nächste Strukturebene vom emergenten System selbst überformt und gerahmt werden. Obwohl biologische Systeme Eigendynamik gegenüber physikalischen Vorgängen entwickeln, muß der menschliche Organismus dem emergenten Wollen des Subjekts Folge leisten, solange er nicht in seiner konstituierenden Autonomie überstrapaziert wird.

Die fraktale Struktur von Entwicklungsprozessen erlaubt es, das obige Schema als Vergrößerungsglas in verschiedenerlei Richtung anzusetzen. Zum einen läßt sich auf diese Weise, wie angedeutet, der Aufbau emergent stratifizierter Systeme aus evolutionärer Sicht verstehen. Dies kann als Makroperspektive bezeichnet werden, denn der Einzelne hat keine Chance, ihr zu entkommen. Auf der anderen Seite können auch Mikroprozesse der Ablösung sowie des Umgangs mit wechselnden Situationen und Rollenidentitäten mit Hilfe des Entwicklungsschemas in eine Struktur gebracht werden.

3.4.5 Mehrgenerationale Ähnlichkeit und Ritualisierung

Eigendynamik verändert ein System strukturell, indem sie auf der emergenten Ebene Eigengesetzlichkeit etabliert. Frühere Strukturbildungen verschwinden jedoch nicht spurlos, sondern werden vom Gesamtsystem im Hegelschen Sinne *aufgehoben*: von neuen Strukturen abgelöst, bleiben sie dennoch erhalten und in modifizierter Form wirksam. Ein System erfährt nicht nur anhand seiner Grenzregulation, wozu es in der Lage ist, sondern es entdeckt anhand seiner internalisierten Ge-

---

[56] Dem Menschen ist die Individualität nichtmenschlicher Systeme meistens gleichgültig, deshalb beachtet er sie kaum.

schichte, d.h. im Laufe und im Rückblick auf seine Entwicklung, was es ist.

Diese beiden Gesichtspunkte werden oft miteinander verwechselt. Beide haben mit Identitätsbildung zu tun. Anhand seiner Grenzerfahrungen lotet das System den Spielraum seiner *Selbstwirksamkeit* aus. Im Spiegel der internalisierten Geschichte erblickt es seine Identität im engeren Sinne und entwickelt durch Anschluß oder durch Abgrenzung *Selbstbewußtsein*. Aus diesem Grunde genießt die Familiensaga in allen Kulturen einen überaus hohen Rang – ein Phänomen, das meines Erachtens in der empirischen Psychologie zu wenig beachtet wurde.[57]

Die Anerkennung der vertikalen Perspektive auf psychische Systeme taucht bereits in der russischen „Kulturhistorischen Schule" auf (Vygotskij, Rubinstein, Leontjev, Galperin, Luria). Bis 1936 bestimmte sie den offiziellen psychologischen Diskurs der Sowjetunion, wurde dann aber von Stalin verboten.[58] Für die Kulturhistoriker spielte die Frage nach der Identität eine geringere Rolle als die Frage nach der etappenweisen Genese kognitiver Funktionen bis hin zur „erlebten Innerlichkeit". Beispielsweise beobachtete Lev Semjonovich Vygotskij (1934, S. 102), daß das egozentrische Sprechen des Kindes nicht allmählich verschwindet, wie Piaget meinte, sondern in inneres Sprechen umgewandelt wird und parallel zum Denken erhalten bleibt.[59] Die elementaristische Sichtweise der Entwicklung des Menschen vom Individuum zum sozialen Wesen erscheint damit vom Kopf auf die Füße gestellt:

> „Jede psychische Funktion war zunächst eine äußere, weil sie eine soziale war, bevor sie zu einer inneren, einer im eigentlichen Sinne psychischen

---

[57] Bemerkenswert ist das Phänomen, daß die erwachsenen Kinder von Auswanderern, wenn sie in das Herkunftsland der Familie reisen, häufig sofort ein Gefühl von Vertrautheit und Heimat empfinden. So kam die amerikanische Schriftstellerin Ingrid Bengis, die von russischen Vorfahren abstammte, 1977 das erste Mal nach Odessa, um dort die ehemalige Datscha ihrer Vorfahren zu besuchen. „I got on a bus... it lasted about five minutes, and then the people started to laugh. I suddenly had this feeling ‚My God, I'm at home. It was so familiar and it was so unlike what I was used to in Amerika." (st. petersburg times, may 16 2003, p. viii)

[58] In Westdeutschland rezipiert vor allem von der neomarxistischen Kritischen Psychologie um Klaus Holzkamp (1983). Dagegen wurden Vygotskij und Luria auch in der amerikanischen Mainstream-Psychologie zur Kenntnis genommen.

[59] Sowie als motorische Innervation während des Denkens physiologisch nachweisbar ist.

Funktion wurde; sie war vorher eine soziale Beziehung zweier Menschen." (Vygotskij 1932-34, S. 145)

Offenkundig setzt die rückblickende Form der Identitätsbildung, das *Lernen am eigenen Modell*, neben Wahrnehmung auch Erinnerungsvermögen und die Fähigkeit zum abstrahierenden Vergleichen voraus – abstrahierend deshalb, da Situationen einander nie vollständig decken, so daß sich der Vergleich auf eine Auswahl interessierender Dimensionen beziehen muß. Diese drei kognitiven Voraussetzungen, die ich unter dem Begriff der „mitlaufenden Reflexion" zusammenfasse, sind für das psychische System genetisch vorbereitet, aber nicht in jedem Falle tatsächlich auf der metakognitiven Ebene des Bewußt-Seins hinreichend entfaltet.

Trotz allen Wandels bleibt Früheres im emergent stratifizierten System erhalten, überformt zwar, in seiner Funktion verändert, nicht aber in seinen latenten Wirkmöglichkeiten. Ursprüngliches lebt, mannigfach abgewandelt oder verfeinert, *konstituierend* in späteren Stadien des Systems weiter.[60] Daß Menschen sich aus dem Tierreich hervorheben, bedeutet keineswegs, daß sie ihm nicht weiterhin angehören. Um ihrer Existenz willen sind sie gezwungen, alle Lebensnotwendigkeiten eines Säugetieres fortzusetzen, wenn auch mitunter in veränderter Form. Der essenzielle Gehalt des Bewußt-Seins wird nicht von der Notdurft der Existenzerhaltung diktiert. Selbst unter erniedrigenden und schwierigen Umständen versiegt die über das Notwendige hinausgehende Phantasie nicht.

Ein ähnliches Verhältnis von konstituierenden und emergenten Prozessen läßt sich für kultur- oder geistesgeschichtliche Epochen feststellen: Rationalität mag das magisch-mythische Denken nach wissenschaftsgläubiger oder bekenntnishaft-offizieller Lesart in der westlichen Kultur verdrängt haben. Doch magische Bedürfnisse brechen immer wieder durch, um so heftiger, je stärker sie vom Fortschrittsdünkel ausgeschlossen werden. Dem Zivilisationsprozeß einen linearen Verlauf unterzuschieben, gehört zu den Irrtümern Norbert Elias' (doch es hätte nicht der Duerrschen enzyklopädischen Breite bedurft, diesen Irrtum zu

---

[60] Insofern bewies Freud Instinkt, als er in der Hauptsache auf die Sexualität und das vom das Realitätsprinzip vermittelte Ich-Bewußtsein als treibende Motivationen insistierte.

erkennen). Vielmehr wirken die archaischen Formen des Erkenntnisgewinns – gerade im Alltag – fort. Bestenfalls gelingt es der metakognitiven Ebene des Bewußt-Seins durch mitlaufende Reflexion, die geeignete Denkfigur passend zur Intention und zur Situation zu wählen.

Der autonome Spielraum des Vorgängersystems mutiert zur konstituierenden Basis des Nachfolgersystems, dessen Selbstreferenz relativ autonom und nach außen hin kontingent über die Funktion bestimmt. Ob es die zirkuläre Referenzialität des Systems schafft, seine Rollenidentität über verschiedene Situationen hinweg zu behaupten, ist nicht von vornherein entschieden. Noch einmal zur Illustration ein Ausschnitt aus dem bereits zitierten Gespräch zwischen Lise und Aljoscha in Dostojewskijs „Brüder Karamasow". Es geht darum, ob Eltern im Interesse der Erziehung die Persönlichkeitsrechte ihrer Kinder verletzen dürfen, gleichsam auch eine Metapher für die politischen Verhältnisse:

> Lise sah ihn entzückt an.
> „Aljoscha", flüsterte sie wieder, „sehen Sie an der Tür nach, ob Mama nicht horcht."
> „Gut, Lise, ich werde nachsehen, aber wäre es nicht besser, es nicht zu tun? Warum sollten wir Ihre Mutter einer solchen Niedrigkeit verdächtigen?"
> „Wieso Niedrigkeit? Welcher Niedrigkeit? Wenn sie an der Tür ihrer Tochter horcht, so ist das ihr gutes Recht, aber keine Niedrigkeit." Lise wurde flammendrot. „Seien Sie überzeugt, Alexej Fjodorowitsch, wenn ich einmal selber Mutter bin und eine ebensolche Tochter habe wie mich, so werde ich unbedingt bei ihr horchen."
> „Wirklich, Lise? Das ist nicht recht."
> „Ach, mein Gott, was wäre das schon für eine Niedrigkeit? Wenn ich irgendein alltägliches Gespräch belauschen wollte, so wäre das eine Niedrigkeit. Hier aber hat sich ihre leibliche Tochter mit einem jungen Mann eingeschlossen..."
> (Dostojewskij 1878/80, S. 296 f.)

Die Wirkung der Referenzialität in diesem Staffellauf systemischer Entwicklung erscheint auf den ersten Blick paradox: Mit Hilfe der Selbstreferenz grenzt sich das System von der Umwelt ab und definiert sich als funktionale Einheit. Zugleich garantiert die Identitätserhaltung des Selbst – zumindest in gewissen Toleranzgrenzen, die im Hinblick auf Funktionen bestimmt sind, die das System erfüllt – die fremdreferenzielle Anschlußfähigkeit des Systems. Sowohl hinsichtlich der kontingenten Erwartungen von außen kann das System auf diese Weise Anschlußfähigkeit signalisieren (z.B. indem es sich nach den Bestimmungen eines abgeschlossenen Vertrages richtet) als auch nach innen, hinsichtlich der eigenen, durch den Fortgang der Zeit unvermeidlichen Weiterentwicklung.

Die beiden Wirkungen der Selbstreferenz sind tatsächlich gegenläufig. Doch sie schließen einander nicht aus, sondern kompensieren einander. Günstigenfalls ergibt sich eine Balance zwischen Abgrenzung (Selbstbehauptung) und Anschlußfähigkeit (Anpassung), schlimmstenfalls ein innerer Konflikt, der treffender als Konflikt zwischen innen und außen, eigenen und fremden Erwartungen zu charakterisieren wäre. Weder Anschlußfähigkeit noch Abgrenzungsfähigkeit allein zeigt demnach „psychische Gesundheit" an, sondern die Fähigkeit zur situativen Herstellung einer funktionalen Grenzregulation, die beides einschließt. Eindimensionale Begriffe wie „Verdrängung" oder „Abspaltung", die losgelöst vom Kontext einen absoluten Maßstab für Dysfunktionalität oder, noch ärger konnotiert, Psychopathologie zu etablieren vorgeben, können nur willkürlich interpretiert werden. Letzten Endes stellen sie nichts anderes als kognitive Erfüllungsgehilfen des Machtmißbrauchs in sozialen Beziehungen dar - je wissenschaftlicher der Ernst, mit dem auf sie gepocht wird, desto fataler die zwischenmenschliche Anmaßung.

Der Dynamik von Abgrenzung und Anpassung entsprechen die Phasen des Übergangs zwischen zwei emergenten Ebenen, die auch für die Struktur von Ritualen behauptet worden ist (Retzer 1997). Betrachtet man die Ränder des Übergangs von Phase i zu i+1 genauer, so lassen sich häufig spezifische Übergangsprozesse erkennen, die dem System die Entwicklung identitätsbehauptend erleichtern oder gar erst ermöglichen.

Auf den ersten Blick entspricht die Formalisierung des Übergangsprozesses der Nomenklatur des Kreuzens ⏋ bei George Spencer-Brown (1969) bzw. der Transformation T in der Handlungslogik Georg Hendrik von Wrights:

> „pTq beschreibt die Transformation bzw. den Übergang von einer p-Welt in eine q-Welt." (G. H. von Wright 1963, S. 41)

Diese Beschreibung suggeriert die Transitivität des Übergangs. Es scheint, als wäre es formal kein Unterschied, ob von einer p-Welt in eine q-Welt gewechselt wird oder umgekehrt. *Marked* und *unmarked state* bei Spencer-Brown sind prinzipiell austauschbar, d.h. durch einen Beobachter definierbar. Im Gegensatz dazu fasse ich jedoch Transformation als asymmetrischen Prozeß auf:

.

.

.

emergenter Spielraum des Systems i + 1
Eigendynamik i + 1
konstituierende Bedingungen i + 1 = Spielraum des Systems i

.

Anschluß-Dynamik i + 1 | i
Übergangsprozeß (-ritual) i → i + 1
Abgrenzungs-Dynamik i | i + 1

.

emergenter Spielraum des Systems i
Eigendynamik i
konstituierende Bedingungen i = Spielraum des System i – 1

.

.

Die Asymmetrie hängt mit dem bifurkativen Vorzeichenwechsel iterierter nichtlinearer Evolutionsgleichungen zusammen. Während der Abgrenzungsphase betrachtet das System die zurückliegende Epoche i bereits mit den Augen der vorweggenommenen Epoche i+1. In der Anschlußphase steht es vor der Aufgabe, den in Epoche i erworbenen Handlungsspielraum konstituierend in die Epoche i+1 einzubringen. Der senkrechte Strich „ | " symbolisiert die zirkulär-referenziell rahmende Wahrnehmungsrichtung. „i | i + 1" bedeutet in diesem Zusammenhang, daß mit der in i erworbenen Sichtweise auf i+1 geschaut wird, während „i+1 | i" den Blick zurück von i+1 auf i beschreibt.

Für die Pubertät, eine der deutlichsten Übergangsphasen in der ontogenetischen Entwicklung sagt dieses Schema beispielsweise, daß der Jugendliche zu antizipieren beginnt, was er mit seinem Leben anfangen möchte und was auf ihn zukommen wird. Aus dieser Antizipation heraus sieht er kritisch auf die Art der Erziehung durch seine Eltern zurück. Protest artikuliert er besonders dann, wenn er den Eindruck hat, die Eltern behandeln in weiterhin als Kind oder haben keine Ahnung, was aus seiner Sicht für ihn wichtig ist. Das Schema deutet aber zugleich an, daß sich der Übergangsprozeß erleichtern läßt, indem vom situativen Kontext her Zeichen hervorgehoben werden, die die natürliche Ablösung und Anschlußgewinnung verstärken.

Wegen der ritualförmigen, fraktalen Struktur der Situation ist es unmöglich, die Zeit durch Schnelligkeit intensiv zu nutzen. Zeit als Abfolge von Situationen ist eine Serie von Übergangsprozessen. Intensität entsteht, wenn der Mensch Formen entwickelt, sich auf die jeweilige Eigengesetzlichkeit der Situation einzustellen. Dazu ist Ruhe vonnöten. Reizüberflutung kann Trancezustände auslösen, doch sie sind lediglich als Durchgangsphasen inspirierend. Gerade bei komplexen Verrichtungen ist der Mensch treffsicherer und kann er Verstand, Sinne und Bewegung am besten in Einklang bringen, wenn er zuvor Gelegenheit hatte, sich auf das Vorgenommene einzustimmen. Ein entfremdendes Arbeitsregime, Akkord, Taylorsche Abstumpfung, Zwangsarbeit, aber auch die einfache psychische Automatisierung von Routinetätigkeiten erlauben kein Ritual, das Raum für Individualität schafft.

Während des Übergangs ist die Außenwahrnehmung des Systems oft bis hin zu einer Anpassungsstörung der Umwelt gegenüber eingeschränkt. Das System ist vollauf mit der Suche, Neudefinition und Behauptung seiner Identität beschäftigt und kann aufgrund dieser Umbauprozesse den internen Maßstab der Selbstreferenz nicht stabil halten. Daher häufen sich gerade in Übergangsphasen überzufällig ins Extreme gehende Handlungsweisen des Systems, die mitunter nicht einmal als Handlungen zu verstehen sind, weil der Selbstbezug in ihnen entweder fehlt oder ausschließlich dominiert. Die systemische Orientierungslosigkeit kann, wenn sich kein Ausweg aus der Haltlosigkeit der Übergangsprozesse findet, in Selbstverletzung oder Selbsttötung münden.

Es fällt schwer, derartig dramatische Entwicklungsverläufe mit Begriffen wie Autopoiese und Selbstreferenz zu erklären, obwohl beide Prozesse unmittelbar mit Suizid zu tun haben – in ihrer Negation. Wo Selbstorganisation gedacht wird, muß auch Selbstzerstörung mitgedacht werden.

Rituelle Befestigung der Übergangsphasen zwischen essenziellen oder sogar existenziellen Systemebenen kann die Untiefen des Übersetzens zum anderen Ufer anzeigen. Häufig leistet rituelles Handeln mehr: Es offeriert Sinnbezüge, die eine selbsttätige Orientierung auch dort erlauben, wo kein Lotse vorhanden ist, an Fixpunkten des Sternhimmels. Die haltgebende Absicherung der Ränder von Übergangsprozessen erlaubt es jedoch nicht, das Ritual an die Stelle des Prozesses selbst zu setzen. Denn der Übergang ist stets eigendynamisch ungewiß, systemisch individuelles Wagnis, das von keinem Stützversuch stellvertretend übernommen werden kann. Gerade die Extremhaftigkeit identitätsstiftender Übergangsprozesse läßt sich nicht vermeiden, sondern führt im günstigen Falle zu einem intern gesteuerten Markieren der Systemgrenzen.

Überflüssig zu erwähnen, daß diese Markierung notwendig ist, bevor sich ein System an seinen Grenzen und den Grenzen, die ihm von der Umwelt gesetzt werden, orientieren *kann*. In der systemtheoretischen Literatur liest sich diese Voraussetzung jedoch oft als stillschweigend gegeben. Als wäre es kein Prozeß, Bewußt-Sein über die eigenen Grenzen zu erlangen, sondern als wäre mit dem faktischen Vorhandensein auf der existenziellen Ebene automatisch schon ihre essenzielle Repräsentation in kognitiver und metakognitiver Hinsicht gegeben. Davon kann keine Rede sein. Auch wenn es möglich ist, daß Gedanken, die ursprünglich stets zuerst von einem individuellen Gehirn gedacht werden, das Individuum überleben, indem sie von einem sozialen System aufgenommen und tradiert werden – erblich sind Gedanken darum nicht. Sinn wird nicht nur konstruiert, um

> „eine im einzelnen unübersehbare Fülle von Verweisungen auf andere Erlebnismöglichkeiten zusammenzufassen und zusammenzuhalten" (Luhmann 1971, S. 12).

Ablösungs- *und* Anschlußprozesse tragen ihn mehrgenerational weiter, strukturieren ihn rituell vor und kehren ihn tendenziell – mit azyklischer Periodik – wie eine Sanduhr um. Aus diesem Grunde lassen sich Systementwicklungen der Richtung nach prognostizieren, aber nicht in ihrer konkreten Ausgestaltung, die eigendynamisch erfolgt. Aus der fraktalen Zyklizität der mehrgenerationalen Weitergabe systemischer Strukturen erklärt sich auch, warum der identitätswirksame Zeithorizont häufig auf zwei Generationen beschränkt ist und nur selten bei der Arbeit mit sogenannten Genogrammen überschritten wird. Das Zurückverfolgen weiterreichender familialer Entwicklungslinien setzt Stammbäume voraus, die meist nur für aristokratische Sippen überliefert sind. Wo sie fehlen, beginnt das - ebenfalls identitätsstiftende - Reich familialer Mythen.

Ablösung und Anschluß heben sich in der Summe nicht gegenseitig auf, denn sie beziehen sich auf unterschiedliche Phasen der Systementwicklung. Daher bleibt das Muster der Abgrenzung gegenüber Phase i latent bestehen, wenn das System Anschluß zu Phase i+1 gefunden hat. In manchen Situationen, z.B. wenn das System ungeschützt Repräsentanten der Phase i begegnet, kann es wieder mit Versklavungs- oder Rahmungstendenzen aus dieser Epoche konfrontiert werden. Elternrollen erweisen sich auch dann noch als wirksam, wenn sie nicht mehr funktional sind, weil das Kind erwachsen geworden ist. Die zeitimmanente Asymmetrie der Ablösungs-Anschluß-Dynamik hat mitunter manifest erlebbare Musterähnlichkeiten zwischen dem System und seiner Vorvorgängergeneration zur Folge, auf Familiensysteme bezogen also zwischen Enkel- und Großelterngeneration. Eine altchinesische Anekdote erzählt diesen Fall:

> Ein Mann hatte einen verabscheuungswürdigen Sohn, von dem er oft geschlagen wurde. Trotzdem trug er seinen Enkelsohn auf Händen und ließ ihm seine Liebe zukommen. Ein Nachbar fragte den alten Mann: „Du hast solch einen widerlichen Sohn, warum liebst du dessen Kind so sehr?" - „Ich hoffe, daß es Vergeltung an seinem Vater übt, wenn es erwachsen ist." (Liu Menglian 1986, S. 144)

Wenn sich die Eltern zu ihrer Zeit einst von den Großeltern abgegrenzt und das Abgrenzungsverhalten - aus welchen Gründen auch immer, ob funktional, eingebildet oder aus unreflektierter Gewohnheit heraus - nach der Übergangsphase weiterhin aufrecht erhalten haben, so geraten die Enkel durch die natürliche pubertäre Ablösung von ihren Eltern in eine strukturelle Ähnlichkeit zu den Großeltern. Den Enkeln gelingt, woran Söhne und Töchter scheitern, ließe sich aphoristisch behaupten.

Derartige gesetzförmig klingende Zusammenhänge sind jedoch nicht im herkömmlichen kausalen Sinn zu verstehen, den die Sprache - die prägnante Zuspitzung eingerechnet - suggeriert. Musterübertragung ist an weitere Voraussetzungen gebunden: Offensichtlich wird sie nicht allein durch die bereits in der Elterngeneration ausgeprägte Abgrenzungstendenz hervorgebracht, sondern durch den anhaltenden Versuch der Eltern forciert, die Kinder in ihrer Entwicklung zu manipulieren. Natürlich geschieht dies aus Sicht der Eltern „zum Wohl des Kindes", damit es beispielsweise einmal nicht genauso werde wie Vater oder Mutter der Eltern oder, bei getrennten Eltern, der verlassene Elternteil gewesen ist. Woran ist zu erkennen, ob es den Eltern tatsächlich um das Kind oder nicht doch vielmehr um sich selbst geht? Versteht man den Abgrenzungswunsch als Schutzmechanismus, so ist nachvollziehbar, daß sich von ihren Eltern verletzt fühlende Eltern ihr Kind vor seelischen Gefahren fernhalten wollen. Allerdings schaffen sie im selben Zug eine familiäre Nähe, die dem Kind, solange es unselbständig denkt, die Chance zur Entfaltung seiner eigendynamischen Abgrenzung erschwert. Schließlich verstärkt sich die Musterübertragung, wenn beide Eltern gleichsinnig im Abgrenzungsbegehren ihren Eltern gegenüber befangen sind, so daß den Kindern kein kompensatorisches Schlupfloch offenbleibt.

Übertragungseffekte zwischen Eltern und Kindern treten besonders deutlich zum Vorschein, wenn die Eltern nicht nur die Elternrolle ausüben, sondern auch Funktionen in Machtinstitutionen innehaben. Im Alltag ist es oft schwierig, beide – in der Art der Beanspruchung personaler Qualitäten sehr unterschiedlichen – sozialen Situationen voneinander zu trennen, zumal häufig eigentlich unentscheidbare Prioritäten-Konflikte zu lösen sind. Ein prominentes Beispiel unter vielen ist Pawel I. (1754-1801), Sohn der Prinzessin Sophie Friederike Auguste von Anhalt-Zerbst (1729-1796), die 1745 nach Rußland mit Karl Peter Ulrich (1728-1762), ursprünglich einem Sproß des Herzogtums von Holstein-Oldenburg, verheiratet wurde.[61] Die kinderlose Großtante väterlicherseits, Zarin Elisabeth I., entfremdete der Mutter den Sohn kurz nach der Geburt und ließ ihn in ihrem Hause aufziehen. Im Jahr 1762 trat Karl Peter Ulrich die Thronnachfolge als Zar Peter III. an. Seine Regentschaft währte nicht lange, kollaborierte er doch im Siebenjährigen Krieg zu offensichtlich und gegen die Interessen des russischen Adels mit den Preußen. Sophie Friederike Auguste, als Zarin unter dem Namen Katharina II. bekannt, schickte ihn auf eines der umliegenden

---

[61] Peter I. hatte dafür gesorgt, daß sich seine Nachkommen mit deutschen Adligen vermählten.

Schlösser, wo er auf rätselhafte Weise ums Leben kam. Katharina gelang es, die Herrschaft zu behaupten und baute sie kraftvoll aus. Sie war Liebhaberin eines üppigen, dennoch klug kalkulierten Lebensstils.

Ihr fremder Sohn Pawel verstärkte mit dem Älterwerden seine Abgrenzung der machtbewußten Mutter gegenüber, legte Wert auf Pflichtbewußtsein und Nüchternheit. Als er die Volljährigkeit erreichte, verweigerte ihm die Mutter das angestammte Recht auf den Thron. Katharina behielt das Zepter bis zu ihrem Tod und schickte ihn nach bewährtem Muster aufs Land. Pawel verachtete die Symmetrie der Barockgärten Katherinas, ließ seinen Sitz in Pawlowsk als englischen Garten gestalten und Truppen nach preußischem Vorbild Exerzierübungen vollführen. Katharina „rettete" die beiden erstgeborenen Kinder Pawels, ihre Enkel Alexander und Konstantin, vor diesem Stumpfsinn und holte sie zu sich nach Petersburg. Ironie der Geschichte oder systemisches Kipp-Phänomen? Als Pawel 1796 endlich an die Macht kam, annullierte er trotzig die letzten Verordnungen seiner Mutter.

Greift die Abgrenzungsdynamik von essenziellen, häufig korrigierend idealistisch vorgetragenen Unterschieden auf existenzielle Grundlagen über – was bei ungeklärten Machtbefugnissen, ungerechter Verteilung finanzieller Ressourcen und schließlich auch der Mißachtung neuer Partner – so liegen dramatische Ereignisse bis hin zu Mord oder Selbstmord förmlich in der Luft. Wenn sich keine essenzielle Sprache finden läßt, werden existenziell wirksame Tatsachen mit physisch-objekthaftem Charakter geschaffen.

3.4.6 Der Karamasow-Komplex

Dostojewskijs Brüder Karamasow können in diesem Sinne als Prototyp der fraktionalen Identitätsbildung in zusammengesetzten Familien betrachtet werden. Der Vater instrumentalisiert nicht nur die beiden Mütter seiner Söhne zum Erwerb der Mitgift, die ihm als Anschubkapital zur Gründung einer Gasthauskette dient, er mißachtet auch in fast unvorstellbarem Ausmaß seine leibliche Nachkommenschaft. Die narzistisch motivierte Durchbrechung der Generationengrenze gipfelt darin, daß der Vater schließlich einer Geliebten des ältesten Sohnes Dmitrij nachstellt. Obwohl hier im biologischen Sinne kein Inzest oder inzestuöses Begehren vorliegt, gehört der elterliche Respekt vor den Auserwählten der Kinder zu den existenziellen Archaismen, die in zahlreichen Kulturen wirksam sind.[62]

Die Situation wird dadurch kompliziert, als auch der Sohn in fraktaler Ähnlichkeit zum Vater seine – finanzieller Vorteile wegen – bereits als Verlobte auserkorene Frau sitzenläßt, um sich jener Geliebten zuzuwenden. Statt die Wechselhaftigkeit des Sohnes zu akzeptieren oder wenigstens nur zu kritisieren, bringt der Vater, indem er auf seinem Begehren beharrt, den Konflikt zur Eskalation. Er versucht mit üblen Tricks, den Sohn als Nebenbuhler auszuschalten, und dieser entwickelt – fast möchte man sagen berechtigterweise – Mordphantasien, kann sich selbst aber, da er noch ein Quentchen Ehre im Leib hat – auch darin seinem Vater in entgegengesetzter Weise ähnlich – an der Ausführung hindern. Doch die Phantasie überträgt sich auf den mutmaßlichen vierten Sohn des Vaters, von ihm nie als solcher anerkannt, nach gesichertem Wissen nur Sohn einer Geistesgestörten, die zeit ihres Lebens unfähig war zu sprechen – die genauen Umstände der Zeugung hält Dostojewskij im Dunkeln. Dieser Sohn, vom Vater als Diener im eigenen Haushalt beschäftigt – wiederum eine haarsträubende Rollenverwischung – wird zum Vollstrecker der Phantasie des Bruders, der *unbewußt und dennoch absichtsvoll* den Auftrag zum Mord erteilte.

Bleibt die Frage offen, warum die anderen beiden Brüder, Iwan und Alexej, Söhne der zweiten Frau des Vaters, nicht im selben Ausmaß von der mehrgenerationalen Ähnlichkeit der Karamasows und schließlich von der eskalierenden Dynamik des Vatermordes angesteckt sind. Während Dmitrij als Berufssoldat zu den Tatmenschen zählt, sucht Iwan als atheistischer Intellektueller nach einem inneren Halt, verfängt sich in dialektischen Paradoxien und gerät in die Fänge des Zynismus. Alexej dagegen, von Dostojewskij eigentlich als Hauptfigur des Romans konzipiert[63], hat sich dem Kloster verschrieben. Er gehorcht seinem Starez, dem schlichten Vertreter der höchsten orthodoxen Weisheit. Dieser kennt geradezu schamanenhaft-therapeutisch das Leben, dem er entsagt hat.

---

[62] vgl. dazu die differenzierte Kasuistik in einem der ältesten überlieferten Gesetzeswerke der Menschheit, im Kodex Hammurabi (§§155 und 156)
[63] Bekanntlich bilden die „Brüder Karamasow" das Vorspiel eines Romans über das Leben Alexejs, den Dostojewskij jedoch infolge seines plötzlichen Todes nicht in Angriff nehmen konnte.

Wie können Kinder, die von denselben Eltern abstammen, so unterschiedlich sein? Zum einen wäre die Eigendynamik zu nennen, die in der Entwicklung jeden Kindes zum Tragen kommt. Doch dieses Argument bildet einen Joker. Damit können alle Differenzen erklärt werden. Eigendynamik erscheint hier nur strukturell, nicht aber inhaltlich konkretisierbar. Als weiterer Grund für die Unterschiedlichkeit der Kinder kann der Einfluß anderer Bezugspersonen gelten - schließlich haben Iwan und Alexej eine andere Mutter als Dmitrij. Diese Denkfigur wird von Dostojewskij tatsächlich im Roman strapaziert. Schließlich läßt sich feststellen, daß sich die fraktale Dynamik der mehrgenerationalen Ähnlichkeit auf den einzelnen Emergenzebenen des Systems unterschiedlich auswirkt. Bei aller Unterschiedlichkeit der Brüder werden schon zu Beginn ihre Gemeinsamkeiten sichtbar und von einem Außenstehenden Alexej gegenüber auf den Punkt gebracht:

> „Du bist selber ein Karamasow, du bist in allem ein Karamasow... Vom Vater her bist du ein Wollüstling, von der Mutter her ein christlicher Narr... Das ist alles, mein Lieber, eine alte Geschichte. Wenn sogar in dir ein Wollüstling steckt, was ist dann mit Iwan, deinem leiblichen Bruder? Er ist doch auch ein Karamasow. Darin besteht ja eure ganze Karamasow-Frage: ihr seid Wollüstlinge, Habgierige und christliche Narren! Dein Bruder Iwan veröffentlicht vorläufig, aus irgendeiner ganz dummen, unbekannten Berechnung heraus, zum Spaß theologische Artikelchen, obwohl er Atheist ist, und gibt diese Gemeinheit selber zu - dieser dein Bruder Iwan. Außerdem sucht er seinem Bruder Mitja die Braut abspenstig zu machen, na, und dieses Ziel wird er wohl erreichen. Noch dazu mit Zustimmung Mitjenkas selber, denn Mitjenka selber tritt ihm seine Braut ab, nur um sie loszuwerden und möglichst bald zu Gruschenka übergehen zu können. Und das alles bei seiner vornehmen Gesinnung und Uneigennützigkeit, merk dir das! Gerade solche Leute sind die gefährlichsten!" (Dostojewskij 1879/80, S. 112 f.)

Von den Karamasows wird der Bastard Smerdjakow nach dem Vorbild seiner geistesgestörten Mutter als Koch und Diener nahezu ausschließlich auf der physiologischen Ebene angesiedelt und tritt lediglich mit papageienhaft komischen Äußerungen hervor. Seine Naivität erlaubt ihm Einsichten, die in Erstaunen versetzen oder belustigen. Niemand würde ihm einen Mord zutrauen. Der Haudegen Dmitrij beweist Willen, doch der Mangel an Metakognition bringt ihn rasch wieder von seinen Vorsätzen ab. Iwan, der Intellektuelle, reflektiert scharfzüngig über essenzielle Differenzen - internalisierte Moral ist ihm fremd. Er interessiert sich für die abgewiesene Braut Dmitrijs und gelangt - auf höherer Stufe im Vergleich zum Vater – mit seinem Bruder zu einer rationalen Einigung. Aljoscha schließlich symbolisiert auf der vierten Ebene den Moralmenschen, dem umfassende Erfahrung noch fehlt. Auf diese Weise repräsentieren die Brüder Karamasow die *conditio humana* aus einer vertikalen Perspektive. Die Brüder verkörpern als äußerlich selbständige Figuren, was eigentlich innerhalb des Menschen als emergente Stratifikation angenommen werden muß. Der Roman schildert die systemischen Verwirrungen und Störungen, die aus ungenügender Übergangsregulation zwischen den emergenten Ebenen resultieren: den Karamasow-Komplex. Daraus erklärt sich die zentrale Rolle der Kirche in Dostojewskijs Roman, denn sie war zur damaligen Zeit – in zunehmender Konkurrenz mit staatlichen Einrichtungen – am ehesten für die Bereitstellung ritueller Vorlagen zuständig.

Nach Formel (3.2) kann die Übergangsdynamik nicht nur zwischen zwei Phasen der Systementwicklung angenommen, sondern auch fraktal auf Prozesse des Übergangs zwischen emergenten Ebenen *innerhalb* des Systems angewandt werden:

$$HS_{i+1} = AB_{i|i+1} (KB_{i+1}=HS_i) \oplus AN_{i+1|i} (ED_{i+1}) \qquad (4.1)$$
$$= ÜR_{i \to i+1} ((KB_{i+1}=HS_i) \oplus ED_{i+1}) \qquad (4.2)$$

mit: AB – Abgrenzungsdynamik
AN – Anschlußdynamik
ÜR – Übergangsritual

Psychologisch interpretiert drücken diese Gleichungen aus, daß die konstituierenden Prozesse nicht direkt von der emergenten Ebene des System her beobachtet und gesteuert werden können, sondern nur in der Form eines Übergangsrituals, d.h. eines systemischen Übersetzungsprozesses, der sowohl Anschluß- als auch Abgrenzungsoperationen enthält. Dabei beschreibt (4.2) keine neue Tatsache, sondern führt nur definitorisch eine verkürzte Schreibweise für (4.1) ein. Bildhaft vergleichen läßt sich der Übergang mit einer Schleuse, die sich zunächst auf dem einen der beiden Höhenniveaus des Flusses öffnen, sich dann nach beiden Seiten hin schließen und den Pegel anpassen muß, um Anschluß zur anderen Seite zu erhalten. Je größer die Niveauunterschiede zwischen den Ebenen ausgeprägt sind, mit desto mehr Verzögerung und Verlangsamung der Übersetzungsprozesse ist zu rechnen. In zeitlicher Abfolge dargestellt, erscheint der interne Übergang zwischen konstituierender und emergenter Systemebene demnach wie folgt:

.

.

.

emergenter Spielraum des Systems i

.

Eigendynamik i

.

Anschluß-Dynamik ED │ KB
Vorzeichenwechsel (— = +)
Übergangsprozeß (-ritual) KB → ED
Vorzeichenwechsel (–)
Abgrenzungs-Dynamik KB │ ED

.

konstituierende Bedingungen i = Spielraum des Systems i-1

.

.

Wenn der Körper von der Ebene des Willens her beeinflußt werden soll, so wirkt dazu die Form des Rituals unterstützend. Umgekehrt gibt es kaum ein Ritual, das nicht von einer körperlichen Symbolik begleitet wird. Die Gebetshaltungen der Muslime beispielsweise können auch als religiös aufgeladene Gymnastik betrachtet werden, die sich unmittelbar physisch auswirkt – gesundheitsfördernd. Zahlreiche ritualförmige Bewußtseinsprozesse, die zu einer Intensivierung vegetativer Leistungen beitragen sollen, sind weniger offensichtlich. Als Beispiele ließen sich asiatische Atemtechniken nennen, die in Form des meditativen „stillen Qigong" die eigentlich gymnastisch auszuübenden Bewegungen mit korrelierter Atmung nur noch auf der Vorstellungsebene vollführen und von einem höheren Grad der Meisterschaft zeugen. Ein Pendant der westlichen Psychotechniken stellt dazu das sogenannte „mentale Training" dar, mit dessen Hilfe im Ablauf feststehende Handlungen, z.B. im Schach, zuvor kognitiv-kortikal gebahnt werden. Die Gleichungen

(4.1) und (4.2) erklären damit die Möglichkeit des Lernens am eigenen Modell, anhand der internalisierten Systemgeschichte. Evolutive Prozesse können der Struktur nach rituell, metaphorisch, fraktal übertragen werden, ihre Inhalte bedürfen jedoch der individuellen Ausgestaltung.

3.5 Die Struktur sozialer Situationen

3.5.1 Fraktale Mikrokosmen der Persönlichkeit

An dieser Stelle ist eine Bemerkung zum Maßstab der Betrachtung notwendig. Die fraktale Natur des Entwicklungsschemas erfordert zur Präzisierung der Beschreibung eine Angabe über den gewählten Fokus der Betrachtung, denn prinzipiell ist das Schema sowohl auf makrokosmische als auch auf mikrokosmische Verläufe anwendbar. Während bisher die vorgefundene, makrokosmisch evolutionär erworbene Struktur emergent stratifizierter Systeme ins Auge gefaßt wurde, soll der Fokus nun mikrokosmisch gewählt werden. Der Unterschied ist eher illustrativ, denn die Strukturen verhalten sich isomorph zueinander. In merkwürdiger Parallelität dazu äußert sich Luhmann, der, seinem deontologisierten Ansatz folgend, lediglich die Identifikation von psychischem System und Person sowie den Begriff „Mensch" vermeidet:

> „Als Sinn ist Welt überall zugänglich: in jeder Situation, in beliebiger Detaillierung, in jedem Punkt auf der Skala von konkret zu abstrakt. Von jedem Ausgangspunkt kann man sich zu allen anderen Möglichkeiten der Welt fortbewegen." (Luhmann 1984, S. 106)

Um die metaphorische Übertragung des Begriffs der fraktalen Selbstähnlichkeit auf die Person sprachlich zu markieren, verwende ich, wenn es um Persönlichkeitseigenschaften geht, den Begriff „fraktionale Identität". Damit ist die Aufsplitterung der Person in situative Rollen gemeint, die dazu führt, daß die Person nicht mehr im absoluten Sinne mit sich selbst identisch, sondern ihrer selbst ähnlich ist. Die Gesetzmäßigkeiten der fraktalen Geometrie sollen aber nicht wortwörtlich auf die Persönlichkeitspsychologie angewandt werden.

Im mikrokosmischen Setting beschreibt der Übergang von Phase i zu Phase i+1 den Wechsel zwischen zwei psychischen Situationen. In jeder Situation kommen eigendynamische Kräfte zur Wirkung, die ihren Ursprung sowohl im sozialen und physischen Kontext als auch in der

Person selbst haben können. Beispielsweise läßt sich der Übergang zwischen Erwerbstätigkeit und Freizeit oder Teilnahme an einem Rollenspiel und authentischer Rolle als Wechsel der psychischen Situation verstehen. Keine Frage, daß unterschiedliche Situationen in der betreffenden Person Fähigkeiten zum Vorschein bringen können, an die in anderen Situationen nicht im Traum zu denken wäre.

Die Transaktionsanalyse (Eric Berne 1964, 1972) liegt solch ein interaktiv wirksames Schichtenmodell zugrunde. Es unterscheidet heuristisch zwischen Kind-Ich, Erwachsenen-Ich und Eltern-Ich, wobei die konkrete Wahl dieser Abstufung fraglich erscheinen mag. Das Postulat eines Kind-Ichs im Erwachsenen erinnert zumindest entfernt an Hegelsche Aufhebung. Dieses einfache Modell erlaubt durch die Einführung dyadischer Kommunikation und der dazugehörigen Kombinatorik einige bemerkenswerte Einsichten in das Spektrum der Mißverständnisse zwischen Personen, die momentan den jeweils wirksamen Persönlichkeitsanteil auf unterschiedlichen Emergenzniveaus gewichten, z.B. eine momentan alberne Person, die sich mit ihrem Kind-Ich gegenüber einer momentan ernsten Person im Zustand des Erwachsenen-Ich präsentiert – eine Konstellation, die in der Rosenhan-Studie (1973) unter atmosphärischem Einfluß des Klinikkontexts bekanntlich zu psychiatrischen Diagnosen verführte.

Zu den interaktiv erweiterten Nachfolgern der solipsistischen Freudschen Ebenen (Es, Ich und Über-Ich) gehört die mehrdimensionale Methodik SASB von L. S. Benjamin (1974), die mit der Verwicklung systemischer Ebenen hantiert, um Handlungsmuster in dyadischen Beziehungen zu beschreiben. Im Vergleich etwa zur emergent ausgefeilten Theorie des indischen Kamasutra, das den Körper nicht nur im Verhältnis zur Sexualität und zur Person des Einzelnen, sondern in seiner ontologischen Funktion für die moralische Entwicklung innerhalb der sozialen Gemeinschaft betrachtet, fällt auf, daß die Konzeptualisierung des Körpers in den westlichen Persönlichkeitsmodellen mager daherkommt. Fokussiert wird hauptsächlich auf Macht, d.h. auf Verhältnisse von Dominanz und Unterwerfung, die nur in einer bestimmten Ausgewogenheit die Freiheit der Person erlauben. Freuds Konzept konzentriert Körperlichkeit bezeichnenderweise auf die Beherrschung sexueller Impulse, die, im Es gleichsam mythologisch ungebändigt, zum Durchbruch streben, so daß Ich und Über-Ich pausenlos beschäftigt sind, die Anpassung an die Realität zu gewährleisten. Die auf Anna Freud zurückgehende Rede von den „Abwehrmechanismen des Ich", die als *coping-abilities* weitgehend Eingang in das klinische Denken – auch der „Verhaltenstherapie" – gefunden haben, suggerieren ebenfalls deutlich ein Bild des Körpers als etwas dämonisch Feindseliges.

Es würde hier zu weit führen, die kulturellen Wurzeln dieser einseitigen Sichtweise zu untersuchen. Die emergente Abstufung zwischen der physischen und der psychischen Seinsebene verführt offensichtlich rasch zu einer Mystifikation des jeweils Fremden. Mystifikation besteht ja nicht unwesentlich in der Weigerung, weitere Differenzierungen vorzunehmen. Ein Mensch, der vor allem in der Welt des Geistes lebt, wird den Körper eher als unergründlich empfinden, während einem Menschen, der es gewohnt ist, seinen körperlichen Regungen so unmittelbar wie möglich zu folgen und sie fein abzustimmen auf seine Umwelt, die abstrakte Sphäre der Theoretiker verborgen bleibt.

Im Grunde kann nicht einmal von einer Typologie innerhalb des Freudschen Körperkonzeptes die Rede sein. Eine solche hat, inspiriert von der antiken Klassifikation Galens, in den 1920er Jahren Ernst Kretschmer (1921) vorgelegt. Doch wie schon bei seinem klassischen Vorbild geht hier die Parallelität zwischen Körpererscheinung und Charaktertyp soweit, daß sie sämtliche Emergenz zwischen beiden Ebenen leugnet. Nicht verwunderlich, daß die Versuche, die Gültigkeit der Zuordnung Kretschmers Körper- zu Charaktertypen empirisch nachzuweisen, gescheitert sind.

Dennoch erfreut sich die simplifizierende Aufstellung pyknischer, leptosomer und athletischer Typen – mangels Alternativen – noch immer einer gewissen Beliebtheit in den subjektiven Alltagstheorien oder in der laienhaften Einschätzung anderer Personen. Das Bedürfnis nach „Diagnose" der Persönlichkeit auf Grundlage der äußeren, körperlichen Erscheinung ist ungebrochen. Denn im Alltag steht oft die Frage, wer wen – кто кого – oder auch: wer mit wem, ohne daß es vorher möglich ist, sich essenziell von der Seite des Bewußt-Seins her kennenzulernen. Gewöhnlich sind Menschen im Alltag auch nicht mit psychologischen Testverfahren bewaffnet. Ob man nun die Möglichkeit einer Zuordnung von Körperlichkeit und Charakter ablehnt oder nicht –

ohne ein entsprechendes Konzept entscheidet allein die „Chemie", wer sich riechen kann.

Dabei stellt sich, wie gerade erwähnt, das Problem, inwiefern es ein körperorientiertes Modell der Eigenschaften einer Person überhaupt geben kann und wo dessen Grenzen zu sehen sind. Der Rückzug auf die äußere körperliche Erscheinung als „Datengrundlage" bedeutet methodisch die Rückkehr zur Strategie der einmaligen Messung und anschließender Generalisation des Ergebnisses unter Annahme kausaler Zusammenhänge. Sowohl die emergente Komplexhaftigkeit der Person als auch die resultierende doppelte Kontingenz ihres sozialen Handelns durchkreuzt aber derartige kausale Schlüsse. Die fraktionale Natur der Person, sich je nach Situation mit anderen Anteilen einbringen zu können, bliebe unberücksichtigt. Wenn es also eine Deutung von der physischen Konstitution auf den psychischen Charakter eines Menschen gibt, die eine ungefähre, wenigstens annähernde Gültigkeit besitzt, dann liegt diese weniger in der einmaligen Betrachtung des Körperbaus, der ja bei Erwachsenen doch über lange Zeiten statisch erscheint, als in der mitlaufenden Beobachtung der Körpersprache, d.h. in der besonderen Kunst und Fertigkeit der Person, ihren wie auch immer gearteten Körper im Kontext verschiedener sozialer Situationen identitätsstiftend einzubringen. Identitätsstiftend meint in diesem Falle: Rückwirkend von der konkreten Situation kann die Person durch Einbringung auch ihrer Körperlichkeit aus der fraktionalen Identität wieder Selbstähnlichkeit gewinnen. Dazu werden auch soziale *Dresscodes* genutzt.

Aus funktionaler Sicht ist der Körper in dieser Betrachtungsweise den psychischen Fähigkeiten gleichgestellt, denn er bringt sich „im Auftrag" der emergenten Ebene des Bewußt-Seins (Wille, Wunsch, Wahrnehmung etc.) ein. Doch es besteht in operationaler Hinsicht ein wesentlicher Unterschied zu den psychischen Funktionssystemen. Dem Körper kann zwar ein Handlungsspielraum emergent vorgegeben werden, in der Realisation gehorcht er aber seiner physiologischen Eigengesetzlichkeit. Aus diesem Grunde war von Kunst die Rede. Denn es ist eine immerhin subtile Aufgabe, den Körper über die Emergenzabstufung hinweg *en détail* psychologisch zu steuern – eine Fähigkeit, die zu erlernen einen Großteil der Sozialisation beansprucht und deren Schwierigkeit vom Erwachsenen erlebt werden kann, wenn er die

Schrittfolge eines ihm unbekannten Tanzes nachzuahmen versucht. Aus neurophysiologischer Sicht erscheint gerade die anatomische Nähe von extrapyramidalem System, dem die strategische Steuerung komplexer Bewegungsabläufe zugeschrieben wird, und dem „Sitz" des Selbstbewußtseins im präfrontalen Kortex alles andere als zufällig.

Desweiteren fällt an wissenschaftlichen wie an subjektiven Persönlichkeitstheorien eine Tendenz zur Gliederung in ausgerechnet *drei* Typen, Schichten, Gruppen etc. auf. Warum dominiert die Dreier-Typologie? Der pragmatische Grund für die Beschränkung auf diese geradezu mythologisch[64] erscheinende Zahl ist in der Bedingung zu suchen, daß die Kombinationsmöglichkeit der Eigenschaften auch in zusammengesetzten sozialen Situationen für den Einzelnen erhalten bleiben muß. Bei der Begegnung mit alter Ego, der Ursprungssituation doppelter Kontingenz, resultieren aus der gegenseitigen Paarung der drei Eigenschaften bereits 3 x 3 = 9 von beiden Beteiligten wiederum unterschiedlich erlebbare situative Varianten, die leicht aus einem Tableau ermittelt werden können:

	Eigenschaft	Person B		
		1	2	3
	1	11	12	13
Person A	2	21	22	23
	3	33	32	33

Tabelle 1: Schema der doppelten Kontingenz bei drei Grundeigenschaften

Der Einfachheit halber sei vorausgesetzt, beide Personen benutzen dieselbe subjektive Persönlichkeitstypologie. Dann basieren die Möglichkeiten der gegenseitigen Zuschreibung auf den Kombinationen, die sich jeweils aus den konstituierenden Eigenschaften bilden lassen. Sie werden von den Beteiligten jedoch nicht nur in die Situation eingebracht, sondern wirken in der Begegnung emergent von der Situation auf die Personen zurück. Natürlich wird es im Alltag häufig vorkommen, daß

---

[64] „Eins gebar Zwei, Zwei gebar Drei, Drei gebar die zahllosen Dinge." (Laozi, Daodejing, Kapitel 42, in: Kalinke 2000). Tatsächlich stoßen auch fast alle empirischen Untersuchungen zu Persönlichkeitsdimensionen mit Hilfe der Faktorenanalyse lediglich auf zwei bis drei orthogonale Skalen, vgl. die Ergebnisse zur Komorbidität der Skalen des KV-S in Teil 2 dieser Reihe.

weder die Anzahl der Kategorien, nach denen sich Menschen gegenseitig einschätzen, noch deren Qualität übereinstimmen. Man braucht sich nur vorstellen, welche – geradezu kalkulierbaren – Mißverständnisse beim Aufeinandertreffen von Vertretern verschiedener therapeutischer Schulen auftreten. Das Feld der Möglichkeiten, die zwei Personen als emergente soziale Situation aus ihren jeweils individuellen Kategorien[65] erzeugen können, ließe sich allgemein wie folgt beschreiben:

	Eigenschaft	1	2	... j ...	n-1	n
	1	A_1B_1	A_1B_2	...	A_1B_{n-1}	A_1B_n
	2	A_2B_1	A_2B_2	...	A_2B_{n-1}	A_2B_n
Person A	... i ...	...	...	A_iB_i	...	...
	m-1	$A_{m-1}B_1$	$A_{m-1}B_2$	...	$A_{m-1}B_{n-1}$	$A_{m-1}B_n$
	m	A_mB_1	A_mB_2	...	A_mB_{n-1}	A_mB_n

(Person B über den Spalten)

Tabelle 2: Schema doppelter Kontingenz bei abzählbaren Grundeigenschaften mit m=max (i) und n= max (j)

Betrachten wir rein deskriptiv beispielsweise die Konstellation, die das Feld <A_1B_2> symbolisiert: Person A verfügt über die Eigenschaft 1, die in ihrer Selbstsicht als A_1 erscheint. Person B dagegen besitzt die Eigenschaft 2, in ihrer Wahrnehmung B_2. In der sozialen Situation konstituieren sie die Variante <A_1B_2>, die nicht als Summe $A_1 + B_2$, sondern als emergente Resultante $A_1 \oplus B_2 = <A_1B_2>$ zu verstehen ist, die gegenüber den Einzelpersonen Eigendynamik entwickeln und daher zur weiteren Entfaltung der fraktionalen Identität herausfordern kann. Das heißt, die Personen A und B erleben sich gegenseitig zwar annähernd, als würden sie jeweils über die Eigenschaften 1 und 2 verfügen, doch es sich nicht ausgeschlossen, ja sogar wahrscheinlich, daß in der Begegnung beider konstituierender Eigenschaften etwas Neues entsteht und psychisch erlebbar wird. Man könnte auch sagen, daß A die Person B erlebt, als würde sie *ungefähr* der Kategorie 2 angehören und umge-

---

[65] Wiederum könnte die Vereinfachung, daß Urteilsbildung in der Hauptsache auf Kategorien basiert, kritisiert werden. Analog des vermittels operativer Differenzierung vollführten Übergangs von den natürlichen zu den reellen bzw. komplexen Zahlen, können begriffliche Kategorien mit Hilfe grammatikalischer Satzbildung nahezu ins Unendliche nuanciert werden – dies wäre dann Stoff für Romane.

kehrt, daß B die Person A so erscheint, als gehöre sie *in etwa* zu 1. Bezeichnen wir die situativen Derivate mit einem Apostroph, so gilt für die fraktionale Persönlichkeitseigenschaft FP:

sowie
$$FP'(A \mid A \oplus B) = FP(A) \oplus ED(A \mid A \oplus B) \quad (5.1)$$

$$FP'(B \mid A \oplus B) = FP(B) \oplus ED(B \mid A \oplus B) \quad (5.2)$$

Dabei beschreibt Formel (5.1), wie Person A die ihr innewohnende Eigenschaft FP (A) in der Begegnung mit der Person B erlebt, unter der Voraussetzung, daß sich beide in die Situation tatsächlich sozial einbringen – diese Bedingung wird durch den Klammerausdruck „(A|A⊕B)" symbolisiert. Der senkrechte Strich „|" zeigt hier wieder die abgrenzende Referenzialität der Betrachtung an, d.h. Person A kann stets nur ihren eigenen Eindruck von der Situation gewinnen und Person B ebenso. In analoger Weise beschreibt Formel (5.2), wie Person B ihre Eigenschaft FP (B) in der Begegnung mit A wahrnimmt.

3.5.2 Doppelte Kontingenz und Zirkularität

Bis dahin ist eigentlich gegenüber früher beschriebenen Wechselwirkungen zwischen konstituierenden Prozessen und emergenten Erscheinungen kein Unterschied festzustellen. Die Emergenz der sozialen Situation gegenüber den hypothetischen Eigenschaften der isolierten Einzelpersonen hat lediglich zur Folge, daß Alter und Ego „dieselbe" Eigenschaft, auch wenn sie dasselbe Wort verwenden, unterschiedlich erleben können. Diese Unterschiedlichkeit kann soweit gehen, daß Alter andere Eigenschaften an Ego wahrnimmt, als Ego sich selbst zuschreibt und umgekehrt.

Eine erneute emergente Abstufung der Situation entsteht, wenn mindestens einer der beiden Beteiligten die Diskrepanz zwischen Selbst- und Fremdwahrnehmung bemerkt und in sein Handeln einfließen läßt, um nicht zu sagen, in seinem Handeln derart berücksichtigt, als würde er sie einberechnen. Genau in diesem Fall ist von doppelter Kontingenz Rede, die aus der hier vorgeschlagenen Sicht die soziale Situation wiederum eigendynamisch prägt und daher auch als doppelte Emergenz, Eintreten in einen zweiten systemischen Hyperzyklus oder als Zirkularität bezeichnet werden kann. Nicht jede Situation ist doppelt kontingent, sondern sie wird es erst dann, wenn Diskrepanzen bemerkt werden. In der Regel ist zu deren Wahrnehmung die metakognitive Funktion des Bewußt-Seins erforderlich. Mit ihrer Hilfe kann jeder Beteiligte die Verschiebung FP', die sich durch die eigendynamische Modifikation in der sozialen Situation entwickelt hat, zirkulär-referenziell mit FP vergleichen – unabhängig davon, ob der Maßstab dafür aus früheren Erfahrungen mit FP stammt, aus einer mehr oder weniger lexikonartigen Definition oder woher auch sonst. Zirkularität zwischen den Beteiligten der sozialen Situation setzt zweierlei voraus: Neben der Wahrnehmung des als abweichend Erlebten in Bezug auf einen inneren oder kulturellen Standard ist die Gewichtung der Anteile an der Abweichung vonnöten, die auf eigene Rechnung und die auf den anderen zurückgehen. Erst dies beides erlaubt eine Schätzung, wie der andere die Situation wohl erleben wird.

$$FP''(A \mid A \oplus B) = FP'(A) \oplus ED(A \mid (B \mid A \oplus B)) \quad (5.3)$$
$$= FP(A) \oplus ED(A \mid A \oplus B) \oplus ED(A \mid (B \mid A \oplus B)) \quad (5.4)$$
$$= FP(A) \oplus ED(A \mid (A \oplus B) \oplus (A \oplus B)) \quad (5.5)$$

sowie

$$FP''(B \mid A \oplus B) = FP'(B) \oplus ED(B \mid (A \mid A \oplus B)) \quad (5.6)$$
$$= FP(B) \oplus ED(B \mid A \oplus B) \oplus ED(B \mid (A \mid A \oplus B)) \quad (5.7)$$
$$= FP(B) \oplus ED(B \mid (A \oplus B) \oplus (A \oplus B)) \quad (5.8)$$

Psychologisch behaupten die Strukturformeln (5.3) bis (5.8), daß eine Person, die versucht, mit der in sozialen Situationen wahrgenommenen Zirkularität umzugehen, sowohl den eigenen Anteil an zirkulärreferenziell festgestellten Abweichungen „ED (A|A⊕B)" in Rechnung zu stellen als auch Anteil, den sie der anderen Person zuschreibt „ED (A|(B|A⊕B))". Da beide Schätzungen unwillkürlich das Handeln der Person beeinflussen, wirken sie jeweils eigendynamisch an der Gestaltung der Situation mit. Dieser Umstand ist den Formeln (5.5) und (5.8) etwas verkürzt, aber prägnant dargestellt. Es wird hier ja nicht gesagt, in welcher Weise sich die eigendynamische Wirkung der doppelten Emergenz im konkreten Interagieren niederschlägt. Daher beschreiben die beiden letztgenannten Gleichungen den Anteil der Eigendynamik, die die Beteiligten aus dem Umstand entwickeln, daß sie erstens nicht allein sind, sondern sich in sozialer Interaktion befinden und daß sie zweitens die Abweichungen auf beiden Seiten infolge der Interaktion einkalkulieren. Die Formeln (5.5) und (5.8) drücken den Umstand der nicht hintergehbaren Ungewißheit in der tatsächlichen Empfindung des anderen aus und beschreiben den Effekt der Automatisierung, der sich hinsichtlich der Berücksichtigung der Zirkularität in sozialen Fertigkeiten einstellt. Man weiß oft nur, *daß* es so ist, aber nicht *wie* es sich konkret auswirkt. Mit anderen Worten: Zirkularität erzeugt Eigendynamik und damit den Wechsel auf eine neue Emergenzebene. Dieser Übergang läßt sich allgemein formalisieren als:

$$\text{ED}(x \mid y) \Rightarrow \text{ED}(x \oplus y) \tag{5.9}$$

Der Umkehrschluß ist allerdings nicht gültig, denn nicht jede Form von Eigendynamik geht auf Zirkularität zurück.

Betrachten wir nun die situative Dynamik, die entsteht, wenn zwei Personen mit ihren jeweiligen Persönlichkeitskategorien einander begegnen sowie ihre gegenseitige zirkuläre Bezugnahme wahrnehmen und einfließen lassen. Die Dynamik einer zirkulären Situation ZS resultiert zum einen aus den Eigenschaften der konstituierenden Bedingungen (KB), die von den Elementen eingebracht wird, zum zweiten aus der Eigendynamik (ED), die infolge der synergetischen Verquickung der Elemente entsteht, und zum dritten aus den Effekten der gegenseitigen Bezüglichkeit (GB), die aus der Abschätzung der jeweiligen Selbstreferenzialität des alter Ego resultiert.

$$\text{ZS} = \text{KB} \oplus \text{ED} \oplus \text{GB} \tag{5.10}$$

Auf das bisher beschriebene Beispiel angewandt, heißt das:

$$\begin{aligned}
&\langle \text{FP}(A), \text{FP}(B) \rangle \\
&= \text{FP"}(A \mid A \oplus B) \oplus \text{FP"}(B \mid A \oplus B) \tag{5.11} \\
&= \text{FP}(A) \oplus \text{FP}(B) \oplus \text{ED}(A \mid A \oplus B) \oplus \text{ED}(B \mid A \oplus B) \\
&\quad \oplus \text{ED}(A \mid (B \mid A \oplus B)) \oplus \text{ED}(B \mid (A \mid A \oplus B)) \tag{5.12} \\
&= \text{FP}(A \oplus B) \oplus \text{ED}(A \oplus B) \oplus \text{ED}((A \oplus B) \oplus (A \oplus B)) \tag{5.13}
\end{aligned}$$

Die doppelte Kontingenz der zirkulären Situation drückt sich hier wie schon in den Formeln (5.4) und (5.7) im zweifachen Auftreten des Emergenz-Zeichens („$\oplus$") außerhalb der Klammern sowie im zweifachen Auftreten des Referenz-Zeichens („|") innerhalb der letzten Klammer aus. Psychologisch bedeutet (5.11), daß die Eigenart der zirkulären Situation nicht nur aus der sachlichen Konfrontation der Anschauungen beider Beteiligten „FP (A⊕B)" und auch nicht nur aus der Art ihrer persönlichen Interaktion „ED (A⊕B)", sondern auch aus der wiederum interaktiven Bewertung der Interaktion „ED ((A⊕B) ⊕ (A⊕B))" resultiert.

Für das praktische Handeln in solchen Situationen läßt sich daraus folgendes erkennen: Um sich zu verstehen, genügt es weder, sachliche Übereinstimmung herzustellen, noch reicht es aus, die Beziehungsebene zu klären. Vielmehr kommt es darauf an, die in der Situation mitlaufende gegenseitige Bewertung der Gegenseitigkeit in Einklang zu bringen. Zu letzterem führt wiederum nur der Weg, das Emergenzniveau der Kommunikation derart zu verringern, daß objekthaft wahrnehmbare Zeichen greifbar werden, die bei subtilen Mißverständnissen dieser Art metakognitiv zum gegenseitigen Aufmerken genutzt werden können – jedoch nicht einmalig zu Beginn der Situation, sondern mitlaufend. Daß es notwendig ist, die Beziehungsqualität zu verbessern, wenn man inhaltlich weiterkommen möchte, gehört seit geraumer Zeit zum kleinen Einmaleins des Verhandelns. Doch die Gegenüberstellung dieser beiden Aspekte der Kommunikation verführt allzuleicht zu einer mechanischen Nutzung, die klassischerweise im gemeinsamen Essen und Trinken die beste Voraussetzung für einen gelungenen *Deal* erblickt. Doch gefehlt. Wenn essenzielle Unterschiede eine Rolle spielen, so werden sich diese permanent in der Verhandlung niederschlagen.

Vielmehr kommt es darauf an, jene minimalen objekthaften Zeichen (*„minimal cues"*) zu erkennen, die auf anhaltende Divergenzen hindeuten und diese im eigenen Handeln vorwegnehmend zu berücksichtigen. Unterstützende therapeutische Kommunikation ist über weite Strecken nichts anderes als jene mitlaufende metakognitive Reflexion, die beim Hervortreten (vermeintlicher) Defizite auf Seiten des Klienten geringfügige Anzeichen im Gespräch nutzt, um die Wahrnehmung auf Ressourcen hinzulenken. Anzumerken wäre jedoch, daß therapeutische Kommunikation, bereits dadurch daß der eine Fragen stellt und der andere antwortet, in der Regel asymmetrisch verläuft, so daß Gleichung (5.11) auf sie nicht mehr in der vollen emergenten Wirksamkeit zutrifft.

Um dem Theoretiker ein greifbares Beispiel für die Komplexität derartig persistenter Kommunikationsmuster zu nennen, sei wiederum auf Fjodor Dostojewskis „Brüder Karamasow" verwiesen, insbesondere auf das zweite Buch, wo sichtbar wird, wie der weiseste der agierenden Figuren, Sosima Starez, christlich orientierte Metakognition und ritualisierte Gesten (Segnen, Kniefall etc.) wirksprachlich miteinander verknüpft, um auf emergente Gesichtspunkte hinzulenken, die den übrigen Teilnehmern der Runde unbewußt sind. Die Komplexität dieser kommunikativen Verkettung geht aufgrund der Einbeziehung unterschiedlicher Emergenzebenen weit über das hinaus, was Luhmann (1984, S. 174, 194 ff.) als Zwang zur Selektivität bezeichnet, um Kommunikation sinneutral als Mitteilung über die vorgenommene Selektion definieren zu können. Luhmann schränkt Kommunikation auf informierende Mitteilung ein, wenn er schreibt:

> „Kommunikation ist koordinierte Selektivität. Sie kommt nur zustande, wenn Ego seinen Eigenzustand aufgrund einer mitgeteilten Information festlegt." (Luhmann 1984, S. 212)

Einerseits entfallen bei Luhmann damit alle Formen der unsachlichen, spontanen, nicht auf eine zuvor mitgeteilte Information hin *re*-agierenden sowie individuierend abgrenzenden statt anschlußfähigen Kommunikation, während andererseits die aufgrund der spezifischen Stratifikation psychischer Systeme (Personen) bestimmbaren Anschlußmöglichkeiten für Kommunikation nicht benannt werden.

Aus den Formeln (5.1) und (5.2) wie auch (5.5) und (5.8) ist mithin zu sehen, daß die jeweilige Eigenschaftszuschreibung zweier Personen sowohl von ihrer eingeübten Sichtweise als auch von ihrer Einbringung in die Situation abhängt, und zwar unabhängig vom Inhalt der Eigenschaft, um die es „eigentlich" geht. Wenn die sachlichen Differenzen unwichtig werden, d.h.

$$FP(A) \cong FP(B) \tag{5.14}$$

gilt für die einfache Erwartungsdiskrepanz:

$$\Delta FP` = FP`(A \,|\, A \oplus B) - FP`(B \,|\, A \oplus B) \tag{5.15}$$
$$= ED(A \,|\, A \oplus B) - ED(B \,|\, A \oplus B) \tag{5.16}$$
$$= ED(A - B) \,|\, (A \oplus B) \tag{5.17}$$

und für die zirkuläre Erwartungsdiskrepanz:

$$\Delta FP" = FP" (A|A \oplus B) - FP" (B|A \oplus B) \quad (5.18)$$
$$= ED (A|A \oplus B) \oplus ED (A\ |(B|A \oplus B))$$
$$- ED (B|A \oplus B) \oplus ED (B\ |(A|A \oplus B)) \quad (5.19)$$
$$= ED (A - B) |((A \oplus B) \oplus (A \oplus B)) \quad (5.20)$$

Beide Beteiligte erfahren in der Situation etwas über ihre *persönliche* Unterschiedlichkeit, woran auch immer sich die Diskrepanz entzünden mag – dies entspricht der Neigung zum Psychologisieren, die gerade dann häufig auftritt, wenn sich die Gesprächspartner inhaltlich nichts mehr zu sagen haben. Hieran wird gerade in zirkulären Situationen auch die Substanzialität der sachlichen Unterschiede funktional bedeutsam, solange sie kommunizierbar ist. Im Alltag stimmen zwei Personen, bevor sie einander begegnen, häufig hinsichtlich ihrer Wahrnehmungs- und Zuordnungskategorien nicht überein. Doch sie lassen sich aufgrund des Einklangs auf einer anderen Emergenzebene, z.B. der körperlichen oder der sprachlichen[66], die sich in Sympathie ausdrückt, davon abhalten, Aufmerksamkeit für ihre sachlichen Unterschiede zu entwickeln, bevor die Beziehungsdynamik zu dominieren begonnen hat.

Dabei möchte ich ausdrücklich betonen, daß ich es für unmöglich halte, miteinander zu kommunizieren, ohne in Beziehung zu geraten, es also auch für unmöglich halte, sachlich zu argumentieren, ohne daß es das Verhältnis zum anderen beeinflußt. Hier geht es vielmehr um eine innere Orientierung, den sachlichen Unterschieden ebenfalls Aufmerksamkeit zu widmen, damit sie nicht von der Beziehungsdynamik absorbiert werden. *In der Situation* können beide nicht in der Lage sein zuzuordnen, ob die Diskrepanz aus der selbst, vom anderen oder situativ erzeugten Eigendynamik resultiert.

Nun rückt eine *qualitative* Antwort auf die Frage näher, warum ausgerechnet die Dreier-Typologie in der Persönlichkeitsbeschreibung be-

---

[66] Wie bereits gesagt, verrät der Sprachgebrauch allein wenig über die essenziellen Inhalte.

vorzugt wird.[67] Das Phänomen der Zirkularität läßt sich noch überspitzter darstellen, wenn wir nicht nur vereinfachend annehmen, daß beide Personen dieselben Kategorien der Eigenschaftszuschreibung, sondern auch nur diese in Anspruch nehmen. Das heißt, sobald eine Person eine Diskrepanz zwischen FP und FP' wahrnimmt, muß sie entscheiden, ob sie trotzdem FP' weiterhin mit FP gleichsetzt oder einer der anderen Kategorien zuordnet.

Diese Situation ist tatsächlich alltagsrelevanter, als es auf den ersten Blick erscheint, denn wir verfügen nur über einen begrenzten Wortschatz und ein begrenztes Repertoire sozial vermittelnder Gesten, wie umfangreich diese auch sein mögen. Angenommen also, Person A bringt sich ihrer Sichtweise nach mit Eigenschaft 1 in die Situation ein (z.B. „Es-gesteuert"). Aufgrund der Eigendynamik der konkreten sozialen Situation modifiziert A die Eigenschaft 1 zu 1' und wird von Person B als 1'' wahrgenommen. Wenn nun Person B zur Auffassung gelangt, daß 1'' = 2 ist (z.B. „Überich-gesteuert"), so glaubt B, daß A durch 2 charakterisiert sei, während A selbst sich als 1 oder vielleicht noch 1' erlebt. So würde B, um dem Beispiel zu folgen, bei A ein hohes Ausmaß an Moralität erleben, während A von sich selbst weiß, daß er sexuelle Ziele verfolgt. Nun weiß A jedoch, daß er von B anders wahrgenommen werden kann, als er sich selbst wahrnimmt. Anhand einer einzelnen Interaktion kann A jedoch nicht erkennen, ob dies tatsächlich der Fall ist. A ist also gezwungen, mitlaufend zu beobachten, mit welcher Kategorie B intern operiert, wenn A glaubt, 1 auszudrücken. Natürlich ist es für A schwer zu erraten, welche Kategorie B tatsächlich nutzt.

Daher wird der Erfolg im Umgang mit der Zirkularität vor allem von der impliziten Einigung auf gemeinsame Zeichen abhängen. Zwar kann keine von beiden Seiten wegen (5.1) und (5.2) wissen, ob beide dasselbe meinen, wenn sie vom selben sprechen, doch sie werden bemüht sein, durch Verringerung des Emergenzniveaus operational annähernd objekthafte Zeichen herauszufinden, die als Indiz gelten können.

---

[67] Die empirische Persönlichkeitsforschung im Stile Eysencks oder der Big-Five kann die Beschränkung der Anzahl zwar festellen, über ihre Begründung aber nur spekulieren.

Dies sind in der verbalen Kommunikation vor allem der begleitende nonverbale Ausdruck und die auf das Gespräch folgenden Handlungen.

Die doppelte Kontingenz der Erwartungen und das Bewußt-Sein davon auf beiden Seiten vervielfacht nicht nur die Zahl der Möglichkeiten, wie eine soziale Situation zwischen zwei Menschen vom Einzelnen wahrgenommen werden kann, sondern trägt qualitative Komplikationen in die Situation.

Obwohl es mathematisch den Anschein hätte, daß das Spektrum der in eine soziale Situation hineinprojizierten psychischen Erwartungszuschreibungen sprunghaft-exponentiell mit der Zahl der beteiligten Personen wächst, ist doch in Rechnung zu stellen, daß die Versammelten nur mit einigen der anderen Personen derart zirkulär interagieren und entweder beginnen, die übrigen subjektiv in Gruppen einzuordnen oder sie ganz außer Acht zu lassen. Entsprechend Millers (1956) empirisch ermittelter *magic number* ist die operative Kapazität des Bewußt-Seins mit 7 +/- 2 gleichzeitig präsenten Entitäten ausgefüllt. Das Bewußt-Sein ist imstande, auch umfassendere Sachverhalte zu bearbeiten, indem es diese zu Kategorien, Konzepten, Modellen, Theorien etc. komprimiert und metakognitiv als Ganzes behandeln kann. Dieser Prozeß wird in der Gedächtnispsychologie als *chunking* bezeichnet. Daher ist in Millers Formel allgemein von Entitäten des Bewußt-Seins die Rede. Eine subjektive Persönlichkeitstypologie stellt eine Form des sozialen Chunkings dar, wenn sie sich im Kontext doppelter Kontingenz als kombinationsfähig erweist. Enthält allein die Beschreibung des Einzelnen zehn oder mehr Kategorien, wie soll sich diese Typologie im Alltag für die gegenseitige Einschätzung, d.h. unter Berücksichtigung der Zirkularität der Erwartungen zwischen Alter und Ego, nutzbringend anwenden lassen?

Anhand eines Modells der Person als emergent stratifiziertes System, welche Einzeltheorie man auch immer unterschieben mag, tritt die permanente Möglichkeit von Selbstmißverständnissen zutage: Eine Person kann der Auffassung sein, sie agiere von einem bestimmten Emergenzniveau i aus, doch von der sozialen Umgebung wird sie anders, beispielsweise auf Niveau j, wahrgenommen. Immerhin schränkt die emergente Stratifikation dennoch die Vagheit der Zirkularität im sozialen Kontext erheblich ein, indem sie zunächst fragen läßt, von welcher Ebene aus eine Person momentan agiert. Vollständig determinieren läßt sich doppelte Kontingenz auf diese Weise allerdings nicht.

In der Regel stellen daher Personen, bevor sie „zur Sache kommen", das jeweils passende, rollenkonforme Emergenzniveau ein, d.h. sie bringen sich in die geeignete innere Haltung, um sich in einer Situation bewegen zu können. Man könnte diesen systemischen Prozeß, um ihm Aufmerksamkeit zu widmen, in Anlehnung an den vorherigen Abschnitt als situatives Übergangsritual bezeichnen. Im Alltag finden derartige Einschwingungsprozesse oft beiläufig und gewohnheitsmäßig statt. Die Person streift sich die zur Situation passende Rolle als Facette seiner fraktionalen Identität über, als würde sie sich ein Kleidungsstück aus dem Fundus ihres Schrankes greifen. Sie ist in diesem Moment nicht jemand anderes, sondern immer noch sie selbst, auch wenn sie anders ist als in der Situation davor oder danach.

Das Übergangsritual dient als Fähre, um an das andere Ufer zu gelangen. Es füllt künstlich jenes temporäre Vakuum zwischen zwei Situationen aus. Ein Patient setzt sich auf den Zahnarztstuhl und öffnet, ohne etwas zu sagen, den Mund, womit er ohne jeden Zweifel einer Person mit Mundschutz und weißem Kittel die Erlaubnis zum Hantieren gibt. Beansprucht wird hier eigentlich nur die physische Emergenzebene, doch das Bewußt-Sein ist frei, essenzielle Phantasien mitlaufen zu lassen, die durch auftretende Schmerzempfindungen[68] möglicherweise gerahmt oder sogar inspiriert werden. Auch als besonders attribuierte soziale Situationen wie eine hypnotherapeutische Sitzung beginnen in der Regel mit der Herstellung einer geeigneten, „besonderen" inneren Haltung, die als *Rapport* oder *Yes-Set* bezeichnet wird (Milton H. Erickson et al. 1976, S. 77).

3.5.3 Liebe als vertikales Durchdringen und horizontale Differenz

Wenn sich eine Person im Alltag fraktional auf Situationen einläßt und eine Variation selbstähnlicher Rollenidentitäten entwickelt, stellt sich

---

[68] Schmerz läßt sich in diesem Kontext als gefiltertes Produkt des Bewußt-Seins komplexer körperlicher (neuronaler) Prozesse verstehen, das die Schnittstelle zwischen physischer und psychischer Emergenzebene durchschreitet. Zumindest macht der Schmerz deutlich bewußt, wie unvollständig ein Persönlichkeitsmodell wie das Luhmannsche bleibt, das psychische und biologische Systeme als selbstreferenziell geschlossen sehen will.

die Frage, ob es Momente gibt, in denen sich die Person nicht nur mit einer emergenten Schicht interaktiv einbringt, sondern mit mehreren oder gar der Gesamtheit ihrer Persönlichkeitsebenen gleichzeitig. Tatsächlich werden jene Augenblicke als herausragend intensiv erlebt, geradezu als Augenblicke des Glücks (oder der Gefahr). Daß sie aufgrund der enormen psychischen Beanspruchung, die die ritualförmige Überbrückung von Emergenzabstufungen erfordert, nicht dauerhaft gleichbleibend aufrechtzuerhalten sind, sondern Rhythmik verlangen, liegt auf der Hand.

Ebenso ist offensichtlich, daß es sich beim Auftreten einer ganzheitlichen Paßfähigkeit, der strukturellen Kopplung zweier Systeme hinsichtlich ihrer existenziellen *und* essenziellen Dimensionen, um ein seltenes Ereignis handelt, das durch die autopoietische Temporalität der Strukturen rasch wieder in Frage gestellt wird. Überhaupt gibt es keinerlei „Notwendigkeit", die Ganzheit der Person zu mobilisieren. Niemand kann gezwungen werden, sich vollständig in eine Situation einzubringen und nicht immer ist voller Einsatz ratsam.

Umgekehrt ist die Konstellation denkbar, daß sich das Bewußt-Sein nach ganzheitlicher Erfüllung „sehnt", doch die physiologische Ebene, die ja relative Autonomie genießt, versagt den Dienst, wenn die Person es ungenügend gelernt hat, über die Emergenzebene hinweg den Körper zu stimulieren. Gesteigerte Erwartungen können vegetative Funktionen blockieren.

Die Begegnung von Frau und Mann läßt sich systemtheoretisch zunächst als essenzielle Interpoiese beschreiben, die schließlich zu einer existenziellen Symbiose führt. Der Mikrokosmos des einen Systems avanciert zum nährenden Kontext des anderen. Die resultierende Dyade generiert ein triadisches Familiensystem. Auch für eine nur partiell-existenzielle Vereinigung der mikrokosmischen Kontexte zweier Personen erscheint zumindest zeitweilig das essenziell-ganzheitliche Einbringen der Einzelnen unabdingbar.

> „Freundschaft hat den entscheidenden Vorteil der besseren zeitlichen und sozialen Generalisierbarkeit. Sie kann Dauer prätendieren und ist auch zwischen Personen möglich, die nicht in sexuelle Beziehungen treten können oder wollen. Sie allein kann soziale Reflexivität auf dem jetzt notwendigen Individualitätsniveau realisieren, während Liebe bei steigenden Ansprüchen an Individualität um so mehr ins Unglück führen muß." (Luhmann 1982, S. 147)

Was Luhmann einseitig als Quelle des Unglücks bezeichnet, ist nach dialektischem Verständnis zugleich die Quelle des Glücks. Übertreibung, d.h. die Ausdehnung der Kommunikation auf mehrere und schließlich alle Ebenen der Person, intensiviert das Erleben. Ob dies als „glücklich" oder „unglücklich" empfunden wird, hängt von weiteren Umständen ab. Im Zustand der Verliebtheit erfahren die Beteiligten gefühlsmäßig, ob sich die eigendynamische Erzeugung eines neuen, zunächst nur dyadischen Systems existenziell extrapolieren läßt. Eine ritualförmig von der sozialen Ebene her gerahmten existenzielle Symbiose setzt das Ausloten der Kommunikationsfähigkeit auf allen Ebenen der Einzelpersonen voraus, d.h. zunächst das Beobachten, ob dimensional Anschlußfähigkeit zwischen den Emergenzschichten, eine gemeinsame Sprache, besteht. Interessen, Vorlieben und Gewohnheiten können verschieden sein. Wenn die Personen nicht imstande sind, zu kommunizieren, bleibt der andere essenziell fremd und wird aus dem von Beherrschbarkeit und Manipulierbarkeit bestimmten eigenen Mikrokosmos wieder ausgeschieden. Wie man sich verliebt, so trennt man sich.

Das Verlieben mit seiner unerhörten Intensität des Erlebens und scheinbaren Zwecklosigkeit bereitet die existenzielle Symbiose zweier Personen zur Erzeugung eines tragfähigen Familiensystems vor. Denn sobald Kinder hinzukommen, können sich in den Vertrauenslücken eines Paares, das sich seiner nicht ausreichend versichert hat, Koalitionen bilden. Sie übersteigen nicht nur die Komplexität der dyadischen Konstellation, sondern sind zudem durch das naturgemäß unhintergehbare Machtgefälle zwischen Elternteil und Kind gekennzeichnet. Zumindest wäre es günstig, wenn das Paar zu diesem Zeitpunkt, die experimentierfreudige „Auslotungsphase", die alle Tasten der fraktionalen Identitätsklaviatur spielen mag, bereits ausgekostet hat, um in der neuen Phase der zunächst hauptsächlich existenziell-physiologischen Beanspruchung durch das Neugeborene „funktionieren" zu können.

Die Liebesgeschichte bedarf der besonderen Situation, damit sich zwei Personen in ihrer Ganzheitlichkeit öffnen. Wer sich bereits lange aus fraktionierenden Beziehungen kennt, z.B. als Arbeitskollegen oder Freunde, und ineinander verliebt, lernt erst jetzt den anderen „wirklich" kennen. Das Besondere der Situation, in der sich Menschen unabhängig von Rollenzwängen außer ihrer Geschlechtszugehörigkeit begegnen, kann wiederum ritualförmig als regelfreier Raum betrachtet werden, der zwischen Abgrenzungs- und Anschlußdynamik angesiedelt ist. Es ist kein Zufall, daß in allen Kulturen dieser Raum nonverbal, nämlich durch Musik, vorstrukturiert und gerahmt wird. Musik erscheint afunktional, kann mit Leichtigkeit den unmittelbaren Kontext transzendieren und gleichzeitig körperliche Rhythmen aufnehmen. Sie stellt eine Verbindung zwischen physischen und psychischen Ebenen her, ohne in Determinismen abzufallen. Im Stadium relativer Regelfreiheit erwächst der Phantasie Raum, in subtiler Abstimmung mit dem anderen jene Ebene herauszufinden, von der aus sich Kommunikation essenziell entfalten kann. Rollen- und Regelfreiheit flexibilisiert den Wechsel der Ebene.

Oft endet der Flirt bereits vor diesem Stadium, wenn einer der Partner signalisiert, daß er zum übertreibenden Analogisieren und doppelbödigen Sprechen in Andeutungen keineswegs bereit ist. Ja, eine *substanzielle* Fortsetzung findet die Gesprächsinitiative erst, wenn der andere sich *nicht* sofort auf die anvisierte Ebene einläßt. Gelingt es, individuelle Differenzen so einzubringen, daß eine eigendynamisch-offene Kommunikation angeregt wird, so können beide Partner nicht wissen, wohin sie noch führen, was sie noch berühren wird. Dieses Taumeln in echte Unkenntnis schafft einerseits Spannung und andererseits zugleich die Gewißheit, frei von Manipulation zu sein. Damit erst öffnet sich das Tor zur Liebe, denn im Unterschied zur Sexualität ist sie essenziell – sie kann nicht erzwungen werden. An den spielerischen Versuch, der sukzessiven vertikalen Durchdringung, indem beide Partner kommunikable Ebenen ausloten, schließt sich das tänzerische Umgehen mit Differenzen an. Entsprechend der eingeführten Terminologie lassen sich die Bedingungen für das Gelingen einer Liebesbeziehung wie folgt auf den Punkt bringen:

$$\forall ij: \text{Wenn } i \neq j, \text{ dann suche bis } i = j. \tag{6.1}$$

$$\text{Wenn } i=j, \text{ dann } \exists A_i \Leftrightarrow \exists B_j \tag{6.2}$$

mit:
$$FP(A) \neq FP(B) \text{ bzw. } A_i \neq B_j \tag{6.3}$$
$$ED(A_i \oplus B_j) = FP(A) \oplus FP(B) \tag{6.4}$$
$$A \mid A_i \oplus B_j = A \mid (B \mid A_i \oplus B_j) \wedge B \mid A_i \oplus B_j = B \mid (A \mid A_i \oplus B_j) \tag{6.5}$$

$$\text{Wenn } i > \max(j), \text{ dann } B\,|\,B_{(j)} := A\,|\,A_i \qquad (6.6)$$
$$\text{Wenn } j > \max(i), \text{ dann } A\,|\,A_{(i)} := B\,|\,B_j \qquad (6.7)$$

Bedingung (6.1) formuliert zunächst, daß beide Partner ihre existenziellen und essenziellen Dimensionen derart aufeinander abstimmen, daß sie vergleichbar werden, d.h. wenn Partner A über eine Dimension i verfügt, so gibt es eine Entsprechung auf dieser Dimension bei B (6.2). Ohne Übereinstimmung der essenziellen Dimension des Kommunizierten kann es kein Verstehen und keine Einfühlung zwischen Alter und Ego geben, sondern nur Perpetuierung der Mißverständnisse.

Der absolute Wert, den die Partner auf der jeweiligen systemischen Dimension vertreten, ihre Auffassung in einer bestimmten Hinsicht oder ihre Körperlichkeit, sollte sich nach (6.3) jedoch unterscheiden, denn ohne Differenz ist Kommunikation unmöglich (vgl. Bateson 1972, S. 408; Maturana & Varela 1987, S. 47; Spencer Brown 1969, S. 1 ff.; Luhmann 1984, S. 57, 68, 194 ff., 212) – diese Grundlage aller Kommunikation zählt ohne Abstriche ebenso in der Kommunikation Liebender, auch wenn ihnen die Übereinstimmung illusionär umfassend erscheint. Im übrigen gilt das hier Gesagte auch für existenzielle, z.B. körperliche Dimensionen, die grundsätzlich schwerer zu ändern sind. Die Unterschiedlichkeit von Mann und Frau in physischer Hinsicht ist offensichtlich, doch auch homosexuelle Partner konstruieren sich – meist nach heterosexuellem Vorbild – quasi-körperliche Unterschiede, indem sie bestimmte Rollen einnehmen. Da diese konstruierten Unterschiede weniger fest physiologisch verankert sind als die wirklichen Geschlechtsunterschiede, lassen sie sich – auch zur Belebung der Partnerschaft – flexibler wechseln (und mit ihnen die jeweilige fraktionale Identität).

Der Ausdruck (6.4) hält explizit fest, daß die Partner ihre Unterschiedlichkeit auf den emergenten Persönlichkeitsebenen so miteinander kommunizieren, daß eigendynamisch eine neue emergente Ebene entsteht, nämlich das Paar als soziales System. Wenn sie genügend gemeinsame Ebenen gefunden haben, ist nicht entscheidend, wie groß der Unterschied zwischen den Partnern ist, sondern ob sie qualitativ derart miteinander kommunizieren können, daß für beide etwas Neues entsteht.

Diese Bedingung wird durch Formel (6.5) bekräftigt und verschärft, die zwar nicht besagt, daß beide Beteiligte schließlich dieselbe Sicht auf die Art ihrer Interaktion entwickeln, sondern daß sie, so wie sie sich selbst in der Begegnung verändert erleben, auch annehmen, daß sich der Partner verändert erlebt. Durch diesen gleichsetzenden Eindruck wird die doppelte Kontingenz um eine volle Dimension ärmer und Zirkularität geradezu berechenbar – allerdings auf Grundlage einer Illusion sowie unter Einsatz der gesamten Dimensionalität beider Partner. Sie können sich der Gleichsinnigkeit im Gefühl des anderen jedoch nicht sicher sein, daraus erwächst jene alltägliche Ambivalenz, die Dostojewskij eindrücklich in der ersten Passage des zitierten Gespräches zwischen Lise und Aljoscha gestaltet hat. Das experimentelle Ausloten der gegenseitigen Erwartung trägt zum Manifestwerden des Vertrauens, zum Verlust der Kontingenz bei. Dazu hier nun die Fortsetzung des Gespräches, in der die Liebenden zwischen Freiheit und gegenseitiger Versklavung schwanken:

> „Hören Sie, Aljoscha, Sie müssen wissen, daß ich auch auf Sie heimlich aufpassen werde, sobald wir getraut sind, und Sie müssen auch wissen, daß ich alle ihre Briefe öffnen und alles lesen werde... Das habe ich Ihnen im Voraus gesagt..."
> „Ja, natürlich, wenn das so ist..." murmelte Aljoscha. „Nur ist das nicht schön."
> „Ach, welch eine Verachtung! Aljoscha, Sie Lieber, wir wollen uns nicht gleich beim ersten Mal streiten – ich will Ihnen lieber die volle Wahrheit sagen: es ist natürlich sehr häßlich zu horchen, und natürlich habe nicht ich recht, sondern Sie, aber ich werde trotzdem horchen."
> „Tun Sie es nur. Sie werden bei mir nichts Besonderes feststellen können", sagte Aljoscha lachend.
> „Aljoscha, werden Sie sich mir auch unterordnen? Auch darüber muß man unbedingt im voraus ins Klare kommen."
> „Sehr gern, Lise, unbedingt, nur nicht im Wichtigsten. Wenn Sie im Wichtigsten mit mir nicht einverstanden sein werden, so werde ich dennoch das tun, was die Pflicht mir gebietet."
> „So muß es auch sein. Und ich, müssen Sie wissen, bin im Gegenteil nicht nur bereit, mich im Wichtigsten unterzuordnen, sondern ich werde Ihnen in allem nachgeben, und ich schwöre es Ihnen schon jetzt – in allem, mein ganzes Leben lang", rief Lise leidenschaftlich aus, „und ich werde dabei glücklich sein, glücklich! Nicht genug damit, schwöre ich Ihnen noch, daß ich Sie nie belauschen werde, kein einziges Mal, niemals, und daß ich keinen einzigen Ihrer Briefe lesen werde, weil Sie recht haben, ich aber nicht.

Und wenn ich auch furchtbar gern lauschen würde, das weiß ich, so werde ich es doch nicht tun, weil Sie das für unfein halten..."
(Dostojewskij 1878/89, S. 297)

Bildhaft gesagt, spielen die Liebenden auf der gesamten Breite der Klaviatur, nur um sich mit verschlungenen Melodien, Höhen und Tiefen *einem* Finale zu nähern; sie jonglieren mit allen Bällen, die ihnen zur Verfügung stehen, nur um *einen* davon festzuhalten. Die Funktion der Reduktion der doppelten Kontingenz auf einfache Reflexion, das Verschwinden der Ungewißheit und das Anwachsen des Vertrauens hat nur den einen Zweck, von den zahllosen denkbaren essenziellen Ebenen auf die existenzielle Ebene hin zu orientieren. Weil die physische Ebene archaischer ist als die psychische, spielen als physische Wirkmittel auch archaischere Reize eine Rolle. Hier scheint häufig die Anziehung oder Abstoßung aufgrund des Geruchs über die sonstige Dominanz des Sehens und des Hörens zu triumphieren – mit der Folge, daß der unsichtbare Grund der Verbindung, nämlich „sich riechen zu können", oft unbewußt und manchmal auch unbemerkt bleibt, der Tanz auf den anderen Ebenen aber vernachlässigt wird.

Umgekehrt wird die physische Anziehung aufgrund ihrer Macht allen liberalen Mythen zum Trotz als Bedrohung empfunden, wenn sie aus der Partnerschaft herausführt. Wer sich zusätzlich zu einer bestehenden Liebesbeziehung sexuell definierte Außenbeziehungen leistet, ist mit hoher Wahrscheinlichkeit stark damit beschäftigt zu verhindern, daß die Außenbeziehungen auf essenzielle Ebenen übergreifen und damit die Liebesbeziehung in Gefahr zu bringen. Insofern ist das generelle, von den christlichen Kirchen im historischen Vergleich beispiellos verschärfte Monogamie-Gebot[69] verständlich als Schutz schwacher Charaktere vor den Ausschweifungen der Seele, wenn sie angefangen haben, mit dem Feuer zu spielen.

---

[69] In Mt 19.9 erklärt Jesus bereits den Blick in die Augen einer verheirateten Frau zum Ehebruch (eigentlich also müßten die Christen verpflichtet sein, einen Schleier zu tragen) – diese Kriminalisierung des Blickkontaktes wird von theologischer Warte aus als Hinwendung zum Psychischen gewertet, die die historische Leistung des Christentums darstelle, indem sie die Orientierung an der archaischen kultischen Reinheit, die noch für das Judentum maßgeblich war, ablöste (vgl. Kalinke, in Vorbereitung).

Zurück zur Annäherung der Geschlechter: für sie scheint nicht jenes Ausmaß an Irrationalität notwenig zu sein, von dem Luhmann (1982, S. 147) meint, es tauge im Vergleich zur Freundschaft nicht zur Dauer – nein, vielmehr ist letztendlich die Reduktion der Irrationalität, die Ausschaltung der sonst immanenten doppelten Kontingenz erforderlich, damit sich Frau und Mann aufeinander einlassen und liebend einander hingeben können. Denn nicht nur das Ausleben sexueller Lust fokussiert die körperliche Ebene, auch die wesentlich mühsamere und Zuverlässigkeit erfordernde Versorgung des Kindes ist anfänglich – natürlich nicht nur, sondern auch spielerisch ergänzt – eine physiologische Funktion.

Luhmann verwechselt den Prozeß der *Annäherung auf allen Ebenen*, der vielfach von Übertreibungen und Enttäuschungen, Höhenflügen und tiefen Abstürzen charakterisiert sein kann, mit dem Resultat – wenn es dazu kommt. Die Generalisierbarkeit der Freundschaft ist es gerade, die es ihr an Intensität mangeln läßt; wegen ihrer umgreifenden Intensität ist Liebe so schwer generalisierbar. Die Liebe, die zwischen zwei – leibhaftigen und vernunftbegabten – Menschen entsteht, wird es nicht noch einmal mit einem anderen Partner geben (6.4). Sobald die Partner die nur von ihnen beiden in der Begegnung als „ganze Menschen" geschaffenen Geheimnisse - ihre Intimität - Fremden oder Freunden gegenüber lüften, ist die Liebe in Gefahr, sich aufzulösen.[70] Allerdings: für jemanden, der hauptsächlich auf der Ebene essenzieller Gedanken wandelt und sich vor dem Abstieg die Sprossen der Himmelsleiter zum existenziell-physischen Grund fürchtet, weil dort vielleicht dämonische, mit angestrengtem Grübeln nicht zu bändigende Geschehnisse lauern, für diesen scheuen Zeitgenossen existiert die vertikale Dimension im essenziellen Gefüge schlichtweg nicht und als höchstes Ideal erscheint ihm - auf horizontaler Ebene, Pleonasmus! - die „Generalisierbarkeit".

Falls ein Partner feststellt, daß der andere eine essenzielle Dimension bespielt, die für ihn selbst keine Bedeutung hat (6.6), so akzeptiert er diese, damit die Beziehung gelingt, d.h. er entwickelt eine hypotheti-

---

[70] Aus diesem Grund beginnt in der Regel Paarberatung erst dann, wenn die Liebe schon am Ende ist. Wenn das Paar dennoch zusammen bleibt, ist die neue Liebe eine andere als die alte.

sche Dimension, die der des Partners entspricht, um ihn darin zu erkennen und unterstützen. Im günstigen Falle gehen im Laufe der Beziehung für beide Partner die hypothetischen Dimensionen in essenzielle über:

$$A_i = A_{(i)} \wedge B_j = B_{(j)} \tag{6.8}$$

Doch das ist viel verlangt und keine Bedingung für die Liebe. Zumindest kann es als günstig gelten, wenn die Partner außer den Gemeinsamkeiten jeweils auch ihre eigenen Felder abgesteckt haben und es ihnen kommunikativ gelingt, den anderen ab und an dorthin einzuladen – und mit der Einladung Gegenliebe weckt. Nicht jeder muß Spezialist für alles werden.

Stellt sich die Frage, wieviele essenzielle Dimensionen zwei Partner denn miteinander teilen sollten, um ihre Liebesbeziehung auf eine ausreichende Basis zu stellen? Ich möchte dazu keine Kriterien formulieren. Manche Paare sind nur zufrieden zu stellen, wenn sie zahlreiche Ansprüche aneinander erfüllen. Andere sind bereits glücklich, wenn es außer der Sorge um die Existenz noch ein Hobby gibt, das verbindet. Mir scheint, daß es günstig ist, wenn neben der miteinander geteilten existenziellen Situation und der gegenseitigen körperlichen Anziehung *wenigstens eine* essenzielle Dimension von beiden Partnern gleichrangig bespielt wird – sonst ist kein sorgenfreier Austausch möglich und die Erhaltung einer belebenden Beziehung schwierig. Diese eine Dimension kann der Beruf sein, wenn er nicht allein dem Broterwerb, nicht allein der Existenzerhaltung dient. Partner, die in verschiedenen Berufen arbeiten, sind sowohl in ihrer Kommunikation als auch in der Offenheit ihres Interesses besonders herausgefordert.

Es kommt nicht auf Übereinstimmung, sondern auf Kommunizierbarkeit an. Völlige Übereinstimmung – abgesehen davon, daß sie unmöglich ist, weil schon der Einzelne mit sich selbst nicht absolut, sondern nur fraktional identisch ist – würde den Austausch und damit die Beziehung zwischen den Partnern zum Erlahmen bringen. Die Unterschiede werden günstigenfalls sowohl zwischen den Partnern als auch zwischen den Emergenzebenen ritualförmig ausagiert, d.h. sie wirken sowohl abgrenzend als auch verbindend, die Partner sind existenziell und essenziell in ihrer Unterschiedlichkeit aufeinander angewiesen, sie können diese jedoch nur gegenseitig nutzen, indem sie sich austauschen.

Mentalitätstypen sind flexibler als Körpertypen. Den Körper hat man, wie er ist. Er läßt sich trainieren oder vielleicht chirurgisch modifizieren, vor allem läßt sich der äußere Ausdruck durch die Kleidung verändern. Dresscodes überbrücken in der Funktion sozialer Erkennungsmerkmale – Kleider machen Leute – die psychische Ebene, um Körperlichkeit und Soziabilität miteinander zu verbinden. Dennoch sind die Grenzen der Gestaltbarkeit des Körpers enger gezogen als auf der emergenten Ebene des Bewußt-Seins.

Die Wahrscheinlichkeit, daß zwei Menschen körperlich zusammenpassen und dies erkennen, bevor sie miteinander schlafen – z.B. indem sie sich an der Typologie des Kamasutra orientieren – ist größer als die Wahrscheinlichkeit, daß sie geistig einander entsprechen. Sexualität ist leichter zu realisieren als Liebe. Aus der Macht der physischen Anziehung, die sich über die „vernünftigen" essenziellen Ebenen hinwegsetzt, erwächst das Unglück, wenn die Beteiligten hinterher feststellen, daß sie außer im Bett nicht miteinander kommunizieren können. Daraus erwächst die heftigste Dramatik der Liebe: Sie setzt eigentlich essenzielles Kennenlernen vor dem körperlichen voraus. Der Körper ist aber – mitunter – leichter zu gewinnen.

Je höher die Emergenzebene angesiedelt ist, auf der die Partner bevorzugt kommunizieren, desto weniger zwingend binden Gemeinsamkeiten, denn um so mehr relativ autonome Eigendynamik spielt hinein. Daher trennen sich, wie es scheint, Intellektuelle oder anspruchsvolle Menschen schneller als diejenigen, die vor allem Wert auf die körperliche Ebene legen. Zumindest wenn die Durchdringung auf den essenziellen Ebenen der Partner schlecht gelingt und außerdem der körperliche Lustgewinn ausbleibt. Prinzipiell wirken essenzielle Emergenzebenen rahmend auf die existenziellen – d.h. die Partnerwahl wird weniger nach physischen als nach psychischen und weniger nach psychischen als nach familialen oder sozialen Gesichtspunkten getroffen, obwohl die physisch-sexuelle oder gar die physisch-existenzielle Bindung am stärksten zum Zusammenhalt der Beziehung beiträgt. In Gesellschaften ohne soziale Sicherung bleibt man wegen existenzieller Abhängigkeit miteinander verbunden. In Gesellschaften mit sozialer Absicherung (für alleinerziehende Mütter) trennt man sich wegen essenzieller Unterschiede.

Bikulturelle Partner unterscheiden sich a priori in der Qualität ihrer essenziellen Dimensionen, der sprachlichen – es sei denn, sie sind beide zweisprachig aufgewachsen, mit denselben Sprachen – und der sozialisierend kulturellen. Es ist eine besondere Schwierigkeit, mit den Unterschieden auf diesem fundamentalen Niveau umzugehen. Nicht nur daß die Gemeinsamkeiten diese Differenzen tragen müssen – mit dem Kennenlernen werden beide Partner mit hoher Wahrscheinlichkeit Überraschungen erleben. Denn erst indem sie die Nuancen entdecken, können sie die Differenzen zu den gewohnten kulturellen Standards überhaupt bemerken. Darin zeigt sich die konkrete Fähigkeit des Menschen zur Universalität.

Wenn – was oft der Fall ist – einer der Partner den größeren Teil der Anpassung zu leisten hat, weil er beispielsweise in das Land des anderen umgesiedelt ist, wird er für sich zahlreiche Unterschiede zur Herkunftskultur entdecken, die dem Partner verborgen bleiben. Und diese Differenz in der Wahrnehmung von Differenzen entfaltet ihre spezifische Eigendynamik. Mitunter kommt es in der Folge vor, daß ein Partner streitet und der andere weiß nicht warum, daß ein Partner sich trennen will und der andere weiß nicht warum. In der Regel wird böse, wer den größeren Teil zu tragen hatte – wenn dem Paar auf einer anderen Ebene kein Ausgleich gelingt.

In den europäischen Adelsgesellschaften bildeten aufgrund exogamer Heiratspolitik binationale Ehen die Regel. Unterschiede im Kolorit der Herkunft wurden aufgewogen durch eine universale Erziehung, die neben dem Erlernen der Sprachen eine umfassende ästhetische – einschließlich Musik, Malerei, Architektur, Mathematik und Literatur – und politisch-militärische Bildung umfaßte. Aus beiden Faktoren, der exogamen Binationalität und der Universalbildung des Adels resultieren die Verbindungslinien der sonst so zerfaserten europäischen Kultur.

3.5.4 Familienstrukturen

Liebe dehnt die Zirkularität der Interpoiese auf alle Emergenzebenen aus, um sie im Vertrauensgewinn zu verinnerlichen und damit – zumindest nach außen hin – zum Verschwinden zu bringen. Paare, die sich gut kennen, funktionieren: Sie bilden ein Team, können Absprachen treffen und benötigen keine Verträge. Sie lassen sich auf riskante Handlungen des Partners ein, angesichts derer Außenstehende den Kopf schütteln. Waren Ort und Zeit anfangs schwierig zu vereinbaren und Kennzeichen heimlich-willkommener Gelegenheiten, so werden sie später Biotop der Symbiose. Körperliche Attraktivität, zeitweise - vielleicht versteckt - das mächtigste Bindemittel, muß um Zuverlässigkeit ergänzt werden. Die metakognitive Ebene fordert zwar Entsprechung in wichtigen Denkkategorien, insbesondere Annäherung in der Sichtweise auf den jeweils andern, aber keine Übereinstimmung in Inhalten - diese Balance ist nicht leicht zu halten. Rasch maskieren inhaltliche Differenzen persönliche Vorbehalte. Die unvermeidliche Angleichung der Wahrnehmungsfokussierung erschwert die belebende horizontale Differenzierung um ein weiteres.

Die metakognitive Ebene als oberste psychische Selbstreferenz wird markiert vom Moralniveau, den Kriterien der Urteilsbildung und der Dynamik von Bewertungsprozessen. Paare, die sich auf dieser Stufe nicht durchdringen - Durchschauen genügt nicht - werden spätestens mit der Elternschaft mittlere Wunder erleben. Bleiben schließlich noch generalisierende Faktoren zu erwähnen, die sich auf familial-mehrgenerationale Paßfähigkeit hinsichtlich ontogenetischer Entwicklung und Übertragungsmustern aus der elterlichen Abgrenzungs-Anpassungs-Dynamik beziehen.

Mit der Geburt von Kindern generieren Paare Familien, Dyaden mutieren zu mehrstelligen Systemen. Zur konstituierenden Grundlage der Familie gehören nicht nur die Eltern als Einzelmenschen, sondern auch die Art ihrer Kommunikation, die ihr Wirken als Eltern-Paar kennzeichnet. Die Eltern bilden nicht nur als Mann und Frau jeweils emergent stratifizierte Individuen, sondern ein soziales Subsystem, das deutlich vom System der Kinder abgegrenzt ist. Kinder sind die Quelle der rahmenden Eigendynamik, die das Familien- vom Paarleben unterscheidet. In diesem Sinne läßt sich Formel (3.2) modifizieren zu:

$$FS_{i|i+1} = (M \oplus V)_i \oplus (K_1 \oplus ... \oplus K_n)_{i+1} \qquad (7.1)$$

mit: FS – Familiensystem der Generation i im Übergang zu i+1
M – Mutter, V – Vater
$K_1 ... K_n$ – Kinder

Dieses Modell beschreibt auf den ersten Blick lediglich die Struktur der sogenannten Kernfamilie. Die Klammern deuten an, daß sich die von ihnen zusammengefaßten Subsysteme auf spezifische Weise innerhalb der Familie formieren und die Ebenen der Kommunikation innerhalb des Subsystems, zwischen Subsystem und Familie wie auch der Umwelt bestimmen. Das heißt, es gibt Ebenen, auf denen die Eltern miteinander kommunizieren, aber nicht mit den Kindern und umgekehrt. Die Indices i und i+1 an den Klammern geben die Generationenzugehörigkeit an. Insofern deutet das Modell auf den fraktalen Charakter der mehrgenerationalen Fortbewegung und die vertikale Perspektive hin. Die Darstellung verzichtet an dieser Stelle auf die emergente Schichtung der Einzelpersonen. Um Kommunikationsprozesse zu verstehen, wäre es jedoch wichtig, nicht nur die funktionale Struktur, sondern auch zu berücksichtigen, welche Ebene – oder, wenn man so will, welchen fraktionalen Persönlichkeitsanteil, welche Rolle – die Beteiligten in der Situation von sich zeigen und zum Einsatz bringen. Entscheidend ist, in welcher Weise die von einer Person gewählte Kommunikationsebene zu ihrer momentanen Funktion und ihrem Spielraum im System paßt.

Je jünger die Kinder sind, desto natürlicher sind die Grenzen zwischen Eltern- und Kindebene gegeben. Indem sich die Kommunikation zwischen Eltern und Kind in der ersten Zeit nach der Geburt vordergründig um physische Versorgung dreht, ansonsten aber erst nach und nach weitere essenzielle Ebenen erobert, ist ohne weiteres Zutun eine Grenze gegeben. Häufig wird von einer Symbiose zwischen Mutter und Kind gesprochen. Diese Symbiose erscheint jedoch nur einem aufs Äußerliche gerichteten Blick. Die räumliche, ja körperliche und emotionale Nähe kann nicht über die kommunikative Einschränkung hinwegtäuschen, die die Eltern in Bezug auf das Kind aktiv leisten. Um so bedeutsamer ist der Ausgleich, den die Eltern auf der Erwachsenenebene finden. Die Entwicklung der Kommunikation zwischen Eltern und Kind schreitet zusehends von physischen zu essenziellen Ebenen fort und kann schon im Kleinkindalter komplexe paraverbale Formen annehmen. Auf jeder Ebene etablieren sich eigenständige, zum Großteil unbewußt operierende Rekursionskreise, die das Funktionieren der einzelnen psychischen Systeme koordinieren (z.B. Objektpermanenz,

Sprechenlernen). Wenn das Kind reflektierend zu handeln beginnt, nähert es sich einem Ausmaß relativer Autonomie, um sich von der Herkunftsfamilie zu lösen und eigene Wege zu gehen.

Die Familie befindet sich daher, abgesehen vom gesellschaftlichen Wandel, im Spannungsfeld zweier entgegengesetzter Entwicklungsvorgänge. Während die Eltern jüngerer Kinder geradezu genötigt sind, Entscheidungen ohne die essenzielle Einbeziehung der Kinder zu treffen und damit gezwungenermaßen autoritär ihren konstituierenden Einfluß ausüben, fordern heranwachsende Kinder zur Verhandlung auf gleicher Ebene heraus, ohne daß sie schon genügend autonom sind. Diese Polarität kennzeichnet die kontinuierliche Entwicklung in der Kernfamilie, die mit jedem weiteren Kind von Neuem startet (7.2). Es darf jedoch nicht übersehen werden, daß mit der Familiengründung, d.h. mit dem erstgeborenen Kind, ein Entwicklungssprung stattgefunden hat, ein Generationenwechsel (7.3). Familie läßt sich demnach als System mit paradoxer Dynamik betrachten.

$$FS_i|_{i+1} = (M \oplus V)_i \oplus (K_{1, phys \to ess} \oplus ... \oplus K_{n, phys \to ess})_{i+1} \quad (7.2)$$
$$FS_{i \to i+1} = (M (=K_p) \oplus V(=K_q))_i \oplus (K_1)_{i+1} \quad (7.3)$$

Die Mutter des Kindes ist selbst das p-te Kind ihrer Eltern und der Vater das q-te Kind seiner Eltern, beide Elternpaare mutieren mit der Geburt des Kindes zu Großeltern. Bis dahin erscheint die mehrgenerationale Fortsetzung des Familiensystems trivial. Würde man die Großeltern und dann wieder deren Eltern, Großeltern, Urgroßeltern usw. jeweils eintragen, entstünde rasch ein nicht mehr überschaubares Netz von Verwandtschaftsbeziehungen – im Grundstock mindestens so zahlreich wie in jener indischen Parabel, in der sich der Erfinder des Schachspiels „lediglich" die jeweils doppelte Menge Weizenkörner, beginnend mit 1, auf jedem Feld des Spielbrettes vom König als Siegerlohn erbat.[71] Aus diesem Grund verschwindet die personenbezogene Differenzierung der Familienstruktur nach Formel (7.1) häufig ab der zweiten oder dritten Generation (z.B. Urgroßeltern) in einer zusam-

---

[71] In formaler Hinsicht verhält sich das Ausufern der Verwandtschaftsbeziehungen analog zum Zinseszins.

menfassenden Betrachtungsweise nach den Formeln (3.1) und (3.2). Familie geht, rückwärts betrachtet, in Zeitgeschichte über.

(7.1) beschreibt eine Struktur der Kernfamilie, die als idealtypisch zu bezeichnen ist und häufig nicht die Realitäten des Alltags trifft. Innerfamiliale Subsysteme, die hier durch Klammern markiert sind, entsprechen den Grenzen, die Salvador Minuchin (1977, S. 70; vgl. Klaus A. Schneewind 1999) mit verschiedenen Durchlässigkeiten postuliert hat. Je nach Zusammensetzung gilt es zwischen drei verschiedenen Systemebenen eine Balance herzustellen:

Zum einen verliert jedes einzelne Familienmitglied als Person seine relative Autonomie nicht, indem es der Familie angehört. Wie es in einer Liebesbeziehung für jeden der beiden Partner von Bedeutung ist, trotz oder gerade wegen der Durchdringung auf allen Ebenen, genügend Raum für sich selbst beanspruchen zu dürfen, so gibt auch in der Familie niemand den notwendigen *individuellen* Spielraum auf, ohne daß es zu Beeinträchtigungen käme. Eine Mutter, die sich so stark für Kind oder Ehemann aufopfert, daß sie ihre eigenen Interessen vollständig vernachlässigt, gefährdet damit nicht nur sich selbst durch Verhinderung ihrer persönlichen Weiterentwicklung, sondern auch die Rollenteilung und -wahrnehmung der übrigen Familienmitglieder, die sich daran gewöhnen können, in ihr eine aufopferungsbereite Dienerin zu sehen.

Zum zweiten ist analog dazu *auf der Ebene der Subsysteme* ein autonomer Spielraum erforderlich, damit sie erkennbar und handlungsfähig bleiben. Wenn der Altersabstand nicht zu groß ist, lernen Geschwister untereinander zuerst den Umgang mit Konflikten zwischen Vertretern derselben Generationenebene. Eingriffe der Eltern, auch wenn sie gut gemeint sind, können hier wichtige Erfahrungen verhindern. Umgekehrt hat es für die Eltern Bedeutung, nicht nur in ihrer Funktion als Vater und Mutter zu agieren, sondern sich eine Sphäre als Liebespaar unabhängig von den Kindern zu erhalten.

Drittens schließlich entwickelt *die Familie als Ganzes* das Bedürfnis nach Zusammengehörigkeit und Nähe, ein Wunsch, der häufig die relative Autonomie der individuellen, Paar- und Geschwister-Ebene okkupiert und zu Spannungen beiträgt. Graphisch läßt sich die Struktur der idealen Kernfamilie mit drei Kindern folgendermaßen veranschaulichen (Abb. 6).

Die Überlappung der Kreise für Vater und Mutter zeigt den Grad ihrer Interpoiese als Liebespaar an. Diese Ebene ist von der Gemeinsamkeit mit den Kindern getrennt, aber die Grenze verläuft nicht starr, sondern die Kinder profitieren von der Liebe zwischen den Eltern. Je kleiner ein Kind ist, desto durchlässiger sind seine Persongrenzen gegenüber den Eltern und auch den Geschwistern, desto weniger essenzielle Ebenen sind in seine autonome Selbstbestimmung einbezogen. Je älter es wird, desto weiter entfernt es sich vom Mittelpunkt der Familie, bis es sich autonom abgrenzt und von der Herkunftsfamilie löst.

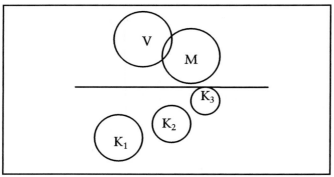

Abbildung 6: Grenzen, Nähe und Distanz innerhalb der Kernfamilie

Bleiben die Grenzen zwischen Individuum, Subsystem und Familie nicht respektiert (z.B. durch eine Mutter-Kind-Symbiose, die den Vater ausgrenzt) oder gelingt es der Familie nicht, sich genügend gegenüber der außerfamilialen Umwelt zu behaupten (angezeigt in Form von Trennung der Eltern z.B. infolge zu starker beruflicher Einbindung, der Hinwendung an einen neuen Geliebten), resultiert eine Palette von Abweichungen gegenüber der idealtypischen Kernfamilie. Sie sind bei aller Vielfalt durchgängig davon gekennzeichnet, daß in ihnen die Generationen- und Individuumsgrenzen von Auflösung bedroht sind. Einige Beispiele lassen sich wie folgt beschreiben:

$$AFS_1 = V \oplus (M \oplus (K_1 \oplus ... \oplus K_n)) \qquad (7.4)$$
$$AFS_2 = (V \oplus (K_1 \oplus ... \oplus K_p)) \oplus (M \oplus (K_{p+1} \oplus ... \oplus K_n)) \qquad (7.5)$$
$$AFS_3 = V \oplus (M \oplus K_n) \oplus (K_1 \oplus ... \oplus K_{n-1}) \qquad (7.6)$$
$$AFS_4 = M \oplus (K_1 \oplus ... \oplus K_n) \qquad (7.7)$$

$$AFS_5 = (S\text{-}V \oplus S\text{-}M) \oplus (K_1 \oplus ... \oplus K_n)^M \oplus (K_1 \oplus ... \oplus K_m)^V$$
$$\oplus (K_1 \oplus ... \oplus K_o)^{S\text{-}V \oplus S\text{-}M} \qquad (7.8)$$

mit: AFS - Abweichende Familienstruktur
S-V - Stief-Vater
S-M - Stief-Mutter

(7.4) beschreibt eine Familie mit desintegriertem Vater. Damit sind noch keine Aussagen über die Gründe getroffen. Möglicherweise ist es dem Paar nicht gelungen, den Vater mit Geburt des Kindes angemessen einzubeziehen, oder die Mutter suchte - z.B. zum Zwecke der Selbstbestätigung als Frau durch Mutterschaft - von vornherein einen Mann als patriarchalen Versorger und weniger als Partner, oder der Vater hat es vorgezogen, sich im familiären Alltag zurückzuhalten, so daß für die Mutter eine verführerische Gelegenheit entstand, mit den Kindern eine engere Symbiose einzugehen.

Wie auch in (7.7), dem System einer alleinerziehenden Mutter und ihren Kindern, betreffen die Folgen der Desintegration des Vaters in der Regel Söhne schwerer als Töchter, denen immerhin die Mutter als Identifikations- und Abgrenzungsfigur bleibt. In beiden Fällen jedoch fehlt den Kindern ein modellhaftes Beispiel der Eltern als Liebespaar, ein Defizit, das häufig mit den ersten Freundschaften der jugendlichen Kinder oder dem Nachsinnen darüber bewußt wird, für innere Leere, Rebellion oder Verzweiflung sorgt. Familien wie (7.4), in denen ein Vater vorhanden, aber nur ungenügend einbezogen ist, können trotz Liebesverzicht der Eltern eine erstaunliche Langlebigkeit entwickeln, wenn das Arrangement einigermaßen funktional getroffen und Ersatzwege zur Erfüllung ungestillter Bedürfnisse gefunden werden. Bleiben diese Zusatzbedingungen unberücksichtigt, schwebt der Vater in Gefahr, vom Rest der Familie attackiert und synergetisch ausgesondert zu werden.

Familien, in denen sich Vater und Mutter die Zuständigkeit für ihre Kinder nach Lieblingen aufteilen (in Formel 7.5 bezeichnet der Index der Kinder nicht immer, aber zumindest oft ebenfalls die Reihenfolge der Geburt), stehen unter systemischem Druck, in eine symmetrische Eskalation zu geraten, die in Trennungswünschen mündet. Die Kinder erleben in dieser Konstellation ihre Eltern wenig als Team, dafür als

Konkurrenten, die sie durch geschickte Manipulationen gegeneinander ausspielen können. Zu dieser Konstellation gehört die von der Mailänder Schule als *Imbroglio* bezeichnete familiale Dreiecksbeziehung.

> „Unter Imbroglio verstehen wir also einen komplexen interaktiven Prozeß, der in Gang kommt, wenn ein Elternteil in seinem Verhalten eine spezifische Taktik erkennen läßt: wenn er in einer generationsübergreifenden dyadischen Beziehung den Anschein einer Bevorzugung erweckt, die in Wahrheit nur Lug und Trug ist. Denn dieses besonders vertrauliche Verhältnis zwischen Mutter bzw. Vater und Kind ist nicht Ausdruck echter Zuneigung, sondern vielmehr ein strategisches Werkzeug, das gegen einen Dritten – gewöhnlich den Partner – benutzt wird." (Selvini-Palazzoli et al. 1988, S. 106)

Beispielsweise beginnt der Vater, innerlich gelangweilt von seiner zu Depression und Kopfschmerzen neigenden Gattin, mit der pubertierenden Tochter zu flirten. Diese fühlt sich geehrt, nimmt das Spiel, das sie vielleicht zum ersten Mal bewußt erlebt, ernst und benimmt sich kokett wie eine kleine Dame. Vater und Tochter bilden eine Koalition (ohne daß es zwangsläufig zu sexuellen Übergriffen kommen muß). Dadurch spitzt sich die Situation der Mutter zu. Sie läßt sich beispielsweise in einer Einzeltherapie oder von einer guten Freundin das Selbstbewußtsein aufbauen, putzt sich heraus und fängt an, allein auszugehen. Plötzlich interessiert sich der Vater wieder brennend für sie. Die Tochter begreift nicht, wie es kommt, daß sie mit einem Mal in seiner Gunst gefallen ist und versucht, etwa indem sie immer mädchenhafter und schlanker erscheinen oder sich umbringen will, die Aufmerksamkeit des Vaters zurückzuerobern.

(7.8) beschreibt die komplizierte Konstellation einer zusammengesetzten Familie, in die beide Partner nach einer Trennung oder Verwittwung Kinder eingebracht haben. Loyalitäts- und Abgrenzungsprobleme fließen hier in Personalunion zusammen. Die Mutter ist nicht nur Mutter ihrer Kinder, sondern zugleich Stiefmutter für die Kinder ihres neuen Partners. Analoges gilt für den Vater. Die Geschwister untereinander bilden nicht ein, sondern zwei Geschwistersubsysteme. Wenn der Übergang von den Ursprungsfamilien in die zusammengesetzte Familie turbulent erfolgt und die Loyalität der Kinder gegenüber den ausgegrenzten Elternteilen nicht genügend respektiert wird, bleiben chronische Konflikte mit unsichtbaren Kontrahenten selten aus. Um die Tendenz zur symmetrischen Eskalation zu entschärfen, kommt es regelhaft zur Bevorzugung einzelner Kinder. Gemeinsame Kinder der beiden Stiefeltern (gekennzeichnet mit dem oberen Index S-V⊕S-M), „vollenden" die zusammengesetzte Familie und motivieren mitunter dazu, die älteren Kinder zu Großeltern oder in Jugendhilfe-Einrichtungen abzuschieben. Die Elternbindung verhindert oft, daß dieses Motiv bewußt wird oder gar offen ausgesprochen wird. Handlungswirksam, zumal in subtilen Formen, kann es dennoch werden.

3.5.5 Illusion und Ent-Täuschung

Mit den Abweichungen von der sogenannten Kernfamilie kamen bereits Anfälligkeiten zur Sprache, die aus systemischen Verschiebungen resultieren. Davon kann sowohl die Zweierbeziehung als auch die gesamte Familie betroffen sein.

Für das Gelingen der Beziehung ist das Vorhandensein *und* die Kommunizierbarkeit von Differenzen bedeutsam. Wäre die Sichtweise beider Partner auf das Verhältnis - zumindest im Moment des Verliebtseins - identisch, müßte Formel (6.5) lauten:

$$A \mid (B \mid A \oplus B) \equiv B \mid (A \mid A \oplus B) \tag{6.5'}$$

Dies ist aber unmöglich, da Subjektivität ihre Grenze an der Person findet und nicht hintergehbar ist. Gleichsetzungen erfordern stets dasselbe System vor dem ersten Referenz-Zeichen, denn nur dasselbe System kann aus seiner Sicht wie auch immer geartete Sachverhalte gleichsetzen. Romantische Liebe - nicht die süßliche, sondern die unerträgliche - scheitert eben daran, daß die Partner über kurz oder lang ein „≈" anstelle des „≡" feststellen und mit dieser Entdeckung ihre Täuschung schmerzhaft verlieren.

Der Kitzel und Liebesanreiz, in der Annäherung die Kommunizierbarkeit der essenziellen Ebenen einander zu entdecken, birgt zugleich die Gefahr der Eintönigkeit, sobald „das Ziel" erreicht ist. Bleibt die doppelte Kontingenz im Miteinander fortwährend ausgeschaltet, gelingt es dem Paar nicht, anknüpfend an den Beginn der Liebesgeschichte und seinen Mythos neue essenzielle Dimensionen aufzuschließen - nicht allein die Kindererziehung - naht die Sättigung als Nachfolgerin der Verliebtheit. Sättigung wäre vielleicht das geringere Übel. Vertrautheit läßt sich verstehen als Minimierung der doppelten Kontingenz. Paradoxerweise zieht sie zwischen sich liebenden Partnern eine seltsame Respektlosigkeit auf allen Ebenen nach sich, begünstigt direkte Kommunikation und die instrumentalisierende Nutzung der Ressourcen des anderen, als wären es die eignen.

Daß viele Beziehungen, wenn keine existenzielle Abhängigkeit besteht, nach kurzer Zeit scheitern, hat seinen Grund auch darin, daß der Verzicht auf doppelte Kontingenz, die ja Respekt verlangt, gleichzeitig zu Achtungsverlust und Manipulation führt. Die Partner geben einen Großteil ihrer Freiheit auf. Desweiteren können die Differenzen auf existenziellen Ebenen zu direkter Machtausübung des einen Partners auf den anderen verleiten. Hier spielen körperliche Unterschiede zwischen Mann und Frau hinein, die die physische Grundlage der Herrschaftsverhältnisse zwischen den Geschlechtern bilden. Die Asymmetrie, die in der volkstümlichen Spruchweisheit „Der Mann begehrt, die Frau gewährt" zum Ausdruck kommt, wird durch die größere Abhängigkeit der Frau von der Versorgung durch den Mann (oder Leistungen der Kommune) während und nach der Schwangerschaft ausgeglichen. Beides – Freiheitsverzicht und Machtausübung – braucht essenzielle Balancierung durch Ausgleich auf anderen Ebenen. Paare, die keine unabhängigen essenziellen Interessen entwickeln, um den gegenseitigen Respekt anzuregen, geraten häufig in einen chronischen Streit, der sie weiterhin verbindet.

Als „emotionale Blockade" oder „Trauma" kann die gravierende, aus eigener Kraft nicht behebbare Frustration des Selbstschemas einer Person bezeichnet werden, die als Kränkung erlebt wurde und weiterhin die Kränkbarkeit steigert.[72] An diesem Definitionsversuch wird deutlich, daß es sich nicht um ein individuelles, sondern ein interpoietisches Geschehen handelt. Die Kränkung kann von einer anderen Person, insbesondere einem nahestehenden, wichtigen Menschen, der subjektiv eine große Bedeutung verkörpert, ausgehen – aber sie kann auch auf dem Wege einer erhöhten selbstreferenziellen Empfindlichkeit von einer Person dann wahrgenommen werden, wenn niemand in der Umwelt einen Angriff oder eine Verletzung ausübt (bzw. etwas schwä-

---

[72] Die gängige Definition des Traumas im Rahmen von PTSD als lebensgefährliches Ereignis, das überlebt wurde, schränkt meines Erachtens den Fokus zu stark auf ein scheinobjektives Kriterium ein. Für ein Kind kann bereits eine Türklinke, die nicht erreichbar ist, traumatische Wirkungen haben.

cher formuliert: beabsichtigt). Die Assoziation zwischen dem kränkenden Erlebnis und dem metakognitiven Grundbedürfnis nach Selbstachtung verhindert in der Folge die unbefangene Artikulation von Wünschen. Daher kann es jahrelang dauern, bis ein psychisch traumatisierter Mensch seine Erwartungen einbringt, mitunter erst, wenn sie schon lange und fortwährend unter Stillschweigen erneut „hinuntergeschluckt" wurden. Eine Aufhebung der Blockade setzt in der Regel den spontanen Wechsel auf eine andere Ebene voraus, wo alternative Ausdrucksformen gefunden werden können.

Zu den systemischen Störungen, d.h. Situationen, die von enttäuschten Erwartungen bestimmt werden, gehört die Überdetermination des alter Ego. Verweben sich die Systeme beider Partner oder familiale Subsysteme derart symbiotisch, daß sich die individuellen, selbstreferenziell-egoistisch festgelegten Grenzen des Einzelnen auflösen, so kollabiert die zur Integration der Persönlichkeit notwendige Grenzregulation. Dies kann von den Beteiligten als Respektlosigkeit, Manipulativität oder Einseitigkeit empfunden werden. In der Regel verfestigt sich die dyadische Kommunikation dann auf gewohnte Muster, es werden im gegenseitigen Kontakt nur noch bestimmte Emergenzebenen angesprochen, die Lockerheit der essenziellen Organisation des Bewußt-Seins geht verloren und damit auch die Gelegenheit zur Integration der Gesamtpersönlichkeit, zur zeitweisen Wiederbelebung der Verliebtheit.

Umgekehrt führen sogenannte „offene Beziehungen" zu einem Verlust an Nähe, der aus der Teilung der Aufmerksamkeit erwächst. Es ist schwer möglich, mit zwei Partnern auf einer Ebene gleichermaßen intensiv verbunden zu sein, insbesondere dann, wenn einer im Dreiergespann eigentlich den Anspruch auf eine Paarbeziehung hegt. Aus systemischer Sicht ist eine Reihe von Konflikten in „offenen Beziehungen" unausweichlich.

Wer unter „Offenheit" in der Beziehung vor allem „Ehrlichkeit" versteht und seinem Partner über sämtliche, mitunter nur in der Phantasie vollzogenen Eskapaden Auskünfte erteilt, der gerät in Gefahr, sich in einen Appetenz-Appetenz-Konflikt hineinzukonstruieren. Gibt es Probleme in der einen Beziehung, können die Partner in jeweils andere Beziehungen, wenn sie vorhanden sind, ausweichen. Doch dieses Manöver selbst wirkt meist verschärfend auf das Verhältnis der eigentlichen Partner zurück. Die Zuneigung zu einem Dritten wird dann mit unmittelbarem Bezug auf das „Paar" ausgestattet. Keiner der Beteiligten ist ausreichend von den anderen unabhängig. Wird auf Gleichrangigkeit Wert gelegt, wächst die chronische Unentschiedenheit rasch bis zur Unerträglichkeit und endet mit einem Paukenschlag: Suizid, psychiatrische Einweisung, Beziehungsmord, Flucht oder die plötzlichen Entscheidung für einen Partner. Wer dagegen Prioritäten setzt - etwa zwischen „Partner" und „Geliebten" -, indem er beide nicht als gleichrangig betrachtet und dem Partner in Konflikten stets den Vorzug vor Geliebten gewährt, schützt zwar die Intimität jeder einzelnen Beziehung, muß aber auch imstande sein, das Geheimnis zu tragen, die Ungleichbehandlung und den inneren Konflikt auszuhalten.

Beide Möglichkeiten, eine Beziehung „offen" zu halten, schließen sich gegenseitig weniger aus, als es scheint. Nur für Verfechter der absoluten Ehrlichkeit und der absoluten Treue, erwächst ein unlösbares Problem. Den Alltag stabilisieren, oft nicht einfach zu handhaben, Halbwahrheiten, Koketterie, Ausreden und Geschick in der situationsangemessenen Selbsteinbringung. Aus systemischer Sicht bildet diese Grauzone den notwendigen Übergangsprozeß zwischen unterschiedlichen sozialen Situationen. Eine Gefahr entsteht erst, wenn es dem Einzelnen nicht mehr gelingt, die jeweils wirksamen fraktionierten Persönlichkeitsanteile zu integrieren.

Wer „offene Beziehungen" gegenüber der klassischen Paarbeziehung vorzieht, trägt die systemische Rollenvielfalt, die ansonsten im Berufs- und Familienleben gefragt ist, in sein Intimleben, das sich viele Menschen als Refugium der Vertrautheit wünschen. Das aus der nie restlos gelingenden Auflösung doppelter Kontingenz resultierende Paradoxon des Vertrauens in Zweierbeziehungen - ich *kann* dir nicht vertrauen, aber ich vertraue dir - wird von „festen Partnern" durch subtile Vereinbarungen abgeschwächt. Der Verzicht auf dieses Ausmaß gegenseitiger Einlassung stärkt dagegen die Autonomie der Beteiligten. Anders gesagt: „offene Beziehungen" setzen derart autonome Persönlichkeiten voraus, daß es schwierig wird, sich ausreichend dem anderen verbunden zu fühlen und das Liebesbedürfnis zu stillen. Individuation und Bezogenheit, die beide ihre Berechtigung haben, geraten in der „offenen Beziehung" häufig in einen Dauerkonflikt, indem sie in der Schwebe gehalten werden.

Trennen sich Partner, die sich geliebt haben, sind sie genötigt, sich auf allen Ebenen voneinander abzugrenzen. Es ist klar zu sehen, daß diese Abgrenzung in jeder Hinsicht, daß die Aufhebung der Durchdringung ebenso intensiv sein kann wie die vertikale Durchdringung selbst – doch die Bewertung unterscheidet sich. Oft haben sich Partner schon lange vor der existenziellen Trennung, d.h. dem räumlichen Auseinanderziehen, essenziell entfremdet, so daß die Trennung kaum noch dramatisch über die Bühne geht. Anders dagegen, wenn wenigstens ein Partner noch in der Illusion gegenseitiger Durchdringung und essenzieller Übereinstimmung lebt. Es gibt keinerlei Automatismus, der die Begegnung zweier Personen in die Richtung gegenseitigen Erkennens lenkt. Sobald sich einer der Beteiligten beharrlich abwendet, kann der andere noch so intensive interpoietische Gefühle erleben, sie werden die Abgrenzung eher verstärken. Viele Beziehungsdelikte beruhen auf dem Festhalten einseitiger Illusionen (entsprechend Formel 6.5').

Sobald Partner, die sich trennen, eine Ebene aussparen, bleibt die Abgrenzung unvollständig. Sie können auf dieser Ebene, wenn sie sich wiederbegegnen, fortwährend von Neuem in Konflikt geraten, als wären sie dort noch immer symbiotisch verbunden. Wer geliebt hat, sieht den Geliebten, von dem er sich trennte, nicht wieder, solange diesem eine Begegnung gleichbedeutend ist mit der Verletzung der intimen essenziellen Schichten. Daraus wiederum ist zu sehen, welches Balancekunststück auf getrennte Partner zukommt, die gemeinsame Kinder haben. Aus der Elternrolle können sie nicht fliehen, auch wenn sie sich räumlich davonstehlen. Sie bleiben internalisierte Eltern im Bewußt-Sein des Kindes. In diesen Fällen werden häufig äußerliche Fragen in den Vordergrund gespielt, z.B. nach dem Aufenthaltsort des Kindes, während die Beschädigung des inneren Vater- oder Mutterbildes im Kind infolge der aufs Totale zielenden Abgrenzungsversuche hingenommen wird. Darin zeigt sich weniger die Sorge um die Gestaltung günstiger Entwicklungsbedingungen für das Kind, als die letzte verbliebene Gelegenheit, mittels existenzieller Ultimata Macht auf den ehemaligen Liebespartner auszuüben.

3.5.6 Mehrgenerationale Übertragung in Familiensystemen

Einseitiges Festklammern ohne Rücksicht auf die aktuelle Situation und die fehlende Resonanz des anderen läßt sich häufig aus der generationenüberschreitenden Abgrenzung-Anschluß-Dynamik in Bezug auf die Herkunftsfamilie erklären. Die vertikale Schichtung der Person erfährt an dieser Stelle eine konstituierende Rahmung durch die Ursprungssysteme. In der Paardynamik spiegelt sich – zwar nicht absolut identisch, aber fraktal selbstähnlich – die Zyklizität der internalisierten Familiengeschichten (vgl. Boszormenyi-Nagy & Spark 1973). Unterlaufen der Person unablässig Selbstmißverständnisse hinsichtlich ihrer Identität, d.h. der Zuordnung ihrer Persönlichkeitsanteile in soziale Rollen, fällt ihr wahrscheinlich auch die Integration der Gesamtheit ihrer Persönlichkeit schwer. Wie soll dann die zur Liebe erforderliche Annäherung auf allen Ebenen gelingen? Ebenso verhindert die rationalistische oder körperorientierte Fixation die temperamentvolle und zugleich kluge Integration der Persönlichkeit.

Die ersten sozialen Rollen werden in der Herkunftsfamilie einstudiert: als ältestes, mittleres oder jüngstes Geschwisterkind, als Nesthäkchen, Stellvertreterkind der berufstätigen Eltern, Streitschlichter, Ersatzpartner, Sündenbock oder wie auch immer. Das Entwicklungsschema nach Formel (3.2) besagt nun, daß solche Prägungen konstituierend „mitgenommen" werden, wenn sich Systeme eigendynamisch umbilden. Davon ist in diesem Zusammenhang vor allem die Partnerwahl berührt.

Mit der Gründung einer Familie teilt sich die bis dahin wirksame Loyalität in zwei ungleiche Teile: Einerseits bleibt das in der Herkunftsfamilie erworbene Beziehungskonto erhalten. Übermäßige Abgrenzung äußert sich als Rache, übermäßige Dankbarkeit als Blockade in der Ablösung. Andererseits fordert das neugeborene Kind nicht nur Aufmerksamkeit und tätige Zuwendung, sondern auch Selbstverzicht seitens der jungen Eltern. Je kleiner und hilfloser das Kind ist, desto mehr neigen die Eltern dazu, sich aufzuopfern. Dies mag für frühe Phasen der Entwicklung wichtig, ja notwendig sein. Gelingt es den Eltern nicht, sich in ihrer Fürsorge wieder zurückzunehmen, verbauen sie dem jugendlichen Kind den Weg in die Freiheit. Die Doppelung der Loyalitäten könnte ein natürliches Korrektiv darstellen. Denn nicht nur die Kinder werden älter und selbständiger, auch die Großeltern altern – und bedürfen wieder der Unterstützung.

An dieser Stelle wird sichtbar, in welcher Weise die Schaffung der sozialen Sicherungssysteme in die traditionelle Drei-Generationen-Familie eingreift und familiale Übertragungsprozesse verschärft: Indem der

Staat – quasi als soziale Verstärkung der pubertären Ablösungsdynamik – weitflächig die Pflege der Großeltern übernimmt, gibt er den Eltern Gelegenheit, sich von ihnen abzugrenzen und auf die Kinder zu konzentrieren. Dies wirkt rekursiv forcierend auf den Entfremdungsprozeß zurück.

Die familiale Situation bedingt, daß Eltern ihre Aufmerksamkeit teilen müssen. Berufliche Aufgaben, die Paarbeziehung, Freundschaften, die Sorge um die Großeltern – all diese Ebenen beanspruchen jeweils spezifisches Augenmerk. Lernen die Kinder nicht, mit der gelegentlichen Zurücksetzung umzugehen, erleben sie sich dauerhaft im Zentrum. Die Eltern verschaffen ihnen, an den Grenzen der eigenen Kräfte, dazu fortwährend Gelegenheit. Die Folge kann darin bestehen, daß sich ihr „primärer Narzismus" über die Kindheit hinaus verlängert und Persönlichkeitsgrenzen anderer, einschließlich des Partners und der eigenen Kinder, ignoriert werden.

Bleibt das Beziehungskonto hinsichtlich der Herkunftsfamilie im Minus, d.h. erwarten die erwachsen gewordenen Kinder von ihren Eltern noch immer die Zuwendung, die ihnen in der Kindheit versagt worden ist, so ist es wahrscheinlich, daß sie sich Partner suchen, die sich als Übertragungsobjekt der ungestillten Anerkennung anbieten. Besteht Haß auf die eigenen Eltern, kann die nötige Offenheit für Partner und Kinder blockiert sein: Die Wahrscheinlichkeit wächst, daß sie vernachlässigt oder mißhandelt werden. Die Hingabe an gegenwärtige Beziehungen kann umgekehrt, wenn das Beziehungskonto im Plus unausgeglichen ist, durch eine Idealisierung der Herkunftsfamilie blockiert sein. Zieht jemand die heile Welt der eigenen Kindheit fortwährend als Maßstab heran, so hat der Partner kaum eine Chance, dagegen zu bestehen.

Steuert die Dramatik eines Trennungskonflikts – häufig durch eine fraktale Koinzidenz der mehrgenerationalen Ablösungsgeschichten mit der aktuellen Lösung aus dem Liebesverhältnis – auf ihren Höhepunkt zu, schrecken Menschen, die sich einst geliebt haben, nicht selten vor der Anwendung äußerster Mittel zurück. Gerade die Gewöhnung an den Zustand der Abwesenheit doppelter Kontingenz, die langgeübte Verfügung über die Ressourcen des anderen und die Illusion des Fortbestehens der Ansprüche darauf, bahnt in der Kommunikation weiterhin die unreflektierte Nutzung des Imperativs. Wenn der eine nicht willens ist, den Erwartungen des anderen zu entsprechen, kann ihn nur noch physische Gewalt zwingen – der grenzverletzende Übergriff, der sich eigendynamisch in eine zwischenmenschliche Katastrophe aufschaukeln kann, hat nichts mit Symbiose zu tun, sondern nur noch mit Machtausübung.

An dieser Stelle möchte ich beispielhaft von der Familie eines jugendlichen Doppelmörders berichten. Die Konstellation der Tatumstände waren hier derart miteinander verwoben, daß es nicht als Zufall gelten kann, wer zum Täter und wer zum Opfer geworden ist. Die Mutter des intelligenten und in der Schule erfolgreichen 15jährigen Jugendlichen war gerade im Begriff, sich von ihrem Mann zu trennen. Ermunterung darin fand sie durch ihre Freundin, die sich gleichfalls zu dieser Zeit von ihrem Partner trennte. Die Mutter des Sohnes ging mit ihrer Freundin eine Art Koalition ein, in der sie sich gegenseitig den Rücken stärkten, um die haßerfüllte Abgrenzung gegenüber ihren jeweiligen Männern durchzuhalten. Die Freundin der Mutter hatte eine 12jährige Tochter, die wiederum eng mit deren Sohn befreundet war. Zur Tat kam es, als die Trennung der Eltern feststand und sich für die Kinder mit großer gegenseitiger Verachtung offenbarte. Kinder ergreifen in der Regel für diejenigen Partei, die sie als ungerecht behandelt erleben. Der Junge brachte die Tochter der Komplizin um, die seine Mutter zur Trennung vom Vater angestachelt hatte. Es ist schwer, in dieser Wahl des Opfers keine selbstähnliche Musterübertragung zu erblicken. Der Sohn hatte wahrgenommen, daß die Mutter, statt mit dem Vater eine Lösung zu diskutieren, von der Freundin zur Trennung animiert worden war. Er rächte den als apathisch geschilderten Vater stellvertretend durch den Mord an der Tochter der Freundin. Die tatenlose Ignoranz des Vaters wurde zum unsichtbaren Auftraggeber für den Mord, das Rückgängigmachen der Trennung zum Motiv. Gewiß hätte eine größere Naivität des Sohnes anstelle seiner durchblickenden Intelligenz die Tat verhindert. Der Junge wurde verhaftet, nach Jugendstrafrecht zu acht Jahren verurteilt.

Doch die Geschichte ging weiter. Unmittelbar nach dem Geschehen eilte die Mutter des Mörders als engste Vertraute zu ihrer verzweifelten Freundin und tröstete sie. Als sich herausstellte, daß ihr Sohn der Mörder war, schwor die Familie des Opfers, sich zu rächen: am damals 7jährigen Bruder, der fortan, wagte er sich aus dem Haus, einen wahren Spießrutenlauf durchzustehen hatte. Daraufhin wurde ein polizeilicher Personenschutz für ihn eingerichtet, der ihn täglich zur Schule brachte und von dort abholte. Der Bruder fiel, durch die Trennung, die grausame Tat und die für ihn dauerhaft bedrohlichen Folgen, in einen Mutismus, wurde im Laufe eines Jahres als lernbehindert eingestuft und umgeschult.

Nach fünf Jahren entkam der Mörder aufgrund guter Führung vorzeitig der Haft. Kurz danach brachte er ein 18jähriges Mädchen um, mit dem er sich seit kurzem angefreundet hatte und das nach einem gemeinsamen Diskobesuch mit ihm aus banalem Anlaß heftig stritt. Offenbar hatte der Gefängnisaufenthalt nichts an der systemischen Struktur und ihrer verinnerlichten Dynamik geändert. Die Überschreitung der Hemmschwelle durch den ersten Mord schien im Gegenteil die Bereitschaft zur wiederholten Tat zu bahnen. Diesmal übte er die Tat jedoch nicht stellvertretend, sondern in eigenem Auftrag aus, als er im Streit die Möglichkeit der Trennung zu erkennen glaubte. Nach diesem Ereignis wurde der Mörder auf unbefristete Zeit in eine Abteilung der forensischen Psychiatrie gesperrt, wo er - in weltfremd konfliktfreier Situation - bald wiederum als Musterpatient galt, Kurse und Unterricht in Anspruch nahm, um sich formal weiterzubilden. Der inzwischen zum jungen Mann herangewachsene, „lernbehinderte" Bruder geriet in eine schwere Drogenabhängigkeit, in deren Zuge er den neuen Partner der Mutter (den zweiten nach der Trennung vom leiblichen Vater) bestahl.

Die Mutter wollte am liebsten von all dem nichts wissen. Die Erinnerung an ihren ältesten Sohn bereitete ihr heftiges Herzrasen und sie äußerte, sie sei noch immer ähnlich angespannt wie zur Tatzeit. Ihr Denken kreise um die Bifurkation, die das Auflösen des einen Familiensystems markierte und das Entstehen neuer stabiler Verhältnisse verhinderte. All die langjährigen therapeutischen Versuche – mit dem älteren Sohn in Haft und Maßregel, mit dem jüngeren vermittelt durch Jugendamt und Suchthilfe – hatten diesen scheinbar lange zurückliegenden Knotenpunkt ausgeblendet und sich auf die greifbaren Symptome konzentriert. Daher konnte keine grundlegende Stabilisierung der gestörten Folgesysteme gelingen.

Notwendig wäre das Zurückgehen zu jenem Moment gewesen, an dem sich das Ursprungssystem auflöste, d.h. eine langfristig kognitiv vorbereitete Begegnung *aller* Mitglieder der damaligen Familie, dem ausgestoßenen Vater, der von den Ereignissen überrollten Mutter, dem verzweifelt gewalttätigen älteren und dem süchtigen jüngeren Sohn. Damit würde die Chance entstehen, aus der schwelenden Krisensituation durch minimale, ritualförmige Variationen so herauszumanövrieren, daß die Loyalitäten der Einzelnen unbeschadet bleiben und eine respektvolle „Verabschiedung" von diesem Familiensystem möglich wird. So simpel es klingt, alle Beteiligten zusammen zu rufen, es ist nicht nur umfangreiche Vorarbeit in Untersystemen (Mutter – Sohn, Vater – Sohn) nötig, sondern auch die Kooperation der oft isoliert arbeitenden sozialen Institutionen (Gericht, Gefängnis, Klinik, Therapiestellen). Ob das Treffen tatsächlich zustande kommt, ist dann nicht mehr die entscheidende Frage, wenn in der Vorbereitung therapeutische Qualität erreicht wird. In derartig extremen Konstellationen tendiert die emergente Ebene jedoch häufig zu mächtigeren physischen Mitteln wie Einsperrung, Umgangsverbot usw., die nichts an der Konflikthaltigkeit der Situation ändern, aber zumindest über befristete Zeit für feste Grenzen sorgen. Therapie wird durch soziale Kontrolle ersetzt.

Das folgende Beispiel schildert die systemische Dynamik, durch die sexueller Mißbrauch Anlaß und mehrgenerationale Fortsetzung findet. Es geht mir an dieser Stelle ausdrücklich nicht um die vielfältigen Möglichkeiten, durch Mißbrauchsverdacht einander zu diffamieren, die von Eltern-Paaren, die sich auf dem Weg des „Rosenkriegs" trennen, genutzt werden. Der „Mißbrauch des Mißbrauchs" wird nicht zuletzt durch eine Gesellschaft begünstigt, in der einerseits die Kindheit heiliggesprochen, andererseits Kindfrauen-Schemata vom Typ magersüchtiges Mannequin aggressiv von der Werbung und Kulturindustrie benutzt wird.[73] Auch sollen hier nicht die sozial verfestigten Wahrnehmungsgewohnheiten diskutiert werden, die eine Mutter, die mit ihrem 14jährigen Sohn in einem Bett schläft gerade noch toleriert, Gleiches aber, wenn es bei Vater und Tochter der Fall wäre, sofort gerichtlich ahnden würde. Daß Mütter seltener verdächtigt werden, sagt wenig

---

[73] Man betrachte nur die familial motivierte Symbolik des christlichen Weihnachtsfestes, einschließlich der impliziten Sublimierung sexuellen Mißbrauchs in der Metapher von der „jungfräulichen Empfängnis" und zugehörige Werke der bildenden Kunst, z.B. Michelangelos Rondo „Die heilige Familie" (das eigentlich „die heilige Kernfamilie" heißen müßte) – vgl. Kalinke (in Vorb.)

über die Vorkommenshäufigkeit solcher Fälle (vgl. Barbara Kavemann 1996, Gisela Braun & Barbara Kavemann 2001).

Häufig bildet eine imbroglioförmige, mehrgenerationale Dreiecksbeziehung den Dreh- und Angelpunkt der Mißbrauchsdynamik. Man könnte sie auch als Attraktor bezeichnen, in den die Einzelnen – motiviert von Prägungen in der Herkunftsfamilie – geradezu unaufhaltsam hineinsteuern. Hat sich die Konstellation im Familiensystem etabliert, wundern sich die einzelnen Personen, wozu sie fähig sind und erkennen sich selbst nicht wieder. Meist gelingt diese Reflexion jedoch erst, wenn die fortschreitende Eskalation zu einem Aufbrechen des Systems geführt hat, beispielsweise nach einer Offenbarung der Tochter gegenüber Freundinnen oder gar der Polizei.

Mißbrauch im Familienkontext hat drei grundlegende systemische Voraussetzungen: Zum einen ist, wie (7.5) beschreibt, auf funktionaler Ebene die Grenze des elterlichen Subsystems zugunsten von Koalitionen der Eltern mit bestimmten Kindern aufgelöst. Zum zweiten fühlt sich ein Elternteil – der Wahrnehmung nach häufig die Mutter – emotional blockiert und infolge dieser Blockade verkümmert das Intimleben der Eltern. Beide Voraussetzungen wirken nicht unabhängig voneinander, sondern verstärken sich zirkulär. Zum dritten erweist sich der schließlich mißbrauchende Elternteil – in der Wahrnehmung häufig der (Stief-) Vater – als derart regressionsfähig, daß er seine sexuellen Bedürfnisse auf eine kindliche Ebene umleiten kann. Beides, emotionale Blockade (der Mutter) und Regressionsbereitschaft (des Vaters) rührt oft von Erinnerungen an eigene Kindheitserlebnisse her, die jeweils noch nicht relativiert werden konnten. Zum Zeitpunkt des Kennenlernens ergänzen die Partner sich in ihrer Bedürftigkeit und empfinden häufig eine unerklärliche, geradezu magische Anziehung. Die Frau ist froh, einen Mann gefunden zu haben, der weich und kindlich sein kann; der Mann ist glücklich, eine Frau gefunden zu haben, die ihn emotional nicht in die Enge treibt und bedroht, sondern ihre Weiblichkeit eher scheu zur Geltung bringt.

Ich möchte hier von einem Fall berichten, der das prototypische Muster repräsentiert, nach dem persönliche Erfahrung, Familienkonstellation und konkrete Situation ineinander fließen, so daß eine wirksame systemische Verstrickung zwischen Eltern und Kindern resultiert. Die Eltern kümmerten sich aufopferungsvoll um ihre Kinder, geleitet von dem Wunsch, daß diese es besser haben sollen, als es die Eltern selbst in ihrer Kindheit hatten (erster Vorzeichenwechsel). Der Vater wurde, ungefähr im Alter zwischen 8 und 10 Jahren, von seinem Vater massiv geschlagen. Die Mutter wurde in der Pubertät von einem Stiefvater, „Freund der Familie", Onkel oder vom Großvater „unsittlich" berührt. Das Leiden an der eigenen Kindheit führte sie zusammen und hielt sie mit nahezu mystischer Kraft beieinander, als sie noch keine Kinder hatten: Sie konnten einander verstehen, ohne miteinander zu sprechen. Der Mann war etwa fünfzehn Jahre älter als die Frau. Doch dieser Unterschied bildete kein Hindernis, sondern im Gegenteil den Ausdruck der besonderen Geborgenheit, die der Mann seiner anfangs noch mädchenhaften und in ihrem Frausein unausgereiften Partnerin geben konnte.

Als der Kinderwunsch in Erfüllung ging, bestätigte sich zunächst die gegenseitige Übereinstimmung. Die Freude an der Kinderversorgung und der in Aufopferung mündende Sog, der von ihr ausging, entfremdete die Eltern als Paar immer weiter voneinander. Schließlich konnten sie nahezu asexuell als Versorgerteam den Alltag ihrer Kinder zum besten gestalten. Geburtstage verwandelten sich in wahre Zeremonien für die kleinen Götter. Lediglich um weitere Kinder zu zeugen, pflegten die Eltern in großen Abständen ihre Intimität. Ansonsten war es der Frau wegen der auftauchenden Erinnerungen an die Erlebnisse mit Großvater, Stiefvater oder Freund der Familie unangenehm, berührt zu werden.

Der Mann bemerkte die Unberührbarkeit seiner Frau wohl, von ihren Kindheitserlebnissen aber wußte er nichts, denn sie sprachen darüber nicht. Anfangs begnügte sich der Mann damit, sich ab und zu einen Pornofilm anzusehen und zu masturbieren, obwohl er die mechanische Art, mit der dort Sexualität vorexerziert wurde, verachtete. Sich eine Geliebte zu angeln oder das Bordell zu besuchen, kam für ihn auf keinen Fall in Frage. An der Unberührbarkeit seiner glorifizierten Frau zu kratzen, ebensowenig. Nach einigen Versuchen, sie zu verführen, gab er auf, denn sie wies ihn jedes Mal ab. Die Mutter beschäftigte sich naturgemäß mehr mit den jüngeren Kindern - inzwischen waren es, das letzte ungewollt, fünf Geschwister - der Vater mehr mit den älteren.

Irgendwann erwischte ihn die mittlerweile größere, elfjährige Tochter vorm Bildschirm und obwohl sie nicht viel aufschnappte, genügte es, um Neugier zu wecken. Eines Tages, während Mutter im selben Raum die Wäsche für die Kleinen sortierte, schmuste sie mit Vater auf dem Sofa und ließ es sich gefallen, wie dieser sie an Haar, Wange und Schulter streichelte. Als er sie jedoch an der Scheide berührte und dabei keuchende Geräusche von sich gab (zweiter Vorzeichenwechsel), erschrak sie, schrie auf und lief zur Mutter, die erst jetzt aus ihrer Konzentration auf die Wäsche auftauchte. Der Mann kämpfte mit seinem Gewissen, zeigte sich selbst an und kam ins Gefängnis. Dann erst berichtete die Frau gegenüber dem Jugendamt, daß sie als Kind mißbraucht worden sei und sich niemals vorstellen könne, mit ihrem Mann zusammenzuleben geschweige denn, ihm Umgang mit den Kindern zu genehmigen, auch nicht mit den Söhnen.

Die gerichtliche Verfolgung sexueller Übergriffe in der Familie simplifiziert – wie in zahlreichen anderen Kriminalfällen – die mehrstellige Dynamik des Systems auf ein dichotomes Täter-Opfer-Schema. Die mit der Schuldfrage erzeugte Scheinkausalität trägt zur illusionären Verkennung bei, die Situation beherrschen zu können. Der sogenannte „Täter" wird vollständig mit seinem Fehltritt identifiziert. Daß Inzest oder Mißbrauch im Familienkontext vorkommt, daran braucht prinzipiell gar kein Zweifel zu sein, ebensowenig daran, daß der Übergriff seitens eines Eltern- oder Stiefelternteils auf ein Kind keine Lösung für partnerschaftliche Konflikte sein kann. Dennoch wäre es verkürzt, den „Schuldigen" auf seinen Fehler zu reduzieren und ihm alle übrigen Persönlichkeitsanteile abzusprechen. Noch schärfer: die Verurteilung ist langfristig selten im Sinne der betroffenen Kinder. Diese wünschen sich ihren mißbrauchenden Vater oder ihre übergriffige Mutter in ihrer Rolle als Vater oder als Mutter, wobei „das Komische" aufhören soll. Kriminalisierung und Stigmatisierung chronifizieren das beschädigte Bild, das Kinder von ihrem grenzverletzenden Elternteil haben und tragen dazu bei, daß sie, erwachsen geworden, in ihre Partnerbeziehung erneut eine Mißbrauchsdynamik hineinkonstruieren.

In den Kontext dyskontingenter Verhältnisse fällt auch die Pädophilie, der ausschließlichen sexuellen Zuneigung und Erregbarkeit eines Menschen in Anwesenheit von Kindern, die von einem systemisch forcierten sexuellen Mißbrauch zu unterscheiden ist. Hier ist das physische Machtgefälle äußerlich sichtbar am Unterschied in der Körperlichkeit bis hin zur Körpergröße und im Altersunterschied. Die dämonische Angst vor Durchdringung auf allen Ebenen und das Verschwinden der doppelten Kontingenz zugunsten direkter Imperative zwischen gleichberechtigten Partnern lenkt den Pädophilen auf die Zuneigung zum Kind, das sich seinerseits an diesem Machtspiel nicht beteiligt, sondern – sobald das Vertrauen gewonnen ist – unterordnet und seine Kontingenz lediglich spielerisch ausdrückt. Der Pädophile genießt den Machtvorsprung, dessen Fehlen ihn seiner sonstigen Schüchternheit oder gar Scheu vor Erwachsenen beraubt. Während er in reifen Beziehungen angespannt, ängstlich und schließlich voller Ekel reagiert, entsteht in der Begegnung mit Kindern eine für ihn ungewohnte Entspannung, die das Wahrnehmen sexueller Lust ermöglicht. Therapie der Pädophilie setzt demnach vor allem an der mehrgenerational übertragenen, dämonischen Angst an, die ihre Wurzel nicht selten in der Erinnerungspräsenz von Übergriffen auf die eigene Autonomie hat.

3.6 Autonomie und Umwelt

3.6.1 Die formale Struktur der Umwelt

Hinreichend basale Prinzipien wirken über Emergenz-, Autonomie- und Systemgrenzen hinweg. Physik und Chemie verlieren in Organismen, psychischen und sozialen Systemen nicht ihre Gültigkeit. Verschiedene Strukturebenen und Systeme können sie interpoietisch als gemeinsames Drittes, als Medium zur Kommunikation nutzen. Das System filtert und transponiert die Umwelt kommunikativ in eine interne Repräsentation. Das System paßt sich nicht seiner Umwelt an, sondern den Erwartungen, die es zirkulär-referenziell aus den inneren Bildern der Umwelt in ihrer Bedeutung für sich ableitet.

Die fraktale Selbstähnlichkeit der inner- und intersystemischen Strukturen rechtfertigt es wegen der hierarchischen Qualität emergenter Abstufungen nicht, Systemgrenzen aus theoretischer Warte beliebig zu setzen. Verschiedene Systeme können nicht durch logische Operationen zum Zwecke einer monolithischen Weltsicht über den Wirkraum ihrer eigendynamischen Bedingungen hinaus zu einem Makrosystem vereinigt werden. Die phylogenetisch stratifizierte, eigendynamisch ausgebildete Struktur eines Systems ist insofern individuell und ebenso individuell ermöglicht sie Auseinandersetzung und Beziehungen mit der Umwelt des Systems.

Umwelt existiert nicht absolut, sondern in Bezug und durch das System. So wenig sie Teil des Systems ist, so wenig kann sie ihm als eigenständiges System gegenüber gestellt werden. Indem sich Systeme in Abgrenzung von der Umwelt definieren, besteht die Umwelt zirkulärreferenziell zum System.[74] Unterhält das System darüber hinaus interpoietische Beziehungen, ist es in der Lage, andere Systeme in seiner Umwelt und letztlich seine Umwelt in ihrer Feldwirkung auf das System zu beeinflussen. Ein Vogel, der vor einem natürlichen Feind auf Bäumen Zuflucht findet, paßt sich nicht nur *der* Natur, sondern *die* Natur an. Das System schafft sich handelnd eine ausschnittweise zum System passende Umwelt, den Mikrokosmos, in dem das System die Ereignisse in engen Grenzen kausal zu bestimmen vermag. Aus der fremdbestimmten Umwelt, dem Makrokosmos, gerät das System unter Einfluß übermächtiger Prozesse, die z.T. entstehen, indem andere Systeme gleichfalls ihre Umwelt eigendynamisch gestalten und über interpoietische Beziehungen diese zunächst systembezogenen Gestaltungen ins gemeinsame Feld mehrerer Systeme bringen. Einflüsse von außen fordern die Reproduktions- und Handlungsfähigkeit des Systems heraus, kündigen ihre Entwicklung oder ihr Versagen an.

Zwar paßt das System im Vollzug der Grenzregulation die Umgebung seinen internen Bedingungen an, so daß nicht einseitig von Anpassung des Systems an die Umwelt die Rede sein kann. Doch die Umwelt besitzt eine ins Offene reichende Variabilität, die vom System nicht überblickt werden kann. Jede Änderung eines Systems in der Umwelt, ändert die Umwelt der anderen Systeme. Solange sich das Geschehen nicht im handlungsrelevanten Kontext abspielt, hat es wenig Bedeutung.

$$SK_{ij} = MIK_i \oplus MAK_j \qquad (8.1)$$
$$= KB_{ij} \oplus ED_j \qquad (8.2)$$
$$= SK_{(ij)-1} \oplus ED_j \qquad (8.3)$$

---

[74] Unmöglich daher, von „der" Umwelt zu sprechen. Der Bezug zum System muß implizit mitgedacht werden.

mit: SK – Situativer Kontext insgesamt
MIK – Mikrokosmos
MAK – Makrokosmos

In diesem Sinne gliedert sich die Umwelt eines Systems in einen interpoietisch erzeugten Mikro- und einen fremdbestimmten Makrokosmos. Makrokosmisch kann das System seine Umgebung nicht beeinflussen, sondern unterliegt ihren Wirkungen. Mikrokosmisch schafft es sich seine Umgebung selbst. Was makrokosmisch als Zufall erscheint, ist mikrokosmisch eine Gelegenheit. Während der Mikrokosmos weitgehend determiniert und kausal gerahmt ist, indem ihn das System selbst schafft, kommt aus dem Makrokosmos das Unvorhersehbare.

Der situative Kontext ist aufgrund der zirkulären Konstitution des System nicht unabhängig von diesem bestimmbar. Diesem Umstand wird in (8.1) durch die doppelte Indizierung Rechnung getragen, die den Tatbestand der doppelten Kontingenz in allgemeiner Form ausdrückt. In den Dimensionen i wird die Umwelt durch das System kontrolliert und hervorgebracht. Es handelt sich um den mehr oder weniger künstlich geschaffenen Mikrokosmos des Systems.

Andere Umweltprozesse spielen aus Sicht des Systems *überraschend* in die Situation hinein. Sie nehmen ihren Ausgang in den Dimensionen j, die für das System nicht einsehbar sind – entweder weil sie sich von den Ebenen i aus gar nicht beobachten lassen[75] oder weil sie auf den Ebenen i einer anderen Gesetzlichkeit als auf j gehorchen. Im Unterschied dazu zählt Uwe an der Heiden (1992, S. 63) den Mikrokosmos, d.h. externe Faktoren, die durch das System beeinflußt werden, zum System. Dabei differenziert er aber nicht zwischen systemgenerierender Selbstreferenz und Interpoiese. In der hier vorgeschlagenen Konzeption können sich Systemelemente dem emergenten Wirken des Systems nicht entziehen, während Umweltfaktoren – in abgestecktem Rahmen – gewählt werden.

Gleichung (8.2) drückt die fraktale Gleichartigkeit zwischen System und Umwelt aus, d.h. das System erkennt in der Umwelt konstituie-

---

[75] Ein Lebewesen, daß nur zweidimensional wahrnehmen kann, verfügt über keine verifizierbare Konzeption der dritten Dimension.

rende Bedingungen, auf die es einwirken kann, während Sachverhalte auf der emergenten Ebene übergreifend eigendynamisch erscheinen. Ob die Dimensionalität i des Systems und die Dimensionalität j der Umwelt übereinstimmen, steht nicht schon im Vorhinein fest. Die Antwort auf diese Frage hängt von der Situation ab. Sie entscheidet, ob es ein Komplexitätsgefälle zwischen System und Umwelt gibt und wenn ja, in welche Richtung. Es erscheint fragwürdig, Systeme a priori durch Komplexitätsdefizite von der Umwelt abzugrenzen, die sie durch Selektionsprozesse wieder wettmachen (Luhmann 1984, S. 46 ff.).

Der leibhaftige Mensch als emergent stratifiziertes System ist gegenüber der physikalischen und physischen Umwelt komplexer, gegenüber der sozialen Umwelt jedoch weniger komplex. Woran mißt sich Komplexität überhaupt? Das Gehirn mit seinen zahllosen Neuronen und Verbindungen sei weniger komplex als eine pflanzliche Umwelt? Diese Auffassung wäre absurd. Statt der absoluten Quantifizierung anhand der Elemente und Relationen erscheint mir die Zahl der im System verankerten Emergenzebenen als Indikator der Komplexität geeignet. Wie komplex die Elemente selbst auch immer geartet sein mögen, Emergenz setzt ein gewisses Maß an Zusammenwirken der Elemente voraus, einen gewissen Vernetzungsgrad.

Luhmanns Kritik (1984, S. 193), die Metaphorik der Übertragung, also des Habens und Besitzens, Gebens und Erhaltens, passe auf Kommunikation nicht, trifft genau die Schwachstelle seiner Theorie, die sich auf horizontale Funktionalität beschränkt, statt die vertikale Abstufung der Systeme in Rechnung zu stellen. Tatsächlich ist Kommunikation immer an physische Medien gebunden. Sie determinieren zwar den Inhalt und Verlauf der Kommunikation nicht, geben aber einen Rahmen der Autonomie vor, innerhalb dessen sich kommunizierende Systeme austauschen können. Vor Erfindung des Telefons, um es platt zu sagen, war eine ganze Klasse von Kommunikationen weder möglich noch vorstellbar. Insofern ist Kommunikation mitnichten ein singulär gesellschaftliches Phänomen. Kunst, um ein anderes Beispiel zu nennen, gewinnt ihre Qualität gerade dadurch, daß in der handwerklichen Perfektion des Künstlers die essenzielle Botschaft[76] derart ins Material

---

[76] Die essenzielle Botschaft kann durchaus eine Anti-Botschaft sein, z.B. ein schwarzes Quadrat anstelle der Ikone.

übergeht, daß sie Erlebnis wird, sei es nun schockierend oder genußvoll oder beides in einem.

Ein System, das als Sender fungieren will oder soll, muß verschiedenartige Zustände einnehmen und einem Medium aufprägen können, damit sie als Information gelesen werden können. Der Empfänger bedarf mindestens einer Komplexität, die der Komplexität des Mediums, der gemeinsamen physischen Wirksprache, entspricht. Dies sind formale Voraussetzungen, die bereits aus dem syntaktischen Charakter des Informationsaustausches folgen. Damit Zustände oder Spuren auf einem Medium als Code wahrgenommen werden, muß zusätzlich die Intention zum Kommunizieren hinzutreten, zumindest auf Seiten des Empfängers. Der Name „Empfänger" verschleiert vielmehr, daß ein System möglicherweise aktiv nach Botschaften, Signalen usw. sucht.

Damit ist der pragmatische Aspekt der Kommunikation eingeführt. Ihre Wirkung läßt sich im übrigen daran erkennen, daß kommunikable Systeme oft glauben, auch dann mit anderen Systemen zu kommunizieren, die für diese Art der Kommunikation physisch nicht imstande sind. Beispielsweise wenn eine Hundebesitzerin mit ihrem Tier über die konditionierten Befehle hinaus Unterhaltung pflegt, ein Auto- oder Computerbesitzer mit der Maschine spricht, als führe sie ein menschliches Leben. Im Grunde handelt es sich hier um das fortlebende animistische Moment, das den Menschen als soziales Wesen auch in einer nichtmenschlichen Umgebung charakterisiert.

Die Semantik, die lexikalische Bedeutung der Nachrichten, entstammt einer Konvention. Letztere kann explizit festgelegt sein wie in einem Wörterbuch oder sie läßt sich implizit aus den pragmatischen Folgen der Kommunikation erschließen. Die Sprache, in der ontogenetischen Entwicklung kontextuell erworben, verkürzt den Verweis auf das inhaltlich Gemeinte. Der gemeinsame Fokus beim Sprechenlernen wird vor allem durch die Beobachtung der Blickrichtungen von Eltern und Kind hergestellt, ein Phänomen, das Bruner (1981) *joint attention* nannte. Auch bei Erwachsenen trägt es zur nonverbal-autonomen Untermalung von Sprechakten erheblich bei. Der Blick ersetzt den Zeigefinger. Gesprächspartner registrieren sehr genau, wohin der andere blickt. Dies entscheidet oft mehr über den Fortgang der Kommunikation als das Wort. Sozialisation ist ohne die interpersonelle Koordination der Blicke nicht vorstellbar. Überspitzt könnte von einer „Blickdressur" oder „Blickzurichtung" die Rede sein, die im sozialen Vergleich Druck erzeugt, gegenseitige Annäherung und Nivellierung sowie Abstoßung und Ausgrenzung kommuniziert.

Wenn die Konvention nicht zugänglich ist, z.B. beim Entziffern der Maya-Glyphen, der Bienentänze oder auch nur beim Aufenthalt in einem fremden Land, bleibt nur die Chance, die impliziten Kontexte nach „universalen" gestischen Indizien zu durchstöbern. Das heißt nichts anderes, als eine Wirksprache auf geringerem das Emergenzniveau zu suchen. Die Unkenntnis der jeweils gültigen Sprachkonvention beschränkt die kommunikative und grenzregulatorische Kompetenz des Systems, doch nicht „der Welt".

Übersteigt die Dimensionalität des Systems die der Umwelt, d.h. $max(i) > max(j)$, ist die Wahrscheinlichkeit hoch, daß das System die Umwelt durch rationales Handeln rahmen oder gar versklaven kann. Dieses Phänomen beobachten wir beispielsweise, wenn Menschen aus fester Materie Behausungen bauen. Sand und Mörtel besitzen höhere Komplexität als der Maurer? Ein anderes Beispiel wäre die Tierzucht. Der Dimensionalitätsvorsprung erlaubt es dem System, interne Repräsentationen auf Ebenen zu entwickeln, über die das Tier nicht verfügt. Damit ist das System in der Lage, das regelfreie Stadium des Übergangsprozesses oder -rituals in der Steuerung der Umwelt essenziell zu überbrücken. Zu sehen ist damit, welche verheerende Wirkung der dimensionale Unterschied zwischen zwei Menschen hätte, die sich nicht als paritätische Systeme von dimensionaler Gleichartigkeit ansehen, sondern als System und Umwelt. Der eine würde den anderen verdingen. Die Menschenrechtskonvention ist nichts als die Befreiung von der disqualifizierenden Sichtweise, Menschen zur objekthaften Umwelt von Menschen zu zählen.

Situationen, die umgekehrt durch eine höhere Dimensionalität der Umwelt gekennzeichnet sind – beispielsweise in sozialen Zusammenhängen –, lassen sich durch $max(j) > max(i)$ beschreiben. Die verbleibende Autonomie hängt maßgeblich davon ab, welche Strategien das System entwickelt, mit dem durch Ungewißheit oder eigendynamischer Übermacht charakterisierten Anteil des Kontexts umzugehen. Ein Ingenieur mag auf seinem Gebiet Einfälle entwickeln und erfolgreich umsetzen. Unter den Bedingungen der höheren Dimensionalität sozialer Situationen, vor allem wenn er auf die fortgesetzte Gültigkeit technischer Wirkprinzipien vertraut, erleidet er Schiffbruch, solange er andere Menschen objekthaft behandelt oder sich in Hierarchien infolge vermeintlicher „Einsicht in die Notwendigkeit" unterordnet, wo Protest gefordert wäre.

Die Differenz zwischen Eigendynamik und konstituierenden Bedingungen fällt mit der Einteilung in mikrokosmisch determinierbare und makrokosmisch-indeterministische Prozesse nicht nur strukturell, sondern auch partiell physisch zusammen. KB_{ij} enthält eine wirksame Überschneidung mit KB_i, ohne die es dem System nicht möglich wäre, auf die Umwelt „realen Einfluß" auszuüben. Die Gleichgesetzlichkeit konstituierender (physischer) Ebenen im System und in der Umwelt wird überformt durch die jeweilige Eigendynamik. Um das Handeln eines Systems zu verstehen, genügt es nicht, die konstituierenden Bedingungen zu kennen, vielmehr ist eine aufmerksame Beobachtung seiner konkreten Eigendynamik vonnöten. Daher verliert hermeneutische Einzelfallbetrachtung nicht an Bedeutung. Genauso läßt sich der Einfluß der Umwelt des Systems nicht allein vom Mikrokosmos her fassen, vielmehr ist notwendig zu beobachten, was für das System makrokosmisch wirkt und wie das System damit umgeht.

In dieser strukturellen Parallelität ist kein Zufall zu sehen, vielmehr erklärt sich daraus die Tendenz des Bewußt-Seins, gerade dort Emergenz anzusetzen, wo herkömmliche Beschreibungsschemata, d.h. auf singuläre Kausalitäten gestützte, „mechanische" Argumentationsmuster von unten her, nicht greifen. Sobald eigendynamische Prozesse für Synergien sorgen, durch das ⊕-Zeichen symbolisiert, tritt Emergenz als metakognitive Kategorie des Beobachterbewußtseins in Erscheinung. Die Abstufung der Beschreibungsebene könnte analog zu Formel (3.2) mit $KB_{ij} = SK_{(ij)-1}$ auch anhand der Indices dargestellt werden (8.3). Der Ausdruck „(ij)-1" soll andeuten, daß sich die Veränderung der Dimensionalität auf die Systemebene i, die Umweltebene j oder auch auf beide beziehen kann. Damit vervielfachen sich die Möglichkeiten, die zu veränderten Situationen führen können beträchtlich. Im Alltag wird der letzte Fall, daß sich System und Umwelt gleichzeitig, aber auf unterschiedlichen Ebenen verändern, am häufigsten auftreten. Dann ist es aber nicht mehr möglich, die „Ursache" im System oder in der Umwelt zu lokalisieren. Der naturwissenschaftliche Ansatz fordert dagegen ein Konstanthalten der inneren Bedingungen (i) des Beobachtersystems, damit die Veränderungen eindeutig auf Variationen der äußeren Umwelt (j) zurückgeführt werden können. In der Meditation geschieht etwas ähnliches, nur umgekehrt. Hier wird die Umwelt konstant gehalten bis hin zur äußersten Askese, damit alle veränderten Erlebniszustände von innen herrührend erscheinen.

3.6.2 Fraktale Übergänge ins Ungewisse

Was ein System als Makrokosmos anerkennt, wird von ihm ins Feld der Auseinandersetzung gezogen. Systemerhaltende Zirkularität zwischen System und Umwelt bringt Formen des Umgangs mit Ungewißheit hervor, die auf innersystemische Beziehungen übergehen. Das System wird komplizierter und empfindlicher, schafft sich, schwankend zwischen Abgrenzung und Anpassung, neue Möglichkeiten für seine Entwicklung. Ob sie sinnvoll sind, klärt sich nicht für ein System, das nur beobachtet, sondern für Systeme, die eingebunden sind in Prozesse und in die Generierung von Prozessen.

Um zu überleben, ist das System bestrebt, sich auf Fremdbestimmung, Zufall und äußerliche Veränderung einzustellen, Vorsorge zu treffen, seinen Mikrokosmos auszudehnen. Ein System kann sich in der Evolution bewähren, wenn es nicht nur imstande ist, vergangene Gegebenheiten lernend zu berücksichtigen, sondern auch potenziell-künftige. Letztere müssen freilich erwartbar sein. Während in manchen Situationen, z.B. für einen Richter, die Vagheit der Vorstellungen ein Hindernis darstellt, erweist sich der Rückgriff auf ein Schema günstiger als ein differenziertes Vorurteil – wenn es darum geht, sich offen zu halten für Variationen. Dahinter verbirgt sich wiederum die ritualförmige Struktur von Übergangsprozessen. Schemata entsprechen dem formal starren Ablauf des Rituals. Die Ungewißheit wächst, wenn die Zielzustände, zu denen Anschluß hergestellt werden soll, tatsächlich neu sind – nicht nur wie oft in der ontogenetischen Entwicklung für denjenigen, der sich im Prozeß befindet, während die Außenstehenden schon zu wissen glauben, wohin die Reise geht.

Schematisierung bzw. Ritualisierung unterstützt die Anschlußfähigkeit fraktionaler Identitäten in wechselnden Kontexten auf Kosten der Paßgenauigkeit. So hält sich das Bewußt-Sein Leerstellen frei, begnügt sich mit allgemeinen Begriffen, Analogien oder Metaphern, welche makrokosmisch Kontingentes einfangen sollen. Wissenschaft und volkstümliche Magie stimmen darin überein, daß sie eine Isomorphie zwischen Mikrokosmos und makrokosmischen Markierungen anstreben. Ihnen entspricht das Verhältnis von Prognose und Erwartung. Im Unterschied zur Wissenschaft gestaltet Magie – und mit ihr ebenso die suggestive Wirkung von Psychotherapie, der Aberglaube, die erfahrungsgestützte Erwartung, Hermeneutik, subjektive Theorie etc. – die innere Repräsentation des Makrokosmos nach dem äußerlich wahrnehmbaren Vorbild des Mikrokosmos. Wissenschaftliche Prognose versucht dagegen mit Hilfe methodischer Schlußverfahren (LOG), aus den makrokosmischen Anhaltspunkten ein mikrokosmisches Modell zu konstruieren. Formell lassen sich diese beiden Ansätze, die jeweils dem Weg subjektiver Verinnerlichung (INT) oder äußerlicher Objektivierung (EXT) entsprechen, wie folgt darstellen:

$$MAK_{int} = MIK_j|_i \oplus Ed_i|_j = MIK_{ext}|_{int} \oplus ED_{int}|_{ext} \qquad (8.4)$$
$$= AB_{ext}|_{int} (MIK) \oplus AN_{int}|_{ext} (ED) \qquad (8.5)$$
$$= ÜR_{ext \to int} (MIK \oplus MAK) \qquad (8.6)$$
$$= ÜR_{ext \to int} (SK) \qquad (8.7)$$

$$MAK_{log}|_{ext} = MIK_j|_j \oplus ED_{log(i)}|_j = MIK_{ext}|_{ext} \oplus ED_{log}|_{ext} \qquad (8.8)$$
$$= MIK_{ext} \oplus AN_{log}|_{ext} (ED) \qquad (8.9)$$
$$= ÜR_{ext \to log} (MIK \oplus MAK) \qquad (8.10)$$
$$= ÜR_{ext \to log} (SK) \qquad (8.11)$$

mit: int – interne Repräsentation
ext – externalisierbare Repräsentation
log – nach logisch gültiger Schlußweise gefilterte Repräsentation

Wenn sowohl System als auch Umwelt durch eine Schichtung in konstituierende und eigendynamische Ebenen beschrieben werden können, so ist daraus nicht auf eine vermeintliche Identität zwischen System und Umwelt zu schließen. Vielmehr läßt sich die emergente Stratifikation der Umwelt als *recrossing* im Sinne Spencer-Browns zur emergenten Stratifikation des Systems verstehen. Konstituierende Prozesse, die – unwiderruflich! – zum System gehören, unterscheiden sich von den konstituierenden Umweltprozessen, indem das System keine Freiheit hat, sie zu seiner Basis zu wählen. Sie sind an das System versklavt und werden von ihm gerahmt. Konstituierende Prozesse der Umwelt kann das System dagegen auswählen, es kann bestimmen, ob sie in seiner Grenzregulation eine Rolle spielen sollen oder nicht. Mag der Stoffwechsel zu den biologischen Konstituenten lebender Systeme gehören, so sind sie doch in einem gewissen Spielraum frei, ihre Nahrung zu suchen.

		System	
		Konstitution (externalisierbar-existenzielle Bedingungen)	Eigendynamik (internal-essenzielle Unterscheidungen)
Um-welt	Konstitution (Mikrokosmos)	Lebensgrundlagen	Kommunikationsmedien
	Eigendynamik (Makrokosmos)	empirisch-logische Prognosen	subjektiv-metakognitive Erwartungen

Tabelle 3: *Felder der Grenzregulation zwischen System und Umwelt*

Wo die essenzielle Eigendynamik des Systems auf die makrokosmische Eigendynamik der Umwelt trifft, sind kaum symbolische Repräsentationen zu finden, die eine strukturelle Ähnlichkeit zwischen Bewußt-Sein und Welt herstellen, bestenfalls prä-symbolische Visionen oder Intuitionen. Hier haben Spekulation, Phantasie, Mythologie, transzendentes Erleben, Animismus, Poesie, Musik, Kunst und Religion ihren Platz, der, wenn er frei bleibt, eine Lücke ins Bewußt-Sein reißt: Dem System fehlt in diesem Falle die Möglichkeit, durch Rückgriff auf eine letzte, metakognitiv konstruierte Ebene Geschlossenheit zu bewahren. Nicht selten tritt bei Personen, die dem metaphysischen Bewußt-Sein die Existenzberechtigung absprechen, eine säkularisierte Ritualistik (z.B. des *Peer Review*) ersatzweise an die Stelle des essenziell-makrokosmischen Horizonts.

Zugleich ist zu sehen, daß die Wissenschaft mit ihren auf Objekthaftigkeit ausgerichteten Kommunikationsmitteln dieses Feld überhaupt nicht berührt. Ordnet man psychische Prozesse den essenziellen Ebenen des Systems zu, so wird deutlich, daß es keine exakte Wissenschaft von ihnen geben kann. Sobald sie in objekthaft symbolischer Weise geäußert werden – unabhängig davon, ob die Mitteilung implizit beiläufig durch den Vollzug einer Handlung oder explizit durch intentionale Kommunikation erfolgt – haben sie sich bereits verändert und ihren spezifisch eigendynamischen Charakter im Zuge der Manifestation eingebüßt. Darin wiederholt sich das Dilemma, das bereits Sokrates zum Plädoyer zugunsten der Mündlichkeit veranlaßte[77] und schließlich zur Aufspaltung der Wissenschaften in eine natur- und geisteswissenschaftliche Richtung wie auch der Psychologie in behaviorale und einsichtsorientiert-kognitive Strömungen geführt hat. Wenn Eigendynamik im Spiel ist, reicht das geringere Emergenzniveau objektivierender Methoden zu ihrer Beobachtung nicht aus. Ihren Instrumenten fehlt die Sensibilität für Dimensionen, auf denen erst im Nachgang quantitative Messungen erfolgen könnten. In den Status der Meßbarkeit gelangen prä-symbolische Prozesse erst durch Externalisation, d.h. im Stadium der Internalisation ist Messung a priori ausgeschlossen – und daher mit exakter Wissenschaft unverträglich. Was wir (auf dem Gebiet der psychischen Prozesse) messen können, ist nicht das Eigentliche.

Dennoch erlaubt es die fraktale Übereinstimmung zwischen System und Umwelt, auf der konstituierenden Ebene Transmittenden zu bestimmen, durch die das System in direkten Austausch mit der Umwelt treten kann, ohne Fremddetermination befürchten zu müssen. Voraussetzung ist jedoch, daß das System die Eigengesetzlichkeit auf beiden Ebenen zu erkennen, symbolisch zu repräsentieren und zu übersetzen vermag. Beiderseits konstituierende Bedingungen auf niedrigem Emergenzniveau fungieren als gemeinsame Wirksprache mit materiell-objekthafter Gestalt. Im Alltag wird, so scheint es, diese statische Form des Mediums zwischen System und Umwelt bevorzugt (z.B. die materielle Form des Geldes als Münze oder Schein, schriftliche Verträge, Häuser aus Stein, Stahl, Glas, Frequenzbänder zur Datenübertragung). Die Nutzung emergenzschwacher Ereignisse als Medium der Kommunikation und Grenzregulation hat einen simplen Grund, der schon im Kapitel „Kommunikation und Macht" erwähnt wurde: Die Treffsicherheit der Umweltmanipulation erhöht sich – zumindest im Mikrokosmos –, wenn die Eigendynamik des Mediums reduziert werden kann.

Die Gleichungen (8.6) und (8.10) zeigen, daß sowohl wissenschaftliche als auch innerpsychische Repräsentation – bei allen qualitativen

---

[77] Doch auch auf mündlichem Wege findet, strenggenommen, Manifestation statt, mag der Lufthauch der gesprochenen Sprache auch fluidere Eigenschaften besitzen – und symbolisieren – als Papier.

Unterschieden – ritualförmige Übergangsprozesse nutzen, um ihren jeweiligen Mikrokosmos abzustecken und zu beackern. Verinnerlichung kann, aber muß nicht auf logische Formen zurückgreifen. Sie ist nicht zur Schlüssigkeit gezwungen und setzt anstelle von Wahrheit auf Authentizität, die sich durch die Individualität der inneren Reflexion äußerer Ereignisse wie auch das eigendynamische Überschreiten des kontextuell Gegebenen auszeichnet.

Verinnerlichung gewinnt ihre Plausibilität durch die Berufung auf (post-) symbolisch verifizierbare, äußere Ereignisse, die zu inneren Kategorien oder Bewußtseinereignissen – welcher Art auch immer – transponiert werden (8.4). Doch dieser Rückgriff ist gleichsam nur eine Vorbereitung auf das Ungewisse, ein Abstoßen von der Umwelt, indem deren Gewißheit beschworen wird. Auf dieser Grundlage werden die Schatten, die kontingente Ereignisse (voraus-) werfen, intern übersetzt, integriert und vor dem Hintergrund des mikrokosmischen Modells interpretiert. Der internalisierte Makrokosmos bleibt immer irgendwie vertraut, nur die Anrufung des Unbekannten als abstrakte Kategorie hält dessen Anwesenheit im Bewußt-Sein präsent.

Objekthaftigkeit anstrebende Wissenschaft nimmt dagegen die äußeren Ereignisse als äußere Ereignisse (8.8), deren subjektive Bedeutung und Assoziation ist ihr unwichtig. Durch diese Einschränkung wird der Kosmos der inneren Erfahrungen, die sich nicht externalisieren lassen, ausgegrenzt. Entsprechend den tradierten Formen der Logik – die ihrerseits nicht statisch feststehen, sondern einem Prozeß external-symbolischer Metakognition nach tautologischer Eigengesetzlichkeit unterworfen sind und durch empirische Beobachtungen zumindest hinsichtlich ihrer Axiomatik angeregt werden – zieht Wissenschaft von den äußeren Inidizien des makrokosmisch Unbekannten Schlußfolgerungen, die bei logischer Stimmigkeit und empirischer Rückbestätigung anhand unabhängiger Indizien als ontologisierbar behandelt werden. Zielsprache der Wissenschaft ist die Logik (8.10), deren Eigengesetzlichkeit zugleich die Rituale des Wissenschaftsbetriebs normiert. Dort, wo der Gegenstand der Betrachtung keine objekthafte Externalisierung zuläßt, d.h. in den Geisteswissenschaften, vulgarisiert die am Ideal naturwissenschaftlicher Exaktheit orientierte Forschung die Emergenz ihres Gegenstandes. Der kurzfristige Nutzen dieser gefährlichen Simplifizierungs-Strategie liegt auf der Hand: Die Ontologisierung des wissenschaftstheologisch als wirklich und wirksam Anerkannten eröffnet technischen Anwendungen und der Etablierung sozialer Institutionen das Feld, um die Grenzen des Mikrokosmos zu erweitern.

Welche Folgen ziehen die verschiedenen Strategien im Umgang mit dem makrokosmisch Ungewissen nach sich? Es ist beinahe trivial zu sagen, daß ein System, welches makrokosmischen Störungen nicht gewachsen ist und seine mikrokosmische Selbstbestimmung nicht gegen sie schützen kann, die Fähigkeit zur Autonomie und damit seine Existenz verliert. Ein System, das in der Lage ist, mittels fraktaler Übergänge Anschluß zwischen Mikro- und Makrokosmos herzustellen und seine Fähigkeit zum Handeln trotz makrokosmischer Kontingenz zu retten, gewinnt grenzregulatorische Kompetenz: Es kann seine zirkulärreferenzielle System-Umwelt-Differenz behaupten. Bei geeigneter innersystemischer Übersetzung gelingt es ihm, die Resultate der Grenzregulation in seiner Konstitution zu verankern, beispielsweise im genetischen Code oder im Falle kultureller Systeme in der Literatur. Damit eröffnet es sowohl sich selbst – nämlich in emergenten Situationen – als auch seinen systemischen Nachfolgern neue Entwicklungsmöglichkeiten.

Ebenso kann Abschottung von der Umwelt als Form von Grenzregulation betrachtet werden. Ihre Wirkung läßt sich nicht a priori als systemerhaltend oder (zer-) störend einstufen, sondern hängt von der Situation ab. Tabu, Geheimnis und Heiligsprechung schützen die Autonomie sozialer Systeme und die Emergenz von Ebenen innerhalb des Systems. In einem Familiensystem können sich die Eltern gegenüber den Kindern abgrenzen (und umgekehrt), indem sie bestimmte Dinge nur unter sich kommunizieren.

Beginnen aber Anpassung oder Abgrenzung jeweils allein die Grenzregulation des Systems zu bestimmen, wird die Katastrophe wahrscheinlich. Ein System, das sich nur noch anpaßt, ohne seine Grenzen zu behaupten, hört auf zu existieren und verschmilzt mit der Umwelt – wer immer offen ist, sagt der Volksmund, ist nicht ganz dicht. Extreme Abschottung, die nicht durch gleichzeitig mitlaufende Anpassungsprozesse ausgeglichen wird, erweist sich als anfällig gegen makrokosmische Einflüsse. Der fraktale Charakter der Anpassungs- und Abgrenzungsprozesse ermöglicht ihre Gleichzeitigkeit in ritualförmigen Übergangsphasen, ohne daß daraus eine Paradoxie entsteht. Paradoxien werden nur dort wirksam, wo die Totalität der Prozesse gefordert wird.

Die Grenzregulation makrokosmischer Ungewißheit zielt – wenigstens zum Teil – auf den Erhalt des Systems. Systemerhalt sorgt für zirkulär-referenzielle Rahmung der Subsysteme entsprechend ihrer Funktionalität, die sich über die emergenten Strukturebenen des Systems fortpflanzt. Funktionalität bedeutet Anschlußfähigkeit: Ein System muß, damit es sich reproduzieren kann, unter wechselnden Umweltbedingungen in der Lage sein, an sich selbst anzuschließen. Nicht nur auf psychischer oder sozialer Ebene lernen Systeme aus ihrer internalisierten Geschichte, auch biologisch passen sie sich weniger ihrer Umwelt an als der eigenen Konstitution. „Selektion" wählt eigendynamische Entwicklungsalternativen aus, die einerseits zwar objektiv vorhanden, andererseits in wie auch immer gearteter Form passend zur Entwicklungsgeschichte des Systems sind.

Der kontingente Charakter makrokosmischer Wirkungen fordert insbesondere zur Neubestimmung innersystemischer Funktionen heraus, die Anschlußfähigkeit an den gegenwärtigen Zustand gewähren sollen. Dazu wird, in vernünftigen Systemen, die Funktionalität von Strukturen mit einem Blick auf Etwaiges geprüft, um ihren *Sinn* festzustellen. Sinnvoll sind an das Eigene anschlußfähige Strukturen. Bei Systemen, die ihre Funktionen willkürlich wählen können, ist die Grenzregulation mit der Umwelt nicht ausschlaggebend für die Bestätigung von Sinn. Allein katastrophale äußere Einflüsse auf existenzieller Ebene müssen bei Strafe des Untergangs geregelt werden. Die kontinuierliche Vergiftung des Wassers wird eine Gesellschaft physisch zerstören, wenn die kulturelle Degeneration, deren Resultat die Wasservergiftung darstellt, eine Korrektur dieser Praxis verhindert.

Auf essenziellen Ebenen spielt Paßfähigkeit nicht unbedingt eine ausschlaggebende Rolle. Es ist weder evolutiv notwendig noch in jedem Falle vorteilhaft, daß Vorstellungen „der Realität" entsprechen. Phantasie, magisches Empfinden, Traum usw. sind keiner Auslese unterworfen außer vielleicht der Anschlußfähigkeit an sich selbst, doch auch darin nicht zwingend, man betrachte nur die unikaten Schöpfungen der Surrealisten. Erst wenn Ideen in unreflektierter Verkürzung der ritualförmigen Übergänge direkt in Handlungen übersetzt werden, können sie den Lebensablauf des Systems behindern. Die Folgen bekommen sowohl der Mikrokosmos, der dem Handlungsspielraum des Systems unterworfen ist, als auch die vegetativen Prozesse, die das System konstituieren, zu spüren.

Daraus läßt sich aber keineswegs ableiten, Nicht-Dysfunktionalität sei mit Funktionalität identisch. Sie hält vielmehr die Möglichkeit zeitweilig anschlußloser Entwicklungen offen. Das System lotet seine Potenzen probeweise aus, um seinen emergenten Spielraum in den Makrokosmos hinein auszudehnen. Die Vielfalt der Möglichkeiten lediglich auf Grundlage von Anpassungsprozessen zu erklären, greift zu kurz. Bereits in der „Kaiserchronik", einer mittelalterlichen Schrift zur Verbreitung des Christentums, wird ironisch gefragt, ob die Schöpfung noch als vollkommen betrachtet werden könne, wenn Gott den Grashüpfer mit drei Paar Beinen und Flügeln ausgestattet hat, der mächtigen Elefant aber, der Flügel viel nötiger hätte, sich mit vier Beinen begnügen muß.[78]

In den Augen engstirnig ideologisierter Therapeuten, die selbst vermutlich noch nie einen schöpferischen Moment erlebt haben, genügt schon ein geringer Verdacht, um sogenannte dysfunktionale Kognitionen mit den Mitteln des sokratischen Dialogs umzuformen. Dabei hängt es von der Situation, nicht von der „Kognition an sich" ab, ob sie tatsächlich schädigend oder fördernd wirkt. Ob eine durch äußeren Druck verstärkte Selbstzensur unangenehmer Einsichten zugunsten „positiven Denkens" oder der kassandrische Mut zum öffentlichen Aussprechen dessen, was niemand wahrhaben will, zum Überleben beitragen – wer kann darüber ohne Kenntnis der Situation entscheiden? So ist es schwierig, zwischen Unsinn und Dysfunktionalität, zwischen Defizit und Ressource eine scharfe Trennlinie zu ziehen. Daß eine kontingente Funktionswahl nicht dysfunktional sein sollte, heißt nicht, daß sie funktional im Sinne unmittelbarer Selbsterhaltung sein muß. Dysfunktionalität kann hilfreich sein. Darüber entscheiden die Umstände. Dina Draeger, Konzept-Künstlerin und Philosophin, bringt die Dialektik von Erfolg und Scheitern in einem Gespräch mit dem Kurator Rudij Bergmann auf den Punkt:

---

[78] in: Deutsche Kaiserchronik (12. Jh.), hrsg. von Edward Schröder (1892), Nachdruck 1984 (Monumenta Germaniae Historica)

"*Dina Draeger:* Es kommt darauf an, was man unter Erfolg versteht. Das Wort impliziert ein Resultat. Es kann einer erfolgreich Hausmann sein, oder ein anderer erfolgreich scheitern. Das tut man als Künstler, man versucht, erfolgreich zu scheitern. Nicht erfolglos. Man hat als Künstler nur eine Möglichkeit, Karriere zu machen und das heißt, berühmt zu werden, sagt mein Freund Ottmar Hörl. Wenn man nicht scheitert, ist man kein Künstler. Und deswegen muß man sehen, daß man erfolgreich scheitert. Menschen, die erfolgreich scheitern, sind für mich kreativ. Es muß kein Erfolg im gesellschaftlichen Sinne sein. Für mich ist das nicht so wichtig. Ich habe immer für mich gesorgt, und ich kann mir vorstellen, daß ich auch für jemanden sorgen könnte.
Rudij Bergmann: Na ja, erfolgreich scheitern als Hausmann ist natürlich eine sehr unbekannte Konstruktion.
Dina Draeger: Daß er zum beispiel Geschirr in der Waschmaschine im Schleudergang reinigen will...
Rudij Bergmann: Das wäre dann das Äquivalent zur gescheiterten Pietà des Michelangelo?
Dina Draeger: Ja, dann kann ich sagen: Gut, daraus mache ich eben ein Video oder eine Performance. Ich glaube, daß gerade Fehler die Kunst, die Evolution voranbringen. Die Evolution besteht für mich aus der Summe der Fehler, die überlebt haben. Die bringen die Welt weiter. Ich halte Evolution für eine Reihe von Fehlschlägen, die aufgrund ihres erfolgreichen Scheiterns stärker waren als das bis dato Bewährte. So betrachte ich Erfolg. Das Fehlermachen heißt eigentlich, sich ein bißchen daneben benehmen. Das ist der Ursprung jeder Kreativität überhaupt." (Dina Draeger 2003, S. 18)

Einmal in die Welt gesetzt, verlangt Eigendynamik Anschluß. Daher kann sich ein System auf emergenter Ebene reproduzieren und sich dazu phantastische Möglichkeiten schaffen. So ist es unsinnig zu behaupten, nur der am besten Angepaßte könne überleben (*survival of the fittest*). Vielmehr genügt es, sich den eigenen Lebensvoraussetzungen nicht dysfunktional in die Quere zu stellen. Niemand wird bestreiten, daß die Funktion von Kunst in ihrer Freiheit von Funktionalität zu suchen ist.

Definiert man den Reifegrad anhand der Differenzierung der innewohnenden emergenten Schichten, so ist festzustellen, daß in Auseinandersetzungen nicht zwangsläufig das kultiviertere System den Sieg davonträgt, sondern dasjenige, welches am effektivsten von einer emergenten Steuerungsebene her auf eine umfangreiche Ebene physischer Machtmittel zugreifen kann. Gerade Hochkulturen ist dieser Rückgriff auf diese als barbarisch angesehenen Handlungen von einer bestimmten Entwicklungsstufe an verwehrt oder, anders gesagt, sie hindern sich selbst durch ihre Entwicklung am Ausbau ihrer physischen Machtbasis und der emergenten Differenzierung des ritualförmigen Zugriffs auf sie. Erst infolge dieser Einschränkung droht der „Untergang durch Entwicklung".

3.6.3 Die Grenzregulation emergent stratifizierter Systeme

Zunächst lassen sich zwei Begriffe von „System" anführen: zum einen „System" im Luhmannschen Sinne als ein Gebilde, das sich durch Selbstreferenz von seiner Umwelt abhebt, zum anderen „System" nach traditionellem Verständnis als strukturierter Zusammenschluß von Elementen und Relationen. Selbstreferenz kennzeichnet die Abgrenzung des Systems nach außen, der funktionelle Zusammenhang der Elemente dagegen die Binnenstruktur des Systems. Beide Aspekte sind nicht unabhängig voneinander zu sehen. Selbstreferenz bedeutet nicht, daß sich ein System quasi durch Proklamation abgrenzt, vielmehr entwickelt es Eigendynamik, durch die es sich qualitativ von der Umwelt unterscheidet.[79] Durch Eigendynamik ist das System in der Lage, über die Wirkmöglichkeiten seiner Elemente hinauszugehen. Während das Wort „System" im Griechischen ursprünglich zunächst ein „in Teile gegliedertes Ganzes", also eine logisch aufschlüsselbare Gliederung des Ganzen meinte, gerät hier eine Art System ins Blickfeld, das zwischen sich - als Einheit sichtbar - und seinen Teilen eine emergente Beziehung unterhält, so daß sich sein Handeln nicht als „Summe" des Verhaltens der Teile erklären läßt, obwohl die Teile als fraktale Elemente das Ganze in sich bergen.

Nicht alle Systeme enthalten Ebenen, die emergent über das Geschehen auf anderen Ebenen entscheiden, nicht alle Systeme können der rahmenden Vorgabe von oben die relative Autonomie ihrer Elementarprozesse entgegenhalten - doch dies hindert nicht daran, die betreffenden Fälle ins Auge zu fassen, zumal psychische Systeme dazu gehören. Die Schichtung des Systems entsprechend seiner Phylo- und Ontogenese, im Bewußt-Sein als internalisierte Systemgeschichte präsent, in emergente Strukturebenen verschiedener Gesetzlichkeit kompliziert die Organisation des Systems: Es muß nicht nur für Kommuni-

---

[79] Proklamation ist zweitrangig, die etikettierende Kundgabe, die ohnehin nur kommunikationsfähigen Systemen möglich ist.

kation mit der Außenwelt sorgen (zirkuläre Referenzialität) und nicht nur die interne Kommunikation zwischen paritätischen Elementen bewerkstelligen (Relationen), sondern über Regelbrechungen hinweg Rückmeldungen von konstituierenden Prozessen an die emergente Ebene hochtransponieren und umgekehrt emergente Ziele, die in phänomenologischer Sprache formuliert sind, fremdreferenziell in die „Maschinensprache" der konstituierenden Prozesse übersetzen. Vorstellen läßt sich der Transfer zwischen zwei Emergenzebenen am ehesten in Gestalt von ritualförmigen Übergangsphasen, die wie eine Art Schleuse zu den Rändern hin die Eigengesetzlichkeit der jeweiligen Emergenzebene bedienen, in der (zeitlichen) Mitte jedoch einer partiellen Regellosigkeit Raum geben.

Emergente Strukturebenen innerhalb eines Systems nötigen zur Neufassung des Funktionsbegriffs. Nach Luhmannschem Verständnis setzt eine Funktion die Elemente im Dienst der Selbstreferenz in Beziehung und konstituiert die Struktur des Systems, in dem es nicht alle Möglichkeiten in Beschlag nimmt, sondern nur einige. Selektive Differenzierung ist hier zu unterscheiden von erweiternder Differenzierung (Komplexitätserhöhung). Luhmann verliert sie aus dem Blick, obwohl sie gerade in der therapeutischen Praxis eine entscheidende Rolle spielt, z.B. indem der Kreis der Gesprächsteilnehmer vergrößert oder eine ungewohnte Sinnesmodalität einbezogen wird.

Zurück zum individuellen System: Emergente Funktionen wirken intern vertikal über Strukturebenen hinweg, sie werden ritualförmig auf andere Ebenen übertragen, regen dort interpoietisch Prozesse mit eigengesetzlicher Dynamik an und reproduzieren sich zugleich derart fraktal-selbstähnlich, daß Ziele erreicht werden können. Beim Passieren der Emergenzabstufung geht ihr versklavender Charakter abhanden, sie können nur rahmend Resultate intendieren, aber nicht über die Art und Weise ihrer Umsetzung bestimmen. Der mittelalterliche Fürst verlangte Abgaben von ferngelegenen Dörfern, aber dirigierte nicht persönlich den Ackerbau. Die technischen Schwierigkeiten in der Durchsetzung sozialer Kontrolle verschaffte dem Volk unter feudalaristokratischer Herrschaft vielfach größere Freiheit als in modernen demokratischen, aber zugleich von Maschinen überwachten Staaten.

Die Schichtung in emergente Strukturebenen reduziert die interne Komplexität des Systems, ohne die selbstreferenzielle Funktionswahl aufzugeben; im Gegenzug entsteht eine erhöhte Empfindlichkeit gegenüber Störungen. Das System sucht sich dagegen z.B. mit Redundanz zu schützen. Zerstört ein Unfall ein umschriebenes Hirnareal, so wird die zirkuläre Referenzialität des Gehirn-Geistes – gefördert durch anregende Stimulation – möglicherweise bisher nur potenziell im System vorhandene Wirkmöglichkeiten von Neuronenverbänden wecken und umstrukturieren, damit sie den ausgefallenen Part übernehmen. Sind die neuen Verbindungen latent nicht vorhanden oder nicht aktivierbar, so ist es um die Funktion geschehen (und vielleicht um die Existenz des Ganzen).

Entscheidend für den emergenten Befehlsgeber ist die Funktionalität der konstituierenden Prozesse, so daß häufig ein Komplexitätsgefälle von unten nach oben entsteht. Was von emergenter Warte aus autonom ineinander wirkt, um eine Funktion zu erfüllen, agiert als Element, ob es nun aus analytischer Sicht noch weiter zerlegbar ist oder nicht. Dieser Prozeß setzt sich über die Emergenzebenen hinweg mit fraktaler Selbstähnlichkeit fort. Die feinere subfunktionale Differenzierung interessiert an übergeordneter Stelle nicht. Sie interessiert sich überhaupt nur für konstituierende Prozesse, wenn die Realisierung der Funktion gestört ist und bisher ungenutzte Fähigkeiten in Anspruch genommen werden müssen. Sinnliche Eindrücke als Resultat neurophysiologischer Funktionen können vom selbstbewußten Geist als Elemente aufgegriffen, behalten, verzerrt, überflutet, verglichen werden usw. – doch nur das Funktionsresultat der konstituierenden Strukturebene Gehirn kann ins Bewußt-Sein geraten, nicht die Einzelheiten der physiologischen Prozesse.

Interessant wird das Handeln von Systemen, in denen alternative konstituierende Wege zur Erfüllung einer Funktion offenstehen, wie es in psychischen und sozialen Systemen häufig der Fall ist (um Geld zu verdienen, einen Partner zu finden etc.). Je weiter sich das Realisationsspektrum auffächert, desto geringer wird die Chance, aufgrund einer Beobachtung der konstituierenden Ebene den Handlungsspielraum des Systems zu erschließen. Die kontingente Wahl von Funktionen muß den Möglichkeiten des Systems nicht angemessen sein, sie kann seine gesunde Basis ruinieren. Wer reich ist, verliert die existenzielle Sorge nicht, sondern muß um so mehr den Verlust des Reichtums fürchten – was ihn bis in den Schlaf hinein verfolgen mag. Dieser Zusammenhang zwischen sozialer, psychischer und körperlicher Ebene erscheint banal, doch er ließe sich in einer Theorie autopoietischer Systeme nicht formulieren.

Das fraktale Übergangsritual zwischen emergenter Funktionsvorgabe und konstituierender Raffinesse in der Umsetzung muß nicht notwendig zu einer Balance führen. „Nebenwirkungen" können sich gegen die rahmende Versklavungstendenz von oben durchsetzen. Damit ist in Fällen wirkmächtiger Autonomie von den konstituierenden Prozessen her kaum zwischen intendierter emergenter Funktion und beiläufig erzeugter Nebenwirkung zu unterscheiden. Die Autonomie der konstituierenden Bedingungen läßt sich graduell bestimmen als

1. direkte Versklavung, die Erfüllung der Funktion auf den Punkt genau fordert;
2. Offenhalten eines Intervalls, in dem die Erfüllung als gleich bewertet wird;
3. Wahlmöglichkeit zwischen qualitativ alternativen Wegen;
4. Boykott der Funktion.

Jedenfalls kann ein emergent stratifiziertes System nicht ungehemmt Eigendynamik entwickeln, sondern muß, um seinen Zusammenhalt zu bewahren, Strukturebenen überschreitende Kanäle bereitstellen. Funktion beschreibt in diesen Systemen die interpoietische Anregung von Prozessen über Emergenzabstufungen hinweg, sie ermöglicht Anschlußfähigkeit innerhalb des emergent stratifizierten Systems. Das setzt ritualförmige Übersetzungs-Prozesse voraus, die zwischen konstituierender Funktions- und emergenter Zielsprache mittels eines hinreichend physischen Mediums (z.B. elektrische Impulse in Nervenbahnen) Zusammenhänge herstellen. Dabei bleibt die Funktionsvorgabe als semantische Invariante erhalten, an der die Genauigkeit der Übersetzung mitlaufend geprüft werden kann. Der Antriebsimpuls „Geh!" muß in die Sprache der Sensumotorik übertragen werden und zwar so exakt moduliert, daß man nicht davon hüpft, sondern geht. Dabei kann, bewußt und ohne Bewußt-Sein, die Geschwindigkeit, Beschleunigung, Haltung des Gehens usw. äußerst fein vom emergenten Willen vorgegeben werden. Umgekehrt meldet der konstituierende motorische Apparat Fehlfunktionen als dumpfen Gefühlseindruck, Schmerz oder Muskelkater nach oben und leitet eigenmächtig im Organismus das Beheben der Störung ein. Will man die Entwicklung der Umwelt des Systems, einschließlich seines mikrokosmischen Wechselwirkungsbereiches, explizit berücksichtigen, muß Formel (3.1) anhand von (8.1) revidiert werden:

$$HS_{ij} = (KB_i \oplus ED_i) \oplus SK_{ij} \tag{9.1}$$
$$= (KB_i \oplus ED_i) \oplus (MIK_i \oplus MAK_j) \tag{9.2}$$
$$= (KB_i \oplus ED_i) \oplus (KB_{ij} \oplus ED_j) \tag{9.3}$$
$$= ÜR_{i \to j}((KB_i \oplus ED_i) \oplus (KB_j \oplus ED_j)) \tag{9.4}$$
$$= ÜR_{i \to j}((ÜR_{i-1 \to i}(KB_{i-1} \oplus ED_{i-1}) \oplus ED_i)$$
$$\oplus (ÜR_{j-1 \to j}(KB_{j-1} \oplus ED_{j-1}) \oplus ED_j)) \tag{9.5}$$

Das Handeln des Systems in der Umwelt bzw. der Person in der Situation läßt sich durch zweierlei Übergangsprozesse charakterisieren. Zum einen steht das System permanent vor der Aufgabe, durch sein Handeln, den Anschluß zu sich selbst nicht zu verlieren. Zum zweiten greift es aus der Umwelt auf geeigneten Ebenen konstituierende Prozesse heraus, um sie mit den eigenen Systemstrukturen zu konfrontieren und schließlich vom System über geeignete Ebenen in die Umwelt hinauszuwirken. Das System muß sich um die parallele Anschlußfindung der Umweltsysteme nicht kümmern, denn es ist ihnen nicht in versklavender Form verbunden. Doch es kann sie, zumindest im mikrokosmischen Setting, beobachten und interpoietisch in seiner Grenzregulation berücksichtigen.

Formel (9.5) enthält sowohl eine Komponente der Evolution als auch der Fraktalität, die synergetisch auf die partielle Strukturähnlichkeit von System und Umwelt hinführen. Dabei werden ritualförmig Emergenzebenen in beide Richtungen durchstoßen. Natürlich können physische Umweltbedingungen essenzielle Ebenen des Systems beeinflussen, z.B. die physische Anwesenheit einer Bibliothek oder eines Kinos im Ort. Umgekehrt ist die Kultur- und Medienindustrie eine – nach Eigendynamik strebende – objekthaft-materialisierende Äußerung essenzieller Botschaften. Erst als physisch-greifbare Gegenstände (Waren, Sendezeiten etc.) erhalten sie eine sozial anschlußfähige Konstitution.

„Identität" bildet das System in Bezug auf den Mikrokosmos und die Strategien im Umgang mit makrokosmischen Einflüssen. Nur innerhalb des Mikrokosmos kann das System kausale Konstanz entwikkeln, für die rahmende evolutionär-empirische Apriori-Wahrscheinlichkeiten festzustehen scheinen (z.B. für die konstituierenden Strukturen der physischen und psychischen Systeme). Identitätsveränderung wird direkt durch – subjektiv oft nicht vorhergesehene oder nicht intendierte – eigendynamische Prozesse innerhalb des Systems selbst hervorgerufen. Damit äußere Ereignisse indirekt zu Änderungen auf der essenziellen Ebene des Systems beitragen – vorausgesetzt, die Existenz des Systems ist durch sie nicht gefährdet – bedarf es der ritualförmigen Vermittlung zwischen Umwelt und System.

In sozialen Zusammenhängen spielen Ritual, Etikette oder milieuspezifische Umgangsformen offenkundig eine ausschlaggebende Rolle. Schwieriger zu erkennen, ist die verborgene Erhaltung der Anschlußfähigkeit des Systems an sich selbst zu erkennen. Die ritualförmige Gestaltung interner Anschlußprozesse wird im Laufe der Sozialisation durch internalisierte Kulturtechniken erlernt. Sie kann für die besondere, von Eigendynamik geprägte Situation des Individuums aber unvollständig oder zu schematisch bleiben. Genau dies ist der Punkt, an dem Psychotherapie ansetzt.

Obwohl die Botschaften, die ritualförmig zwischen konstituierenden und emergenten Ebenen ausgetauscht werden, mit asymmetrischer Determinationsmacht ausgestattet sind, sind die Kanäle doch in beide Richtungen offen. Das krankhafte Aufschaukeln konstituierender Prozesse, deren Rückkopplungskreise gestört sind, erzwingt Mitteilungen, z.B. Schmerz, an die emergente Ebene des Bewußt-Seins, um intern erzeugte oder die Grenzregulation mit der Umwelt zu entspannen. Bedürfnisse (Hunger, Durst, Müdigkeit) können aus systemischer Sicht als Signal für Störungen, und umgekehrt Störungen als Ausdruck von Bedürfnissen verstanden werden.

Zwar bestimmt die emergente Ebene des Systems die Strategie der Grenzregulation mit der Umwelt, doch sie kann die aus der Phylogenese stammenden Ebenen und Subsysteme nur in einem gewissen Rahmen willkürlich übergehen und unabhängig von den konstituierenden Bedingungen des Systems seine Interessen nach außen vertreten. Das System ist seiner Geschichte verpflichtet: Die oberste Selbstreferenz des Systems entwirft die Strategie der Grenzregulation, muß sie aber, um seine Struktur nicht dem Verfall preiszugeben, zirkulär den Gesetzlichkeiten der übrigen Ebenen anpassen. Diese Forderung spricht die prinzipielle Übersetzbarkeit in physische oder konstituierende Strukturen an.

Ein emergent stratifiziertes System befindet sich etwa in dieser Situation: Es muß Eigendynamik entwickeln, um sich von der Umwelt abzugrenzen, zugleich aber Anschlußfähigkeit bewahren, an sich selbst als Selbstähnlich-Identisches festhalten. Um sich reproduzieren zu können, muß es emergente Strukturebenen überschreitende Funktionen unterhalten, die geeignet sind, die von oben verfolgte Strategie der Grenzregulation in konstituierende Prozesse innerhalb oder außerhalb des Systems übersetzen, mit anderen Worten: zu realisieren. Von den emergenten Ebenen ist internes und externes Komplexitätsmanagement gefordert. Die Möglichkeit, daß von der jeweiligen Ebene aus unbeeinflußbare Umweltereignisse mit höherem Emergenzgrad für das System bedeutsam werden, bleibt davon unberührt. Das System kann die Umwelt weder vollständig noch objektiv beobachten, denn es schiebt sich stets ein filternder, zirkulär-referenzieller, ritualförmiger Übersetzungsprozeß sowohl zwischen Umwelt und System als auch zwischen die einzelnen Strukturebenen des Systems.

3.7 Einfühlung und Funktionalität

3.7.1 Die Funktion der funktionalen Entsprechung

Wenn nicht Wahrheit, sondern die Funktionalität der Eigendynamik das Erfolgskriterium innersystemischer und grenzregulatorischer Übergangsprozesse darstellt, dann muß gefragt werden, wie ein System die Funktionalität seines Handelns beeinflussen kann. Funktionalität setzt eine wirksame Entsprechung zwischen Umweltkontext und der Grenzregulation des Systems voraus. Das Zusammentreffen beider Aspekte, am ehesten im Sinne von Koevolution konzeptualisierbar, beschreibt das emergente Wirksamwerden der Situation gegenüber System und Umwelt. Situationen werden erst durch die Begegnung eines Systems mit „der Umwelt" oder verschiedenen Umweltsystemen konstituiert, die sich durch sehr unterschiedliche Funktionsabläufe auszeichnen können. Keine Frage, es gibt Situationen, in denen es für ein bestimmtes System unmöglich ist, funktional zu agieren, weil seine Struktur eine

Anpassung an diese Situation nicht vorsieht. Dabei kann das System für sich gesehen intern voll funktionstüchtig sein. Als wollte man ein Radio verwenden, um fernzusehen. Mit der Zahl emergenter Ebenen innerhalb des Systems, d.h. mit zunehmender vertikaler Differenzierung wächst die Wahrscheinlichkeit, daß auch geringe Unterschiede die Anschlußfähigkeit des Systems stören oder gar verhindern können.

Ob es sich um existenzielle Differenzen handelt, die auf physischer Ebene keine funktionale Entsprechung in der Umwelt finden oder um essenzielle Verschiedenheit, die zu psychischen Konflikten mit der sozialen Umwelt führen, bleibt dahingestellt. Doch es scheint einen Unterschied zu bedeuten, der Unterschiede macht, wenn es dem System gelingt, „innerpsychisch" (Pleonasmus!) eine symbolische Entsprechung für die Funktionalität und Prozessualität der Umweltsysteme zu entwickeln und seine physischen Grenzregulationsprozesse auf dieser Grundlage vom Bewußt-Sein her emergent zu rahmen.

Darin *kann* ein Evolutionsvorteil liegen. Es genügt jedoch nicht, wenn das System nur imstande ist, die Umweltprozesse, die für seine Grenzregulation relevant sind, zu erfassen, also intern zu modellieren. Vielmehr ist das System gefordert, aus dem internalisierten Modell der selbstferenziell bedeutsamen Umweltprozesse anschließende Übersetzungsformeln in zielorientierte Handlungsmuster zu entwickeln. Analyse kann ein Hilfsmittel dazu sein, letztlich kommt es auf Mimesis an. *Mein Vorschlag ist, den ehrwürdigen, vom positivistischen Behaviorismus verworfenen Begriff der „Einfühlung" systemisch wiederzubeleben, indem ihm die (prä-) symbolische Modellierung von Umweltprozessen allein auf essenzieller Ebene ohne Zuhilfenahme technischer Meßinstrumente zugeordnet wird.* In diesem Sinne kommt ihm für die Alltagsbewältigung psychischer Systeme ein außerordentlicher Wert zu. Anzumerken ist, daß die Argumentation, Einfühlung könne kein genaues, nach Identität mit dem Original strebendes Abbild produzieren, aus systemischer Sicht belanglos erscheint. Funktional wirkt nicht die eineindeutig umkehrbare Funktion, sondern die den Funktionsablauf fraktal nachzeichnende und prospektiv orientierte Entsprechung.

Auch die behavioristische Kritik, man könne Einfühlung und die mit ihr verknüpfte Methode der Introspektion nicht als „wissenschaftlich" anerkennen, weil sie dem äußeren Beobachter gegenüber verborgen bleibt, schnappt ins Leere. Wovon besitzen wir überhaupt direkte, physisch manifestierte Abbilder? Was läßt sich beispielsweise in der Physik, dem Prototypen exakter Wissenschaft, direkt beobachten? Hätten sich die Physiker auf den behavioristischen Standpunkt gestellt, wüßten wir jetzt wahrscheinlich immer noch nichts von den Newtonschen Gravitationsgesetzen geschweige von der Einsteinschen Relativitätstheorie und glaubten immer noch, die Erde sei eine Scheibe – das ist es, was wir von ihr unmittelbar wahrnehmen. In diesem Sinne kommt der hermeneutischen Methodik ein weiterer Umfang zu als der kausalanalytischen. Kausalorientiertes Denken läßt sich singulär von seinen Motiven her verstehen; dialogisches Verständnis aber kann nicht deduziert werden.

Wieso sollte es in der hinsichtlich ihres Gegenstandes wesentlich komplexeren Psychologie noch reduktionistischer zugehen als in der Physik? Messung und Experiment sind Beobachtungsmethoden dem ohne Hilfsmittel Unbeobachtbaren beizukommen. Was macht der Physiker? Er „bastelt" sich ein Modell, leitet überprüfbare Einzelhypothesen ab und testet sie. Vom Ergebnis schließt er auf die Gültigkeit des Gesamtmodells zurück, wobei ein gewisser, von der Anwendbarkeit der zugrundegelegten logischen Form herrührender Unsicherheitsfaktor bestehen bleibt.

Strukturell unterscheidet sich diese Strategie wenig vom kognitiven Umgang psychischer System mit ihrer Umwelt im Alltag. Man verzichtet – in den meisten Situationen, außer wenn es sich um Personalauswahl oder klinische Diagnostik handelt – auf technische Meßinstrumente. Ansonsten konstruiert das System aus den Resultaten der Einfühlung in die Situation ein implizites Modell, dessen Gültigkeit es durch kommunikatives Handeln „testet". Dabei verfolgt es nicht das Ziel einer wahrheitsgemäßen Abbildung, sondern einer effizienten Übersetzung zirkulär bestimmter Motive in passende Umweltprozesse.

Um eine Metapher zu bemühen: Wer nur wissen will, ob es in einem Fluß Fische gibt, für den genügt es, eine Weile die Wasseroberfläche zu beobachten. Vielleicht springt ein Fisch kurz an die Oberfläche. Effizienter wäre es – für den, der einen Fisch fangen will – eine Angel hineinzuhalten. Dieses primitive Beispiel zeigt, wie wirksam funktionale Einfühlung sowohl für die Grenzregulation als auch die intern handlungsbezogene Umsetzung für ein System ist, das über ein ausreichend essenzielles Emergenzniveau verfügt. Man hat noch kein Tier angeln sehen (zumindest nicht mit einer Angel). Die Erfindung der Angel setzt zum einen die modellhafte Annahme voraus, daß sich in diesem konkreten Gewässer Fische aufhalten. Zum zweiten kommt die weitergehende Modellierung der Funktionalität des Nahrungserwerbs der Fische hinzu, die der Angler mit Hilfe von Schnur, Köder und Widerhaken physisch umsetzt. Schließlich zeigt sich die Funktionalität des internen Modells, das der Angler vom funktionalen Verhalten der Fische besitzt, auch darin, ob er ihre „Panik" versteht, nachdem sie angebissen haben und sie statt sofort, das Reißen der Schnur riskierend, herauszuziehen versucht oder ob er rhythmisch lockerläßt, um sie zu ermüden. Der Angler muß kein Wort sprechen bei seiner Tätigkeit, dennoch ist es möglich, das funktional Wirksame seines verborgenen inneren Modells zu erfahren, indem man sein konkretes Handeln beobachtet.

Banale Alltagsverrichtungen eignen sich vorzüglich, um die Gültigkeit psychologischer Theorien und Ansätze zu beleuchten. Mit Gültigkeit meine ich an dieser Stelle nicht die herkömmliche Forderung nach naturalistischer Entsprechung, sondern die Entsprechung der Beschreibungsebenen. Nicht selten stellt sich heraus, daß die Alltagstätigkeiten funktional zu komplex und die psychologischen Theorien zu flach strukturiert sind, um zu passen.

Einfühlung muß von Referenzpunkten ausgehen. Das ist zum einen die Selbsterfahrung des Systems, das anhand der von ihm geleisteten Übersetzungsprozesse zwischen den emergenten Ebenen erfährt, was Funktionalität bedeutet und welche Formen sie annehmen kann. Zum anderen aber kann das System auch aus der Beobachtung effizienter Umweltsysteme lernen, indem es die Struktur funktionaler Prozesse symbolisch modelliert und nachahmt. Die Funktionalität des Handelns dient zum dritten als Maßstab, als Zeichen der Selbstwirksamkeit, die das System in verschiedenen Umweltkontexten entfaltet und durch Variation seine Einfühlungsgabe verfeinert, ohne daß es je über einen objektiven Maßstab verfügen würde.

Verstehen beinhaltet zwei Komponenten: Zum einen setzt es das „Begreifen der Situation" voraus, d.h. die Einsicht wie aus individiduellen Systemstrukturen in der Begegnung Muster der Kooperation oder Abstoßung entstehen. Zum zweiten gehört die Fähigkeit dazu, aus dem Wissen um den autonomen Spielraum der Systeme, Leerstellen in der

Erklärung offenzuhalten, die durch eigendynamisches Handeln der Systeme gefüllt werden können. Letztere sind in ihrer konkreten Gestalt prinzipiell wissenschaftlich unzugänglich. Vorhersagen über eigendynamische Resultate zu machen, hieße, sie nicht mehr als eigendynamisch anzuerkennen. Verstehen muß sich also darauf beschränken, den situativen Ort eigendynamischer Prozesse abzuschreiten. Einfühlung staffiert diesen Ort probeweise mit Szenarien aus. In diesem Sinne begreift Ego Alter als alter Ego. Dieses hermeneutische „Kulissenschieben" hat mitnichten die Funktion, wahrheitsgemäße Aussagen über den anderen oder die Situation zu treffen. Ihre Aufgabe liegt vielmehr auf metakognitiver Ebene, Intuition und Phantasie beim Verstehen zu anzuregen. In den folgenden Beispielen werden ohne Anspruch auf Vollständigkeit einige Typen der Funktionalität von Systemen beschrieben. Eine vertiefende Analyse der vorgestellten Systemtypen ist Aufgabe der Einzelwissenschaften.

3.7.2 Expansive Systeme (Teufelskreis-Modelle, Eskalation)

Die Fähigkeit, Umwelt auf Eigenes zu beziehen, meint zunächst nur den Vergleich. Systemerzeugend wird sie erst, wenn eine Reaktion davon abhängt, ein Größer- oder Kleinerwerden der Systemgröße. Im ersten Fall spricht man von positiver Verstärkung, im zweiten von negativer.[80] Die zirkuläre Referenzialität des Systems besteht auf der quantitativen Ebene darin, daß jede Änderung der als relevant wahrgenommenen Größe fortwährend an der Änderung mitwirkt. Positive Verstärkung führt zu ungehemmtem exponentiellen Wachstum: Ein Konflikt schaukelt sich auf, ein Schneeball wird, den Hang hinabrollend, zur Lawine, Prophezeiungen erfüllen sich selbst. Negative Verstärkung zieht dagegen das exponentiell beschleunigte Verschwinden des Systems nach sich. Es löst sich mit wachsendem Tempo selbst auf. Mag dieser Fall auch seltener zu beobachten sein - beispielsweise wenn Pflanzen absterben, deren Wurzeln den Boden vor Erosion bewahrt, so daß mit jeder Pflanze, die wegfällt, das Absterben der übrigen beschleunigt wird - die Richtung des Vorzeichens ist im Grunde nur eine Frage der Per-

---

[80] Die Wörter positiv und negativ zeigen hier keine Gefühlstönung an: Wenn sich Angst zur Angst vor der Angst aufschaukelt, so beschreibt dies eine positive Verstärkung der Angst, obwohl sie unangenehm erlebt wird.

spektive und kann theoretisch ausgetauscht werden (je *mehr* Pflanzen fehlen, desto *mehr* Erosion).

Wo ist Entwicklung anzutreffen, die, sich selbst verstärkend, ins Uferlose strebt? In geschützter, von vernichtenden Einflüssen abgeschotteter Umgebung, aus der dem System unerschöpflich Energie für die konstituierenden Prozesse zufließt, in einer Bakterienkultur beispielsweise, die in einem stetig mit Nährstoffen gefüllten Reagenzglas lebt. Anscheinend vermehrt sie sich unbeeinflußt von der Umwelt, aufgrund ihrer eigenen, „inneren" Wachstumskräfte. Doch der Schein trügt: Sobald das expansive System seine Umgebung aufgefressen hat, oder sobald Ressourcen nicht mehr in hinreichendem Tempo herangeschafft werden, bricht das exponentielle Wachstum ab. Expansive Systeme geraten an Grenzen, die nicht Grenzen des Systems, sondern die Grenzen der Umwelt sind. Daß es sich bei den systemtheoretisch vermittelten Einsichten dieser Art keineswegs um neuartige Entdeckungen handelt, zeigt an dieser Stelle eindringlich der Vergleich mit archaischen Textbüchern wie dem Daodejing.[81] Störungen durch Expansivität werden vor allem in der Verhaltenstherapie behandelt. Doch sie bildet nicht die einzige systemische Störungsquelle.

3.7.3 Homöostatische Systeme (Regelkreis-Modelle)

Das Pendeln um Gleichgewichtspunkte bewahrt vor exponentieller Änderung und orientiert die Aktion von Systemen zirkulär auf Änderungen der Umwelt unter – möglicherweise nicht intendierter – mitlaufender Rücksicht auf deren konstituierende Selbstreferenz. Die Selbstbeschränkung des Systems läßt der Umwelt Spielraum offen, der wiederum eigendynamisch ausgefüllt werden kann und interpoietisch zurückwirkt. Der rekursive Funktionsablauf, der Gleichgewichtszustände stabilisiert, ist die Homöostase.

Regelkreise, die konstituierende Funktionsgrundlage biologischer Systeme (aber nicht nur dieser), setzen die Fähigkeit zur Selbstreferenz, zum Vergleich mit systemeigenen Werten voraus – jedoch nicht einseitig, nicht ausschließlich verstärkend in der einen oder anderen Richtung, sondern *genau dann* vergrößernd, wenn die Umwelt zu wenig

---

[81] „Wer nicht nach Übermaß strebt, kann verbrauchen, ohne zu erneuern." (Laozi, Daodejing, Kapitel 15)

leistet, und *genau dann* verringernd, wenn die Umwelt zu viel ins System bringt.[82] Was die Fähigkeit zu vergleichen ergänzt, ist die Fähigkeit zu entscheiden. Damit kommt eine neue Qualität in das System. Die Entscheidung über die Richtung der Wertänderung ist eine Setzung, von der differenziertere essenzielle Formen grundlegend abheben. Damit wird die Selbstreferenz des Systems funktionalisiert, d.h. in einen Wirkzusammenhang gebracht. Der auf eine systemeigene Größe bezogene Vergleich mit einer relevanten Umweltgröße geht über in einen aktiv vollzogenen Abgleich.

Ob bewußt oder ohne Bewußt-Sein, die Ausübung einer Funktion ist an die Funktionalität der Systemstruktur geknüpft, eines Regelwerks, das sich den Vorgaben der Funktion unterwirft. Gleichgewicht bedarf es eines als optimal definierten Zustandes. Der Unterschied zwischen homöostatischen und selbstreferenziellen Systemen ist damit weniger groß, als Niklas Luhmann behauptet, wenn er sich von der „klassischen Input-Output-Kybernetik" abzugrenzen sucht.

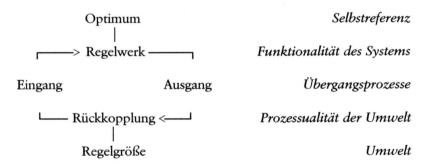

Homöostatische Veränderungen im System sind zu verstehen als Abgleich in Richtung des zirkulär definierten Optimums. Das homöostatische System nimmt Unterschiede wahr, es reagiert sensibel auf Differenzen zwischen Regelgröße und Optimum. Rezeptoren an den Gefäßen sind insofern imstande, den Druck zu „messen". Ein homöostatisches System kann den selbstreferenziell abgezirkelten Bereich seiner Empfindlichkeit nicht überschreiten.

---

[82] „Wer einschränken will, muß zunächst erweitern." (Laozi, Daodejing, Kapitel 36)

Während das expansive System die Umwelt nur aufnimmt oder auffrißt, steht das homöostatische System mit der Umwelt, die nicht mehr statisch, nicht mehr als Wasserglas, gedacht werden darf, in Austausch: Sie fließt, zunächst keiner Regelung unterworfen, ins System ein, mutiert - aus Sicht des Systems - zur Regelgröße. Aufgrund der gemeinsamen physischen Wirksprache für eine gewisse Zeit mikrokosmischer Teil des Systems, ist sie seinen Eingriffen ausgesetzt. Der Blutdruck wird in jedem Segment als Regelgröße eines Rückkopplungssystems von Rezeptoren und Muskeln mitgeführt und erleidet, emergent gerahmt durch intendierte motorische Innervationen, ausgleichende Änderungen, indem sich die Gefäße verengen oder erweitern. Selbstreferenz beschreibt hier den informatorischen, Funktion den handelnden Aspekt der Regelung.

Um die Wirkungsweise von Regelkreisen zu verstehen, muß man Differenzen in Raum und Zeit voraussetzen. Sie erweisen sich spätestens hier als denknotwendig. Nimmt man den Eintritt in den Regelungszyklus zum Bezug für die Zeitzählung, wird die Eingangsgröße i der Regelung unterworfen, aufs Soll gebracht, als Ausgangsgröße i freigegeben und zugleich dem System als Eingangsgröße i+1 zurückgemeldet (vgl. Formel 3.2).

Rückkopplung erlaubt dem homöostatischen System, ein Mehr oder Weniger seines Eingreifens festzulegen: Es paßt den mikrokosmischen, von einer gemeinsamen Wirksprache durchdrungenen Teil seiner Umwelt, diesen in Regelgröße wandelnd, der Systemreferenz an *und zugleich* die Systemreferenz der Umwelt. Diese gegenseitige Bezugnahme bedeutet Koevolution. Wenn das System an Grenzen gerät, so sind es die Grenzen der systemeigenen Regelkapazität in Bezug auf Differenzen zwischen Eingang und Ausgang, die von den automatisierten oder ritualisierten Übergangsprozessen nicht zu bewältigen sind.

Selbstreferenz beschreibt im homöostatischen System rechnerisch-funktional das Zusammmenwirken von Rezeptoren und Effektoren; der „höhere Sinn" - warum ein Gleichgewicht an einem bestimmten Punkt angestrebt werden soll - bleibt außerhalb des Fokus. Stellt sich die Frage, ob die „Summation" von Regelkreisen zur gegenseitigen Grenzsetzung führt: zur Dialektik von Selbst- und Fremdreferenz. Doch Selbstreferenzen können nicht addiert werden, sie kreuzen sich. Aus der Kreuzung zweier (partiell) anschlußfähiger Systeme - zeitlich sukzessive: Evolution, zeitlich synchron: Bisoziation – resultiert nicht die Summe beider, sondern ein synergetisches Feld neuer Möglichkeiten, aus dem sich neuartige Dimensionen und Grenzwerte für zirkulärer Referenzen herausbilden.

3.7.4 Komplexe Systeme (Räuber-Beute-Modelle)

Die logistische Gleichung von Verhulst (1838) beschreibt eine Entwicklung, die fördernde Einflüsse weniger stark als hemmende berücksichtigt (vgl. Formel 2.4). Über die natürliche Todesrate hinaus wird das System durch äußere Einflüsse geschwächt. Hier sind die Umweltressourcen nicht unerschöpflich; wenn sie sich aus eigener Kraft erneuern können, stagniert das zunächst expansiv erscheinende Ausufern des Systems, es nähert sich dem Gleichgewicht oder gerät, in Abhängigkeit von den Anfangsbedingungen und dem Ausmaß der Umwelteinflüsse, in Chaos.

An dieser Stelle scheint es angebracht, den Systembegriff zu erweitern, die bisher stillschweigend passiv gedachte Umwelt aus Systemen konstituiert zu denken. Die Begegnung zwischen System und Umweltsystemen bringt ereignishaft ein komplexes (zusammengesetztes) System hervor. In diesem Sinne ließe sich der Begriff „Situation" als Meta-System konzeptualisieren. Situation ist die emergente Verknüpfung von System und Umweltsystemen. Luhmann (1984, S. 78) betont die Temporalität solcherart komplexer Systeme, die zur mitlaufenden Reproduktion herausfordert (Autopoiese). Tatsächlich scheinen sie – je komplexer desto schneller – ereignishaft zu zerfallen. Dennoch können Strukturen beobachtet werden, in denen sich bestimmte Situationen, d.h. System-Umwelt-Interaktionen, geradezu regelhaft einstellen, sobald gemeinsame konstituierende Bedingungen in entsprechender Dosis zusammentreten. In der Sprache rekursiv iterierter Entwicklungsverläufe handelt es sich um stabile oder superstabile Zyklen.

An dieser Stelle sei als Beispiel nochmals das Räuber-Beute-Modell von Lotka (1925) und Volterra (1931) erwähnt. Ohne Räuber würde sich die Beutepopulation expansiv vermehren, ohne Beute würde die Räuberpopulation verhungern. Kommen beide miteinander in Kontakt, geht das in jedem Einzelsystem angelegte Entwicklungsschema in eine Dynamik der wechselseitigen Referenz über: Beide Systeme sind aufeinander angewiesen. Sie müssen, ob bewußt oder ohne Bewußt-Sein, koexistieren und begrenzen gegenseitig ihr Wachstum. Für Vorhersagen kommt man nicht umhin, sie in Zusammenhang zu betrachten.

Können verschiedene, nahe verwandte Arten miteinander leben oder verdrängen sie sich gegenseitig? Für Systeme mit einfacher Struktur wurde die Gültigkeit der logistischen Gleichung bislang bestätigt, z.B. für Pantoffeltierchen, deren Vermehrung Georgij F. Gause (1934) untersuchte. Zwei Arten von Pantoffeltierchen dezimieren einander tatsächlich von Generation zu Generation und dämpfen das Gesamtwachstum. Im Unterschied dazu die Weltbevölkerung: Sie wuchs von 1650 bis ca. 1950 exponentiell, seitdem aber folgt sie einem logistischem Verlauf.[83]

Sicherlich fallen nicht alle komplexen Systeme in die Klasse der Räuber-Beute-Modelle. Soziale Systeme untereinander multipel vernetzter, willentlich handelnder Individuen weisen einen höheren Grad der Komplexität auf, als daß Zwei-Klassen-Modelle ihnen gerecht werden könnten. Sozioökonomische Wandlungen wirken wiederum auf die Gesellschaft zurück, so daß es zu Abweichungen kommt, die sich mit der logistischen Gleichung nicht erklären lassen.

Da situativ zusammengesetzte Systeme sich je nach Ereignislage rasch verändern können, kommt es darauf an, die Kombinationstypen von der Struktur her im Auge zu behalten. Zwei weitere Formen sind jedem bekannt: Kooperation und Konkurrenz. Indem das Wachstum des einen zum Wachstum des anderen beiträgt und umgekehrt, indem beide Systeme eine Symbiose bilden, potenzieren sie gegenseitig ihre Entwicklung. Daraus resultiert letztlich ein expansives Gesamtsystem, das keinen Gleichgewichtspunkt besitzt, es sei denn, es muß sich gegen Dritte behaupten. Zwei Systeme, die nicht im Verhältnis von Räuber und Beute stehen, aber dieselbe Umweltressourcen in Anspruch nehmen, konkurrieren unmittelbar miteinander.

Vorausgesetzt, es genügt, die Entwicklung des Einzelsystems als Summe aus Eigenaktivität, Ressourceverlusten, die aus dem eigenen Wachstum entstehen, und der Behinderung durch Umweltsysteme zu betrachten. Dann läßt sich mathematisch zeigen, daß Systeme um so wahrscheinlicher zur Kooperation tendieren, wenn sie sich stärker

---

[83] Sie wird sich am Ende des 21. Jahrhunderts voraussichtlich bei 8.3 Mrd. „einpendeln" (Carr-Saunders 1964, UNO).

durch ihr eigenes Wachstum behindern als gegenseitig (Hutchinson 1978, S. 117). Ist der Wettbewerbsdruck untereinander größer als die Behinderung der Systeme jeweils durch sich selbst, verringern sich die Chancen für Koexistenz. Täuschung, Vorwand und Ideologie sind an der Tagesordnung. Die Zahl der Fallensteller nimmt zu.

3.7.5 Funktionalität, Struktur und Verständnis

Selbstreferenz, d.h. die Fähigkeit zum Vergleich mit einer systemeigenen Größe, konstituiert die Grenze zwischen System und Umwelt. Was sich der Regulation durch Selbstreferenz nicht entziehen kann, gehört zum System. Was ihr gegenüber wählen kann, wird der Umwelt zugerechnet. Inwieweit ist Selbstreferenz mächtig genug, interne Prozesse des Systems zu rahmen?

Weitet man die Frage dahingehend aus, wie es zum konkreten Handeln eines Systems gekommen sei, liegen zwei Ansätze nahe. Die Ausgestaltung eines Systems gehorcht entweder der eigendynamisch-selbstreferenziellen „Mission" (Assimilation), oder es verdankt seine Form der zirkulären Anpassung an die Umwelt (Akkomodation). Keine der beiden Strategien kann dauerhaft für sich allein zum Erfolg führen. Selbstreferenz meint immer auch Abgrenzung nach außen, ist also auf eine konkrete Umwelt bezogen; Anpassung an die Umwelt ist vor allem als Koevolution zu verstehen (Jantsch 1987, S. 173). Das System schafft sich, im Rahmen seiner Regelkapazität, eine passende Umwelt.

Als Ausweg bietet es sich an, den Begriff „Struktur" geeignet festzulegen. Üblicherweise definiert man Struktur synonym zu System als Ganzheit einer Menge von Elementen und einer Menge von Relationen (z.B. Klix & Krause 1969, S. 28). Damit ist nicht viel geleistet, nicht einmal der Unterschied zwischen System und Struktur kommt zum Ausdruck. Erscheint die Struktur des Systems übersichtlich genug – wie im Falle des Regelkreises –, gibt es keinen Grund, den Strukturgedanken als Ordnungshilfe auszudifferenzieren. Um einen Unterschied einzuführen, ist es sinnvoll, die Gesamtheit der Elemente und Relationen als System aufzufassen. Als Struktur kann jedoch nur definiert werden, was zur Realisation der systemerzeugenden Referenzialität temporär beiträgt. Somit gehören nur die Aspekte eines Elements zur Struktur des Systems, die sich in der situativen Begegnung von System und Umwelt als funktional bedeutsam herausstellen. Dem entspricht Luhmanns

Plädoyer (1984, S. 57) für die Selektivität der Kommunikation. Warum sollte, was Luhmann für soziale Systeme proklamiert, nicht in selbstähnlicher Affinität auch für die Ebene psychischer Systeme gelten, wo es nicht mehr möglich ist, auf „subjektlose Vorgänge" zu reduzieren?

Die Idee der fraktionalen Identität wendet die Differenz von Struktur und System auf die Person an. Auch wenn in einer gegebenen Situation nicht alle Eigenschaften eines Menschen mitwirken und die Struktur der System-Umwelt-Interaktion bestimmen, sind sie potenziell vorhanden und können im Bedarfsfall genutzt werden. Ein Mensch verliert seine Identität nicht, indem er sich in arbeitsteilige Verhältnisse begibt. Möglicherweise stumpfen einige Ressourcen durch dauerhaften Nichtgebrauch mit der Zeit ab.

Es wäre eine zu starke Vereinfachung, nur noch die Erfüllung funktionaler Rollen als konstituierend anzusehen in sozialen Systemen, Körperlichkeit und sachliche Voraussetzungen aber außer Acht zu lassen. Vielleicht tauchen sie im offiziellen Bewußtsein der Institutionen nur an verdeckter oder untergeordneter Position auf. Zahlreiche systemische Vorkehrungen sind genau auf diese physischen Bedingungen abgestellt (z.B. Werkstore, Zutrittsberechtigungen, persönliche Einladungen). Wir haben gesehen - hier ist Luhmanns Ausgrenzung der Person am deutlichsten zu widersprechen -, daß es bestimmte soziale Systeme gibt, denen es nicht nur auf rollenbeschränkte Kommunikation ankommt, sondern auf Einbindung aller Ebenen der Person: Liebesbeziehungen. Weder Entsprechung noch Gleichheit sind hier gefragt, vielmehr Kommunikabilität, die einen sensiblen und bewußten Zugang der Einzelnen zu den verborgenen Schichten der eigenen Person voraussetzen.

Um Selbstreferenz unter gegebenen systembezogenen Umweltbedingungen aufrechtzuerhalten, müssen zirkuläre Bündnisse eingegangen werden, z.B. zur Fortpflanzung (Anschluß-Abgrenzungs-Dynamik) oder mitlaufenden Erneuerung (Autopoiese). Die Struktur des Systems überträgt sich in der Regel nicht eins zu eins aus den Funktionen auf die Elemente, sondern nach evolutionsgeschichtlich gewachsener Eignung. Im Ameisenstaat, um Maeterlincks Metaphorik nocheinmal zu bemühen, graben sich die Weibchen nach einmaliger Befruchtung ein. Sie warten, bis die ersten Larven schlüpfen und fressen diese gegebenenfalls, um weitere Eier zu legen, aus denen die Arbeiter schlüpfen, die den

Bau errichten. Die Fähigkeit ausschließlich der Weibchen zum Eierlegen, der sofortige Tod der schwachen Männchen nach der Befruchtung und die prinzipielle Unfruchtbarkeit der geschlechtslosen Arbeiter ordnet den Ameisenstaat entsprechend der genetischen Struktur. Die Selbstreferenz des sozialen Gesamtsystems, die Erhaltung der Population, prägt sich keineswegs allen Mitgliedern des Systems direkt auf. Je mehr sich ihr emergenter Handlungsspielraum (aus Sicht des Systemelements) bzw. ihre relative Autonomie (aus Sicht des Systemganzen) ausweitet, desto weniger ist mehrgenerationale Musterübertragung durch genetische Vererbung bestimmt. Essenzielle Unterschiede gewinnen Bedeutung.

Handlungen zeigen die inhaltliche Nutzung der formalen Struktur an, gleichsam ihre Semantik. Beläßt man es bei der mengenmäßigen Zusammenfassung von Elementen und Relationen, so können Strukturen mit Hilfe des Matrizenkalküls oder der Graphentheorie algebraisch dargestellt werden (beispielsweise Klix & Krause 1969, S. 32). Doch diese Beschreibung bleibt formal und wird in der Regel durch intuitive Charakteristiken bezüglich ihres Inhalts revidiert. Daher läßt es sich auf qualitative Heuristiken nicht verzichten, mögen sie auch dem aristotelischen Wahrheitsbegriff widersprechen.

Störungen kommen durch dreierlei Gründe ins Spiel: Zum einen ist die Struktur durch die umweltsensitive Zirkularität des Systems grenzregulatorisch für systemfremde Ereignisse offen. Im Beispiel des Regelkreises sorgte die Referenz auf das systemeigene Optimum für die Regelung der mikrokosmischen Eingangsgröße. Es gibt keine Garantie, die mikrokosmische Stabilität vor makrokosmischer Kontingenz bewahrt.[84] Zum anderen können sich anfangs zweckdienliche Relationen verselbständigen. Schließlich mag die einseitige Bindung der Elemente an ihre Funktion einen Konflikt mit ihren übrigen, subversiv weiterwirkenden Potenzen heraufbeschwören. Um die psychologische Ausdifferenzierung der systemtheoretisch verortbaren Störungen der Person-Umwelt-Interaktion geht es in den beiden folgenden Kapiteln.

---

[84] Beispielsweise ist fraglich, ob die Planetenbewegung, in vielen Kulturen prägnanteste Metapher für Ewigkeit und Determiniertheit, nur für eine befristete Zeit in stabilen Zyklen abläuft und ob sie nicht irgendwann in chaotische Bahnen übergeht. In sozialen Systemen ist uns der flottierende Übergang zwischen Ordnung und Chaos dagegen bereits wesentlich vertrauter.

4 Persönlichkeit und System

> „After 20 years there is a resurgence of interest in the fundamental questions of personality, including 1. What are the relevant dimensions of individual differences in personality? 2. How do genetic mechanisms lead to individual differences? 3. Does personality have a biological basis? 4. How does personality develop? 5. How does personality change? 6. What are the social determinants of personality?"
>
> *Revelle (1995)*

4.1 Charakter, Person und psychisches System

4.1.1 Etymologie und Begriffskonstruktion

Das Wort „*Person*" leitet sich aus dem lateinischen „persona" ab und bezeichnete ursprünglich die Maske des Schauspielers, die zugleich seine Rolle im Stück verkörperte. Im allgemeinen Sprachgebrauch wird „Persönlichkeit" sowohl im Sinne eines „gereiften, in sich gefestigten Menschen" als auch im Sinne von Prominenz verwendet. Theophrast (319 v. u. Z.), Schüler und Mitstreiter des Aristoteles', hat zuerst den Begriff χαρακτήρ, der anfangs den Münzpräger, später auch das geprägte Gesicht beschrieb, auf Menschen angewendet, wobei er nur jenen Teil des Seelischen meinte, der in unveränderlicher Weise ihr Handeln bestimme. Er schilderte dreißig Charaktere, indem er sie sowohl durch eine knappe Definition des Wesens ihrer Auffälligkeit als auch durch die Konfrontation mit typischen Situationen und den entsprechenden, meist entlarvenden Reaktionen kennzeichnete. Während Aristoteles Definitionen charakterlicher Besonderheiten in seiner Tugendlehre als Übertreibung oder Unterlassung des idealtypischen Handelns ableitet, gewinnt Theophrast seine Beschreibungen anhand der Beobachtung des Alltags. Die eklektisch von ihm gefundenen Charaktertypen überlappen sich teilweise und könnten zu Gruppen zusammengefaßt werden.

Phänomenologisch reduziert Heidegger (1927, S. 48) die Person auf den Vollzieher „intentionaler Akte", eine Wesenseinschränkung, die sich rechtsphilosophisch und handlungstheoretisch gut aufgreifen läßt. In der heutigen Psychologie zielt der Begriff „Persönlichkeit" auf die Gesamtheit derjenigen Informationen über die Organisation der Eigenschaften und Fähigkeiten eines Menschen, die eine Vorhersage erlaubt, was die Person in einer gegebenen Situation tun oder lassen wird (vgl. Cattell 1965, Eysenck 1970, Wiggins 1973, Revelle 1995, de Haas 1998). In der osteuropäischen Psychologie wurde die Persönlichkeit wissenschaftstheologisch als Vermittlungsinstanz konzipiert, an der die Wahrnehmung der natürlichen wie der gesellschaftlichen Realität „gebrochen" wird. Sowohl die Perspektive der äußeren Umwelteinflüsse als auch des zu einem Ganzen verbundenen Komplexes der inneren Bedingungen führt zu einer einseitigen Betrachtungsweise, sobald sie als absolut, dominant oder nur mechanisch gekoppelt angesehen wird.

> „Man darf bei der Betrachtung der psychischen Prozesse nicht die Dynamik der Beziehungen ignorieren, aber man darf auch nicht alles auf die Beziehungsdynamik zurückführen und die Statik der relativ stabilen Eigenschaften überhaupt ausschließen. Wenn man alles in der Dynamik der Beziehungen der Persönlichkeit auflöst, so ignoriert man die Existenz stabiler Eigenschaften, die sich in der Entwicklung gebildet haben. Alles auf die Dynamik der Beziehungen zu beschränken, ist nicht weniger falsch und einseitig, als sie zu ignorieren und sich lediglich auf die Statik der Eigenschaften zu berufen." (Rubinstein 1957, S. 338)

Während in den Anfangsjahren der Psychiatrie und der Psychologie noch häufiger von „Charakter" gesprochen wurde (z.B. Wellek 1966), um einerseits die individuellen Besonderheiten eines Menschen zu beschreiben, andererseits mit Hilfe hermeneutisch gewonnener Schichtenmodelle das verallgemeinerbar Typische eines Menschen zu fixieren, steht seit der Mitte des zwanzigsten Jahrhunderts die empirisch-statistische Konstruktion dimensionaler *Persönlichkeitskonstrukte* im Interesse der Forschungsbemühungen (Eysenck & Eysenck 1987). Damit sollte vor allem der Beliebigkeit der Einordnung individueller Eigenschaften nach Typen eine wissenschaftlich nachvollziehbare Grenze gezogen, zugleich die Beschränkung auf Kategorien als (pathologische) Extremvarianten menschlichen Handelns aufgehoben werden, so daß sich die Untersuchungen auch für Persönlichkeitsausprägungen in nichtgestörten Populationen öffneten.

Die Anwendung operationalisierter statistischer Erhebungsverfahren ermöglichte die naturwissenschaftlich orientierte, reduktionistische Annäherung an die Vielfalt der menschlichen Eigenschaften, eine Idee, die ursprünglich auf Wundt (1903) zurückgeht: Er leitete die klassische Lehre von den vier Temperamenten aus zwei formalen Variablen ab, die an die Grundgrößen der Newtonschen Physik – Weg als Ausdruck einer absoluten Größe, Geschwindigkeit als Ausdruck der Veränderung in Form der ersten Ableitung – erinnert:

> „Die Vierteilung läßt sich rechtfertigen, insofern wir in dem individuellen Verhalten der Affecte zweierlei Gegensätze unterscheiden können: einen ersten, der sich auf die *Stärke*, und einen zweiten, der sich auf die *Schnelligkeit des Wechsels* der Gemütsbewegungen bezieht." (Wundt 1903, S. 637)

Eine Reihe kategorial formulierter, aber dimensional gedachter Eigenschaftspolaritäten wie beispielsweise C. G. Jung's Unterscheidung „Extraversion" vs. „Introversion" kann damit in einem cartesischen Koordinatensystem wie dem Eysenck'schen 3-d-Raum (unter Hinzunahme der Dimensionen „Neurotizismus" und „Psychotizismus") modelliert werden. Auf diese Weise ist es möglich, sowohl eine schizophrene Symptomatik als auch ein dissoziales Handlungsmuster als psychotisch zu beschreiben, ihren Unterschied aber am Ausmaß der Introversion bzw. Extraversion zu definieren (Fiedler 1998, S. 125).

Zugleich vermeidet die Einbeziehung der Wandelbarkeit (bei Eysenck implizit enthalten als „emotionale Stabilität", die den Gegenpol zu Neurotizismus bildet) eine Schwierigkeit, die den psychiatrischen Kategorisierungsversuchen anhaftete: den Menschen durch die Beschreibung des Typs, zu dem er gehören sollte, als unveränderlich zu stigmatisieren.[85] Die Dynamik der Persönlichkeitsveränderung läßt sich differenzierter in einem dimensionalen als in einem kategorialen Modell abbilden, das nur Entweder-oder-Zuschreibung erlaubt. Dieser Aspekt wurde gerade von der, wie man annehmen müßte, an Veränderungsprozessen interessierten psychiatrischen Klassifikation übersehen, in der *Persönlichkeitsstörungen* als weitgehend kontextunabhängig und zeitstabil definiert werden (Dilling et al. 1993, APA 1996). Freilich bleibt in zahlreichen faktoriell-dimensionalen Persönlichkeitsfragebö-

---

[85] Eysencks „emotionale Labilität" ist jedoch kategorisch als Defizit konnotiert und dient nicht als Veränderungsmaß.

gen, trotz ihrer besseren Skaleneigenschaften, die Tendenz zur Negativzuschreibung durch die inhaltliche Wahl der Items und der Konstruktbeschreibung bestehen. Gerade im Kontext therapeutischer Veränderungsmessung hat sich aber gezeigt, daß die Erhebung von Ressourcen und Kompetenzen wesentlich sensitiver ist (Fiedler 1998, S. 512).

Der persönlichkeitspsychologische Ansatz von Julius Kuhl beansprucht die Abkehr von faktorenanalytischen Strategien, um die „Determinanten" der Person zu bestimmen. Korrelationsbasierte Reduktionen erscheinen tatsächlich unzulässig, wenn es um die Beschreibung von Systemen geht. So mag die Produktion zweier Konkurrenten auf dem freien Markt hoch miteinander korrelieren, aber niemand würde sie deshalb für identisch halten. Folgt man der Annahme, daß die Person durch eine emergente Stratifikation charakterisiert ist, so ist Kuhls Theorie besonders interessant. Denn Kuhl (2001, S. 90 ff.) führt als zentralen Ausgangspunkt seiner Erwägungen sieben Funktionsebenen ein, auf denen er psychische Systeme ansiedelt und denen er in einer Revision der Forschungslage die Ergebnisse der empirischen Psychologie zuordnet. Kuhl unterscheidet

1. *sensu-motorische Operationen*, die sich assoziationistisch-verhaltenstheoretisch beschreiben lassen;
2. *Temperament* im Sinne der Pawlow-Jung-Eysenckschen Unterscheidung introvertierter und extravertierter Typen;
3. *Anreizmotivation* (sensu Freud und Lewin);
4. *die Richtung der vertikalen Steuerung*, die entweder motivgeleitet von oben nach unten („progressiv") oder wahrnehmungsgesteuert von unten nach oben („regressiv") erfolgen kann;
5. *Basismotive* wie Macht und Anschluß (sensu Murray, Atkinson & McClelland);
6. *kognitive Komplexe* im Sinne der Jungschen Quadriga Denken-Fühlen, Intuition-Empfindung (vgl. Kuhls Modulationshypothesen);
7. *Volition* im Sinne von Selbststeuerung.

Dabei bleibt unklar, ob Kuhl diese Aufzählung ontologisierend als tatsächlich wirksame Systemebenen oder lediglich als Ebenen der Beschreibung versteht. Obwohl die Rangordnung einen hierarchischen

Aufbau suggeriert, finden sich hier prozessuale und strukturelle Beschreibungsmerkmale begrifflich gleichgestellt. Motive (Anreizmotivation, Basismotive, Volition) firmieren neben Prozessen (sensu-motorische Operationen, kognitive Komplexe, Selbstregulation), Zuständen (Temperament, Gefühle) wie auch funktionalen Strukturen (Regression, Progression). Bei einem solchen Durcheinander kann der Zusammenhang zwischen Systemelementen und Systemebenen schwerlich auf eine Linie gebracht werden. Das Entwicklungsschema nach Formel (3.2) läßt sich hier nicht ohne weiteres anwenden. Zutreffend erscheint Kuhls Feststellung, daß alle diese Momente einen Teil des Gesamtsystems beschreiben und daher auf ihre Weise unentbehrlich sind.

> „Die Probleme, die mit jeder einseitigen Reduktion aller Persönlichkeitsphänomene auf eine Funktionsebene verbunden sind, sollten uns allerdings nicht dazu verleiten, den wichtigen Beitrag der assoziationistischen Systemstufe für das Erleben und die Verhaltenssteuerung zu übersehen." (Kuhl 2001, S. 103)

Offenbar mißversteht Kuhl sich selbst, wenn er hier von einer funktionsanalytischen Zusammenstellung der Persönlichkeitsmerkmale spricht. Vielmehr handelt es sich um den Versuch, bisherige theoretische Ansätze zur Beschreibung der Persönlichkeit nach funktionalen Gesichtspunkten zu ordnen. Mit all diesen Ansätzen läßt sich, wie Kuhl illustrierend zeigt, eine Erklärung des Kompromittierungseffektes – daß die Gabe einer äußerlichen Belohnung die Ausführung intrinsisch motivierter Handlungen stört – konstruieren. Dieses Verfahren garantiert jedoch weder Vollständigkeit, da es sich vom Erkenntnisstand der Psychologie abhängig macht, noch ist es – gegenteiligen Behauptungen des Verfassers zum Trotz – systemtheoretisch fundiert. Notwendig erscheint an erster Stelle die Einordnung der Person im emergenten Zusammenhang sozialer Systeme. Desweiteren ist eine Theorie vonnöten, die den Übergang und Austausch zwischen den einzelnen Ebenen klärt. Erst dann könnte mit einer Sichtung der empirischen Befunde und deren Neuinterpretation begonnen werden, um die theoretischen Ausgangspunkte rekursiv zu korrigieren.

4.1.2 Die Person als System im System

Bisher habe ich mit „System" nicht zwangsläufig die „Person" angesprochen. Doch warum sollte es – gerade für psychologische, diagnostische oder therapeutische Erkenntnisinteressen – nicht sinnvoll sein, Personen, also leibhaftige Menschen, als Systeme zu betrachten? Wie bei sozialen Gemeinschaften, z.B. Familien, Institutionen, religiösen Gruppen oder Fußballmannschaften, darf jedoch weder die vertikale noch die horizontale Dimension des Systems übersehen werden.

Zunächst erscheint es naheliegend, die „Person" als System, die „Situation" als „Umwelt" zu begreifen. Zum System gehört, was funktional seiner Autopoiese unterworfen ist, ohne sich entziehen zu können. Die Umwelt ist der von Selbstreferenz ausgeschlossene oder unerreichbare Rest, *the unmarked state*. Der Vorteil dieser Konzeption besteht darin, daß die Einheit der Person erhalten bleibt und ihre Freiheit durch die existenzielle Funktion der Autopoiese begründet ist. Körper und Bewußt-Sein entstehen zwar nicht synchron, aber sie verschwinden zeitgleich. Es erscheint daher umständlich, sie als isolierte Umweltsysteme festzulegen und nachträglich ihre „Interpenetration" zu behaupten.

Die Eigendynamik der Teilsysteme, des Körpers, des Bewußt-Seins usw. läßt sich als hierarchische Binnendifferenzierung des Systems auffassen, deren Verhältnis durch *Emergenz* gekennzeichnet ist. Die Person wird also als emergent stratifiziertes System konzeptualisiert, das sowohl horizontal von anderen Systemen umgeben, als auch vertikal in andere Systeme eingebettet ist. Die tragenden Schichten funktionieren relativ autonom, werden aber von der psychischen, volitiven Schicht intentional gerahmt. Physiologisch gesprochen: der Impuls zur Bewegung geht nicht vom Erfolgsorgan, sondern von der präfrontalen Hirnrinde aus.

Im Unterschied zu den organischen Teilsystemen, über welche die Person *verfügt*, besteht kein Rahmungsverhältnis gegenüber den Umweltsystemen. Die Person kann nicht verhindern, daß sie in Situationen gerät, aber einerseits kann sie bestimmte Situationen wählen oder meiden und andererseits können sich bestimmte Situationen – Konstellationen von Umweltsystemen – vor ihr fernhalten oder sie überraschen.

Die systemtheoretische Konzeption der Selbstreferenz legt unmittelbar die Heideggersche „Jemeinigkeit" nahe. Es gehört zur Grammatik einer Situation, nunmehr verstanden als System-Umwelt-Referenz, daß sie nicht objektiv faßbar, sondern stets in Bezug auf ein bestimmtes System abgegrenzt ist. Die Person kann Umwelt nur gefiltert durch ihre

„Vorstellungen" wahrnehmen. Damit aber nicht genug. Zur zirkulären Referenzialität, die zur Beschreibung der Dynamik der System-Umwelt-Beziehung erforderlich ist, gehören maßgeblich auch Fremdreferenzen. Dazu zählen sowohl andere Personen, die in symbolisch kommunizierenden Gesellschaften organisiert sind, als auch andersgeartete, natürliche oder technisch-artifizielle Gegebenheiten. Die Einschränkung der Umwelt auf Interaktionen zwischen Menschen, wie sie in psychologischen Testverfahren vorkommt, hieße den Situationsbegriff ebenso zu verkürzen, als würde man nur sachlich-materielle Bedingungen der Umwelt zuordnen. Beide Fokussierungen taugen allein nicht zur Beschreibung von Alltagsphänomenen. Die strukturalistische Methode eröffnet zumindest den Blick auf überindividuelle Gemeinsamkeiten. Daraus können Anforderungen abgeleitet werden, denen sich ein System mit seinen Entwicklungspotenzen in einer Situation gegenüber sieht.

Luhmann (1984) äußert sich vehement gegen den Vereinigungsversuch von Elementen zu einem System über Emergenz-Abstufungen hinweg. Er faßt psychische Systeme auf einer Ebene zusammen und isoliert sie von organischen Systemen. Problematisch sei die emergente Einheit solcher Gebilde, die Organismus und psychische Prozesse miteinander verknüpfen, wie beispielsweise im leibhaftigen Menschen.

> „Die selbstreferenzielle, auf der Ebene der Elemente autopoietische Reproduktion hat sich an diejenige Typik der Elemente zu halten, die das System definiert. Insofern: *Re*produktion! So müssen in Handlungssystemen immer wieder Handlungen reproduziert werden, und nicht Zellen, Makromoleküle, Vorstellungen usw. Genau das wird durch die Selbstreferenz der Elemente gesichert." (Luhmann 1984, S. 62)

Emergenz wird hier unter Selbstreferenz subsumiert. Das System definiert selbst, was in ihm als Element fungiert und was nicht. Damit können gesamte Teilsysteme als Element vereinnahmt werden, ohne daß ihre interne Differenzierung ins Gewicht fällt. Wenn Luhmann behauptet, daß Kommunikationen nur Kommunikationen, Gedanken nur Gedanken usw. hervorbringen könnten, stellt sich die Frage, wo die Grenze zu ziehen ist. Kann etwa auf Blicke nur mit Blicken geantwortet und auf Worte nur mit Worten reagiert werden? Der Alltag falsifiziert diese theoretische Annahme sofort. Luhmann schränkt auf diese Weise den systemischen Ansatz nicht nur auf reziproke Beziehungen, sondern auf Situationen ein, in denen Körperlichkeit und die nichtkommunizierten oder überhaupt nicht kommunikablen Anteile der Person augenscheinlich keine konstituierende Rolle spielen. Im Ernstfall gibt es jedoch keine soziale Situation, die psychische, körperliche und sachliche Einflüsse auf Dauer heraushalten kann. Statt hier die theoretische Reinheit der Ebenen zu fordern, kommt es darauf an, die Übergangsprozesse zwischen Individuation und Sozialisation ausreichend genau zu beschreiben (und letztlich zu gestalten), damit in der konkreten Situation eine essenzielle Orientierung entsteht.

Indem sie die Selbstvoraussetzungen und Bedingungen der Möglichkeit aus dem Blick verliert, vernachlässigt Luhmanns Theorie die systemgeschichtliche Differenzierung der in einer aktuellen Situation zirkulär gekoppelten Funktionselemente. Die konstituierenden, in sachlich-funktionaler Perspektive gern ausgeblendeten Prozesse wirken rahmend von unten nach oben und werden umgekehrt von emergenter Warte aus in Bewegung gesetzt.

Luhmann ist zuzustimmen, wenn er es ablehnt, psychische Systeme als Element sozialer Systeme zu konzeptualisieren. Der Grund liegt jedoch nicht in der Überdeterminiertheit, die mit diesem theoretischen Schritt möglicherweise verbunden wäre. So könnte es ja passieren, argumentiert Luhmann, daß Elemente in das soziale System Eingang finden, die dort nicht wirksam werden. Diese Möglichkeit, die immerhin den Blick auf prognostisch bedeutsame Entwicklungsressourcen freigibt, motiviert vielmehr zu einem Konzept der situativ fraktionalen Persönlichkeit als zu einem Ausschluß der Person aus der Betrachtung sozialer Systeme. In Persönlichkeitstheorien, die den Emergenzbegriff bzw. seine Verfeinerung im Begriff der Fraktalität entbehren, bleiben die psychophysische Bedingtheit und die evolutionäre Perspektive fremd oder werden bloß mechanisch hinzugefügt.

4.1.3 Der leibhaftige, vernunftbegabte Mensch

Weder die strukturalistische Reduktion der Person auf ein charakterloses Funktionselement noch die Mythologisierung der Individualität als Schöpfer der (literarischen, wissenschaftlichen, politischen) Geschichte wird dem Anspruch gerecht, angemessen zu beschreiben, was den Handlungsspielraum der Person ausmacht und was ihn begrenzt. Erst die Verbindung der vertikalen Perspektive, die den Einzelnen und seine

Herkunft im Blick hat, mit der strukturalistisch-funktionellen Perspektive bringt die erforderliche Komplexität mit. Kaum wird der leibhaftige Mensch in Soziologie und Literaturwissenschaft zum Verschwinden gebracht, schon taucht er lärmend im skandalorientierten Medienbetrieb und in der angewandten Psychologie wieder auf. Das ist kein Wunder. Diese Bereiche müßten sich selbst verabschieden, würden sie vom Einzelnen samt seiner Eigenwilligkeit absehen. Sie würden ihren Produzenten verlieren, ihre Klientel und damit ihre Existenzberechtigung. Die Tendenz zur subjektlosen, dekonstruierten Theorie hat sich außerhalb der Sekundär-Wissenschaften, die von den Objekten ihrer Beschreibung leben können, ohne deren „Produktionsbedingungen" zur Kenntnis nehmen zu müssen, kaum verbreitet.

Die Idee der fraktionalen Identität erlaubt es, die Einheit der Person als Eindeutigkeit der Zuordnung zu bewahren, auch wenn die Person in den alltäglich variierenden Situationen völlig unterschiedliche Rollen spielt. Die Person kann sich ihren Körper nicht aussuchen. Der Versuch der Geschlechtsumwandlung beweist diesen Umstand eher, als er ihn widerlegt, denn das neue Geschlecht bleibt symbolisch, d.h. „nur" auf der essenziellen Ebene psychisch wirksam. Die kontraintuitive Abkopplung des Begriffs „psychisches System" von den Begriffen „Mensch" oder „Person" ist weder notwendig noch eine angemessene Beschreibung. Psychische und biologische Ebenen eines Menschen bilden keine Symbiose mit einer derart kurzlebigen Temporalität, die Luhmann ereignishafter sozialer Interpoiese unterstellt. Biologische Systeme schweben nicht frei durch den Raum und suchen sich je nach Situation ein passendes psychisches System, oder umgekehrt.

> „Wir gehen davon aus, daß die sozialen Systeme nicht aus psychischen Systemen, geschweige denn aus leibhaftigen Menschen bestehen." (Luhmann 1984, S. 346)

In einem anderen Zusammenhang, nämlich in Bezug auf die Frage, ob es notwendig sei, den ganzen Menschen als Subjekt des Erkenntnisprozesses anzusehen, schreibt Luhmann analog:

> „Als Resultat eines langen, aber in der Zurechnung des Wissens auf den Menschen eindeutigen Tradition kann eine gewisse Idealisierung des Beobachters als eines Komplexes von Messungen und Berechnungen festgestellt werden... Aber warum muß man das, was als Beobachter in den Prozeß der Produktion und Reproduktion von Wissen eingeht, durch die Systemrefe-

renz Mensch konkretisieren, wenn man doch weiß, daß damit zu viel (und vielleicht auch zu wenig) bezeichnet ist... Schon einfaches Nachdenken kann zeigen, daß nicht der ganze Mensch erkennt. Erkennen kommt nur aufgrund der Möglichkeit des Sich-Irrens zustande..." (Luhmann 1992, S. 14)

Was Luhmann hier dem gesunden Menschenverstand entgegenwirft – Menschen nicht als Bestandteile von sozialen Gruppen und nicht als Subjekte des Erkennens zu sehen – läßt sich entwirren, indem man die Differenz von Struktur und System anwendet. So wird es möglich zu sagen, daß Menschen, leibhaftige Menschen, Teile von sozialen Systemen sind, sich aber nicht in ihrer Ganzheit an der Struktur dieser Systeme beteiligen, sondern nur entsprechend ihrer Funktion, welche sich mehr oder weniger direkt aus der Selbstreferenz des Systems ableiten läßt. Die in der Situation irrelevanten Eigenschaften existieren jedoch weiter, werden durch die zirkuläre Verflochtenheit der Eigenschaften in die Struktur beeinflußt und können, wie es in Zeiten sozialer oder persönlicher Unruhe geschieht, relevant werden, in die Struktur einfließen und diese umwälzen. Sie sind potenziell vorhanden, auch wenn sie momentan nicht funktional einbezogen sind. Insofern besitzt die Gesamtheit der Person auch in einer sozial extrem ausdifferenzierten Gesellschaft zumindest latent subversive Bedeutung. Die Bedürfnisse der Menschen Osteuropas nach individueller Freiheit beispielsweise paßten faktisch nicht in die sich selbsterhaltende Struktur der Nomenklatura. Sie mußten mit Macht unterdrückt werden, dennoch existierten sie weiter, forderten die Staatsgewalt heraus und verschafften sich schließlich Durchbruch in die politische Struktur.

In seinem postum von Dieter Lenzen veröffentlichten Spätwerk „Das Erziehungssystem der Gesellschaft" kommt Luhmann (2002, S. 13 ff.) nicht umhin, den Menschen zumindest partiell wieder in die Diskussion einzuführen.

„Die erste und vordringliche Aufgabe besteht nunmehr darin, den jeweils individuellen Menschen empirisch ernst zu nehmen und dessen theoretische Beschreibung von allen Widerspiegelungen zu befreien, die die Analyse vorab schon auf Möglichkeiten oder gar auf Absichten der Erziehung festlegen würden. Die Entwicklung in Physik, Chemie, Biochemie, Biologie, Neurophysiologie und Psychologie (um nur grobe Disziplintitel zu nennen) lassen diese Aufgabe zunächst als ebenso komplex wie einfach erscheinen. Es gibt für eine Wissenschaft vom Menschen genug Wissen und zwar, wenn man von der Psychologie absieht, allgemeines Wissen, das nicht im Verdacht steht, Vorurteile über 'den Menschen' zu transportieren. Alles, angefangen von der Chemie der DNA-Moleküle, basiert auf evolutionärer Unwahrscheinlichkeit und Instabilität." (Luhmann 2002, S. 21)

Den Erziehungsinstitutionen würden das Objekt ihrer Begierde verlustig gehen, betrachteten sie nicht den Menschen als Ziel und Ausgangspunkt. Luhmann bleibt seiner früheren Auffassung treu, indem er nun einen Gegensatz zwischen „Mensch" und „Person" konstruiert: Person sei die kommunikativ hergestellte Form des Bezuges, sozusagen der Eigenwert der sozialen Situation, jedoch als Variable betrachtet, als Leerstelle, im Sinne der Worte „ich" und „du", die grammatikalisch lediglich Pronomen darstellen, nicht aber konkrete Menschen. Luhmann definiert die Person gewissermaßen unpersönlich: Sie ist für ihn das Minimum an Gegenüber, das im sozialen Kontext zur Wirkung kommt. Den Rest, d.h. den „ganzen Menschen", rechnet er dem *unmarked state* zu. Er störe soziale Belange eher, als er nütze. Der Mensch werde geboren, die Person durch die Sozialisation geprägt.[86] Einzuwenden ist dagegen, daß sich ein Mensch, wo er partiell in Erscheinung tritt, indem er sich von einigen Seiten zeigt, die er zeigen mag, prinzipiell auch mit anderen oder mit allen Seiten einbringen kann. Es läßt sich keineswegs ausschließen, daß der *unmarked state* eine leere Menge beschreibt, d.h. in diesem Fall der ganze Mensch gefragt ist. Natürlich wird dies nicht in allen sozialen Situationen zutreffen, aber es sind doch sehr alltägliche Situationen, in denen der Mensch sich in seiner Gesamtheit angesprochen fühlt oder als solcher angesprochen fühlen möchte, in verzweifelten Zorn gerät oder sich enttäuscht zurückzieht, wenn seine Erwartung frustriert wird.

In vertikaler Sichtweise kann der leibhaftige und vernunftbegabte Mensch durchaus als Element sozialer Systeme gesehen werden, auch wenn in einer bestimmten Situation nicht alle in ihm potenziell vorhandenen Fähigkeiten zum Zuge kommen oder in die Struktur des Systems eingehen. Um die besondere Dynamik eines Systems an Bifurkationspunkten zu verstehen, sind Ressourcen auf den übrigen Ebenen

---

[86] Analog dazu behandelt Luhmann (2002, S. 37) Motive nicht als Ursache, sondern als kommunikativ vorzeigbaren Grund des Handelns. Damit umschifft er elegant die Debatte um die aristotelische Teleologie oder – in psychologischen Termini – das prospektive Gedächtnis. Seltsam erscheint jedoch, daß er das Nervensystem den psychischen Systemen subsumiert – als würde Luhmanns Blick, je weiter er sich vom soziologischen Zentrum entfernt, verschwimmen.

gerade wichtig. Dorthin kann das System ausweichen, um sich erneut zu stabilisieren. Therapie ist oft nichts anders als die begleitende Gestaltung und Befestigung des Übergangsprozesses, statt der dysfunktional gewordenen, „anachronistischen" Gewohnheit ungeübte oder gar neue fraktionale Persönlichkeitseigenschaften in Alltagssituationen einzubringen.

An die psychische Ebene grenzen in vertikaler Sichtweise nach unten die Körperlichkeit, d.h. vor allem Hirnprozesse, nach oben Kultur und Gesellschaft. Michel Foucault eliminiert die im Regelfall zwischen Gesellschaft und Person vermittelnde psychische Ebene unzulässigerweise, indem er die alltäglichen ritualförmigen psychischen Redefinitionsprozesse sozialer Vorgaben außer Acht läßt und sich stattdessen auf Extremsituationen der Machtausübung konzentriert. In diesem Rahmen erklärt sich die verkürzte Auffassung vom Körper als soziales Reflexionsinstrument, der gegebenenfalls sogar zum Objekt sozialer Machterhaltungsversuche herabsinkt. Im Gefängnis erscheint die Reduktion des Menschen auf den Körper, der räumlich verwahrt wird, offensichtlich. Doch würde auch hier eine derartig eingeschränkte Sicht nichts zum Verstehen des Veränderungsprozesses beitragen, die Inhaftierte im Laufe ihres Gefängnisaufenthaltes erleiden.

Weniger offensichtlich tritt die objekthaft-verdinglichende Operationsweise des Staates in Fragen der Sexualität und Familie zum Vorschein. Solange es Geschichtsschreibung gibt, hat sich der Staat für diese scheinbar privatesten aller Angelegenheiten interessiert.[87] Von zwei Liebespartnern in dyadischen Konstellationen nicht lösbare Konflikte fordern zur Ausbildung einer passenden Rechtssprechung geradezu heraus. Auf kaum einem anderen Gebiet zeigt sich zugleich die kulturelle Vielfalt der Normvorstellungen, an denen sich Mann und Frau in ihrem Miteinander orientieren (vgl. Viktor Kalinke, in Vorbereitung).

In den folgenden Abschnitten stelle ich den Entwurf einer Konzeption kognitiver Verarbeitungsprozesse vor, die bei aller erforderlichen Abstraktion den Übergang zwischen verschiedenen Ebenen und Formen der Verarbeitung nicht ignoriert, sondern geradezu in den Mittelpunkt rückt. Anschließend schildere ich Ergebnisse der neuropsychologischen Forschung, die das Vorhandensein und die Wirksamkeit subti-

---

[87] vgl. Kodex Hammurabi §128 bis §214

ler Übergänge zwischen der konstituierenden physiologischen und der emergenten Ebene des Bewußt-Seins eindrucksvoll belegen. Am Ende des Kapitels wende ich mich der kulturellen Bedingtheit essenzieller kognitiver Prozesse zu.

4.2 Ein systemisches Modell des Bewußt-Seins

4.2.1 Rekursive und hierarchische Verarbeitungsprozesse

Es wäre zu einfach, von einem gerichteten Ablauf der Wahrnehmung auszugehen, etwa in der Reihenfolge Reizexposition, periphere Sinnesempfindung, wahrgenommenes Abbild. Vielmehr ist die Gleichzeitigkeit hierarchisch angeordneter und rekursiv rückgekoppelter Verarbeitungsprozesse anzunehmen, die zum Wahrnehmungsresultat führen (für die Worterkennung vgl. Seidenberg & McClelland 1989). Ulric Neisser (1976) deutete auf die zirkuläre Interaktion zwischen Reiz und Gedächtnisschema und Suchverhalten (selektive Aufmerksamkeit) in seiner Metapher vom Wahrnehmungszyklus hin.

> „Die Steuerung von Augenbewegungen und von jedem Anpassungsverhalten kann nur als Interaktion verstanden werden. Das Schema leitet die Augenbewegungen, die Information aufnehmen, die das Schema verändert, das weitere Bewegungen leitet. Jede einzelne Bewegung wird durch die ganze Geschichte des Zyklus, in dem sie stattfindet, 'verursacht'." (Ulric Neisser 1976, S. 142)

Reize werden nicht objektiv wahrgenommen, sondern je nachdem ausgewählt, worauf sich die Aufmerksamkeit richtet. Seit langem besteht in der kognitiven Psychologie ein Streit darüber, welcher Anteil den Objekteigenschaften (Gibson), welcher Anteil der Wahrnehmung und welcher Anteil den Denkvorgängen, Hypothesen und Schlüssen (Bruner, Gregory) zukommt.

Betrachtet man die physikalischen Eigenschaften der Umweltreize im Detail, so können ihnen in vielen Fällen die vom Bewußt-Sein konstruierten Eigenschaften des wahrgenommenen Erscheinungsbildes zugeordnet werden. Dennoch bleibt offen, ob das Bewußt-Sein die Umwelt in ihrer physischen Eigenart wahrnimmt oder mit Hilfe interner Prozesse neu zusammensetzt. Die Wahrnehmung räumlicher Tiefe läßt sich beispielsweise aus der Paralaxe physikalisch erklären. Doch heißt dies, im Gehirn werde tatsächlich der Augenabstand zur Grundlage einer mitlaufenden Berechnung der Tiefendimension genommen? Erkennen Einäugige keine Tiefe mehr? Es gehört zum Verdienst James J. Gibsons, darauf hingewiesen zu haben, daß dem Gehirn neben der Paralaxe zahlreiche andere Anzeichen zur Verfügung stehen, die räumliche Tiefe signalisieren. Dieses Argument setzt jedoch nicht die Möglichkeit kognitiver Verarbeitung außer Kraft.

Bereits vor der Identifikation eines Reizes, daher vorbewußt, wirken selektiv verstärkende Schemata. Im Falle der visuellen Wahrnehmung werden sie beispielsweise hervorgebracht durch Hubel-Wiesel-Detektoren, infolge derer das Gesehene nicht in einzelne Elemente oder Punkte zerfällt, sondern aus euklidischen Mustern zusammengefügt erscheint. Die elementaren Schemata korrespondieren physiologisch mit synergistischen Erregungsentladungen, durch die evolutionär geprägte Reizkonstellationen schon bei Vorhandensein eines Bruchteils in ihrer Gesamtheit aktiviert werden und zur Gestaltwahrnehmung beitragen. Auf diese Weise erscheint beispielsweise eine kreisförmige Anordnung von Punkten als Kreis. Das Ganze bestimmt die Wahrnehmung der Teile, wie bereits Versuche mit Kontrasttäuschungen von Ebbinghaus und Fuchs eindringlich zeigten.[88]

Die Reize werden in einen systemeigenen Code, letztlich in komplexe Folgen von Aktionspotentialen, umgewandelt. Entsprechend des Grades der Verarbeitung lassen sich im wesentlichen drei Arten von Codes unterscheiden:

- perzeptive Codes auf der Ebene der sinnlich-anschaulichen (ikonischen) Verarbeitung: die Forschung ist hier stark von der visuellen Modalität beeinflußt, doch gehören auch andere sensorische Eigenschaften des Reizes dazu;
- semantische Codes auf der Ebene der begrifflich-abstrakten Einordnung, die aus den sensorischen Merkmalen auf der Grundlage von *Übereinstimmungen* mit gespeicherten Kategorien oder Prototypen Anhaltspunkte zur Bedeutungszuordnung ausfiltert;
- episodische Codes auf der Ebene der ichbezogen-metakognitiven Verarbeitung: überwiegen die syntaktischen oder semantischen

---

[88] Die Gestaltgesetze der Wahrnehmung wirken zugleich als psychisches Vorbild geschlossenen Denkens im Rahmen der Logik.

Unterschiede – hier kommen implizite Schlußprozesse ins Spiel – d.h. kann die Person zwar auf elementaren Ebenen Muster erkennen und Kategorien zuordnen, doch es bleibt ein essenzieller Rest irreduzibler Eigenschaften bestehen, so werden sie ereignishaft entsprechend von Kontextmerkmalen wie Ort, Zeit, Geruch oder Anwesenheit anderer Personen im Gedächtnis markiert.

Die Wahl des Codes hängt nicht nur von der Komplexität und Separabilität der physischen Eigenschaften sowie von der Benennbarkeit der Objekte ab, sondern auch von der Intention des Betrachters, der zirkulären Einbettung in einen Handlungskontext.

Indem die bereits peripher bearbeitete, in eine physiologische Wirksprache übersetzte und insofern konstruierte oder, besser gesagt, rekonstruierte Reizinformation mit ebenfalls physiologisch codierten Gedächtnisinhalten verglichen wird, kommen die semantische und die metakognitive Ebene ins Spiel. Kritische Einzelheiten, die als Anzeichen oder hinsichtlich eines selbstreferenziell gesetzten Erkenntnisinteresses als relevante Unterscheidungsmerkmale fungieren, steuern den Verlauf des Verarbeitungsprozesses, das heißt den emergenten Übergang zur nächsten, den rekursiven Verbleib auf der aktuellen oder die Rückkehr zur vorangegangenen Ebene. Das Wahrgenommene erhält den Sinn, der schon vorher in ihm enthalten war. „Unbewußte Schlüsse" (Helmholtz 1867) tragen ihn mit dem Beginn des Verarbeitungsprozesses in die Sinnesdaten hinein.

Reize werden eingebettet in den Kontext der voreingestellten inneren Bedingungen, entsprechend der situativ wirksamen Vorgeschichte des Bewußt-Seins, wahrgenommen. Durch Adaptation der Sinneszellen gewöhnt sich der Organismus an Gleichbleibendes, hebt die Absolut- und senkt die Unterschiedsschwellen. „Kalt" oder „warm" werden im Vergleich zur eigenen Körpertemperatur empfunden. Die Einstellung des Bezugspunktes kann auch mitlaufend durch die aktuelle Reizkonstellation erfolgen. Ein Bild, das in starken Schwarzweiß-Kontrasten ausgeführt ist, stimuliert die Wahrnehmung anders als ein Bild in mittleren Grautönen. Es spielt aber immer ein Gedächtnismoment hinein, denn das System muß sich die Bezugsgröße merken. Auf die Ebene des Bewußt-Seins dringen nicht absolute Ausprägungen des Reizes vor, sondern die Vergleichsresultate mit der Bezugsgröße. Daraus erklären sich unmittelbar zahlreiche Täuschungsphänomene, wenn man Täuschung als Diskrepanz zwischen wahrgenommenem Eindruck und physikalischer Messung definiert. In Webers Dreischalen-Versuch scheint die warme Hand kalt, die kalte Hand warm zu sein. Ein Reiz löst, wenn wir nicht auf ihn eingestellt sind, die umgekehrte Wirkung aus, als die „objektive" Ausprägung vermuten läßt. Täuschungen resultieren aber auch aus Reizkonstellationen, in denen verschiedene Stimuli als Bezugsgröße konkurrieren, ohne daß sich einer perzeptiv durchsetzen könnte. Kippfiguren wie Rubins Pokal sind Beispiele dafür.[89]

Kontinuierliche Reize erscheinen nach Kategorien unterteilt und geordnet im Bewußt-Sein. Doch bereits die rekursive Verschaltung der Nervenzellen an den peripheren Sinnesorganen durch Interneurone sorgt dafür, daß Kontraste entstehen, wo es sich physisch um entgegengesetzte Ausprägungen stetiger Größen handelt. Auf diesem Wege werden bestimmte Teile einer Reizkonstellation neuronal verstärkt, andere abgeschwächt oder ganz unterdrückt. Kontrastbildung kann als eine perzeptive Vorstufe der Begriffsbildung angesehen werden.

Im Wort „Begriff" vermischen sich sprachlich-lexikalische und semantisch-klassifikatorische Momente. In der Philosophie und in der Psychologie gibt es einen langen Streit darüber, ob Denken ohne Sprache möglich ist. Beide Tätigkeiten sind zwar auf derselben Ebene der kognitiven Verarbeitung angesiedelt und können in einen rekursiven Austausch miteinander treten, doch sie charakterisieren jeweils eine andere Richtung des Prozesses. Semantische Klassifikation ist prä-symbolisch Teil des Wahrnehmungszyklus, Sprechen dagegen post-symbolisch kommunikatives Handeln. Die semantisch-klassifikatorische Einordnung in Kategorien dient aufstrebend dem Bewußtwerden von Reizinhalten, während die sprachlich-lexikalische Zuordnung von Wörtern der expressiven Äußerung, dem Sprechakt oder einer sonstigen Handlung dient - wenn man unterstellt, daß auch nichtsprachliche Handlungen eine „Grammatik" besitzen.

Denken ist ohne Sprache möglich, etwa als „bildhaftes Denken" oder „musikalisches Denken". Sprechen kommt ohne semantische Kategorien aus, wie die „konkrete Poesie" zeigt. Doch dies sind Grenzfäl-

---

[89] Die Wirkung und der Aufbau von Bezugsystemen ist ausführlich untersucht worden (Helson, Sarris, Usnadse u.a.).

le. Für den Alltag typisch erscheint die wechselseitige Durchdringung von sprachlichem Ausdruck und inhaltlicher Zuordnung. Wichtig in diesem Zusammenhang ist der Hinweis auf prä- und postsymbolische Repräsentationen. Die Vermischung beider Formen der Symbolisierung, die in der Bezeichnung „Begriff" zum Ausdruck kommt, zieht konzeptuelle Unklarheit nach sich. Bevor semantische Kategorien auf der Wahrnehmungsseite in sprachliche Zeichen auf der Handlungsseite übersetzt werden, finden sich prä-symbolische Repräsentationen in globalen Handlungsstrategien und intuitiven Zielvisionen. Post-symbolische Repräsentationen sind beispielsweise im Gefühlsausdruck enthalten. Sowohl prä- als auch postsymbolische Repräsentationen sind durch den Mangel an definitorischer Zuordnung zwischen Zeichen und Bedeutung charakterisiert. Infolge ihrer „Flüssigkeit" eignen sie sich besonders gut zum probeweisen Entwurf von Strategien als auch zur mitlaufenden Mikrokorrektur während der Handlungsausführung. Mit ihrer Hilfe können beispielsweise Tänzer, Künstler oder Handwerker einen – dann auch gern honorierten – Grad an Eleganz erreichen, der bei bloß kategorial-semantischer, d.h. mechanischer Steuerung unerreichbar bliebe.

Hat die perzeptive Ebene beim Lesen z.B. die Gestalt eines Wortes wie „Zunge" oder „Zange" erkannt, so steht die prototypische Gestalt des Wortes bereits fest und nur noch der erste Vokal entscheidet über die sematische Einordnung. Je nach Resultat des Vergleichs mit dem selbstreferenziell gesuchten Zielschema schreitet der Verarbeitungsprozeß zur nächsten Ebene voran, beginnt den Codierungszyklus auf der aktuellen Ebene von vorn, kehrt eine Ebene zurück oder bricht ab. In diesem Sinne verschränken sich hierarchische und rekursive Verarbeitung in der Wahrnehmung.

Semantische Einordnung und situative oder persönliche Bedeutung des Wahrgenommenen forcieren nicht nur die Wiedererkennung, sondern auch die Einprägung im Gedächtnis. Der Fokus der Verarbeitung hängt weniger vom Reiz und dessen physikalischen Eigenschaften, als von der emergent eingestellten Wahrnehmungshaltung ab. Zumindest in einem gewissen Umfang gilt: Man sieht, was man sehen will und hört, was man hören will. Wer von einer bestimmten Intention her motiviert ist, erkennt in der Umwelt, was dazu paßt. So wird der Architekt in einem Kubus möglicherweise ein Modell, das Kind ein Klötzchen, der Wahrnehmungspsychologe einen Necker-Würfel und der Maurer einen Ziegel „sehen". Intention und Kontext spielen in der wahrnehmungsleitenden Bedeutungszuschreibung zusammen. Im Alltag werden notorisch unvollständige Sätze verwendet wie „Komme nicht zu mir!", „Laß uns von vorn beginnen!" oder „Es ist vorbei!". Je nachdem, ob sie im Büro der Chef oder im Schlafzimmer die Ehefrau ausgesprochen, variiert die Aussage.

Analog zum Reafferenzprinzip sind *zwei* Säulen der kognitiven Verarbeitung anzunehmen, eine aufsteigende und eine absteigende. Auf der jeweiligen Ebene selbst iterieren rekursive Verarbeitungsprozesse, die ab einer bestimmten Zahl des Durchlaufens der *Rehearsal*-Schleife zu einer emergenten Qualität führen und den Zugang zur nächsten Ebene eröffnen. Die metakognitive Verarbeitung vermag die Richtung des Prozesses umzukehren und in eine motorische oder verbale Handlung einfließen zu lassen. Von den volitiv angestoßenen Realisationsebenen kann ein Rückkopplungsimpuls an die entsprechende kognitive Verarbeitungsebene gemeldet werden, so daß die Handlung oder die Artikulation selbst teil der Wahrnehmung und inneren Verarbeitung ist. Dennoch macht es Sinn, beide Transformationsrichtungen getrennt zu betrachten, denn nur dadurch ist es möglich, psychische Störungen und Lösungsansätze zu lokalisieren.

Die Ellipsen in Abb. 7 zeigen die Ebenen der rekursiven Verarbeitung an, die einfachen Pfeile in der Mitte die Art der nichtkontingenten Rückkopplung. Doppelpfeile symbolisieren, wo Emergenzebenen des psychischen Systems überschritten werden. Beispielsweise sorgen Mikrobewegungen der Netzhautmuskulatur für eine detailgenaue Abtastung ruhender Bilder. Die aus der retinalen Eigenbewegung gewonnenen Informationen fließen reafferent in die Wahrnehmung ein. Daraus ergibt sich im evolutionären Regelfall, d.h. innerhalb des alltäglichen Mikrokosmos, eine Steigerung der Wahrnehmungsgenauigkeit. Dieses Prinzip kann je nach Reizkonstellation auch Anlaß für Wahrnehmungstäuschungen sein, z.B. Scheinbewegungen durch Flimmereffekte.

Die einzelnen Ebenen und Rekursionsschleifen des Bewußtseins werden mit unterschiedlicher Geschwindigkeit durchschritten. Insofern wirken sich sprachlich-lexikalische Schemata abkürzend auf die Mustererkennung aus. Imagination *verdrängt* distale Reize. Kuhl (2001, S.

139) spricht computermetaphorisch von „Konfigurationen" der psychischen Systeme, die bevorzugt oder gar chronifiziert werden können.

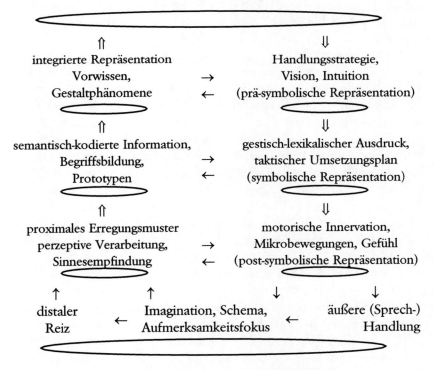

Abbildung 7: Binnendifferenzierung des Bewußt-Seins

Inwiefern die „oberste psychische Selbstreferenz" als eigenständig abgrenzbares System auftritt, ist fraglich. Baddeley (1996) spricht von einer „zentralen Exekutive", die im Frontalhirn angesiedelt sei und die Kooperation der einzelnen psychischen Systeme steuert. Analog postulierten bereits Norman & Shallice (1986) ein „zentrales Überwachungssystem", bei Cohen, Dunbar & McClelland (1990) findet sich eine Formalisierung als neuronales Netzwerk. Auch wenn aus klinischen Studien auf die Beteiligung des Frontal- bzw. Präfrontalhirns am „Selbst" geschlossen wird, so bleibt doch offen, ob es dort anatomisch lokalisiert ist oder ob sich das „Selbst" prozedural während der Kooperation der einzelnen Funktionssysteme temporär herstellt. Interpoiese und Autopoiese ließen sich dann in der Generation des „Selbst" nicht unterscheiden.

Beachtenswert ist, daß Imaginationsschemata als Kulminationspunkte der motorischen Innervation beim inneren oder symbolischen Handeln unmittelbar auch auf die perzeptive Verarbeitung einwirken („Verdrängung"). Daher verschmelzen Einbildung und Wahrnehmung oft bereits am Ort ihrer Entstehung. Neigt die Person dazu, in rekursiven Verarbeitungsschleifen stecken zu bleiben - z.B. Grübelzwang auf der semanatischen Ebene, erhöhte narzistische Kränkbarkeit auf der metakognitiven Ebene, suchtartiger Reizhunger oder Zwangshandlungen auf der perzeptiv-motorischen Ebene -, so wird der emergente Übergang zur nächsten Stufe der Handlungsvorbereitung blockiert. Das Modell deutet an, welchen Ausweg die Person in einer solchen Situation finden oder therapeutisch gewinnen kann: die suggestiv verstärkte Imagination.

Inwiefern ist die Differenzierung des Bewußt-Seins in drei kognitive Verarbeitungsebenen universell, inwiefern läßt sie sich individuell feiner fraktionieren? Das hier beschriebene Modell wird, zumindest hinsichtlich der linken Säule, in der experimentellen Gedächtnispsychologie durch die *„levels-of-processing"*-Forschung operationalisiert. Unabhängig von der Art des äußeren Reizes nimmt die Gedächtnisleistung systematisch mit der Verarbeitungstiefe zu, eine Beobachtung, mit der die Kanadier F. I. M. Craik und R. S. Lockhart (1972) gegen die vereinfachende Übertragung der Computer-Metapher auf das menschliche Bewußt-Sein argumentierten. Sie gehört zu den am häufigsten replizierten Befunden der Kognitionspsychologie. Zunächst unterschieden Craik & Lockhart lediglich zwischen perzeptiven und semantischen Verarbeitungsprozessen, die den Teilnehmern ihrer Studien in Form von Orientierungsaufgaben auferlegt werden. Die Probanden erhalten beispielsweise Wörterlisten, die hinsichtlich ihrer lexikalischen und morphologischen Eigenschaften ausbalanciert sind (z.B. nur einsilbige Substantive mit gleicher Vorkommensrate im Alltagswortschatz). Bei der ersten Liste sollen die Probanden dann beispielsweise entscheiden, ob das Wort einen hellen oder einen dunklen Vokal besitzt (perzeptive Aufgabe). Bei der anderen Liste sollen die Probanden dagegen mitteilen, ob der durch das Wort bezeichnete Gegenstand, belebt oder unbelebt ist (semantische Verarbeitung). Spätere Untersuchungen dehnten die Items von Wörtern auf Bilder und Klänge aus – mit demselben Ergebnis: Die semantische Verarbeitung erweist sich durchweg in sämtlichen Gedächtnismaßen (Wiedererkennung, freies Reproduzieren, implizite Gedächtnistests) als signifikant überlegen (Challis et al. 1996). Nimmt man als dritte Verarbeitungsstufe die Frage hinzu, ob ein Wort, Bild oder Klang eine persönliche Bedeutung für den Probanden hat oder persönliche Erinnerungen weckt, so wird das Item um so leichter erinnert – es bilden sich Muster oder individuelle Bezugsrahmen der Wahrnehmung.

Die Effekte der Verarbeitungstiefe auf das Behalten können mit der Aktivierung verschiedener Codes bzw. unterschiedlicher Gedächtnissysteme erklärt werden. So ist es möglich, die Funktion des episodischen Gedächtnisses als Fokussieren von Unterschieden, die Funktion des semantischen Gedächtnisses demgegenüber als Fokussieren von Gemeinsamkeiten der Komponenten von Gedächtniscodes zu beschreiben.

> „The former requires a system that overlooks differences between inputs, the latter requires a system that does just the opposite... As first pointed out by Marr (1971) and then McNaughton (1988, McNaughton & Nadel 1989), the internal organization of the hippocampus seems perfectly arranged to accentuate even small differences between inputs, and thereby contribute to the goal of storing unique memories." (Nadel 1994, S. 57)

Die Frage, ob episodisches (einschließlich autobiographisches) und semantisches Gedächtnis auf verschiedene neuronale Strukturen zurückgreifen, muß demnach offen bleiben. Denn es läßt sich nicht ausschließen, daß die Prozesse, die über möglicherweise denselben Gedächtnisstrukturen operieren, verschieden sind. Analog lassen sich auch Funktionen perzeptiver Gedächtnissysteme als die Aktivierung bestimmter Inhalte (z.B. horizontaler Balken im Gesichtsfeld) gepaart mit spezifischen Vergleichen (z.B. zwischen Figur und Grund) beschreiben.

Die Stärke des episodischen Gedächtnis-Codes, der beim Beantworten einer Orientierungsfrage im Experiment angelegt wird, hängt offenbar von der Anzahl und der Komplexität der aktivierten Gedächtnissysteme ab. Bevor ein Wort der tieferen Verarbeitung unterzogen werden kann, muß seine graphische oder akustische Code-Komponente aktiviert worden sein. Bricht die Verarbeitung auf diesem Niveau ab, so ist zu erwarten, daß auch der mit dem Versuch assoziierte kontextspezifische Code schwach bleibt. Die Aktivierung von tiefer verarbeiteten Code-Komponenten in hierarchischer Rangfolge darzustellen, muß sich nicht unbedingt als zutreffend erweisen. Zwar setzt das Prüfen der persönlichen Bedeutsamkeit die semantische Identifikation des Wortes voraus, doch es wäre zuviel behauptet, daß zur Verarbeitung episodischer Code-Komponenten zwangsläufig *bestimmte* semantische Komponenten mitaktiviert werden müssen. Erinnert sich jemand, nachdem ihm das Wort „Pferd" dargeboten wurde, beispielsweise an Erlebnisse, die er mit Pferden hatte, so schließt dies nicht unbedingt die Mitaktivierung der übergeordneten semantischen Codes „Säugetier", „Vierbeiner" und so weiter ein. Die Trennbarkeit der kognitiven Hierarchieebenen – perzeptiv, semantisch, metakognitiv – kann nicht ohne weiteres auf die konstituierenden hirnphysiologischen Prozesse übertragen werden.

4.2.2 Bewußtseins-Zustände als Modus der Aufmerksamkeit

Eine alternative Erklärung für das Zustandekommen von Effekten der Verarbeitungstiefe läßt sich finden, wenn man sich die Rolle der Aufmerksamkeit beim inzidenziellen Lernen vor Augen führt. Die Fokussierung auf Eigenschaften des Reizwortes, die zur Beantwortung der Orientierungsfrage von Interesse ist, bereitet die Verarbeitung auf der intendierten perzeptiven, semantischen oder metakognitiven Ebene vor. Ist es aber dieselbe Aufmerksamkeit, welche durch die Fokussierung auf eine bestimmte Verarbeitungsebene angespannt wird? Offenbar sind die Prozesse auf den verschiedenen Stufen nicht dieselben: Einmal handelt es sich um graphische oder phonetische Details, die aktiv erkundet werden müssen, zum andern werden klassifikatorische Eigenschaften angesprochen, ob das Wort z.B. ein Lebewesen meint, was der äußerlichen Gestalt des Wortes nicht anzusehen, sondern dem Gedächtnis zu entnehmen ist.

In der Literatur wird seit einigen Jahrzehnten über multiple Aufmerksamkeitsressourcen im engen Zusammenhang mit den jeweils konstituierenden Hirnstrukturen diskutiert. Zur Auslegung des Zusammenhangs zwischen Reiz und Reaktion in psychophysiologischen Experimenten errangen die Vorstellungen von Pribram & McGuinness (1975) weithin Anerkennung. In ihrem Modell wurde die bislang monolithisch gedachte Aufmerksamkeit aufgespalten:

– in ein System zur energetisierenden Vorbereitung perzeptiver Verarbeitung (*arousal*), welches nicht allein in der Formatio reticularis, sondern zudem in Rückkopplungskreisen zwischen frontalem Kortex, Amygdala und Hypothalamus angesiedelt ist;
– in ein System der motorischen Bereitschaft (*activation*), vorwiegend von den Basalganglien ausgehend;
– in ein System, welches die ersten beiden koordiniert (*effort*).

Das Effort-System hat den Überlegungen von Sokolov & Vinogradova (1975) zufolge mit dem Hippocampus als Ort des Gedächtnisses zu tun und prüft die Reaktionswürdigkeit auf den einströmenden Reiz anhand seiner Neuigkeit und Valenz (z.B. Gefahr). Über die Hälfte der Zellen des Hippocampus reagiert auf eintreffende Reize *inhibitorisch*, so daß ein tonischer inhibitorischer Einfluß vom Hippocampus auf die Formatio reticularis zu verzeichnen ist, den nur außergewöhnliche, noch nicht im Hippocampus registrierte Reizkonfigurationen durchbrechen, die Amygdala aktivieren und Aufmerksamkeitsreaktionen nach sich ziehen. Die Folgen dieses Mechanismus für Branchen der Mediengesellschaft, die Aufmerksamkeitsgewinn voraussetzen, liegen auf der Hand.

Die tonische Inhibition der Formatio reticularis durch den Hippocampus bedeutet jedoch nicht ein „Herunterfahren" der kortikalen Energieversorgung, sondern den Schutz der höheren kortikalen Prozesse vor Störungen, die von irrelevanten Reizen ausgehen. Könnten sie ohne weiteres Aufmerksamkeit erheischen, so wäre es nicht möglich, von der unmittelbaren sensorischen Umgebung „abzuschalten". Das Effort-System nach Pribram & McGuinness kontrolliert somit die Reaktionswürdigkeit auf Reize, bleibt allerdings in Bezug auf komplexere geistige Prozesse undifferenziert.

Der kritische Punkt ist offenbar nicht das Ausmaß verfügbarer Kapazität, sondern *wie* das Gehirn den Umgang mit begrenzten Ressourcen bewältigt. In diesem Sinne argumentiert bereits Moray (1967), der das Problem kognitiver Verarbeitung nicht in der Begrenzung der Informationskanäle, sondern in deren intern gesteuerten, flexiblen Organisation sieht. Routtenberg (1968) postuliert zwei unabhängige Aufmerksamkeitssysteme, von denen eines, lokalisiert im Hirnstamm, mit der Zuwendung zu äußeren Reizen, das andere im limbischen System mit geistigen Prozessen wie der Gedächtnisbildung verbunden ist. Im Unterschied zum Effort-System von Pribram & McGuinness verkoppelt das letztere nicht Reizwahrnehmung und Reaktion, sondern unterdrückt die Energiezufuhr für die perzeptive Verarbeitung.

In Zusammenhang damit steht die Theorie von Tucker & Williamson (1984) über die reziproke Wirkung des noradrenergen und dopaminergen Transmittersystems. Diffus im Kortex verteilte noradrenerge Synapsen potenzieren durch Inhibition der Hintergrundaktivität den Kontrast zwischen Signal- und Rauschanteil einströmender Reize. Dadurch haben auch Ereignisse geringerer Intensität eine Chance, wahrgenommen zu werden. Während bei der Sokolovschen Orientierungsreaktion die Sensibilität über und für die peripheren Sinnesorgane gesteigert wird, erhöht sich die Sensitivität bei konzentrierter geistiger Tätigkeit vorwiegend kortikal unter Abschirmung der sensorischen Einflüsse.

Das Konzept von Shiffrin & Schneider (1977) nimmt ebenfalls zwei prozeßabhängige Arten des Zugriffs auf energetische Ressourcen an, ist jedoch weniger detailliert hirnphysiologisch verankert: Während die automatische Verarbeitung als reflexartige Aufmerksamkeitsreaktion geschieht, muß die entscheidungsabhängige Verarbeitung langsam, Schritt für Schritt vollzogen werden. Als Beispiele für erstere nennen Hasher & Zacks (1979) das Erkennen von Ort, Zeit, Häufigkeit und Reihenfolge von Ereignissen sowie der Bedeutung von Wörtern; für letztere geben sie elaborierendes Wiederholen, bildliches Vorstellen und Zurückgreifen auf Gedächtnisstützen an.

In einem hierarchischen Modell zur Regulation der energetischen Versorgung geistiger Prozesse geht Mulder (1986) über das Konzept von Pribram & McGuinness hinaus. Neben den Energiequellen arousal, activation und effort sieht Mulder eine Instanz vor, die aufgabenbezogene Änderungen im Modus der Aufmerksamkeit einleitet. Damit kommt ein wesentlicher Gesichtspunkt hinzu: die Anerkennung der Tatsache, daß für verschiedene Prozesse verschiedene energetische Zustände optimal sind.

Von diesem Ausgangspunkt ist es nicht schwierig einzusehen, daß semantisches oder metakognitives Operieren eine andere *Qualität* der Aufmerksamkeitsregulation erfordern als perzeptives oder sensumotorisches. Diese andere Qualität, so die Hypothese, drückt sich in einem unterscheidbaren kortikalen Verarbeitungszustand aus. Während die besprochenen Aufmerksamkeitsfunktionen die Zuwendung zur äußeren Umgebung hin und deren Manipulation unterstützen, würde die Unfähigkeit, äußerliche Stimulation niederzuhalten, auf höhere geistige Prozesse zerstörerisch wirken. Ein Mensch, der Telefonauskünfte gibt, wird Schwierigkeiten haben, verwickelte mathematische Beweise zu führen. Das Lösen abstrakter Probleme zwingt dazu, sich zu konzentrieren.

Bemerkenswert ist, daß sich der Aufmerksamkeitsfokus sowohl mit fortschreitender Verarbeitungstiefe als auch bei Veränderungen des Bewußtseinszustandes (Wachsein, Trance, verschiedene Schlafstadien usw.) in ähnlicher Weise *nach innen verschiebt*. Damit Wörter auf mehreren Ebenen verarbeitet werden können, genügt es nicht, die Aufmerksamkeit auf unterschiedliche Merkmale zu lenken, sondern sie muß auch in erheblichem Maße verschiedenartige Gedächtnisinhalte aktivieren: Ob ein Wort groß oder klein geschrieben ist, kann abgelesen werden; ob der zugehörige Begriff den Säugetieren zuzurechnen ist, muß man dagegen erinnern. Analog schränkt beispielsweise eine Trance-Induktion mit dem Schließen der Augen oder provozierter Gleichgültigkeit gegenüber äußeren Störungen die Aufmerksamkeit auf wenige Gedanken oder Empfindungen ein. Die Abwehr irrelevanter Informationen bildet seit jeher einen Gegenstand der Aufmerksamkeitsforschung (z.B. Kahneman 1973). Ein nach außen gerichteter Aufmerksamkeitsmodus erleichtert die Selektion sensorischer Einflüsse, damit das jeweils Selbstreferenziell-Wesentliche kategorisierbar hervortritt. Ein nach innen gerichteter Aufmerksamkeitsmodus qualifiziert dagegen von vornherein *sämtliche* Umgebungsreize außer Anzeichen einer Lebensbedrohung, die Orientierungsreaktionen auslösen, als Ablenkung. Für ihn gibt es nichts Wesentliches außerhalb.

4.2.3 Die formale Struktur der Bewußtseins-Tätigkeit

Zustand und Prozeß des Bewußt-Seins, mit anderen Worten Aufmerksamkeitsmodus und kognitive Verarbeitung, formieren rekursiv operierende Netzwerke auf unterschiedlichen Ebenen. Sie werden vom System jeweils zirkulär-referenziell eingestellt. Der Wahrnehmungszyklus beschreibt das sukzessive Durchlaufen der Verarbeitungsprozesse. Jede Ebene der kognitiven Verarbeitung benötigt ihre eigene Aufmerksamkeitsregulation. Die Herstellung einer symbolischen Repräsentation ist auf jeder Stufe ein konstruktiver Prozeß – insofern Re-Produktion, Ab-Bild, Re-Konstruktion. Begriffe wie „Phantasie" oder „Einbildung" weisen bereits im Wort stärker auf das konstruktive Moment hin.

Führt man also den Ansatz der kognitiven Verarbeitungsebenen mit den Modellen der qualitativ unterschiedlichen Aufmerksamkeitsregulation zusammen, so läßt sich die Struktur einer Ebene i des Bewußt-Seins wie folgt darstellen:

$$BI_i = AM_i^m \oplus VP_i^p \quad (10.1)$$

$$RS_i = {}^p|VP_i|_{1...p} \quad (10.2)$$

$$AR_{i,int \to ext} = ÜR_{int \to ext}(AM_i) \quad (10.3)$$

$$AR_{i,ext \to int} = ÜR_{ext \to int}(AM_i) \quad (10.4)$$

$$MZ = {}^3|AM_i^m \oplus ({}^p|VP_i|_{1...p})|_{1...3} \quad (10.5)$$

$$BP = AR_{int \to ext} \oplus MZ \oplus AR_{ext \to int} \quad (10.6)$$

mit: i = Ebene 1...3 (perzeptiv, semantisch, metakognitiv)
BI – Bewußtseinsinhalt
AM – Aufmerksamkeitsmodus m (innen, außen)
VP – Verarbeitungsprozeß p (Analyse, Synthese)
RS – Rekursionsschleife der Verarbeitungsprozesse
AR – Aufmerksamkeitsregulation
MZ – Metazyklus
BP – Bewußtseinsprozeß

Die doppelte Steuerung des Bewußt-Seins durch die sich jeweils rekursiv fortpflanzenden Prozesse der Aufmerksamkeitsregulation und der kognitiven Verarbeitung kommt in (10.1) als doppelte Indizierung zum Ausdruck. Bewußtseinsinhalte werden hier als emergentes Produkt kognitiver Verarbeitungsprozesse in einem bestimmten Aufmerksamkeitsmodus konzipiert. Kognitive Verarbeitung beinhaltet vor allem Prozesse der Analyse und Synthese, die je nach Differenzierungsanspruch in feinere Teilprozesse fraktioniert werden können. Gleiches gilt für die Verarbeitungsebenen und den Aufmerksamkeitsmodus. Die drei angeführten Verarbeitungsebenen können als Klassen für tiefergelagerte Subschichten betrachtet werden. Der nach innen bzw. außen orientierte Modus der Aufmerksamkeit läßt sich durch weitere Nuancierungen (z.B. entspannt, extatisch, schwebend) charakterisieren.

Der emergente Handlungsspielraum des Bewußt-Seins erlaubt es, daß theoretisch auf allen Ebenen i alle Aufmerksamkeitsmodi AM_i^m mit allen Verarbeitungsprozessen VP_i^p kombiniert werden können. Ichbezogen-metakognitive Inhalte treten auch im Schlaf oder während motorischer Aktivation auf, beispielsweise in tänzerischen Choreografien oder Bewegungsimprovisationen. Insofern beschreibt (10.1) einen Zustand der maximalen geistigen Freiheit. Eine andere Frage ist es, ob diese Kombinationsmöglichkeiten in jeder Situation funktional sind. An dieser Stelle treten evolutionäre Abgrenzungs- und Anschlußprozesse auf den Plan.

Die Formeln (10.2) bis (10.5) beschreiben essenzielle Teilprozesse des Bewußt-Seins. Ein kognitiver Verarbeitungsprozeß p durchläuft solange rekursive Iterationsfolgen seiner Teilprozesse 1...p, bis eine „neue Qualität" entsteht und das psychische System zur nächsten Verarbeitungsebene übergehen kann (10.2). Woran erkennt das System, daß die Qualitätsstufe für die nächste Ebene erreicht ist? Offenbar spielen hier mitlaufend metakognitive Vergleichsprozesse mit dem zirkulär-referenziell bestimmten Bezugsrahmen hinein, den das System zu Beginn eines Wahrnehmungszyklus intern ausbildet. Diese Vergleichsprozesse erlauben dem Bewußt-Sein eine transhierarchische *trial-and-error*-Strategie: Das System muß nicht schon vorher wissen, welche Bewußtseinsinhalte zum gewünschten Resultat führen, sondern es kann sich täuschen und probieren, ob der Verarbeitungsprozeß auf einer bestimmten Ebene bereits genügend fortgeschritten ist, damit die nächste Ebene mit ihm etwas anfangen kann. Wenn beispielsweise dem Auge auf perzeptiver Ebene lediglich undefinierbare farbige Muster erscheinen, kann die semantische Ebene den Auftrag, weiterhin nach erkennbaren Strukturen zu suchen, an die perzeptive Ebene zurückgeben. Im Alltag führt die Anpassung von mikrokosmischer Umwelt und perzeptivem System zu einer raschen, geradezu automatisierten Identifikation – was in Situationen, wo es auf Umstrukturierung der Wahrnehmung ankommt, stören kann.

Zu beachten ist die Indizierung der kognitiven Verarbeitung. Auf perzeptiver Ebene bedeuten Analyse und Synthese andere Prozesse als auf semantischer oder metakognitiver Ebene. Lediglich der fraktalselbstähnlichen Struktur nach sind sie als Analyse und Synthese wiederzuerkennen. Auch die neuro*physiologische* Konstitution dieser Prozesse dürfte sich von einander unterscheiden lassen. Kognitive Verarbeitungsprozesse sind durch *temporäre* kortikale Netzwerke gekennzeichnet, die ältere und neuere Regionen des Cortex aufgabenbezogen in Beziehung setzen. Perzeptive Inputs oder imaginativ hervorgebrachte Surrogate bilden als proximale Reize den Grundstoff der weiteren kortikalen Verarbeitung. Semantische Einordnung fokussiert Gemeinsamkeiten, die klassifikatorisch mit den lexikalischen Kategorien in Zusammenhang gebracht werden können. Episodische Bewertung reorganisiert, vermittelt über vorgebahnte grammatikalische Verhältnisse, den komplexen Zusammenhang des semantisch Eingeordneten und prüft den Neuigkeitswert sowohl anhand erinnerter Ereignismuster, die prototypische Vergleichsmöglichkeiten bieten, als auch an der Iterationszahl, die angestrengt werden muß, um passende lexikalische Einträge und grammatikalische Formen zu aktivieren.

Die Zeilen (10.3) und (10.4) verdeutlichen, daß sich Änderungen des Aufmerksamkeitsmodus von der Rekursion kognitiver Verarbeitungsprozesse abheben. Das Bewußt-Sein organisiert seinen Zustand anders als seine Prozesse. Auf semantischer und metakognitiver Ebene unterliegen sie einer hochgradigen Willkür. Auf der perzeptiven Ebene laufen sie zwar automatisch ab, können aber durch Suchvorgaben der nachgelagerten Verarbeitungsebenen emergent gerahmt werden. (Im Zweifelsfalle läßt sich auf das Wahrzunehmende zeigen, wenn jemand es nicht sieht.)

Der Aufmerksamkeitsmodus wird dagegen größtenteils unwillkürlich vom Körper eingestellt - stimuliert über die Formatio reticularis, die Reize aus den peripheren Systemen empfängt und über die Hypophyse mit dem Gedächtnis als auch mit dem endokrinologischen System verknüpft ist. Dieses physiologische Netzwerk illustriert die Abhängigkeit des Aufmerksamkeitsmodus sowohl von Bewußtseinsinhalten, die das System als bedeutsam markiert hat, als auch von emtionalen Reaktionen und vegetativen, homöostatisch geregelten Zuständen des Organismus. Im interpoietischen Zusammenspiel dieser Komponenten kann der Aufmerksamkeitsmodus als emergentes Resultat gelten und wird als Bewußtseinszustand erlebbar. Ihn willkürlich einzustellen, ist nicht einfach. Teilweise folgt er der Fremdreferenz des physiologischen Systems (z.B. Müdigkeit), teilweise des psychischen Systems (z.B. Wachheit durch Interesse).

Der Aufmerksamkeitsmodus bestimmt die Klarheit des Bewußt-Seins.[90] Er reguliert nicht nur den Aktivationsgrad, sondern auch die Richtung der Verarbeitungsprozesse. Ein noch so spannender Film kann jemanden, der übermüdet ist, nicht am Einschlafen hindern, während dieselbe Person vielleicht noch in der Lage wäre, Auto zu fahren. Die Gefahr, die aus einer Fehlsteuerung des Wagens erwächst, kann gegebenenfalls noch genügend aktivieren, damit die Aufmerksamkeit nicht nach innen schwenkt.

Zusammengefaßt kann der Aufmerksamkeitsmodus der kognitiven Verarbeitung auf drei Wegen eingestellt werden: erstens von außen durch einen Reiz, zweitens autonom von innen her durch die vegetative Regulation und schließlich drittens durch ritualförmige Steuerungstechniken, die die Person auf sich selbst anwendet oder wirken läßt. Kaum ein Lebewesen ist in der Lage, bei plötzlichen Signalen, die evolutionär mit Gefahr assoziiert sind, nicht aufzumerken. Diese unvermittelte Hinwendung an die äußere Wirklichkeit ist die Sokolovsche Orientierungsreaktion: Man will wissen, was los ist. Umgekehrt kann sich die Aufmerksamkeit von der Außenwelt abwenden und auf die essenziellen Konstruktionen des Bewußt-Seins richten. Dies ist während der Me-

---

[90] Anzunehmen ist, daß die vom Menschen unterscheidbaren Bewußtseinszustände (Schlaf, Wachen, Träumen, luzider Schlaf, Trance, Ekstase usw.) auch im Tierreich vorkommen.

ditation der Fall, während abstrakten Nachdenkens und auch bei ichbezogenen Reaktionen: Jemand ist bei sich, geht von sich aus.

Die Fähigkeit, einen ritualförmigen Übergang zwischen den Aufmerksamkeitsformen zu praktizieren – jenes *switching the point of attention* – stellt eine kognitive Voraussetzung für die Fraktionierung der Identität in verschiedenen sozialen Rollen dar. Sie geht mit der Übung in eine nahezu unbemerkte Gewohnheit über. Formel (10.3) beschreibt hier den Übergang von einem Aufmerksamkeitsmodus, der nach innen ausgerichtet ist, zu einer nach außen orientierten Wahrnehmung, Formel (10.4) den umgekehrten Übergang.

Formel (10.5) charakterisiert das synergistische Zusammenwirken eines wie auch immer eingestellten Aufmerksamkeitsmodus m mit den über sämtliche Ebenen ausgedehnten rekursiven kognitiven Verarbeitungsprozessen p. Interessant ist die Frage, an welcher Stelle der Bewußtseinsprozeß beginnt? Im Regelfall, d.h. wenn sich die Person mit frei gewählter Intention in einem gegebenen Umfeld orientiert, liegt der Startpunkt auf der metakognitiven Ebene, in der selbstreferenziellen, ich-bezogenen Bestimmung eines Handlungszieles. (Unterlassungen zählen in diesem Zusammenhang dann als Handlung, wenn sich die Person dafür entschieden hat.) Daher nenne ich einen Zyklus psychischer Tätigkeiten, der auf der metakognitiven Ebene beginnt, sich von dort der Umwelt perzeptiv zuwendet, um nach einer Kaskade hierarchisch geordneter, im Detail jedoch fraktal-rekursiver semantischer Verarbeitungsprozesse wieder auf der metakognitiven Ebene mündet, „Meta-Zyklus". In Formel (10.5) wird der Startpunkt durch die „3" links oben neben dem ersten senkrechten Strich symbolisiert und die Abfolge der Verarbeitungsebenen durch die Kennzeichnung „1...3" rechts unten neben dem zweiten Strich. Wie schon in den vorangegangenen Formeln deutet der senkrechte Strich die Referenzialität des Prozesses an, d.h. die metakognitive Ebene überwacht die Prozesse auf der perzeptiven und semantischen Ebene, indem sie jeweils Bezugsgrößen für Vergleiche bereitstellt. Die Einklammerung durch zwei senkrechte Striche deutet an, daß es sich um ein iteriertes Durchlaufen des Zyklus und nicht einen einmaligen Übergang handelt. Ein vollständiger Metazyklus beginnt auf Ebene 3 (selbstreferenzielle Orientierung des Systems), geht von dort zu 1 (Erkundung) und 2 (hypothetische Einordnung) über, um wieder in 3 (metakognitiver Vergleich zwischen

Erkundungsresultat und Selbstreferenz) einzufließen. Dann entscheidet sich, ob der Metazyklus von vorn beginnt oder beendet ist.

Denkbar sind theoretisch aber auch Startpunkte des Zyklus auf anderen als der metakognitiven Ebene, beispielsweise auf der Ebene der Perzeption, wenn jemand ohne Erkundungsintention spazierengeht, dabei aber „unerwartet" eine Entdeckung macht. Zu den Gewohnheiten der „normalen Wissenschaft" nach T. S. Kuhn gehört der Startpunkt auf Ebene 2: Ein Forscher, der kumulative Rätsel löst, sucht hypothesengeleitet nach empirischen Belegen, so daß sich auch die Reihenfolge des Metazyklus vertauscht: 2 → 1 → 2→ 3. Derartige Deviationen vom „natürlichen" Metazyklus eines auf der Ebene des psychischen Systems freien und selbstbestimmten Bewußt-Seins deutet auf essenzielle Einschränkungen hin, mit denen übergeordnete soziale Systeme (Kulturen) die Person geistig versklaven. Der hochgradig selektive Umgang mit der Wahrheit, wie er von den Wissenschaften praktiziert wird, gehört offenkundig dazu.

Der Metazyklus, wie er in (10.5) beschrieben ist, setzt die Konstanz des bestehenden Aufmerksamkeitsmodus voraus. Wer sich selbst nicht beobachtet (oder Selbstbeobachtung aus prinzipiellen Gründen ablehnt), dem fällt vielleicht nicht auf, daß sich der Fokus während einer alltäglichen Wahrnehmung im gewohnten Wachzustand erst von innen nach außen und dann wieder von außen nach innen verschiebt. Die Intention, sich irgendeinem Ausschnitt der Umwelt zuzuwenden, entsteht zunächst als innerer Handlungsimpuls. Beim Blumengießen geschieht die Wahrnehmung des Feuchtigkeitsgrades der Topferde oft innerhalb des Bruchteils einer Sekunde, so daß die kaskadenartige Abfolge der hierarchischen Verarbeitungsprozesse von der Perzeption zur semantischen Einordnung (etwa „ausreichend feucht", „halbtrocken", „ausgetrocknet") bis hin zur Entscheidung über die Menge des hinzuzufügenden Wassers gar nicht auffällt. Tatsächlich schwenkt aber der Aufmerksamkeitsfokus von innen nach außen und wieder zurück, unter Umständen mehrfach, wenn beispielsweise mit der Hand prüfend nachgetastet und der Meta-Zyklus wiederholt durchlaufen wird.

Der mitlaufende Wechsel des Aufmerksamkeitsmodus in Abhängigkeit von der jeweiligen kognitiven Verarbeitung wird in Formel (10.6) idealtypisch dargestellt und als „Bewußtseinsprozeß" bezeichnet. Damit stellt sich die Frage, wodurch sich Aufmerksamkeitsmodi, die zu bestimmten Verarbeitungsprozessen passen, von störenden oder dysfunktionalen unterscheiden? Es mag banal erscheinen und ist doch aufgrund der emergenten Freiheit des Bewußt-Seins weder Automatismus noch Selbstverständlichkeit: Die Wahrnehmung der äußeren Umwelt wird durch einen nach außen orientierten Aufmerksamkeitsmodus funktional unterstützt, für semantische oder metakognitive Erwägungen ist ein nach innen gerichteter Aufmerksamkeitsmodus optimal. Wenn die Intention oder situative Anforderung darin besteht, sich selbst und die Grenzen des eigenen Bewußt-Seins auszuloten, wenn es auf Kreativität oder Spiritualität ankommt, dann können gerade die ungewöhnlichen Kombinationen von Aufmerksamkeitsmodus (Bewußtseinszustand) und Verarbeitungsprozeß hilfreich sein.

Welcher Nuance oder welchem Extrem sich die Aufmerksamkeit auch immer widmet, höhere Verarbeitungsebenen lassen sich nicht erreichen, ohne daß auf den vorgelagerten perzeptiven Ebenen ein ausreichendes Ergebnis oder Zwischenergebnis vorliegt. Das heißt, die Struktur des Metazyklus bleibt unabhängig vom jeweiligen Aufmerksamkeitsmodus erhalten, die Inhalte und die Klarheit des Bewußt-Sein verändern sich jedoch entsprechend (10.1). Im Schlaf produziert das Hirn, angeregt von der Formatio reticularis, anschauliche Vorstellungen, Traumstoffe, die zugleich auch semantisch eingeordnet und ichbezogen sind – die feste grammatikalische Verfaßtheit aber fehlt. Beim Erklären abstrakter Theorien bleibt der anschauliche Rückbezug notwendig.

Um substanzielle Inhalte zu schaffen, bedarf es einer konstruktiven Nutzung der passenden Aufmerksamkeitsform auf der jeweiligen Verarbeitungsebene. Der „normale" Wachzustand verstärkt die reizgebundene, außenorientierte Aufmerksamkeit. Der Trancezustand verflüssigt den Übergang zwischen den kognitiven Verarbeitungsebenen. Er stellt eine Art schwebende Aufmerksamkeit her, die sich sowohl zur imaginativen Anreicherung der Perzeption, zum Auflösen und Neuzusammensetzen kategorialer Bestimmungen als auch zum Relativieren und Ankern des Ichbezugs eignet. Trance ist ein Bewußtseinszustand, ein Modus der Aufmerksamkeit – sie ist kein Inhalt. Motorische Aktivation, im Extremfall bis hin zur Ekstase, kennzeichnet die Handlungsbereitschaft des Systems, selbst wenn es sich auf symbolische Handlungen (z.B. „Sprechakte") beschränkt.

In eine Anweisungssprache gebracht, heißt das: Starte den Metazyklus im Aufmerksamkeitsmodus, in dem du dich gerade befindest, auf der Ebene, von der deine Intention herrührt, mit einem geeigneten Verarbeitungsprozeß. Durchlaufe den Zyklus und laß dich von den intuitiven Rekursionen tragen, bis du wieder auf der Ursprungsebene ankommst. Wenn du auf irgendeiner Ebene in einer Denkschleife steckenbleibst, dann rufe ritualförmig einen anderen Aufmerksamkeitsmodus herbei – geh spazieren, konzentriere dich auf einen Ausschnitt, höre Musik, bewege dich, unternimm irgendetwas – setze den Verarbeitungsprozeß in diesem Modus fort und übertrage ihn später ritualförmig (formerhaltend) auf den ursprünglichen Kontext.

Dieses Vorgehen läßt sich als kognitive Strategie verstehen, mit deren Hilfe die potenziellen Fähigkeiten des Bewußt-Seins auf natürliche Weise ausgeschöpft werden können. Den Ausgangspunkt bildet eine „psychische Krise", das Erleben, daß der Ideenfluß ins Stocken gerät, nicht das viel beschworene „positive Denken". Insofern kann sich Kritik als konstruktiver Stachel erweisen, wenn der Kritisierte in der Verfassung ist, auf eine andere Ebene oder in einen anderen Modus umzuschwenken.

> „Wissenschaftler nehmen eine andere Haltung gegenüber existierenden Paradigmata ein, wenn sie mit einer Anomalie oder einer Krise konfrontiert werden, und die Natur ihrer Forschung ändert sich entsprechend. Das Wuchern konkurrierender Artikulationen, die Bereitschaft, alles zu versuchen, der Ausdruck einer offenen Unzufriedenheit, das Zufluchtsuchen bei der Philosophie und die Grundlagendiskussion, all das sind Symptome für einen Übergang von normaler zu außerordentlicher Forschung." (Thomas S. Kuhn 1962, S. 103)

Die kognitive Strategie des Ebenenwechsels liegt häufig nicht nur dem Umgang mit Frustrationen im Alltags, anregenden therapeutischen Interventionen, sondern kreativen Tätigkeiten wie auch paradigmatischen Konstruktionen der „nichtalltäglichen" Wissenschaft zugrunde (vgl. Jürgen Habermas 1968 S. 165, Fn. 97, Hilary Putnam 1981).

4.3 Vertikale Übergänge I: Körper und Bewußt-Sein

4.3.1 Körperlichkeit und psychischer Prozeß

Die Konzeptualisierung der Zusammenhänge zwischen körperlichen und psychischen Prozessen hängt von den Erkenntnissen der Einzelwissenschaften ab. Es geht mir dabei nicht um eine Hypothese, die das Mißfallen an der eigenen Körperoberfläche zum Anlaß für die Entwicklung von Minderwertigkeitskomplexen und Kompensationsmustern stilisiert (Adler 1928). Wie eine Person ihren Körper wahrnimmt und wie ihr Körperbild in die essenzielle Struktur ihres Selbstbewußtseins Eingang findet – diese beiden Zuschreibungen spielen sich jeweils auf der eigendynamisch emergenten Ebene des individuellen Bewußt-Seins ab, so daß theoretische Ansätze, sie zu fassen, willkürlich bleiben müssen.

Hier möchte ich dagegen beispielhafte Übergangsprozesse zwischen psychischer und physiologischer Ebene skizzieren. Wie können psychische Prozesse über die untere Emergenzabstufung der Person auf den Körper einwirken und wie gelingt es dem Körper, psychische Prozesse auf der Ebene des Bewußt-Seins anzuregen? Für diese Frage sind vor allem interdisziplinäre Befunde interessant. Gerade in Gebieten wie der Genetik oder Hirnforschung, die gern der Naturwissenschaft zugerechnet werden, stellt sich eine enorme Plastizität heraus, die von emergenten Rahmungsprozessen stimuliert wird. In dieser Grundlegung soll nicht versucht werden, ein auch nur annäherndes Bild des Forschungsstandes zu geben.

Die Komplexität neuronaler Vorgänge entsteht durch die Verbindung von 100 Milliarden Neuronen mit Hilfe der tausendfachen Anzahl von Synapsen in einem Organismus. Sie läßt sich atomar, d.h. auf der Ebene des Einzelneurons, nicht beschreiben. Während bislang keine Erkenntnisse darüber existieren, inwieweit hirnphysiologische Ereignisse vorhersagbar mit konkreten Bewußtseins-Inhalten verknüpft sind, lassen sich parallel zu willkürlich vollzogenen Bewußtseinsprozessen Veränderungen in physiologischen Parametern wie Hirndurchblutung, EEG oder MEG feststellen. Zu beachten ist, daß die (experimentell evozierten) Bewußtseinsprozesse, z.B. die Wahrnehmung eines Reizes oder das Erinnern eines persönlichen Lebensereignisses, so schnell im

Hirn ablaufen[91], daß als bildgebende Verfahren wie die Kernspintomographie zu träge sind, um sie in ihrer zeitlichen Dynamik registrieren zu können.

Das Großhirn des Menschen wird aus zwei annähernd symmetrischen Hemisphären gebildet, die durch den Balken (Corpus callosum) miteinander verbunden sind. Zahlreiche Nervenbahnen verknüpfen die Hemisphären mit tiefer gelegenen Hirnstrukturen: Thalamus und Hypothalamus, Basalganglien, Mesencephalon, Pons, Cerebellum, Medulla oblongata, Rückenmark etc. Der Neocortex wird anatomisch in vier Regionen je Hemisphäre eingeteilt: den frontalen (Stirn), parietalen (Scheitel), temporalen (Schläfen) und occipitalen (Hinterhaupt) Lappen, die sich wiederum in Areale untergliedern. Die Hoffnung, funktionale Korrelate zu den anatomischen Arealen des Gehirns zu finden, mußte mit der Vermögenspsychologie aufgegeben werden. Durch Läsionen, Operationen oder punktuelle Reizungen konnte man zwar manche physiologische Funktionen lokalisieren oder eingrenzen, aber nicht behaupten, die ausgefallenen Areale seien isoliert für bestimmte Funktionen zuständig.

Hirnanatomie und die Struktur der Hirnprozesse bestimmen demnach keineswegs die Inhalte, dennoch stehen sie in einer Beziehung zur essenziellen Struktur des Bewußt-Seins. In diesem Sinne stehen die bewußtseinskonstituierenden Prädispositionen – Kants Verstandesbegriffe a priori – in einem evolutionstheoretischen Rahmen. Für manche psychophysische Übergangsprozesse, z.B. Verarbeitungsgeschwindigkeit, Gedächtniskapazität, Wahrnehmungsschwellen, lassen sich daher Meßvorschriften entwickeln, die Rückschlüsse auf den kognitiven Stil eines Menschen erlauben. Nicht vorhersagen läßt sich dagegen, wie eine Person die begrenzte physiologische Verarbeitungskapazität des Gehirns intelligent nutzt. Zur Illustration einige Beispiele:

Das Arbeitsgedächtnis – Resultat der Wirkung exitatorischer Interneurone – besitzt nach Millers Gesetz nur die geringe Kapazität von 7 +/- 2 Einheiten und behält die Information etwa für die Dauer von 10 Sekunden, ohne daß sie wiederholt werden müssen (*Rehearsal*). Das Bewußt-Sein kann jedoch eine komplexe, gleichzeitig einströmende Reizkonstellation auf einmal verarbeiten, indem es die Wahrnehmung

---

[91] in der Größenordnung von einigen bis einigen hundert Millisekunden

durch langfristig gespeicherte Schemata auswählt und lenkt, die höhere geistige Prozesse, nämlich Klassenbildung nach stabilisierten Merkmalen, voraussetzen und ermöglichen (*Chunking*).

Zentrale Neurone des Hörsystems lassen sich weniger durch einförmigen Schall als durch Schallmuster mittlerer Komplexität reizen. Weder annähernd weißes Rauschen noch monotone Pfeiftöne regen die Hirnrinde zu verstärktem Feuern an. Dies ist eine wesentliche Voraussetzung zum Erwerb der gesprochenen Sprache. Umgekehrt bleibt der Spielraum „mittlerer Komplexität" derartig groß, daß weder die konkrete akustische Gestalt der verschiedenen Lautsprachen noch der Musik physiologisch erklärt werden könnten.

Konstanzeffekte korrigieren proximale Reizanordnungen. Beispielsweise wird die Verwacklung des Netzhautbildes bei Eigenbewegungen des Körpers selbstreferenziell in eine stabile Wahrnehmung korrigiert. Das Gehirn vermag der evolutionär erworbenen Erfahrung von „oben" und „unten" entsprechend selbst beim Tragen einer Umkehrbrille nach kurzer Zeit das wahrgenommene Bild wieder aufzurichten, wie der Psychologe Ivo Kohler sogar bei einer alpinen Skiabfahrt demonstrierte. In den unbewußt bewerkstelligten Konstanzeffekten vollbringt der psychophysische Übergangsprozeß eine vorbegriffliche Abstraktionsleistung, indem er von zufälligen Beeinflussungen des Wahrnehmungsbildes absieht und die „gute Gestalt" herausschält.

Gerade die Anpassung an evolutionäre Wahrnehmungsgewohnheiten läßt sich zur Konstruktion von Täuschungen nutzen, beispielsweise in der konkreten und in der surrealistischen Kunst (Albers, Steele, Vasarely, Morellet, Riley, R. C. James, Escher, Magritte, Dali, Arcimboldo u.a.). Wahrnehmung und Handeln sind durch *Reafferenzen* (van Holst & Mittelstaedt 1950) rekursiv miteinander verknüpft. Optische Täuschungen können beispielsweise tastend rasch identifiziert werden. Das Erleben von Täuschungen bringt erst den Begriff von „wahr" und „falsch" hervor. Die synästhetische *Integration polymodaler Reizung* im Gehirn, vermittelt durch die somatotopische statt sinnesspezifische Gliederung einiger Hirnrindenfelder im Thalamus, Motocortex usw., trägt zum Eindruck einer sinnlich zusammenhängenden Welt bei. Motiviert sich daher das Bestreben nach einheitlicher Weltsicht und widerspruchsfreien Theorien?

Agnostische Ausfälle, wenn Areale der sensorischen Assoziationsfelder auf der Hirnrinde geschädigt sind, verweisen indirekt auf die Funktionalität essenzieller Kategorien. Dem Patienten gelingt es nicht mehr, im Wahrgenommenen Bedeutung zu erkennen. Er entziffert die Buchstaben eines Wortes, aber kann das Wort weder lesen noch den Sinn zuordnen. Die Assoziationsfelder des Cortex sind – im Unterschied zu den Projektionsfeldern – nicht scharf begrenzt und mit subcorticalen Assoziationskernen des Thalamus verflochten. Rückkopplungskreise zwischen cortikalen und subcortikalen Neuronenkernen, die ihrerseits durch die Formatio reticularis je nach Zustrom aus den Sinneskanälen verstärkt oder gedämpft werden, regulieren die Intensität der Aufmerksamkeitszuwendung. Daß Sinnzuschreibung aus komplexen Mustern und daher hochgradig subjektiv erfolgt, läßt sich folglich anatomisch vermuten.

Die Formatio reticularis schützt das Bewußt-Sein nicht nur vor monotonen Reizen, indem sie nach unten Muskeltonus, Herzfrequenz und weitere vegetative Funktionen habituierend in Bereitschaft hält, auch während des Schlafes. Sie aktiviert zugleich die höheren Zentren der Hirnrinde, die für das Bewußtwerden verantwortlich sind. In welchem Ausmaß der neuronale Erregungstonus mit Persönlichkeitsstilen (extravertiert, introvertiert) und dem Reizhunger (*sensation seeking*) zusammenhängen, gehört zu den am meisten untersuchten psychophysischen Fragestellungen (Zuckerman 1991).

Die morphologische *Nachbarschaft zwischen limbischen System und der Formatio hypocampi* scheint auch funktionale Wirkungen zu zeitigen. Während das limbische System mit der Entstehung von Affekten und der Steuerung des artspezifischen Handelns verbunden ist, sind rekursive Neuronenschaltkreise im Hippocampus an der Einspeicherung neuer Informationen im Gedächtnis beteiligt. Erlebnisse prägen sich um so tiefer ein, je stärker sie emotional berühren. Daher besitzt die volkstümliche Rede vom „Gefühls-Gedächtnis" ein physiologisches Pendant.

4.3.2 Lateralität des Gehirns und Formen des Bewußt-Seins

Der Exkurs zu einigen psychocorticalen Zusammenhängen streifte bereits das Phänomen der Lateralität. Wichtig ist, daß auch ohne Kommissurotomie Seitendifferenzen festzustellen sind, vor allem für die

Frontal-, Temporal- und Parietallappen. Im Corpus callosum kreuzen etwa 200 Millionen Nervenfasern zu korrespondierenden Punkten der anderen Hemisphäre, ausgenommen die Gyri präcentralis, deren Efferenzen erst mit der Pyramidenbahn teilweise wechseln, und die Sehrinde, deren Afferenzen bereits im Chiasma opticum umschalten bzw. über den Colliculus superior ipsilateral weiterlaufen.

Die Forschungen zu Unterschieden zwischen den Hirnhemisphären betreffen vor allem das Verhältnis von verbal-logischen und nonverbal-anschauungsorientierten Operationsmodi des Bewußt-Seins. Bei Rechtshändern ist das Sprachvermögen meist linksseitig in den Broca- und Wernicke-Zentren angesiedelt.[92] Patienten, denen durch chirurgischen Eingriff der Corpus Callosum durchtrennt wurde[93], so daß die Kooperation der Hirnhälften nur noch eingeschränkt möglich war, erschienen in ihrer kognitiven Alltagsbewältigung zunächst unauffällig. Erst Spezialuntersuchungen mit einer von Zaidel eigens erfundenen Brille, die das Gesichtsfeld entsprechend der Kreuzung der Sehbahn im Chiasma opticum begrenzt, damit die Informationen des rechten Auges tatsächlich nur noch die linke Hirnhälfte erreicht und umgekehrt, förderten die essenziellen Einschränkungen zutage. So erwies sich die rechte Hand, von der sprachdominanten (linken) Hemisphäre gelenkt, feinmotorisch viel ungeschickter als die linke, von der kinästhetischen (rechten) Hemisphäre geleiteten Hand. Außerdem: Der Patient wußte nichts von den Bewegungen der linken Hand, wenn er sie nicht mit dem linken Auge sehen konnte. *Des Zugriffs auf die Sprache beraubt, geht der rechten Hemisphäre die Fähigkeit, sich der Wahrnehmungen und Handlungen bewußt zu werden, verloren.* Das heißt jedoch nicht, daß ihr jeglicher Wille und jede Urteilskraft fehlt.

In methodisch ausgefeilten Studien konnte Zaidel (1973, 1976) beobachten, daß die Patienten mit der linken Hand im linken Gesichtsfeld Bilder und Worte einander zuordnen konnten, und zwar um so besser, je geläufiger sie erscheinen. Die Patienten waren sich ihrer Handlungen dabei nicht bewußt und gerieten in Staunen. Der auditori-

---

[92] Bei Linkshändern sitzt das Wernicke-Zentrum oft ebenfalls links. Es kann sich aber auch rechts befinden oder bilateral verteilen (Schmidt 1985). Die Hemisphären von Linkshändern sind weniger spezialisiert und funktionell ambilateral.
[93] Es handelt sich meist um Epileptiker, deren Situation sich durch die Operation verbessern sollte.

sche Wortschatz blieb in gewissem Umfang erhalten, so daß einfache Aufforderungen, über das linke Ohr der rechten Hemisphäre dargeboten, von den Split-Brain-Patienten verstanden wurden. Die Patienten versagten dagegen vollig bei der Vervollständigung von Sätzen. Sperry (1974) zufolge geht die rechte Hemisphäre noch immer praktisch-intelligent mit Begriffen um. So lernten die Patienten, beim Aufblitzen des Wortes „Feuer!" im linken Gesichtsfeld nach Streichhölzern zu greifen.

Auf die spezifische Intelligenz beider Hemisphären werfen die Chimären-Experimenten von Levy et al. (1972) ein eindrucksvolles Licht: Jede Hemisphäre ergänzt eigendynamisch die in der Wahrnehmung fehlende korrespondierende Gesichtshälfte, ohne den Chimärencharakter des ganzen Bildes zu bemerken. In beiden Hemisphären wirken demnach Gestalt-Tendenzen. Es wäre falsch zu behaupten, daß der rechten Hemisphäre kognitive Prozesse und Bewußt-Sein fremd seien. Über subcorticale Kommissuren kann der Split-Brain-Patient rechtshemispherisch ausgelöste Gefühle oder Schmerzen bewußt im Sinne „Mir tut es irgendwo weh" erleben – aber nicht lokalisieren (Sperry 1974).

Die Unfähigkeit visueller Agnostiker, wahrgenommene Objekte zu benennen, läßt sich computertomographisch mit einer Zerstörung des Spleniums (hinterer Teil des Balkens) in Beziehung bringen. Obwohl der Balken außer dem Splenium unbeschädigt ist, gelingt es der rechten Hemisphäre nicht, auf die Sprache zuzugreifen. Vorausgesetzt, daß die Besonderheiten der Hemisphären auch bei völlig intaktem Balken zu finden sind, ließe sich aus den Split-Brain-Befunden der Schluß ziehen: *Während das Bewußt-Sein an die sprachdominante Hemisphäre gebunden ist, bleiben die Vorgänge der kinästhetischen Hirnhälfte zwar unbewußt, aber lassen es nicht an Intelligenz fehlen.*

Vielmehr besitzt die rechte Hemisphäre Fähigkeiten zu diffizilem nichtverbalem Ausdruck, der mit einer begrifflichen Logik nicht gefaßt werden kann. Der rechtshemisphärische Geist ist etwas völlig anderes als das Unbewußte Freuds. In der rechten Hemisphäre drängen keine Triebregungen zur Erfüllung, hier arbeitet im Gegenteil sublime Wahrnehmung und ästhetisch-feinmotorische Umsetzung. Offenbar ergänzen sich beide Hemisphären funktional, so daß es fragwürdig erscheint, die linke kraft ihres Sprachbewußtseins insgesamt als dominant zu bezeichnen, die rechte dagegen mit einem Primatenhirn zu vergleichen.

4.3.3 Die fraktale Programmierung des Körpers

Roger Guillemin (1978) bezeichnete das Gehirn als endokrine Drüse, denn es ist nicht nur fähig, wie ein digitaler Computer elektrische Signale nach der Alles-Oder-Nichts-Regel zu übertragen, sondern die Übertragung an den Synapsen durch chemische Substanzen fein abzustimmen und einzustellen. Iversen (1984) spricht von *Neuromodulation*. Mit ihrer Hilfe kann das Gehirn abweichend von der Booleschen Algebra operieren.

Die chemischen Substanzen, die als Transmitter in den Synapsen fungieren, werden unterteilt in klassische Transmitter der synaptischen Vesikel, zu denen vor allem Monamine und Aminosäuren wie Acetylcholin, Adrenalin, Dopamin, Histamin, GABA, Serotonin und Noradrenalin gehören, und in Neuropeptide, die im Soma des Neurons von einer zusammenhängenden Genom-(RNA)-Kette kopiert und zur Endigung des Nervs transportiert werden, wo sie sich in biologisch aktive kleinere Peptide aufspalten (Voigt & Fehm 1986). Zu den bekannten Neuropeptiden gehören beispielsweise ACTH, Vasopressin, Oxytocin, Encephaline und Endorphine, Gastrin und Insolin, Substanzen, die auch als Hormone im Blut zirkulieren.

Für klassische Transmitter existieren postsynaptisch spezifische Rezeptoren. Sie bestimmen, ob die Wirkung des Transmitters, die sich im Zeitraum weniger Millisekunden einstellt, inhibitorisch oder excitatorisch ist. Neuropeptide lösen dagegen „langsam", d.h. innerhalb einiger Sekunden, die Freigabe von Stoffen aus, die ihrerseits als Transmitter dienen. Wegen der Zeitdauer, die Neuropeptide benötigen, können sie in den Extrazellulärraum diffundieren und parasynaptisch wirken (Schmitt 1984).

Gewöhnlich sind die Peptid-Moleküle zu groß, um das Soma des Neurons zu verlassen (Pardridge 1986, Banks et al. 2002). Ist es möglich, daß Neuropeptide die Blut-Hirn-Schranke überwinden? Ist Guillemins Bemerkung zum Gehirn als endokrine Drüse gerechtfertigt? Nach Meisenberg & Simmons (1983) können einige Peptide die Schranke in kleinen Mengen durchdringen (z.B. Encephaline), während andere Peptide in circumventriculären Organen angreifen, wo die Blut-

Hirn-Barriere nicht existiert. Es kommt auch vor, daß Peptide lokal die Eigenschaften der Barriere verändern, indem sie z.B. die Durchblutung beeinflussen. So passiert es, daß Neuropeptide in die Blutbahn ausgeschüttet werden und in den humoralen Informationskreislauf eingreifen. Umgekehrt beeinflussen humorale Signalsubstanzen Neurone im Gehirn.

Letzteres ist aus der Regelung des endokrinen Systems bekannt. Der Hypothalamus veranlaßt den Hypophysen-Vorderlappen, Hormone ins Blut zu setzen, welche die endokrinen Drüsen (z.B. Nebennierenrinde, Schilddrüse) oder die Organe direkt steuern. Die Hormone der endokrinen Drüsen wirken auf die Neuronen im Hypothalamus zurück, so daß Regelkreise entstehen. Analog dazu sind auch Neuropeptide außerhalb von Hypothalamus und Hypophyse mit von der Partie. Die oben erwähnten, mit der Hypophyse vernetzten hippocampalen Schaltkreise, die zur Einspeicherung neuer Informationen beitragen, lassen demnach vermuten, daß „Wahrnehmungen" und „Vorstellungen" unmittelbar neurochemische Folgen nach sich ziehen.

Die Wirkspezifik der einzelnen Substanzen ist größtenteils noch ungeklärt. Endorphine wirken schmerzlindernd, Encephaline euphorisierend (Reichert 1990, S. 94). Testosteron hängt mit Aggression zusammen, Steroide mit Sexualität. Für Essen, Trinken, Temperaturregelung sind bestimmte Peptide bekannt. Man nimmt an, daß ACTH-Peptide und Vasopressin die Gedächtnis-Konsolidierung beeinflussen (Fehm-Wolfsdorf 1985), indem sie hippocampal und cortical die Proteinsynthese auslösen, die das Synapsenwachstum unterstützt. Die Ergebnisse aus Tier- und Humanstudien sind jedoch so widersprüchlich, daß man die Wirkung der Stoffe meist nicht genau eingrenzen kann.

Während die Mechanismen der Proteinsynthese mittlerweile bekannt sind, bleibt für höhere Lebewesen unklar, wie es dazu kommt, daß ein Genom, in dem ja die Information über den Aufbau des gesamten Organismus enthalten ist, jeweils nur die Abschnitte des genetischen Codes aktiviert, die gerade in dem jeweiligen Gewebe benötigt werden. Obwohl die Zellkerne in den meisten Organen die gleiche Gen-Ausstattung besitzen, produzieren sie jeweils unterschiedliche Proteine. Gibt es einen Meta-Code, der die Aktivierung der jeweils benötigten Genom-Abschnitte steuert, oder existiert eine sich selbst regulierende, fraktal-chaotische Prozedur, aus der die funktionale Ordnung des Organismus resultiert?

Baktierien wie *Escherichia coli*, das „Haustier" der Molekulargenetiker, eignen sich aufgrund ihrer einfachen Strukturen besonders für experimentelle Untersuchungen. Anhand solcher Lebewesen haben die französischen Forscher François Jacob und Jaques Lucien Monod die Physiologie der *Genregulation* erforscht und dafür 1965 den Nobelpreis erhalten. Neben jedem Gen befindet sich ein als Promotor bezeichneter DNA-Abschnitt, an den sich zelluläre Enzyme, die RNA-Polymerase, anlagern und die Transkription starten können. Zwischen Promotor und Gen ist ein weiteres Protein geschaltet, der Operator, an den sogenannte Repressoren andocken können. Sie verhindern die Transkription des Gens. Es gibt spezifische neurochemische Substanzen, die dafür sorgen, daß sich der Repressor von der DNA löst und der Genabschnitt aktiv wird. Bakteriengene besitzen in der Regel mehrere Promotoren und Operatoren, so daß ein komplexes System resultiert, das als Operon bezeichnet wird. In höheren Lebewesen konnten derartige Operons bislang jedoch nicht nachgewiesen werden.

Zur Autopoiese des Organismus gehört, daß sich binnen kurzer Zeit mehrere Millionen Zellen teilen. Die Transkription des genetischen Codes ist demnach ein kontinuierlicher Prozeß, dessen Störungen komplexe, schwer lokalisierbare Folgen nach sich ziehen. Zumindest ist daraus die Formbarkeit des Organismus ersichtlich – sowohl durch Umwelteinflüsse, durch die emergente Selbstbestimmung der Person als auch schließlich durch die relativ autonome Eigendynamik des Organismus. Joachim Bauer (2002) konnte mit seinem Buch über „Das Gedächtnis des Körpers. Wie Beziehungen und Lebensstile unsere Gene steuern" in einer Öffentlichkeit provokant wirken, die immer noch an einen genetischen Determinismus glaubt. Über die Mechanismen der Genregulation kann das Bewußt-Sein von emergenter Ebene aus kurzfristig die fortlaufenden genetischen Umbauprozesse des Körpers beeinflussen. Obwohl das Genom eines jeden Zellkerns das Programm des gesamten Organismus enthält, kommt nicht seine gesamte Entwicklungspotenz zum Tragen, sondern nur die im jeweiligen organismischen Kontext benötigte.

Damit ähnelt die Genregulation, die die Auswahl der momentan aktiven Abschnitte des Codes biochemisch steuert, strukturell der situativen Auswahl fraktionierter Persönlichkeitseigenschaften auf psychischer Ebene. Die Reduplikation des genetischen Codes muß nicht fehlerfrei verlaufen. Die Permenanz der Genregulation im Einzelorganismus weist jedoch darauf hin, daß auch unabhängig von Mutationen Störungen des Prozesses auftreten können, hervorgebracht durch geringfügige Änderungen der komplexen organismischen Umwelt an sensiblen „bifurkativen" Stellen. Insofern verrät die Neuropathologie einiges über das Funktionieren und die Entwicklung des gesunden Organismus. Beispielsweise können entwicklungssteuernde, „morphoregulatorische Moleküle" oder „mitogene Signale" (Arendt 2001) gewisse Genabschnitte zum falschen Zeitpunkt aktivieren.

Bei bestimmten Formen von Krankheiten der Alzheimer-Gruppe sind Neurone von Bedeutung, die eigentlich während der frühkindlichen Hirnentwicklung regulär auf den Plan getreten sind und sozusagen im Schlummerzustand überlebt haben. Sie werden erneut aktiviert und führen zum Absterben der reifen Nervenzellen, die das Handeln des Erwachsenen prozessieren. Daher verwundert es nicht, daß Alzheimer-Patienten vermittelt durch Kuscheltiere und Babyspielzeug euphorische Momente erleben können (Briarwood Health Center, Denver). Die Rückbildung erwachsener (d.h. jüngerer!) kortikaler Netzwerke zugunsten der älteren kindlichen Hirnstrukturen, die sich auch bei gesund Alternden beobachten läßt, korrespondiert mit dem Ribotschen Gesetz der klassischen Gedächtnisforschung. Dieses besagt, daß mit zunehmendem Alter weiter zurückliegende Ereignisse besser erinnert werden als gerade geschehene – eine kortikal-kognitive Dynamik, die das – auch von sozialen Anreizen motivierte – Schreiben der Memoiren im Alter unterstützt.

Folgt man den Konstruktivisten, entsteht der Eindruck, als ließe sich auf emergenter psychischer oder sozialer Ebene geradezu unabhängig vom Körper jede beliebige Vorstellungswelt basteln. Doch weder genetischer Determinismus noch der Konstruktivismus allein, können die rekursive Wechselbeziehung zwischen relativ autonomer körperlicher Konstitution und emergenter Selbstbestimmung der Person hinreichend fassen. Man beobachte nur, was den essenziellen Konstruktionen eines Menschen geschieht, falls ihm, was niemand wünscht, im Alter eine Neurodegeneration widerfährt. Der Rückbau der synaptischen Verbindungen wird um so länger dauern, je differenzierter die kognitiven Modelle intern ausgebildet sind. Doch er schreitet unaufhaltsam voran.

Von *der* Alzheimer-Krankheit zu sprechen, wird dem Erscheinungsbild wenig gerecht. Treffender wäre es – auch bei anderen komplexen Störungen der kortikal-kognitiven Interaktion wie den Schizophrenien – von einer „Familie" der Alzheimer-Krankheiten auszugehen. Die Alzheimer-Krankheiten sind durch einen progressiven Gedächtnisverlust, Ausfall weiterer kognitiver Funktionen und durch Persönlichkeitsänderungen gekennzeichnet. Im Durchschnitt sterben die Patienten etwa 10 Jahre nach Ausbruch der Krankheit an den Folgen einer Infektion. Histopathologisch fällt ein extensiver Schwund an Synapsen sowie im Gegenzug eine große Menge an Nervenzellkörpern und auch Blutgefäßen angelagerter Plaque aus Amyloid Beta und Neurofibrillen auf.

Die Wahrscheinlichkeit der Erkrankung wächst mit zunehmendem Alter. Bei einem Teil der Patienten werden die Alzheimer-Krankheiten genetisch weitergegeben, doch auch diese Untergruppe ist heterogen. Es lassen sich darin wiederum mehrere Cluster identifizieren:

- eine Population, deren früher Krankheitsbeginn (zwischen 29 und 62 Jahren, Mittelwert 45) korreliert mit einer Mutation des sogenannten präsenilen Genoms 1 (PS-1) auf Chromosom 14 (Hardy 1997);
- eine Population, deren später Krankheitsbeginn (zwischen 40 und 88 Jahren, Mittelwert 52) korreliert mit Mutation des präsenilen Genoms 2 (PS-2) auf Chromosom 1 (Levy-Lahad et al. 1995, Da Silva & Patel 1997);
- sowie eine dritte Population, deren Erkrankung (beginnend zwischen 43 und 62 Jahren, Mittelwert 50) mit Mutationen des Amyloid Beta Precursor Protein Gens (APP) einhergeht.

Die Vielfalt der Wege, die zu einer Erkrankung der Alzheimer-Gruppe führen, wird durch den Umstand illustriert, daß z.B. bei den PS-1 Genen 41 Arten der Mutation beobachtet wurden (Cruts et al. 1996, Hardy 1997, Lendon et al. 1997).

Diese oberflächliche Charakterisierung deutet bereits Schwächen der phänotypischen Definition an, die Alois Alzheimer im Jahre 1901 getroffen hat. Das gleiche Problem betrifft die Beschreibung von „Störungsbildern", wie sie beispielsweise im „Diagnostic and Statistical Manual" (DSM) oder in der „International Classification of Diseases" (ICD) vorgenommen wird. Auf emergenter Ebene wahrnehmbare Verhaltensäußerungen sollen ungeachtet der relativen Autonomie konstituierender körperlicher Prozesse identifiziert werden können. Während bei einem eindeutigen Bezug auf periphere Organe eine genaue Zuordnung möglich ist, kann im Falle von Störungen des zentralen Nervensystems davon keine Rede sein. Ebensowenig bei „genetisch bedingten" Krankheiten.

Infolge der kontextabhängigen Genregulation resultieren je nach Aktivierung und organismischer Umwelt unterschiedliche Störungen. Durch den Defekt eines einzigen Gens können nach bisherigen Beobachtungen 5500 Krankheiten im menschlichen Körper hervorgebracht werden (McKusick 1992). Dabei führt der Gendefekt nicht zwangsläufig zum Ausbruch einer Krankheit, sondern wird möglicherweise kompensiert oder bleibt, wenn das Gen an dieser Stelle gerade „ausgeschaltet" ist, unauffällig. Statistisch beschreibt die „Penetranz" des Defekts als prozentuales Maß die Wahrscheinlichkeit der phänotypischen Krankheit bei Vorhandensein der genetischen Auffälligkeit.

Die Emergenzabstufung zwischen konstituierenden physiologischen Prozessen und dem Handlungsspielraum psychischer Tätigkeiten filtert einerseits die phänomenologische Variationsbreite, andererseits entstehen infolge eines verwandten „Störungsbildes" Scheinbeziehungen zwischen einigen Krankheiten. Aus der Beobachtung, daß Menschen mit Down-Syndrom (Trisomie 21) ab dem 30. Lebensjahr Alzheimertypische Symptome zeigen, suggerierte die Annahme eines gemeinsamen Mechanismus, der den Alzheimer-Krankheiten und Morbus Down zugrunde liege (Mann 1985, Wisniewski et al. 1985). Spätere Forschungen lokalisierten jedoch das APP-Gen, dessen Mutationen mit Alzheimer in Zusammenhang steht, auf Chromosom 21 (Tanzi et al. 1994).

Ein Determinismus, nach dem sich *die* Ursache der kortikal-kognitiven Interaktionsstörungen wie der Alzheimer-Krankheiten dingbar machen und behandeln ließe, ist nicht in Sicht. Zur Phänomenologie des Alzheimer-Typus tragen zahlreiche weitere konstituierende Prozesse bei, die auch andere Demenzen wie cerebrovaskuläre Krankheiten, die Lewy-Körperchen-Krankheit oder Multi-Hirninfarkte charakterisieren. So ist bei Alzheimer-Patienten einerseits der Anteil Apolipoprotein E (ApoE) erhöht, anderseits fehlt infolge des kortikalen Rückbaus der Transmitter Acetylcholin, ein Mangel, der die neuronale Degeneration selbstverstärkend beschleunigt.

4.3.4 Physiologische Wirkungen therapeutischer Suggestionen

Der Einfluß von Suggestionen auf das vegetative Nervensystem ist seit Urzeiten bekannt. Schon in archaischen Epochen assoziierte man „Atem" und „Seele" oder „Herz" und „Seele" (Wundt 1906-09). Das Ziel suggestiver Entspannungstechniken wird oft in der „Umschaltung" des vegetativen Nervensystems von sympathiconer, ergotropher auf die parasympathische, trophotrope Regulation des Organismus gesehen: Senkung der Herz- und Atemfrequenz bei erweiterten Blutgefäßen, womit die Durchblutung steigt. Außerdem nimmt trophotrop die Assimilation im Stoffwechsel zu, die Perestaltik wird angeregt und die Synthese von Catecholaminen vermindert. Die Wirkung von Sympathicus und Parasympathicus ist (meist) antagonistisch. So verringert sich das Herzzeitvolumen bei sympathischem Erregungsabfall bzw. parasympathischer Aktivierung, wobei der Sympathicus Herzfrequenz und Kontraktionskraft beeinflußt, der Parasympathicus nur die Herzfrequenz.

Sympathicus und Parasympathicus leiten Signale neuronal vom Hirnstamm, Medulla oblongata oder Rückenmark über vegetative Ganglien zur glatten Muskulatur der inneren Organe. Als Botenstoffe treten vor allem klassische Transmitter auf, präganglionär Acetylcholin bei Sympathicus als auch Parasympathicus, postganglionär das Catecholamin Noradrenalin im Sympathicus, Acetylcholin im Parasympathicus. Der biochemische Aufwand scheint für die meist trophotropen Reaktionen des Parasympathicus geringer zu sein, da er nur einen Transmitterstoff benötigt. Außerdem kann Acetylcholin im Soma des Neurons und in der Synapse selbst synthetisiert werden, so daß es nicht über den Stoffwechsel wiedereingespeist werden muß (Reichert 1990). Noradrenalin entsteht encymatisch in der Synapse aus der Aminosäure Tyrosin, die im Blut zirkuliert, oder in der Nebennierenrinde (Schmidt 1987), die letztlich wiederum vom Hypothalamus gesteuert wird. Neben Adrenalin zählt Noradrenalin zu den Stoffwechselhormonen. Es reguliert die Freisetzung von Glucose und freien Fettsäuren, den Energieträgern bei sympathischer Innervation.

Um die parasympathische Wirkung von entspannenden Suggestionen empirisch zu belegen, wurde schon in der ersten Hälfte des 20. Jahrhunderts begonnen, durch Hypnose bzw. autogenes Training emergent angeregte Körpertätigkeiten hinsichtlich des Stoffwechsels, des Blutdrucks, der Herzschlagrate und der Atmung zu untersuchen (z.B. Feleky 1914, Tsinkin 1930, Linden 1977b). Im autogenen Training erhöhte sich bei Polzien (1954) die Hauttemperatur, während die Kerntemperatur sank. Ähnliches fanden Keefe et al. (1980), Labbe & Williamson (1983) und Linden (1977a).[94] Das „Gefühl der Entspannung" erklärt sich natürlich nicht allein aus den vegetativen Veränderungen. Die Wahrnehmung der körperlichen Veränderung (James, Lange) und die soziale Bewertung der Situation (Schachter, Singer) sind beteiligt.

Bongartz (1987, 1989) konnte zeigen, daß Katecholamine (Nor- / Adrenalin) bzw. ihr Metabolit Vanilinmandelsäure nach entspannender Hypnose im Blut bzw. Urin signifikant absinken, während sie nach Streß steigen. Sachar (1964, 1965) wies nach, daß nach Hypnose der Cortisol-Spiegel abnimmt. Cortisol ist ein Glucocorticoid und stammt aus der Nebennierenrinde. Es reguliert den Glucose-Haushalt und löst körperliche Abwehrreaktionen auf Streß (Kälte, Hitze, Hypoxie, Schmerz oder emotionale Belastung) aus. Außerdem schränkt es die Immunreaktionen ein und wirkt damit entzündungshemmend (Schubert 1986).

Das Immunsystem reagiert offensichtlich differenziert in Abhängigkeit vom Inhalt der Suggestion (Bongartz 1990). Suggestionen müssen keinesfalls nur Entspannung oder Freude hervorrufen. Die Muskulatur der griechischen Feuerläufer und der Marathonläufer, die Larbig & Miltner (1990) unter ein physiologisches Monitoring nahmen, relaxieren nicht im Trancezustand, sondern geraten in eine schmerzlindernde oder sogar schmerzverhindernde Ekstase. Während Hall (1983) einen signifikanten Lymphocytenanstieg durch aggressive Suggestionen („Stellen Sie sich Ihre weißen Blutkörperchen als mit Zähnen bewaffnete Haie vor!") und damit eine Verbesserung des Immunsystems auslösen

---

[94] Davon abweichende Ergebnisse beobachteten Kelso & Bryson-Brockmann (1985), ein Überblick findet sich Luthe (1965), Sarbin & Slagle (1980), Fromm & Shor (1981).

konnte, bemerkte Bongartz (1986, 1987) das Gegenteil bei entspannenden Suggestionen. Da bekannt ist, daß Adrenalin-Injektionen ebenfalls mit einem Anstieg der Leukocytenzahl einhergehen, bringt Bongartz die Differenz der Ergebnisse mit sympathiconer vs. parasympathiconer Erregung in Verbindung, die durch den unterschiedlichen Charakter der Suggestionen aktiviert wird. Auf die Frage, wohin denn die Leukocyten verschwinden, konnte Bongartz (1990) zeigen, daß sie am Gefäßrand haften bleiben und so dem zirkulierenden Blut verloren gehen.

Wie verhält es sich mit jenen Bereichen, wo der willkürliche Einfluß auf die vegetativen Reaktionen vernachlässigt werden kann? Jovanovic (1988, S. 764) beobachtete, daß sich die Herzfrequenz zu Beginn der REM-Phasen während des Schlafes sehr labil verhält. Sie steigt auf 90 Schläge pro Minute, als würde der Träumende rennen, um dann auf 50 Schläge abzufallen. Die Atmung ist abwechselnd stark beschleunigt und verlangsamt, bei angstvollen Traumszenen bleibt der Atem mitunter für 4-5 Sekunden stehen.

Kognition / Suggestion		*psychische Ebene*
↑ ⇓		
Formatio reticularis / Cortex / limbisches System		*zentralnervöses System*
↑ ⇓		
indirekte Einflüsse: via Hypothalamus und Hypophyse		
↑ ⇓		
direkte Einflüsse: Freigabe von Neuropeptiden in Liquor oder Blut		*vegetatives System*
⇑ ↓		
vegetative Steuerung der Homöostase	→ Wohlbefinden, physische ⇐ Bedürfnisse	*resultierende psychophysische Wechselwirkungen (Beispiele)*
Beeinflussung des Immunsystems und der Leukocytenzahl	→ Schwäche- und Gesundheitsgefühl, Schmerz- ⇐ linderung (Analgesie)	
Aktivierung der Proteinsynthese	→ ⇐ Langzeitgedächtnis	
beobachtete Herztätigkeit	→ Gefühlsempfindungen ⇐ (Euphorie, Angst, Panik)	

Abbildung 8: Psychophysische Interpoiese

Diese Abbildung faßt den zentralnervös vermittelten psychophysischen Wirkungszusammenhang zusammen. Die doppelten Pfeile geben die Richtung der emergenten Rahmung, die einfachen Pfeile die Richtung der konstituierenden Prozesse an.

Hängen also physiologische Wirkung und Inhalt des Bewußt-Seins zusammen? Kann von somatisch wirksamen Suggestionen die Rede sein? Im Theater dienen dramatisch gespielte vegetative Reaktionen seit jeher zur Verstärkung der Aussage. Körpersignale können natürlich auch „lügen". Allerdings setzt der absichtsvolle („hysterische") Einsatz von Gesten und „unwillkürlichen" Reaktionen, um bestimmte kommunikative Ziele zu erreichen, einen Grad an Geübtheit in der ritualförmigen Selbststeuerung voraus, den man nicht in der Schule erlernt. Die Emergenz der Ebenen läßt sich daran erkennen, daß die Beziehung zwischen Suggestion und physiologischer Reaktion zwar eine Funktion darstellt, doch sie ist nicht eindeutig umkehrbar. Zwar regen psychische Prozesse interpoietisch vegetative Begleiterscheinungen an, seien sie nun situativ angemessen oder störend. Doch umgekehrt läßt sich kein definiter Schluß von Körpersignalen auf den konkreten Inhalt des Bewußt-Seins ziehen.

4.3.5 Zur Elektrophysiologie des Bewußt-Seins

Will man die zeitliche Dynamik geistiger Vorgänge direkt mit neuronalen Korrelaten in Verbindung bringen, so kommt das EEG als grobe Näherung in Betracht. Venables (1981) verglich es sarkastisch mit dem Lärm außerhalb einer Fabrik, von dem man auf das Erzeugnis schließen will.[95] Dennoch lohnt es sich zu fragen, ob sich durch methodische Verbesserungen die hohe Zeitauflösung des EEG nutzen läßt. Mit Hilfe einer stimulusbezogenen zeitvariaten Spektralanalyse des EEG-Signals lassen sich Anhaltspunkte über die Frequenzanteile von Hirnrhythmen gewinnen (Volke & Dettmar 1990).[96] Während das Amplitudenspek-

---

[95] Mit Hilfe des Magnetenzephalogramms (MEG) können auch tiefer gelegene Strukturen des Gehirns noninvasiv mit hoher Zeitauflösung während kognitiver Verarbeitungsprozesse beobachtet werden.
[96] Im Unterschied zur häufig fälschlicherweise angewandten harmonischen Analyse nach Baron Jean Baptiste Joseph de Fourier (1822) berücksichtigt die zeitvariate Spektralanalyse die Nichtperiodizität des Biosignals.

trum Auskünfte über den Anteil bestimmter Frequenzkomponenten im EEG gibt, zeigen die Kohärenzen an, ob „die Amplitudenschwankungen eines Signals mit jenen eines anderen Signals in Zusammenhang stehen" (Cooper et al. 1984, S. 242). Korreliert man die Zeitverläufe der Frequenzkomponenten stimulusbezogen miteinander, erhält man Information über die phasische Synchronizität von Hirnrhythmen, die von emergenten kognitiven Verarbeitungsprozessen angeregt werden. In Abgrenzung zu Durchschnittswerten über längere Zeiträume, die lediglich tonische Änderungen widerspiegeln, werden sie als „evozierte Kohärenz" bezeichnet (Volke 1995).

Wie lassen sie sich interpretieren? Synchron schwingende Rhythmen, gemessen an verschiedenen Ableitorten, sprechen - so die Hypothese - für einen ähnlichen Verlauf ihres Entstehens. Beschränkt sich die evozierte Kohärenz auf wenige, umschriebene Orte, so könnte dies auf eine temporäre Kooperation oder Kommunikation der sich abkoppelnden Regionen mit der Folge zunehmender Eigendynamik hindeuten.[97]

In den Untersuchungen zum Einfluß der Verarbeitungsebene auf Gedächtnisprozesse blieb offen, ob die psychologisch postulierte Hierarchie der Kodierungstiefe - perzeptiv vs. semantisch vs. metakognitiv - von physiologischen Daten gestützt wird. Erklärt man größere Behaltensleistung durch tiefere Verarbeitung und stellt tiefere Verarbeitung anhand größerer Behaltensleistung fest, so bleiben die Betrachtungen tautologisch - eine Kritik, die auf Baddeley (1978) zurückgeht. Um den logischen Zirkel zu durchbrechen, sind Studien in Bezug auf eine dritte Größe interessant.

Wenn sich die Aktivierung semantischer und episodischer Gedächtnisinhalte nur darin unterscheidet, daß im ersten Fall die Gemeinsamkeiten von Kategorien und im zweiten Fall die akzidenziellen Unterschiede fokussiert werden (Nadel 1994), so bleibt unklar, ob auch dieselben Hirnregionen beteiligt sind und nur die temporären kortikalen Verknüpfungen je nach Verarbeitungsprozeß differieren. Gerade hier könnte die Messung evozierter Kohärenzen Aufklärung bringen.

---

[97] Synchronizität als Ausdruck temporärer Verschaltungen räumlich getrennter Hirnregionen hat nichts mit der sogenannten Alpha-Synchronisation in der älteren EEG-Literatur zu tun, d.h. sie ist kein Merkmal für Entspannung.

In einer Serie eigener Untersuchungen habe ich den Versuchsaufbau von Craik & Lockhart sowohl für die visuelle als auch die auditive Darbietung von Wörtern unter EEG-Ableitung und Auswertung der evozierten Kohärenzen rekonstruiert. Um den essenziellen Aufmerksamkeitsmodus des oben geschilderten systemischen Modells des Bewußt-Seins zu variieren, kreuzte ich zusätzlich für die auditive Darbietung den levels-of-processing-Ansatz in einem 3x4-Felder-Plan mit einer Variation des Bewußtseinszustandes, d.h. ich bat die Probanden um die Ausführung der drei Wahrnehmungsaufgaben einmal im üblichen Wachzustand und einmal nach einer Tranceinduktion.[98] Der Versuchsplan hatte folgende Gestalt:

Aufmerksamkeits-modus	Verarbeitungsebene			
	Ruhe	perzeptiv	semantisch	metakognitiv
visuell-wach				
auditiv-wach				
auditiv-trance				

Tabelle 4: Varianzanalytischer Untersuchungsplan zur Wechselwirkung von Ebenen und Zuständen des Bewußt-Seins

Diese 12 Felder wurden nach einem varianzanalytischen Schema miteinander verglichen. Methodik (Volke 1996, Velichkovsky et al. 1996) und Ergebnisse der Studien sind in Klemm (1996, 1997) ausführlich beschrieben. Hier möchte ich sie hinsichtlich ihrer Bedeutung für die essenzielle Ebene und die kognitiv-kortikalen Übergänge in einem systemischen Modell des Bewußt-Seins diskutieren.

In den evozierten Kohärenzen des EEG ließen sich die Aufmerksamkeitsmodi deutlich von den untersuchten kognitiven Verarbeitungsebenen differenzieren. Die Variation des Aufmerksamkeitsmodus, gemessen an der Ruhe-Ableitung ohne kognitive Verarbeitungsaufgabe wirk-

---

[98] Eine orthogonale Gegenüberstellung von Trance und Wachbewußtsein wäre zweifellos übertrieben. Sie würde bedeuten, Trance mit einer Art Schlaf gleichzusetzen, was angesichts zahlreicher physiologischer Befunde zweifelhaft erscheint, da beispielsweise der Kniesehnenreflex oder die Möglichkeit der Konditionierung unter Trance nicht aufgehoben sind. Kossak (1993, S. 66) bezeichnet den Trance-Zustand (bzw. Hypnose) vielmehr als „selektive Wachheit".

ten sich diffus über alle Ableitorte verteilt und in allen Frequenzbändern aus - am schwächsten in Delta und am stärksten in Theta. Auffällig war die Dissoziation zwischen anteriorem und posteriorem Kortex in Alpha: Während der normale Bewußtseinszustand anterior zu einer höheren Synchronizität führte, wuchs sie posterior unter Trance an.

Die Differenz zwischen Stirn- und Hinterhauptshirn spielt in der Literatur im Vergleich zur „Lateralität" der rechten und linken Hemisphäre nur eine untergeordnete Rolle. Dabei treten hier die evolutionären Unterschiede der kortikalen Verarbeitung am stärksten zutage. Die hinteren, okzipitalen Bereiche des Gehirns zählen zu den ältesten Partien der Großhirnrinde und sind vor allem mit der visuellen Wahrnehmung beschäftigt. Die vorderen, frontalen Regionen gehören dagegen zu den evolutionär gesehen jüngsten Faltungen des Kortex. Insbesondere wird das rechte Präfrontalhirn mit der Persönlichkeit in Verbindung gebracht. Schädigungen in diesem Bereich führen nicht nur zu begrenzten Ausfällen, sondern verändern den Charakter. Das linke Präfrontalhirn ist komplementär dazu am Entwurf komplexer Bewegungsabfolgen beteiligt.

Beim Vergleich der beiden Bewußtseinszustände während der Ausführung der Verarbeitungsaufgaben traten die größten Differenzen im Delta-Band auf, das während der Ruhe-Ableitung fast keine Unterschiede angezeigt hatte. Das heißt, der jeweilige Aufmerksamkeitsmodus ist nicht einfach als Zustand passiv im Hintergrund irgendwie eingestellt, sondern entwickelt in Kombination mit kognitiven Verarbeitungsprozessen Eigendynamik. Zum einen ändert sich die Qualität des Trance-Zustandes (im Vergleich zum Normalbewußtsein) durch spezifische Verarbeitungsprozesse, zum andern beeinflußt der Trance-Zustand signifikant die Qualität der kognitiv-kortikalen Verarbeitung.

Wie reagieren die evozierten Kohärenzen, wenn man die einzelnen Verarbeitungsebenen ohne Rücksicht auf den Aufmerksamkeitsmodus vergleicht? Wiederum führten Änderungen, die durch die Variation der Verarbeitungsebene hervorgerufen wurden, zu einer Differenz zwischen Frontalhirn (anterior) und Hinterhauptshirn (posterior) - aber diesmal nicht diffus über den gesamten Kortex verteilt, sondern fokal auf umschriebene Hirnareale konzentriert. *Mit zunehmender Verarbeitungstiefe koppeln sich frontale und links-temporale Hirnregionen stärker vom posterioren Kortex ab.* Die fokalen Inkohärenzen fielen in Trance größer aus als im gewohnten Wachzustand. Die folgende Abbildung zeigt die Unterschiede der evozierten Kohärenzen zwischen perzeptiver und metakognitiver Verarbeitung.

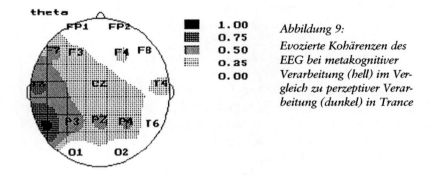

Abbildung 9:

Evozierte Kohärenzen des EEG bei metakognitiver Verarbeitung (hell) im Vergleich zu perzeptiver Verarbeitung (dunkel) in Trance

Die dunkel gekennzeichneten Stellen im Theta-Band verweisen hier auf eine signifikant stärkere temporäre Kopplung der linken Hemisphäre mit dem posterioren Kortex bei perzeptiver Verarbeitung. Umgekehrt kooperiert der rechtsseitige prä-frontale Kortex bei metakognitiver Verarbeitung stärker mit dem Hinterhauptshirn. Ähnliches gilt für das Verhältnis von perzeptiver zu semantischer sowie von semantischer zu metakognitiver Verarbeitung, jedoch in anderen Frequenzbändern.

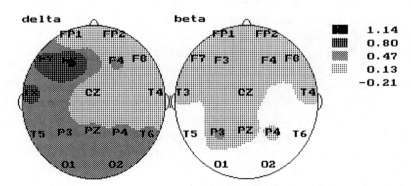

Abbildung 10: Evozierte Kohärenzen des EEG bei metakognitiver Verarbeitung (hell) im Vergleich zu semantischer Verarbeitung (dunkel) in Trance

Schwarze und graue Flecken frontal und links-temporal im Delta-Band zeigen hier exemplarisch die verstärkte Synchronisation der linken Hemisphäre mit dem posterioren Kortex während der semantischen Verarbeitung. Vergleicht man alle drei Verarbeitungsebenen, so ergibt sich für die Stärke der evozierten Kohärenzen zwischen linkstemporalen und occipitalen Regionen folgendes Verhältnis:

perzeptiv > semantisch > metakognitiv

Hinsichtlich der schnellen Beta-Rhythmen weisen wiederum vorderer und hinterer Kortex ein gegensätzliches Verhalten auf. Das Frontalhirn wird stärker von semantischen Prozessen synchronisiert, das eher visuell verarbeitende Hinterhauptshirn dagegen stärker von ichbezogen-metakognitiver Verarbeitung.

Daß sich die Unterschiede zwischen den Verarbeitungsformen in den langsamen Frequenzen auf die Verknüpfung frontal und links-temporal gelegener Ableitorte mit der für primäre Reizverarbeitung zuständigen posterioren Hirnrinde konzentrieren, liegt vermutlich in der Wahl der Items in Form von Wörtern begründet, die auf eine Beteiligung der Sprachzentren schließen lassen. Die fokale Abkopplung umschriebener Hirnareale bei zunehmender Verarbeitungstiefe hält nur kurzzeitig an, d.h. jeweils nur einige wenige Perioden der jeweiligen Frequenz der hirnelektrischen Aktivität nach Präsentation des Stimulus.

Bekanntlich gehen Entspannungszustände mit einer Alpha-Synchronisation des EEG einher. Das Hervortreten der langsamen Frequenzen (Delta und Theta) wurde bislang vor allem in Tiefschlafphasen beobachtet. Bedeutet die Theta- und Delta-Aktivität bei zunehmender Verarbeitungstiefe nun, daß der Proband zu schlafen beginnt, während er sich durch einen Reiz persönlich angesprochen fühlt? Diese Folgerung widerspricht der Erfahrung. Gibt es eine Co-Variable, durch die sich sowohl Schlaf als auch tiefe Verarbeitung auszeichnen?

Die Entstehung synchronisierter Theta-Rhythmen wurde vorrangig an Säugetieren erforscht. Ausgehend vom Septum breiten sie sich über das limbische System samt Enthorinalkortex und Cingulum aus (Petsche et al. 1962). Weiterhin stellten Konopcki et al. (1987) fest, daß der Hippocampus nicht nur passiv vom Septum her Theta-Rhythmen empfängt, sondern seine Aktivität selbst synchronisiert, wenn er in einer Nährlösung vom Septum getrennt ist. Die langsamen Theta-Frequenzen treten nicht nur im Schlaf, sondern auch bei gespannter Erwartung auf, so daß ihnen Lopes da Silva (1992, S. 94) verallgemeinernd folgende Funktionen zuschreibt:

– Filtern des Informationsflusses (Aufmerksamkeit);
– Optimieren der Verschaltungen innerhalb des limbischen Systems und über den Nucleus accubens zum frontalen Assoziationskortex (tiefere metakognitive Verarbeitung, Willkürmotorik);
– Verstärken der posttetanischen Potenzierung (Langzeitgedächtnis).

Wenn sich die temporäre Kopplung des limbischen Systems mit dem Frontalhirn im EEG durchschlagen sollte, so wären deutliche Asymmetrien zwischen anterioren und posterioren Regionen bezüglich der langsamen Frequenzen zu erwarten. Zumindest verdient diese Differenz – bei aller Skepsis gegenüber Dichotomien – genauso viel Forschungsaugenmerk wie modisch zitierte Unterschiede zwischen der rechten und linken Hirnhälfte.

Ausgehend von der Tatsache, daß sich Modalitätsunterschiede stärker in Alpha als in Theta zeigen, plädieren Basar et al. (1991) für die Berücksichtigung der *Qualität* kognitiv-kortikaler Prozesse:

„A large number of neurophysiological studies showed that primary sensory stimuli elicit impulses or volleys converging over thalamic centers to primary sensory areas. In contrast the 'sensory stimulation of second order' usually reaches the cortex over association areas... Due to this consideration it is conceivable that the responses in lower frequency ranges (theta, delta) might reflect the responsiveness of global associative cognitive performance." (Basar et al. 1991, S. 284)

In einer Zeit der EEG-Forschung, bevor technische Spektralanalysen eingesetzt und die Kurven lediglich nach dem Augenschein beurteilt wurden, ordnete man die langsamen Hirnwellen Theta und Delta verschiedenen Schlafstadien zu. Alpha entsprach einem entspannten und Beta einem aufmerksamen Wachzustand.

Will man komplexere kognitive Prozesse in die Forschung einbeziehen, reicht es nicht aus, zwischen verschiedenen Wachheitsgraden zu differenzieren, die in linearer Beziehung zur kortikalen Aktivierung stehen.

> „It is clear that the fairly straightforward conception of the arousal-sleep system (Hebb 1955, Lindsley 1951) based on the important work on the neuroanatomy of mid-brain systems by Moruzzi & Magoun (1949) and others, is no longer even approximately acceptable." (Hockey et al. 1986, S. 15)

In welcher Form läßt sich eine Alternative zum Konzept einer linearen Aktivierung vorstellen? Langsame Rhythmen im EEG zeigen sowohl einen veränderten Aufmerksamkeitsmodus (Bewußtseinszustand) als auch eine tiefere kognitive Verarbeitung an. Welche dieser beiden Möglichkeiten zutrifft, läßt sich anhand räumlicher Parameter des EEG ablesen. Größere Anteile der langsamen Frequenzen im EEG sind offenbar nicht linear als geringere Aktivierung der Hirnrinde zu interpretieren, sondern als Anzeichen für die Umstellung auf eine von innen gesteuerte Regulationsform der kortikalen Aktivität, die mit einer Verschiebung des Aufmerksamkeitsfokus nach innen einhergeht.

Die folgende Abbildung stellt die beobachteten Zusammenhänge zwischen Verarbeitungsprozessen und elektrophysiologischer Aktivität in einem heuristischen Schema, das in enger Beziehung zur linken Säule des oben beschriebenen systemischen Modells des Bewußt-Seins steht (Abb. 7). Verschiebungen der Frequenzanteile verweisen demzufolge nicht auf eine Änderung der gesamten Bewußtseinslage, sondern auf eine temporäre Änderung der Erregungssynchronisation in Kortex und Subkortex, die lediglich eng umschriebene Regionen umfaßt. In den Kohärenzen des *phasisch* analysierten EEG treten *fokal* die „operativen Zustände" des Kortex hervor, von denen Basar (1992, S. 432) spricht. Schnelle Rhythmen hängen mit der Arbeitsweise des von außen stimulierten Gehirns zusammen, also mit perzeptiver Verarbeitung bis hin zur Identifikation des Reizes. Langsame Rhythmen (und entsprechend die späten Komponenten im „evozierten Potential") korrelieren dagegen mit der sich anschließenden Selbstregulation des Gehirns bei höheren geistigen Prozessen.

Daß sich Kohärenz-Unterschiede zwischen Verarbeitungsprozessen auf wenige Hirnregionen konzentrieren, bestätigt die Befunde von Petsche et al. (1993) für die Wahrnehmung von Musik; die Autoren sprechen von *„focal points of coherence"*. Der allgemeine Erregungszustand tritt demgegenüber im *tonisch* abgeleiteten EEG hervor, läßt sich als anteiliges Verhältnis der Frequenzen bestimmen und erweist sich als robust gegenüber verschiedenen Ableitorten, da er *diffus* auf den Kortex einwirkt. In phasischen EEG-Analysen werden die Auswirkungen eines veränderten Bewußtseinszustandes von den Effekten kognitiver Prozesse überlagert.

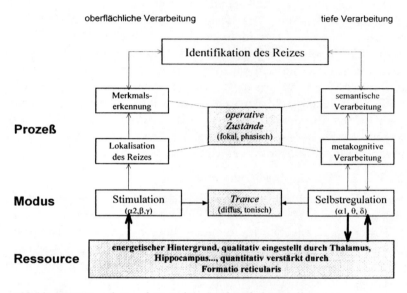

Abbildung 11: Regulationsformen kognitiv-kortikaler Funktionen

Wie kommt es, daß sowohl tiefere Verarbeitung als auch Schlaf mit erhöhten Anteilen langsamer Rhythmen im EEG einhergehen? Wird der aufmerksame (perzeptive) von einem konzentriertem (tieferem) Verarbeitungszustand abgelöst, so erfolgt in der Regel zugleich ein Wechsel vom außenreizgesteuerten zum innengesteuerten Verarbeitungsmodus: das Gehirn wird weniger stimuliert, sondern reguliert sich selbst. Psychologisch plausibel scheint mit diesem Übergang eine Veränderung des Zeitverhaltens, genauer: eine scheinbare Verlangsamung der kortikalen Prozesse verknüpft zu sein.

Die emergenten Resultate der kortikalen Prozesse, welche durch rekursive geistige Tätigkeiten entstehen, werden erst nach längeren Zeitabständen ins Bewußtsein stoßen und „Zwischenergebnisse" nicht unbedingt hochgemeldet.[99] Im aufmerksamen Zustand sind dagegen schnelle Berechnungen über sensorische Einflüsse möglich, die schon nach kurzer Zeit (und meist auch nur für kurze Zeit) bewußt werden, beispielsweise durch eine Orientierungsreaktion.

Die Inhibition der retikulären Aktivität durch höhere cerebrale Strukturen hat den Sinn, längerwährende Prozesse vor sensorischen Invasionen zu schützen. Der Alpha-Block, der sich beim Öffnen der Augen im EEG beobachten läßt, stellt demnach nicht die Erhöhung des Aktivierungsniveaus an sich dar, sondern das Umschwenken auf visuell außenreizgesteuerte Verarbeitung: Sowohl Schlaf als auch höhere geistige Tätigkeit veranlassen den Kortex zur Selbstregulation. Das Gehirn ist in beiden Zuständen deutlicher deafferenziert: *un cerveau isolé* (Bremer 1935), so daß sie sich zwar im Grad der Bewußtheit, nicht aber in der Regulationsform unterscheiden.

4.3.6 Kortikale Sensibilisierung unter Trance

Der Wechsel vom innerlich-konzentrierten zum außenorientiert-aufmerksamen Bewußtseinszustand ist biologisch vorbereitet und eingeübt, so daß er im Normalfall, insbesondere bei der Orientierungsreaktion, automatisch erfolgt. Dagegen erfordert die Herstellung von Trance einen operationalen Balanceakt, der empfindlich ist gegen Störungen, so daß er häufig ritualisiert durchgeführt wird.[100] Damit steht im Zusammenhang, daß die automatische, vom Gehirn selbst gesteuerte Regulation des Verarbeitungszustandes gezielt auf Regionen beschränkt bleibt, die am Prozeß beteiligt sind. Die intendierte, durch (Selbst-) Instruktionen emergent hervorgerufene Einstellung von Trance ist dagegen kaum in der Lage, funktionsspezifische Hirnregionen gezielt zu beeinflussen und schlägt sich aus diesem Grunde diffus nieder.

---

[99] Daraus kann sowohl die Hypothese gewonnen werden, daß die damit verbundenen Erregungsmuster länger in den neuronalen Netzwerken zirkulieren, als auch daß sie längere Wege zurückzulegen haben.
[100] Im Alltag entstehen Trance-Zustände oft auch unwillkürlich, z.B. bei langen Fahrten auf schnurgeraden Autobahnstrecken, während plaudernder Konversation oder bei bestimmter Musik.

Weitzenhoffer (1953) erklärt Trance als Resultat suggestiver Verstärkung der Selbsttätigkeit (*homoaction*) des Erlebens sowie der Einschränkung des Bewußtseins, indem es von der Außenwelt abgeschirmt wird. Nach Shor (1959) ist Trance an eine Fokussierung der Aufmerksamkeit gebunden, in welcher nicht mehr die allgemeine Realitätsorientierung eingenommen werden könne wie sonst. Subjektive Beschreibungen des Flußerlebens, die Czikszentmihalyi (1982) anführt, scheinen Trance-Komponenten zu enthalten: das Zeitgefühl wird verzerrt, man gerät in Selbstvergessenheit, der innere Zustand an sich wirkt als Belohnung. Der gemeinsame Kern dieser Bewußtseinszustände liegt möglicherweise im Erlebnis und in der Fähigkeit zur *Absorption*, die Tellegen & Atkinson (1974) als Konstrukt im Sinne vollständigen Eingebundenseins bei imaginativen Tätigkeiten einführten, das hohe Konzentration bzw. nach innen gerichtete Aufmerksamkeit erfordert.

Trance stellt damit weniger einen Schwebezustand zwischen Schlaf und Wachsein als einen *instabilen Zustand zwischen gespannter (sensorischer) Aufmerksamkeit und Konzentration auf interne kognitive Prozesse* dar, die beide dem Wachbewußtsein zuzurechnen sind.

Damit läßt sich die therapeutische Nutzung von Trance, um abstrakte dysfunktionale Einstellungen zu umgehen, hirnphysiologisch rechtfertigen. Trance ist hirnelektrisch als *kortikale* Sensibilisierung zu verstehen. Zwar sind die Zuflüsse aus äußeren Sinneskanälen, Auge und Ohr, weitgehend vermindert, doch wird durch somatosensorische Empfindungen und tautologische Suggestionen die innengesteuerte anschauliche Verarbeitungsform stärker gefördert als die Fähigkeit zum funktional-semantischen Denken und Grübeln.

Offenbar ähneln sich in Trance ichbezogene und perzeptive Beanspruchung mehr als im üblichen Zustand, was einerseits bedeuten kann, daß ichnahe Inhalte in Trance anschaulicher verarbeitet werden, andererseits darauf hinweist, daß es in Trance schwierig ist, allein auf perzeptive, oberflächliche Eigenschaften der Dinge zu achten, ohne persönliche und autobiographische Anteile einzuflechten. Aus Sicht des jeweiligen Aufmerksamkeitsmodus unterscheiden sich beide Verarbeitungsprozesse: Während die anschaulichen Codes bei perzeptiven Prozessen von außen angestoßen – stimuliert – werden, muß das Gehirn bei metakognitiver Tätigkeit den Zugriff – konzeptuell gesteuert – selbst regulieren.

Einige Forscher tendieren dazu, Wechselbeziehungen zwischen kortikalen Veränderungen und veränderten Bewußtseinszuständen oder Aufmerksamkeitsmodi zu leugnen und die beobachtbaren Handlungen vollständig auf psychologische oder soziale Zusammenhänge zu beziehen (z.B. Spanos 1986). Wenn man nur klassische tonische Indikatoren, nicht aber neuere Instrumente zur Beobachtung transienter fokaler Hirnzustände heranzieht, erscheinen die Ergebnisse tatsächlich dürftig. Dagegen spricht jedoch, daß sich Erlebnisweisen subjektiv in den meisten Fällen bloß kategorial beschreiben lassen. Feinere physiologische Untersuchungen liefern quantitative Befunde, die etwas über das Geschehen verraten, welches emergente psychische Tätigkeiten körperlich konstituiert. Wenn Aufmerksamkeitsmodus und Verarbeitungsprozesse auf das Gehirn in irgendeiner Weise Einfluß nehmen, so ist damit die Ebene der sozialpsychologisch-ritualförmigen Bedingungen noch gar nicht berührt.

4.4 *Vertikale Übergänge II: Der Einzelne und die Gesellschaft*

4.4.1 Loyalität als Zeichen für Zugehörigkeit und Entwicklung

Wie entwickelt sich im Laufe der Ontogenese der Übergang von naturalistischer zu geleiteter Wahrnehmung? Wie kommt es, daß wir mehr wahrzunehmen glauben, als an Reizinformation in der Umwelt gegeben ist? Ulric Neisser siedelt das konstruktive Moment der Wahrnehmung nicht in der neuronalen Verarbeitung, sondern im sozialen Kontext an.

> „Wahrnehmende gehen nicht über die gegebene Information hinaus, aber Kulturen gehen über die elementaren Kontingenzen der Natur hinaus, um zusätzliche Information verfügbar zu machen." (Ulric Neisser 1976, S. 142)

Zweifelhaft erscheint an dieser Formulierung, daß Wahrnehmung und Kultur als unabhängig voneinander suggeriert werden. Ursprung der Handlungsmotivation in der jeweiligen Situation und Wirkung auf die physiologischen Abläufe schließen sich gegenseitig nicht aus. Damit sind lediglich zwei Ebenen der Beschreibung markiert. Während bisher die psychophysische Interpoiese betrachtet wurde, soll es jetzt – in groben Zügen – um die Interaktion zwischen Einzelnem und Gesellschaftssystem gehen.

Das Verhältnis zwischen Person und sozialem System wird durch den Begriff „Loyalität" (bzw. „Illoyalität") charakterisiert. Loyalität als Funktion der sozialen Zugehörigkeit zu definieren, ist einerseits nicht statisch genug, indem die Bedingungen der Möglichkeit der eigenen Existenz unreflektiert bleiben. Zum anderen ist diese Definition zu statisch, indem sie die Entwicklungspotenziale sowohl des Systems als auch der Person außer Acht läßt.

Loyalität erwächst nicht einfach aus der Zugehörigkeit zu einer sozialen Gruppe oder aus der Stellung, die eine Person in einer sozialen Hierarchie einnimmt. Das peinigende Schuldgefühl fungiere im gegenseitigen Kontextbezug emergenter Systemebenen als quasi-körperliches „Gewissensorgan". In diesem Bild fehlt zum einen die vor jeder Handlung wirksame Akzeptanz des Gegebenen, zum anderen der spezifische Umschlag der Polaritäten in Übergangsprozessen. Loyalität wird vielmehr aus drei Quellen gespeist:

1. *Akzeptanz der konstituierenden Bedingungen und deren relativer Autonomie:* ist kognitiv gebunden an die Unterscheidung dessen, was sich ändern läßt, von dem, was nicht geändert werden kann.[101] Beispielsweise ist es für ein Kind unmöglich, sich seine Eltern auszusuchen (und umgekehrt), so daß die Nichtakzeptanz der Eltern unweigerlich zu einem Konflikt führen muß. Dies trifft auch dann noch zu, wenn die Eltern das Kind vernachlässigen oder mißhandeln. Insofern sind Schuldgefühle und Loyalitätskonflikte weder an Handlungsfreiheit noch an soziale Zugehörigkeit gekoppelt. Das unterscheidet die Herkunftsfamilie von der mit einem frei gewählten Partner gegründeten Familie: Man gehört der Herkunftsfamilie nicht nur an, sondern sie gehört zu den konstituierenden Bedingungen der Existenz der Person, die sich freilich im Laufe der Entwicklung von der anfänglichen physischen Abhängigkeit in eine „nur noch" essenzielle Bedeutung ausdünnen.

---

[101] Dies ist der systemische Ort des berühmten Gebetes von Oetinger: „Herr, gib mir die Gelassenheit, Dinge hinzunehmen, die ich nicht ändern kann, den Mut, Dinge zu ändern, die ich ändern kann und die Weisheit, das eine vom andern zu unterscheiden." (Friedrich Christoph Oetinger, 1702 - 1782)

2. *situationsgebundene Wahl der sozialen Zugehörigkeit und Aktivierung der passenden fraktionalen Persönlichkeitsanteile:* die Person kann, solange sie damit ihre Existenz nicht gefährdet, innerhalb des gesellschaftlich-kulturellen Systems mit relativer Freiheit wählen, in welche Situationen sie sich begibt. In diesen Situationen wirken die Regeln des jeweiligen sozialen Systems rahmend bis versklavend auf den Einzelnen. Jeder kann über die Annahme einer bestimmten Stelle entscheiden, die sich ihm bietet. Wenn er sich dafür entschieden hat, kann er den mit ihr verbundenen Anforderungen nicht mehr ausweichen. Die Variation der sozialen Situationen, der eine Person im Alltag üblicherweise ausgesetzt ist bzw. die sie selbst aufsucht, führt daher auch zu einer Variation der jeweiligen Loyalitäten. Unter Umständen muß eine Person hier das eine versprechen und dort das andere. Solange die betreffenden Situationen ausreichend unabhängig voneinander sind, erwächst daraus weder ein Widerspruch noch ein Konflikt. Nicht daß eine Person „zwei Gesichter" hat, ist auffällig oder gar pathologisch, sondern die *einfältige* Erwartung, sie solle in all den unterschiedlichen Situationen des Alltags, die interaktiv jeweils unterschiedliche Person-Umwelt-Systeme generieren, dieselbe Haltung zeigen. Rollenkonflikte erwachsen aus der situativen Fraktionierung der Persönlichkeit erst, wenn ein Zusammenhang zwischen den Situationen besteht oder hergestellt wird, der keine Beachtung findet.
3. *Entwicklungsrichtung der jeweiligen Zugehörigkeit zu einem sozialen System:* ob eine Person gerade in einer gesellschaftlich-kulturellen Gruppe angekommen ist oder sich von ihr lösen möchte, entscheidet maßgeblich über die Loyalität ihr gegenüber. Anschluß- und Abgrenzungsdynamiken gehen unmittelbar in die Loyalität ein. Genauso beeinflußt die Orientierung des Systems in Richtung Wachstum oder Innovation die Wertschätzung der individuellen Beiträge und damit die Loyalität der Mitglieder (vgl. Sparrer & Varga von Kibéd 2000, S. 170). Ein System, das auf Wachstum ausgerichtet ist, ordnet neue Mitglieder den alten stärker unter, während ein System, das sich erneuert, den neuen Mitgliedern Vorrang gegenüber den alten gibt. Loyalitätskonflikte können daraus resultieren, daß ein junges Grup-

penmitglied Anschluß an ein wachstumsorientiertes System sucht, aber von den alten Mitgliedern nicht in Position gesetzt wird oder umgekehrt sich alte Gruppenmitglieder in innovativen Systemen von den jungen verraten fühlen. In Familien läßt sich der Übergang zwischen beiden systemischen Konfliktmöglichkeiten mit dem Älterwerden des Kindes häufig beobachten.

Auf metakognitiver Ebene kann sich die Person trotz Fraktionierung ihrer Persönlichkeitsanteile in den verschiedenen Alltagssituationen integrieren und eine übergeordnete Minimalmoral als verbindlich anerkennen. Daß Kindern diese metakognitive Leistung nicht in die Wiege gelegt ist, sondern sich erst durch soziale Erfahrung vermittelt, wird durch Lawrence Kohlbergs (1997) Stufen der Moralentwicklung beschrieben.

Die Zugehörigkeit zu einer sozialen Gemeinschaft als Loyalitätsmaßstab impliziert, daß auch Mitglieder einer kriminellen Clique ihre Moral als ethischen Standard betrachten und daß für sie kein innerer Konflikt entsteht, wenn sie ein Verbrechen begehen. Im Gegenteil resultiert ein Konflikt mit der Gruppe (der intern vorweggenommen werden kann), wenn sie *kein* Verbrechen anzetteln. Die Teilhabe an unterschiedlichen Situationen kann für den Verbrecher bedeuten, daß er in einen ethischen Konflikt gerät, wenn er beginnt, Zusammenhänge zwischen legalen und kriminellen Entscheidungen zu erkennen. Die situative Fraktionierung der Persönlichkeitsanteile stellt daher für die Kriminaltherapie eine bedeutende Ressource dar. Es kommt darauf an, dem Delinquenten derartig Situationen- und Perspektivenwechsel erlebbar zu machen, daß ihm metakognitive Vergleichsoperationen gelingen. Daraus erwächst die Chance, daß er in Zukunft wenigstens nicht allein der Gruppenmoral anhängt. Der Impuls dazu kann jedoch auch aus echtem Leiden an der Verzweiflung über die Irrwege der eigenen Existenz erwachsen oder aus regulären Loyalitätskonflikten innerhalb der kriminellen Clique, wenn sich der eine vom anderen hintergangen fühlt.

Aber auch in weniger gefährlichen Momenten geht von der aktuellen Situationen eine verbindliche Rahmung des individuellen Handlungsspielraums aus. Dazu ein Beispiel aus der Praxis: Eine Mutter stellte ihren 14jährigen Sohn wegen schulischer Aufmerksamkeitsprobleme vor. Der Junge besuchte das Gymnasium und war im Laufe der letzten beiden Jahre deutlich in seinen Leistungen abgefallen. Die Mutter führte die Schwierigkeiten ihres Jungen vordergründig auf die Spannungsverhältnisse zwischen ihm und ihrem neuen Partner zurück, der an den Jungen nicht herankomme. Zum Vater hätte es schon lange keinen Kontakt mehr gegeben. Beiläufig erwähnte die Mutter, daß der Junge auch bei den Lehrern in der Gunst gefallen sei und zwar bei allen Lehrern an dieser Schule.

Es ergab sich, daß vor zwei Jahren ein jüngeres Mädchen vom Schulhof aus über die Schienen gerannt war, um die andere Seite der Straße zu erreichen. Dabei hatte sie jedoch eine nahende Bahn nicht bemerkt, war von ihr erfaßt und überfahren worden. Der Fall kam in die Presse, die Polizei ermittelte, indem sie Lehrer und Schüler befragte. Der Sohn, dessen Mutter die Beratung aufsuchte, hatte zufällig den Hergang des Unfalls beobachtet und ihm war aufgefallen, daß ein Lehrer vor dem Mädchen ebenfalls über die Schienen gelaufen war.

Die Polizei forderte ihn pflichtgemäß auf, die Wahrheit zu berichten und es wurde ein Prozeß gegen diesen Lehrer angestrengt. Das Verfahren währte knapp zwei Jahre, da der Lehrer nach Verurteilung von erster Instanz in Berufung ging. Die Mutter hatte sich kurz vor dem Aussagetermin ihres Jungen am Landgericht an den Psychologen gewandt. Tatsächlich hatte der Junge Schwierigkeiten, sich in der Schule zu konzentrieren, besonders natürlich im Vorfeld der polizeilichen Vernehmungen. Es handelte sich jedoch nicht um eine Aufmerksamkeits-Defizit-Störung, wie erst die Klassenlehrerin, dann auch das Kollegium unisono behauptete. Vielmehr wurde der Junge zusätzlich zu der besonderen Belastung und Ablenkung, die er infolge seiner Aufwertung als gerichtlicher Zeuge erfuhr, von der Lehrerschaft nach dem ersten Urteil – „solidarisch" mit dem verurteilten Kollegen – als Verräter behandelt. Im Test bewies der Junge überdurchschnittliche Leistungen sowohl hinsichtlich der klassischen Intelligenz als auch hinsichtlich der Konzentrationsfähigkeit. Die Mutter nutzte die Gelegenheit, um ihren Sohn an ein anderes Gymnasium umzumelden, wo er – vor allem als die letzte Anhörung hinter ihm lag – seine Fähigkeiten wieder unter Beweis stellte und offenbar auch Anerkennung fand.

Die Kohlbergsche Auffassung zur Moralentwicklung bleibt unter systemischem Gesichtspunkt unvollständig. Sie ist auf die metakognitive

Ebene fixiert, wo Übereinstimmungen oder Differenzen zwischen individueller Selbstreferenz und der Selbstreferenz des sozialen Systems festgestellt werden können, zieht aber nicht ihre praktische Rückwirkung in die Gestaltung konkreter Situationen ins Kalkül. Ob Moralentwicklung *tatsächlich* stattgefunden hat, zeigt sich auf der physischen Ebene. Damit entscheidet sich erst, ob das Handeln von reflektierter statt blind-pflichtgemäßer Verantwortung geleitet ist (Carol Gilligan 1984). Für die psychologische Prognose bedeutet dies, weniger auf die verbalen Äußerungen als auf die Handlungen des Probanden zu achten.

Situationsunabhängige Maßstäbe, wenn man so will „kulturelle Universalien", gibt es nur dort, wo sich die physischen Grundlagen des in Betracht gezogenen Systems ähneln. Zur Fortpflanzung gehören in allen Kulturen ein männlicher und ein weiblicher Vertreter der Spezies. Annäherungsverhalten und Treue werden aber kulturell verschieden ausgelegt. *Welche Folgen haben Situations- und Kulturabhängigkeit für die diagnostische Festlegung von psychischen Störungen?*

Nur wo physische Anforderungen in den Alltag durchschlagen, können kulturübergreifende, „universelle" Persönlichkeitsstörungen festgestellt werden. Essenzielle Inhalte sind hochgradig kulturabhängig und so ist auch in der Definition von „Persönlichkeitsstörungen" kulturelle Willkür zu beobachten. Kaum besuchten die ersten Vietnam-Veteranen die Therapie, schon wurde das „posttraumatische Belastungssyndrom" erfunden und auf andere lebensgefährliche Situationen ausgeweitet. Dabei beinhaltet diese Diagnose nichts, was nicht bereits durch spezifische Störungsbilder wie „Depression" oder „Angst" abgedeckt wäre. Störungen in Abhängigkeit von konkreten Lebensereignissen zu definieren, öffnet der Kulturanthropologie die Tür. Sollte man demnach in afrikanischen Gegenden, wo der Hunger *nicht* alltäglich ist, die Überlebenden des Hungers für traumatisiert erklären, in Gegenden, wo Hunger verbreitet ist, für „innerhalb des üblichen Rahmens" befinden?

Hat es für die Psychologie einen praktischen Nutzen, ihr die Ethnologie wissenschaftsstrategisch vorzulagern? Zum einen ließe sich empirisch erforschen, welche kulturellen Gewohnheiten tatsächlich universalen Charakter tragen. Diese auf physische Gemeinsamkeiten rekurrierenden Bräuche fallen erst bei einiger Abstraktion ins Auge. Die winterliche und sommerliche Sonnenwende wird beispielsweise in nahezu allen Kulturen mit einer gewissen Entfernung vom Äquator wahrgenommen und rituell gewürdigt. Die Gestaltung der Feste jedoch unterscheidet sich sehr. Wie weit soll man sich von der Familie europäischer Kulturen entfernen, wie weit soll man geschichtlich zurückgehen, um herauszufinden, was tatsächlich allgemeinpsychologische Qualität besitzt und wo sich Kontextbedingungen emergent Durchbruch verschaffen? Kulturanthropologische Forschung erschöpft sich nicht im Eklektizismus, sondern setzt die rahmende Emergenz des Sozialen gegenüber der relativen Autonomie der Einzelpersönlichkeit in ein Forschungsparadigma um.

4.4.2 Die Rechtsethnologie von Albert Hermann Post

Der zu Unrecht vergessene Vorreiter einer vertikal verbindenden Sichtweise, der Bremer Rechtsethnologe Albert Hermann Post, hat lange vor Aufkommen der Systemtheorie auf die methodische Unmöglichkeit hingewiesen, aus den individuellen Äußerungen Allgemeingültiges über die Gesellschaft zu erfahren. Zahlreiche Einsichten Posts, sieht man von den wissenschaftlichen Sprachgewohnheiten des 19. Jahrhunderts ab, lesen sich geradezu aktuell. Zwar kann die individualpsychologische Forschung Unterschiede zwischen jungen und alten, psychisch gesunden und gestörten, gebildeten und ungebildeten, religiös gebundenen und atheistischen Probanden usw. erfragen, sie kann die Ergebnisse empirisch absichern, indem sie sich auf repräsentative Stichproben und außer auf verbale Bekundungen auch auf Gesten und die Beobachtung von Handlungen stützt. Dennoch liefert der auf Individuen gerichtete Blick bestenfalls ein unvollständiges, meist aber ein verzerrtes Bild der gesellschaftlich-kulturellen Systeme, in denen sich die Befragten oder Beobachteten aufhalten.

Worin liegt nach Post (1886) der Grund dafür? Einerseits bleibe der größte Teil der psychischen Prozesse sowie auch deren Entstehung unbewußt. Andererseits – und das ist jenseits der traditionellen Psychologie maßgeblich – bestimme nicht die individuelle Auffassung das soziale System, sondern gebe umgekehrt das soziale System die Regeln für den Einzelnen vor und zwinge sie ihm notfalls auf. Mit anderen Worten: Post erkennt im Verhältnis psychischer und sozialer Systeme die Rolle der Emergenz an und sieht in der ethnologischen Komparatistik einen Weg, dem methodischen Dilemma der Individualpsychologie zu entkommen.

Posts Verdienst ist darüber hinaus nicht nur darin zu suchen, daß er methodische Weichenstellungen vorgenommen hat. Vielmehr hat er für die Rechtssprechung, vor allem das kulturelle Spektrum des Familienrechts – das insbesondere für systemisch orientierte Psychotherapien Relevanz besitzt[102] – eine strukturierte und logisch stringente Datenbasis zusammengetragen (1889, 1894, 1895). Beispielsweise wird die Strenge eines kulturell oder regional sanktionierten Monogamiegebotes emergent und damit in gewissem Maße vorhersehbar über die emotionalen Reaktionen zweier eifersüchtiger Partner entscheiden.

Es würde den Rahmen sprengen, an dieser Stelle die von Post gesammelten Einzelerkenntnisse einer Prüfung zu unterziehen. Hier soll sein theoretischer Ansatz diskutiert werden, der in der Schrift von 1886 in komprimierter Form vorliegt. Mit Auguste Comte's „positiver Philosophie" (1883) hält Post die *Selbstbeobachung* für ein Paradoxon. Dabei nimmt Post in methodischer Hinsicht die Argumentation der Heisenbergschen Unschärferelation vorweg.

> „Eine methodische Selbstbeobachtung ist nicht möglich, da das beobachtende Subjekt mit dem beobachteten Objekt zusammenfällt und damit die Beobachtung selbst den beobachteten Gegenstand verändert." (Albert Hermann Post 1886, S. 5)

Aus diesem Grunde erklärt Post die Ergebnisse der Selbstbeobachtung für empirisch nicht verwertbar. Er folgt jedoch nicht der Überspitzung, der der frühe Behaviorismus verfallen ist, wegen der Zweifelhaftigkeit der Introspektion das Vorhandensein psychischer Inhalte, sowohl auf bewußter als auch auf unbewußter Ebene, zu leugnen. Seine Schilderung ist voll von plastischen Beschreibungen „innerer" Zustände. Die Aufregung um den wissenschaftlichen Wert von Selbstauskünften ist mittlerweile wieder abgeflaut. Selbstbefragungsinstrumente erfreuen sich gerade in der Verhaltenswissenschaft großer Beliebtheit. Will man den temporären Zustand eines Netzwerkes der psychischen Systeme einer Person erkunden, so ist dagegen nichts einzuwenden – solange das Verfahren gewisse methodische Bedingungen erfüllt, vor allem hinsichtlich seiner Validität. Das heißt nichts anderes, als daß es seine

---

[102] vgl. auch Viktor Kalinke „Gottes Fleisch. Vorspiele zu einer nachchristlichen Onto-Genesis von Familie, Sexualität und Macht" (in Vorbereitung)

Aussagekraft in Bezug auf das Alltagshandeln des Einzelnen kasuistisch unter Beweis stellen muß.

Die implizite Konzeptualisierung des emergenten Verhältnisses zwischen Individuum und Kultur steht darüber hinaus in der Tradition des „objektiven Idealismus", die sich auch in Poppers (1977) Drei-Welten-Theorie findet. Post schreibt den psychischen Äußerungen des Einzelnen nicht nur eine Existenz, sondern eine Bedeutung für die Genese des sozialen Kontextes zu, der, sobald er sich eigendynamisch etabliert hat, nach unten hin, die Genese der psychischen Prozesse rahmt. Für die Beziehung zwischen individuellem Rechtsbewußtsein und sozial wirksamen Rechtstatsachen heißt dies:

> „Das Rechtsleben als soziales Gebiet setzt sich keineswegs blos aus unmittelbaren Aeusserungen des individuellen Rechtsbewusstseins zusammen, sondern es finden sich in dem selben auch sehr mittelbare. Die positiven Rechte der Völker mit ihren Normen und Einrichtungen haben zwar ihren ursprünglichsten Ausgangspunkt in Aeusserungen des Rechtsbewußtseins individueller Menschen. Aber sie sind, nachdem sie positive Rechte geworden sind, keineswegs mehr der unmittelbare Ausdruck des individuellen Rechtsbewußtseins, sondern objektiv gewordene Produkte des Rechtsbewusstseins ganzer sozialer Entwicklungsgebiete, unzähliger Individuen mit verschieden geartetem Rechtsbewusstsein sowohl der lebenden Generationen als längst vergangener." (Albert Hermann Post 1886, S. 9)

Als Ausgangspunkt für die Entstehung sozialer Regeln betrachtet Post „häufige Wiederholung und die Ausscheidung konkreter Momente" (S. 21), zu deren Organisation sich schließlich Institutionen bilden und von ihnen durchgesetzt werden. Mag diese Beschreibung auch zu stark vereinfachen, der Struktur nach bietet sie ein Entwicklungsschema, das sich nahtlos in die Formeln (3.1) und (3.2) einfügt.

> „Es liegt im positiven Recht einer bestimmten Epoche im Wesentlichen das normale Rechtsbewusstsein der Gesammtheit der in einem sozialen Entwickelungsgebiete verbundenen Einzelmenschen auf der Basis des von den früheren Generationen überkommenen Rechtszustandes." (Albert Hermann Post 1886, S. 21)

Post tendiert demnach eher zu einem Bild der organischen Entwicklung des Rechts im Unterschied zur idealistischen Annahme kategorischer Rechtsprinzipien im Sinne Immanuel Kants. Klar ist zumindest, daß die Einsicht in den kategorischen Imperativ, der Kohlbergs Stufe der postkonventionellen Moral entspricht, metakognitive Fähigkeiten voraussetzt, die weder bei jedem Einzelnen noch in jeder Kultur ausgebildet sind. Trotzdem kann aber Recht gesprochen und Recht empfunden werden, nur eben anders, als es Kant vorschwebte.

Aus dem Blickwinkel der Logik gilt der kategorische Imperativ als Abstraktion und ist daher als logische Prämisse von seinen Durchsetzungsbestimmungen zu unterscheiden. Wenn ihm jedoch, was anzunehmen ist, nicht nur eidetische, sondern funktionale Bedeutung in Hinblick auf die oberste Selbstreferenz des sozialen Gesamtsystems zukommt, dann kann der kategorische Imperativ auch als selbstregulativ wirksame Ordnungsmaxime verstanden werden, die emergent auf die lokalen Ungerechtigkeiten zurückwirkt. Die relativ schwache Annahme Posts zur Entwicklung des Rechts aus dem individuellen Rechtsempfinden infolge von Wiederholungen und der – man möchte sagen bifurkativen – Ausscheidung konkreter Momente läßt den Spielraum für alternative Rechtsauffassungen zum klassisch-logischen Rechtsideal Europas offen, beispielsweise einer Kultur, die anstelle der formalen Gerechtigkeit die konkrete soziale Verantwortung im Sinne Carol Gilligans zum Maßstab erhebt.

Daß Post (1886, S.15) den individuellen Willen nur in Paranthese „frei" nennt, wird im Rahmen der Emergenz des sozialen Lebens verständlich. Der Einzelne erscheint ihm sowohl den körperlichen Instinkten und Trieben unterworfen als auch durch die Regeln der Gesellschaft eingegrenzt. Insofern könnte man physiologische und soziale „Determinanten" als Analogien auf jeweils verschiedenen Emergenzebenen ansehen. Ein wörtliches Verstehen der Metapher „soziale Triebe" dürfte jedoch in die Irre führen. Methode und Gegenstand einer Bindestrich-Diszplin, in der das Emergenzproblem verborgen ist, setzen sich nicht summarisch aus den Einzeldisziplinen zusammen.

> „Bei genauerer Betrachtung stellt sich nämlich heraus, dass nicht das individuelle Rechtsbewusstsein der Schöpfer des Rechtslebens ist, sondern dass vielmehr umgekehrt das individuelle Rechtsbewusstsein ein Produkt des Rechts als eines sozialen Lebensgebietes ist. Nur soweit das Rechtsbewusstsein B e w u s s t s e i n ist, stossen wir auf eine biologische Grundlage, soweit es aber R e c h t s bewusstsein ist, finden wir nur eine soziologische. Das menschliche Bewusstsein hat in den Centralorganen eine körperliche Basis, aber man wird vergeblich im menschlichen Körper nach irgend einem Organ suchen, welches der Sitz des s i t t l i c h e n Bewusstseins sein könnte... Daher lässt sich das Rechtsleben überhaupt nicht aus der Natur des

menschlichen Individuums erklären, sondern nur aus der Natur der sozialen Verbände, in denen es sich entwickelt und nur von hier aus wird es begreiflich... In der Tat ist das, was Halt gebietet, kein biologischer oder individualpsychologischer Faktor, sondern ein soziologischer und sozialpsychologischer... Wäre dies nicht der Fall, müsste das Rechtsbewusstsein der auf gleicher intellektueller Bildungsstufe stehenden Franzosen, Deutschen, Russen, Chinesen identisch sein. Dies ist aber keineswegs der Fall. Es deckt sich nur soweit, als die soziale Organisation sich deckt." (Albert Hermann Post 1886, S. 18-20)

Konsequenterweise leitet Post daraus die Forderung ab, zunächst durch Beobachtungen und Sammlung von Daten zu kulturellen Unterschieden eine Übersicht darüber zu gewinnen, was auf sozialer Ebene allgemein verbreitet ist (S. 22). *Allgemeine Verbreitung* ist jedoch, wie einschränkend gesagt werden muß, kein ausreichender Nachweis der *Allgemeingültigkeit*. Vielmehr stellt sich die Frage, wozu eine Feststellung der Variation sozialer Strukturen und Regelungen verwendet werden soll.

In der Zeit, als Post seine Quellen sammelte, schuf der europäische Kolonialismus zugleich Möglichkeit und Ziel der ethnologischen Forschung. Einerseits sollte sie den Kolonisatoren vor Ort durch intime Kenntnisse der eingeborenen Kultur die Herrschaft erleichtern, galt es doch - wo nicht blanke Gewalt regierte - ritualförmige Übergänge zwischen den Forderungen und Vorstellungen der Europäer und den lokalen Gewohnheiten der Ureinwohner herzustellen. Andererseits sollte den Europäern, die zu Hause geblieben waren, eine Differenz zu den angeblich primitiven Völkern suggeriert werden. Daß die Ethnologie ausgerechnet im 19. Jahrhundert florierte, wundert daher nicht. Um so bemerkenswerter ist, daß Post die Forderung nach interkulturellem Vergleich gegen die voreilige Etablierung des europäischen Rechts auf christlicher und idealphilosophischer Grundlage erhob.

Für die Formulierung einer Verfassung, vor allem einer Verfassung für multikulturelle Gesellschaften, sowie einer *allgemein-verbindlichen* Rechtsgrundlage - die im Zuge der Entstehung des bürgerlichen Rechts gerade am Ende des 19. Jahrhunderts gefragt war - sind derartige Relativierungen, wie Post sie anmahnt, von existenzieller Bedeutung. Die organische Entwicklung des Rechts vom individuellen Rechtsempfinden zu den gesellschaftlichen Rechtsinstituten, die Post veranschlagt, mündet systemtheoretisch gesehen in der fraktalen Selbstähnlichkeit konstituierender und emergenter Prozesse auf sozialer Ebene. Von daher läßt sich behaupten: Eingesetzte Rechtsbestimmungen können nur dann auf allgemeine Akzeptanz stoßen, wenn auch der Prozeß ihrer Bestimmung von einer hinreichenden Repräsentanz der Allgemeinheit getragen wird.

„Die historische Methode, soweit sie die Entwicklungsgeschichte einer bestimmten Rechtssitte oder Rechtsanschauung in einem bestimmten sozialen Kreise darlegt, ist daher auf verhältnissmässig enge Kreise beschränkt. Wir kennen bis jetzt nur eine Geschichte des römischen und germanischen Rechts und die Anfänge einer slavischen, indischen, mosaischen und islamitischen Rechtsgeschichte. Alle übrigen Rechtsgebiete der Erde sind rechtsgeschichtlich gar nicht bearbeitet." (Albert Hermann Post 1886, S. 26)

Um die emergente Rahmung der psychischen Prozesse im Einzelnen zu verstehen, ist keinesfalls eine durchgängige Kenntnis sämtlicher Kulturen vonnöten. Interkulturelle Vergleiche können lediglich einen heuristischen Eindruck darüber vermitteln, was seitens der *denkbaren* Gesellschaftssysteme allgemeine Gültigkeit gegenüber dem Einzelnen hat. In der Regel wird eine Person mehreren sozialen Systemen zugleich angehören. Daraus läßt sich sowohl das Spektrum der Normen bestimmen, die für sie verbindlich sind, als auch die Funktionalität der fraktionalen Persönlichkeitsanteile, die zu den entsprechenden Rollen passen. Hier geht es nicht um die empfundene Zugehörigkeit, die ein subjektives Loyalitätsgefühl im Sinne des Gewissens erzeugt. Vielmehr kann der soziale Kontext, zu dem eine Person gehört, die Regeln und den Spielraum bestimmen. Wer in einer fremden Kultur als Geisel genommen wird, für den gelten die Ritualvorschriften der Geiselnehmer.

4.4.3 Die formale Struktur psychosozialer Verhältnisse

Die Psychologie schränkt – meist ohne weitere Reflexion darüber – ihre Gültigkeit auf die westliche Kultur ein.[103] Menschliche Handlungen, selbst Gesten und sprachliche Floskeln, sind zu einem großen Teil kulturell motiviert. Überträgt man das allgemeine Evolutionsschema, das in den Formeln (3.1) und (3.2) beschrieben ist, auf die kulturelle

---

[103] Einige, mitunter mißglückte Ausnahmen, z.B. die ethnopsychologischen Forschungen von Margaret Mead, bestätigen die Regel. Weitere Beispiele sind Petzolds „Indische Psychologie" (1986) und die von Michael Harris Bond (1986) herausgegebene „Psychology of the chinese people", die mit westlich-wissenschaftlicher Vorprägung Konzepte der genannten Kulturen in die Sprache der Psychologie übersetzen.

Ebene, so tritt unmittelbar eine Strukturähnlichkeit im Verhältnis Körper-Geist zum Verhältnis Einzelner-Gesellschaft hervor. Eine Formalisierung der Übergangsprozesse zwischen Einzelnem und Gesellschaft bzw. Kultur läßt sich wie folgt vorschlagen:

$$HS_{kult} = (KB_{kult} = HS_{ind}) \oplus ED_{kult} \qquad (11.1)$$
$$= (KB_{phys} \oplus ED_{ess}) \oplus ED_{kult} \qquad (11.2)$$
$$= (KB_{phys} \oplus ED_{kult}) \oplus (ED_{ess} \oplus ED_{kult}) \qquad (11.3)$$

mit: HS_{kult} – Handlungsspielraum des gesellschaftlich-kulturellen Systems
         HS_{ind} – Handlungsspielraum der Mitglieder des System
         ED_{kult} – Eigendynamik des gesellschaftlich-kulturellen Systems
         KB_{phys} – physische Konstitution der Mitglieder des Systems
         ED_{ess} – essenzielle Ideen der Mitglieder des Systems

(11.1) fokussiert den Übergang vom Individuum zur Gesellschaft: Die psychische Ebene, die sich dem Körper gegenüber als emergent erwiesen hat, wird zur Ebene der konstituierenden Prozesse für die Gesellschaft, deren Handlungsspielraum auf einer neuen emergenten Ebene – man könnte sie in einem weiteren Sinne als *politisch* bezeichnen[104] – zirkulär-referenziell bestimmt wird. Die Individuen befinden sich zur Gesellschaft im Verhältnis der emergenten Rahmung, die bis hin zu „Versklavung" gehen kann, genießen zugleich aber relative Autonomie.

Genaueres Hinsehen offenbart, daß die Parallele zum Verhältnis Körper-Geist nur formal besteht. Die Emergenz der Gesellschaft und Kultur gegenüber dem Individuum birgt eine andere Qualität der konstituierenden Bedingungen in sich: In soziale Systeme gehen physische *und* essenzielle Elemente der Individuen ein (11.2). Während physische Konstituenten mit bewährter Zuverlässigkeit von emergenter Warte aus steuerbar sind – der Staat nutzt den Zugriff aufs Physische im Gefängnis, der Psychiatrie, aber auch weniger spektakulär durch Platzverweise oder -zuweisungen – sind die Inhalte auf essenzieller Ebene hochgradig von der Subjektivität, der Persönlichkeit – nach einem Wort Hermann Hesses – vom Eigensinn des Individuums abhängig. Diese Charakteristik der Übertragung essenzieller Ideen der Einzelnen in „gesellschaft-

---

[104] Beispielsweise hätte auch die Leitung eines Unternehmens in diesem Sinne „politische" Entscheidungen zu treffen.

liche" oder „kulturelle Ideen" zieht eine starke Tendenz zur Ritualisierung nach sich, wie gleich zu sehen ist.

Formel (11.3) verdeutlicht die weitgehend unabhängige Ausdifferenzierung des gesellschaftlichen Systems in physischer und geistig-essenzieller Richtung. Für die gesellschaftliche Nutzung der physischen Ressourcen gelten andere Regeln als für die Gestaltung des kulturellen Lebens. Dennoch sind beide nicht völlig isoliert voneinander, sondern eröffnen erst im Zusammenwirken den synergetischen Handlungsspielraum der Gesellschaft. Eine Kultur, die ein differenziertes intellektuelles Leben fördert, hat größere Chancen auf wirtschaftliche Entwicklung, als eine Kultur, die intellektuelle Leistungen dämpft. Umgekehrt wirkt Wirtschaftswachstum selbstverstärkend auf die kulturelle Entwicklung zurück, wenn die Gesellschaft dafür Kanäle offen hält.

Für die verschiedenen Richtungen, in denen sich die Interaktion zwischen Einzelnem und Gesellschaft entfalten kann, haben sich identifizierbare Bereiche mit eigenen Regeln ausgebildet, die sich in einer Vier-Felder-Tafel veranschaulichen lassen. Darin kennzeichnen die Spalten die Richtung des Übergangs bzw. des Versuchs der Beeinflussung, während die Zeilen unterscheiden, ob existenziell-physische oder essenziell-psychische Inhalte verhandelt werden:

		Richtung des Übergangs	
		Einzelner → Gesellschaft	Gesellschaft → Einzelner
In-halt	existenziell (physisch)	Wirtschaft	Staatsgewalt (Justiz, Polizei)
	essenziell (psychisch)	Volkskultur, Underground-, Independend-Kultur	finanzierte Hochkultur (Theater, Oper, Philharmonie, Festival, Museum)

Tabelle 5: Inhalte und Richtungen der psychosozialen Interpoiese

Aus dieser Tafel ist unmittelbar abzulesen, daß die ideelle Kultur im Unterschied zur Wirtschaft nicht von der physischen Ebene ausgeht. Neben der Gebundenheit an den Eigenwillen – bisweilen „Genialität" – ihrer individuellen Vertreter motiviert die Flüchtigkeit des Ideellen im schöpferischen Moment seiner Entstehung zur Umwandlung essenzieller Inhalte in eine manifest fixierte, physische Gestalt. Damit sie als „Kulturträger" fungieren können, müssen sie einerseits eingeschränkt und andererseits abgestützt werden.

Diese Filterfunktion kommt den Medien zu, die - in Abhängigkeit vom Gesellschaftstyp und nicht ohne immense Eigendynamik zu entfalten - eine beschränkte Durchlässigkeit in beide Richtungen bewahren. „Mischtypen" wie Lomonossow, Schliemann, die sich erfolgreich in der Wirtschaft betätigten, oder Goethe, der Ämter für eine Lokalmacht übernahm, verweisen beispielhaft auf die überragende Wirksamkeit, die entsteht, wenn existenziell-physische Potenziale in Personalunion an essenzielle Ideen geknüpft werden.

4.4.4 Soziale Schichtung, Durchlässigkeit und Gesellschaftstyp

Wo sich Regierungspraxis nicht gewaltförmig Geltung verschafft, vermittelt sie sich ritualförmig. Die Analogie läßt sich weiterspinnen. Dem Einzelnen gelingt nicht, gegen physische Eigengesetzlichkeiten seinem Körper Leistungen abzuverlangen. Genauso können sich gesellschaftliche Forderungen und Normen nur durchsetzen, wenn sie bei fraktaler Verkleinerung zu den Ideen und Werthaltungen der Einzelnen passen oder umgekehrt die Moral der Einzelnen auf gesellschaftliche Anschlußfähigkeit getrimmt ist. In Anlehnung an (4.1) und (4.2) ergibt sich:

$$HS_{kult} = AB_{ind|kult} (KB_{phys} \oplus ED_{ess}) \oplus AN_{kult|ind} (ED_{kult}) \qquad (11.4)$$
$$= ÜR_{ind \to kult} ((KB_{phys} \oplus ED_{ess}) \oplus ED_{kult}) \qquad (11.5)$$

Die Evolution der Gesellschaftssysteme läßt sich aus diesem Blickwinkel als Modifikation der Übergangsprozesse zwischen emergenter politischer Rahmungsebene und den konstituierenden, physisch-materiellen und geistig-essenziellen Beiträgen ihrer Mitglieder begreifen. Eine Modifikation, die unter gegebenen medialen Bedingungen ein Optimum zwischen Durchlässigkeit und Abgrenzung herzustellen hat. Die Vorstellung, daß es jeweils nur einen Punkt gibt, an dem dieses Optimum realisiert ist, dürfte verkürzt sein. Autoritäre Gesellschaften verschieben das Verhältnis zugunsten der Abgrenzung, während demokratische Systeme einen wie auch immer gearteten Modus der Durchlässigkeit entwickeln, z.B. in Form von Parteienwahl, Rotation oder Beschränkung der Amtszeiten. An das politische System sind rechtliche Folgen geknüpft.

> „Es gibt eine einfache Formel, um den Unterschied zwischen liberalen und totalitären Systemen zu charakterisieren: In totalitären Systemen ist *alles verboten*, was *nicht erlaubt* ist, und in liberalen Systemen ist *alles erlaubt*, was *nicht verboten* ist." (Fritz B. Simon 1995, S. 191)

Beide Verschiebungen können, wie die Dynamik nichtlinearer Modelle gezeigt hat, ins Gegenteil umschlagen. Autorität provoziert den Wunsch nach Mitbestimmung, Offenheit weckt das Bedürfnis nach Abschottung. Daher läßt sich weder ein moralischer Wertmaßstab noch eine kontinuierliche Aufwärtsbewegung in der Geschichte behaupten. Die Übergangsdynamik ähnelt vielmehr einem dissipativen System, das trotz aller Bemühungen zur Dämpfung und Determination an bifurkativen Punkten in chaotisches Schlingern geraten kann.

Änderungen der politischen oder kulturellen Rituale stoßen *unvermittelt* auf erbitterten Protest, wenn sie den metakognitiv-selbstreferenziellen Intentionen der Einzelnen oder bedeutsamer gesellschaftlicher Gruppen widersprechen. Als Patriarch Nikon mit Rückendeckung des Zaren zwischen 1653 und 1667 geringfügig erscheinende Reformen der orthodoxen Liturgien durchsetzte, ahnte er nicht, daß er damit, angeführt vom Protopopen Awwakum und der Bojarin Morosowa, die größte und langwierigste Erhebung des russischen Volkes auf den Plan rufen würde. Die Anhänger des alten Glaubens wurden als „Raskolniki" (Spalter) diffamiert und über Jahrhunderte hinweg gewaltsam verfolgt. Die Ironie des Schicksals wollte es, daß Nikon später selbst beim Zaren in Ungnade fiel, in das ferngelegene Kloster Ferapont verbannt wurde, wo er bis zum Ende seines Lebens die ursprünglichen Liturgien zelebrierte (Sabine Fahl 2001).

> „Bei evolutionären Transformationen dieser Art mögen Wortkleider, Floskeln, Weisheiten und Erfahrungssätze durchtradiert werden; aber sie ändern ihren Sinn, ihre Selektivität, ihre Fähigkeit, Erfahrungen zu packen und neue Perspektiven zu eröffnen. Es verlagert sich der Schwerpunkt, von dem aus Sinnkomplexe Operationen steuern; und in dieser Weise kann Ideengut, wenn es nur reich genug ist, tiefgreifende Veränderungen in den Sozialstrukturen vorbereiten, begleiten und hinreichend rasch plausibilisieren."
> (Luhmann 1982, S. 9)

Im Falle der Reform der orthodoxen Glaubensgewohnheiten handelte es sich „lediglich" um essenzielle Überzeugungen. Je stärker physische

Lebensgrundlagen der Menschen betroffen sind, desto geringer ist die Chance einer Regierung oder einer Unternehmensleitung, von oben her Unstimmigkeiten administrativ-gewaltförmig zu unterdrücken. Preise können vom Hersteller bestimmt werden, doch wenn sich nicht genügend Kundschaft damit anfreundet, ist die Existenz der Firma bedroht – unabhängig von der Qualität des Produktes.

Rituale, die von oben her arrangiert werden, verfolgen verschiedene Intentionen. Zum einen sollen prägende Vorbilder geboten werden (z.B. Weihnachten zur Festigung der „heiligen Familie"). Zum anderen versucht die Gesellschaft mit Hilfe von Ritualen, Identifikation mit unliebsamen oder gefährlichen, zugleich als wichtig erachteten Zielen herzustellen (z.B. die Vereidigung zur Einschwörung auf kollektives Sterben im Krieg). Kulturelle Rituale leben autonom weiter, wenn sie den Nerv der individuellen Selbstbestimmung treffen. So existiert die Jugendweihe, jenes halb germanische halb sozialistische, auf jeden Fall unchristliche Initiationssurrogat, fort, obwohl die DDR längst verschwunden ist.

Neben den beiden genannten Motiven drängt eine weitere Herausforderung die Kultur zum Ritual: die sukzessive Auflösung der physischen Basis im Laufe der Zeit. Existenzielle Ereignisse verwandeln sich mit der Zeit „automatisch" in Essenzielles. Was zwei Generationen zuvor passierte und propagierte Kernpunkte der Sozialisation darstellte, ist so gut wie vergessen oder unwirksam. Eine Kultur, die sich über geschichtliche Identität, sprich Selbstähnlichkeit, definiert, kann sich das Vergessen ihrer Wurzeln aber nicht leisten. Was für existenzielle Ereignisse wie Kriege, Vertragsabschlüsse, Erfindungen usw. auf den ersten Blick offenkundig ist, trifft auch – über einen längeren Zeitraum beobachtet – für die physischen Grundlagen des Lebens zu. Nicht nur Rohstoffe müssen neu erschlossen werden, auch die Art der Rohstoffe. Bleibend ist das Wissen darum, wenn es tradiert wird.

Einige Implikationen des hier vorgestellten Modells fraktaler Übergänge für das Verhältnis von Einzelnem und Gesellschaft möchte ich erwähnen:

Von unten betrachtet: Essenzielle Ideen können ihren Schöpfer überleben, wenn sie auf ein soziales System treffen, das sie annimmt, ritualförmig in seine Wirksprache integriert (was selten ohne Verluste geschieht) und tradiert. Auf diese Weise warben zur Zeit der Streitenden Reiche im China des 3. Jahrhunderts v.u.Z. sprichwörtlich einhundert Philosophenschulen um Anerkennung durch die Fürstenhöfe. Das Verhältnis zwischen Intellektuellen und Machthabern, das sich darin ausdrückt, ist erhalten geblieben. Doch es gibt keine Garantie, nach der sich absichern ließe, welche sozialen Systeme den Einzelnen überleben.

Von oben betrachtet: Essenzielle Ideen sind oft stark von der Eigenart ihres Vertreters geprägt und müssen erst sozial paßfähig gemacht werden. Außerdem besitzen sie im Unterschied zu physisch-existenziellen Ressourcen einige unangenehme Eigenschaften: Sie sind abstrakt, unsichtbar, verflüchtigen sich, sobald sie nicht mehr erwähnt werden. Aus diesen Gründen ist jede Gesellschaft, die sich nicht der Auflösung preisgeben will, aufgefordert, ihre integrierenden essenziellen Ideen ritualförmig zu befestigen, abzusichern und zu stabilisieren. Dies gelingt aber dann hinreichend gut, wenn eine sinnhafte Übereinstimmung mit den metakognitiven Selbstreferenzen der Einzelnen erzielt wird (dieses Argument spricht weder für quantitative Mehrheiten noch für die Parteiendemokratie).

Aus zeitlicher Perspektive betrachtet: So bedauerlich es für die Verfechter „solider Lösungen" ist – physisch-existenzielle Ressourcen erschöpfen sich mit der Zeit, ja schärfer noch: der essenzielle Ideenfortschritt verwandelt frühere Quellen des physischen Reichtums in Armutsfallen, die bestenfalls durch Subvention überleben. Daher die geschichtliche Periodik anhand der jeweils dominierenden Grundstoffe (Stein-, Bronze-, Eisen-, Kohle-, Stahl- und Mineralölzeit). Noch schärfer: nicht nur die jeweiligen physischen Grundlagen verlieren mit der Zeit an Bedeutung, sondern auch die unmittelbar existenzielle Wirkung noch so gewaltig erscheinender historischer Ereignisse. Was läßt sich materiell noch auf die Schlacht im Teutoburger Wald zurückführen oder auf die Feldzüge Ramses II.? Außer den Interessen der Tourismusindustrie wenig. Im Geist leben die Ereignisse fort, ihre existenzielle Gestalt hat sich in essenziellen Gehalt umgewandelt, der, wie in 2. beschrieben, der ritualförmigen Aufnahme durch ein soziales System bedarf, um überliefert zu werden.

Aus Sicht der Übergangsprozesse betrachtet: Hier kommt der Unterschied zwischen existenziell-physischen und essenziellen Eigenschaften zum Tragen. Das Modell lenkt den Blick auf zwei Aspekte der Übergangsdynamik zwischen den fraktionierten Schichten eines Gesellschaftssystems, die sozialromantische Änderungssehnsüchte radikal begrenzen:

a) *Unternehmer* – wenn dazu die Initiatoren, nicht nur die Erben wirtschaftlichen Handelns zählen – *sind die eigentlichen Existenzialisten der Praxis* (vor allem wenn es ihnen gelingt, aus Nichts eine Produktion aufzubauen). Wer die Initiative ergreift, trägt auch die Verantwortung, nicht – wie Marx fälschlicherweise angenommen hat – wer sie umsetzt, nicht die Produzenten. Wer essenzielle Ideen hat, wird nach geeigneten Wegen suchen, sie physisch zu realisieren. Die oberste Selbstreferenz eines gesellschaftlichen Systems liegt aber – wie in anderen Systemen auch – auf der emergenten Ebene, mag die konstituierende Basis mitsamt ihrer relativen Autonomie unerläßlich sein.

b) *Revolutionen* – wenn man darunter die gewaltsame Erhebung der physischen Produzenten zur Annäherung an eine Utopie sozialer Gleichheit versteht – *haben unter keinen Umständen Aussicht auf Erfolg*. Möglicherweise gelingt die Vertreibung der Vertreter der emergenten politischen Ebene von ihren Ämtern, möglicherweise werden die Ämter selbst aufgelöst, umgestaltet und neu funktionalisiert. Die politische Ebene als hierarchisch abgehobene Instanz strukturell zu überwinden, kann nicht gelingen.

Wenn die physischen Produzenten erfolgreich die Macht an sich reißen, so heißt dies noch lange nicht, daß ihnen die Eignung zukommt, sie auszuüben. Marx & Engels (1848) ist beizupflichten, wenn sie der Arbeiterklasse im 19. Jahrhundert eine gewaltige Macht zuschreiben. Tatsächlich ist sie am dichtesten der physischen Realität verbunden und kann die Räder stehen lassen, wenn sie will. Doch es wäre ein logischer Fehler, daraus zu folgern, sie sei auch am besten qualifiziert, um die kulturellen (wissenschaftlichen, künstlerischen, politischen, religiösen) Rituale der essenziellen Machtausübung jenseits der Anwendung physischer Gewalt zu inszenieren. Nicht zufällig lag die politische Macht in den meisten Kulturen über viele Jahrhunderte bei sogenannten Priesterkönigen.

Der ehemalige Klosterschüler Jiosif W. Dschugaschwili, der sich Stalin nannte und in den Wirren nach Wladimir I. Uljanows (Lenins) Tod erfolgreich an die Macht intrigierte, war dank seiner revolutionären Verblendung hemmungslos im Ausüben physischer Gewalt und ungeschickt bis tölpelhaft-plump in der Inszenierung essenzieller Rituale. Die Produzenten müssen, um die errungene Macht zu nutzen, entweder eine Nomenklatura ausbilden, die Entscheidungsprivilegien erhält oder sie müssen eine geeignete Gruppe, z.B. Intellektuelle, mit der Regierung und der Rekrutierung geeigneter Amtsnachfolger beauftragen. In beiden Fällen wäre das Ziel der Revolution – allgemeine Gerechtigkeit – verfehlt. Das ambivalente Verhältnis der russischen Revolutionäre und der bürokratischen Kaste zur Intelligenz ist bekannt. Spätestens mit dem Einsetzen der Verfolgung Andersdenkender, deren prominentester Vertreter Leo Dawidowitsch Bronstein (Trotzki) war, konnte man vorhersagen, daß das Experiment mißlingen würde. „Revolutionen" heben eine vorhandene Ungerechtigkeit auf, um eine andere zu etablieren.

Die Gegenüberstellung von „Kapitalismus" und „Sozialismus" hat sich seit langem als hinfällig erwiesen. Was hätte an die Stelle dieser Dichotomie treten sollen? Gibt es, wenn jede Kultur durch mehr oder weniger fraktal differenzierte emergente Schichtung gekennzeichnet ist, überhaupt strukturell unterscheidbare Gesellschaftstypen? Am ehesten markiert die oben erwähnte Differenz zwischen Durchlässigkeit und Abschottung Unterschiede in den politischen Systemen. Durchlässige Gesellschaften garantieren konstitutionell Übergangswege zwischen sozialen Schichten. In autoritären Gesellschaften akkumulieren dagegen einzelne Schichten oder deren Vertreter derartig Macht, daß niemand zum Klub der Erwählten hinzutreten kann. In diesem Licht führte die französische Revolution zu einem echten Wechsel: von einem aristokratischen Gesellschaftstyp zu einem liberalen.

Gewalt von unten, auch wenn sie von revolutionären Utopien motiviert ist oder diese Visionen für sich benutzt, kann nicht durch das Streben nach sozialer Gerechtigkeit legitimiert werden. Ihre Berechtigung erfährt sie zum einen zur Abschaffung eines autoritären Systems, wenn dieses die Schmerzgrenze des öffentlichen Bewußtseins überschreitet. Solange er sich bewährt, ist gegen einen aufgeklärten Absolutismus nicht viel einzuwenden. Auch Entscheidungen, die durch demokratisch-bürokratische Prozeduren getroffen werden, können suboptimal ausfallen.

Zum anderen besitzt physische Gewalt gegen ein politisches System dann eine „informelle Legitimation", wenn sie sich gegen Fremdherrschaft richtet. Sobald sich zwei Kontrahenten auf derselben Ebene einigermaßen ebenbürtig begegnen, entsteht die Gefahr einer symmetrischen Eskalation. Daher erscheint der Einsatz von Gewalt zur Beendigung einer gewaltsamen Kolonisation oder Besatzung zwar ethisch gerechtfertigt, er ist aber oft nicht der einzige und klügste Weg.[105] Rächen sich die Besatzer gewaltförmig für Aktionen der Unterdrückten, geht vereinzeltes Feuer bald in einen Flächenbrand über. Die Befreiung von Besatzern – nur im Falle des Erfolgs als Freiheitskampf gewürdigt, ansonsten, wenn sich die Besatzer erfolgreich behaupten können, als Terrorismus diffamiert – ist in keiner Weise gleichzusetzen mit sozialer Befreiung. Gelingt es, die Fremdherrschaft zu verjagen, entsteht wiederum eine Hierarchie, nur nach anderen Regeln.

Demokratische Gesellschaftssysteme etablieren explizite Übergänge zwischen den sozialen Schichten und statten diese mit größerer Macht aus als einzelne historische Personen. Der Funktionsträger im System zählt weniger als das System und seine Verfassung selbst. Diese Prioritätensetzung verschafft jedoch der Mehrheit der Menschen Geltung. In aristokratischen Gesellschaften verhält es sich umgekehrt: Hier beanspruchen einzelne Subjekte als Vertreter der Oberschicht ausschließlich die politische Macht und die Individualität der Menschen im Volk bedeutet nichts. Im Extremfall, wenn der absolutistische Regent seine Macht nicht mit weisem Geschick einsetzt und sozusagen die bedeutsamen gesellschaftlichen Kräfte als innere Stimmen in seiner eigenen Person sprechen läßt, gibt es keine Möglichkeit der Kritik und der Abwahl außer Umsturz.

An dieser Gegenüberstellung wird klar, daß der demokratische Charakter einer Gesellschaft keineswegs nur eine Frage ihrer Verfassung

---

[105] Eine Ethik, die Vergeltung auf gleicher Ebene fordert, steht auf dem selben Niveau wie der Hammurabi-Kodex (§§196 – 201), wo das Prinzip „Auge um Auge, Zahn um Zahn, Knochen um Knochen" erstmals schriftlich fixiert wurde. Im Unterschied zum wesentlich neueren „Alten Testament", das die Talion in generalisierter Form aufgegriffen und berühmt gemacht hat, schränkt der Hammurabi-Kodex die symmetrische Vergeltung auf Kontrahenten ein, die aus derselben sozialen Schicht stammen. Auf Vertreter aus unterschiedlichen Schichten werden Bußgeldvorschriften angewandt.

und ihrer Rechtsprinzipien ist. Vielmehr kommt es auf die Durchsetzung an. Gerade mittels der demokratisch eröffneten Übergangskanäle zwischen den sozialen Schichten können einzelne Personen an Schaltstellen der Macht gelangen und dort faktisch nach aristokratischer Manier regieren. Damit geht eine Gesellschaft, die sich auf demokratischen Regeln stützt, über in eine „konstitutionelle Demokratie". Die Geschichte der demokratischen Systeme, beginnend in einzelnen griechischen Stadtstaaten und im römischen Reich, kennt zahlreiche Fälle, in denen trotz formeller demokratischer Verfaßtheit ein autoritäres Regime faktisch die Fäden in den Händen hielt. Auch die Nationalsozialisten nutzten die Verfassung der Weimarer Republik, um ihre Alleinherrschaft zu etablieren – ohne daß die demokratischen Rechte mit einem einzigen Federstrich abgeschafft worden wären.

Die Abhängigkeit der autoritären Gesellschaft vom Entscheidungstalent einzelner Vertreter anstelle eines bürokratisch geregelten Verfahrens ist zugleich Schwachstelle und Indiz: Mit der Person verschwindet in der Regel auch das System.[106] Diejenigen Gesellschaften entfalten die größte Macht, denen es am effektivsten gelingt, die metakognitive Selbstreferenz der Einzelnen an die Ökonomie und den essenziellen Ideenfortschritt anzuschließen. Dazu wird einerseits eine Behörde wie ein Kartellamt benötigt, dessen Durchsetzungsmacht größer sein muß als das größte anzunehmende Kartell, zum anderen ein Bildungssystem, das unabhängig von der Schichtzugehörigkeit Aufstiegschancen eröffnet. In Gesellschaften des liberalen Typs stellt die erste Bedingung stets einen Balanceakt dar, der die Verfassung zu unterminieren droht. Liberalität und staatliche Machtkonzentration schließen sich ab einem bestimmten Punkt aus. Ihre Übereinkunft markiert lediglich ein labiles Gleichgewicht, an dessen Rändern Diktatur und Anarchie auf geringfügige Abweichungen vom Reglement lauern, um die Gesellschaft mit sich zu reißen.

---

[106] So geschehen auch dem legendären Gründer des vereinigten chinesischen Reiches Qin Shi Huang Di (beginnendes 2. Jh. v.u.Z.).

4.5 Situation als psychologisches Konstrukt

4.5.1 Theoriegeschichtliche Ausgangspunkte

Die Forderung nach einer Überwindung des *homo clausus* in der Persönlichkeitslehre wird seit der ersten Hälfte des 20. Jahrhunderts erhoben. Karl Bühler fordert in „Krise der Psychologie" (1927, S. 25), man möge mit Hilfe psychologischer Interpretation das auf anderem Wege nur äußerst umständlich und unvollkommen zu erfassende Gesamtgepräge der Persönlichkeit durch ihren besonders innigen und relativ einfachen Zusammenhang mit den Werken und Rollen eines Menschen bestimmen. In seinem Hauptwerk „Self, Mind and Society" kehrt George Herbert Mead (1934, S. 222 ff.) die empiristisch-individualistische Sichtweise um, indem er die Existenz des gesellschaftlichen Prozesses vermittelt durch gestische und vokale, d.h. symbolische bzw. postsymbolische Kommunikation zur Voraussetzung für die Bildung der individuellen Identität erklärt. Er versteht die Zuschreibung von Eigenschaften als Produkt gegenseitiger Interpretationsbemühungen zwischen einer Person und ihrer sozialen Umwelt, das von Situation zu Situation neu hergestellt wird, denn

> „wirkt man durch die eigene Haltung ständig auf die Gesellschaft ein, weil man die Haltung der Gruppe gegenüber sich selbst auslöst, darauf reagiert und durch diese Reaktion die Haltung der Gruppe verändert." (Mead 1934, S. 222)

In der Konsequenz ergibt sich daraus für Mead und seine Anhänger eine Ablehnung statistischer Methoden in der Sozialpsychologie (vgl. Mertens 1987, S. 84).

Kurt Lewin (1936, 1946) betrachtet in seinem am Wissenschaftsverständnis der modernen Physik orientierten feldtheoretischen Ansatz das Verhalten als Produkt der Wechselwirkung zwischen Person und Umwelt, formelhaft zusammengefaßt:

$$V = f(P \times U) \qquad (12.1)$$

Darauf stützt sich ein ausbalanciertes Konzept, in dem Lewin zum einen die Umwelt als kulturell und sozial gestaltet ansieht, zum andern die Persönlichkeit als eine topologische Region skizziert, deren Differenziertheit in Bezug auf die psychologische Umwelt gesehen werden müsse. Insbesondere zur „psychologischen Situation bei Lohn und Strafe" (1931) sowie zur „Lösung sozialer Konflikte" (1953) hat Lewin Anwendungen seiner topologischen Analyse ausgearbeitet, die über den Formalismus hinausgehen.

Der feldtheoretische Ansatz hat in zahlreichen Zweigen der Psychologie, teilweise in direkter Anknüpfung an Lewin, Spuren hinterlassen. In der Wahrnehmungslehre wäre Gibson's Gradiententheorie (1950, 1979) zu nennen, die es ermöglicht, räumliche Tiefeneindrücke unabhängig von der (personeigenen) Binokularität des Sehens durch die Veränderungen der Textur von Oberflächen zur erklären.

Die System-Umwelt-Interaktion wurde von der ökologischen Psychologie auch für die Organisation der Persönlichkeit erkannt. Roger G. Barker (1968) prägte nach dem Vorbild der biologischen Ökologie den Begriff des *behavior settings*, um Verhaltensmuster der Umgebung nach Häufigkeit und Dauer des Auftretens zu beschreiben. Wicker (1987) fokussierte diese Sichtweise stärker auf strukturelle Gegebenheiten des sozialen Kontexts. Mitunter findet sich jedoch auch eine Art naives Ökologie-Verständnis im Sinne von Umwelt- oder Naturbewußtsein (McKechnie 1974). Umweltbezogene Forschung im Sinne der Untersuchung der Person-Umwelt-Interaktion stützt sich auf andere Methoden als Studien zu „innerpsychischen" Funktionen: Feldforschung (Ross & Campbell 1978), nichtreaktive Methoden (Webb et al. 1966), kognitive Landkarten (Robinson & Dicken 1979), multidimensionale Skalierung (Shepard et al 1972), personale Konstrukte und *repertory-grid*-Technik (Kelly 1955), Textanalyse und Simulation (z.B. Dörners Lohausen-Studie).

In der Entwicklungspsychologie griff Urie Bronfenbrenner (1974) ein Konzept auf, das die Lewin-Schüler Barker und Wright (1954) als „psychologische Ökologie" eingeführt hatten. Sie bezeichneten reguläre Anpassungsformen des Handelns an konkrete Situationen als „synomorph"; Bronfenbrenner definierte daran anknüpfend Entwicklung als Kompetenzerweiterung des Individuums im Umgang mit verschiedenen Settings, die er entsprechend ihrer Nähe zur ursprünglichen Umwelt des Kindes hierarchisch ordnete als „Mikrosystem" (Familie, dyadische Beziehungen, u.ä.), „Mesosystem" (Teilnahme einer Person an mehreren Settings, was die Bewältigung von Rollenkonflikten erfordert), „Exosystem" (Settings, von denen eine Person ausgeschlossen ist, z.B.

bei Krankheit oder Arbeitslosigkeit) sowie dem „Makrosystem" (jeweilige Kultur).

Als frühe Vorstöße, soziale Situation in psychologische Betrachtungen einzubeziehen, sind die Balancetheorie von Heider (1946, 1958) und Festinger's Dissonanzreduktionstheorie (1957) zu verstehen. Widersprüche zwischen Personen bzw. ihren Anschauungen werden hier zum Anlaß genommen, um die Motivation von Einstellungsänderungen zu erklären. Formal betrachtet, liegt damit ein triadisches Schema der Kommunikation zwischen einer Person P und einer Person O bezüglich eines Objektes X zugrunde. Im Vergleich zur ökologischen Herangehensweise spielen objektive Unterschiede von Situationen für die Vertreter des „dynamischen Interaktionismus" der späten 1960er und frühen 1970er Jahre (Mischel 1968, 1983; Magnusson & Endler 1976) lediglich eine geringe Rolle. Das Hauptproblem wurde einerseits darin gesehen, daß es schwierig sei, eine hinreichende Taxonomie möglicher Situationen (Ekehammer 1974) festzulegen (was auch die Möglichkeit neuartiger Situationen ausschließen würde) und daß andererseits von einem außenstehenden Beobachter möglicherweise identisch wahrgenommene Situationen vom jeweils Beteiligten subjektiv verschieden redefiniert werden können (vgl. Alker 1972, Bem 1972, Chaplin & Goldberg 1984, Emmons & Diener 1986).

In Abgrenzung von ethnologisch orientierten Verfechtern des symbolischen Interaktionismus erkennen die dynamischen Interaktionisten den methodischen Vorteil, die Grenzen der Gültigkeit von *traits* situationsübergreifend zu testen. Sie bevorzugen daher vor allem varianz- und clusteranalytische Statistiken. Beispielsweise wurde mit diesem Herangehen die Abhängigkeit zwischen Impulsivität, mentaler Leistungsfähigkeit und der Tageszeit, dem Koffeinspiegel und der Aufgabenanforderungen geprüft (Revelle et al. 1987, Revelle & Anderson 1992, Anderson 1994, Anderson & Revelle 1994). In umgekehrter Richtung fand Higgins (1990) *Priming*-Effekte individueller Überzeugungen auf die Aktivation durch spezifische Situationsreize. Eine mathematisch gefaßte und auf Aspekte sozialen Handelns bezogene Theorie hat Norbert Bischof (1993) vorgelegt, um „das Bindungs- und Ablösungsverhalten, soziale Neugier und Furcht, die Balance von Selbst- und Fremdkontrolle und weitere damit zusammenhängende Phänomene" systemtheoretisch zu modellieren.

Durch die Hinzunahme der Semiotik dehnt Alfred Lang (1992, 1998) - unter Verzicht auf mathematisch faßbare Modellierbarkeit - die Anwendbarkeit des ökologischen Denkens in der Psychologie auf Kulturphänomene aus. Nach einer historischen Studie von Kobusch (1993) sei das abendländische Menschenbild seit dem 13. Jahrhundert von der individualisierenden Sichtweise geprägt, die dem Einzelnen in der Übertragung von Gottesvorstellungen auf irdische Verhältnisse Freiheit und Würde zuschreibt, was zugleich die Individualisierung der Verantwortlichkeit des Handelns impliziert. Zahlreiche diagnostische und juristische Schwierigkeiten lassen sich von daher auf spezifisch europäische, jedoch fälschlich verallgemeinerte Begriffsbildungen wie „Objekt vs. Subjekt", „Freiheit vs. Notwendigkeit", „Therapeut vs. Klient", „trait vs. state" etc. zurückführen. Der Wechsel von einer Prinzipienethik hin zu einer Ethik der Konsequenzen hätte nicht nur Folgen für das Rechtssystem, sondern auch für die psychiatrisch normative Beurteilung eines Menschen.

Der interaktionistische Standpunkt ist in der klinischen Denkweise implizit seit einiger Zeit vertreten (vgl. Revelle 1995). Die Unfähigkeit, auf unterschiedliche Situationen differenziert zu reagieren, wird im allgemeinen als Zeichen maladaptiven Verhaltens angesehen. Die Darstellung konzentriert sich im folgenden auf die Berücksichtigung situativer Einflüsse in den wichtigsten therapeutischen Schulen, um auf ein anschließend vorzustellendes topologisches Modell der Alltagsanforderungen hinzuführen. Aus diesem leiten sich schließlich die Konstrukte und die Konfliktsituationen des in Teil 2 dieser Reihe vorgestellten Fragebogens ab.

4.5.2 Die psychische Situation aus analytischer Sicht

In die Psychoanalyse trat das interpersonelle Denken explizit mit dem Begriff der „Objektbeziehung" ein, einem etwas unglücklich gewählten Begriff. Er beschreibt zunächst die (einseitige) Tendenz zur Besetzung eines „Objektes" mit psychischer Energie, später die Internalisierung und subjektive Repräsentation von Beziehungen zwischen dem Selbst und (frühen) Interaktionspartnern, insbesondere der Mutter-Kind-Beziehung. „Objektbeziehungen" gehen mit unbewußten Erwartungshaltungen - Schablonen, Scripts - einher, die später die soziale Wahrnehmung des Erwachsenen bestimmen sollen (das Selbst: Hartmann

1950, Narzismus: Kohut 1971, Ich-Spaltung und Borderline: Kernberg 1975). Von der Mutter wird nicht verlangt, daß sie perfekt sei, aber genügend anwesend, empathisch und konstant im Umgang mit dem Kind, vor allem bei dessen „kannibalistischen" Versuchen, sich die (Aufmerksamkeit der) Mutter einzuverleiben. Die „nicht hinreichend gute Mutter" (Winnicott 1951) verhindere die Integration der als unterschiedlich erlebten Mutter-Imago. Dadurch, wird behauptet, komme es zu einer Aufspaltung des Ich. Es ließe sich jedoch einfacher folgern, daß der in seinem Anerkennungsbedürfnis als Kind vernachlässigte Mensch später eine stärkere Anspruchshaltung entwickelt (ohne notwendig weitere dissoziative oder psychopathologische Neigungen anzunehmen), die sich sowohl in Konsumorientierung, psychischer Abhängigkeit bis hin zur Selbstaufopferung in Partner- bzw. Peer-Beziehungen oder in Karrierestreben ausdrücken können.

Freud (1931, S. 335) hatte mit der Erweiterung des triebtheoretischen Ansatzes um die ausgleichende Instanz des Über-Ichs eine begriffliche Struktur geschaffen, die es erlaubte, die soziale Umwelt als Bewußtseinsrepräsentation stärker zu berücksichtigen. Damit ließen sich umschriebene Symptomstörungen, die hauptsächlich ich-dyston empfunden werden und Leidensdruck im Klienten auslösen, von ich-syntonen neurotischen Charakterstörungen unterscheiden, die vom Betroffenen selbst kaum wahrgenommen werden, aber Ärger in seiner Umgebung erregen (Alexander 1928).

Die klassische Therapietechnik der Psychoanalyse zeigte sich ihrerseits mit den Konzepten der Übertragung und der Verführung als Beziehungstheorie. Den Ausgangspunkt bildete die analytische Erfahrung, daß die grundlegenden, persönlichkeitsbestimmenden Konflikte (auch im Laufe der Behandlung) reinszeniert werden. Während zunächst zur Wahrung der ärztlichen Autorität Übertragungen allein dem Patienten zugeschrieben wurden, beobachtete Anna Freud (1936) das interaktionelle Phänomen der „projektiven Identifizierung", dessen Popularität im analytischen Diskurs auf Melanie Klein (1946) zurückgeht.

Daß auch die Passivität des orthodoxen Analytikers vom Patienten handlungsleitend aufgefaßt und zum Anlaß für Projektionen, Aggressionen etc. genommen werden kann, ist lange bekannt. Nach einer Diskussion, die Hofman (1983) auslöste, können anhand dieser Beobachtung auf zweierlei Weise Konsequenzen für die analytische Krankheitstheorie gezogen werden: Einerseits fordern konservative Kritiker der Neutralität des Therapeuten (als Projektions-Schirm) verstärkt die Differenzierung zwischen der Übertragungs-Beziehung und dem übertragungsfreien Arbeitsbündnis (z.B. Greenson 1973, Langs 1976, Kernberg 1976). Damit bleibt die Markierung des Übertragungsinhalts als neurotisch oder situationsunangemessen bestehen, wobei es dem Analytiker anheimgestellt ist, wann er die Wahrnehmung des Klienten als verzerrt beurteilt, wobei er über die eigene neurotische Gegenübertragung selbstreflektierend Wacht halten soll. Andererseits wird die psychopathologische Relevanz der Übertragung radikal in Frage gestellt, sobald man davon ausgeht, daß der Therapeut die Beziehung, ob er will oder nicht, in jedem Zeitpunkt mitgestaltet.

> „Persönlichkeitseigenschaften und Charaktermerkmale können zudem nicht als völlig statisch angenommen werden, sie verändern sich mehr oder weniger mit den bewußten und unbewußten Erwartungen des Gegenübers. Derjenige Analytiker, der zu wissen meint, wann sein Patient überträgt und wann dieser etwas Zutreffendes über ihn wahrnimmt, müßte also auch die interaktionsspezifischen Veränderungen seines Selbstbildes und seiner eigenen Handlungstendenzen sowie deren Auswirkungen auf seinen Patienten minutiös objektiv einschätzen und reflektieren können. Gegen diese Münchhauseniaden richtet sich die radikale Kritik am Projektionsschirm-Modell." (Mertens 1990, S. 197)

Die neuere Psychoanalyse sieht das Mitagieren des Therapeuten entsprechend der Inszenierung vergangener Objektbeziehungen nicht nur als unschädlich für den Patienten an, sondern als Herausforderung für den Analytiker (Sandler 1976, Klüwer 1983, Daser 1998). Wenn die Übertragung nicht mehr als Verzerrung der Realitätswahrnehmung interpretiert wird, stellt sich die Frage, auf welche Weise sie dann zustande kommt. Zunächst läßt sie sich als selektive Aufmerksamkeit gegenüber bestimmten Details in der Wahrnehmung des Therapeuten durch den Klienten verstehen, so daß ihre Variation und Subjektivität unmittelbar einleuchtet. Wachtel (1980) versucht darüber hinaus, die Psychoanalyse mit Piaget's Entwicklungstheorie zu koppeln. Die Übertragung zeichne dadurch aus, behauptet er, daß der Klient seine kognitiven Schemata stärker assimiliere als akkomodiere – d.h. er nehme von der Umwelt mehr auf, als er sich ihr anpasse, so daß die natürliche Tendenz zur Äquilibration gestört sei.

Bei den Abtrünnigen von der orthodoxen Psychoanalyse läßt sich teilweise ein stärkerer Bezug auf die interpersonelle, gesellschaftliche oder äußere Situation finden als bei Freud und seinen Anhängern. Alfred Adler (1928) beispielsweise postuliert, vermittelt über einen Prozeß, den man heute als sozialen Vergleich bezeichnen würde, daß die Wahrnehmung einer konstitutionellen Minderwertigkeit zur Kompensation auffordere. Im Falle einer gesunden Anpassung führe sie zu verstärktem Kompetenzerwerb, bei fortgesetzter Konkurrenzhaltung (Streben nach Überlegenheit) ziehe sie die Einschränkung der sozialen Orientierung und Bezugnahme nach sich. Die treibende Kraft für die Herausbildung einer Neurose geht damit nicht vom sexuellen Verlangen, sondern der Wertung des gesellschaftlichen Status aus.

Zur Unterscheidung der zentripedalen und -fugalen Richtung, in die Hysteriker im Vergleich zu Schizophrenen ihre psychische Energie lenken, führte C. G. Jung (1921) die berühmt gewordenen Begriffspole Extraversion vs. Introversion ein, eine Definition, die eine Differenzierung von Selbst und Umwelt voraussetzt.

Programmatisch fordert Erich Fromm (1941), den Menschen – im Gegensatz zu Freud – nicht als geschlossenes System anzusehen, das seinen Trieben ausgesetzt ist, sondern eingebettet in Gesellschaft und Geschichte vor der Wahl steht, sich anzupassen oder Kreativität zu entwickeln:

> „Das Schlüsselproblem der Psychologie ist das Problem der besonderen Art der Bezogenheit des einzelnen auf die Welt, und nicht die Befriedigung oder Frustrierung einzelner triebhafter Begierden. Das Problem der Befriedigung der triebhaften Begierden des Menschen ist als Teil des Gesamtproblems seiner Beziehungen zur Welt zu verstehen, und nicht als *das* Problem der menschlichen Persönlichkeit." (Fromm 1941, S. 248)

Fromm erkennt dabei im wesentlichen zwei Grundkonflikte: einmal den Widerspruch zwischen Individuation und dem Bedürfnis nach sozialer Bindung, zum anderen den Wunsch nach kreativer Produktivität, der durch zunehmend entfremdete Arbeitsverhältnisse verhindert wird.

Als einer der ersten Kliniker lenkt Erik H. Erikson (1982) den Blick auf die Lebenskrisen, denen sich der Einzelne aufgrund organismischen und persönlichen Wachstums einerseits, den Anforderungen und Hindernissen seiner Umwelt andererseits, ausgesetzt sieht. Persönlichkeitsentwicklung stellt sich aus dieser Sicht dar als Serie kritischer Phasen – Erikson nennt sie Lebenszyklen – die jeweils die Möglichkeit zur Bifurkation enthalten, je nachdem ob der Betroffene phasentypische Ressourcen aktivieren kann, mit Hilfe derer er das Risiko einer Fehlanpassung bewältigt (z.B. in der frühen Kindheit Autonomie, um Scham abzuwehren).

In der Psychiatrie ist Sullivan (1953) mit einem ökologisch-interaktionell orientierten Ansatz hervorgetreten. Als entscheidend für eine gesunde Entwicklung der Persönlichkeit betrachtet er das Erlernen *selektiver Unaufmerksamkeit* gegenüber Angsterfahrungen im zwischenmenschlichen Bereich. Während ein hypersensibles Wahrnehmen der interpersonellen Bedrohungen und Verletzungen zu einer Vereinseitigung des Grundbedürfnisses nach Sicherheit führe, habe eine blauäugige Ausblendung der Risiken und zwischenmenschlichen Enttäuschungen ein unpräzis euphorisches Annäherungsverhalten zur Folge, das mit einer (partiellen) Aufgabe an Selbstkontrolle einhergehe.

4.5.3 Die psychische Situation aus behavioraler Sicht

Für die frühe Verhaltenstherapie (Watson 1925, Skinner 1937) galten Reiz-Reaktions-Modelle als ausreichend zur Beschreibung und Verhersage des Handelns einer Person. Die Umwelt wurde in diesem Konzept nicht genauer differenziert, insbesondere spielte die Art der Stimuli, ob es sich um physische, kulturell-sprachliche oder beispielsweise emotional besetzte Signale handelte, kaum eine Rolle. Lediglich die von ihnen ausgehende Motivationsstärke war von Interesse. Zugespitzt zeigt sich die Bedeutung des Gegenstandbezugs für das Erleben in Sokolov's Orientierungsreaktion (Sokolov & Vinogradova 1975). In der therapeutischen Praxis sollte die Situation so eingerichtet werden, daß die aktuellen Umweltbedingungen das erwünschte Handeln bekräftigen. Nach dieser Maxime wurden z.B. Münzverstärkungssysteme eingerichtet, die zum Aufbau bestimmter Verhaltensweisen beitragen sollten (Ayllon & Azrin 1968).

Während die positiven Folgen dabei noch als Verstärker der Motivation angesehen wurden (vgl. Spence 1956), unterschied Tolman (1932) bereits zwischen dem Lerneffekt selbst und der Nutzung des Lernergebnisses. Er hatte in Experimenten mit Ratten festgestellt, daß die Tiere ein Labyrinth auch dann erkunden, wenn sie keine Belohnung erhalten und sich dabei implizit eine kognitive Landkarte der Situation aneignen (latentes Lernen). Wird ihnen später Futter angeboten, so fällt es ihnen mit diesem „Wissen" leichter, den Weg durch das Labyrinth zu finden und Hindernisse zu umgehen (Blodgett 1929, Tolman & Honzik 1930, Neisser 1976). Ähnliches beobachtete Menzel (1973) bei Schimpansen, die in einem Naturgehege gehalten wurden.

In der Interaktion mit der Reizumgebung entstehen Wahrnehmungsschemata sowohl hinsichtlich relevanter Unterschiede (Diskriminanda) als auch in Bezug auf Handlungsmöglichkeiten (Manipulanda). Damit wird die Vorstellung einer unvermittelten Beziehung zwischen Reiz und Reaktion, die frühe Behavioristen wie Skinner zu therapeutischen und menschheitsverbessernden Allmachtsphantasien verleitet hatte, abgelöst durch die Idee einer zwischengeschalteten kognitiven Verarbeitung, die durch Rückkopplungsprozesse sowohl Korrekturen als auch Verzerrungen innerer Abbilder sowie systematisches und intuitives Probehandeln erklärt. In der Verhaltenstherapie wurde die Möglichkeit latenten Lernens durch den Methodenkreis des verdeckten Konditionierens umgesetzt (Homme 1961, 1971). Diese Verfahren zielen unter Bezugnahme auf Gedanken, Gefühle und Erwartungen (*inner operants*) darauf ab, die subjektive Valenz des Wahrgenommenen zu verändern. Zugehörige Techniken sind beispielsweise die systematische Desensibilisierung (Wolpe 1958), die Selbstinstruktionstherapie (Meichenbaum 1979), kognitives *Flooding* bzw. *Implosion* (Davison 1968).

Die Wahrnehmung veränderungsrelevanter Unterschiede kommt nicht in Gang, ohne daß bestimmte kognitive Voraussetzungen erfüllt sind. Dazu zählen eine ausreichende Kontrastbildung, die zur Differenzierung der Urteilskategorien, Stimulusdimensionen und -abstufungen führt (Bieri 1966), Sensibilität für Feldabhängigkeiten (Witkin 1954, 1962), die Fähigkeit zu Analyse und Synthese (Halle & Stevens 1964). Es handelt sich dabei um Prozesse, die zur kognitiven Vorstrukturiertheit des Wahrnehmens beitragen (Harvey et al. 1961) und darüber vermittelt die Persönlichkeit prägen (Schroder & Suedfeld 1971).

In der russischen Reflexologie, die dem Behaviorismus in vieler Hinsicht nahestand, führte Pawlow (1935, S. 543) aufgrund der Fähigkeit des Gehirns, „Spuren von Reizen" zu fixieren, also ein symbolisches Abbild vergangener Eindrücke zu bewahren (Gedächtnis), wenigstens den Unterschied zwischen erstem und zweitem Signalsystem ein (physikalische Umwelt vs. Sprache), um die Besonderheit des Menschlichen, die *conditio humana*, zu kennzeichnen. Je nachdem, welches der beiden Signalsysteme in der kognitiven Auseinandersetzung mit der Umwelt vorherrscht, unterscheidet Pawlow zwischen Denker-, Künstler- und einem mittleren Typ. Für die klinische Arbeit ist dieses Modell unbeachtet geblieben.

Im Denken Pjotr J. Galperins (1966, 1972, 1973) tritt das psychische Erleben nicht isoliert in Erscheinung, sondern eingebettet in einen konkreten Handlungszusammenhang oder in die Konfliktbewältigung angesichts sozialer Konstellationen. Dabei betrachtet er – in der Tradition Vygotskijs – personenspezifische und handlungsleitende innere Dialoge als Ergebnis der Interiorisation äußeren Sprechens.

Geht man davon aus, daß die Wahrnehmungen eines Menschen wesentlich von den persönlichen Bedeutungen abhängen, die er den Dingen zuschreibt, die Bedeutungszuschreibung wiederum wesentlich ein Produkt der Sprache und Kultur ist, so mündet das Realitätskonzept der kognitiven Verhaltenstherapie im symbolischen Interaktionismus! Gegenstand der Therapie sind dann kognitive Einstellungen, die sich – pragmatisch definiert – als situationsübergreifende Verhaltensäußerungen zeigen. Sobald sie chronisch die Verwirklichung von Handlungszielen verhindern oder Leidensdruck im Betroffenen erzeugen, können sie aus kognitiv-verhaltenstherapeutischer Sicht zumindest als Persönlichkeitsakzentuierungen angesehen werden. Die momentane Umwelt reduziert sich dabei auf den Anstoß, den sie zur Umsetzung der Dispositionen gibt (vgl. bereits William Stern 1935, S. 111 ff.)

Der Situation (des Klienten, des Anderen, der Gruppe) wird in der kognitiv-behavioralen Therapie eher eine taktische Bedeutung zugemessen, um Einstellungen nachhaltig zu ändern. In der Therapie soll mit Bandura (1977) die *self efficacy expectation* – d.h. die Erwartung, „diese Situation kann ich bewältigen" – suggeriert werden, um funtionales Verhalten zu bahnen.

> „Wenn sich die kognitiven Bewertungen verändern, dann verändern sich auch die Emotionen des Patienten und umgekehrt. Es geht um einen 'gefühlten' anderen Umgebungsbezug, den sich der Patient im Klärungsprozeß erarbeiten muß... Nach der Emotionstheorie von Lazarus hängt die kognitive Bewertung des aktuellen Individuum-Umgebungs-Bezuges und damit die entstehende Emotion nicht nur von der kognitiven Bewertung im Hinblick auf das Ziel ab, das durch die Situation bedroht ist, sondern gleichzei-

tig von den vom Patienten wahrgenommenen Coping-Möglichkeiten in dieser Situation." (Grawe et al. 1994, S. 772 / 783)

Rokeach (1960) beobachtete bereits, daß die Einstellungen zum Gegenstand einer Handlung und zur Situation oft differieren, so daß eine ernstzunehmende Verhaltensprognose die Kenntnis beider Einstellungen erfordert. Nach Deci (1975) wird eine interne, personenbezogene Kausalattribution nur dann vorgenommen, wenn sich keine äußeren, situationsspezifischen Ursachen finden lassen. Weitere Urteilsfehler unterscheiden sich hinsichtlich des *locus of control*: Bei sympathischen Personen werden Erfolge eher auf Eigenschaften, Mißerfolge eher auf Umstände zurückgeführt, bei unsympathischen Personen umgekehrt (Regan et al. 1974). Handelnde begründen Entscheidungen eher anhand der Situation, Beobachter glauben darin eher Personeneigenschaften wiederzuerkennen (Jones & Nisbett 1972).

Festinger hielt selbstkritisch fest, daß die verbale Nutzung kognitiver Dissonanzen für das Erreichen therapeutischer Ziele nicht immer ausreicht, wobei er sich der Lewinschen Terminologie bedient.

> „Damit auf eine Meinungsänderung auch eine überdauernde Verhaltensänderung folgt, muß eine Änderung im Lebensraum erreicht werden, die ... dergestalt ist, daß das neue Verhalten und die neue Meinung gestützt werden." (Festinger 1964, S. 416).

Das weitgehend akzeptierte Vulnerabilitäts-Konzept (Eysenck & Eysenck 1978) bleibt zwar im wesentlichen personenzentriert, jedoch läßt sich in der Aufzählung prädisponierender, auslösender und aufrechterhaltender Faktoren oft eine Mischung aus Person- und Umweltvariablen finden.

> „Das Diathese-Streß-Modell legt es nun nahe, die Persönlichkeitsstörungen vorrangig als Störungen des zwischenmenschlichen Beziehungsverhaltens aufzufassen und sie mit sozialen Konflikten, Krisen und deren Entwicklungen und Extremisierungen in einen Zusammenhang zu stellen." (Fiedler 1998, S. 142).

Bei Beck (1979), Lazarus (1978), Ellis et al. (1979), Mahoney (1977) und Meichenbaum (1979) spielt die aktuelle Situation als Auslöser und Stützbedingung des störenden Handelns sowohl diagnostisch als auch therapeutisch eine Rolle. Entscheidend erscheint nicht nur der Umgang mit irrationalen Überzeugungen, sondern die Bewältigung der täglichen Anforderungen in der Lebenswelt, die häufig verzerrt wahrgenommen werden. Zur Situationsanalyse wird beispielsweise das Interview von Peterson (1968) herangezogen.

Pfeiffer & Jones (1970) differenzieren zwischen drei Alltagsbereichen – Beruf, Beziehung und persönliche Entwicklung – für die sie ein mehrstufiges Konzept zur Unterstützung der Lebensplanung entwerfen. Von den kognitiven Therapeuten wird ferner der dialogische Charakter des inneren Sprechens hervorgehoben, der auf dessen kommunikativen Ursprung verweist. In Lazarus' multimodalem BASIC-ID-Modell wird die zwischenmenschliche Interaktion explizit angesprochen.

Rutter (1987, 1990) unterscheidet zwischen Risikofaktoren, die situationsunabhängig das Risiko der Entstehung einer psychischen Störung erhöhen, im Gegensatz zu Vulnerabilitäts- und Protektionseffekten, die nur im Kontext eines psychosozialen Stressors wirksam werden. Ergänzend führte Luthar (1993) als ressourcenorientiertes Pendant zu den Risikofaktoren ebenfalls situationsübergreifende kompensatorische Faktoren ein. Ein methodisches Problem entsteht dadurch, daß oft ein und dieselbe Variable, je nach Ausprägungsgrad oder Situation, sowohl als Ressource als auch als Defizit wirksam werden kann (Lösel 1994). Vulnerabilität und Risiko auf der einen Seite, Protektion und Kompensation auf der anderen Seite stellen damit Pole eines Kontinuums dar, wobei komplexe situative Nuancen im besten Falle einzelfallbezogen erfaßt werden könnten.

4.5.4 Die psychische Situation aus systemischer Sicht

Als Vorläufer der Konzeption einer zirkulären Beziehung zwischen Person, Wahrnehmung und Umwelt sind Uexküll's (1928, S. 150 ff.) Funktionskreise, Schmidt's (1941) „Allgemeine Regelungskunde", Wiener's Kybernetik (1948), Bruner & Postman's (1948) Hypothesentheorie der Wahrnehmung als auch van Holst & Mittelstaedt's (1950) Reafferenzprinzip zu betrachten. Die in zahlreichen Disziplinen der Psychologie aufgegriffene Theorie der operativen Handlungsentwürfe, die Miller, Galanter & Pribram (1960) in Form des TOTE-Schemas beschrieben haben, versteht die perzeptuelle Interaktion mit der Umgebung als Element weiterreichender, hierarchisch geordneter Handlungsstratgien.

Mehr als in anderen Therapieschulen spielt der Andere und das Konflikterleben mit der Umwelt für die Systemiker eine Rolle. Kurt Ludewig (1992) definiert systemische Psychotherapien gerade als Herstellung eines sozialen Milieus oder kommunikativen Systems, das geeignet ist, es dem Hilfesuchenden zu ermöglichen, sich zu verändern, das Leiden zu verringern oder zu beenden. Psychotherapeutische Bemühungen, die Umwelteinflüsse auf das Handeln des Einzelnen interventionsmethodisch berücksichtigen, wurden ausgehend von der Familientherapie und der kommunikationstheoretischen Schule (Watzlawick et al. 1969) in den systemischen Therapien entwickelt, die sich mit Gregory Bateson (1971) als ökologisch verstehen.

Hauptinteresse der systemischen Therapien ist die Nutzung von Ressourcen in der sozialen Umwelt des sogenannten Indexklienten, die auch im einzeltherapeutischen Setting in Form „zirkulärer Fragen" einbezogen werden kann. Die systemische Betrachtungsweise macht sich die Unterschiedlichkeit der Situationen aus Sicht der beteiligten Personen strategisch zur Verhaltensänderung nutzbar. Strömungen der systemischen Therapien unterscheiden sich teilweise dadurch, inwieweit sie an einer mehrgenerationalen Perspektive, systemisch-strukturell oder kurzzeittherapeutisch orientiert sind.

Aufgrund ihrer Wurzeln in der Familientherapie ist der situative Aspekt häufig mit der sozialen Umwelt gleichgesetzt worden, während der Einzelne lediglich als *black box* in Erscheinung trat. Erst mit dem Einzug kognitiver und hypnotherapeutischer Methoden trat eine stärkere Binnendifferenzierung der Person ein, die sich z.B. in den Vorstellungen von der inneren Familie, von Persönlichkeitsanteilen oder der inneren Organisation widerspiegelt. Mit Respekt gegenüber dem Klienten verweigern sich systemische Therapien allgemeinen theoretischen Konstrukten und der Anmaßung, über den Einzelnen hinaus Annahmen zu essenziellen Regulationsmechanismen oder günstigen Formen der Wechselwirkung mit der Umwelt zu behaupten.

4.5.5 Die situative Perspektive in der Organisationsberatung

Für die Charakterisierung von Arbeitsplätzen erscheint eine inhaltliche Differenzierung der situativen Restriktivität bedeutsam, insbesondere des zeitlichen, räumlichen Spielraums, der sozialen Beziehungen, der Eigenverantwortlichkeit und Kontrolle, der intellektuellen Anforderungen wie der körperlichen und psychischen Beanspruchung (Hoff et al. 1982, Hoff 1986). Die Gesundheit der Mitarbeiter wird offenbar

„nicht allein durch am Verhalten ansetzende Programme gefördert, sondern erfordert vielmehr auch die Gestaltung von Verhältnissen." (Pede 2001, S. 9).

Um Beanspruchung in betrieblichen Organisationen zu kategorisieren, unterscheidet McGrath (1981) zwischen den Streßquellen:

A) materiell-technologische Umwelt;
B) soziale Beziehungen zwischen den Mitarbeitern;
C) Persönlichkeit des Einzelnen;

und diskutiert zusätzlich die Kombinationsformen:

AB) technologisch-organisatorischer Streß;
AC) Streß, der aus Diskrepanzen zwischen Aufgabe und Fähigkeiten resultiert;
BC) rollenbedingter Streß.

Erfolgreicher als die Minimierung von Streßquellen hat sich der Ausbau von gesundheitsrelevanten Ressourcen in der Arbeits- und Organisationsentwicklung herausgestellt. Dabei spielen nicht die individuellen Faktoren die Hauptrolle, sondern die Situationskontrolle und die soziale Unterstützung (Caplan et al. 1982, Karasek & Theorell 1990, Mohr & Udris 1997). Udris et al. (1992) differenzieren zwischen „objektiver Kontrolle", d.h. den tatsächlichen Beeinflussungsmöglichkeiten in einer Situation, und „kognitiver Kontrolle", dem wahrgenommenen, antizipierten Handlungsspielraum. Beispielsweise verstärkt sich das Gefühl, die Situation zu beherrschen, wenn Mitarbeiter die Aufgabenerfüllung selbst über den Tag verteilen können, so daß sie in der Lage sind, Anforderungen und momentane Leistungsfähigkeit optimal aufeinander abzustimmen. Caplan et al. (1982) befragten mehr als 2000 Männer in 23 unterschiedlichen Berufen hinsichtlich ihrer Arbeitssituation und ihres Streßerlebens. Ungelernte Arbeiter, die nur über einen geringen Entscheidungsfreiraum verfügten, äußerten sich am stärksten durch ihre Tätigkeit beeinträchtigt (vgl. Karasek 1981). Zusammenfassend läßt sich feststellen, daß Situationskontrolle einen außerordentlichen Vorhersagewert für das Erleben beruflicher Beanspruchung besitzt und hohe Anforderungen auch dann nicht zu einer Überlastung führen, wenn ein ausreichender Handlungsspielraum vorhanden ist.

Die zwischenmenschliche Situation, die ein Individuum in einer Organisation antrifft, ist mit der Human-Relations-Bewegung (Roethlisberger & Dickson 1939) in den Fokus der Forschung gerückt und wird häufig als „Organisationsklima" oder „Organisationskultur" bezeichnet, Begriffe, die eher einen diffusen Eindruck davon vermitteln, was sie meinen.

> „Der Begriff des Betriebsklimas ist ein wenig vag. Das liegt aber in der Sache, die er ausdrücken soll: Ja, man hat ihn gewählt, eben um ein schwer Greifbares, Schwebendes und dabei doch einigermaßen Regelmäßiges und Objektives zu bezeichnen, das dem Einzelnen, der sich darin bewegt, mit einer gewissen Selbständigkeit gegenübertritt."

konstatiert das Frankfurter Institut für Sozialforschung (1955). Rosenstiel et al. (1983) betonen, daß zum Erleben eines bestimmten Organisationsklimas eine Wertung der realisierten zwischenmenschlichen Beziehungen hinzukommt (vgl. Bögel 1999, S. 730). Als Resultat von Inhalts- und Facettenanalysen gehören zu den Komponenten des Organisationsklimas (Rosenstiel et al. 1983, Conrad & Sydow 1984, S. 194 ff.):

- die Ziele, Aufgaben und Werte der Organisation;
- die Rollenstruktur;
- die Führungsqualität;
- die Autonomie, Interessenvertretung und Entwicklungsmöglichkeiten des Einzelnen;
- der Informationsfluß;
- die Kooperation zwischen Abteilungen;
- die Beziehungen zwischen Kollegen;
- Anreizsysteme;
- die Tätigkeitsgestaltung.

Wesentlich erscheint, daß das Organisationsklima nicht in einem einseitigen, sondern in einem reziproken Zusammenhang mit dem Einzelnen steht. Es wird zwar von den Mitgliedern der Organisation geschaffen, aber es wirkt als molarer Faktor, den der Einzelne selbst nur beschränkt verändern kann, auf die Befindlichkeiten zurück. Organisationsentwicklung ist damit als ein Agieren im Feld der doppelten Kontingenz zu verstehen. Dies wird zum Beispiel an der Ressource „soziale Unterstützung" deutlich:

> „Wirkmechanismen von Unterstützung müssen dagegen als dynamischer Prozeß gesehen werden, in dem eine Person Hilfeleistungen und darauf bezogene Kognitionen evozieren, mobilisieren, gewinnen, aufrechterhalten, annehmen, abweisen oder selbst anderen geben kann. Diese transaktionale Sichtweise verweist auf psychische Prozesse der (aktiven) Streßbewältigung und damit auf die Notwendigkeit, soziale Unterstützung auch als innere Ressource zu betrachten, die eine Person entwickeln bzw. verlernen kann." (Udris et al. 1992, S. 16)

Welche Faktoren beeinflussen das Klima in einer Organisation? Zunächst ist zu beobachten, daß mit wachsender Größe das Klima schlechter wird. In zahlreichen empirischen Vergleichen übten situative organisationsstrukturelle Gegebenheiten wie z.B. die Zahl der Hierarchieebenen die stärkste Wirkung auf das Organisationsklima aus, während die Person-Situation-Interaktion (z.B. Zugehörigkeitsdauer, hierarchische Position) eher von untergeordneter und rein personengebundene Eigenschaften (Alter, Geschlecht) nahezu ohne Bedeutung waren (Payne & Mansfield 1973, Herman et al. 1975, Paolillo 1982). Für einige personale Faktoren wie z.B. das Alter stellte sich in späteren Studien ein umgekehrt U-förmiger Zusammenhang mit dem Betriebsklima heraus, d.h. jüngere und ältere Mitarbeiter schätzen das Klima positiver ein. Eine lineare Beziehung kennzeichnet dagegen den Einfluß der Mitarbeiter-Qualifikation auf das Klima (Rosenstiel et al. 1983). Häufig untersucht wurde der Einfluß eines autoritär-leistungsbezogenen im Vergleich zu einem beziehungsorientierten oder partizipativ-delegierenden (demokratischen) Führungsstil (Lewin 1948, Litwin & Stringer 1968, Thum 1972, Pritchard & Karasick 1973).

Während im allgemeinen von einer nachhaltigen Wirkung eines positiven Betriebsklimas auf die Arbeitsleistung ausgegangen wird (z.B. Joyce & Slocum 1982), fallen die empirischen Korrelationen mit durchschnittlich um 0.2 eher gering aus (Rosenstiel et al. 1983). Denkbar ist, daß die Wirkungen des Organisationsklimas über Moderatorvariablen wie die Arbeitsmotivation vermittelt werden.

5 Persönlichkeitsanforderungen im Alltag – ein Strukturmodell

5.1 Motivation

Im folgenden geht es um die minimalen Voraussetzungen, die zur *idealtypischen* Bewältigung des Alltags erforderlich sind. Im zweiten Schritt sollen dann Möglichkeiten diskutiert werden, welche die Alltagsbewältigung strukturell oder auch funktional verhindern, so daß die Entstehung von Persönlichkeitsauffälligkeiten plausibel wird. Ein Vollständigkeit erheischendes Gesamtsystem der Persönlichkeitseigenschaften steht nicht im Mittelpunkt der Bemühungen. Diese erscheinen – mit Ausnahme der „Strukturanalyse sozialer Beziehungen" (SASB) von L. S. Benjamin (1974) – vor allem in Form der Circumplex-Modelle zu stark einem theoretischen Solipsismus verhaftet, indem sie nur den Einzelnen, nicht aber seine personelle oder materielle Umwelt berücksichtigen (vgl. Fiedler 1998, S. 98 ff.) Obwohl anzunehmen ist, daß sich Alltagsanforderungen und Persönlichkeitseigenschaften (als Dimensionen persönlicher Fähigkeiten) koevolutiv im Laufe der Phylogenese herausgebildet haben (vgl. McDougall 1921, Beck et al. 1990, Bischof 1993), wird hier von ihrem Gewordensein abstrahiert, um lediglich ihr Vorhandensein zu konstatieren.

Die Koevolution von Person und Situation, die zunächst mehr von der natürlichen Umwelt, zunehmend aber von sozialen Situationen geprägt wurde, führte zur genetischen Verankerung adaptiver Verhaltensweisen, die dazu beitragen, Leben und Überleben zu fördern (beispielsweise Hunger und Geschlechtstrieb zu befriedigen). Die Schemata, die sich in kulturevolutionären Nischen über sehr lange Zeit hinweg ausgebildet haben, rahmen weiterhin Affekt, Aufmerksamkeit und Erregtheit, Wahrnehmung, Motivation und Handlungskoordination. Persönlichkeit erscheint damit als organisiertes Gefüge von Systemen, die das Operieren mit Schemata ermöglichen. Dadurch ist das Individuum imstande, vom Motiv über die Wahrnehmung eines Reizes zur Handlung zu gelangen. Obwohl die Schemata auf funktional differenzierten Ebenen zur Wirkung kommen, z.B. emotional anders als zweckbezogen handelnd, werden sie von der Fähigkeit zur Selbstkontrolle, die eine Meta-Funktion ausübt, integriert.

Zahlreiche Möglichkeiten können eine dysfunktionale Erstarrung ursprünglich angemessener Verhaltensweisen und Haltungen, die Dogmatisierung schematischer Ansichten nach sich ziehen: das Auseinanderdriften kultureller und genetischer Veränderungen, frühkindliche Hirnschädigungen, Vernachlässigung oder Traumatisierungen im Laufe der Ontogenese, Regidität in der Erziehung usw.

In Anknüpfung an diese Vorstellung werden zunächst strukturbestimmende Unterschiede beschrieben, mit deren Hilfe es möglich ist, die vergleichsweise komplexen Persönlichkeitsauffälligkeiten auf minimaler begrifflicher Grundlage abzuleiten.

5.2 Psychologische Alltagsdimensionen

5.2.1 Person und Umwelt

Gegen die Auffassung, die Person bilde als Individuum ein eigenständiges Gesamtsystem, sprechen verschiedene soziologische Einwände (Luhmann 1984, S. 346). Im Kontext sozialer Systeme erscheinen Eigenschaften der Person als spezifische Funktionen der Abgrenzungs-Anschlußdynamik. Dennoch ist die Unterscheidung zwischen Person und Umwelt sinnvoll, auch wenn die Funktionen, die eine Person in ihrer Umwelt ausübt, ihre Individualität nicht in ihrer Gesamtheit umfassen. Dies um so weniger, je mehr sich die sozialen Systeme differenzieren. Die Person ist jedoch imstande, zumindest *relativ autonom* über sich selbst – ihren Körper, ihr Bewußt-Sein – zu verfügen, während sie ihre Umwelt im besten Falle manipulieren kann, häufig aber als restriktive Gegebenheit behandeln muß. Die Autonomie einer Person ist deshalb relativ, weil sie sich letzten Endes erst in Abgrenzung und damit Abhängigkeit von einer Umwelt definieren und entwickeln kann.

5.2.2 Materielle und personelle Umwelt

Interpersonelle Beziehungen geraten durch den Umstand der doppelten Kontingenz in nichttriviale Komplikationen (Parsons & Shils 1951, Olds 1956, Luhmann 1984, Bischof 1993). Während die materielle

Umwelt vor allem unter dem Gesichtspunkt der Zweck-Wahrnehmung gesehen und hinsichtlich ihrer instrumentellen Eigenschaften abgeklopft wird (je nach Kultur wird auch ein animistisch-magischer Umgang mit der unbelebten Natur toleriert, was an der Wirkung doppelter Kontingenz nichts ändert), könnte dieselbe zweckbestimmte Vorgehensweise im Umgang mit anderen Menschen auf große Hindernisse stoßen. Die berühmte Metapher Karl Bühlers (1927) von der Maschine und dem Maschinisten, wobei der Psychologie zukomme, den Aktionsradius des letzteren zu bestimmen, reduziert die Wahrnehmung der Umwelt künstlich auf eine mechanisch-nichtintentionale Realität, die von der doppelten Kontingenz sozialer Systeme nicht gestreift wird. Der instrumentelle Zugriff auf die materielle Umwelt verhilft einer pragmatisch-physikalischen – im Ursprung handwerklichen – Annäherungsweise zur Geltung.

> „Es ist sinnlos, wenn ein Affe einen Apfel frißt, das Ganze als Interaktion zwischen Affe und Apfel zu beschreiben, so wie das manche Psychologen aus der Gibson'schen Schule tun würden. Der Affe frißt den Apfel, der Apfel, der wird gefressen. Und das ist ein großer Unterschied. Die Aktivität liegt beim Affen, nicht?" (Mario von Cranach 1991, S. 74).

Das interpersonelle Beziehungsgeschehen läßt sich dagegen erst charakterisieren durch die Doppelung des Autonomiestrebens, der Ziele und Erwartungen, der Distanzregulation sowie der Vertrautheit.

5.2.3 Der Körper als Signal-Ebene

Auch extensives Wissen um anatomische Strukturen oder physiologische Abläufe erlaubt es nicht, die vegetativen Prozesse des eigenen Körpers von der essenziellen Ebene her zu steuern. In diesem Sinne bildet der Körper und mit ihm das autonome Nervensystem gegenüber der psychischen Persönlichkeit eine emergent abgegrenzte Ebene, die Eigendynamik entfaltet. Systemische Abgegrenztheit der autonomen Körperprozesse impliziert keineswegs die informationelle Abgeschottetheit des Körpers. Im Gegenteil, der Körper spielt die Rolle eines Seismographen, der die Gefühlsstimmigkeit in sozialen Situationen anzeigt. Gerade für schwer verbalisierbare Eindrücke oder für Personen, die im verbalen Selbstausdruck ungeübt sind, bieten sich körperliche Empfindungen als Brücke an, Befindlichkeiten in Situationen zu greifen. Der Körper trägt insofern einen Zwittercharakter zwischen materieller und psychischer Funktionalität, die zum einen den inneren Zustand einer Person nach außen hin signalisiert und damit zum Element sozialer Situationen wird, zum anderen die Handlungen einer Person je nach ihrer momentanen Verfassung auf die Gegebenheiten einer Situation orientiert. Der Körper ist prä- und postsymbolisch in einem. Dabei gibt es häufig nicht die Ausprägung einer körperbezogenen Empfindung selbst den Ausschlag für das Handeln einer Person, sondern deren Veränderung beim Eintritt in die Situation. Der Gradient wird wahrnehmbar (vgl. Sparrer & Varga von Kibéd 2000 bzw. die Versuche zur Wahrnehmung von Unterschieden von Stevens 1971).

5.2.4 Wunsch und Realisation

Das Handeln einer Person läßt sich weitgehend von den Zielen her verstehen, die sie sich vornimmt (für die klinische Praxis z.B. Grawe 1980, Caspar 1986). Die Diskrepanz zwischen Wunsch und Realisation, in der Sprache der frühen technischen Kybernetik zwischen Soll und Ist, ergibt sich zum einen aus der psychischen Valenz des Zieles, zum anderen aus der Größe der Hindernisse. Beide lassen sich unter dem Begriff der *Erreichbarkeit* zusammenfassen. Die Hindernisse können sowohl psychischer wie physischer Natur sein, d.h. die Person kann sich sowohl selbst daran hindern, ein Ziel zu erreichen, als auch an den Schwierigkeiten scheitern, die sich ihr in den Weg stellen. Beispielsweise wird ein Moslem kein Schweinefleisch verzehren, obwohl es physiologisch gesehen verträglich wäre. Aus dem Grad der Erreichbarkeit folgt die Struktur der Handlungsalternativen:

– Überwinden der Hindernisse (erfordert Einsicht in ihre spezifische Natur, Aggression);
– Umgehen der Hindernisse (erfordert Einsicht in die globale Situation, Exploration);
– Akzeptanz der Hindernisse (erfordert palliatives Coping, Zielrevision oder Umbewertung).

Was von einer Person gewollt wird, bewertet sie hoch. Daß es sich bei der Valenz im Gegensatz zur Erwartung um eine Funktion handelt, die nicht unbedingt kognitives Rüstzeug erfordert, hat Norbert Bischof (1993, S. 8) zu Recht hervorgehoben. Je höher die Valenz des Zieles desto schwieriger fällt die Akzeptanz der Hindernisse. Mit wachsender Valenz steigert sich bei geringer Erreichbarkeit die Mobilisierung psychischer Energie, die nach kurzfristigem Aufbäumen in anhaltende Resignation übergehen kann (vgl. Seligman's gelernte Hilflosigkeit). Ein Ziel, das anziehend und im nächsten Moment unerreichbar erscheint, setzt vielleicht psychische Aktivität (Enttäuschung, innerer Konflikt etc.), aber keine Handlung in Gang. Jemand mag zwar sein Idol bewundern, jedoch nicht versuchen, es als Partner zu gewinnen.

5.2.5 Nähe und Distanz

Sowohl zu Objekten (die ich im Gegensatz zur psychoanalytischen Theorie hier als unbelebt auffasse) als auch zu anderen Menschen kann sich die Person ihr Handeln durch Distanzregulation ins Verhältnis setzen. Für Objekte kommt der physikalische Abstand zur Geltung, der durch die Umkehrbarkeit der Beziehung gekennzeichnet ist: AB = BA; es ist möglich, vor einem Vulkan zu fliehen. Bei Personen lassen sich Nähe und Distanz sowohl räumlich als auch psychisch (durch Mimik, Gestik, Sprache) herstellen. Besteht kein Spielraum für psychische Distanzregulation, wird zur räumlichen Abschottung gegriffen, deren Spektrum von der Trennung eines Paares bis hin zur Inhaftierung im Gefängnis reicht. Psychische Distanz läßt sich nicht ohne weiteres metrisch darstellen; es erscheint aber möglich, ihre Qualitäten vektoriell oder faktoriell zu operationalisieren und schließlich auch in einem skalaren Wert auszudrücken (in Analogie zur Funktion des Geldes, das sehr unterschiedliche Werte auf eine eindimensionale Größe „herunterbricht").

Nähe ist weder bezüglich physikalisch-instrumentellen Wissens noch des Gefühls der Intimität eine notwendige Voraussetzung für die Entstehung von *Vertrautheit*. Räumliche Distanz kann geradezu die Illusion der Vertrautheit steigern. Daher ist es sinnvoll, den Begriff der Distanz hinsichtlich seiner physikalisch-räumlichen und seiner psychisch-subjektiven Dimension zu differenzieren. Vertrautheit, hohe Valenz und Erreichbarkeit bringen das Gefühl der Zufriedenheit hervor, Vertrautheit, Valenz und Unerreichbarkeit dagegen Anspannung; die Kombination von Fremdheit, Valenz und Erreichbarkeit erzeugt Angst und aggressive Abwehr.

5.2.6 Herausforderungen durch Alltag

Die Bewältigung des Alltags entscheidet sich an der Paßfähigkeit zwischen den Herausforderungen, die aus einer Situation erwachsen und den Fähigkeiten der Person, diese zu meistern. Eine isolierte Betrachtung der Person erlaubt strenggenommen keine Aussage; häufig wird in der klinischen Exploration jedoch von Standards ausgegangen, die schwer überprüfbar sind. Auf der Grundlage der eben eingeführten Unterscheidungen soll nun die Struktur der Alltagsanforderungen und ihre Entsprechung zu Ressourcen der Person skizziert werden:

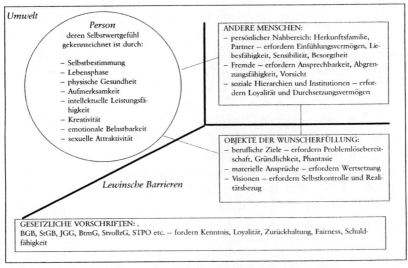

Abbildung 12: Struktur der Persönlichkeitsanforderungen im Alltag

Eigenschaften, die der Person unmittelbar zugeordnet sind, können als *momentan universelle* Voraussetzung situationsangemessenen Handelns betrachtet werden. Ihre Variation wird zum einen durch diathetische Dispositionen bestimmt, zum anderen durch komplexe Rückkopplungsprozesse aus der Interaktion mit der Umwelt, wenn z.B. berufliche Erfolge, vermittelt über einen Zuwachs an Selbstwertgefühl zu einem veränderten Annäherungsverhalten gegenüber Partnern führen (vgl. Bandura's *„self-efficacy-expectation"*, 1977; Flammer 1990). Auf diese Weise findet neben der systembedingten doppelten Kontingenz durch soziale Erwartungen auch eine Doppelung der objektiven Umweltanforderungen als subjektive Einsicht *in der Person* statt. Sie redefiniert die Situation für sich – eine Doppelung, die Sartre (1943, S. 322) als das „An sich"- und „Für-sich-Sein" unterschied. Es soll hier nicht behauptet werden, daß sämtliche Eigenschaften einer Person Resultat einer Auseinandersetzung mit der Umwelt oder gar einer Etikettierung sind, wohl aber, daß physische Anlagen überformt werden können durch die Fähigkeiten, die aus den situativen Anforderungen erwachsen. Erst in Kombination ziehen sie synergistische Effekte nach sich und können die Persönlichkeit situationsübergreifend verändern.

Die Antizipation eines Zieles – einschließlich Zieles der Ziellosigkeit – kann als ausschlaggebend für die vertikale Handlungsorganisation der Person angesehen werden. Selbst in verbrecherischen Affekttaten läßt sich ein Ziel erkennen, das dahinter steht, auch wenn es nicht zu einer rationalen Reflexion seiner Erreichbarkeit kam. Auf welcher Grundlage realisiert der Einzelne seine Zielvorstellungen? Zunächst wäre die Erfahrung zu nennen, die auf die Summe der Bewertungen früherer Handlungsergebnisse in vergleichbaren Situationen zurückgeht. Hinzu kommt ein Moment der Verallgemeinerung, denn gerade Konfliktsituationen ähneln einander selten. Außerdem spielt die emotionale Tönung hinein, die sich als komplexes Produkt der Bewertung, der Ich-Nähe des Zieles (Relevanz, subjektive Valenz) und körperlicher Erregung verstehen läßt. In Anspielung auf die Erwartung x Wert-Theorien läßt sich für die *Richtung der nächsten Handlung* in erster Näherung vermuten:

$$MO_j = \Sigma\ VA_i \oplus ER_i \qquad (12.2)$$

mit: MO – resultierende Motivation für die Handlungen j
VA – subjektive Valenz ⎫ der Personen, Objekte und
ER – Erreichbarkeit ⎭ Ziele i

Diese Gleichung formalisiert den Lewinschen Begriff des Aufforderungscharakters. Die eigentlich interessanten Fragen, wie der Grad der persönlichen Bewertung eines Zieles oder Objektes einzuschätzen ist und wie er zustande kommt, bleiben offen. Komplexität erhält das Modell dadurch, daß die Anzahl der resultierenden Motivationen von der Anzahl der Ziele abweichen kann, so daß sich einfache algebraische Regeln nicht mehr anwenden lassen.

5.2.7 Lebensphasische Relativierung

In unterschiedlichen Lebensphasen haben die einzelnen Komponenten der Alltagssituation ein anderes Gewicht. Insofern ist die vorgenommene Zuordnung von Interaktionspartnern bzw. -objekten und Anforderungen relativ zu sehen. In der Kindheit ist die Herkunftsfamilie mit der höchsten Valenz ausgezeichnet, später verlagert sich diese zu Fremden, begleitet von Ablösungs- und Anschlußprozessen. Bemerkenswert ist im Zusammenhang der Entstehung delinquenten Handelns, daß mit der Strafmündigkeit das abstrakte Gesetz an die systemische Position der grenzsetzenden Erziehung tritt. War die Anerkennung der Bezugspersonen bereits durch Loyalitätskonflikte erschwert, beispielsweise infolge einer Trennung der Eltern, so läßt sich vermuten, daß auch die Akzeptanz der Gesetzesnorm schwerer fällt. Allgemein gilt (im hier interessierenden Idealfall), daß der ursprüngliche Nahbereich der Herkunftsfamilie im Laufe der Ontogenese zunehmend durch Lebensbereiche abgelöst wird, die durch eine größere Distanz gekennzeichnet sind. Die Bewältigung der zunehmenden sozialen Distanz charakterisiert die Reifung der Persönlichkeit. Sie drückt sich zugleich in verantwortungsvoller Selbstbestimmung, der Fähigkeit zur Herstellung von Vertrautheit außerhalb der Herkunftsfamilie, in der Wahl erreichbarer Ziele und im Umgang mit Hindernissen aus. Das Bedürfnis nach Nähe und Anerkennung – für das Überleben und Wachstum des Kindes notwendig – verschwindet für den Erwachsenen nicht. Aber es drängt nicht mehr nach sofortiger Erfüllung. Die Akzeptanz sozial distanzierter Umgangsformen setzt Selbstkontrolle voraus, die als persönliche Voraussetzung zur Integration und relativ autonomen Entfaltung der Persönlichkeit fungiert.

5.3 Anomalien der Person-Umwelt-Interaktion – wie Persönlichkeitsauffälligkeiten gesehen werden können

5.3.1 Bewertungsmaßstäbe

Sigmund Freud (1931) erblickt in einem ausgewogenen Verhältnis zwischen den Strukturen des Es, Ich und Über-Ich das Kennzeichen der psychisch gesunden Person. Indem er Psychopathologie als Vereinseitigung auf eine der drei Grundstrebungen (zwanghafte, narzistische, erotische Charaktertypen) oder eine Kombination aus zweien definiert, zieht er das situationsunabhängige Ideal der Ausgeglichenheit als Maßstab heran. Zwar greift Freud in einer Arbeit von 1924 auf die Art des Realitätsbezuges zurück, um Neurose (Triebleugnung und Realitätsersatz) und Psychose (Realitätsleugnung und -ersatz) zu unterscheiden, dieser bleibt aber bis auf die prototypisch wirkende Dreieckskonstellation zwischen Eltern und Kind situationsunspezifisch. Die Ätiologie des Pathologischen wird allein auf der Basis intrapsychischer Konflikte erklärt.

> „Von den Faktoren, die an der Verursachung der Neurosen beteiligt sind, die die Bedingungen geschaffen haben, unter denen sich die psychischen Kräfte miteinander messen, heben sich für unser Verständnis drei hervor, ein biologischer, ein phylogenetischer und ein rein psychologischer." (Freud 1926, S. 202)

In ähnlicher Weise betrachtet Karen Horney (1945) Persönlichkeitsauffälligkeiten als Vereinseitigungen von Abwehrstrategien gegenüber einer aus der Sozialisation erworbenen Grundangst, wobei sie unabhängig von der jeweiligen Form (Dominanz, Distanzierung, Idealisierung und Projektion) das Fehlen von Verantwortungsgefühl, Spontanität, Selbstvertrauen und Aufrichtigkeit (vgl. *mauvaise foi* bei Sartre 1943, S. 119) als Kennzeichen der Störung beschreibt. Die Hervorhebung dieser Merkmale dürfte sich jedoch, gerade wegen ihrer Situationsungebundenheit, oft als willkürlich erweisen.

In einem dreidimensionalen Modell hat Millon (1990, siehe auch Eisenman 1998) die personenspezifische Art der Anpassung (aktiv, passiv, dysfunktional), die Art der Beziehungsgestaltung (Unabhängigkeit = Orientierung auf sich selbst, Abhängigkeit = Orientierung an anderen, Ambivalenz) und die existenzielle Zielorientierung (Lebensbejahung, Negativismus) als Grundlage für die theoretische Erklärung von Persönlichkeitsauffälligkeiten herangezogen. Damit können sowohl psychische Konflikte als auch interpersonelle Störungen erfaßt werden. Millon bemißt die Schwere der Störung lediglich anhand der Anpassungsform: zunehmend von passiv über aktiv zu dysfunktional. Dieses Modell verkürzt die Situationsabhängigkeit des Handelns auf Beziehungskonflikte. Ökologisch relevante Erkenntnisse über eine Person können nicht gewonnen werden.

Analog zu Freud postulieren Autoren wie Izard (1981) aus kognitionspsychologischer Sicht als Voraussetzung für eine erfolgreiche Lebensbewältigung situationsunabhängig ein ausgeglichenes Kooperieren von Perzeption, Emotion, Kognition und Motorik. Dagegen können nach dem Diathese-Streß-Modell Persönlichkeitsauffälligkeiten, beispielsweise die aggressive Abwehr sozialer Anforderungen, als Selbstschutz interpretiert werden, der von der jeweiligen Umgebung als Verletzung zwischenmenschlicher Umgangsformen mißverstanden wird (Millon 1981, Fiedler 1998, S. 142). Shapiro (1965), Ellis (1979), Meichenbaum (1979), Beck et al. (1990) und andere Autoren beschreiben kognitive Vulnerabilität als Beibehaltung oder Transfer einst erfolgreicher Verhaltensprogramme trotz veränderter Situation, so daß die Auffälligkeiten zugleich Ausdruck spezifischer Kompetenzen sind. Pathogene irrationale Überzeugungen entstehen durch rigorose vorzeitige Verallgemeinerungen, die aus absoluten Forderungen abgeleitet werden. Essenzielle persönliche und interpersonelle Bedürfnisse wie der Wunsch nach Anerkennung, Gegenseitigkeit, Kontrolle des anderen sowie Identität im Sinne von Abgrenzung wirken torpedierend. Als Maß der Psychopathologie schlägt Beck (1979) die Stärke der Intrusionen vor: Ein Klient sei um so gestörter, je aufdringlicher seine automatischen Gedanken sind.

> „Nicht das Fehlen von irrationalen Gedanken als solchen kennzeichnet normale Gruppen oder bestimmt die Zeit der 'Genesung' nach emotionaler Überwältigung, sondern viel eher das Paket an Bewältigungstechniken, die zur Auseinandersetzung mit solchen Gedanken und Gefühlen eingesetzt werden." (Meichenbaum 1979, S. 190; vgl. auch Goldfried 1980, Vollrath et al. 1992)

Die Diskussion zu Coping-Fähigkeiten geht auf Anna Freuds Abwehrmechanismen des Ich zurück. Meichenbaum nimmt ihnen den defizitären Beigeschmack, indem er als bedeutsame Neuerung die Ressourcen-Perspektive einführt. Entscheidend sei nicht, daß jemand irrationalen Vorstellungen aufsitzt, sondern ob er über ein ausreichendes Repertoire an Bewältigungsformen wie Logik, Humor oder „kreative Unterdrückung" verfügt.

5.3.2 Handlungsnormen und Devianz

Kodifizierte Normen sind soziologisch begründet durch die Entwicklung städtischer Lebensformen, in denen beständige *face-to-face*-Kontakte nur noch für Subkulturen möglich sind. Anstelle der unmittelbaren, gegenseitigen Korrektur sollen Normen den inneren Kern der Gemeinsamkeit einer Gesellschaft schützen und werden zu diesem Zweck mit institutionalisierten Sanktionsmöglichkeiten ausgerüstet, die für ihre Geltung sorgen. Mit der – vom politischen System konstruierten – Normsetzung wird zugleich eine Grenze gezogen zwischen konformen und devianten Handlungsweisen. Wesentlich für das Verständnis der vorliegenden Arbeit ist darüber hinaus die Unterscheidung zwischen der juristischen Norm, die, im Gesetzestext kodifiziert, delinquentes („kriminelles") von straffreiem („legalem") Handeln abhebt, und der psychiatrischen Norm, die gestörtes („pathologisches") von angemessenem („normalem") Handeln differenziert. Die Unterscheidung dieser beiden Norm-Begriffe fällt mit der Differenz von Sollen und Können zusammen: Die juristische Norm ist präskriptiv, die psychiatrische deskriptiv.[107] Ihre Vermischung, die sich etwa in der Formulierung „abweichendes" Handeln findet, das sowohl Delinquenz als auch Pathologie umfaßt, führt zu groben Mißverständnissen.

Die im Gesetz vorgeschriebenen Verhaltensnormen sind im wesentlichen negativ formuliert, d.h. sie schreiben vor, was *nicht* erlaubt ist; damit bleibt der Spielraum des Legalhandelns offen und es kann grundsätzlich angenommen werden, daß es außer der kriminellen Handlung andere Möglichkeiten gibt, ein Ziel zu erreichen. Ein Gesetz, das nicht eingehalten werden *kann*, wäre sinnlos. So ist es beispielsweise unbillig, von Homosexuellen den Verzicht auf Sexualität zu verlangen, was zur Aufhebung des entsprechenden Paragraphen führte. Insofern impliziert Gesetzgebung eine Analyse der Erfüllbarkeit, die sich in eine soziologische Untersuchung des Geltungsbereiches, der Wirksamkeit und der Sanktionsbereitschaft einerseits und eine psychologische Betrachtung der individuellen Fähigkeit zur Einhaltung des Gesetzes an-

---

[107] Vertreter des Labeling Approach werfen an dieser Stelle ein, daß die präskriptive Bewertung des Verhaltens, sobald sie vollzogen ist, deskriptiven Charakter im Sinne einer Stigmatisierung erhält. Hier geht es jedoch zunächst um die Abgrenzung der Begriffe, nicht um ihren Zusammenhang.

dererseits aufspaltet. Auf diese Weise sind juristische und psychiatrische Norm verkoppelt, was unter anderem Ausdruck in den Paragraphen §§20 und 21 des Strafgesetzbuches findet (vollständige und teilweise Schuldunfähigkeit); sie sind jedoch nicht identisch (vgl. Blau 1989).[108]

Um den Sinn eines Gesetzes rechtlich zu begründen, muß wie bei der psychologischen Bestimmung der Funktionalität des Handelns seine Wirkung im betroffenen System berücksichtigt werden. Dabei stellt sich oft anhand inter- und intrakultureller Variation heraus, daß der konkrete Inhalt einer gesetzlichen Bestimmung kontingent ist, ein Gedanke, der durch Sartre (1968) in die Diskussion gebracht wurde. Ob der Rechts- oder Linksverkehr zur Regel erhoben wird, ist gleichgültig, Hauptsache, er wird geregelt,

> „...denn das Grunderfordernis für organisiertes menschliches Handeln ist eine Übereinkunft *überhaupt*, wie willkürlich sie auch sein mag." (Cohen 1968, S. 15)

Dagegen wäre einzuwenden, daß der Willkür politischer Herrschaft, die sich auf Gesetzesnorm und Sanktionsapparat stützt, Grenzen gesetzt sind, indem sie das Funktionieren des gesellschaftlichen *Gesamtsystems* auf Dauer ermöglichen muß oder scheitern wird.

Die juristische Norm legitimiert sich daher mit dem kategorischen Imperativ als Minimalforderung: Angenommen, das zu beurteilende Handeln *würde* von allen in dieser Weise ausgeführt werden, wäre dies überhaupt widerspruchsfrei möglich? Immanuel Kant gibt dafür folgendes Beispiel:

> „Wenn ich in Geldnot zu sein glaube, so will ich Geld borgen und versprechen es zu bezahlen, ob ich gleich weiß, es werde niemals geschehen. Nun ist dieses Prinzip der Selbstliebe oder der eigenen Zuträglichkeit mit meinem ganzen künftigen Wohlbefinden vielleicht wohl zu vereinigen, allein jetzt ist die Frage: ob es recht sei? Ich verwandle also die Zumutung der Selbstliebe in ein allgemeines Gesetz und richte die Frage so ein: wie es dann stehen würde, wenn meine Maxime ein allgemeines Gesetz würde. Da sehe ich nun sogleich, daß sie niemals als allgemeines Naturgesetz gelten und mit sich selbst zusammenstimmen könne, sondern sich notwendig widersprechen müsse. Denn die Allgemeinheit eines Gesetzes, daß jeder, nachdem er in Not zu sein glaubt, versprechen könne, was ihm einfällt, mit dem Vorsatz, es nicht zu halten, würde das Versprechen und den Zweck,

---

[108] Zur Diskussion inwieweit sich psychiatrische und psychologische Einschätzung ergänzen oder widersprechen, siehe Saß (1985).

den man damit haben mag, selbst unmöglich machen, indem niemand glauben würde, daß ihm was versprochen sei, sondern über alle solche Äußerung als eitles Vorgehen lachen würde." (Kant 1788, S. 236 ff.)

Die Verallgemeinerungsfähigkeit einer Handlungsmaxime stimmt in formaler Hinsicht mit neueren gerechtigkeitstheoretischen Überlegungen überein, wie beispielsweise dem Prinzip der Fairness nach John Rawls (1975, S. 232), das auf die Frage antwortet,

> „wie die verschiedenen Freiheiten zu bestimmen sind, damit sich das beste Gesamtsystem der Freiheit ergibt."

Zumindest lassen sich solche Forderungen in der Praxis der Gesetzgebung als notwendige Bestimmungsmerkmale aufrechterhalten, mögen die Inhalte der Gesetze im einzelnen vielmehr durch kulturelle und politische Zielsetzungen in Abhängigkeit von den staatlichen Machtstrukturen geprägt sein (Walter 1995, S. 31 ff., Lamnek 1997, S. 79 ff., 1999, S. 15ff.)

Im Falle der psychologischen Bewertung der Funktionalität des Handelns wäre ein solches theoretisches Vorgehen nicht nur umständlich und zu weit gegriffen, es würde in vielen Fällen die notwendige Spontanität des Handelns vernachlässigen. Der Störungsdiagnostik geht es nicht darum, allgemeingültige Vorschriften für funktionales Erleben und Handeln zu schaffen, sondern Anhaltspunkte zum Erkennen individueller Dysfunktionalität zu finden. Dennoch führt dieses Unternehmen auf empirischem Wege nicht zum Erfolg, wenn nicht vorgelagert ausreichend Konsens bezüglich der Begriffsunterscheidungen besteht, die a posteriori durch statistische Bestätigungsstudien überprüft werden. Eine grundlegende Neuerung der aktuellen Diagnoseschlüssel besteht unter anderem in der multiaxialen Bewertung. Das Vorhandensein einzelner Symptome reicht nicht zur Diagnose aus, solange sie keine gravierende Beeinträchtigung in der *Bewältigung des Alltags* nach sich ziehen (Achse V). Es stellt sich damit jedoch die grundlegende, von den Therapieschulen bislang unbeantwortete Frage, woran mangelnde Bewältigung des Alltags festzustellen ist.

Mag es im Falle ich-dystoner Störungen genügen, den subjektiven Leidensdruck als Kennzeichen der eingeschränkten Autonomie (Selbstwirksamkeit, Selbstkontrolle, Selbstentfaltung) des Klienten heranzuziehen, so erweist es sich bei ich-syntonen Auffälligkeiten als notwendig, zumindest die Folgen für die unmittelbaren Bezugssysteme (z.B. Familie, Beruf) zu berücksichtigen. Interpersonelles Handeln würde dann als gestört gelten, wenn es den Klienten oder einen Betroffenen aus seiner Umgebung schädigt. Der soziale Kontext muß gerade deshalb einbezogen werden, weil Störungen einer zwischenmenschlichen Beziehung zwar vielleicht als charakterliche Eigenart des Einzelnen, in der Regel aber nicht als pathologisch erlebt werden und im Betroffenen selbst kaum Leidensdruck, sondern kurzfristig Wohlbefinden erzeugen.

Die Gemeinsamkeit mit der juristischen Definition von Delinquenz liegt darin, daß störendes interpersonelles Handeln inhaltlich ebenfalls durch die Grenze der Autonomie bestimmt wird, nämlich daß die individuelle Freiheit des Einen ihre Grenze an der Freiheit der Anderen findet. Im Unterschied zum richterlichen Urteil geht es der Diagnose nicht um den Schutz der präskriptiven Normvorschrift, vielmehr um die Feststellung der Fähigkeit des Klienten, die Grenzen seiner Autonomie und die Wahrnehmung der Autonomie anderer im Alltag zu berücksichtigen. Juristisches Urteil und psychiatrisch-psychologische Diagnose unterscheiden sich also nicht nur hinsichtlich ihres erkenntnistheoretischen Charakters, sondern auch hinsichtlich der Reichweite und der Dimension des jeweils zugrundegelegten Norm-Begriffs. Da die aktuelle Gesetzesvorschrift für das Individuum eine konstante Größe darstellt (die im Einzelfall mit anderen Vorschriften in Konflikt geraten und zur Abwägung herausfordern kann), muß die Analyse der Funktionalität individuellen und interpersonellen Handelns den gesetzlichen Rahmen als Restriktion berücksichtigen, doch sie kann sich darin nicht erschöpfen, weil der positiv gestaltbare Spielraum für zwischenmenschliche Beziehungen durch die negativ formulierte Strafnorm nicht berührt wird.

Aus der Diskrepanz zwischen juristischer und psychiatrischer Norm ergeben sich zwei bedeutsame Klassen von Gesetzesverstößen: Ein Rechtsbrecher, der alles tut, um nicht entdeckt zu werden, ist sich der Gültigkeit der Norm durchaus bewußt, er kalkuliert das Risiko und intendiert eine kriminelle Vorgehensweise, wobei er die Norm lediglich von der anderen Seite her betrachtet als der konform *Handelnde*. Demgegenüber ist es jedoch auch möglich, sich kriminell zu *verhalten*, ohne die Norm explizit zu berücksichtigen: Wenn der Täter nicht anders kann, als die Norm zu brechen (z.B. bei Kleptomanie).

Bei genauerer Betrachtung läßt sich oft auch im scheinbar ungesteuerten „Verhalten" eine Intention erkennen, nur wirkt diese auf Außenstehende wenig anstrebenswert, z.B. wenn ein jugendlicher Junkie eine ältere Dame überfällt, um einen geringen Geldbetrag zu erbeuten. Die voreilige Reduktion des Handelns auf per definitionem intentionsloses Verhalten behindert oft das Verständnis, worum es in einer Situation „eigentlich" geht, indem sie die metakognitive Ebene der Person künstlich beschneidet.

Zusammenfassend lassen sich solche Handlungs- oder Verhaltensweisen als *gestört* bezeichnen, bei denen der Betroffene nicht über seine volle psychische Autonomie verfügt, um die Beziehungen zu seiner Umwelt zu gestalten, mit anderen Worten: bei denen er sich durch eine *mangelhafte Selbstkontrolle* auszeichnet (vgl. Gottfredson & Hirschi 1990). Sobald sich der Mangel an Selbstkontrolle situationsübergreifend zeigt, kann von gestörten Persönlichkeitszügen gesprochen werden. Die psychiatrische Klassifikation definiert den Störungsgrad unabhängig von der Gesetzesvorschrift sowie unabhängig davon, ob die Störung zu delinquentem Handeln geführt hat oder nicht – sie lotet damit den Bereich der „Selbstverständlichkeitsnormen" (Lamnek 1999, S. 22 f.) in Hinsicht auf die wahrscheinliche oder typische Dysfunktionalität des Handelns aus.

5.3.3 Kategoriale versus dimensionale Konstrukte

Will man ein Konzept *pathologischer Persönlichkeitseigenschaften* etablieren, so besteht die zentrale Frage in der Bestimmung des Maßes, ab wann die Ausprägung einer Persönlichkeitsdimension als deviant zu betrachten ist. Während das juristische Urteil das individuelle Geschehen situationsgebunden unter einen idealtypisch generalpräventiven Gesichtspunkt subsumiert, der im Gesetz formuliert ist, würde die Ausweitung der Beurteilung von der Tat auf die Persönlichkeit des Täters beispielsweise als „Psychopath", „Soziopath" oder auch nur als „gestört" eine unzulässige Verallgemeinerung darstellen, die die Dysfunktionalität des Handelns ingesamt und Anpassungsunfähigkeit des Betroffenen unterstellt. Damit wird nicht allein eine höchst unwahrscheinliche Feststellung getroffen, sondern zudem der Umgang mit dem Klienten seitens des Diagnostikers behindert. Fiedler (1998, S. 502) schlägt daher vor, „Persönlichkeitsstörungen" als Klassifikationsbereich gänzlich zu streichen. Vielmehr plädiert er dafür, die anhand von Symptomen diagnostizierbaren psychischen Störungen von den komplexen Störungen des Handelns in der Beziehung, die seiner Auffassung nach in den sog. Persönlichkeitsstörungen zum Ausdruck kommen, zu trennen. In den aktuellen Klassifikationsschemata ICD-10 und DSM-IV treten jedoch symptomatische und interpersonelle Kriterien vermischt auf. Daran ist ein Dilemma geknüpft: *Die Diagnose einer Persönlichkeitsstörung setzt per definitionem voraus, daß das beschriebene Handeln situationsunabhängig und zeitstabil auftritt – die Devianz des Handelns aber kann nur anhand seiner Situationsangemessenheit beurteilt werden. Es ist daher nicht nachzuvollziehen, daß in der Diagnostik von Persönlichkeitsauffälligkeiten die Variabilität des Handelns in verschiedenen Situationen nicht systematisch untersucht wird.*

Im juristischen Verfahren schlägt sich letzteres in dem Grundsatz nieder, daß jedes Urteil eine Würdigung des Einzelfalles bedeutet. Das Symptom kann demnach nur Anlaß sein, die – in der Regel zwischenmenschlich konstruierte – Situation zu untersuchen, individuelle Ziele und Mittel abzuwägen. Um ein deutliches Beispiel zu wählen: Die Tötung eines Menschen, als Symptom betrachtet, gibt keinen Aufschluß darüber, ob es sich um ein kriminelles, d.h. von Sanktionen bedrohtes Handeln handelt, denn die Tötung könnte auch in Folge einer Notwehr geschehen sein und wäre in diesem Fall nicht als Mord zu beurteilen. Um sie als Notwehr zu qualifizieren, muß aber das Handeln beider Beteiligten, des Täters und des Opfers, untersucht werden. Eine solche Perspektive, würde man sie von der kriminellen auf die deviante Bewertung übertragen, ist den aktuellen psychiatrischen, kriterienorientierten Diagnoseschlüsseln als auch den Fragebogenverfahren jedoch fremd. Ob umgekehrt die psychiatrische Systematik, die an nichtdelinquenten Patienten konzipiert und validiert wurde, ohne weiteres auf die Beschreibung forensischer oder kriminologischer Tatbestände übertragen werden kann, ist zweifelhaft (vgl. Möller et al. 1999).

Ein weiteres Abgrenzungsproblem in der Definition einer Norm des Normalen im Vergleich zum Devianten läßt sich in der Bewertung origineller Handlungsweisen erkennen, die als ein Hauptkriterium der Kreativität gelten: Originalität fällt aufgrund ihrer Seltenheit aus der *statistischen Norm*, ohne damit zwangsläufig deviant zu sein.

„Die Bewertung der Neuheit ist abhängig von der Bezugsgruppe; die Bewertung der Angemessenheit ist abhängig von den (subjektiven) Werten des Beurteilers." (Preiser 1976)

Dies deckt sich im klinischen Bereich mit Esysenck's Beobachtung, daß auffällige Testwerte, die dem Mittelwert einer Patientenstichprobe entsprechen, nicht unbedingt auf das Vorliegen einer Devianz schließen lassen (Eysenck & Eysenck 1987, S. 346). Ein begrifflicher Ausweg aus diesem Dilemma ist in der Einführung von *Persönlichkeitsstilen* zu finden, die nichtpathologische Aspekte des Handelns beinhalten, die in einem anderen Kontext als Störung benannt werden (Kuhl & Kazén 1997). Während Persönlichkeitsstile implizieren, daß eine konkrete Handlungsweise in anderen Situationen gewohnheitsmäßig wiederholt wird, ohne daß damit die Situationsunangemessenheit des Handelns eingeschlossen ist, werde ich in dieser Arbeit in zweierlei Hinsicht wertneutral von *Persönlichkeitsauffälligkeiten* sprechen: Damit meine ich Erlebnis- oder Handlungsweisen, durch die sich ein Einzelner

- in Differenz zu seiner Umgebung setzt, so daß die Unterschiede zwischen ihm und den anderen erkannt und bewertet werden können, unabhängig davon ob er dieses Handeln wiederholt oder nicht – denn es gibt gerade im Bereich der Delinquenz eine große Anzahl einmaliger Handlungen, die auf Persönlichkeitsauffälligkeiten hindeuten (Typ I), oder
- in Bezug auf das Gefüge seiner sonstigen Persönlichkeitseigenschaften (Ressourcen und Defizite) hervorhebt, ohne daß damit eine statistische Norm übertroffen werden muß (Typ II).

Während der erste Typ annähernd durch den Vergleich mit einer statistischen Norm (z.B. als T-Wert) ermittelt werden kann, wobei die Bewertung als deviant erst durch eine Analyse des Situationskontextes und der Handlungsalternativen gerechtfertigt wird, erfordert Typ II eine Neuorientierung in der statistischen Auswertung von Persönlichkeitsfragebögen, die anhand der Idee ipsativer Daten die Berechnung individueller Stärken- und Schwächenwerte zuläßt. Ein Vorschlag zur testpraktischen Umsetzung findet sich in Teil 2 dieser Reihe („Konfliktverhalten situativ, Handbuch zum Fragebogen").

5.3.4 Persönlichkeitsstörungen versus Störungen des Systems

Die Grenzsituationen sensu Jaspers an den Nahtstellen zwischen „Subjekt" und „Objekt" verlieren systemtheoretisch gesehen an Sinn, da eine Wahrnehmung unabhängig von den Konstrukten des Beobachters, ein „Ding an sich", als unvorstellbar erscheint. *Konfliktsituationen* treten dagegen an den Übergängen zwischen System und Umwelt, zwischen Umweltsystemen und zwischen Teilsystemen des psychischen Systems auf. Wo ist der größere, ausschlaggebende Anteil zu suchen? Wem ist die Störung zuzuordnen? Julius Kuhl ortet den Ursprung der Störung zwar in der Person-Umwelt-Interaktion, bezieht das Defizit jedoch einseitig auf dysfunktional kooperierende Subsysteme der Person:

> „Wenn sich eine vorherrschende Koalition [psychischer Subsysteme] auch in Situationen nicht auflösen läßt, in der eine andere vorteilhafter wäre, hätten wir den Fall einer Persönlichkeitsstörung." (Kuhl 2001, S. 9)

Davon abgesehen, daß die voreilige Anpassung an Situationen genauso zur Quelle des Unbehagens oder Mißfallens anderer werden kann wie umgekehrt das anhaltende Beharren auf momentan unpassend erscheinenden Haltungen, lassen sich die sogenannten „Persönlichkeitsstörungen" ohne weiteres konflikthaften Alltagssituationen zuordnen.

- Einer Person erscheinen zwei Handlungsalternativen mit ihren jeweiligen Vor- und Nachteilen gleichwertig und die weitere kognitive Durchdringung der Alternativen eskaliert den Appetenz-Appetenz-Konflikt hin zur labilisierenden Unentschiedenheit.
- Eine Person, die sich den Regeln eines sozialen Systems unterordnet, erhält von diesem Aufträge, die ihre Selbstachtung oder ihre Selbsterhaltungsinteressen verletzen.
- Eine Person kann sich nicht zwischen zwei metakognitiven Strategien, z.B. innen- bzw. außenorientiert, festlegen oder ist im Gegenteil zu stark fixiert auf eine Strategie.

Weitere Beispiele ließen sich finden und Konflikte zwischen fraktionalen Persönlichkeitsanteilen mit Rollenkonflikten in Beziehung bringen.

> „Konflikte zwischen den Mitgliedern einer hoch entwickelten und organisierten menschlichen Gesellschaft sind nicht einfach Konflikte zwischen ihren jeweiligen primitiven Impulsen, sondern Konflikte zwischen ihren jeweiligen Identitäten oder Persönlichkeiten, jede mit ihren bestimmten gesell-

schaftlichen Strukturen – äußerst komplex, organisiert und einheitlich –, und jede mit mehreren verschiedenen gesellschaftlichen Facetten oder Aspekten, einer Anzahl verschiedener gesellschaftlicher Haltungen, die eine Person ausmachen. Konflikte entwickeln sich daher innerhalb einer solchen Gesellschaft zwischen verschiedenen Aspekten oder Phasen derselben Identität (Konflikte, die dort zu Persönlichkeitsspaltungen führen, wo sie extrem oder gefährlich genug sind, um psychopathologisch zu werden) wie auch zwischen verschiedenen Identitäten. Beide Arten dieser individuellen Konflikte werden durch die Rekonstruktionen der spezifischen gesellschaftlichen Situationen und die Modifikationen des gegebenen Rahmens der gesellschaftlichen Beziehungen gelöst und beendet, innerhalb derer sie im allgemeinen menschlichen Lebensprozeß auftreten." (George Herbert Mead S. 355-356)

Bezieht man die Zeitdimension in die Betrachtung ein, können Belastungen unterschieden werden, die im Lebenszyklus einer Person mit hoher Wahrscheinlichkeit auftreten („Entwicklungsaufgaben"), beispielsweise in der Adoleszenz, beim Tod eines Elternteils oder bei der Geburt eines eigenen Kindes, von außergewöhnlichen Belastungen (*„life events"*), die z.B. durch ein Verbrechen oder einen Unfall in der Familie ausgelöst werden. Problemsituationen dieser Art erfordern in vollkommen anderer Weise Bewältigungsfähigkeiten, die nur schwer von Modellen gelernt werden können – sie sind daher besonders von der Fähigkeit zum Transfer abhängig. Eine Diagnostik, die aufgrund einer Situationsanalyse die Chancen der Person abschätzen möchte, anstehende Probleme mit legalen Mitteln zu lösen, wird vor allem die Ressourcen der Person in Augenschein nehmen müssen.

Aus diesem Definitionsversuch lassen sich folgende Arbeitshypothesen gewinnen: „Persönlichkeitsauffälligkeiten" können als Anomalien der Person-Umwelt-Interaktion betrachtet werden. Sie sind nicht der Person als statische Eigenschaft zuzuschreiben, sondern der Person in bestimmten Situationen. Das Ausmaß der Pathologie läßt sich an der Art der verletzten Grenze erkennen. Existenzielle Anomalien der Person-Umwelt-Interaktion resultieren aus der Verwischung der systemischen Grenzen. Was heißt das? Dazu sind verschiedene Fälle vorstellbar:

interne Störungen des psychischen Systems:
- die Person versklavt ihre eigenen Teilsysteme, insbesondere den Körper, ohne Beachtung deren relativer Autonomie („Somatisierung");
- kognitive Verarbeitungsprozesse iterieren endlos, d.h. fehlende Durchlässigkeit zur Ebene der metakognitiven Reflexion („Zwanghaftigkeit");
- die Person gelingt es nicht, zwischen verschiedenen Aufmerksamkeitsmodi zu wechseln („Blockade");

vom System internalisierte Interaktionstörungen:
- die Person versucht Umweltsysteme analog zu eigenen Teilsystemen emergent zu versklaven („Narzismus", „Aggressivität");
- die Person gibt ihre selbstreferenzielle Freiheit zugunsten von Umweltsystemen auf („Abhängigkeit");
- die Person ordnet sich unbewußt mehrgenerationalen Abgrenzungs-Anschluß-Dynamiken unter („Musterübertragung")
- die Person grenzt sich übermäßig von der Umwelt ab („Schizoidie");

externe Störungen des Systems durch die Umwelt:
- die Person **kann** nicht zwischen verschiedenen Funktionalitäten der Umweltsysteme entsprechend deren Eigengesetzlichkeit differenzieren („Unsicherheit", „Hysterie", „Empathiemangel");
- die Person befindet sich in einer Grenzsituation, sie wird durch die Situation zu ungewöhnlichen Handlungsweisen herausgefordert.

Die Vermeidung von Anomalien der Person-Umwelt-Interaktion erfordert neben spezifischen Kompetenzen übergreifende, systemoperationale metakognitive Fähigkeiten wie Offenheit, Empathie und Selbstkontrolle. Deren Ausprägung bestimmt im wesentlichen die Möglichkeit des Transfers, d.h. die Orientierung in neuen Situationen.

Methodisch läßt sich die Zuordnung von Items als Situations- oder Personeigenschaft daran erkennen, ob die Person über sie autonom verfügen kann oder ob sie ihnen ausgesetzt ist. Der eigene Körper, obwohl er sich organisch *en détail* schwer manipulieren läßt, wäre demnach zur Person zu rechnen, während die Anwesenheit oder das Fehlen anderer Personen sofort eine Situation herstellt.

5.3.5 Funktionsstörungen des psychischen Systems

Psychische Auffälligkeiten als Bewußtseins-Störungen gehören zu den klassischen Konzepten der klinischen Psychologie und – verbunden mit der Illusion ursächlicher physiologischer Abläufe – auch der Psychiatrie. Indem sie sich als Alternative zu den arrivierten Ansätzen begreift, haben systemische Therapien die Konzeptualisierung oder gar die Existenz von psychischen Störungen größtenteils geleugnet. Als Ausnahme ist Fritz B. Simons systemische Krankheitstheorie zu nennen (1995). Simon verteidigt den Wert der Krankheit gegen den Gesundheitswahn, der einen unerreichbarer *unmarked state* anstrebt und damit zum Unglück beiträgt.

Der Preis konzeptioneller Freiheit ist die typisch postmoderne Beliebigkeit der Wertmaßstäbe (vgl. Lynn Hoffman Hennessy 1992, S. 24). Doch gerade der systemische Ansatz erfüllt die Voraussetzungen, zu einem allgemeinen, fächerübergreifenden Entwurf. Innerhalb des oben vorgestellten Modells des Bewußt-Seins lassen sich strukturelle Aussagen nicht nur zum Ablauf kognitiver Verarbeitungsprozesse sowie zur Dynamik von Zuständen des Bewußt-Seins, sondern auch zu Störungen der Interaktion beider treffen. Wieso sollte eine systemische Theorie der Persönlichkeit implizieren, daß psychische Störungen lediglich aus dem Kontext resultieren? Ihr systemischer Ursprung kann im System und dessen Organisation des Bewußt-Seins liegen. Der Störungscharakter wird allerdings erst in der Begegnung mit der Umwelt sichtbar. Daraus ergibt sich der Nutzen einer für therapeutische Zwecke hinreichenden Differenzierung des Bewußt-Seins. Was bedeutet in diesem Zusammenhang „Störung des psychischen Systems"?

Aufmerksamkeitsmodus und Verarbeitungsprozeß müssen nicht zusammen passen. Daraus erklären sich die ich-dystonen Verwirrtheiten der Person. Wem es nicht gelingt, die passende Form der Aufmerksamkeit zur erforderlichen Ebene kognitiver Verarbeitung zu entwickeln, der wird mit um so größerer Wahrscheinlichkeit im alltäglichen Handeln stolpern und anderen Gelegenheit bieten, seine Fehler auszunutzen. Wer sich in Ekstase befindet, wird schwerlich Mathematikaufgaben lösen. Wer sich in Entspannung begibt, wird nicht umherrennen. Motorische Erschöpfung kann als Übergangsprozeß kognitive Entspannung einleiten, daher wird sie von einigen körpertherapeutischen Techniken wie Biodanza oder der „Progressiven Muskelrelaxation" genutzt. Wahrnehmungsverfälschungen sind harmlos, ja alltäglich oder gar konstruktiv im doppelten Sinne, wenn sie das Bewußt-Sein der Täuschbarkeit aufrechterhalten oder wenn die kognitive Anforderung nicht im Wahrnehmen besteht, sondern im Erfinden.

Die Person kann beobachten, wann der Aufmerksamkeitsmodus nicht der kognitiven Anforderung entspricht, und lernen, den passenden Modus der Aufmerksamkeitsregulation ritualförmig einzustellen. Das ist der Vorteil ichdystoner Desorganisation des psychischen Systems: Fehler sind Anlaß zur Veränderung, aus ihnen gilt es, klug zu werden. Welche Quellen für Störungen des psychischen Systems lassen sich strukturell aus dem Modell ablesen? Einige Beispiele möchte ich anführen:

- Es steht nur ein willentlich hervorrufbarer Aufmerksamkeitsmodus zur Verfügung („Gleichmut").
- Der Wechsel zwischen den Aufmerksamkeitsmodi gelingt nicht („Blockade"), die Person ist einseitig auf äußere Reize oder einseitig auf die Wahrnehmung innerer Erlebnisse „geeicht".
- Die Rekursionsschleifen der Verarbeitungsprozesse kommen zu keinem Ergebnis, so daß die nächste Ebene des kognitiven Metazyklus nicht erreicht werden kann. Auf der perzeptiven Ebene zeigt sich die Neigung zur Endlositeration als „Reizhunger" oder „Sensation seeking", auf der semantischen Ebene in Form von „Grübeln" oder „Zwangsgedanken", auf der metakognitiven Ebene als „narzistische Kränkbarkeit".
- Läuft der Regulationszyklus vollständig bis zur Handlung durch, aber das Ergebnis wird metakognitiv nicht als Rückkopplung interpretiert, sondern in der Wahrnehmung unterdrückt, kommt es zu „Zwangshandlungen".
- Der Startpunkt des kognitiven Metazyklus wird a) hinsichtlich der prozessualen Rekursionsschleife oder b) hinsichtlich der Verarbeitungsebene ungünstig gewählt.

- Aufmerksamkeitsmodus und Verarbeitungsprozeß vertragen sich aus physischen Gründen nicht (z.B. geringe, aber eindringliche Geräusche und periphere Kontrastverstärkung erschweren die gedankliche Konzentration).

Bewußt-Sein realisiert sich durch mikrokosmische Umsetzung, im (kommunikativen) Handeln und erfährt dabei einen korrigierenden Rückbezug. Wer eine kognitive Anforderung und den passenden Aufmerksamkeitszustand in Einklang bringen kann, schafft sich auf essenzieller Ebene eine optimale Handlungsvorbereitung. Aus einer derartigen Konzentration resultiert die Überlegenheit der fernöstlichen Kampfkunst. Ob im Handeln die letztlich nötigen Machtmittel zur Verfügung stehen, um ein äußeres Ziel zu erreichen, steht auf einem anderen Blatt.

Ich-syntone Konflikte entstehen nicht zwischen Aufmerksamkeitsmodus und kognitiver Anforderung, sondern auf der metakognitiven Ebene. Die Selbstreferenz des psychischen Systems stellt Bezugsrahmen her, die durch die hierarchisch-rekursiven Verarbeitungsprozesse erfolgreich realisiert werden, zugleich aber in der Begegnung mit der Umwelt systematisch zu Konflikten führen. Der Konflikt wurzelt daher nicht innerhalb der Person oder ihres psychischen Systems, sondern im selbstrefenziell bestimmten Interaktionsfeld mit der Umwelt. Solange die Rückwirkung aus der Umwelt das psychische System nicht stört, kann es mit sich zufrieden sein. Es kann keinen Fehler und keinen Anlaß zur Veränderung wahrnehmen, weil es für sich gesehen funktioniert. Verarbeitungsprozesse und Aufmerksamkeitsmodi kooperieren reibungslos miteinander. Daraus erwächst, in gewaltbereiten Kreisen, nicht selten ein kompensatorischer Machtrausch. Die metakognitiven Zielvorgaben, die emergente Selbstbestimmung des Systems kann sich aber auf Dauer nicht im größeren Rahmen des sozialen Systems behaupten. Das Funktionieren der Bewußtseinsprozesse auf unteren Ebenen hat dazu beigetragen, daß ichsyntone Störungen beispielsweise bei Rechtsbrechern lange Zeit nicht als psychische Auffälligkeit erkannt wurden.

Neben der dissozialen Haltung können andere Einschränkungen des Person-Status zu ich-syntonen Störungen führen: Beispielsweise verwechselt die Person belebte und unbelebte Umweltsysteme,[109] sieht, was nicht vorhanden ist, ordnet das Wahrgenommene in unpassende Kategorien oder fühlt sich persönlich angesprochen, auch wenn es gerade um einen sachlichen Inhalt ging. Wer die eigene Wahrnehmung, ohne es zu bemerken, *systematisch* verfälscht – auf welcher kognitiven Ebene auch immer – der handelt im besten Glauben und erreicht das Gegenteil. Er schiebt Ansprüche vor und hintertreibt sie mit ichbezogener Absicht, er manipuliert und bemerkt nur, wie er selbst in symmetrischer Abwehr manipuliert wird.

Darin liegt die Falle der ichsyntonen Störung: Sie betrifft die metakognitive Ebene der Wahrnehmungs- und Handlungsorganisation der Person. Auch die Abwehr korrigierender Rückmeldungen aus der Umwelt, etwa wenn jemand, der aus egoistisch-dissozialer Motivation heraus angegriffen wurde, Widerstand leistet, kann ich-synton als Selbstverteidigung interpretiert werden. Fiedler (1998, S. 468) hält das Kriterium der Ich-Syntonie für derart bedeutsam, daß er daran spezifische psychische Störungen und Persönlichkeitsauffälligkeiten unterscheidet.

5.3.6 Internalisierte Interaktionsstörungen

Psychische Prozesse stellen Ansprüche an die Konstitution der Person. Aus Störungen des psychischen Systems folgt – nicht zwangsläufig, doch mit einer gewissen Wahrscheinlichkeit, daß die Person Anforderungen, denen sie im Alltag ausgesetzt ist, nicht erfüllen kann. Gleichermaßen bietet die Situation auch Möglichkeiten, psychische Funktionsbeeinträchtigungen auszugleichen. Sie kann für die Person Ressource und Defizit in einem bedeuten.

Der Doppelcharakter der Situation, der sich je nach interaktiver Nutzung durch die Person offenbart, erklärt die Möglichkeit „therapeutischer Wunder". Erst wenn die Person auf ein bestimmtes Ziel insistiert und nur eine beschränkte Anzahl wenig aussichtsreicher Wege dahin beschreiten mag, wird ihr bewußt, daß sie sich in eine Sackgasse begeben hat. Personen, die glauben, daß ihnen Machtmittel zur Verfügung stehen, erkennen die Fragwürdigkeit ihrer Ziele daher oft wesentlich später, wenn überhaupt. Führt die Reflexion über die Sinnhaftig-

---

[109] Durchgängiger Animismus und zwanghafte Sachlichkeit liegen auf derselben Ebene.

keit und Erreichbarkeit der Ziele oder die Angemessenheit der Mittel bereits aus der kognitiven Falle heraus, hat ein Gespräch darüber wenig mit Therapie zu tun. Es handelt sich vielmehr um alltägliches Problemlösen.

Ein im engeren Sinne therapeutisches Anliegen entsteht, sobald die Person aufgrund wie auch immer errichteter Blockaden keinen Ausweg sehen *kann*. Wenn sie die Problemsicht auf die Situation derart internalisiert hat, daß ein lockeres Umschwenken auf eine andere Perspektive ohne die Hilfe eines Außenstehenden undenkbar erscheint. Sogar wenn äußere Umstände die Person zwingen, ihre Pläne oder ihre Selbstachtung aufzugeben, beginnt die Person erst dann sich selbst zu behindern, wenn sie die Hindernisse internalisiert.

Im folgenden zähle ich einige Beispiele derartiger Selbstblockaden auf, die Personen in bestimmten Situationen entwickeln können. Diese Aufzählung versteht sich keinesfalls als vollständig. Systemische Persönlichkeitsauffälligkeiten resultieren einerseits aus dem Umstand, daß die Person ihre eigene essenzielle Differenzierung, andererseits den Funktionalitätstyp der Situation oder beide nicht genügend achtet. Daher können aus den oben besprochenen Funktionsstörungen des psychischen Systems Folgen für die situative Interaktion entstehen. Doch es ist auch möglich, daß die Person trotz funktionaler Wahrnehmung die Situation verkennt oder die Natur der gemeinsamen Wirksprache, mit deren Hilfe sie auf die Situation Einfluß auszuüben hofft und zugleich von ihr beeinflußt wird.

Einschränkungen des Person-Status
– Leugnung individueller Autonomie: Wer die Möglichkeit zur individuellen Selbstbestimmung unterschätzt, begibt sich eher in Abhängigkeit von der Umwelt, Sachzwängen oder anderen Personen, wirkt willensschwach oder depressiv.
– Aufmerksamkeitsprobleme und intellektuelle Benachteiligung: Ein Mangel wie ein Übermaß im Sinne an kognitiver Flexibilität hat oft eine verkürzte Wahrnehmung der Umstände zur Folge.[110]

---

[110] Ein Übermaß an kognitiver Flexibilität, d.h. der Fähigkeit, den Fokus der Aufmerksamkeit zu wechseln, erscheint einem defizitorientierten Blick bzw. in der Situation, die Beharrlichkeit erfordert, als Konzentrationsschwäche.

- Körperliche Empfindlichkeiten: Tatsächliche körperliche Beeinträchtigungen als auch die Neigung zur somatisierenden Übersetzung psychischer Belastungssituationen können die Anpassungs- und Steuerungsfähigkeit der Person herabsetzen.

Nichtbeachtung und Überbewertung des Körpers
- Körperkontroll-Illusionen: Der Wunsch, die eigenen Körperreaktionen zu kontrollieren, geht einher mit der Beobachtung kleinster Empfindungen und der willkürlichen, auch „stillen" (kognitiven) Einflußnahme auf autonome Funktionen wie Essen, Ausscheidung, Sexualität. Die eingebildete Kontrolle über den Körper entgleitet, sobald dieser rückkoppelnd der Einflußnahme entgegensteuert, so daß sich beispielsweise aus dem essenziellen Wunsch nach Schlankheit Magersucht, aus sexuellem Bedürfnis Impotenz entwickelt.
- Übergehen eigener Körper-Signale: Damit vernachlässigt die Person eine wesentliche Gelegenheit, die Realisierbarkeit von Ambitionen auf ihren momentanen Zustand zu prüfen, so daß nicht nur körperliche Entgleisungen (z.B. Infektanfälligkeit, Kopfschmerzen, Black-out-Erlebnisse, Kontrollverlust) auftreten können, sondern diese häufig mit einer Überschätzung der eigenen Fähigkeiten verbunden sind.
- Übergehen der Körper-Signale anderer Personen: Zirkulär damit verbunden ist die Verwechslung von materieller und personeller Umwelt. Indem die Äußerungen der inneren Befindlichkeit anderer keine Rolle für die Kommunikation spielt und daher Reaktionen des Gegenübers lediglich „rätselhaft" oder „komisch" bleiben, wird eine objekthafte Wahrnehmung verstärkt.

Vertauschungen von materieller und personeller Umwelt
- Verwechslung von Objekt und Person: Wer sachliche Regeln auf interpersonelle Beziehungen anwendet, kann mechanisch-zwanghaft wirken, indem er eher dazu neigt, andere Menschen als Instrument zu benutzen oder zu mißbrauchen. Die Relevanz dieses Unterschieds erscheint insbesondere bei Sexualdelinquenten offenbar, deren Einschränkungen sich allerdings nicht ausschließlich darauf zurückführen lassen. Umgekehrt kann die Ge-

wohnheit, sich sachlichen Zusammenhängen auf emotionale, bindungsstiftende Weise zu nähern, als histrionisch interpretiert werden.
- Mißachtung der doppelten Kontingenz: Wer nicht bemerkt, daß andere Menschen in gleicher Weise wie er selbst über einen Person-Status verfügen, wird eher von objekthaft statischen Leitbildern im Umgang mit anderen ausgehen, die Dynamik interpersoneller Konflikte nicht erkennen und Hierarchien nicht oder nur stereotyp achten. Empathiemangel, eingeschränkte Liebesfähigkeit und Narzismus erscheinen in diesem Kontext verwandt.
- Schuld- und Schamkomplexe: Im Gegenzug wirkt die Übertragung ursprünglich mit Schuld besetzter Lebensbereiche (z.B. durch elterliche Einschüchterung) blockierend auf pragmatisch lösbare Probleme oder eigentlich kontingenzfreie Lebensbereiche.

Mangelnde Prüfung der Wünsche auf Realisierbarkeit
- Ziel-Mittel-Diskrepanzen: Die zuhandenen Möglichkeiten können sowohl unter- als auch überschätzt werden (einschließlich der gesetzlichen Normen). Im ersten Fall resultieren schizoide Zurückhaltung oder Unsicherheit, im zweiten Fall, der auch die Vereinseitigung einzelner Ansprüche beinhaltet, können neurotische Überspanntheit bis hin zum Größenwahn folgen.
- Selbstkontrolldefizite: Sie betreffen nicht allein den Mangel an palliativen Copingfähigkeiten im strategischen Umgang mit Hindernissen, sondern auch das pragmatische Handlungsgeschick.
- Verwechslung oder Unkenntnis der situationsspezifischen Regeln: Unterschiedliche soziale Systeme bzw. Emergenzebenen zeichnen sich durch eigene, teilweise ritualisierte Umgangsformen aus, die für Außenstehende nicht sogleich zu erkennen sind. Die resultierende Unsicherheit läßt sich mitunter durch Musterübertragung, d.h. durch Transfer aus anderen spezifischen Bereichen, vorzugsweise der Herkunftsfamilie, oder durch Anschluß an eine Subkultur kompensieren.

Ambivalenz von Nähe und Distanz
- emotionale Labilität (Borderline-Symptomatik): Der Konflikt zwischen Schutz der Identität durch Abgrenzung von der Umwelt einerseits und dem Bedürfnis nach Anerkennung und Zuwendung andererseits kann zu einer allgemeinen Verunsicherung der Person führen, die gleichsam ihre Umgebung mitverunsichert.
- Regression in kindliche Kommunikationsformen: Wer an der Entwicklungsaufgabe scheitert, sich von der Herkunftsfamilie in angemessener Weise zu lösen, hat mitunter Schwierigkeiten, sich an distanzierten Rollenmustern der Erwachsenen zu orientieren. Die Lösung ist insbesondere dann erschwert, wenn keine volle Bindung vorausgegangen ist, z.B. in *broken-home*-Verhältnissen, so daß frühe Anerkennungsbedürfnisse noch in einem Alter vorhanden sind, in dem sie nicht mehr adäquat wirken (vgl. Musterübertragung).

Da die Anforderungen an eine Person und deren Ressourcen in der Regel miteinander verschränkt sind und je nach Situation in unterschiedlichem Maß und Mischungsverhältnis wirksam werden, ist nicht zu erwarten, daß auch die defizitären Vereinseitigungen in Reinkultur auftreten. Gewaltförmige Aggressivität kann sich beispielsweise durch die Betrachtung des Anderen als Objekt und gleichzeitig durch Nähe-Distanz-Konflikte auszeichnen. Je nachdem ob sie durch überzogene Selbstbestimmung motiviert oder durch mangelnde Selbstkontrolle enthemmt ist, wird man sie als instrumentell oder emotional bewerten.

5.4 Implikationen für Therapie und Beratung

5.4.1 Was Therapie ermöglicht

Wenn die Interaktion von System und Umwelt trotz emergenter Rahmung - sowohl auf der Ebene körperlicher Entwicklungsprozesse, als auch individueller Entscheidungen und geschichtlicher Ereignisse - aus einem derart komplexen Geschehen resultieren, daß für den außenstehenden Beobachter der Zufall als Mitspieler erscheint, so darf gefragt werden, welcher Wert Therapie darin zukommt. Was bedeutet „Therapieerfolg" in einer langfristig chaotisch organisierten Person-Umwelt-

Situation, wenn der Fortgang der Dinge prinzipiell ungewiß, das Zustandekommen oder Nicht-Zustandekommen von Gelegenheiten offen bleibt? Zunächst fällt der subjektive Maßstab ein: Solange der Klient das Gespräch anregend empfand, kann es als erfolgreich gelten.

> „Wenn demnach bei einem Interview der Klient am Anfang berichtet, daß er die ganze Zeit niedergeschlagen sei, und am Ende, daß er nur 80% der Zeit niedergeschlagen sei, dann war dieses Interview erfolgreich." (Steve de Shazer 1992, S. 93)

Doch genügen derart „weiche" Kriterien auch, wenn der Klient beispielsweise vorhat, sich umzubringen oder wenn er nach einer Straftat zur Therapie gedrängt wird? Gibt es keine objektivierbaren Anzeichen? Einschlägige Rückfälligkeit hinsichtlich einer als kritisch angesehenen Handlungsweise kann bei aller Spielbreite der Definitionen bestenfalls als negatives Posthoc-Kriterium dienen. Wenn das Wetter nur für wenige Tage voraussagbar ist, wer vermag dann menschliches Handeln über einen Zeitraum von Jahren zu prognostizieren?

Paradoxerweise ist die Quelle der Unvorhersagbarkeit zugleich der Hoffnungsschimmer für Stabilität auch bei wechselndem Kontext: die individuelle und individualisierende Selbstreferenz der Person, ihre Persönlichkeit. Eine Person, die gegenüber ihrem Körper Wege der rahmenden Steuerung findet und gegenüber der eigenen sozialen Umwelt einschließlich der Herkunftsfamilie Techniken der Anschluß- und Abgrenzungsdynamik entwickelt, erlangt relative Autonomie. Sie wird versuchen – unter welchen Umständen auch immer – selbstrelevante Ziele zu erreichen.

Anhand des Modells der Heugabel-Bifurkation wird ersichtlich, daß geringe Unterschiede in den Ausgangszuständen zu gravierenden Unterschieden im Laufe der Entwicklung führen können. Anstelle der Heugabel-Bifurkation, die als Bild manchen Klienten zu abstrakt erscheinen würde, eignen sich auch anschaulichere mechanische Analogien, z.B. von der Weiche, die mit einem Unterschied von wenigen Zentimetern am Anfang tausende Kilometer Entfernung zwischen den Zielorten „bewirken" kann. Minimalistische, meist verbale Interventionen können dem Klienten Einblick in das eigene Bewußt-Sein verschaffen. Was die interpoietische Anregung hervorruft, bleibt dem Therapeuten verborgen, wenn der Klient sich darüber nicht mitteilen mag. Das Bewußt-Sein des eigenen Bewußt-Seins, die Spiegelung der Referenz auf metakognitiver Ebene, so geringfügig sie erscheint, kann den Klienten in ein anderes Verhältnis zu sich selbst und damit in die Lage versetzen, was er wo gemeinsam mit wem will, zu artikulieren – und mikrokosmisch zu realisieren.

Nicht selten begegnet der Therapeut den Klienten im Augenblick der inneren Not, in einer kritischen Situation. Ein relevantes Bezugssystem ist gestört worden, hat aufgehört zu existieren und sich in Folgesysteme aufgelöst (die Auflösung ist dann die Lösung). „Therapie" bedeutet in diesem Fall, den lebensgeschichtlich zentralen, vielleicht angsteinflößenden Bifurkationspunkt zu thematisieren, nach Möglichkeit die damals Beteiligten zirkulär einzubeziehen und die abgebrochenen Prozesse ritualförmig abzuschließen. Und was heißt in diesem Kontext „Therapieerfolg"? Wenn es dem Klienten (wieder) gelingen *kann*, sich im zufällig erscheinenden Strom der Ereignisse *relativ autonom* zu behaupten. Relative Autonomie ist bezogene Autonomie, keinesfalls Flucht in die Isolation oder pauschaler Abbruch der Beziehungen.

Nicht allein die symbolische Begegnung auf der essenziellen Ebene, wie sie z.B. bei der Aufstellungsarbeit oder der Arbeit mit der inneren Familie praktiziert wird, bewirkt Einsicht. Symbolische Auseinandersetzung kann zum Einsatz kommen, wenn die eigentlich Konfliktbeteiligten nicht mehr am Leben sind. Sie hat außerdem den Vorteil, daß unterschiedliche Varianten probeweise in Ruhe durchgespielt und unter minimaler Verwendung von Sprache bewußt werden können, ohne daß bereits eine neue, alles überstürzende Eigendynamik in Gang kommt (vgl. Grawe et al. 1994, S. 707). Dies ist als Vorbereitung manchmal hilfreich. Nachhaltiger erweist sich jedoch die konkrete, physisch erfahrbare Begegnung. Auch weite Entfernungen, etwa wenn die Kinder auf einem anderen Kontinent als die Eltern wohnen, stellen kein Hindernis an sich dar, sondern ein „nützliches Hindernis". In diesem Falle ist zwar eine Sitzungshäufigkeit von dreimal wöchentlich, wöchentlich, monatlich oder auch nur halbjährlich ausgeschlossen. Routinemäßige Therapieprogramme nach Schema F lassen sich nicht anwenden. Dennoch lädt gerade die räumliche Entfernung eine wirkliche Begegnung zwischen den erwachsenen Kindern und ihren alten Eltern mit einer Intensität auf, die bei essenzieller innerer Vorbereitung außerordentlich wirksam genutzt werden kann.

Vor allem der Einfluß unbeachteter Übergangsprozesse verdient therapeutische Aufmerksamkeit. Beispielsweise kann der Weg zum Therapeuten entscheidend für den Therapieerfolg sein. Wer hastig aus der S-Bahn fällt, um seine zahlreichen Termine nicht zu verpassen, wird trotz heftigen Eingespanntseins nur eine geringe Intensität erreichen, d.h. sich kaum wirksam auf die Umwandlungsprozesse einstellen. Für den Motivierten ist ein langer Weg zum Therapeuten sinnvoll. Während er den Weg zurücklegt, bewegt er die therapeutisch wirksamen Ideen. Eine effektive Suggestion am Schluß eines Gespräches lautet dementsprechend: „Denken Sie auf dem Heimweg darüber nach." oder „Reden Sie auf dem Heimweg darüber." Körperliche und geistige Ebene der Person werden im Gehen nicht voneinander abgekoppelt, sondern in Schwingung versetzt, ein Zustand, der oftmals anregender wirkt als Denken im Sitzen. Summa summarum – das unterscheidet Therapie wenig vom sonstigen Alltag – kommt es auf die Effektivität des Übergangs zwischen essenzieller und existenzieller Ebene an.

5.4.2 Situative Diagnostik

Stellen Sie sich vor, mit Motorschaden auf verlassener Strecke stehengeblieben zu sein. Wieviele Möglichkeiten gibt es, einen Ausweg zu finden, doch wie wenige betreffen die Reparatur des Motors! Sie können, wenn Sie ein Telefon dabei haben, einen Abschleppdienst rufen – ohne daß Sie die Ursache für den Motorschaden herausgefunden haben. Genauso gut können Sie ins nächste Dorf laufen und sich dort nach Hilfe umsehen oder per Anhalter dorthin fahren. Selbst wenn Sie Autoschlosser sind und den Schaden sofort nach Öffnen der Motorhaube identifizieren, haben Sie wahrscheinlich nicht die Ersatzstücke bei sich, die Ihnen weiterhelfen würden.

In systemischen Reflexionen hat es sich eingebürgert, nicht mehr in Ursache-Wirkungs-Ketten zu denken. Die Kritik an der Konstruktion linearer Kausalität ist berechtigt, wenn man von typischerweise multifaktorieller und emergenter Wechselwirkung zwischen komplexen Zusammenhängen ausgeht. Mitunter kann es jedoch hilfreich sein, nach Ursachen zu fragen. Sie bezeichnen den Knoten zwischen zwei Ereignissen. Wenn es mehrere Knoten gibt, dann sollten zusätzlich deren *Anteile* Beachtung finden. Damit wird das lineare Kausalitätskonzept bereits differenziert. Doch es wäre eine Illusion, zwischen Ursache und

Lösung einen logischen Zusammenhang anzunehmen. *In der Regel folgt die Lösung einer anderen Logik als das Problem.* Ziele von Therapie sind aber Lösungen. Wir können die Ursachen nutzen, um eine problematische Situation zu verändern, aber es gilt dafür keine Ausschließlichkeit: Wir müssen nicht. Problemklärung und Ursachenforschung können Ansätze liefern, sie können ebenso in die Irre führen.

Die Ursachen eines Ereignisses sowie – bei komplexer, multikausaler Verursachung – die zugehörigen Gewichtsanteile und die Art der Zusammenhänge zu kennen, dient vielmehr dem zukunftsbezogenen Lernen aus Situationen. Mit ihrer Hilfe werden Konstellationen erkannt. Es wird einfacher, auf sie gefaßt zu sein (wenn Vermeidung unmöglich ist) – das heißt Prävention – während das postmodern-pauschale Fürmöglichhalten der Verbindung aller Knoten im Netz mit allen in Beliebigkeit mündet. In einer systemischen Diagnostik der Persönlichkeit kommt es nicht auf das Konstatieren statischer Eigenschaften an. Vielmehr gilt als Leitmotiv, daß eine Person sich in jeder Situation von einer anderen Seite zeigen *kann* und auch die diagnostische Situation davon nicht ausgenommen ist. Daher interessiert sich der systemische Diagnostiker für

- die Aktivierung jeweiliger fraktionaler Persönlichkeitsanteile in unterschiedlichen situativen Kontexten;
- den Anteil anachronistischer Handlungsweisen, die beispielsweise in früheren Situationen sinnvoll waren und in dauerhafte Gewohnheiten übergangen sind, obwohl sie mittlerweile stören oder die mehrgenerational-unbewußt in die Gegenwart übertragen werden;
- die von der Person in unterschiedlichen Situation genutzten sowie potenziellen psychischen Ressourcen;
- metakognitive und generalisierende Strategien der Person wie z.B. Selbstkontroll- und Empathiefähigkeiten, mit deren Hilfe sie den Transfer zwischen verschiedenen Situationen meistert.

Situative Diagnostik spielt vor allem auch für die Therapieevaluation und Prognose der Entwicklung in einem veränderten Kontext, z.B. hinsichtlich der Legalbewährung, eine maßgebliche Rolle. Der Schluß von Beobachtungen innerhalb eines therapeutischen Settings oder innerhalb einer Institution sozialer Kontrolle auf die Entscheidungen und Handlungsweisen der Person außerhalb dieser Situation gehört ohne Beachtung der Transferfähigkeiten und situativen Einflüsse zu den Kunstfehlern der diagnostischen Praxis. Gerade wenn einseitig versucht wurde, das sichtbare Verhalten eines Klienten zu modifizieren, scheitert der Transfer der therapeutisch eingeübten Muster auf den Alltag häufig am Auftauchen unvorhergesehener Situationen. In der üblichen state- oder trait-bezogenen Evaluation der Veränderungen bleibt dieses Dilemma in der Regel unberücksichtigt. Denn der Schluß vom Handeln, das ein Klient in der Therapie zeigt (einschließlich des Beantwortens von Fragebögen), auf die Realisierung fraktionierter Persönlichkeitseigenschaften im Alltag hängt von einer Vielzahl situativer Bedingungen ab, nach denen gewöhnlich in Tests nicht gefragt wird. Aus der situativen Blindheit solcher Verfahren resultiert eine extreme Fehlerhaftigkeit hinsichtlich der externen Validität (vgl. Rost 1996, S. 54). Insbesondere für die Untersuchung delinquenten Handelns erscheint die Berücksichtigung der Person-Umwelt-Interaktion angezeigt, die über eine typologisierende Subjektzentrierung hinausweist und die kontextuellen Bedingungen der individuellen Lebensweise einbezieht.

Da Persönlichkeitsauffälligkeiten in der Regel ichsynton, d.h. nicht als störend, sondern als integraler Charakterzug erlebt werden, der erst in der Beziehung zur Umwelt hervortritt, kann die Hypothese aufgeworfen werden, daß sie sich, eingebettet in einen Konflikt- bzw. Streitfall, am ehesten beobachten lassen. Je nach Fragestellung können nahestehende oder fremde Personen den Bezug bilden. Die Auffälligkeiten geraten meist nicht scharf getrennt voneinander ins Spiel, sondern zeichnen sich durch eine hohe „Komorbidität" aus. Dies ist durch ihre jeweils unterschiedliche Funktion im sozialen Zusammenhang begründet, der dazu führen kann, daß mehrere psychische Funktionssysteme gleichzeitig in die Lösung eines Konflikts einbezogen sind, so daß deren Ausdrucksformen korrelieren (vgl. Kuhl & Kazén 1997; Fiedler 1998, S. 363).

Im unmittelbaren Kontakt mit dem Probanden spielt das Ausdrucksverhalten für die Diagnostik der psychischen Situation, d.h. der Person-Umwelt-Interaktion, eine nicht zu unterschätzende Rolle. Hinzuweisen ist auf den funktionellen Unterschied zwischen dem *emotionalen Ausdruck*, der nach außen beziehungsstiftend oder -störend wirken kann, und der *emotionalen Reaktion* innerhalb der Person, deren Funktion im Filtern situativer Reize besteht. Je stärker die Person emotional filtert, desto stärker engt sich ihr Spielraum für rationale Reflexion ein, genauer gesagt:

> „(1) Positive Affekte und die entsprechende Aktivierung des Belohnungssytems hemmen das planvolle, analytische Denken und bahnen die intuitive Verhaltenssteuerung; (2) negative Affekte und die entsprechende Aktivierung des Bestrafungssystems hemmen die Fühlfunktion und bahnen die Empfindungsfunktion." (Kuhl & Kazén 1997, S. 30)

Die Differenz zwischen „Fühlen" und „Empfinden", auf die sich Kuhl & Kazén (1997) in ihren Modulationshypothesen beziehen, entspricht in etwa dem in dieser Arbeit eingeführten Unterschied zwischen metakognitiver und perzeptiver Verarbeitung. „Fühlen" meint hier integrierte, kontextorientierte, emotional getönte Verarbeitung, während „Empfinden" die automatische Verarbeitung diskriminanzverursachender Reize beinhaltet.[111] Wer die Situation aus einer euphorischen Stimmung betrachtet, verliert seinen nüchternen, abwägenden Blick; Mißtrauen und üble Laune verstärken dagegen die Beobachtung von Details.

Infolge der metakognitiv-emotionalen Filterung fließen situationsgebundene Informationen in die handlungswirksamen Erwartungen nur teilweise ein. Mit anderen Worten, das Wahrgenommene ist die Resultante der Differenz zwischen Wahrnehmungsgegenstand und zirkulärer Referenzialität auf der gewählten Bezugsebene. Wächst der Anteil der situationsunabhängigen Handlungsauslöser, so vergrößert sich die Wahrscheinlichkeit verfehlter Handlungssequenzen. Von Auffälligkeit läßt sich demzufolge dann sprechen, wenn eine Person im intentionalen Handeln wiederholt unrealistischen Zielerwartungen folgt oder handlungsrelevante Besonderheiten der Situation verkennt.[112] Da sich schwer erreichbare und zugleich hocherwünschte Ziele in der Regel

---

[111] Die Zuordnung des „Fühlens" zur rechten Hirnhemisphäre und des „Denkens & Wollens" zur linken, die Kuhl & Kazén (1997, S. 28) vorschlagen, erscheint mir unhaltbar. Insbesondere kann das „Wollen" sowohl pragmatischen Überlegungen als auch aus gefühlten inneren Zuständen entspringen. Das Fehlen einer echten metakognitiven Ebene im PSI-Modell beraubt die Person um die höchste individuelle Instanz ihrer Selbstreferenz.

[112] Die Einschränkung auf intentionales Handeln hält den Spielraum für Phantasietätigkeiten und Kreativität frei.

nicht sofort realisieren lassen, spielt die Fähigkeit zur Selbstkontrolle hinsichtlich der zeitlichen Dynamik (Bedürfnisaufschub, strategisches Handeln etc.) eine zentrale Rolle für die Gestaltung der psychischen Situation.

Die beiden Modulationshypothesen von Kuhl & Kazén (1997, vgl. Kuhl 2001, S. 163 ff.), wie auch die auf Craik & Lockhart (1972) sowie Challis et al. (1996) zurückgehende Differenzierung der kognitiven Verarbeitungsebenen – so plausibel die Modelle erscheinen oder durch empirische Untersuchungen gruppenstatistisch gestützt sein mögen – beleuchten nur einen geringen Ausschnitt der individuellen Dynamik zwischen Zustand und Prozessen des Bewußt-Seins. Prinzipiell gibt es soviele Bewußtseinszustände und kognitive Verarbeitungsebenen, wie eine Person essenziell in sich ausdifferenziert hat. Theoretisch wäre es für sie möglich, alle Kombinationen von Zustand und Prozeß durchzuspielen, noch feiner zu fraktionieren und neu zusammenzusetzen. Insofern ist die Fortentwicklung von Gedanken, psychischen Erlebnissen und Emotionen ins Unendlich-Subtile potenziell möglich, und zwar auf jeder Ebene (die sich als Ebene damit auflöst).

Im Alltag zwingt die voranschreitende Zeit häufig zu Entscheidungen, die alles andere als elegant oder ausgeglichen wirken. Persönlichkeitseigenschaften können unter kognitivem Gesichtspunkt als emergentes Resultat fraktionaler Bewußtseinszustände und fraktionaler Verarbeitungsprozesse aufgefaßt werden, wobei die Person nicht das gesamte Spektrum ihrer Möglichkeiten realisiert, sondern Stile und Gewohnheiten ausbildet, die ihr die alltägliche Entscheidungsfindung erleichtern. Zum Leidwesen der Testkonstrukteure, die ihren Items ja immer eine endliche Zahl und konkrete Gestalt geben müssen, ist die Person nicht an das kombinatorische Spektrum ihrer Möglichkeiten gebunden. Sie kann sich selbst überraschen, indem sie – sich differenzierend und fraktionierend – „neue" Eigenschaften entwickelt und „alte" aufhebt. Potenziell bleiben sie verfügbar. Systeme überleben die Auseinandersetzung mit ihrer Umwelt durch Redundanz. Daher ist ein Testkonstrukteur gut beraten, entgegen der Forderung nach orthogonalen Faktoren – korrespondierend zur Komorbidität der Persönlichkeitsauffälligkeiten – ein gewisses Maß redundanter Items aufzunehmen, wenn er die Wahrscheinlichkeit erhöhen will, daß sich unterschiedliche

Probanden oder Probanden in unterschiedlichen Zuständen wiederfinden können.

5.4.3 Varianten situationsbezogener Therapie

Steve de Shazer (1992) schildert in „Der Dreh" eine ausgeklügelte Gebrauchsanleitung für systemische Beratung unter weitgehendem Verzicht auf die Tiefendimension, der vertikalen Perspektive. Psychologisches Wissen erscheint ihm eher als Ballast oder Verführung zu hypothetischer Voreingenommenheit. Interaktionsmuster zwischen Klient und Therapeut, die Anregung von Autonomie und die Fokussierung von Funktionalität – mehr von dem, was funktioniert, Suche nach tragfähigen Ausnahmen von der Beschwerde –, werden „so oberflächlich wie möglich" in der Therapie gesucht. Es ist, als würde diese Art systemisch-funktioneller Therapie aus einer Hubschrauberentfernung auf das lebendige Treiben herabblicken. Was spricht dagegen, am Landeplatz, sobald ein Überblick geschaffen ist, den Hubschrauber wieder zu verlassen und sich vor Ort einen Weg zu bahnen? Therapie kann sowohl den Blick von oben, um Übersicht zu gewinnen, als auch den Blick in die fraktale Verästelung der Details nutzen. Beide Ansätze schließen einander weder aus noch ergänzen sie sich einfach nur – im Rahmen selbstähnlicher Strukturen fallen sie in eins. Es ist nicht zu leugnen, daß die Scheu vor der Tiefendimension ihren Sinn hat. Oft wird in Therapien mit Kanonen auf Spatzen geschossen.[113] Der Blick auf die verborgenen Entwicklungslinien des Systems kann Abgründe offenbaren und die beklagte Verletzlichkeit steigern, statt sie zu mindern – er will, wenn er überhaupt notwendig ist, wohlüberlegt sein.

Die Utilisationstechniken Milton H. Ericksons wenden essenzielle, scheinbar dysfunktionale Bewußtseinsinhalte der Klienten pragmatisch auf scheinbar absurde Situationen an, z.B. indem der Mann, der sich für Jesus Christus hielt, schließlich als Zimmermann eingesetzt wurde. Der Eindruck der Dysfunktionalität resultiert hier aus dem mangelnden Bezug der Selbstüberzeugung zu einer auf physischer Ebene verifizierenden Handlungssituation.

---

[113] Z.B. in populären Büchern wie „Der Gefühlsstau" oder „Der Lilith-Komplex" von Hans-Joachim Maaz.

Die Fokussierung auf Ausnahmen von der Beschwerde, die von der Therapeutengruppe des BFTC[114] vorgenommen wird, entspricht dem Wechsel von einer generalisierend klagenden in eine nach Situationen differenzierte Sichtweise. Ob es sich dabei um eine Variation der äußeren Situation handelt, oder um einen Wechsel der kognitiven Verarbeitungsebene oder des Aufmerksamkeitsmodus, ist unwichtig. Vielmehr kommt es darauf an, daß der Klient in der Lage ist, den Wechsel der psychischen Situation intentional oder ritualförmig selbst zu bewerkstelligen. Ist er dazu nicht in der Lage, so gehört es zur Aufgabe der Therapie, die Erkundung seiner Fähigkeiten zu unterstützen. Mag es hierbei auf die Entwicklung metakognitiver Selbstmanagementfähigkeiten wie des Hypothetisierens[115], hinauslaufen oder die Veränderung organisatorischer Details im Alltag des Klienten. Die mikrokosmische Durchdringung von System und Umwelt sorgt innerhalb kurzer Zeit dafür, daß minimale Situationsveränderungen auch Veränderungen im Bewußtsein nach sich ziehen und umgekehrt.

Kurztherapie nach de Shazer und die vertikale Perspektive der Systemtheorie schließen einander nicht aus, vielmehr läßt sich das Konzept der Kurztherapie vollständig systemisch integrieren: Die „Ausnahme" steht für die Funktionalität des Systems unter anderen Kontextbedingungen, die Therapie für einen ritualförmig inszenierten Transfer oder die Änderung der metakognitiv selbstrefenziell bestimmten Intention. Der Therapeut bietet sich als Fährmann an. Es wäre töricht, in diesem Zusammenhang nicht von Grenzen und Übergangsprozessen zu sprechen. Die Rede von Beschwerden und Ausnahmen ist ein analoger Sprachgebrauch. Wenn de Shazer (1992, S. 26) die strukturelle Therapie unter seinen funktionalistischen Ansatz subsumiert, so ist umgekehrt auch die Subsumtion der funktionalistischen (lösungsorientierten) Therapie in einen systemischen Strukturalismus möglich, denn beide sind partiell isomorph. Die einseitige Orientierung nur in eine Richtung wirkt sich dagegen künstlich einschränkend aus: Der funktionalistischen Metapher von den „Ausnahmen" geht die intuitive Verknüpfung

---

[114] Brief Family Therapy Center, Milwaukee (Wisconsin, USA)
[115] Eine beliebte systemische Frageform lautet: „Angenommen, ..., wie würden Sie, Ihr Partner, Ihre Kinder usw. handeln?" Dieses Was-wäre-wenn-Spiel nimmt auf essenzieller Ebene probeweise künftige Situationen vorweg.

mit der Systemtheorie verloren; der traditionelle Strukturalismus, wenn er die Idee der Fraktalität entbehrt, erstarrt in willkürlichen Festlegungen.

Gerade wenn sich das äußere Konfliktgeschehen mit dem Ausagieren innerer Konflikte mischt, kann psychologisches Wissen hilfreich sein, um „unsichtbare" Komponenten zu erkennen. Diese können sowohl systemisch strukturell im Sinne Salvador Minuchins (1977) bedingt sein als auch systemisch mehrgenerational im Sinne von Ivan Boszormenyi-Nagy & Geraldine M. Spark (1973). Der angebliche Verzicht auf Wissen über Strukturen verleitet lösungsorientierte Kurzzeittherapeuten, die im Stil de Shazers arbeiten, lediglich über den verhandelbaren Auftrag die Beziehung mit dem Klienten zu rahmen. Nur was der Klient ändern will, kann er ändern.

Salvador Minuchin (1977, S. 118) läßt dagegen den Therapeuten aus der offensichtlichen dysfunktionalen Familienstruktur therapeutische Ziele ableiten. Der medizinisch anmutenden Autorität des Therapeuten liegt die Situation zugrunde, daß die Familienmitglieder, die sich an die Beratung wenden, zwar wissen, daß etwas nicht in Ordnung ist, es ihnen aber nicht gelingt, einen Ansatzpunkt für die Veränderung zu erkennen. Insofern stimmen lösungsorientierter und struktureller Ansatz auch hinsichtlich der Auftragsklärung überein: Wenn ein Klient bei de Shazer lediglich eine allgemeine Beschwerde und einen diffusen Veränderungswunsch äußert, so muß auch hier in einem mitunter langwierigen Prozeß die Beschwerde in eine konkrete Klage umgewandelt werden. Die Ansätze unterscheiden sich in den Hilfsmitteln, d.h. in den Fragen, die der Therapeut dazu wählt.

Die Anwesenheit aller Konfliktbeteiligten ist weder in allen Fällen zwingend noch hilfreich, um zu einem therapeutischen Fortschritt zu gelangen (vgl. Grawe et al. 1994, S. 563). Genauso wenig kann sie zur Bedingung für den Beginn einer Familientherapie deklariert werden. Der systemorientierte Ansatz besteht vielmehr darin, den Anteil anderer Personen und sozialer Faktoren angemessen zu thematisieren. Im Sinne einer Minimalisierung des Aufwandes kann die Therapie mit dem Klagenden im Einzelsetting beginnen und je nach Ausmaß der psychischen Blockade schrittweise weitere Systemmitglieder einbeziehen oder in einem weiteren Verständnis Akteure der Systemgeschichte wie z.B. Großeltern konsultieren.

„Ob man zu den alternden Eltern, den jungen Erwachsenen oder den Kindern gehört, man kämpft ständig mit Abhängigkeit und Unabhängigkeit, mit den Bürden der Loyalität oder Illoyalität. Alle Familienmitglieder verlangen Unterstützung und wollen akzeptiert sein; ob und wie diese Unterstützung freilich gegeben oder empfangen wird, hängt davon ab, inwieweit es den Familienmitgliedern gelingt, die unausgeglichene Bilanz ihrer früheren und gegenwärtigen Beziehungen zu bereinigen. Es sei noch einmal darauf hingewiesen, daß die Einbeziehung der Großeltern in die therapeutischen Sitzungen auch negative Auswirkungen haben kann. Auch wenn die Eltern den Wunsch nach größerer Offenheit und Reziprozität in der Beziehung zu den Großeltern äußern, könnten sie unfähig sein, solche Erkundungen überhaupt zu machen. Verzweiflung oder das Bedürfnis, sich zu rächen, können so stark sein, daß keiner dem anderen eine Möglichkeit zur Veränderung der Beziehung gibt. Tatsächlich kam es schon vor, daß sich die Großeltern und Eltern insgeheim gegen die Therapeuten verbündeten. Es ist dann nicht möglich, die auf die Therapeuten übertragenen negativen Gefühle durchzuarbeiten, und die Familie zieht sich aus der Behandlung zurück. Es kommt auch vor, daß der in die Behandlung gebrachte Großelternteil, trotz monatelanger sorgfältiger Vorbereitung auf das Ziel und die Vorgehensweise in der Behandlung, den Therapeuten 'ausgeliefert' wird. Falls die Therapeuten die ihnen zudachte Rolle akzeptieren und den Großelternteil 'ausforschen', würde auch dies dazu führen, daß sie, als 'Angreifer oder Ausbeuter' der älteren Person, der Sündenbock wären. Und der junge Erwachsene könnte dies als Rechtfertigung für sein Verharren in einer gewissen Position benutzen, indem er als 'erwiesen' hinstellt, daß selbst der Therapeut nicht an den Großelternteil herankomme. Oft läßt sich genausoviel durch Telefonanrufe, Briefe und Feiertagsbesuche bei den Großeltern erreichen. Diese Aspekte müssen in die Behandlung eingebracht werden, unabhängig davon, ob die Eltern einer oder mehreren therapeutischen Sitzungen beiwohnen." (Boszormenyi-Nagy & Spark 1973, S. 293)

Der mehrgenerationale Ansatz von Ivan Boszormenyi-Nagy lenkt den – auch bei Therapeuten – oft auf die Kinder fixierten Blick auf die Gesamtentwicklung des Familiensystems, um Konflikte an ihren Ursprungsort zu lokalisieren und dort kommunikativ zu verhandeln. Nicht nur präsymbolische Übertragungen im Unbewußten sollen Raum in einer Therapie nach Freudschem Gustus einnehmen, sondern auch die wirksamen Projektionen im konkreten Miteinander.

Daraus erwachsen zugleich die praktischen Schwierigkeiten. Ein gewisses Maß an Abgrenzung gegenüber Eltern, Schwiegereltern und der übrigen Verwandtschaft benötigt die Kernfamilie im Moment ihrer Entstehung, um sich als soziales System überhaupt begreifen und erleben zu können. Insofern hat die Vorsicht der Eltern, Großeltern in die

Therapie einzubeziehen, auch einen „natürlichen" Grund. Ist die Individuation zu Zeiten der eigenen Ablösung aus dem Elternhaus unvollständig geblieben und bestehen die damaligen unausgeglichenen Beziehungskonten fort, kann es passieren, daß die Eltern in Anwesenheit der Großeltern sich übermäßig als Kind benehmen oder sich übertrieben gegen sie aussprechen.

Je umfassender der Kreis der Teilnehmer ist, desto wichtiger ist die essenzielle Vorbereitung auf eine Zusammenkunft. Die Sitzung der Großfamilie, wenn sie notwendig erscheint, steht demnach eher in der Mitte oder am Ende der Therapie als am Anfang. Nach vage gehaltenen, doch ausreichend durch die Problemschilderung motivierten Ankündigung des Therapeuten, daß „irgendwann" ein Treffen in erweiterter Runde günstig wäre, kann der eingestreute Gedanke einer solchen familiären Klärung in den einzelnen Familienmitgliedern bereits arbeiten. Selbst wenn es nicht zur Familiensitzung kommt, lassen sich aus der mit ihr verbundenen Vorstellung zahlreiche therapeutische Teilschritte bestimmen.

Was bedeutet es für den systemischen Therapeuten, wenn der Klient einen nicht vertretbaren Auftrag äußert, z.B. die Unterstützung beim Planen einer Straftat? Derlei Aufträge, offen oder durch die Blume vorgetragen, erfordern, daß sich der Therapeut mit eigenen ethischen Bezugssystemen einbringt. Die lösungsorientierte Ausrichtung an der Selbstreferenz des Kriminellen wäre fatal. Der Umstand, daß Aufträge, die nicht in die Kategorien Besucher, Klagender, Kunde passen, sondern den Therapeuten zum Komplizen machen wollen, im BFTC nicht vorgebracht wurden, bedeutet nicht, daß sie ihre Bedeutung für Therapeuten in anderen Kontexten verlieren.

Die ausschließliche Orientierung am Auftrag des Klienten ist auch dann problematisch, wenn der Therapeut nur verbale Kommunikation zuläßt und nonverbal oder handelnd ausgedrückte Bedürftigkeit, obwohl sie von größerer physischer Mächtigkeit ist, nicht anerkennt. Häufig geht die Verbalisierung bereits mit einem Grad an rationaler Verarbeitung einher, der die weitere therapeutische Arbeit beinahe überflüssig erscheinen läßt. Die halbe Ernte ist schon eingefahren, wenn der Klient den Raum betritt und seinen Wunsch klar äußert. Die Bedingung, daß der Klient, indem er klagt, ein auftragsförmiges Anliegen gegenüber dem Therapeuten formuliert und daraus nach eventueller Diskussion von Anzeichen der Zielerreichung zum Kunden wird, liegt die Überzeugung zugrunde, daß der Klient etwas ändern *wollen muß*, damit ihn der Therapeut darin unterstützen oder anregen kann. Bereits die sprachliche Formulierung weist auf den paradoxen Charakter dieser Therapieeintrittsbedingung hin und erinnert an Lessing, der in „Nathan der Weise" sagen läßt (3. Aufzug, 10. Auftritt):

„Der Vater soll schon müssen."
„Er muß nicht müssen."
„Nun, so muß er wollen, muß gern am Ende wollen."
„Muß? und gern!"

Nicht nur der Vater, kein Mensch muß wollen. Daraus den Schluß abzuleiten, daß ein Klient, der nicht will und daher der Therapie fernbleibt, zwangsläufig auch keinen Bedarf an Therapie habe, wäre ein logischer Fehler. Wenn es richtig ist, daß die Straße nach dem Regen naß ist, so impliziert eine nasse Straße noch lange nicht, daß es geregnet haben muß. Möglicherweise *kann* der Klient nicht wollen, z.B. weil er aufgrund seiner Verstimmung derartig blockiert ist, daß er nichts mehr will.

Bei eingehender Betrachtung – hier kommt wieder psychologisches Wissen ins Spiel – kann sich beispielsweise herausstellen, daß der Klient auf metakognitiver Ebene in einer Schleife iteriert und aus dem Grübeln nicht mehr herauskommt (vgl. Julius Kuhl 2001, S. 43 und S. 139 ff.). Sein Unwille – der sich auch der Therapie gegenüber im Fernbleiben äußert – deutet eher auf einen erhöhten Therapiebedarf anstelle eines therapeutischen Wunders im Sinne des spontanen Verschwindens des Problems. Der lösungsorientierte Therapeut könnte nun argumentierten, daß der Klient anscheinend noch nicht genug an der Beschwerde oder dem Problem leide und daß er, wenn sich die Situation verschärft habe, eher eine Gelegenheit biete, ihm zu helfen oder ihn zu beraten.

Gerade bei depressiven Verstimmungen, in denen auf metakognitiver Ebene die oberste Selbstreferenz der Person außer Kraft gesetzt ist und die Person dazu neigt, sich selbst aufzugeben, kann es dann zu spät sein. Eine solche Person würde gar nicht erst in einer Therapieeinrichtung auftauchen. In der Praxis sind es *andere*, die die Initiative ergreifen, um auf existenzieller Ebene zu verhindern, was sich essenziell momentan nicht ändern läßt. Die beispielsweise nach einer Zwangseinweisung durch die Polizei erwachsende Sekundärmotivation, die stationäre Einrichtung wieder zu verlassen, stellt dann einen legitimen Auftrag auch für ambulant arbeitende Therapeuten dar, falls sie hinzugezogen werden.

Bei allem Interesse für die mehrgenerationalen, allgemeiner gesprochen, geschichtlichen Zusammenhänge – ein System agiert in der Gegenwart. Die psychische Situation ist hauptsächlich durch die Grenzregulation mit seiner Umwelt charakterisiert. Die Geschichte des Systems fließt implizit ein, indem sie das Spektrum der Handlungsmöglichkeiten bestimmt.

Von den systemischen Ansätzen geht Minuchins strukturelle Therapie am weitesten in die äußere Situation hinaus. Minuchin ermuntert den Therapeuten, mit sozialen Institutionen wie Schule, Jugendamt oder Ausländerbehörde zu kooperieren, wenn dort die Lösung des Problems zu vermuten ist statt in der Familie oder beim Einzelklienten selbst. Dieser gutgemeinte, die Situation berücksichtigende Ansatz greift jedoch insofern zu weit, als er die Selbstreferenz der Klienten mißachtet. Für einen systemisch-strukturellen Therapeuten steht die Differenz zwischen System und Umwelt an erster Stelle, denn über sie definiert das System sich existenziell, gewinnt es seine „Identität". Wenn es der Familie daher aus eigener Kraft gelingt, mit den entsprechenden Institutionen zu verhandeln, dann hat dies einen höheren Wert als die vorpreschende Vermittlungsinitiative des Therapeuten.

5.4.4 Therapeutische Beachtung der Selbstachtung

Therapeutische Realität ist erzählte Realität. Klienten teilen in der Regel ihre Geschichte in Form von Geschichten mit. Oft kann der Therapeut die „dahinterliegende" Alltagsrealität nicht einsehen. Doch er kann den Versuch unternehmen, sie fiktiv ins Gespräch zu holen und die Klienten bitten, anhand konkreter Anzeichen die Wahrhaftigkeit ihrer Erzählungen zu erkunden.

Die Einbeziehung der Konfliktbeteiligten ist an die Wahrung der Selbstachtung aller gebunden. Keiner der zur Therapie Eingeladenen darf sich durch die Begegnung der Situation ausgesetzt sehen, daß er sein Gesicht verliert. Gerade bei tiefliegenden Kränkungen, nach Mißbrauchshandlungen oder gravierenden Regelverletzungen des sozialen Miteinanders ist daher eine Begegnung nicht ohne weiteres möglich, sondern erfordert im Vorfeld eine manchmal langwährende Arbeit im Einzelsetting oder mit Subsystemen. Das therapeutische Augenmerk liegt hier auf der Intensität der Übergangsphase, die von der vereinzelnden Entfremdung der Beteiligten über die essenzielle Vorbereitung zur Begegnung führt.

Selbstachtung signalisiert als Indikator die Selbstreferenz der Person. Therapie, die die Selbstachtung des Klienten, selbst wenn er ein Mörder ist, nicht respektiert, kann ihr Ziel nicht erreichen. Für eine systemorientierte Therapie genügt es jedoch nicht, nur die Selbstachtung des Klienten zu respektieren, sondern ebenso die Selbstachtung der anderen im System Lebenden. Wenn dadurch Konflikte entstehen, etwa indem der Klient selbst die Selbstachtung der Anderen nicht achtet, so ist dies der thematische Stoff der Sitzungen – Auftragsklärung und Therapie fallen in eins. Dazu, letztmals, ein Ausschnitt aus dem erwähnten Gespräch zwischen Aljoscha und Lise. Es dreht sich diesmal nicht um die beiden, sondern um einen bettelarmen Mann, der von Aljoschas Bruder verprügelt wurde und dem Aljoscha später Schmerzensgeld zur Wiedergutmachung überbringen will. Doch der Versuch mißlingt, der Alte zerstampft das Geld mit den Füßen. Aljoscha:

> „Nun, dieser Mann ist feige und charakterschwach. Er quält sich ab, aber er ist ein guter Mensch. Da frage ich mich jetzt immerzu: Wodurch war er auf einmal so beleidigt, und warum hat er das Geld zerstampft? Denn ich versichere Ihnen, er hatte bis zum letzten Augenblick nicht gewußt, daß er es zerstampfen würde. Und nun habe ich den Eindruck, daß er durch vieles beleidigt war... in seiner Lage konnte das auch nicht anders sein... Erstens kränkte ihn schon das eine, daß er sich in meiner Gegenwart allzusehr über das Geld gefreut und diese Freude nicht verhehlt hatte. Hätte er sich etwas weniger gefreut oder sich die Freude nicht anmerken lassen, sich bei der Annahme des Geldes geziert, wie andere das zu tun pflegen, nun, dann hätte er es vielleicht noch ertragen und das Geld annehmen können; aber er hatte sich allzu aufrichtig gefreut, und gerade das hat ihn gekränkt. Ach, Lise, er ist ein aufrichtiger und guter Mensch, das ist ja gerade das Unglück in solchen Fällen! ... Und kaum hatte er sein Herz ausgeschüttet, schämte er sich plötzlich, daß er so unverhüllt seine ganze Seele gezeigt hatte. Da haßte er mich sofort. Er gehört ja zu den ganz verschämten Armen. Vor allem aber kränkte es ihn, daß er mich allzu schnell für seinen Freund gehalten und mir so schnell nachgegeben hatte... Und da beging ich nun diesen Fehler, einen sehr gewichtigen Fehler: ich sagte ihm plötzlich, wenn ihm das Geld für den Umzug in eine andere Stadt nicht reichen sollte, so werde man ihm noch mehr geben, soviel er wolle. Das machte ihn auf einmal stut-

zig: warum, fragte er sich wohl, wollte auch ich ihm meine Hilfe aufdrängen? Wissen Sie, Lise, es ist sehr hart für einen gekränkten Menschen, wenn alle seine Wohltäter sein wollen... Weil er, wenn er die Geldscheine nicht zerstampft, sondern angenommen hätte, nachher zu Hause, vielleicht eine Stunde später schon, über seine Erniedrigung geweint hätte. Das wäre bestimmt so gekommen. Er hätte geweint und wäre wohl morgen in aller Frühe zu mir gekommen und hätte mir die Geldscheine hingeworfen und sie zerstampft wie vorhin... Und daher gibt es jetzt nichts Leichteres, als ihn zu zwingen, diese zweihundert Rubel spätestens morgen anzunehmen, denn er hat ja nun sein Ehrgefühl bereits bewiesen, das Geld hingeworfen und zerstampft... Er hat ja, als er es zerstampfte, nicht wissen können, daß ich es ihm morgen wiederbringen würde. Dabei braucht er dieses Geld sehr notwendig. Wenn er auch jetzt sehr stolz ist, so wird er heute noch denken, was für eine Hilfe er von sich gewiesen hat. In der Nacht wird er noch mehr daran denken, er wird davon träumen, und morgen früh wird er wohl bereit sein, zu mir zu laufen und mich um Verzeihung zu bitten. Und da werde ich bei ihm erscheinen und ihm sagen: Sie sind ein stolzer Mensch, das haben Sie bewiesen, nun nehmen Sie das Geld und verzeihen Sie uns. Und dann wird er es nehmen!"
Diesen letzten Satz: „Und dann wird er es nehmen!" hatte Aljoscha wie im Taumel gesprochen. Lise klatschte in die Hände.
„Ach, das ist wahr, ich kann das auf einmal so schrecklich gut verstehen! Ach, Aljoscha, woher wissen Sie nur das alles? Sie sind so jung und wissen doch schon, was in der Seele vorgeht... Ich wäre nie auf all das gekommen... aber liegt nicht Verachtung gegen ihn, gegen diesen Unglücklichen darin, daß wir jetzt seine Seele so von oben herab zerpflücken? Darin, daß wir jetzt entschieden haben, er werde das Geld nehmen, wie?"
„Nein, Lise, darin liegt keine Verachtung", antwortete Aljoscha fest, als wäre er auf diese Frage gefaßt gewesen, „ich habe schon selber darüber nachgedacht, als ich hierherging. Überlegen Sie nur, wie könnte das Verachtung sein, da doch wir selber und alle andern ebenso sind wie er. Denn wir sind ja nicht anders, nicht besser. Und selbst wenn wir besser wären, so wären wir doch an seiner Stelle nicht anders als er."
(Dostojewskij 1878/80, S. 292)

Was Dostojewskij hier beschreibt, ähnelt zahlreichen Therapieberichten. Die Annahme des Geldes kommt metaphorisch der Annahme seelischer Unterstützung durch eine fremde Person gleich, die gewissermaßen ins Innere des Klienten eindringen muß, ohne ihn zu verletzen. Analog dazu, kann die Hinwendung an einen Berater oder Therapeuten als Selbstbemäkelung, Zeichen des Versagens empfunden werden und selbst einen Teil des Problems darstellen. Der Therapeut kann beide Seiten des Paradoxons ansprechen, kann betonen, daß die Therapie zwar einerseits Anregungen verschafft, andererseits auch psychisch anstrengend ist, aber er kann dem Klienten die Entscheidung nicht abnehmen, ob gerade jetzt ein günstiger Zeitpunkt für das Sicheinlassen auf eine Therapie gegeben ist. Auch während des therapeutischen Prozesses verschwindet die Möglichkeit intensivierter Selbstbemäkelung nicht ohne weiteres. Ein verhaltens- oder kurzzeittherapeutisch orientierter Berater mag vordergründig wenig Wert darauf legen, daß der Klient bewußte Einsichten in die eigene Persönlichkeit sammelt. Plötzliche Erfolge oder die Entdeckung von Ausnahmen können vom Klienten mitlaufend als „Beweis" der früheren Unfähigkeit interpretiert werden. Beharrliche Sensibilität ist gefordert, damit die Techniken des Umdeutens – d.h. der Suche nach Unterschieden, die Unterschiede machen – nicht die oberste metakognitive Selbstreferenz der Person, nicht seine Selbstachtung fokussieren, sondern essenzielle Bezugsgrößen, Wertvorstellungen, Dogmen, Rechtfertigungen, Gewohnheiten, Interpretations- oder Interaktionsmuster. Dieser Grundsatz gilt auch dann noch, wenn der Klient gravierend gegen ethische oder rechtliche Regeln verstoßen hat, wie es in der Kriminaltherapie der Fall ist. Würde man die Selbstachtung eines Verbrechers nicht achten, kann nur noch von sozialer Kontrolle, nicht aber von Therapie gesprochen werden.

5.4.5 Meta-Prinzipien des therapeutischen Handelns

Die praktischen Konsequenzen aus dem systemischen Modell der Persönlichkeit bestehen *erstens* in der Wahl eines Mehr-Ebenen-Ansatzes, vor allem wenn es um individuelle Probleme der Person geht, *zweitens* im Erkennen, wer außer dem Klienten am Konflikt oder am Zustandekommen der beklagten psychischen Situation beteiligt ist, und in der Klärung der systemischen Grenzen zwischen ihnen, sowie *drittens* in der Bezugnahme auf die Systemgeschichte, d.h. auf mehrgenerationale Entwicklungslinien, die obwohl sie in ihrem Ursprung den Beteiligten nicht sichtbar werden, auf ihr Handeln wirken und es motivieren.

Das therapeutische Ansprechen mehrerer Ebenen der Person empfiehlt sich bereits aufgrund der Häufigkeit, mit der Kombinationsformen von Persönlichkeitsauffälligkeiten vorkommen. In der Therapieszene maskieren sich entsprechende Techniken mit unterschiedlichen Bezeichnungen: rational-emotiv, polymodal, psychosynthetisch, körperorientiert usw. Wie auch immer die essenziellen Begründungen für die Wahl mehrerer Kommunikationsebenen ausfallen mag, die Erklärung ihrer existenziellen Wirksamkeit setzt letztlich den Rekurs auf ein Modell der Person als emergent stratifiziertes System voraus.

Im folgenden beschreibe ich die Orientierungsstruktur für eine mehrstufige systemische Therapie, in der funktionalistische, strukturelle und Entwicklungsperspektive kooperierend vertreten sind. Das Vorgehen ist, auch wenn ich der Einfachheit halber nur von „dem Klient" spreche, nicht auf Einzeltherapie beschränkt. Unter Situationen sind sowohl das äußere Setting als auch soziale Situationen zu verstehen. Mögen in der Praxis Klienten gegenüber Klientinnen eine Minderheit bilden, hier sei mit der männlichen Ausdrucksform die Gesamtheit aller Klienten bezeichnet.

0   Laß dir das Anliegen des Klienten erklären und prüfe, ob deine potenzielle Unterstützung im Rahmen des systemisch Möglichen liegt, d.h. die Realisierung des Auftrags den Respekt vor der Selbstachtung *aller* potenziell Beteiligten gewährleistet.

0.1 Wenn das Anliegen ein personenbezogenes oder mikrokosmisches Problem markiert, dann Auftragsannahme.

0.1.1 Wenn der Klient kein konkretes Anliegen formuliert, aber ein sichtbares Bedürfnis nach Unterstützung zeigt, dann suche nach einem „Mini-Auftrag", d.h. was sollte in der Sitzung jetzt geschehen, damit der Klient sie als angenehm, hilfreich etc. erlebt.

0.1.2 Wenn die mikrokosmische Umwelt des Klienten beteiligt ist, z.B. Ehepartner, Kinder, Lehrer, Erzieher, Aufsichtspersonen, dann lade diese mit Einverständnis des Klienten ebenfalls zu mindestens einer Sitzung ein, um die Bedeutung des Auftrages für den Klienten mit ihnen zu klären.

0.2 Wenn das Anliegen in der Änderung einer umweltbedingten, aus Sicht der Person makrokosmischen Restriktion besteht, dann lehne den Auftrag ab, Rekurs zu Stadium 0 und erneute Auftragsklärung oder Beendigung.

0.2.1	Biete Diskussion zu Strategien zum Umgang mit Dingen an, die sich nicht ändern lassen.
0.3	Wenn das Anliegen von einer Person in Bezug auf eine andere Person geäußert wird, dann:
0.3.1	Prüfe das Verhältnis, in dem beide Personen zueinander stehen (z.B. Ehepartner, Bewährungshelfer, Haftentlassener etc.).
0.3.2	Prüfe den systemischen Sinn der gewünschten Änderung (z.B. Unterlassen einer Gewohnheit, Erfüllen einer Auflage).
0.3.3	Gib den Auftrag als Verhandlungsgegenstand an die Beteiligten zurück, wenn es sich um gleichrangige Partner handelt, und biete dich als Vermittler oder Mediator an.
0.3.4	Suche nach geeigneten motivierenden Machtfaktoren, die einen therapeutischen Fremdauftrag unterstützen würden (z.B. Jugendamt, Gericht). Wenn der Auftraggeber hierarchisch über den potenziellen Klienten gestellt ist und eine berechtigte ethische Forderung vorbringt, die der potenzielle Klient zwar (noch) nicht als nutzbringend für sich erkennt, aber erfüllen würde, um ein anderes Ziel zu erreichen (z.B. nach massiver Körperverletzung ein soziales Training zu absolvieren, um vorzeitig aus der Haft entlassen zu werden), vereinbare *mit Auftraggeber und Klient* einen Modus der Information über die therapeutischen Fortschritte.
0.3.5	Wenn weder 0.3.3 noch 0.3.4 der Fall sind, dann lehne therapeutische Fremdaufträge ab.
1	Finde heraus, ob sich der Klient oder seine Umwelt in einer Übergangsphase oder Umbruchsituation befinden.
1.1	Wenn sich der Klient in einer Übergangsphase befindet, dann:
1.1.1	Finde heraus, ob es sich um eine natürliche (z.B. ontogenetische, familiäre) Übergangsphase handelt und laß genügend Spielraum für die autonome Suche des Klienten nach Lösungen. Lade die Angehörigen des Klienten ein, um mit ihnen die Bedeutung des Entwicklungsstadiums und seine Auswirkungen für die Umwelt zu besprechen. Nutze im Alltag bekannte Vergleichssituationen als Hinweis auf Ressourcen.

1.1.2 Wenn es sich um eine außergewöhnliche, seltene oder einzigartige Situation handelt (z.B. infolge sogenannter traumatischer Erlebnisse), dann gestalte das Gespräch so, daß sich der Klient ausreichend sicher und unterstützt fühlt, um Übergangsmetaphern für seine Situation zu entwickeln, gehe zu 2.

1.2 Wenn sich die Umwelt des Klienten in einer Umbruchssituation befindet, dann:

1.2.1 Beschränke dich im Gespräch mit dem Klienten auf die unmittelbaren Auswirkungen der Situation auf ihn.

1.2.2 *Kann* der Klient „beim besten Willen" keine angemessene Form des Umgangs mit der Situation entwickeln, beziehe die Angehörigen oder die Umwelt ein.

2 Suche nach Situationen, in denen die Person die von ihr gewünschten Anforderungen erfolgreich bewältigt („Ausnahmen").

2.1 Wenn Situationen vorhanden, dann Suche nach Transfermöglichkeiten, gehe zu 3.

2.2 Wenn Situation nach deiner Auffassung vorhanden ist, aber vom Klient nicht als solche wahrgenommen wird, dann erkläre dem Klienten, daß die Situation von außen betrachtet einen Erfolg für ihn bedeutet (Konstruktion von Unterschieden, die Unterschiede machen, Reframing, Umdeuten, kognitives Umstrukturieren), gehe dann zu 3.

2.3 Der Klient überzeugt dich nachhaltig, daß er in noch keiner Situation erfolgreich die von ihm gewünschten Anforderungen gemeistert hat, dann:

2.3.1 Entwickle *auf einer anderen als der klagenden Ebene des Bewußt-Seins* Metaphern, die dem Klienten eine Außensicht auf die Problem-Situation erlaubt, in der er sich befindet. Wenn der Klient verstandesmäßig oder metakognitiv seine generelle Erfolglosigkeit verteidigt, kann die Kommunikationsebene für Metaphern beispielsweise sein: bildhaft, körperorientiert, anekdotisch, hypnotherapeutisch. Wenn sich der Klient in seinen Gefühlen verliert, dann wähle rational strukturierte Metaphern (z.B. vom Beziehungskonto, in das zwei

Partner mit ihrer Liebe einzahlen und von dem sie in Form des Geliebtwerdens abheben). Beachte, daß körperorientierte Techniken einer vom Klienten akzeptierten essenziellen Einordnung bedürfen und daß verstandesorientierte Techniken auf anschaulich-konkrete Bezüge zurückverweisen. Wähle Metaphern und Bilder, die zugleich (prä-) symbolische Möglichkeiten zum Perspektivenwechsel enthalten, die Situation zu relativieren und mit anderen Augen zu sehen.[116] Laß den Klienten die Möglichkeit des Perspektivenwechsels selbst entdecken.

2.3.2 Gestalte mit dem Klienten Mini-Situationen, die ihm Erfolgserlebnisse gewähren. Häufig bietet sich im ersten Schritt die imaginative Schaffung oder Vorbereitung einer Erfolgssituation an, z.B. mit Hilfe der Wunderfrage, mit Hilfe von tranceverstärkten Handlungsvisionen oder systemischen Strukturaufstellungen (Sparrer & Varga von Kibéd 2000) als Möglichkeit der interpoietischen Vermittlung zwischen innerer und äußerer Situation.

2.3.3 Interpretiere die Schwächen und Fehlleistungen des Klienten als hypothetische Stärken in anderer Situation („paradoxes Loben"). Erteile Komplimente bezüglich seiner Fähigkeit im beharrlichen Aushalten des Unerträglichen, um humorvoll das metakognitive Bewußt-Sein anzuregen.

2.3.4 Achte darauf, daß die vom Klienten als erfolgreich erlebten Situationen nicht nur imaginativ bleiben, sondern in konkrete Alltagserlebnisse übergehen.

3 Suche nach Anzeichen, die in der kritischen Situation die Übertragung der Ressource verhindern oder erschweren (in der Regel fällt dieser Punkt dem Klienten nicht schwer, da er seinem Anliegen entspricht).

---

[116] z.B. die Geschichte vom Bauern, dem ein Wildpferd zulief. Die Nachbarn beneideten ihn. Am nächsten Tag versuchte des Bauern Sohn das Pferd zuzureiten, fiel herab und brach sich das Schlüsselbein. Die Nachbarn bedauerten ihn. Am nächsten Tag kamen die Häscher des Königs und rekrutierten alle gesunden jungen Männer für die Armee...

3.1	Wenn Anzeichen gefunden sind, nutze sie als Signale für den bewußten Einsatz der Strategien, die der Klient in erfolgreich gemeisterten Situationen verwendet hat.
3.2	Wenn die geschilderten Anzeichen zu vage sind, frage nach konkret spürbaren körperlichen Befindlichkeiten in der kritischen Situation und nutze diese Körperempfindungen als Signale.
4	Unterstütze die Entwicklung metakognitiver Transfertechniken des Klienten.
4.1	Achte darauf, ob der Klient in der Lage ist, Selbstkontrolle über sich auszuüben. Wenn nicht, dann gib metakognitive Erläuterungen und teste den Erfolg durch Hausaufgaben.
4.2	Achte darauf, ob der Klient in der Lage ist, funktionell unterschiedliche Systeme als solche einschließlich der jeweiligen „Situations-Logik" wahrzunehmen und sich darauf einzustellen (funktionelle Hermeneutik, Empathie in funktionelle Systemtypen). Wenn nicht, dann gib metakognitive Erläuterungen und teste den Erfolg durch Hausaufgaben.
4.3	Achte darauf, ob der Klient in der Lage ist, sich entsprechend der Situation offen zu zeigen oder abzugrenzen, wenn nicht, dann gib metakognitive Erläuterungen und teste den Erfolg durch Hausaufgaben.
5	Beobachte, ob sich der Klient selbst durch anachronistische Handlungen oder unbewußt-mehrgenerationale Handlungsmuster am erfolgreichen Transfer seiner potenziellen Ressourcen in kritische Situationen hindert.
5.1	Wenn nicht, dann:
	Werte mit dem Klienten Versuche aus, die er zwischen den Sitzungen im Alltag unternommen hat, um die kritischen Situationen zu meistern, beachte kleinste Fortschritte und erteile wirksame Komplimente.
5.2	Wenn ja, dann:
5.2.1	Erkunde die Art der essenziellen Blockade: 1. anhand der Struktur der aktuellen Systeme, in denen sich der Klient be-

wegt, 2., wenn dies nicht ausreicht, anhand der mehrgenerationalen System- oder Familiengeschichte.

5.2.2 Entwickle die Vision eines geeigneten Übergangsprozesses, um alte Muster in potenzielle Ressourcen umzuwandeln, die der Klient je nach Situation bewußt nutzen mag (z.B. Ablösungs-, Trauer-, Anschlußrituale, Familienzusammenkünfte).

5.2.3 Laß dich von der Orientierung leiten: Je gravierender die vergangenen Auslöser für die Blockade vom Klienten erlebt werden, desto allgemeiner betone die Bedeutung konkreter Schritte zur visionären Klärung (z.B. die Vision einer leibhaftigen Begegnung mit den Angehörigen, die grenzverletzend aufgetreten sind), aber desto weiter weg rücke zugleich die Umsetzung – im Extremfall bis ins unbestimmte „Irgendwann" – um zunächst die Vorstellung einer Klärung essenziell im Bewußt-Sein arbeiten zu lassen.

5.2.4 Entwickle *auf einer anderen als der klagenden Ebene des Bewußt-Seins* Metaphern, die dem Klienten eine Außensicht auf die Blockade-Situation erlaubt, in der er sich befindet. Wenn sich der Klient verstandesmäßig oder metakognitiv in einem anachronistischen Muster verstrickt hat, kann die metaphorische Ebene beispielsweise sein: bildhaft, körperorientiert, anekdotisch, hypnotherapeutisch. Wenn sich der Klient fortlaufend emotional blockiert, dann wähle rational strukturierte Veranschaulichungsmethoden (z.B. Skalierungsfragen, Diagramme, Genogramme). Beachte, daß körperorientierte Techniken einer vom Klienten akzeptierten essenziellen Einordnung bedürfen und daß verstandesorientierte Techniken auf anschaulich-konkrete Bezüge zurückverweisen. Wähle Metaphern und Bilder, die zugleich (prä-) symbolische Auswege und Lösungen enthalten, die aus der kritischen Situation herausführen. Laß den Klienten die Möglichkeit des Ausweges selbst entdecken.

5.2.5 Leite aus komplexen mehrgenerationalen Verwicklungen, Unterziele und Teilaufgaben ab, die für den weiteren Verlauf im Vordergrund stehen (Rekurs in Stadium 0).

6	Gib dem Klienten den Auftrag, die beklagte Situation mit den essenziell diskutierten, neu erworbenen metakognitiven Techniken probeweise zu meistern.
6.1	Warne vor möglichem Scheitern und relativiere anfängliche Mißerfolge.
6.2	Vermittle die „Strategie der guten und schlechten Tage" (der Klient möge an Tagen, wenn er sich gut bzw. stark fühlt, Anregungen ausprobieren, an den Tagen, wenn es ihm schlecht geht, jedoch alles so handhaben wie bisher).
6.3	Vergrößere den Abstand der Sitzungen (z.B. auf 6, 8, 10 oder 12 Wochen), damit der Klient genügend Zeit für die Übergangsphase hat.
6.4	Unterstütze den Klienten in dieser Zeit indirekt, indem du ihm geeignete Methoden der Selbstbeobachtung vermittelst (z.B. Tagebuchprotokolle, Kalendersymbole).
6.5	Nutze die Umwelt des Klienten zum Anregen lustvoller Wettbewerbe (z.B. in der Paartherapie, wem gelingt es in einer Woche häufiger, den Partner angenehm zu überraschen).
7	Werte die Erfahrungen in der Probephase anhand konkreter Anzeichen des Erfolgs und Mißerfolgs aus.
7.1	Frage danach, *was* sich verbessert hat, nicht *ob* sich etwas verbessert habe.
7.2	Erkundige dich nach den positiven Auswirkungen: a) im unmittelbaren Umfeld des Klienten (Partner, Kinder, Freunde); b) in anderen Situationen, die nicht beklagt wurden; c) in neuen, herausfordernden Situationen.
7.3	Nutze berichtete Mißerfolge, um die Anwendbarkeit der metakognitiven Strategien weiter auszudifferenzieren. Lehne die Deutung ihrer generellen Nutzlosigkeit ab.
8	Vereinbare ein Abschlußgespräch nach einer Pause von einem halben Jahr („doppelte Erfolgskontrolle").
8.1	Wiederhole die Schritte von 6 und beziehe den Umgang mit

unerwarteten Ereignissen ein.

8.2 Wenn der Klient seine Selbststeuerungsfähigkeit (Autonomie) in ungewiß-fraktionierten und emergent rahmenden Situationen als ausreichend empfindet und aus der Schilderung genügend konkrete Anzeichen für die Wahrhaftigkeit des Erfolgs hervorscheinen, dann Ende der Therapie.

8.3 Sprich ansonsten deine Zweifel aus und diskutiere, ob sich ein erneuter Auftrag des Klienten ergibt, Rekurs in Stadium 0.

5.4.6 Verändern von Verhältnissen vs. Verhaltensänderung

Obwohl Menschen sich an widrigste Umstände gewöhnen können und, wenn sie keine Ausflucht erkennen, rechtfertigende Gedanken für ihre Situation entwickeln, ist zu fragen, inwieweit Lebenszufriedenheit, Alltagsbewältigung und Selbstwirksamkeitserleben durch die äußeren Gegebenheiten beeinträchtigt werden.

Gerade die ich-syntone Ausprägung von Persönlichkeitsauffälligkeiten führt zu den Phänomenen des Widerstandes oder Therapieabbruchs. Eine differenziertere Betrachtung (z.B. Beck 1995) bringt rasch ans Tageslicht, daß sowohl der Therapeut, der Klient als auch die Umwelt zu Problemen der *Compliance* beitragen. Der Wunsch, Autonomie und Gesicht zu wahren, macht es unmittelbar verständlich, daß sich Klienten gegen die grundlegende Veränderung ihrer Persönlichkeit sträuben, die bei persistierenden Verhaltensstörungen angestrebt und auch explizit als Therapieziel formuliert wird. Mangelnde Compliance ist dann weniger Ausdruck der Persönlichkeitsstörung als ein Zeichen für die paradoxe Situation, die durch den therapeutischen Auftrag geschaffen wird. Zu eskalierenden Konflikten kann die Mißachtung der Selbstachtung des Klienten führen, wenn ein Zwangskontext besteht, durch den das Therapieziel zwar moralisch legitimiert erscheint (z.B. bei Straftätern), aber nicht durch den Klienten akzeptiert wird. Auch in diesen Fällen wäre, was ansonsten eine therapeutische Selbstverständlichkeit darstellt, ein tragfähiges Arbeitsbündnis zwischen Therapeut und Klient unablässig. Dies erfordert vom Therapeuten eine teilweise Identifikation mit dem moralisch Verwerflichen. Ein anderer Ausweg in diesen Fällen besteht darin, den Fokus auf eine ressourcenstärkende Gestaltung der Alltagssituation, z.B. des Wohnumfeldes oder des Tagesablaufs, der Begrüßungs- und Verabschiedungsrituale, der Rhythmen des Alleinseins und gemeinsamer Unternehmungen etc., zu lenken. Auf diesem Wege wird die Persönlichkeit des Klienten nicht zum direkten Gegenstand der Behandlung. Doch indem er seine Situation umgestaltet, verändert er sich letztlich mit.

Ignoranz gegenüber den situativen Gegebenheiten kann zu einer anhaltenden Realitätsverkennung seitens des Therapeuten führen, der auf die Änderung des Verhaltens oder der Persönlichkeit ausgerichtet ist. Umgekehrt läßt sich der Verweis auf eine nicht zu ändernde Situation leicht als Ausrede benutzen, um weiteren Anstrengungen aus dem Weg zu gehen. Am Beginn einer Situationsanalyse steht daher die Beantwortung der Frage, welche Momente aus dem sachlichen wie zwischenmenschlichen Kontext für das Problem bedeutungsvoll sind und ob sich diese Situationsmomente als

- manipulierbar durch den Klienten
- durch „höhere Macht" gegeben

erweisen. In der Regel ist der Therapeut nicht in der Lage, den Schiedsrichter zu spielen, ob ein Klient Einfluß auf Interaktionsmuster mit der Umwelt hat. Vielmehr ist die Frage zu diskutieren, welche zusätzlichen Bedingungen die Gestaltung der Situation ermöglichen würden. Auf diese Weise entrollt sich häufig eine Kette von Situationseinflüssen, bei denen für Außenstehende nicht ohne weiteres klar ist, in welchem Maße der Klient die Verhinderung seiner Kompetenz durch gewisse situative Momente konstruiert oder tatsächlich auf Restriktionen stößt (vgl. Mücke 1998, S. 29-39).

> „Die Analyse zeigt nicht nur, daß eine absolute Fremdsteuerung ohne völliges Verständnis von der Umgebung außer Frage steht, sie weist auch auf die Bedingungen hin, unter denen ein gewisses Ausmaß an Steuerung möglich ist. In straff kontrollierten Umgebungen - Kriegsgefangenenlagern, Institutionen des Strafvollzuges, psychiatrischen Kliniken und ähnlichen - gelingt es einigermaßen, das Verhalten der Insassen zu steuern. (Auch in diesen Situationen findet eine eindrückliche und ermutigende Anzahl von Menschen Wege, ihre Individualität aufrecht zu erhalten.) Die verschiedenen, allgemein gefürchteten (oder erwünschten) Beeinflussungsmethoden von der Gehirnwäsche bis zur Verhaltensänderung, waren hauptsächlich in solchen Umgebungen erfolgreich. Ihre Erfolge sollten aber nicht als Beweis einer bestimmten psychologischen Theorie gelten, sie zeigen nur, daß sich Menschen in Situationen, die nur wenig Alternativen bieten, angepaßt verhalten

können. Noch wesentlicher ist, daß es nur wenig Anzeichen dafür gibt, daß irgendeine Manipulation, unter solchen Umständen vorgenommen, voraussagbare Konsequenzen für die Zeit nach der Entlassung dieser Person hat." (Ulric Neisser 1976, S. 144)

Handeln kann nicht fremdgesteuert werden. Wenn es gelingt, die Selbstreferenz des Klienten respektierend zu erreichen, kann Therapie und Beratung auf interpoietisch-anregendem Wege Ziele mit dem Klienten aushandeln. Der Klient lädt den Therapeuten zur Arbeit ein, wenn er sich durch den Therapeuten eingeladen fühlt. Damit gibt es Hoffnung auf Erfolg. Möglicherweise gehört bei Straftätern zunächst nichttherapeutischer Druck dazu, ehe der Klient im vermeintlichen Bündnis mit dem Therapeuten gegen die Institution Unterstützung sucht.

Die Reflexion über die Funktionalität des eigenen Handelns, die beispielsweise Steve de Shazer in seinen kurzzeitherapeutischen Gesprächen initiiert, kommt nicht ohne ein Mindestmaß an metakognitiven Fähigkeiten aus. Wenn sich jedoch der Klient oder das System, in dem sich der Klient bewegt, gerade auf dieser Ebene behindert, wenn geradezu Anstrengungen unternommen werden, die Wahrnehmung der eigenen Autonomie einzuschränken, dann führt die Kenntnis von Unterschieden, die Unterschiede machen, nicht weiter. An dieser Stelle wäre vielmehr eine Veränderung der Umstände auf emergenter Ebene angezeigt, damit der Klient in die Lage kommt, autonom zu entscheiden.

Beispielsweise ordnet das Jugendamt einer alleinstehenden Mutter mit acht Kindern eine Familienhelferin zu. Es bleibt fraglich, ob diese Unterstützungsmaßnahme die Mutter am Entwickeln der für ihre Situation erforderlichen Autonomie eher hindert oder erst in die Lage versetzt, selbständig zu entscheiden, indem sie sich in umschriebenen Alltagsangelegenheiten entlastet fühlt. Die Art der Maßnahme sagt über den Charakter ihrer Wirkung noch nichts aus.

Fehlt jedoch – aus welchen Gründen auch immer – die erforderliche Reflexions- und Umsetzungsfähigkeit, muß legitimerweise gefragt werden, inwieweit sich die äußere Situation als Signal-Konstellation so gestalten läßt, daß sie auch als mentales Hilfsmittel für die Alltagsbewältigung dienen kann. Ob Türen innerhalb der Wohnung verschließbar sind oder nicht, kann beispielsweise die psychische Befindlichkeit der Bewohner und ihr Erleben von Schutz oder Privatheit nachhaltig verändern, selbst wenn sie nicht verschlossen werden. An diesem Thema lassen sich Hypothesen über Grenzen in der Familie validieren (*language of doors*).

5.5 *Zusammenfassung und Ausblick*

5.5.1 Persönlichkeitsdiagnostik im systemischen Diskurs

Professioneller Umgang mit Menschen, sei es pädagogisch oder therapeutisch, setzt eine Konzeptualisierung „des Anderen", ein Menschenbild, voraus. Therapeutisches Handeln wird erst durch das Empfinden des Ungenügens oder Auffälligverhaltens anderer Menschen motiviert, mögen sie es selbst für sich reklamieren oder darauf gestoßen werden. Praktisches Handeln findet aber immer in Situationen statt und soll mit deren Hilfe oder ihnen zum Trotz zuvor abgesteckte Ziele erreichen.

Aus diesem pragmatischen Anspruch ergibt sich eine erste Möglichkeit, einen Maßstab zu definieren: Handeln kann als unangemessen bezeichnet werden, wenn es nicht dazu beiträgt, in einer gegebenen oder geschaffenen Situation das Gewünschte zu realisieren. Ausdrücklich sei darauf hingewiesen, daß damit kein absoluter Maßstab formuliert ist. Betrachtet man eine Handlung isoliert von Situation und Zielsetzung, kann sie ohne weiteres verrückt erscheinen und dennoch im entsprechenden Kontext sehr vernünftig sein.

Wenn man Auffälligkeit und Angemessenheit nur in Bezug zur Situation bestimmen kann, stellt sich die Frage, welcher Anteil am Erfolg bzw. Scheitern der Person und welcher Anteil der Situation zukommt. Der Anspruch des Prognostikers, der sein eigenes Tun ernst nimmt, verträgt sich kaum mit dem Anspruch einer Gesellschaft, die Freiheit des Einzelnen zu garantieren. Prognosen können sich dann nur auf soziale Mikrokosmen beziehen. Die Handlungen einer Person, die derart existenziell in ihrem Alltag gestört wird, daß sie ihre bisherigen Erfahrungen nicht übertragen kann und sich in ungewohnten Situationen orientieren muß, lassen sich nicht vorhersagen. Diagnostiker, die Aussagen dazu treffen, und Auftraggeber, die sie verlangen, manövrieren sich damit ins wissenschaftliche Abseits.

Es gibt Fälle, in denen die Situation planvolles Zielerreichen a priori nicht erlaubt. Dann macht es im übrigen keinen Unterschied mehr, ob das Handeln rational begründet oder magisch motiviert ist. In solchen Situationen überwiegt die von der Person unabhängige Eigendynamik der Umweltsysteme, so daß sich auf dem Wege interpoietischer Wechselwirkung kein stabiler, quasi-kausaler Mikrokosmos gestalten läßt.

In anderen Fällen paßt das gewünschte Ziel nicht zur Situation oder die passende Gelegenheit ist noch nicht herangerückt. Das Ziel dennoch zu verfolgen, hieße den fünften Schritt vor dem ersten zu unternehmen. Konstruktiv ausgedrückt: Zunächst käme es darauf an, eine Situation herzustellen, in der das Ziel überhaupt erst greifbar wird.

In beiden Fällen können die Anteile der Person und der Situation am Zustandekommen eines Handlungsresultates gegeneinander abgewogen und ausbalanciert werden. Eine dritte Möglichkeit, die Angemessenheit zu beurteilen, leitet sich nicht aus den pragmatischen Voraussetzungen, sondern aus der moralischen Bewertung ab. Es gibt Handlungen, die unabhängig von der Situation verwerflich wären. Welche Situation auch immer geschaffen wird oder gegeben ist, kein Ziel könnte die Wahl der Mittel rechtfertigen. Damit kehrt sich die in weiten Teilen der Psychologie verbreitete naturrechtliche Auffassung der motivierenden Kraft von Zielen um: Nicht das Ziel motiviert die Wahl der Mittel, sondern die Wahl der Mittel entscheidet über die Qualität des Ziels (vgl. Walter Benjamin o.J., S. 42).

Wenn in psychologischen Therapien von Persönlichkeitsauffälligkeiten gesprochen wird, vermischen sich situative und persönliche Anteile häufig in unzulässiger Weise. Die betreffende Person hat in irgendeiner vorangegangenen Situation unangemessen gehandelt. Daraus wird der Schluß „abgeleitet", sie könne diese Handlungen unter ähnlichen Umständen wiederholen. Die Zuschreibung der Auffälligkeit an die Adresse der Person konstruiert eine Differenz zwischen Therapeut und Klient, die zum Ausgangspunkt der Arbeitsbeziehung wird. Mit ihrer Hilfe schafft das therapeutische System den Stoff, den es bearbeiten möchte und die spezifische, von Defizitwahrnehmungen geprägte Situation, die offensichtlich als Anlaß zur Veränderung dient. Mit anderen Worten: Zum einen reproduziert sich das System selbst, das therapeutische Spiel erfindet seine eigenen Regeln, denen sich die Beteiligten beugen können oder sie brechen ab; zum anderen schützt sich der Therapeut kraft seiner Rede von Persönlichkeitsauffälligkeiten vor Identifikation mit dem Klienten und sorgt für eine professionelle Distanz.

Wie auch immer man die Unterscheidungen bezüglich angemessenen Handelns – dem eigentlichen Ausgangspunkt einer Störungs- und Therapietheorie – trifft, über die Qualität der Realisation entscheidet die situative Validierung. Damit ist die Umsetzung essenzieller Ideen gemeint, die eine Person im physischen und sozialen Kontext produziert. Sich einerseits auf soziale Validierung zu beschränken (Luhmann 2002, S. 98), wäre zu wenig, denn damit würde sich der Spielraum der Person auf soziale Normative einschränken. Sozialen Standards zu widersprechen, gehört aber grundlegend zur Freiheit des Einzelnen. Nicht selten knüpfen sich an diesen Widerspruch nicht nur Extreme, die durch Normation ausgegrenzt und dem *unmarked state* zugeschrieben werden sollen, sondern auch Innovation, die später Anerkennung zu finden hofft. Arno Schmidts sozialer Rückzug ließe sich in diesem Sinne betrachten. Auf der anderen Seite wäre es eine unbotmäßige Verkürzung, situative Validierung auf den physischen oder nur physikalischen Kontext einzuschränken. Damit mag sich ein Zimmermann begnügen, der gerade vorhat, einen Stuhl zu bauen. Sobald er sich fragt, wer darauf sitzen oder ihn kaufen möchte, gewinnt die soziale Komponente antizipatorischen Einfluß auf sein Schnitzwerk.

An diesen Beispielen läßt sich sehen, daß Umsetzung zugleich Übersetzung und bidirektional angelegt ist – insofern *Inter*poiese. Weder soziale Gepflogenheiten noch physische Umstände wirken unmittelbar auf die Person, sondern werden von ihr in privatsprachlich-essenzielle Formen gebracht. Umgekehrt gelingt es der Person nicht, direkt Einfluß auf die physischen Gegebenheiten oder den sozialen Habitus zu nehmen. Sie benötigt dazu Hände, Werkzeug, Mimik, Gestik und Schall. Selbst ein Stuhl symbolisiert die essenzielle Dimension seines Schöpfers (oder, wenn es sich um eine industrielle Fabrikation handelt, des Maschinenbauers).

Wie läßt sich aus diesen Überlegungen zum systemischen Ort der Person und der Angemessenheit ihres Handelns eine Anbindung zur Therapie bzw. Therapietheorie finden?

Zunächst ist klar, daß – von systemischen Therapeuten gern übersehen – nicht eine a priori zuhandene Ressourcenorientierung den Anlaß zur Therapie bietet, sondern im Gegenteil Hilflosigkeit steigerndes

Defiziterleben. Die Diskussion wird unfruchtbar, wenn man auf den Begriff des Defizits verzichtet und damit auf die mit ihm verknüpfte Dialektik der Defizit-Ressourcen-Dynamik (die sich innerhalb einer einzigen Handlung zeigen kann). Damit wird keinesfalls der subjektive Eindruck berührt, daß die Orientierung an Defizitkategorien im Fluß des therapeutischen Arbeitens wenig tauge, indem sie das Geschehen schwer und zäh werden lasse. Vielmehr ist es die unkritische Zuschreibung des Defizits an die Person – in den von Krankenkassen geforderten psychiatrischen Klassifikationen routinemäßig vorgenommen –, die den Menschen pathologisiert statt zum Verständnis beizutragen. An diesem Punkt können systemische Ansätze mit Hilfe der Ideen der fraktionalen Identität, der interpoietischen Konstruktion von Kontextbedingungen, der Emergenz und der situativen Validierung einen therapeutischen Hebel plazieren, ohne auf Begriffe wie Persönlichkeit, Störung oder Defizit verzichten zu müssen.

Zum einen kommt der Klient in die Therapie, wenn er in manchen Situationen – unabhängig von statistischen Durchschnittswerten – ein Defizit empfindet und in ihm den Grund seines Scheiterns erkennt. Eine zweite Voraussetzung für eine substanzielle Motivation des Klienten besteht darin, daß in ihm durch welche Vorinformation oder welches Vorwissen auch immer bereits die Hoffnung geweckt ist, er könne in gerade diesen Situationen – darüber hinaus vielleicht auch in weiteren – mit Hilfe der Therapie Ressourcen entwickeln oder mobilisieren. Jemand, der hoffnungslos depressiv ist, meldet sich nicht „freiwillig", sondern wird geschickt; jemand, der eigene Defizite zum Schaden anderer vorteilhaft für sich zu nutzen weiß, wird im besten Falle zur Therapie beauflagt. Der Therapeut kann sich auch dann als Anreger und Begleiter verstehen, kann experimentell-provokante Vorschläge unterbreiten, metakognitiv-heuristische Lebensstrategien vermitteln und den Mut zum Ausprobieren des Ungewohnten stärken – doch er benötigt einen Rahmen, um den zweiten Auftraggeber, der zur Konstitution der therapeutischen Situation gehört, einzubeziehen.

Das Bedürfnis nach Therapieformen, die sich wie triviale Maschinen bedienen lassen und folglich den Klienten als triviale Maschine betrachten, ist ungebrochen. Gerade die durch Freiheitsrealisation und Individualisierung erlebte Steigerung doppelter Kontingenz, der Abhängigkeit von willkürlichen Sympathien und Antipathien anstelle handfester ökonomischer Zwangsverhältnisse, die in früherer Zeit für eine stabile gesellschaftliche Schichtung gesorgt haben, weckt den Wunsch nach Berechenbarkeit und zwischenmenschlicher Sicherheit. Dem Vertrauen wird nicht mehr vertraut. Zudem suggeriert der technologische Erfolg die Machbarkeit des Programmierbaren. Wenn sich dieser Vorwurf hauptsächlich gegen die rezeptartigen Vorgehensweisen der kognitiven Verhaltensweisen richtet, sind auch systemische Ansätze, vor allem in der Kurzzeittherapie, davon nicht frei (z.B. de Shazer 1992).

Der Hinwendung zu schematisch anwendbaren Modulen entspricht eine Abkehr vom jeweiligen Milieu des Klienten, das seine Sozialisation geprägt hat und womöglich immer noch bestimmt. Das Umfeld, die Herkunft, der Kontext – sie widersetzen sich linearkausaler Behandlung und der administrativ forcierten Professionalisierung. „Resozialisation" setzt mehr auf Erziehungskonzepte als auf den positiven Einfluß des Milieus. Doch diese Vereinseitigung hat ihren Preis.

Wenn die Person – wie Luhmann (2002, S. 25) behauptet – ihre Zukunft als selbsterzeugte Ungewißheit konstruiert, um Spielraum für nächste Schritte zu gewinnen, dann wäre die Prognose ihres Handelns nicht nur mit unerträglichem detektivischen Aufwand verbunden, sondern unmöglich. Der Wunsch nach Vorhersage würde frontal mit dem Freiheitsverständnis kollidieren. Ein Ausweg – um nicht die prinzipielle Unmöglichkeit psychologischer Diagnostik in einer freien Gesellschaft behaupten zu müssen – wäre die Einschränkungen auf das „Verhalten", d.h. auf Handlungsweisen der Person, zu denen sie sich nicht frei entscheidet, sondern durch physiologische Gesetzmäßigkeiten oder soziale Normative genötigt ist, wenn sie nicht anders kann, als sich so oder so zu verhalten statt zu handeln.

Doch damit ist das Dilemma nicht gelöst. Der Diagnose des Einzelnen müßte eine Diagnose des gesellschaftlichen Zustandes vorausgehen und nur autoritäre Systeme, die die Freiheit entsprechend beschneiden, wären für die Psychodiagnostik brauchbare Systeme. Ein anderer Ausweg, der nicht die Totalität der Vorhersage und daher nicht die Unterhöhlung der Freiheit voraussetzt, beschränkt ihren Geltungsanspruch weder auf das jeglicher Autonomie beraubte „Verhalten" noch dehnt es ihn auf die Gesamtheit des möglichen Handelns aus. Die Person hält sich ihre Zukunft für nächste Schritte nicht nur offen, sondern versucht zugleich im Rahmen mikrokosmischer Wechselbeziehungen, struktureller Kopplungen, Absprachen und Verhandlungen, den Boden unter ihren Füßen abzusichern. Die Einstreuung des Begriffs „strukturelle Kopplung" zeigt, daß auch im Luhmannschen Denken diese Möglichkeit angelegt ist, nur wurde der Fokus von ihm darauf nicht gelenkt.

Gerade die interpoietisch angeregte Beziehung zwischen Person und Umfeld bietet die Voraussetzung für eine relative Stabilität ihrer Bezüge und daher von größtem diagnostischen Interesse. Darüberhinaus ist keine Aussage möglich. Wenn die Autonomie der Person relativ ist, d.h. sich auf konstituierende physische Systeme und emergente soziale Systeme bezieht, kann auch ihre Entwicklung nur einen relativ stabilen Rahmen beanspruchen. Freiheit und Stabilität schließen sich nicht aus, sondern teilen sich den Spielraum. Erinnern setzt Vergessen voraus; das eine zu fokussieren bedeutet, etwas anderes aus dem Blick zu verlieren.

Das Durchleben von Entwicklungsphasen und die in Übergangsprozessen immanente Ablösungs-Anschluß-Dynamik, verhindert grundsätzlich pauschale Situationsbeurteilungen. Was für den einen gut ist, erscheint dem anderen schlecht; was sich heute bewährt, kann morgen stören. Rezepte zur Gestaltung optimaler Entwicklungsbedingungen lassen sich daher nicht geben. Dennoch lohnt es sich – auch in Therapien – die individuell gewählte Orientierung in Richtung Ablösung oder Anschlußsuche bezüglich der systemischen Position und der interindividuellen (z.B. familialen, kollegialen, konkurrenzmäßigen) Erwartungstendenzen zu hinterfragen.

Dieselbe Unmöglichkeit einer generellen Bewertung läßt sich bei der Zuordnung von Fähigkeiten in die Rubriken „Defizit" oder „Ressource" bemerken. Sowohl die Ausprägung der jeweiligen Persönlichkeitseigenschaft als auch die Situation fließen in die Beurteilung ihrer Qualität ein. Eine Managerin, die in Kollegenkreisen als durchsetzungsfähig gilt, kann unter ihren Freunden als aggressiv oder egomanisch erlebt werden. Der Konflikt, daß sie privat Schwächen zeigt, die sie im Beruf nicht zeigen darf, kann zur Quelle des Unglücklichseins oder diffuser Versagensangst werden. Persönlichkeitstests, die eine situative Differenzierung bestenfalls gelegentlich, aber nicht systematisch vornehmen, überlassen es der Willkür des Anwenders, ob eine bestimmte überdurchschnittliche Ausprägung eher als besondere Stärke oder als Schwäche interpretiert wird. Ihr diagnostischer Wert muß bezweifelt werden. Eine situativ orientierte Persönlichkeitsdiagnostik schenkt nicht nur der Position des Einzelnen in einem Konflikt Aufmerksamkeit, sondern seiner Flexibilität in unterschiedlichen Feldern.

5.5.2 Perversionen der „Wissenschaftlichkeit"

Der kognitiv-behaviorale Ansatz hat ideellen Eklektizismus massiv mit empirischer Bestätigungsforschung verknüpft, um unter dem Deckmäntelchen der Wissenschaftlichkeit ein größeres Stück vom kassenärztlichen Verteilungskuchen abzuschneiden. Die medizinisch motivierte Metapher von der sogenannten „Breitband-Verhaltenstherapie" - die sich wohl als eine Art Anti-Biotikum anwenden lasse, das auf die Seele wirkt - verrät die gesundheitspolitische Absicht. Die suggerierte Wissenschaftlichkeit kann jedoch nicht über einen eklatanten Mangel an substanzieller Theorie hinwegtäuschen. Insbesondere fehlt eine tragfähige Konzeption zu „Handeln" und „Verhalten", die beide Begriffe sinnvoll voneinander abgrenzt und theoretisch einordnet. Es scheint, als wäre den kognitiven Verhaltenstherapeuten der Umgang mit diesen Begriffen derart selbstverständlich, daß sie über deren weitergehende Vernetzung mit soziologischen Zusammenhängen nicht mehr nachdenken. Aber auch die verhaltenstherapeutischen Konzeptionen zu „Entwicklung" und „Kognition" bzw. „Emotion" lassen zu wünschen übrig. Der Klient tritt hier geradezu solipsistisch auf, als wäre er nicht als Kind seiner Eltern aufgewachsen, sondern wäre allein Subjekt einer unhinterfragt individualistisch funktionierenden Gesellschaft. Daß gesellschaftliche Horizonte im wissenschaftlichen Diskurs der Verhaltenstherapie hinter Kappa-Koeffizienten verschwinden, weist stärker auf die Unangemessenheit ihrer Methodik als die vordergründige Zurückhaltung gegenüber dem Politischen.

Die empirische Psychologie hat in den letzten Jahrzehnten eine große Menge einzelwissenschaftlicher Befunde angehäuft, die in ihrer Gesamtheit unmöglich in die Vorannahmen auch nur einer einzigen Psychotherapierichtung eingehen können. Insofern ist das Wissenschaftlichkeitskriterium, das Grawe et al. (1994, S. 732) formulieren, zurückzuweisen: Es ist unerfüllbar. Zum Charakteristikum der wissenschaftlichen Psychologie gehört darüber hinaus trotz aller Bemühungen um Quantifikation die extreme Abhängigkeit der Resultate von den theoretischen Vorannahmen. Wenn der Anspruch auf „Objektivität" nicht einmal in ausgesprochenen Naturwissenschaften wie der Physik einlösbar ist, um wieviel weniger in der Psychologie! Man vergleiche beispielsweise die Ergebnisse der Gedächtnispsychologen, die von Speichermodellen ausgehen, mit den Erkenntnissen zum impliziten Gedächtnis. Wenn die kognitiv-behaviorale Therapie – wie behauptet wird – am besten zu (einigen) Ergebnissen der einzelwissenschaftlichen Psychologie passe, so sagt dies nichts über die theoretische Qualität der verhaltenstherapeutischen Konzepte aus. Es gibt in der wissenschaftlichen Psychologie keine allgemein anerkannte allgemeine Theorie oder auch nur ein verbindliches Menschenbild, das nicht umstritten wäre. Die partielle Affinität zwischen kognitiver Psychologie und kognitiv-behavioraler Therapie ist vielmehr das Produkt eines Zirkelschlusses. Wenn die Verhaltenstherapie einzelne Erkenntnisse der empirischen Forschung zur Begründung umschriebener Therapiemethoden herausgreift, ist es kein Zufall, daß sie der empirischen Psychologie teilweise ähnlich erscheint. Aber letztlich eben auch nur ähnlich. Denn die andere Seite im psychologischen Diskurs bleibt innerhalb der Verhaltenstherapie ausgeblendet. Insbesondere Erkenntnisse aus der Entwicklungs- und der Sozialpsychologie fehlen oder sind unterrepräsentiert, als wäre der typische verhaltenstherapeutische Klient ein Mensch ohne Vergangenheit und sozialen Bezug.

Die – vermutlich schwer zu heilende, in der Psychologie mittlerweile weit verbreitete kollektive Einbildung – zu den Naturwissenschaften zu gehören, enthebt nicht von der Aufgabe, wenigstens ansatzweise die neuere Wissenschaftssoziologie, z.B. von Thomas S. Kuhn oder Paul Feyerabend, zur Kenntnis zu nehmen und relativierend auf das eigene Tun rückzubeziehen. Danach kann der aktuelle Stand einer Wissenschaft nicht dafür herhalten, den wissenschaftlichen Status einer praktischen Disziplin wie der Psychotherapie zu legitimieren. „Normale Wissenschaft" ist bekanntlich – auch mit „Intersubjektivität" nicht beizukommenden – Filterprozessen entsprechend der momentan vorherrschenden Paradigmata ausgesetzt. Würde die Anerkennung einer Psychotherapie dem paradigmatischen Wandel im Diskurs der Grundwissenschaft auf den Fuß folgen, ohne Rücksicht zu nehmen auf die jeweils eigene Geschichte als praktische Anwendung, so gäbe es immer wieder Epochen, in denen keine Psychotherapie durchgeführt werden könnte. Die Möglichkeit der Anwendung gehört naturgemäß nicht zu den vorderen Interessen einer Grundlagenwissenschaft.

In den behavioralen Eklektizismus fällt weiterhin die kritiklose Übernahme von Ideen der klassischen Systemtheorie, aus sogenannten Input-Output- oder Regelkreis-Modellen. Das kybernetische Denken der 1950er Jahre zählt die Verhaltenstherapie unhinterfragt zum gültigen wissenschaftlichen Paradigma, ohne die Überlegungen der neueren soziologischen Systemtheorie und ihre Implikationen für die Psychologie auch nur ansatzweise zur Kenntnis zu nehmen.[117] Es ist klar, daß angesichts eines solchen veralteten *Theorieniveaus*, das die kognitive Verhaltenstheorie kennzeichnet und mit Hilfe gesundheitspolitischer Machtinstrumente zum Maßstab erhebt, die therapeutischen Ideen der systemischen Ansätze nicht verstanden werden *können*.

Insofern ist den Verhaltenstherapeuten wie auch den Psychoanalytikern im „Wissenschaftlichen Beirat Psychotherapie" der Bundesärztekammer nichts vorzuwerfen: Sie wissen nicht, was sie verurteilen. Daß sich die systemischen Ansätze selbst in Entwicklung befinden und Kritiken auszuhalten haben, sei als selbstverständlich vorausgesetzt. Sie auf „interpersonelle Therapie" zu reduzieren, zeugt von erschütternder Ignoranz der Grundideen seitens der Evaluatoren (Margraf & Hoffmann 2000). Einem Autor wie Jürgen Margraf, der eine Ausbildung in Gesprächspsychotherapie genossen und sich dann in der Etablierung der konfrontativen Behandlung des Paniksyndroms als einer der führenden Vertreter der kognitiven Verhaltenstherapie profiliert hat – ohne selbst Verhaltenstherapeut zu sein. Ihm wäre die Fähigkeit zum schulenübergreifenden Denken zuzutrauen, vorausgesetzt, die eigene Berufsbiographie wäre selbstreflexiv in die Erwägungen eingeflossen. Das Problem ist jedoch – neben der beklagten Einseitigkeit in der Zusammensetzung des „Wissenschaftlichen Beirats" – eine akademische Ferne zur therapeutischen Praxis, die einer marktpolitischen Diffamierung des Kriteriums „Wissenschaftlichkeit" Vorschub leistet. Es ist stark anzuzweifeln,

---

[117] Grawe et al. (1994, S. 759) erwähnen zwar Humberto Maturanas Begriff der „Autopoiese" und Ilyia Prigogines Entdeckung des Chaos in dissipativen Systemen, im folgenden glauben sie aber – meines Erachtens fälschlicherweise – die damit verbundenen Konsequenzen wären bereits in Piagets Schemata-Konzeption vollständig enthalten: „Dies ist nun genau der Schritt, den Piaget mit seinem dialektischen Prozeß von Assimilation und Akkomodation schon von vornherein mitkonzipiert hatte." Eine solche Formulierung muß wohl als Strategie der Vermeidung, sich mit den genannten Theorieentwicklungen auseinanderzusetzen, bezeichnet werden.

inwiefern die Evaluatoren aktuell selbst noch über praktische therapeutische Erfahrungen verfügen.[118] Im Licht der neueren Wissenschaftstheorie, die in den Wahrheitsfindungs- oder Wahrheitsdefinitionsstrategien der Gesellschaft eine säkularisierte Fortsetzung des theologischen Diskurses identifiziert, verwundert die Parteinahme des „Wissenschaftlichen Beirates" nicht. Verwunderlich ist eher der Versuch, der wissenschaftstheologischen Voreingenommenheit des „Beirates" durch Schaffung eines systemischen Dogmas in Gestalt von „Grundlagen der Systemischen Therapie" zu begegnen, mit deren Festschreibung Günter Schiepek (1999) durch die Arbeitsgemeinschaft für Systemische Therapie (AGST) beauftragt wurde.

> „Dieses Wissenschaftsverständnis, das in dem Gutachten [Schiepeks] zum Tragen kommt, ist von einer Position geschrieben, die ich als univokal bezeichnen möchte, das heißt, es läßt keine anderen Wissenschaftsverständnisse neben sich gelten. Deshalb habe ich erhebliche Zweifel daran, daß dieses Verständnis von Wissenschaft geeignet ist, einem anderen univokalen ebenso monologischen Wissenschaftsverständnis, nämlich dem etablierten empirisch-quantitativen Verständnis der Mehrheit des *wissenschaftlichen Beirats* mit Erfolg zu begegnen. Solange im dominanten systemischen Diskurs mit Schielen auf die Kassenanerkennung nur *eine* Form der Wissenschaft gepredigt und eine Pluralität von psychotherapeutischen Wissenschaften unterdrückt wird, wird es keine Reflexionsprozesse geben, die ein intelligentes Vorgehen bei der Anerkennung Systemischer Therapien ermöglichen werden. Es wird nichts als einen eskalierenden Kampf im Sinne von mehr desselben geben können." (Klaus G. Deissler 2000, S. 45)

Der Versuch systemischer Organisationen, in einem strukturell unfairen Wettbewerb bestehen zu wollen, muß als naiv bezeichnet werden. Offenbar wußten sie nicht, was sie taten, als sie sich um Aufnahme in den Kreis der kassenärztlich Integrierten bewarben. Wenn die systemischen Therapien tatsächlich sämtliche, mit dem Nachdruck orthodoxer „Wissenschaftlichkeit" erhobenen Forderungen der Etablierten erfüllen sol-

---

[118] In einem an der TU Dresden angebotenen „Therapieseminar" offenbarte Jürgen Margraf, daß seine letzte eigene Erfahrung im Umgang mit Klienten bereits Jahre zurückliege, noch gesprächstherapeutisch ausgerichtet gewesen sei und Videoaufzeichnungen mit ihm als Therapeuten nicht als Lehrbeispiel taugen (persönliche Mitteilung). Es gab daher auch keine Hospitation der Studenten in Sitzungen, die Margraf praktizierte. Die schließlich den Studenten übertragenen Therapien standen lediglich unter videogestützter „Supervision" von Kommilitonen und wurden ohne eigentliche professionelle Begleitung und Anregung durchgeführt.

len, steht ihr kreatives Potenzial auf dem Spiel (vgl. Klaus Mücke 1999). Einzuwenden wäre gegen Deisslers Kommentar zum vorläufigen Scheitern der kassenärztlichen Anerkennung der systemischen Therapien, daß die Akzeptanz von Pluralität nur auf einer Seite nicht ausreichen würde. Dogmatismus, gepaart mit Macht, genügt, um jegliche Kreativität und Intelligenz zu ersticken. Würden die systemischen Ansätze ihre konzeptuelle Pluralität strategisch nutzen, könnten sie jedoch den Versuch unternehmen, mit ihrer Selbstdarstellung ein Trojanisches Pferd durch die uneinnehmbar erscheinenden Mauern des „Wissenschaftlichen Beirates" zu schicken, statt sich im Frontalangriff den Kopf zu stoßen.

Die systemischen Ansätze sind in der unfruchtbaren Konkurrenz der Therapieschulen, vor allem zwischen Psychoanalyse und Verhaltenstherapie, mitunter der Versuchung erlegen, radikale Einseitigkeiten zu formulieren, damit sie auf diesem Wege ihren Alternativcharakter herauskehren können. Dem sind sowohl der Begriff „Persönlichkeit" als auch der „Störung" zum Opfer gefallen. Weniger die pragmatische Möglichkeit, im Therapieprozeß wirksam auf derartige Begriffe verzichten zu können, als die Abgrenzung von den beiden etablierten Therapieschulen haben zur Polemisierung der Diskussion beigetragen. In diesem Buch wurde der Versuch unternommen, Einseitigkeiten der systemischen Theoriebildung aufzudecken und mit komplementären Begrifflichkeiten auszudifferenzieren, Dichotomien zu überwinden und systemische Therapien für Begriffe wie „Persönlichkeit" und „Störung" zu öffnen, ohne daß damit zugleich einem Hang zum Pathologisieren entsprochen werden sollte. Keineswegs ist damit impliziert, daß diese Begriffe in der therapeutischen Praxis angewandt oder in der institutionellen Abrechnung therapeutischer Leistungen eingesetzt werden sollten. Sie besitzen vielmehr Bedeutung für die mitlaufende Reflexion therapeutischer Prozesse. Auf die explizite psychopathologische Etikettierung des Klienten kann nicht nur, sondern sollte verzichtet werden.

5.5.3 Zur Situation des therapeutischen Versorgungssystems

Die Verhaltenstherapie hat die historisch wichtige Herausforderung angenommen, gegen den Vorrang der orthodoxen Psychoanalyse zu opponieren. Vor der sogenannten kognitiven Wende, die zur Wiederentdeckung des zuvor polemisch bekämpften Geistes führte, verfügte die Verhaltenstherapie kaum über ein ernstzunehmendes Konzept. Zur Durchsetzung hat ihr zum einen die eklektische Einverleibung einiger Erkenntnisse aus der Wahrnehmungs- und Gedächtnisforschung sowie auch einiger Interventionsmethoden der systemischen Therapien verholfen (z.B. Ressourcen- und Kurzzeitorientierung, zirkuläre Fragen). Zum zweiten orientierte sich die universitäre Avantgarde der Verhaltenstherapie geradezu gnadenlos am klassisch-experimentellen Wissenschaftsideal, das eine randomisierte Zuweisung der Klienten in Therapie- und Wartegruppen fordert – eine meines Erachtens ethisch unverantwortliche Praxis, vor allem wenn die Klienten über die tatsächlichen Hintergründe ihrer jeweiligen Zuweisung nicht aufgeklärt, sondern vielmehr absichtsvoll getäuscht werden, eine „Bibliotherapie" o.ä. würde ihren psychischen Druck wirksam verringern. Dabei hat die statistische Methodenforschung längst anerkannt, daß Randomisierung zwar im wissenschaftlichen Experiment eine Konfundierung mit Störvariablen verhindert, z.B. mit Baseline-Effekten, die zum Simpson-Paradox führen, aber kein Kriterium für Feldstudien darstellen kann. Anschaulich wird das ethische Dilemma der experimentellen psychologischen Forschung beispielsweise an einer so bedeutsamen Frage, ob Rauchen zum Auftreten von Lungenkrebs beiträgt.

> „Gerade dort, wo wir uns auf die Analyse von reinen Beobachtungsdaten stützen müssen, läßt sich ja gerade kein randomisiertes Experiment durchführen. Selbst im Dienst der Wissenschaft können wir keine Zufallsstichprobe aus der Population ziehen, die betreffenden Personen zwingen, zu Rauchern zu werden, und den Anteil, der an Lungenkrebs stirbt, mit dem entsprechenden Anteil bei einer Zufallsauswahl von Personen vergleichen, die wir zwingen, Nichtraucher zu bleiben. Was man jedoch tun kann, ist zu prüfen, ob wir gute Gründe haben anzunehmen, daß eine Mittelwertdifferenz bzw. eine Differenz in den Wahrscheinlichkeiten kausal unverfälscht ist. Ein guter Grund wäre, daß wir bereit sind anzunehmen, daß eine *hinreichende Bedingung* für die kausale Unverfälschtheit der betreffenden Mittelwertdifferenz erfüllt ist. Natürlich ist es hier wichtig, daß man die *schwächste* hinreichende Bedingung für die kausale Unverfälschtheit prüft." (Steyer 1997)

Was Rolf Steyer hier an möglichen Folgen des Rauchens schildert, gilt gleichermaßen für die Wirkungen von Psychotherapie. Ein verantwortungsvoller Therapeut kann den Klienten nicht per Zufall in eine Wartegruppe zwingen. Offenbar stellt sich – was den Umgang mit Menschen betrifft – das Dilemma, den Status orthodoxer Wissenschaftlichkeit nur auf Kosten der Verantwortbarkeit erlangen zu können.[119] Daß für verhaltenstherapeutische Begleitstudien nach Zufallsprinzip Tausende Klienten in Warteschleifen- oder Placebo-Gruppen „überwiesen" werden, muß als Skandal bezeichnet werden. Die Forderung der Randomisierung, die vom „Wissenschaftlichen Beirat" erhoben wurde, gehört daher abgeschafft und ist durch Methoden der bestenfalls quasi-experimentellen empirischen Feldforschung zu ersetzen.

Doch das Gegenteil ist der Fall: Grawe et al. (1994) erwähnen das methodisch-ethische Dilemma mit keiner Silbe, es paßt nicht ins Bild einer wirkungsvollen Effektpräsentation. Wenn gegenwärtig ganze Gruppen von Therapieansätzen die Zufallszuweisung ihrer Klienten ablehnen, riskieren sie ihre Anerkennung. Die Randomisierung von Klienten ist im übrigen nicht nur unzulässig, sondern auch überflüssig.

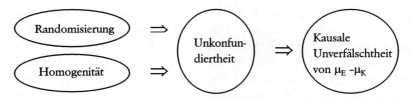

Abbildung 13: Implikationsstruktur der kausalen Unverfälschtheit nach Steyer

Randomisierung ist nicht der einzige Weg, um zu methodisch abgesicherten statistischen Ergebnissen zu gelangen. Kann die Unkonfundiertheit der Störvariablen nicht auf direktem Wege durch Randomisierung oder Homogenisierung bewiesen werden, so läßt sie sich immerhin noch indirekt durch Ausschluß der Falsifikation bis auf Widerruf behaupten.

> „In solchen Untersuchungen, in denen die Personen den Behandlungsbedingungen *nicht* zufällig zugewiesen werden können, bleibt die kausale Modellierung schwierig. Die Unkonfundiertheitsbedingung ist nicht verifizierbar, aber doch falsifizierbar. Die Unkonfundiertheit ist m. W. die schwächste hinreichende Bedingung für die kausale Unverfälschtheit eines Prima-facie-Effekts. Scheitern in einer konkreten Anwendung Versuche zu ihrer Falsifikation, so wird die kausale Unverfälschtheit eines Prima-facie-Effekts plausi-

---

[119] Gleiches gilt für Tierversuche und wird in diesem Zusammenhang, scheint es, heftiger diskutiert als in der weichgespülten Psychotherapie-Szene.

bler. Gelingt die Falsifikation der Unkonfundiertheit für eine spezielle Störvariable, so bleibt die kausale Interpretation der Primafacie-Effekte *in den Subpopulationen*, die durch die betreffende Störvariable erzeugt werden. Die betreffende Störvariable wäre dann also konstant zu halten." (Steyer 1997)

Steyer (1997) und Steyer et al. (1997b) haben Vorschläge zur mathematischen Operationalisierung dieses Vorgehens unterbreitet, die sie als „*individuelle Effektstärke*" bezeichnen. Sie wurde in der Entwicklung des im Rahmen von Teil 2 dieser Studie vorgestellten systemischen Persönlichkeitsfragebogens „Konfliktverhalten situativ" und im Auswertungsprogramm SIKON für die Bewertung katamnestischer Prä-Posttest-Differenzen berücksichtigt. Differenzialdiagnostische Einschätzungen sollten bereits zu Beginn in die Therapieplanung einfließen. Sie setzen Erfahrung und Fingerspitzengefühl voraus, wenn es sich daraus nicht nur um eine grobe Einordnung in Kategorien, sondern um eine therapeutische Handlungsorientierung ergeben soll. Differenzielle Verlaufskontrollen können damit aber nicht ersetzt werden. Der Fragebogen „Konfliktverhalten situativ" gibt während der Therapiedurchführung Hinweise auf Stagnationen oder Fortschritte nicht nur in Hinblick auf den erwarteten Defizitabbau, sondern auch bezüglich des Ressourcengewinns.

Da Therapie einen sozialen Zusammenhang zwischen Klient und Therapeut herstellt, ist es unzulässig, Behandlungskonzepte ohne Berücksichtigung der doppelten Kontingenz zu entwerfen. Es gibt im therapeutischen Kontext eben nicht nur eine objektive Realität, sondern subjektiv durch die therapeutische Begegnung konstituierte Wirklichkeiten. Gerade die sublime Differenz der Sichtweisen und Wahrnehmungsprozesse gestaltet Therapie oft kompliziert. Wenn empirische Evaluationsforschung mit der Intention betrieben wird, die Wirksamkeit einer Methode nachzuweisen, so liegt der Verdacht nahe, daß die verwendeten Meßverfahren bereits so konstruiert sind, daß sie Veränderungseffekte im gewünschten Bereich implizieren. Randomisierung reicht keineswegs aus, um Scheineffekte auszuschließen. Vielmehr kommt es an auf die Beachtung

- statistischer Regressionseffekte, die in herkömmlichen Effektstärkeberechnungen unberücksichtigt bleiben;

- nonlinearer Dynamiken, die durch einfache Mittelwertvergleiche, Prä-Posttest-Differenzen und (auch nichtparametrische) Korrelationen nicht widergespiegelt werden;
- differenzieller Effekte anhand von Varianzunterschieden;
- der Ressourcen- anstatt der Defizitentwicklung;
- qualitativer Unterschiede (z.B. in Bezug auf Ort und Art der Behandlung sowie die Zahl der Beteiligten).

Grawe et al. (1994, S. 719) monieren darüberhinaus die Redundanz der Erhebungsinstrumente und fordern deren Angleichung.[120]

Eklektische Übernahme von Erkenntnissen und Methoden der Kognitionsforschung sowie rückhaltlose Verabsolutierung des experimentellen Randomisierungs-Prinzips in der Anerkennung „kontrollierter Studien" haben die behavioralen Therapie-Ansätze gegenwärtig auf eine machtvolle Position in der Szene gehievt, ohne daß sie auch nur eine Spur der Theoriebildung in Bezug auf interpersonelles, sprich soziales *Handeln* aufweisen können. Die psychoanalytischen Therapien wurden zwar nicht verdrängt – dies wäre wegen der essenziellen Einschränkungen, die die Verhaltenstherapie noch immer kennzeichnet, gefährlich – aber sie zehrt mehr vom Mythos ihrer Gründerfiguren als vom Schritthalten mit der neueren Konzeptentwicklung.[121] Im Ergebnis entstand ein institutionelles Gleichgewicht zwischen den etablierten Schulen, das mittlerweile keine von beiden zur Innovation antreibt. Grawe et al. (1994, S. 774) greifen die therapiehistorischen Entwicklungslinien auf, indem sie verallgemeinernd zwischen klärungs- und bewältigungsorientierten Therapien unterscheiden. In natürlichen Alltagssituationen gehören beide Orientierungen zum Repertoire der Person.

> „Dieser technische Eklektizismus ist in der gegenwärtigen Situation sehr vernünftig, aber er ist auf Dauer keine befriedigende Lösung, denn er entbehrt einer in sich konsistenten theoretischen Grundlage." (Grawe et al. 1994, S. 755)

---

[120] Sie berufen sich auf eine Arbeit von Froyd & Lambert (1989), die in 348 zwischen 1983 und 1988 veröffentlichen Therapiestudien 1430 Effektmaße zählten.
[121] Als Ausnahme wäre Sullivans interpersonelle Wende in der Analyse zu sehen, darauf gestützt die Modifikationen von Wachtel.

Doch es wäre verkürzt zu behaupten, Therapie bewirke (unabhängig von ihrer methodischen Ausrichtung) vornehmlich eine Zurücknahme des visionären Denkens zugunsten des Realitätsbezuges oder – wie Erich Fromm meinte – eine „Aufhebung der Illusionen". Derartige Slogans mögen auf den ersten Blick einsichtig erscheinen. Sie zerstückeln jedoch den systemischen Zusammenhang der Bewußtseinsprozesse bzw. deren „sequenzielle Vollständigkeit". Ohne Visionen entsteht keine Motivation und ob eine Utopie Illusion ist, erfährt man oft erst durch den Versuch der Realisation. Differenzierter ließen sich also klärungsorientierte Therapien auf den Ebenen der linken Säule des oben diskutierten Bewußtseinsmodells (Abb. 7) ansiedeln. Von ihnen werden sowohl Wahrnehmung, Denken als auch (affektive) Meta-Kognition berührt. Letztere zählt aber auch zum Gegenstand der bewältigungsorientierten Therapien, wenn eine Auftrags- und Zielklärung stattfindet. Visionen bilden auf dieser Ebene eine handlungsrelevante Voraussetzung. Auf den Ebenen der rechten Säule des Modells finden sich desweiteren der sprachliche Ausdruck und die unmittelbare motorische Umsetzung („Verhalten").

metakognitiv: Psychoanalyse, Gesprächspsychotherapie, systemorientierte Einzeltherapie	
semantisch: kognitive Therapie	*sprachlich:* Gesprächstherapie, Hypnotherapie
perzeptiv: kognitive Therapie, Hypnotherapie	*vegetativ-motorisch:* Verhaltenstherapie, Biofeedback

Tabelle 6: Beispiele für die Zuordnung einzeltherapeutischer Ansätze in ein systemtheoretisches Modell des Bewußt-Seins

Ein solches Schema muß fragmentarisch bleiben. Zahlreiche Therapieformen wie z.B. Kunst-, Bewegungs- oder Musiktherapie greifen auf mehrere essenzielle Ebenen zurück und benötigen deren synergetisches

Zusammenspiel. Aus dem Umstand, daß sie nur begrenzt die metakognitive Ebene der Person tangieren, leiten Grawe et al. (1994) ab, sie seien lediglich als ergänzende Verfahren integrierbar. (Doch auch die Verhaltenstherapie läßt eine Konzeptualisierung der metakognitiven Ebene, d.h. der Motivationsinhalte vermissen.)

Anstelle einer dichotomen Kategorisierung können die unterschiedlichen Therapieansätze jeweiligen essenziellen Ebenen des Bewußt-Seins zugeordnet werden. Daraus folgt die Begründung ihrer Wirkung. Ob die praktische Durchführung einer Therapie den theoretisch ableitbaren Erwartungen gerecht wird, steht auf einem anderen Blatt. Das zunächst simpel erscheinende Ordnungsschema der Therapieansätze gewinnt exponentiell an Komplexität entsprechend der fraktionalen Ausdifferenzierung essenzieller Ebenen in der Person.

Interpersonelle Therapien wie Transaktionsanalyse, Gestalt-, Gruppen- oder Familientherapie operieren konzeptuell mit der Ungewißheit, die durch doppelte Kontingenz in der Therapie entsteht bzw. über die vom Klienten in Bezug auf außertherapeutische Situationen berichtet wird. Dagegen steht der Therapie – zum Glück! – kein Mittel im Sinne mechanischer Instruktion oder Manipulation zur Verfügung.

Die systemischen Therapien konnten ihr Nischendasein nutzen, um mit Arbeitsformen unbehindert vom kassenärztlichen Korsett zu operieren. Extreme Kurzzeit- und Lösungsorientierung, die Einbeziehung maßgeblicher Systemmitglieder (einschließlich der entlastenden Nichteinbeziehung des sogenannten Indexklienten), die Kombination imaginativer und situativer Techniken, verhältnismäßig große Abstände zwischen den Sitzungen usw. All dies ist mit dem gegenwärtigen kassenärztlichen Abrechnungsreglement schwer zu vereinbaren. Ein systemischer Therapeut müßte, um nach dem kassenärztlichen Modell überleben zu können, für seine Arbeit mit Paaren und Familien nach einem höheren Satz honoriert werden als ein kognitiv-behavioraler Therapeut, der mit seiner Einzelklientin zehn oder fünfzehnmal über Brücken läuft oder im Hochhauslift fährt. Offenbar nutzen die Verhaltenstherapeuten den „Wissenschaftlichen Beirat" zur Verteidigung ihre Pfründe.

Daher wäre es angebracht, nicht nur das Randomisierungs-Kriterium, sondern die Kassenärztliche Vereinigung als Lobbyisten-Verband samt des „Wissenschaftlichen Beirates Psychotherapie" abzuschaffen und durch unparteiische Gremien zu ersetzen. Damit wäre die Gefahr der einseitigen Interessenwahrnehmung nicht gebannt, aber gemindert. Was für die Zulassung pharmazeutischer Produkte gut ist, muß sich nicht für psychotherapeutische Belange eignen. Das aus der Weimarer Zeit überkommene System der Kassenabrechnung regelt die Verteilung der Honorare auf Grundlage der Kategorien „Einzelklient" („Patient") und „Störung" („Diagnose"), die nach der ICD-10 eingeordnet sein muß. Indem der „Wissenschaftliche Beirat" genau jene Kriterien zur Anerkennung erhebt, die der kognitiven Verhaltenstherapie den Weg geebnet haben, bewegt er sich in selbstreferenziellen Zirkeln und spottet damit seines Namens. Interpoietische Anregung durch therapeutischen Pluralismus und einer offenen Gesellschaft angemessene Stimmenvielfalt sind ihm fremd. Auf eine ernsthafte Debatte über die logischen und erkenntnistheoretischen Voraussetzungen seiner Maßstäbe läßt er sich – analog zu dogmatischen Praktiken der katholischen Kirche – nicht ein. Die vom Parlament im Psychotherapeutengesetz geforderte Wissenschaftlichkeit anerkannter Therapieformen wird durch den „Wissenschaftlichen Beirat" der Bundesärztekammer gegen die Interessen der Öffentlichkeit zur Kartellbildung instrumentalisiert und als Argument mißbraucht, die Allgemeinheit über die eigentliche Qualität unterschiedlicher Psychotherapieformen zu täuschen. Ein autoritäres Zulassungsverfahren, das die Entscheidung einer „Jury" überträgt, die ausschließlich aus Etablierten besteht, und im Laufe des Verfahrens willkürlich die Zulassungskriterien ändert, steht außerhalb des Spektrums demokratischer Spielregeln und im Verdacht, einerseits Konkurrenten auszuschalten und andererseits auf Kosten des Staates aktiv Werbung für die eigene Sache zu betreiben.

Die Ablehnung cartesischer „Wissenschaftlichkeit" ist nicht gleichzusetzen mit der Behauptung, die Festlegung von Kriterien professionellen Handelns wäre generell unsinnig. Vielmehr muß genau beobachtet und durch den Gesetzgeber geprüft werden, welche Kriterien zur Wahrung des Establishments dienen und damit die Weiterentwicklung bremsen anstatt einen Minimalkonsens zu Grundsätzen professioneller Therapie zu verkörpern. Stellt der Hippokratische Eid für Mediziner nur ein Lippenbekenntnis dar? Der Gesetzgeber hätte nicht allein den Nachweis der „Wissenschaftlichkeit" von anerkannten Psychotherapieformen verlangen dürfen, sondern auch der sicherlich schwieriger festzustellenden, praktisch-ethischen Verantwortbarkeit.

In der Konsequenz sind die systemischen Therapeuten und mit ihnen weitere Kritiker des herrschenden kassenärztlichen Systems aufgefordert, sich für die Abschaffung der „Kassenärztlichen Vereinigung" bzw. für die Beseitigung ihrer Monopolstellung im Gesundheitssystem einzusetzen. Der gesellschaftliche Schaden durch diese Organisation, deren immanente Defizitorientierung stärker ein krankheitsstabilisierendes Eigeninteresse als das Interesse der Allgemeinheit nach Gesunderhaltung bedient, ist im übrigen nicht nur ein ethisches Problem, sondern schlicht auf Dauer nicht bezahlbar. Um politisch unabhängig wirken zu können, kann es für die systemischen Therapeuten von Vorteil sein, nicht in das kassenärztliche System integriert zu sein. Mit ihrer Teilnahme würde die berechtigte Kritik an diesem System wahrscheinlich abstumpfen.

Die kassenärztliche Vereinigung zwingt nicht nur Klienten, die sich private Sitzungen nicht leisten können, zur Aufnahme phantasieloser, wenig wertschätzender, routinemäßig durchgeführter Therapien, sondern auch die Therapeuten in eine doppelte Entmündigung innerhalb obrigkeitsstaatlicher Strukturen. Zum einen begeben sich „anerkannte" Psychotherapeuten im Rahmen ihrer Zusatzausbildung im reifen Erwachsenenalter in eine konzeptuelle und finanzielle Abhängigkeit von privaten Lehrinstituten. Diese sind nunmehr auch für die kognitive Verhaltenstherapie wie Pilze aus dem Boden geschossen, da die Zusatzausbildung in der Regel nicht an staatlichen Universitäten angeboten wird.[122] Zum zweiten sehen sich viele Therapeuten, die andere Therapieverfahren als die beiden etablierten anwenden möchten, zu einer permanenten Fehldeklaration genötigt. Diese schizophrene Praxis in der Abrechnung gegenüber den Krankenkassen ist allerorten gang und gäbe, geduldet und nahezu als selbstverständlich in den Denkgewohnheiten der Kassentherapeuten verankert. Die tatsächlich praktizierte Arbeitstechnik als pseudo-behavioral umzudeuten, verführt zur Doppelgesichtigkeit und geht an den wenigsten Verhaltenstherapeuten

---

[122] Insbesondere hat die ultimative Bedingung, ein „psychiatrisches Jahr" zu absolvieren, an den Kliniken zu einer Schwemme unbezahlt oder zu Studententarifen arbeitender Diplom-Psychologen geführt – eine mafiotische Folge des neueingeführten „Psychotherapeuten-Gesetzes", die nicht nur den universitären Abschluß entwertet.

spurlos vorüber. Sie hebt die jahrelange Konditionierung auf das kassenärztlich Genehmigte vielmehr wieder auf.

Unterm Strich muß daher festgestellt werden, daß das gegenwärtige System zur Beschneidung der therapeutischen Vielfalt durch die Kassen den Wildwuchs der unterschiedlichen Schulen nicht eindämmt, sondern lediglich ins Dunkelfeld verdrängt. Sinnvoller wäre es jedoch, die Öffentlichkeit könnte von einem transparenten Spiel der therapeutischen Ansätze auf einer gemeinsam erarbeiteten ethischen Konvention profitieren. Die Abschaffung der Kassenärztlichen Vereinigung für die Honorierung von Psychotherapie würde möglicherweise zunächst Ängste auslösen. Es geht jedoch, wie schon gesagt, nicht um die Abschaffung von Kriterien der Professionalität – denn Klienten haben zweifellos einen Anspruch darauf, daß ihnen in kassenfinanzierten Therapien professionell begegnet wird – sondern um die Schaffung eines Zulassungsverfahrens, das nicht im Lobbyismus für die Etablierten steckenbleibt.

Warum genügt auf dem Gebiet der Psychotherapie keine ordentliche Berufsausbildung? Warum ist die Erlangung der Approbation und damit der Heilerlaubnis nicht gleichbedeutend mit einer Zulassung, bei Versicherungen abzurechnen? Die gegenwärtige Doppelung der Prüfung läßt sich keinesfalls mit dem Totschlag-Argument der „Wissenschaftlichkeit" legitimieren. Im Unterschied zum „Wissenschaftlichen Beirat", der mehr Ähnlichkeit zur päpstlichen Kurie aufweist als zu einem Podium des therapietheoretischen Diskurses, verpflichtet das Psychotherapeutengesetz bereits in seiner gegenwärtigen Fassung die staatlichen Prüfungsbehörden, d.h. die Gesundheitsministerien der Länder, sämtliche Therapieschulen anzuerkennen, die gewisse formale Kriterien erfüllen. Wie soll ein Gesetzgeber oder eine Verwaltung auch jemals den wissenschaftlichen Erkenntnisstand vorwegnehmen können? Mit welchem Recht maßen sich die Mitglieder des „Wissenschaftlichen Beirates" an, über den Stand der Forschung zu urteilen, deren Teil sie sind? Die inhaltliche Offenheit des Gesetzestextes hat ihren guten Grund: Sie möchte – im Unterschied zur Kassenärztlichen Vereinigung – die Innovation auf dem Gebiet der Psychotherapie nicht behindern.

Der Gesetzgeber wäre seiner Intention gerecht geworden, hätte er die Psychotherapien nicht der somatischen Medizin zugeordnet (bzw. untergeordnet), sondern mit einem unabhängigen, von den Kassen zur

Verfügung zu stellenden Budget ausgestattet. Die systemischen Therapien haben sich aus der Einsicht heraus entwickelt, daß es sowohl in der konkreten Therapiepraxis als auch in der Gesundheitspolitik nicht ausreicht, ein Arbeits- und Finanzierungsmodell allein auf die Person des Einzelnen zu gründen. Nicht nur interventionsmethodisch, sondern auch abrechnungstechnisch gilt es Verfahren zu entwickeln, die mit Systemen und Kontexten statt Personen als kleinste Einheit operieren. Damit wäre inbegriffen, daß in manchen Fällen auch Einzelpersonen als System auftreten und den ausschließlichen „Gegenstand" der Therapie (und ihrer Kassenabrechnung) bilden. Die gegenwärtig übliche Einzeltherapie ist nur ein Spezialfall, denn es gibt keinen Menschen, der unabhängig von sozialen Bezugssystemen lebt (selbst der Eremit stammt aus einer Herkunftsfamilie). Paaren und Familien den Eintritt ins Gesundheitssystem zu gewähren, ohne globale Störungsdiagnose auszukommen – das dürfte doch eigentlich nicht schwer fallen, könnte man denken.

Die Frage, welche Therapieform für welchen Klienten geeignet ist, sollte sich – wie Grawe et al. (1994, S. 728) eindrücklich festgestellt haben – nicht nach der Ausbildung des Therapeuten richten. Die kassenärztliche Abrechenbarkeit darf darüberhinaus nicht als Instrument der Differenzialindikation fungieren. Eine solche, gegenwärtig übliche Praxis ist tatsächlich unwissenschaftlich – auch nach klassischem Wissenschaftsverständnis. Differenzielle Wirkungsweisen finden unter Therapeuten erschreckend wenig Beachtung, vor allem unter jenen, die von ihrer Methode sehr überzeugt sind. Die kategorisch therapieform-orientierte Zulassung bei den Kassen verschärft dieses Manko institutionell. Was Grawe et al. (1994) nicht erkennen, ist die gesellschaftliche Dimension der Forderung, das Denken in Therapieschulen zu begraben. Ginge es nur um die individuelle Entscheidung der Therapeuten über ihre Arbeitsweise, hätte sich vermutlich längst ein allgemeiner – vermutlich stark systemisch orientierter – Ansatz durchgesetzt. Doch es handelt sich um ein gesundheitspolitisches Problem. Die Verteidigung von Besitzständen verhindert eine Kopernikanische Wende im psychotherapeutischen Versorgungssystem.

6 Literatur

(Im Text wird bei Originalausgaben stets deren Jahreszahl zitiert, auch wenn die benutzte Quelle neueren Datums ist.)

Adler, A. (1928). Über den nervösen Charakter, 4. Auflage, Bergmann München
Ahl, V. & Allen, T. F. H. (1996). Hierarchy theory: A vision, vocabulary and epistemology, Columbia University Press
Aichhorn, A. (1971) Verwahrloste Jugend. Die Psychoanalyse in der Fürsorgeerziehung, 7. Auflage, Huber Bern (Original 1925)
Alexander, F. (1928). Der neurotische Charakter. Seine Stellung in der Psychopathologie und in der Literatur, Internationale Zeitschrift für Psychoanalyse, 14, 26-44
Alker, H. A. (1972). Is personality situationally specific or intrapsychically consistent?, Journal of Personality, 40, 1-16.
An der Heiden, U. (1992). Selbstorganisation in dynamischen Systemen, in: W. Krohn & G. Küppers (Hg.), Emergenz: Die Entstehung von Ordnung, Organisation und Bedeutung, Suhrkamp Frankfurt
Anderson, K. J. (1994). Impulsivity, caffeine, and task difficulty: A within-subjects test of the Yerkes-Dodson law, Personality and Individual Differences, 16, 813-830.
Anderson, K. J. & Revelle, W. (1994). Impulsivity and time of day: Is rate of change in arousal a function of impulsivity? Journal of Personality and Social Psychology, 67, 334-344
Antonovsky, A. (1979). Health, stress and coping, Jossey-Bass San Francisco
Antonovsky, A. (1997). Salutogenese: Zur Entmystifizierung der Gesundheit, dt. erw. Aufl., Dgvt-Verlag Tübingen (amerikanisches Original 1987)
APA American Psychiatric Association (1996), Diagnostisches und Statistisches Manual Psychischer Störungen DSM-IV, Hogrefe Göttingen
Arendt, T. (2001). Alzheimer's disease as a disorder of mechanisms underlying structural brain self-organization, Neuroscience, 102 (4), 723-765
Aronfreed, J. (1968). Conduct and consience, Academic Press New York
Aristoteles (1990). Lehre vom Beweis oder Zweite Analytik, übersetzt von Eugen Rolfes, Felix Meiner Verlag Hamburg (erste Auflage dieser Übersetzung 1922)
Assagioli, R. (1993). Psychosynthese - Handbuch der Methoden und Techniken, Rowohlt Hamburg (amerikanisches Original 1965)
Auchter, Th. & Hilgers, M. (1994). Delinquenz und Schamgefühl. Zur Bedeutung von Stolz und Scham bei Straftätern, Monatsschrift für Kriminologie, 77 (2), 102-112
Ayllon, T. & Azrin, N. (1968). The token economy: A motivational system for therapy and rehabilitation, Meredith New York

Baddeley A.D. (1978). The trouble with levels: a reexamination of Craik and Lockhart's framework for memory research, Pychological Review, 85, 139–152

Baddeley, A. D. (1996). Exploring the central executive, The Quarterly Journal of Experimental Psychology, 49, 5-28

Bandura, A. (1979). Sozialkognitive Lerntheorie, Klett Stuttgart (amerikanisches Original 1977)

Banks,W. A., Neihoff, M. L., Martin, D. & Farrell, C. L. (2002). Leptin transport across the blood-brain barrier of the Koletsky rat is not mediated by a product of the leptin receptor gene, 950, 130-136.

Barker, R. G. & Wright, H. F. (1954), Midwest and its children. The psychological ecology of an American town, Peterson Evanston

Barker, R. G. (1968). Ecological psychology: Concepts and methods for studying the environment of human behavior, Stanford University Press

Barrow, W. J. D. & Tipler F. J. (1986). The Anthropic Cosmological Principle, Clarendon Press Oxford

Basar E., Basar-Eroglu C., Rahn E. & Schürmann M. (1991), Synergetics of evoked alpha and theta rhythms in the brain: Topographic and modality-dependent aspects, Haken H. & Koepchen H.P. (eds.), Rhythms in physiological systems, Berlin: Springer

Bateson, G. (1985), Ökologie des Geistes, Suhrkamp Verlag Frankfurt (amerikanisches Original 1972)

Bauer, J. (2002). Das Gedächtnis des Körpers. Wie Beziehungen und Lebensstile unsere Gene steuern, Eichborn Frankfurt a.M.

Beck, A. T. (1979). Wahrnehmung der Wirklichkeit und Neurose. Kognitive Psychotherapie emotionaler Störungen, Pfeiffer München

Beck, A. T., Freeman A., et al. (1995), Kognitive Therapie der Persönlichkeitsstörungen, 3. Auflage, Beltz · Psychologie Verlags Union (amerikanisches Original 1990)

Becker, P. (1995). Seelische Gesundheit und Verhaltenskontrolle. Eine integrative Persönlichkeitstheorie und ihre klinische Anwendung, Hogrefe Göttingen

Bem, D. J. (1972). Constructing cross-situational consistences in behavior: Some thoughts on Alker's critique of Mischel. Journal of Personality, 40, 17-26

Benjamin, L. S. (1974). Structural analysis of social behavior, Psychological Review, 81, 392-425

Benjamin, L. S. (1983). The INTREX user's manual, Part I, II, Madison Wisconsin

Benjamin, L. S. (1994). Interpersonal diagnosis and treatment of DSM Personality Disorders, Guilford New York

Benjamin, W. (1966). Zur Kritik der Gewalt (Manuskript o.J.), in: W. Benjamin, Angelus Novus. Ausgewählte Schriften 2, Suhrkamp Frankfurt

Berne, E. (1990). Spiele der Erwachsenen. Psychologie der menschlichen Beziehungen, Rowohlt Reinbek (amerikanische Ausgabe 1964)

Berne, E. (1991). Was sagen Sie, nachdem Sie 'Guten Tag' gesagt haben? - Psychologie des menschlichen Verhaltens, Fischer Frankfurt (amerikanische Ausgabe 1972)

Bieri, J. (1966). Clinical and social judgement: The discrimination of behavioral information, Wiley New York

Binswanger, L. (1993). Grundformen und Erkenntnis menschlichen Daseins, Ausgewählte Werke, Bd. 2, Asanger Heidelberg (Erstausgabe 1942)

Bischof, N. (1993), Untersuchungen zur Systemanalyse der sozialen Motivation I: Die Regulation der sozialen Distanz - Von der Feldtheorie zur Systemtheorie, Zeitschrift für Psychologie, 201, 5-43

Blau, G. (1989). Methodologische Probleme bei der Handhabung der Schuldunfähigkeitsbestimmungen des Strafgesetzbuches aus juristischer Sicht, Monatsschrift für Kriminologie und Strafrechtsreform, 72 (2), 71-77

Blodgett, H. C. (1929). The effect of the introduction if reward upon the maze performance of rats, University of California Publications in Psychology, 4, 113-134

Bögel, R. (1999). Organisationsklima und Unternehmenskultur, in: L. von Rosenstiel, E. Regnet & M. E. Domsch (Hg.), Führung von Mitarbeitern: Handbuch für erfolgreiches Personalmanagement, 4. Auflage, Schäffer-Poeschel Verlag Stuttgart

Bond, M. H. (ed., 1986). Psychology of the chinese people, Oxford University Press Hong Kong

Bongartz, W., Lyncker & Kossmann (1987). The influence of hypnosis on white blood cell count and urinary levels of catecholamines and vanillyl mandelic acid, Swed Journ Hypn, 14

Bongartz W., Lyncker & Rafai (1989). Der Einfluß von Hypnose und Streß auf Katecholamine, Cortisol und das Blutbild, Universität Konstanz

Bongartz W. (1990). Hypnose und immunologische Funktionen, in: D. Revensdorf (Hg.), Klinische Hypnose, Springer Berlin

Boszormenyi-Nagy, I. & M. Spark, G. M. (2001). Unsichtbare Bindungen. Die Dynamik familiärer Systeme, Klett-Cotta Stuttgart (amerikanische Ausgabe 1973)

Braun, G. & Kavemann, B. (2001). An eine Frau hätte ich nie gedacht. Frauen als Täterinnen bei sexueller Gewalt gegen Mädchen und Jungen, Arbeitsgemeinschaft Kinder- und Jugendschutz (AJS) Landesstelle Nordrhein-Westfalen, Drei-W-Verlag Köln

Bremer, F. (1935). Cerveau isolé et physiologie du sommeil, C.R. Societé biologique Paris, 118, 1235-1242

Bronfenbrenner, U. (1961). Some familial antecedents of responsibility and leadership in adolescents, in: L. Petrullo & B. L. Bass (eds.), Leadership and interpersonal behavior, Holt Rinehart Winston New York

Bronfenbrenner, U. (1974). Developmental research, public policy, and the ecology of childhood, Child Development, 45, 1-5

Bronfenbrenner, U. (1981), Die Ökologie der menschlichen Entwicklung, Klett Stuttgart (amerikanisches Original 1979)

Bruner, J. S. & Postman, C. (1948). Symbolic value as an organizing factor in perception, Journal of social psychology, 27

Bruner, J. (1981). The pragmatics of acquisition, in: W. Deutsch (ed.), The child's construction of language, Acedemic Press New York

Bühler, K. (1978), Die Krise der Psychologie, Ullstein München (Original 1927)
Caplan, R. D., Cobb, S., French, J. R. P., van Harrison, R. & Pinneau, S. R. J. (1982). Arbeit und Gesundheit: Streß und seine Auswirkungen bei verschiedenen Berufen, hg. und eingel. von I. Udris, Huber Bern
Carr-Saunders, A. M. (1964). World population: past growth and present trends, Cass Oxford
Caspar, F. M. (1986), Die Plananalyse als Konzept und Methode, Verhaltensmodifikation, 7, 235-256
Cattell, R. B. (1965). The scientific analysis of personality, Penguin Books Balitimore
Centeno, Y. K. (2004). Im Garten der Nußbäume, aus dem Portugiesischen von Markus Sahr, ERATA Leipzig
Challis, B. H., Velichkovsky, B. M. & Craik, F. I. M. (1996). Levels-of-processing effects on a variety of memory tasks: new findings and theoretical implications, Consciousness & Cognition, 5 (1/2)
Chaplin, W. F. & Goldberg, L. R. (1984). A failure to replicate the Bem and Allen study of individual differences in cross-situational consistency, Journal of Personality and Social Psychology, 47, 1074-1090
Ciompi, L. (1982). Affektlogik. Über die Struktur der Psyche und ihre Entwicklung. Ein Beitrag zur Schizophrenieforschung, Klett-Cotta Stuttgart
Cohen, A. K. (1968), Abweichung und Kontrolle, Juventa München (amerikanisches Original 1966)
Cohen, J. D., Dunbar, K. & McClelland, J. L. (1990). On the control of automatic processes: a parallel distributed processing account of the Stroop effect, Psycholgcial Review, 97, 332-361
Conrad, P. & Sydow, J. (1984), Organisationsklima, de Gruyter Berlin
Cooper R., Osselton J.W. & Shaw J.C. (1984). Elektroenzephalographie – Technik und Methoden, übersetzt von P. Rappelsberger, 3. Aufl, Stuttgart: Fischer
Costa, P. T. & Widiger, T. A. (1994). Personality disorders and the five-factor model of personality, American Psychological Association Washington
Craik F.I.M. & Lockhart R.S. (1972). Levels of processing: A framework for Memory Research, Journal of verbal learning and verbal behavior, 11, 671–684
Cranach, M. v. (1991), De modo ad explorandarum animarum artem colendam maxime idoneo, in: K. Grawe, R. Hänni, N. Semmer & F. Tschan (Hg.), Über die richtige Art, Psychologie zu betreiben, Hogrefe Göttingen
Cronen, V. E. & Pearce, B. 1980). Communication, action and meaning, Praeger New York
Cruts, M., Hendriks, L. & Van Broekhoven, C. (1996). The presenilin genes: a new gene family involved in Alzheimer's disease pathology, Hum Mol Genet, 5, 1449-1455
Czikszentmihalyi, M. (1982). Toward a psychology of optimal experience, Review of Personality and Social Psychology, 3, 13-36
Daodejing: siehe Viktor Kalinke (2000)
Daser, E. (1998). Interaktion, Symbolbildung und Deutung. Zur triadischen Struktur der Erkenntnis, Forum Psychoanalyse, 14 (3), 225-240

Da Silva, H. A. R. & Patel, A. J. (1997). Presenilins and early-onset familial Alzheimer's disease, Neuroreport, 8, 1-12

Davison, G. C. (1968). Elimination of a sadistic fantasy by a client-controlled counterconditioning technique. A case study, Journal of abnormal psychology, 73

Descartes, R. (1955). Betrachtungen über die Grundlagen der Philosophie, Reclam Leipzig (Erstausgabe 1654)

Deci, E. L. (1975), Intrinsic motivation, Plenum Press New York

Deissler, K. G. (2000). Kampf um Anerkennung - mehr desselben, Zeitschrift für sytemische Therapie, 18 (1), 44-46

Dilling, H. Mombour, W. & Schmidt, M. H. (1993). Klassifikation psychischer Krankheiten. Klinisch-diagnostische Leitlinien nach Kapitel V (F) der ICD-10, Huber Bern

Dörner, D., Kreuzig, H. W., Reither, F. & Stäudel, Th. (1983). Lohhausen: Vom Umgang mit Unbestimmtheit und Komplexität, Huber Bern

Dostojewskij, F. M. (1978). Die Brüder Karamasow, übers. v. H. Ruoff & R. Hoffmann, Deutscher Taschenbuch Verlag München 1978 (russische Erstausgabe 1879 / 80)

Draeger, D. (2003). Ich gehe also, um zu jagen, S. P. Q.-Verlag

Drewes, M. & Krott, E. (1996). Der Schlüssel zum Glück? Zwang als konstruktiver Beitrag zur Gestaltung von Beziehungen, Zeitschrift für systemische Therapie, 10 (4), 279-288

Duerr, H. P. (1990). Intimität. Der Mythos von Zivilisationsprozeß, Suhrkamp Frankfurt

Durkheim, E. (1983). Über soziale Arbeitsteilung, Suhrkamp Frankfurt 1992 (französisches Original 1893)

Einstein, A. (1970). Mein Weltbild, Ullstein München (Erstdruck 1934 Amsterdam)

Eisenman, R. (1998), Personality and Psychopathology: Building a Clinical Science: Selected Papers of Theodore Millon, American Journal of Psychiatry, 155:990

Ekehammer, B. (1974). Interactionism in personality from a historical perspective, Psychological Bulletin, 81, 1026-1048

Elias, N. (1995). Der Prozeß der Zivilisation, 19. Aufl., Suhrkamp Frankfurt (erste Ausgabe 1939)

Elias, N. (1987), Engagement und Distanzierung, Suhrkamp Frankfurt 1987 (erste Ausgabe 1983)

Ellis, A. & Grieger, R. (1979, Hg.). Praxis der rational-emotiven Therapie, Urban & Schwarzenberg München

Emmons, R. A. & Diener, E. (1986). Situation selection as a moderator of response consistency and stability. Journal of Personality and Social Psychology, 51, 1013-1019

Endler, N. S., Hunt, J. McV. & Rosenstein, A. J. (1962). An S-R-Inventory of anxiousness, Psychological Bulletin, 81, 1026-1048

Endler, N. S. & Magnusson, D. (1976). Toward an interactional theory of personality, Psychological Bulletin, 83, 956-974

Erickson, M. H. , Rossi, E. L. & Rossi, S. L. (1994). Hypnose - Induktion, therapeutische Anwendung, Beispiele, Pfeiffer München (amerikanische Erstausgabe 1976)
Erikson, E. H. (1995). Der vollständige Lebenszyklus, Suhrkamp Frankfurt (amerikanisches Original 1982)
Eysenck, H.-J. (1970). The structure of human personality, 3rd edition, Methuen London
Eysenck, H.-J. (1977). Crime and personality, Routledge & Kegan Paul London
Eysenck, H-J. & Eysenck, S. B. G. (1978). Psychopathy, personality and genetics, in: R. D. Hare & D. Schalling (eds.), Psychopathic behavior: Approaches to research, Wiley New York
Eysenck, H.-J. & Eysenck, M. W. (1987). Persönlichkeit und Individualität. Ein naturwissenschaftliches Paradigma, Psychologie Verlags Union Weinheim (amerikanisches Original: 1985)
Fahl, S. (2001). Altgläubige in Rußland, in: Lev R. Silber, Das verborgene Gesicht Rußlands, Erata Leipzig
Farrington, D. P. (1977). The effects of public labeling, The British Journal of Criminology, Delinquency, and Deviant Social Behavior, 112-125
Feleky, Antoinette M. (1914). The Expression of the Emotions. Psychological Review 21 (1): 33-41
Fehm-Wolfsdorf, Gabriele (1985). Die Wirkungen von Neurohypophysen-Hormonen auf menschliche Gedächtnisleistungen, Univ. Tübingen, Dissertation
Feigenbaum, M. J. (1979). The universal metric properties of nonlinear transformations, in: J. Statis. Phys., 21, 669-706
Feigenbaum, M. J. (1983). Universal behavior in nonlinear systems, Physica, 7D, 16-39
Festinger, L. (1978), Theory der kognitiven Dissonanz, Huber Bern (amerikanisches Orginal 1957)
Festinger, L. (1964), Behavioral support for opinion change, Public opinion quarterly, 28
Feyerabend, P. K. (1978), Science in Free Society, Verso London
Fichtler, H., Zimmermann, R. R. & Moore, R. T. (1973). Comparison of self-esteem of prison and non-prison groups, Perceptual and Motor Skills, 36, 39-44
Fiedler, P. (1996). Verhaltenstherapie in und mit Gruppen, Psychologie Verlags Union · Beltz Weinheim
Fiedler, P. (1998). Persönlichkeitsstörungen, Beltz · Psychologie Verlags Union Weinheim, 4. Auflage
Flammer, A. (1990). Erfahrung der eigenen Wirksamkeit: Einführung in die Psychologie der Kontrollmeinung Huber Bern
Foerster, H. v. (1997). Abbau und Aufbau, in: Fritz B. Simon (Hg.), Lebende Systeme, Suhrkamp Frankfurt
Foucault, M. (1994). Überwachen und Strafen, Suhrkamp Frankfurt (französisches Original 1975)
Fourier, J. B. J. de (1822). Théorie analytique de la chaleur, Firmin Didot Paris

Freud, A. (1964), Das Ich und die Abwehrmechanismen, Kindler München (Original 1936)
Freud, S. (1989). Trauer und Melancholie, in: Essays Bd. II, Volk und Welt Berlin (Original 1917)
Freud, S. (1994). Das Ich und das Es, Fischer Frankfurt (Original 1923)
Freud, S. (1989). Libidinöse Typen, in: Essays Bd. III, Volk und Welt Berlin (Original 1931
Freud, S. (1989). Der Realitätsverlust bei Neurose und Psychose, in: Essays Bd. III, Volk und Welt Berlin (Original 1924)
Freud, S. (1971). Geleitwort zur ersten Auflage von A. Aichhorn, Verwahrloste Jugend. Die Psychoanalyse in der Fürsorgeerziehung, Huber Bern (Original 1925)
Freud, S. (1989). Hemmung, Symptom und Angst, in: Essays Bd. III, Volk und Welt Berlin (Original 1926)
Freud, S. (1989). Neue Folge der Vorlesung zur Einführung in die Psychoanalyse: 31. Die Zerlegung der psychischen Persönlichkeit, in: Essays Bd. III, Volk und Welt Berlin (Original 1932)
Fromm, Erich (1983), Die Furcht vor der Freiheit, Deutsche Verlags Anstalt Stuttgart (amerikanisches Original 1941)
Fromm, Erika & Shor, R. R. (1979). Hypnosis: Developments in research an new perspectives, 2. Aufl., Aldine New York
Galperin, P. J. (1966). Kurzer Abriß der Lehre von der etappenweisen Formung von Handlungen und Begriffen, XVIII. Internationaler Kongreß für Psychologie, Symposium 24, Moskau (russ. u. engl.)
Galperin, P. J. & Leontjew, A. N. (1972). Probleme der Lerntheorie, 3. Aufl., Verlag Volk und Wissen Berlin
Galperin, P. J. (1973). in: J. Lompscher (Hg.), Sowjetische Beiträge zur Lerntheorie: Die Schule P. J. Galperins, Pahl-Rugenstein Köln
Gause, G. F. (1934). The struggle for existence, Williams & Wilkins Company Baltimore
Gibson, J. J. (1973), Die Wahrnehmung der visuellen Welt, Beltz Weinheim (amerikanisches Original 1950)
Gibson, J. J. (1982), Der ökologische Ansatz in der visuellen Wahrnehmung, Urban & Schwarzenberg München (amerikanisches Original 1979)
Gilligan, C. (1984). Die andere Stimme. Lebenskonflikte und Moral der Frau, Piper München
Godeby, J., Erdt, G., Canavan, T. & Revenstorf, D. (1993). Experimentelle Hypermnesie: Effekte von Hypnose auf Lern- und Gedächtnisprozesse, Experimentelle und klinische Hypnose, 9, 71 - 95
Goldfried, M. R. (1980). Psychotherapy as coping skills training, in: M. J. Mahoney (ed.), Psychotherapy process: Current issues and future directions, Plenum Press New York, 89-119
Gottfredson, M. R. & Hirschi, T. (1990). A General Theory of Crime, Stanford University Press

Granet, M. (1985). Das chinesische Denken, Suhrkamp Frankfurt (französische Ausgabe 1934)
Grawe, K. (1976). Differentielle Psychotherapie I. Indikatoren und spezifische Wirkung von Verhaltenstherapie und Gesprächspsychotherapie, Huber Bern
Grawe, K. (1980). Verhaltenstherapie in Gruppen, Urban & Schwarzenberg München
Grawe, K., Donati, R. & Bernauer, F. (1994). Psychotherapie im Wandel. Von der Konfession zur Profession, Hogrefe Göttingen
Greenson, R. R. (1973). Technik und Praxis der Psychonalyse. Klett Stuttgart
Grossmann, S. & Thomae, S. (1977). Invariant distributions and stationary correlations of one-dimensional discrete processes, Zeitschrift für Naturforschung, 32a, 1353-1363
Guillemin, R. C. L. (1978). Peptides in the brain: the new endocrinology of the neuron, Science 202 (4366), 390-402
Günther G. (1975). Selbstdarstellung im Spiegel Amerikas, in: L. J. Pongratz (Hg.), Philosophie in Selbstdarstellungen, Bd. 2, Felix Meiner Hamburg
Günther, G. (1976). Beiträge zur Grundlegung einer operationsfähigen Dialektik, 3. Bde., Felix Meiner Hamburg
Günther, G. (1991). Idee und Grundriß einer nicht-Aristotelischen Logik, 3. Auflage, Felix Meiner Hamburg (Erstausgabe 1959)
Gurtman, M. B. (1992). Trust, distrust, and interpersonal problems: A circumplex analysis, Journal of Personality and Social Psychology, 62, 989-1002
de Haas, O. P. (1998). Das 4-Faktorenmodell als Basis der Betreuung und Behandlung in der Dr. S. van Mesdagkliniek (Groningen - Niederlande), in: R. Müller-Isberner & S. Gonzalez Cabeza (Hg.), Forensische Psychiatrie, Forum Verlag Godesberg Mönchengladbach
Habermas, J. (1991). Erkenntnis und Interesse, 10. Auflage, Suhrkamp Frankfurt (Erstausgabe 1968)
Hacker, W. (1986). Arbeitspsychologie, Deutscher Verlag der Wissenschaften Berlin
Haferkamp, H. (1976). Soziologie als Handlungstheorie, 3. Auflage, Westdeutscher Verlag Opladen
Haken, H. (1995). Erfolgsgeheimnisse der Natur. Synergetik: Die Lehre vom Zusammenwirken, Rowohlt Reinbek bei Hamburg (Erstausgabe 1981)
Hall, H. R. (1983). Hypnosis and the immune system: A review with implcations for can cer and the psychology of healing, Am Journ Clin Hypn, 25
Halle, M. & Stevens, K. N. (1964). Speech recognition. A model and a program for research, in: J. A. Fodor & J. J. Katz (eds.), The structure of language, Prentice Hall Englewood Cliffs
Hardy, J. (1993). Apolipoprotein E, and Alzheimer's disease, Lancet, 342, 737-738
Hardy, J. (1997). Amyloid, the presenilins and Alzheimer's disease, Trends Neurosci, 20, 154-159
Hartmann, N. (1949). Das Problem des geistigen Seins, 2. Auflage, Walter de Gruyter Berlin (Original 1932)
Harvey, O. J., Hunt, D. E. & Schroder, H. M. (1961). Conceptual systems and personality organization, Wiley New York

Hasher, L. & Zacks, R. T. (1979). Automatic and effortful processes in memory, Journal of Experimental Psychology (General), 108, 356-388

Hegel, G. W. F., Wissenschaft der Logik, neu hrsg. von Hans-Jürgen Gawoll, Felix Meiner Hamburg (Erstausgabe 1812)

Hegel G. W. F. (1975). Enzyklopädie der philosophischen Wissenschaften im Grundrisse, Felix Meiner Hamburg (Erstausgabe 1830)

Heidegger, M. (1986). Sein und Zeit, Niemeyer Tübingen (Original 1927)

An der Heiden, U., Roth, G. & Schwegler, H. (1985). Die Organisation der Organismen: Selbstherstellung und Selbsterhaltung, in: Funkt Biol Med, 5, 330-346

Heider, F. (1946). Attitudes and cognitive organization, Journal of Psychology, 21, 107-112

Heider, F. (1958). The psychology of interpersonal relations, Wiley New York

Helmholtz, H. (1867). Handbuch der physiologischen Optik, Voss Leipzig

Hempel, C. G. & Oppenheim, P. (1948). Studies in the logic of explanation, in: Philos. Sc., 15, 135-175

Herman, J. B., Dunham, R. B. & Hulin, C. L. (1975). Organizational structure, demographic characteristics, and employee responses, Organizational Behavior and Human Performance, 13, 206-232

Higgins, T. E. (1990). Personality, social psychology, and person-situation relations: standards and knowledge activation as a common language. In L. A. Pervin (Ed.), Handbook of personality: Theory and Research, Guilford New York, 301-38

Hilgard, E. R. (1974). Toward a neodissociation theory: multiple cognitive controls in human functioning, Perspectives in Biology and Medicine, 17, 301-316

Hilgard, E. R. (1989). Eine Neo-Dissoziationstheorie des geteilten Beobachters, Hypnose und Kognition, 6, 3-22

Hockey, G. R. J., Gaillard, A. W. K. & Coles, G. H. (1986, eds.). Energetics and human information processing, Dordrecht: Martinus Nijhoff Publishers

Hoff, E.-H. (1986). Arbeit, Freizeit und Persönlichkeit, Huber Bern

Hoff, E.-H., Lappe, L. & Lempert, W. (1982). Sozialisationstheoretische Überlegungen zur Analyse von Arbeit, Betrieb und Beruf, Soziale Welt, 33, 508-536

Hofman, I. Z. (1983). The patient as interpreter of the analyst's experience, Contemporary Psychoanalysis, 19, 389-430

Homme, Lloyd E. (1961). Laboratory studies in the analysis of behavior. A manual of operant conditioning procedures for behavioral psychology, 2d ed., Westinghouse Learning Press Sunnyvale (Calif)

Homme, L. E. (1974). Verhaltensmodifikation in der Schulklasse. Ein praxisbezogenes Trainingsprogramm für Lehrer und Studenten, [nach der 3. überarb. amerikanischen Aufl. von 1971, Beltz Weinheim

Holst, E. v. & Mittelstaedt, H. (1950). Das Reafferenzprinzip, Naturwissenschaften, 37, 464-478

Holzkamp, K. (1983). Grundlegung der Psychologie, Campus Frankfurt

Horney, K. (1984). Unsere inneren Konflikte, Fischer Frankfurt (amerikanisches Orginal 1945)

Hull, C. L. (1933). Hypnosis and suggestibility: an experimental approach, New York: Appleton-Century-Croft
Hunt, C. & Andrews, G. (1992). Measuring personality disorder: The use of self-report questionnaires, Journal of Personality Disorders, 6 (2), 125-133
Hutchinson, G. E. (1978). An introduction to population ecology, Yale University Press New Haven
Institut für Sozialforschung (1955). Betriebsklima. Eine industriesoziologische Untersuchung aus dem Ruhrgebiet Europäische, Frankfurter Beiträge zur Soziologie Bd. 3, Verlags-Anstalt Frankfurt a.M. Frankfurt
Iversen, L. L. (1984). Amino acids and peptides, in: Proceeding Royal Society, B221, 245-260, London
Iversen, L. L. & Goodman, E. C. (1986). Fast and slow chemical signalling in the nervous system, Oxford Univ Press
Izard, C. E. (1981). Die Emotionen des Menschen, Beltz Weinheim
Jacobsen, C. F. (1963). Studies on the cerebral function of primates, Comperative Psychology Monographs, 13 (63), Johns Hopkins Press Baltimore
Jantsch, E. (1987). Erkenntnistheoretische Aspekte der Selbstorganisation natürlicher Systeme, in: S. J. Schmidt (Hg.), Der Diskurs des Radikalen Konstruktivismus Frankfurt 1987 S. 159 - 191
Jaspers, K. (1994). Psychologie der Weltanschauungen, Piper München (Original 1919)
Jones, E. E. & Nisbett, R. E. (1972), The actor and the observer: Divergent perceptions of the causus of behavior, in: Jones et al. (eds.), Attribution: Perceiving the causes of behavior, General Learning Press Morristown
Jovanovic, U. J. (1988). Methodik und Theorie der Hypnose, Fischer Stuttgart
Joyce, W. F. & Slocum, J. (1982). Refining the concepts of psychological and organizational climate, Human Relations, 35 (1), 951-972
Jung, C. G. (1921 / 1960). Psychologische Typen, in: Gesammelte Werke VI, Walter Olten
Jung, C. G. (1990). Archtypen, dtv München (Erstausgabe des Artikels „Archetpyen" 1936)
Kahneman, D. (1973). Attention and Effort, Englewood Cliffs (New Jersey): Prentice Hall
Kalinke, V. (2000). Studien zu Laozi · Daodejing. Eine Wiedergabe und Erkundung seines Deutungsspektrums, Erata Leipzig
Kalinke, V. (in Vorbereitung). Gottes Fleisch. Vorspiele zu einer nachchristlichen Onto-Genesis von Sexualität, Familie und Macht, Erata Leipzig
Kanfer, F. H. (1971). The maintenance of behavior by self-generated stimuli and reinforcement, in: A. Jacobs, & L. B. Sachs (eds.), The psychology of private events: Perspectives on covert response systems, Academic Press New York
Kant, I. (1962). Prolegomena zu einer jeden künftigen Metaphysik, die als Wissenschaft wird auftreten können, Reclam Leipzig (Erstausgabe 1883)
Kant, I. (1966). Kritik der reinen Vernunft, Reclam Stuttgart (Erstausgabe 1787)
Kant, I. (1989). Kritik der praktischen Vernunft, Reclam Leipzig (Erstausgabe 1788)

Karasek, R. K. (1981). Zum Vergleich arbeitsplatzbedingter Streßfaktoren bei Arbeitern und Angestellten: Beziehungen zwischen sozialer Schicht, Arbeitsplatzmerkmalen und psychischer Beanspruchung, in: M. Frese (Hg.), Streß im Büro, Huber Bern

Karasek, R. A. & Theorell, T. (1990). Healthy work: Stress, productivity, and the reconstruction of working life, Basic Books New York

Kavemann, B. (1996). Täterinnen. Frauen, die Mädchen und Jungen sexuell mißbrauchen, in: G. Hentschel (Hg.), Skandal und Alltag. Sexueller Mißbrauch und Gegenstrategien, Orlanda-Frauenverlag Berlin 1996

Keefe, F. J., Surwit, R. S. & Pilson (1980). Biofeedback, autogenic training and progressive relaxation in the treatment of Reanauds Disease: A comparitive study, Journ Appl Behav Anal, 13

Kelly, G. A. (1955). The psychology of personal constructs, 2 vols, Norton New York

Kelso, H. G. & Bryson-Brockmann, W. A. (1985). Peripheral temperature control using biofeedback and autgenic training, Clinical Biofeedback and Health, 8(1) 37-44

Kernberg, O. F. (1995). Borderline-Störungen und pathologischer Narzismus, Suhrkamp Frankfurt (amerikanisches Orginal 1975)

Kernberg, O. F. (1980). Objektbeziehungstheorie und Praxis der Psychoanalyse, Klett-Cotta Stuttgart (amerikanisches Original 1976)

Kernberg, O. F. (1991). Schwere Persönlichkeitsstörungen, 3. Auflage, Klett-Cotta Stuttgart (amerikanisches Original 1984)

Klein, M. (1946), Notes on some schizoid mechanism, International Journal of Psycho-Analyis, 27, 99-110

Klemm T., Velichkovsky B.M. & Volke H.-J., Levels-of-processing in human memory and evoked coherences of EEG, 3th International Hans-Berger-Congress Jena Germany 3. - 6. October 1996

Klemm, T. (1997). Wie lernt das Gehirn in Trance. Evozierte Kohärenzen des EEG als Spiegel des Verarbeitungszustandes, Zeitschrift für Experimentelle und Klinische Hypnose, Bd. XIII (1), S. 13-54

Klemm, T. (2001). Konfliktverhalten situativ Bd. 2: Testmappe und Handbuch zum Fragebogen, ERATA Leipzig

Klemm, T. (2002). Konfliktverhalten situativ Bd. 3: Datenblätter zur statistischen Testanalyse und Validierung, ERATA Leipzig

Klemm, T. (2003). Delinquenz, Haftfolgen und Therapie mit Straffälligen, ERATA Leipzig

Klix, F. & Krause, B. (1969). Zur Definition des Begriffs 'Struktur', seiner Eigenschaften und Darstellungsmöglichkeiten in der Experimentalpsychologie, Zeitschrift für Psychologie 176 (1/2), 22-54

Klüwer, R. (1983). Agieren und Mitagieren, Psyche, 37, 828-840

Kobusch, T. (1993). Die Entdeckung der Person – Metaphysik der Freiheit und modernes Menschenbild, Herder Freiburg i.B.

Kohlberg, L. (1997). Die Psychologie der Moralentwicklung, Suhrkamp Frankfurt

Kohut, H. (1973). Eine Theorie der Behandlung narzistischer Persönlichkeitsstörungen, 2. Auflage, Suhrkamp Frankfurt (amerikanisches Original 1971)

Konopacki J., Bland B. H. & Roth S. H. (1987). Cholinergic theta rhythm in transected hippocampal slices: independent CA1 and dentate generators, Brain research, 436, 217–222

Kossak, H.-Ch. (1993). Lehrbuch Hypnose, 2. Aufl., Beltz & PVU Weinheim

Kraepelin, E. (1913). Psychiatrie, 8. Auflage, Barth Leipzig (1. Auflage 1883)

Kretschmer, E. (1977). Körperbau und Charakter, Springer Berlin (Erstausgabe 1921)

Kuhl, J. (1995). Wille, Freiheit und Verantwortung aus experimentalpsychologischer Sicht, Forschungsberichte Nr. 103 des Fachbereiches Psychologie an der Universität Osnabrück

Kuhl, J. & Kazén, M. (1997). Persönlichkeits-Stil- und Störungs-Inventar, Hogrefe Göttingen

Kuhl, J. (2001). Motivation und Persönlichkeit. Interaktionen psychischer Systeme, Hogrefe Göttingen

Kuhn, T. S. (1976). Die Struktur wissenschaftlicher Revolutionen, Suhrkamp Frankfurt (amerikanische Originalausgabe 1962)

La Mettrie, J. O. (1965). Der Mensch - eine Maschine, Reclam Leipzig (Erstausgabe 1747)

Labbe, E. E. & Williamson, D. A. (1984). Temperature biofeedback in the treatment by children with migraine headache, Journal of Pediatric Psychology, 8(4), 317-326

Lamnek, S. (1999). Theorien abweichenden Verhaltens, 7. Auflage, Fink München

Lamnek, S. (1997). Neue Theorien abweichenden Verhaltens, 2. Auflage, Fink München

Lang, A. (1992). Kultur als 'externe Seele' - eine semiotisch-ökologische Perspektive, in: Ch. Allesch, E. Billmann-Mahecha & A. Lang (Hg.). Psychologische Aspekte des kulturellen Wandels, Verlag des Verbandes der wissenschaftlichen Gesellschaften Österreichs Wien, S. 9-30

Lang, A. (1998). Das Semion als Baustein und Bindekraft - Zeit aus semiosischen Strukturen und Prozessen 1, in: E. W. B. Hess-Lüttich & B. Schlieben-Lange (Hrsg.). Signs & Time - Zeit & Zeichen. An International Conference on the Semiotics of Time in Tübingen, Kodikas / Code, Supplement 24, Narr Tübingen, S. 73-116

Langen, D. (1977). Die Diagnostik und Weiterentwicklung krisenhafter Pubertätsverläufe, Zeitschrift für Kinder- und Jugendpsychiatrie, 5 (2), 138-150

Langs, R. (1976). The bipersonal field, Aronson New York

Laozi, Daodejing: siehe Viktor Kalinke (2000)

Laplace, P. S. (1932). Philosophischer Versuch über die Wahrscheinlichkeit, Akademische Verlagsgesellschaft Leipzig (französische Erstausgabe 1814)

Larbig, W. & Miltner, W. (1990). Hirnelektrische Grundlagen der Hypnose, in: D. Revensdorf (Hg.), Klinische Hypnose, Springer Berlin

Lazarus, A. A. (1978). Multimodale Verhaltenstherapie, Fachbuchhandlung für Psychologie / Verl.-Abt. Frankfurt

Lazarus, R. S. & Launier, R. (1981). Streßbezogene Transaktionen zwischen Person und Umwelt, in: J. R. Nitsch (Hg.), Streß: Theorien, Untersuchungen, Maßnahmen, Huber Bern, S. 213-260

Leibniz, G. W. (1996). Monadologie. Lehrsätze von den Monaden / von der Seele des Menschen, von seinem Systemate harmoniae praestabilatae zwischen der Seele und dem Körper, von GOtt, seiner Existenz, seinen andern Vollkommenheiten und von der Harmonie zwischen dem Reiche der Natur und dem Reiche der Gnade, aus dem Französischen von Heinrich Köhler, Insel-Verlag Frankfurt am Main, französisches Original 1714

Lendon, C. L., Ashall, F. & Goate, A. M. (1997). Exploring the etiology of Alzheimer's disease using molecular genetics, JAMA, 277, 825-831

Leven, R. W., Koch, B. P. & Pompe, B. (1989). Chaos in dissipativen Systemen, Akademie-Verlag Berlin

Levy, J., Trevarthen, C. & Sperry, R. W. (1972). Perception of bilateral chimeric figures following hemispheric deconnexion, Brain, 95 (6), 1-78

Levy-Lahad, E., Wijsman, E. M., Nemens, E., Anderson, L., Goddard, K. A. B., Weber, J. L., Bird, T. D. & Schellenberg, G. D. (1995). A familial Alzheimer's disease locus on chromosome 1, Science, 269, 970-973

Lewin, K (1924). Vorsatz, Wille und Bedürfnis (mit Vorbemerkungen über die psychischen Kräfte und Energien und die Struktur der Seele). Untersuchungen zur Handlungs- und Affektpsychologie I. und II., Psychologische Forschung 7, 294-385

Lewin, K. (1931). Die psychologische Situation bei Lohn und Strafe, in: Werkausgabe Band 6, Huber / Klett-Cotta Bern / Stuttgart (1982)

Lewin, K. (1969). Grundzüge der topologischen Psychologie, Huber Bern (amerikanisches Original 1936)

Kurt Lewin (1982). Formalisierung und Fortschritt in der Psychologie, in: Werkausgabe Bd. 4 (Feldtheorie), Huber / Klett-Cotta Bern / Stuttgart (amerikanisches Original „Formalization and progress in psychology", in: University of Iowa Studies in Child Welfare 1940)

Lewin, K. (1982), Verhalten und Entwicklung als Funktion der Gesamtsituation, in: Werkausgabe Bd. 6, Huber / Klett-Cotta Bern / Stuttgart (amerikanisches Original 1946)

Lewin, K. (1953). Die Lösung sozialer Konflikte, Christian-Verlag Bad Nauheim (amerikanisches Original 1948)

Linden, W., (1977a). Verlaufsuntersuchung des Wechsels von Herzschlag und peripherer Zirkulation während der Lernschritte des autogenen Trainings, Psychother Med Psychol, 27

Linden, W. (1977b). Verlaufstudie des Wechsels von Atmung un des CO-2 Spiegels während des Lernens des autogenen Trainins, Psychother Med Psychol, 27

Linnoila, V. M. & Virkkunen, M. (1992). Aggression, suicidality, and serotonin, Journal of Clinical Psychiatry, 53, 46-51

Litwin, G. & Stringer, R. (1968). Motivation and organizational climate, Havard University Boston

Liu Menglian (1986).Scherze und Anekdoten des chinesischen Altertums, Verlag Neue Welt Beijing
Lopes da Silva, F. H. (1992). The rhythmic slow activity (theta) of the limbic cortex: an oscillation in search of a function, in: E. Basar E. & T. H. Bullock (eds.), Induced rhythms in the brain, Boston: Birkhäuser
Lorenz, K. (1993). Die Rückseite des Spiegels, dtv München (Erstausgabe 1973)
Lösel, F. (1994). Protective effects of social resources in adolescents at high risk for antisocial behavior, in: E. G. M. Wettekam & H. J. Kerner (eds.). Cross-national longitudinal research on human development and criminal behavior, Kluwer Academic Press Netherlands
Lotka A. J. (1956), Elements of Mathematical Biology, New York (Erstausgabe als „Elements of Physical Biology", Baltimore 1925)
Ludewig, K. (1992). Systemische Therapie, Klett-Cotta Stuttgart
Luhmann, N. (1990). Moderne Systemtheorien als Form gesamtgesellschaftlicher Analyse, in: J. Habermas & N. Luhmann (Hg.), Theorie der Gesellschaft oder Sozialtechnologie – was leistet Systemforschung?, 10. Aufl., Suhrkamp Frankfurt (Erstausgabe 1974)
Luhmann, N. (1994). Liebe als Passion, Suhrkamp Frankfurt (Erstausgabe 1982)
Luhmann, N. (1984). Soziale Systeme, Suhrkamp Frankfurt
Luhmann, N. (1987). Tautologie und Paradoxie in den Selbstbeschreibungen der modernen Gesellschaft, in: Zeitschrift für Soziologie, 16 (3), 161-174
Luhmann N. (1992). Wissenschaft der Gesellschaft, Suhrkamp Frankfurt (Erstausgabe 1990)
Luhmann, N. (1997). Was ist Kommunikation?, in: F. B. Simon (Hg.), Lebende Systeme, Suhrkamp Frankfurt
Luhmann, N. (2002). Das Erziehungssystem der Gesellschaft, postum hrsg. von Dieter Lenzen, Suhrkamp Frankfurt
Luthar, S. S. (1993). Annotation: methodological and conceptual issues in research on childhood resilience, Journal of Child Psychology and Psychiatry, 34, 441-453
Luthe, W. (1965). Autogenes Training, Thieme Stuttgart
Magnusson, D. & Endler, N. S. (1976). Personality at the crossroads: current issues in interactional psychology. Hillsdale, N.J.: Erlbaum
Mahoney, M. J. (1977). Kognitive Verhaltenstherapie. Neue Entwicklungen und Integrationsschritte, Pfeiffer München
Mandelbrot, B. B. (1991). Die fraktale Geometrie der Natur, Birkhäuser Basel (Erstausgabe 1977)
Mann, D. A. M. (1985). The pathological association between Down syndrome and Alzheimer's disease, Mech Age Dev, 43, 99-136
Margraf, J. & Hoffmann, S. O. (2000). Gutachten zur Systemischen Therapie als wissenschaftliches Psychotherapieverfahren, Zeitschrift für systemische Therapie 18 (1), 37-38
Marx, K. & Engels, F. (1984). Manifest der kommunistischen Partei, Dietz Berlin (Londoner Erstausgabe 1848)

Maeterlinck M. (o.J.). Das Leben der Termiten, Das Leben der Ameisen, Sammlung Nobelpreis für Literatur, Coron Verlag Zürich, Originalausgabe Paris 1926/30

Maturana, H. R. (1982). Erkennen. Die Organisation und Verkörperung von Wirklichkeit, Vieweg Braunschweig

Maturana, H. R. & Varela, F. J. (1987). Der Baum der Erkenntnis. Die biologischen Wurzeln des menschlichen Erkennens, Scherz Bern

May, R. M. (1976). Simple mathematical models with very complicated dynamics, Nature, 261, 459

McDougall, W. (1921). An introduction into social psychology, 14th edition, John W. Luce Boston

McGrath, J. E. (1981). Streß und Verhalten in Organisationen, in: J. R. Nitsch (Hg.), Streß: Theorien, Untersuchungen, Maßnahmen, Huber Bern, S. 441-500

McKechnie (1974). The environmental response inventory ERI, Consulting Psychologists Palo Alto

McKusick, V. A. (1992). Mendelian inheritence in man, 10th ed., John Hopkins University Press Baltimore

Mead, H. G. (1973). Selbst, Geist und Gesellschaft, Surhkamp Frankfurt (amerikanisches Original 1934)

Meichenbaum, D. W. (1979). Kognitive Verhaltensmodifikation, Urban & Schwarzenberg München

Meisenberg, G. & Simmons, W. H. (1983). Peptides and the blood-brain barrier (Minireview), Life Sciences, 32, 2611-2623

Meisenberg, G. & Simmons, W. H. (1998). Principles of medical biochemistry, Mosby St. Louis

Menzel, E. W. (1973). Chimpanzee spatial memory organization, Science, 182, 943-945

Merten, R. K. (1995), Soziologische Theorie und soziale Struktur, de Gruyter Berlin (amerikanisches Orginal 1938)

Mertens, W. (1987), Symbolischer Interaktionismus, in: D. Frey & S. Greif (Hg.). Sozialpsychologie, Psychologie Verlags Union München Weinheim, 2. Auflage

Mertens, W. (1990), Einführung in die psychoanalytische Therapie, Band 2, Kohlhammer Stuttgart

Miller, G. A. (1956). The magical number seven, plus or minus two: Some limits on our capacity for processing information, Psych. Rev., 63, 81-97

Miller, G. A., Galanter, S. & Pribram, K. (1960). Plans and the structure of behavior, Holt New York

Millon, T. (1990). Toward a new personology. An evolutionary model, Wiley New York

Minden, G. von (1988). Der Bruchstückmensch, Reinhardt München

Minsky, M. (1975). A framework for representing knowledge, in: P. H. Winston (ed.), The psychology of computer vision, McGraw-Hill New York

Minuchin, S. (1997). Familie und Familientherapie, Lambertus Freiburg (amerikanische Ausgabe 1976)

Mischel, W. (1966). Theory and research on the antecedents of self-imposed delay of reward, in: B. A. Mahler (ed.), Experimental personality research, Acedemic Press New York

Mischel, W. (1968). Personality and assessment, Wiley New York

Mischel, W. (1977). The interaction of person and situation, in: D. Magnusson & N. S. Endler (eds.), Personality at the crossroads: Current issues in interactional psychology, Erlbaum Hillsdale

Mischel, W. (1983). Alternatives in the pursuit of the predictability and consistency of person: Stable data that yield unstable interpretations, Journal of Personality, 51, 578-604

Mohr, G. & Udris, I. (1997). Gesundheit und Gesundheitsförderung in der Arbeitswelt, in: R. Schwarzer (Hg.), Gesundheitspsychologie: Ein Lehrbuch, 2. Auflage, Hogrefe Göttingen, S. 553-573

Möller, A. Bier-Weiss, I. & Hell, D. (1999). Ärgererleben und Belastungsbewältigung in einer Untersuchungsgruppe gewaltdelinquenter Personen, Monatsschrift für Kriminologie und Strafrechtsreform, 82(4), 223-234

Moray, N. (1967). Where is capacity limited? A survey and a model, in: A. F. Sanders (ed.), Attention and performance, Vol. 1, Amsterdam: North-Holland

Morse, M. (1921). Recurrent geodesics on a surface of negative curvature, in: Trans. Am. Math. Soc., 22, 84-100

Mücke, K. (1998). Systemische Beratung und Psychotherapie - ein pragmatischer Ansatz, Ökosysteme-Verlag Berlin

Mücke, K. (1999). Verschulung als Totengräberin der Systemischen Psychotherapie?, Zeitschrift für Systemische Therapie, 17 (2), 94-100

Mulder, B. (1986). The concept and measurement of mental effort, in: G. R. J. Hockey, A. W. K. Gaillard & G. H. Coles (eds.), Energtics and human information processing, Dordrecht: Martinus Nijhoff Publishers

Mücke, K. (1998). Systemische Beratung und Psychotherapie. Ein pragmatischer Ansatz, Ökosysteme Verlag Berlin

Nadel, L. (1994). Multiple memory systems: what and why, an update, in: D. L. Schacter & E. Tulving (ed.), *Memory systems 1994*, Cambrigde Mass.: MIT Press

Nauta, W. J. H. (1971). The problem of the frontal lobe: a reinterpretation, Journal of Psychiatric Research, 8

Neisser, U. (1964). Visual search, Scientific American, 201, 94-102

Neisser, U. (1979). Kognition und Wirklichkeit, Klett-Cotta Stuttgart (amerikanisches Original 1976)

Neumann, J. v. (1932). Mathematische Grundlagen der Quantenmechanik, Springer Berlin

Norman, D. A. & Shallice, T. (1986). Attention to action: willed and automatic control of behavior, in: R. J. Davidson, G. E. Schwartz & D. Shapiro (eds.), Consciousness and self-regulation: advances ins research, vol. 4, Plenum Press New York

O'Keefe, J. & Nadel, L. (1978). The hippocampus as cognitive map, Clarendon Press Oxford

Olds, J. (1956). The growth and structure of motives: Psychological studies in the theory of action, Free Press Glencoe

Paolillo (1982), in: Conrad, P. & Sydow, J. (1984), Organisationsklima, de Gruyter Berlin

Pardridge, W. M. (1986). Receptor-mediated peptide transport through the blood-brain barrier, Endocrine Reviews, 7, 314-330

Parsons, T. & Shils, E. (1951, eds.). Toward a general theory of action, Harvard University Press Cambrigde Mass.

Parsons, T. (1959). General theory in sociology, in: R. Merton (ed.), Sociology today, (edited with Leonard Broom and Leonard S. Cottrell, Jr.), Basic Books New York

Pattee, H. H. (ed., 1973), Hierarchy Theory: The Challenge of Complex Systems, Braziller New York

Pawlow, I. P. (1953). Die gemeinsamen Typen der höheren Nerventätigkeit der Tiere und des Menschen, in: Sämtliche Werke Bd. 3, Akademie-Verlag Berlin (russisches Original 1935)

Payne, R. L. & Mansfield, R. (1973). Relationships of perception of organizational climate to organizational structure, context and hierarchical position, Administrative Science Quarterly, 18, 515-526

Pede, I. (2002). Betriebsklima und Gesundheit, Erata Leipzig

Petersen, L. E. & Stahlberg, D. (1995). Der Integrative Selbstschemaansatz. Die Suche und Verarbeitung selbstkonzeptrelevanter Informationen in Abhängigkeit vom Elaborationsgrad der involvierten Selbstschemata, Zeitschrift für Experimentelle Psychologie, Band XLII (1), 43-62

Peterson, D. (1968). The clinical study of social behavior, Appleton-Century-Crofts New York

Peterson, D. R., Becker, W. C., Hellmer, L. A., Shoemaker, D. J. & Quay, H. C. (1959). Parental attitudes and child adjustment, Child Development, 30, 119-130

Petsche H., Stumpf C. & Gogolák G. (1962). The significance of the rabbit's septum as a relay station between the midbrain and the hippocampus. The control of hippocampus arousal activity by septum cells, Electroencephalography and Clinical Neurophysiology, 14, 202-211

Petsche H., Richter P., von Stein A., Etlinger S.C. & Filz O. (1993). Coherence and musical thinking, Music Perception, 11, 117-151

Petsche H. (1995). Die flirrende Welt der Aufmerksamkeit: Zur Neurophysiologie kognitiver Prozesse, Zeitschrift EEG - EMG, 26, 1-18

Petzold, M. (1986). Indische Psychologie, PsychologieVerlagsUnion München

Pfeiffer, J. W. & Jones, J. E. (1970). Structured experiences for human relations training, Iowa City

Piaget, J. & Inhelder, B. (1986). Die Psychologie des Kindes, dtv / Klett-Cotta München, französische Erstausgabe 1966

Platon (1991). Die großen Dialoge, dtv München & Artemis Zürich/München

Poincaré, J. H. (1973). Wissenschaft und Methode, Teubner Stuttgart (Erstausgabe 1914)

Polzien, P. (1954). Änderung im Energiestoffwechsel und Wärmeregulation bei der Gesamtumschaltung, in: K. Fichtel (Hg.) Über kortiko-viszerale Regulationen, Arbeitstagung der Staatl. Pawlow-Kommission, Verlag Volk & Gesundheit Leipzig

Popper & Eccles (1991). Das Ich und sein Gehirn, Piper München (Erstausgabe 1977)

Post, A. H. (1886). Einleitung in das Studium der ethnologischen Jurisprudenz, Buchdruckerei A. Schwartz Oldenburg

Post, A. H. (1889). Studien zur Entwicklungsgeschichte des Familienrechts. Ein Beitrag zu einer allgemeinen vergleichenden Rechtswissenschaft auf ethnologischer Basis, Schulzesche Hof-Buchhandlung und Hof-Buchdruckerei (A. Schwartz), Oldenburg / Leipzig

Post, A. H. (1894). Grundriss der ethnologischen Jurisprudenz, 1. Band Allgemeiner Teil, Schulzesche Hof-Buchhandlung und Hof-Buchdruckerei (A. Schwartz), Oldenburg / Leipzig

Post, A. H. (1895). Grundriss der ethnologischen Jurisprudenz, 2. Band Spezieller Teil, Schulzesche Hof-Buchhandlung und Hof-Buchdruckerei (A. Schwartz), Oldenburg / Leipzig

Preiser, S. (1976). Kreativitätsforschung, Wissenschaftliche Buchgesellschaft Darmstadt

Pribram, K. H. & McGuinness, D. (1975). Arousal, Activation and effort in the control of attention, Psychological Review, 82, 116-149

Pritchard, R. & Karasick, B. (1973). The effects of organizational climate on managerial job performance and job satisfaction, Organizational Behavior and Human Performance, 9, 126-146

Putnam, H. (1990). Vernunft, Wahrheit und Geschichte, Suhrkamp Frankfurt (englsiche Originalausgabe 1981)

Rawls, J. (1994), Eine Theorie der Gerechtigkeit, 8. Auflage, Suhrkamp Farankfurt (amerikanisches Original 1971)

Regan, R. T., Straus, E. & Fazio, R. (1974). Liking and the attribution process, Journal of Experimental Social Psychology, 10

Reichert, H. (1990). Neurobiologie, Thieme Stuttgart 1990

Rentsch, T. (1985). Heidegger und Wittgenstein. Existential- und Sprachanalysen zu den Grundlagen philosophischer Anthropologie, Klett-Cotta Stuttgart

Rentsch, T. (1999). Die Konstitution der Moralität, Suhrkamp Frankfurt

Retzer, A. (1997). Zur Form systemischer Supervision, in: Familiendynamik, 22 (3), 240-263

Revelle, W., & Anderson, K.J. (1992). Models for the testing of theory, in: A. Gale & M. W. Eysenck (Eds.), Handbook of individual differences: biological perspectives, Wiley Chichester

Revelle, W., Anderson, KJ., & Humphreys, MS. (1987). Empirical tests and theoretical extensions of arousal based theories of personality, in: J. Strelau & H. J. Eysenck (Eds.), Personality Dimensions and arousal, Plenum London

Revelle, W. (1995). Personality Processes, Annual Review of Psychology, 46, 295-328

Rheinwald, R. (1984). Der Formalismus und seine Grenzen. Unters. zur neueren Philosophie d. Mathematik, Hain Königstein/Ts.
Robinson, M. E. & Dicken, P. (1979). Cloze procedure and cognitive mapping, Behavior, 11, 351-373
Roethlisberger, F. J. & Dickson, W. J. (1939). Management and the worker, Havard University Press Cambrigde
Rokeach, M. (1960). The open and the closed mind. Investigations into the nature of belief systems and personality systems. Basic Books New York
Rosenhan, D. L. (1973). On being san in insane places, Science, 179, 250-258
Rosenstiel, L. von, Falkenberg, T. Hehn, W., Henschel, E. & Warns, E. (1983). Betriebsklima heute, 2. Auflage, Kiehl Verlag Ludwigshafen
Ross, R. P. & Campbell, D. E. (1978). A review of EDRA proceedings: Where have we been? Where are we going? in: W. E. Rogers & W. H. Ittelson (eds.), New directions in environmental design research, Environmental Design Research Association Washington
Rost, J. (1996). Lehrbuch Testtheorie - Testkonstruktion, Huber Bern
Roth, G. (1987). Autopoiese und Kognition: Die Theorie H. R. Maturanas und die Notwendigkeit ihrer Weiterentwicklung, in: S. J. Schmidt (Hg.), Der Diskurs des Radikalen Konstruktivismus, Suhrkamp Frankfurt
Roth, P. (2003). Das sterbende Tier, Hanser München
Routtenberg, A. (1968). The two arousal hypothesis: reticular formation and limbic system, Psychological Review, 75, 51-80
Rubinstein, L. S. (1973), Sein und Bewußtsein. Die Stellung des Psychischen im allgemeinen Zusammenhang der Erscheinungen in der materiellen Welt, Akademie-Verlag Berlin (russisches Original 1957)
Russell, B. (1908). Mathematical logic based on the theory of types, The American Journal of Mathematics, 30, 222-262
Rutter, M. (1987). Psychosocial resilience and protective mechanisms, American Journal of Orthopsychiatry, 57, 316-331
Rutter, M. (1990). Psychosocial resilience and protective mechanisms, in: J. Rolf, A. S. Masten, D. Chicchetti, K. H. Nuechterlein & S. Weintraub (eds), Risk and protective factors in the development of psychopathology, Cambridge University Press New York
Sandler, J. (1976). Gegenübertragung und Bereitschaft zur Rollenübernahme, Psyche, 30, 297-305
Sarbin, T. R. & Slagle, R. W. (1980). Psychophysiological outcomes of hypnosis, in: G. D. Burrows, D. Collison & L. Dennerstein (eds.), Hypnosis, Elsevier Amsterdam
Sartre, J.-P. (1991). Das Sein und das Nichts. Versuch einer phänomenologischen Ontologie, Rowohlt Reinbek (französisches Original 1943)
Sartre, J.-P. (1968), Determination und Freiheit, in: Moral und Gesellschaft, Frankfurt
Saß, H. (1985). Der Beitrag der Psychopathologie zur forensischen Psychiatrie - Vom somatopathologischen Krankheitskonzept zur psychopathologischen Beurteilungsnorm, in: W. Janzarik (Hg.), Psychopathologie und Praxis, Enke Stuttgart

Schelling, F. W. J. (1978). Zur Geschichte der neueren Philosophie, in: M. Schröter (Hg.), Schellings Werke, Beck München, Erstausgabe 1827
Schiepek, G. (1999). Die Grundlagen der Systemischen Therapie. Theorie - Praxis - Forschung, Vandenheock & Ruprecht Göttingen
Schiff, J. L. (1979). Geschichte, Entwicklung und Aktivitäten der Schiff Familie, in: G. Barnes et al., Transaktionsanalyse seit Eric Berne, Bd. I: Schulen der Transaktionsanalyse, Theorie und Praxis, Institut für Kommunikationstherapie Berlin
Schmidt, H. (1941). Regelungstechnik, Zeitschrift des Vereins deutscher Ingenieure, 85, 81-88
Schmidt, R. F. & Thews, G. (1985). Physiologie des Menschen, 23. Aufl., Springer Berlin
Schmidt, R. F. (1987). Grundriß der Neurophysiologie, Springer Berlin
Schmitt, F. O. (1984). Molecular regulators of brain function: A new view, Neuroscience, 13, 991-1001
Schneewind, K. A. (1999). Familienpsychologie, 2. Aufl., Kohlhammer Stuttgart
Schopenhauer, A. (1988). Die Welt als Wille und Vorstellung, Zweiter Band, Haffmans Zürich (Erstausgabe 1859)
Schöppe, A. (1995). Theorie paradox, Carl-Auer-Verlag Heidelberg
Schreiber, A. (1995). Psychische Bewältigung existenzieller Bedrohungen von Studenten in Ostdeutschland, Dissertation Universität Leipzig
Schroder, H. M. & Suedfeld, P. (1971). Personality theory and information processing, Ronald Press New York
Schubert, E. (1986). Humanphysiologie, Fischer Jena
Schulte, G. (1986). Selbstorganisation - eine wissenschaftliche Leitvorstellung, in: Zeitschrift für Entwicklungspädagogik, 9 (1), 10-13
Schuster, H. G. (1984). Deterministic Chaos, Physik-Verlag Weinheim
Schwartz, R. C. (1997). Systemische Therapie mit der inneren Familie, pfeiffer München (amerikanisches Original 1995)
Schwegler, H. (1992). Systemtheorie als Weg zur Vereinheitlichung der Wissenschaften?, in: W. Krohn & G. Küppers (Hg.), Emergenz: Die Entstehung von Ordnung, Organisation und Bedeutung, Suhrkamp Frankfurt
Seidenberg, M. S. & McClelland, J. L. (1989). A distributed development model of word recognition and naming, Psychological Review, 96, 523-568
Selvini Palazzoli, M., Cirillo, S., Selvini, M. & Sorrentino, A. M. (1996). Die psychotischen Spiele in der Familie, 2. Aufl., Klett-Cotta Stuttgart (italienische Ausgabe 1988)
Shapiro, D. (1991). Neurotische Stile, Vandenhoeck & Ruprecht Göttingen, (amerikanisches Original 1965)
de Shazer, S. (1992). Der Dreh. Überraschende Wendungen und Lösungen in der Kurzzeittherapie, Auer Systeme Verlag Heidelberg
de Shazer, S. (1994). Das Spiel mit den Unterschieden, 3. Auflage, Auer-Systeme-Verlag Heidelberg
Shepard, R. N., Romney, A. K. & Nerlove, S. B. (1972). Multidimensional scaling: theory and applications in behavioral sciences, vol. 1: Theory, Seminar Press New York

Shiffrin, R. M. & Schneider, W. (1977). Controlled and automatic human information processing: II. Perceptual learning, automatic attending, and a general theory, Psychological Review, 84, 127-190

Shor, R. E. (1959). Hypnosis and the concept of generalized reality-orientation, American Journal of Psychotherapy,3, 582-602

Simon, F. B. (1993). Unterschiede, die unterschiede machen, 2. überarb. Auflage, Suhrkamp Frankfurt (Erstausgabe 1988)

Simon, F. B. & Rech-Simon, C. (1999). Zirkuläres Fragen, Auer-Systeme-Verlag Heidelberg

Skinner, B. F. (1937). Two types of conditioned reflex: Reply to Konorski and Miller, in: Journal of General Psychology, 16, p. 272-279

Snyder, D. R. (1971). Social and emotional behavior in monkeys following orbital frontal ablations, Dissertation University of Michigan

Sokolov, E. N. & Vinogradova, O. S. (1975, eds.). Neuronal meachnisms of the orienting reflex, Hillsdale: Erlbaum

Sokolov, E. N. & Vinogradova O.S. (1975, eds). Neuronal meachnisms of the orienting reflex, Erlbaum Hillsdale

Spanos, N. P. (1986). Hypnotic behavior: A socialpsychological interpretation of amnesia, analgesia, and „trance logic", The Behavioral and Brain Sciences, 9, 449-502

Sparrer, I. & Varga von Kibed, M. (2000). Ganz im Gegenteil - Tetralemmaarbeit und andere Grundformen der systemischen Strukturaufstellungen für Querdenker und solche, die es werden wollen, Auer Systeme Verlag Heidelberg

Spence, K. W. (1956). Behavior theory and conditioning, Yale University Press New Haven

Spencer-Brown, G. (1997). Laws of Form (Gesetze der Form), in der Übersetzung von Thomas Wolf, Bohmeier Verlag Lübeck (englisches Original 1969)

Spencer-Brown, G. (1994). Dieses Spiel geht nur zu zweit, Aus dem Englischen von Andreas Baar, Bohmeier Lübeck (englisches Original 1971).

Sperry, R. (1974). Lateral spezialization in the surgically separated hemispheres, in: O. Schmitt & F. G. Worden (eds.), The neurosciences third study program, MIT Press Cambrigde

Spitzer, R. L. & Williams, J. B. W. (1986). Structured clinical interview for DSM-III, personality disorders (SCID-II), New York State Psychiatric Institute, Biometrics Research Departement

Spitzer, R. L., Williams, J. B. W., Gibbon, M. & First, M. (1990). User's guide for the Structured Clinical Interview for the DSM-III-R, APA Washington

Spranger, E. (1924). Lebensformen, M. Niemeyer Verlag Halle (Saale)

Stegmüller W. (1987). Hauptströmungen der Gegenwartsphilosophie Bd. III (Evolution), 8. Auflage, Kröner Stuttgart

Stegmüller, W. & Varga von Kibéd, M. (1984). Strukturtypen der Logik, 3 Bde., Springer Berlin

Stern, W. (1950), Allgemeine Psychologie auf personalistischer Grundlage, 2. Auflage, Nijhoff Haag (Original 1935)

Stevens, S. S. (1971). Issues in psychophysical measurement, Psych. Rev., 78, 426-450

Steyer, R. (1997). Was wollen und was können wir durch empirische Kausalforschung erfahren? Antrittsvorlesung an der Friedrich-Schiller-Universität am 19. November 1997

Steyer, R. & Eid, M. (2001). Messen und Testen, 2. Auflage, Springer Berlin (erste Auflage 1993)

Steyer, R., Eid, M. & Schwenkmezger, P. (1997a). Modeling true intraindividual change: true change as a latent variable, Methods of Psychological Research Online, Vol. 2 (1), Pabst Publishers

Steyer, R., Hannöver, W., Telser, Ch. & Kriebel R. (1997b). Zur Evaluation intraindividueller Veränderung, Zeitschrift für Klinische Psychologie, 26(4), 291-299

Sullivan, H. S. (1980. Die interpersonelle Theorie der Psychiatrie, Fischer Frankfurt (amerikanisches Original 1953)

Tanzi, R. E., Bush, A. I. & Wasco, W. (1994). Genetic studies of Alzheimer's disease: lessons learned and future imperatives, Neurobiol Aging, 15, 145-148

Tellegen, A. & Atkinson, G. (1974). Openness to absorbing and self-altering experience („absorption"), a trait related to hypnotic susceptibility, Journal of Abnormal Psychology, 83, 268-277

Theophrast (1981), Charaktere, Reclam Stuttgart (Original vermutlich um 319 v.u.Z.)

Thue, A. (1906). Über die gegenseitige Lage gleicher Teile gewisser Zeichenreihen, in: König. Nord. Vid. Skrifter I Math. Nat. (Oslo), 7, 1-22

Thum, W. (1972). Empirische Studie zu den innerbetrieblichen Einflußfaktoren des Betriebsklimas, Dissertation, Universität Freiburg

Tolman, E. C. (1932). Purposive behavior in animals and men, Appleton Crofts New York

Tolman, E. C. & Honzik, C. H. (1930). „Insight" in rats, University of California Publications in Psychology, 4, 215-232

Tress, W. (1993, Hg.). Strukturale Analyse Sozialen Verhaltens, Asanger Heidelberg

Tsinkin (1930). Pulse and respiration during normal waking and hypnosis, Psychoneurological Institute of Ukraine, zit. nach: K. I. Platonov, Das Wort als physiologischer und therapeutischer Faktor, Language Publishing House Moskau 1959

Tucker, D. M. & Williamson, A. (1975). Asymmetric neural control systems in human self-regulation, Psychological Review, 9, 185-215

Udris, I., Kraft, U., Muheim, M., Mussman, C. & Rimann, M. (1992). Ressourcen der Salutogenese, in: H. Schröder & K. Reschke (Hg.), Psychosoziale Prävention und Gesundheitsförderung, Roderer Regensburg

Udris, I., Kraft, U., Mussman, C. & Rimann, M. (1992). Arbeiten, gesund sein und gesund bleiben: Theoretische Überlegungen zu einem Ressourcenkonzept, Psychosozial, Bd. 52, 9-22

Uexküll, J. v. (1973). Theoretische Biologie, Suhrkamp Fankfurt (Orginal 1928)

Varela, F. J. (1987). Autonomie und Autopoiese, in: S. J. Schmidt (Hg.), Der Diskurs des Radikalen Konstruktivismus, Suhrkamp Frankfurt

Velichkovsky B. M. (1990). The vertical dimension of mental functioning, Psychological Research, 52, 282-291

Velichkovsky B. M., Pomplun, M. & Rieser, J. (1995). Attention and Communication: Eye-Movement-Based Research Paradigms, Technische Universität Dresden, Institut für Allgemeine Psychologie, Forschungsberichte, Bd. 11,

Velichkovsky B. M., Klemm T., Dettmar P. & Volke H. J. (1996). Evozierte Kohärenz des EEG: II. Kommunikation der Hirnareale und Verarbeitungstiefe, Zeitschrift EEG – EMG, 27, 111-118

Venables P. H. (1981). Psychophysiology of abnormal behavior, British Medical Bulletin, 37, 199-203

Verhulst, P.-F. (1838). Notice sur la loi que la population suit dans son accroissement, in: Correspondances Mathématique et Physique, 10, 113-121

Verhulst, P.-F. (1845). Récherches mathématique sur la loi d'accroissement de la population, in: Nouv. Mém. de l'Acad. Roy. des Sciences et Belles-Lettres de Bruxelles, XVIII, 1-38

Vico, G. B. (1990). Prinzipien einer neuen Wissenschaft über die gemeinsame Natur der Völker, übers. v. V. Hösle & Ch. Jermann, 2 Bde., Felix Meiner, Hamburg 1990 (Erstausgabe [Scienza nuova prima]: Principî di una scienza nuova d'intorno alla natura delle nazioni, Neapel 1725; Zweite Ausgabe [Scienza nuova seconda]: Cinque libri de' principî di una scienza nuova d'intorno alla comune natura delle nazioni, Neapel 1730/1744

Vogel W., Broverman D. M. & Klaiber E. L. (1968). EEG and mental abilities, Electroencephalography and Clinical Neurophysiology, 24, 166-178

Voigt, K. H. & Fehm, H. L. 81986). Neurotransmitter/Neuromodulatoren: Spezifische Signalsubstanzen für psychische Prozesse?, in: Amelang (Hg.), Bericht des 35. Kongresses der Dt. Gesell. f. Psy. 1986, 2 Bde., Hogrefe Göttingen

Volke H. J. & Dettmar P. (1990). Time-variant spectral analysis of electroencephalograms, Biometrical Journal, 32, 303-317

Volke, H. J. (1995). Evozierte Koherenzen des EEG I: Mathematische Grundlagen und methodische Voraussetzungen, Zeitschrift EEG – EMG, 26, 222-225

Vollrath, M., Banholzer, E., Caviezel, C., Fischli, C. & Jungo, D. (1994). Coping as a mediator or moderator of personality in mental health?, in: B. de Raad, W. K. B. Hofstee & G. L. van Heck Guus (eds.), Personality psychology in Europe. Volume 5. Selected papers from the Sixth European Conference on Personality held in Groningen, The Netherlands, June 1992, University Press Tilburg, 262-273

Vollmer, G. (1975). Evolutionäre Erkenntnistheorie, Hirzel Stuttgart

Vollmer, G. (1988). Was können wir wissen? 2 Bde, Hirzel Stuttgart

Volterra, V. (1931). Leçons sur la théorie mathematique de la lutte pour la vie, Gauthier-Villars Paris

Vygotskij (Wygotski), L. S. (1964). Denken und Sprechen, Akademie-Verlag Berlin (russische Erstausgabe 1934)

Выготский, Лев Семенович (1983). Собрание сочиний, 3. том, Издательство Педагогика Москва (geschrieben 1932-34, gekürzte Erstveröffentlichung 1972 in der Zeitschrift „Voprosi psichologii", Heft 2)

Vygotskij (Wygotski), L. S. (1987). Arbeiten zur psychischen Entwicklung der Persönlichkeit, Verlag Volk und Wissen Berlin (russische Erstausgabe 1956)
Wachtel, P. (1980). Transference, schema, and assimiliation: The relevance of Piaget to the psychoanalytic theory of transference, The Annual of Psychoanalysis, 8, 59-76
Walter, M. (1995). Jugendkriminalität. Eine systematische Darstellung, Boorberg Verlag Stuttgart
Watson, J. B. (1925). Behaviorism, Norton New York
Watzlawick, P., Beavin, J. H. & Jackson (1990), Menschliche Kommunikation. Formen, Störungen, Paradoxien, Huber Bern, 8. Auflage (erste Auflage 1969)
Weber, M. (1972). Wirtschaft und Gesellschaft, J.C.B. Mohr Tübingen, 5. Auflage (Original 1922)
Weitzenhoffer, A. M. (1953). Hypnotism: An objective study on suggestibility, New York: Wiley
Weizsäcker, C. F. v. (1987). Die philosophische Interpretation der modernen Physik, 11. Auflage, Nova Acta Leopoldina Halle
Weizsäcker, C. F. v. (1990). Die Tragweite der Wissenschaft, Hirzel Stuttgart
Webb, E. J., Campbell, D. T., Schwartz, R. D. & Sechrest, L. (1975). Nichtreaktive Meßverfahren, Beltz Weinheim (amerikanisches Original 1966)
Wellek, A. (1966). Die Polarität im Aufbau des Charakters. System der Konkreten Charakterkunde, Francke Bern, 3. Auflage
Whitehead, A. N. (1979). Prozeß und Realität. Entwurf einer Kosmologie, Suhrkamp Frankfurt
Whitehead, A. N. & Russell, B. (1910-13). Principia Mathematica, 3 Bde., Cambridge University Press
Wicker, A. W. (1987). Behavior settings reconsidered: temporal stages, resources, internal dynamics, context, in: D. Stokols & I. Altman (eds.), Handbook of environmental psychology, pp. 22-61, Wiley New York
Wiener, N. (1992). Kybernetik. Regelung und Nachrichtenübertragung im Lebewesen und in der Maschine Econ Düsseldorf (amerikanisches Original 1948)
Wiggins, J. S. (1973). Personality and Prediction: Principles of personality assessment, Addison-Wesley Menlo Park Reading
Winnicott, D. W. (1951). Vom Spiel zur Kreativität, Klett Stuttgart
Wisniewski, K. E., Dalton, A. J., Crapper-McLachlan, D. R., Wen, G. Y. & Wisniewski, H. M. (1985). Alzheimer's disease in Down's syndrome: clinicopathologic studies, Neurology, 35, 957-961
Witkin, H. A. (1954). Personality through perception. An experimental and clinical study, Harper New York
Witkin H. A. (1962), Psychologcial differentiation. Studies of development, Wiley New York
Wittgenstein, L. (1990). Tractatus logico-philosophicus, Reclam Leipzig (Manuskript 1918)
Wittgenstein, L. (1990). Philosophische Untersuchungen, Reclam Leipzig (Erstausgabe 1953)
Wolff, C. (1734). Psychologia rationalis, Francof. Lips.

Wolpe, J. (1958). Psychotherapy by reciprocal inhibition, Stanford University Press
Wright, G. H. (1979). Norm und Handlung. Eine logische Untersuchung, Scriptor Königstein (Original 1963)
Wundt, W. (1903). Grundzüge der physiologischen Psychologie, Bd. 3, Engelmann Leipzig, 5. Auflage
Wundt, W. (1906-09). Völkerpsychologie. Bd. 1 und 2: Die Sprache, Engelmann Leipzig
Wurmser, L. (1986). Die schwere Last von tausend unbarmherzigen Augen. Zur Psychoanalyse der Scham und der Schamkonflikte, Forum der Psychoanalyse, 2 (2), 111-133
Wurmser, L. (1990). Die Maske der Scham, Springer Verlag Berlin
Zaidel, E. (1973). Linguistic competence and related functions in the right cerebral hemisphere of man following commissurotomy and hemispherectomy, California Institute of Technology
Zaidel, E. (1976). Auditory vocabulary of the right hemisphere following brain bisection or hemidecortication, Cortex, 12, 191-211
Zuckerman, M. (1991). Psychobiology of personality, Cambrigde University Press New York

Abkürzungen

∀	Für alle gilt...
∃	Es gibt (mindestens) ein...
⊕	synergetisch zusammenwirkend
≡	ist identisch mit
≈	entspricht in etwa
a|b	b in der Sichtweise von a
A, B	Person A, Person B
AB	Abgrenzungsdynamik
AFS	Abweichendes Familiensystem
AM	Aufmerksamkeitsmodus m (innen, außen)
AN	Anschlußsuche
AR	Aufmerksamkeitsregulation
BI	Bewußtseinsinhalt
BP	Bewußtseinsprozeß
ED	Eigendynamik
ER	Erreichbarkeit
ext	externalisierbare Repräsentation
f	in funktionalem Zusammenhang
FP	fraktionale Persönlichkeitseigenschaft
FS	Familiensystem
GB	gegenseitige Bezüglichkeit
HS	Handlungsspielraum
int	interne Repräsentation
K	Kind
KB	konstituierende Bedingungen
log	nach logisch gültiger Schlußweise gefilterte Repräsentation
M	Mutter
MAK	Makrokosmos
MIK	Mikrokosmos
MO	Motivation
MZ	Metazyklus
P	Person
RS	Rekursionsschleife der Verarbeitungsprozesse
SK	situativer Kontext

S-M	Stief-Mutter
S-V	Stief-Vater
U	Umwelt
ÜR	Übergangsritual
V	Vater bzw. Verhalten (Formel 12.1)
VA	subjektive Valenz
VP	Verarbeitungsprozeß p (Analyse, Synthese)
ZS	zirkuläre Situation

Thomas Baumhekel, 折木 / Zerbrochenes Holz / Broken Wood - Kalligraphien zu Laozi · Daodejing

Thomas Böhme, Schwarze Archen. Geschichten, Fabeln, Grotesken - Mit dem Fotozyklus "Jungen unterwegs"

Thomas Böhme liest aus „Schwarze Archen" - Live-Mitschnitt als Hörbuch

Yvette K. Centeno, Im Garten der Nußbäume. Roman (aus dem Portugiesischen von Markus Sahr)

Annette Degenhart, Dank dir, Poet - Holzschnitte, Radierungen und Mischtechniken zur Literatur

Dunkle Nacht - Radierungen von Michael Triegel zu einem Text von Juan de la Cruz, übersetzt und kommentiert von Viktor Kalinke

Tomaš Escher, Linie 72 - Gedichte

Anna H. Frauendorf, anKIRYLna. ein kammerspiel in blei, silber und schwarz - Gedichte und Zeichnungen

Ingo Garschke, Zeichnungen und Plastiken zur Anatomie und Morphologie

Michael Goller & Mike Wassermann, Labyrationen - Bilder & Gedichte

Gintaras Grajauskas, Knochenflöte. Gedichte, litauisch - deutsch

Große Hymne an die Erde. 63 Verse des Atharvaveda, nachgedichtet von Viktor Kalinke auf Grundlage der Übersetzung von Klaus Mylius mit Illustrationen von Christiane Franke

Die „Große Hymne an die Erde" als Hörbuch, arrangiert von Anna Frauendorf, gesprochen von Sabine Münch und Viktor Kalinke in Begleitung von Maxim Elster (Viol)

Uta Hauthal, Im Kreis. Novelle

Viktor Kalinke
- Asche. Die Antworten des Tronje Wagenbrant. Roman
- Studien zu Laozi · Daodejing, Bd. 1: Text und Übersetzung / Zeichenlexikon, Bd. 2: Anmerkungen und Kommentare
- Indianer im karierten Hemd, Gedichte
- Mondtrunken, Tief gehängtes Licht, Sesam und Peperoni – Terrestris 1-3
- Herbst auf Sumatra. Ein poetischer Dialog mit Miloš Crnjanski. Holzschnitte von Inka Grebner
- Haifisch und Jaguar. Maya terrestris. Mit Zeichnungen von Marion Quitz

V. Kalinke & M. Quitz (Hg.), Erst die Linke, dann die Rechte - Anthologie mit Beiträgen von Thomas Kunst, Undine Materni, Mariam Abdel Al, Thomas Winter, Steffen Balmer, Oliver Kossack, Gabriele Francik, Michael Touma

Viktor Kalinke & Britta Schulze, Die Kunst : den Ort zu finden

Viktor Kalinke & Caroline Thiele, El Gancho bravo – Tango-Etüden

Laurynas Katkus, Tauchstunden. Gedichte, litauisch - deutsch

Gertrud Katzenstein, Inventuren. Stories und Begebenheiten aus dem Osten

Kinderschutz-Zentrum Leipzig, Familiale Gewalt. Familienberatung und -therapie im Schnittfeld mit der Justiz

Torsten Klemm, Konfliktverhalten situativ
    Teil 1: Situationsmuster. Wege zu einer Theorie der Persönlichkeit
    Teil 2: Psychologisches Verfahren zur Erfassung von Persönlichkeitsauffälligkeiten
    Teil 3: Datenblätter zur Testanalyse und Validierung des KV-S

SIKON. Situative Konfliktbewältigung. Auswertungsprogramm

Delinquenz, Haftfolgen und Therapie mit Straftätern. Konzepte, Erfahrungen und ihre Evaluation

Bertram Kober & Viktor Kalinke, Freiheit macht Arbeit. Fotografien und literarische Porträts zum Rechtsradikalismus in Ostdeutschland

Thomas Kunst, REIN THEORETISCH ADIEU - gesprochen von Thomas Kunst in Begleitung von Annekathrin Bahls (clar), Ralf-Ingo Ebert (piano, perc) und Dieter Altmann (git) - Live-Hörbuch presented by THE PUBLIC PINGUINS

Kati Küstner, Narragramme - Bilder und Texte zum Trickster und zu anderen Geschichten

Katja Langer & Viktor Kalinke, Liberi terrestris - Städte und Menschen in Europa

Nina Mordowina (Hg.), Neue russische Kunst. Werke von Wladimir Chacho, Wolodja Grig, Olga Kowtun, Inna und Mark Li, Wladimir Mimiljan, Oleg Nowajew, Tatjana Schkarina und Waleri Tolmatschow

Klaus Mylius, Älteste indische Dichtung und Prosa, 3. durchgesehene Auflage

Anja Oehme (Hg.), Oxymora. Salongespräche Bd. 1: Zeitpunkte und Augenblicke

Marion Quitz, Echo der Stille, Bildkatalog, zweisprachig englisch-deutsch

Marion Quitz, Erdschnitte. Neue Arbeiten

Ilka Pede, Betriebsklima und Gesundheit

Jens Rosch, Jokhang-Kreisel. Gedichte - Mit Zeichnungen von Anna H. Frauendorf

Mark Rozov, In der Mitte der Peripherie - Fotografie. Mit Dialogen von Jegor Wyssozkij

Lev R. Silber, Das verborgene Gesicht Rußlands. Altgläubige, Stadtlandschaften, Porträts - Fotografie, dreisprachig

Fachschaft Sorabistik an der Universität Leipzig (Hg.), Sorapis. Sorabistische Forschungsbeiträge, 4 Bände

Thomas Wolf, Nachbarschaften. Im kleinen Kreis. Sektor 1 - Fotografie

www.erata.de

Bibliographische Information: Die Deutsche Bibliothek
Die Deutsche Bibliothek verzeichnet dieses Buch in der deutschen
Nationalbibliographie, detaillierte Angaben sind über http://dnb.ddb.de
erhältlich

ISBN 3-934015-35-2

Umschlagfoto: „Essential looks" von Viktor Kalinke
Lektorat: Silke Brohm
Satz & Layout: Viktor Kalinke
Druck: O. Schimek

© Edition Erata 2004
1. Auflage
Printed in Germany
Alle Rechte an dieser Ausgabe vorbehalten
Vervielfältigung, auch in Auszügen,
ohne Genehmigung nicht gestattet

Kantstr. 61 A
D-04725 Leipzig
Tel.: (+49) / 0341 / 3011430
Fax: (+49) / 0341 / 3011431
eMail: mail@erata.de
http://www.erata.de